专业学位研究生教育系列教材

基本无害的量化金融学

Mostly Harmless Quantitative Finance

余颖丰 著

首都经济贸易大学出版社
Capital University of Economics and Business Press
·北 京·

图书在版编目（CIP）数据

基本无害的量化金融学/余颖丰著. --北京：首都经济贸易大学出版社，2019.7

ISBN 978-7-5638-2920-0

Ⅰ.①基… Ⅱ.①余… Ⅲ.①金融学 ②软件工具—程序设计 Ⅳ.①F830 ②TP311.561

中国版本图书馆 CIP 数据核字（2019）第 046620 号

基本无害的量化金融学

余颖丰 著

Jiben Wuhai De Lianghua Jinrongxue

责任编辑 晓 地

封面设计 风得信·阿东 FondesyDesign

出版发行 首都经济贸易大学出版社

地　　址 北京市朝阳区红庙（邮编 100026）

电　　话 （010）65976483 65065761 65071505（传真）

网　　址 http：//www. sjmcb. com

E-mail publish@ cueb. edu. cn

经　　销 全国新华书店

照　　排 北京砚祥志远激光照排技术有限公司

印　　刷 北京泰锐印刷有限责任公司

开　　本 710 毫米×1000 毫米 1/16

字　　数 470 千字

印　　张 26.75

版　　次 2019 年 7 月第 1 版 2019 年 11 月第 2 次印刷

书　　号 ISBN 978-7-5638-2920-0

定　　价 59.00 元

前言 PREFACE

道格拉斯·亚当斯（Douglas Adams，1952—2001）是一位杰出的科幻小说家、广播剧作家和音乐家。他因在20世纪80年代初期创作了广播剧《银河系漫游指南》（我们也可以将其视为小说）而大获成功，其后他基于这个故事的框架，接连创作了《宇宙尽头的餐馆》《生命、宇宙及一切》《再见，谢谢鱼》《基本无害》，这五部科幻小说被后来的人们称为科幻界的《圣经》。“基本无害”（mostly harmless）一词就出自这里。受到格拉斯·亚当斯的影响，麻省理工学院（MIT）的乔舒亚·安格里斯特（Joshua Angrist）教授于2009年创作了《基本无害的计量经济学：实证研究者指南》一书。这本书主要是针对偏面板数据的微观计量研究，没有提及时间序列的实证分析研究，更没有什么人工智能，也和量化金融八竿子打不着。但是，该书名非常有趣，因此笔者也借鉴了这样的命名方式撰写了本书，避免读者觉得本书枯燥乏味。

习近平总书记指出：“世界正处在快速变化的历史进程之中，世界经济正在发生更深层次的变化。”全球正经历着科技与产业高度融合、深度叠加的新变革，随着前沿型变革技术的深入发展与综合应用，社会生产生活协作模式加速转型，人类社会即将进入新一轮的创新发展高峰期。不管是金融企业还是非金融企业，都在与数字化、网络化技术深度跨界耦合。这将深刻改变全球服务业的生产方式、产业组织和竞争格局，并重塑全球经济的面貌。金融业作为服务业中最重要的组成部分之一，在受到新工业与科技革命冲击时，涉及面广、影响程度深。以大数据、云计算、人工智能、区块链以及移动互联为引领的新工业与科技革命，导致金融学科的边界、研究范式甚至人类的认知不断被打破和被重构。虽然金融的本质和经济运行的规律没有改变，但科技在推动金融行业发展、增加经济社会福祉的同时，也在不断渗透金融的每个“细胞”，改变传统金融业务的DNA，促使新金融生态圈的出现。因此，金融学本身也在发生着翻天覆地的变化，其中一个重要的结晶就是量化金融。

量化金融，又叫数理金融，现在已发展成为覆盖金融数学、金融工程学、金融统计学、金融计量学，甚至人工智能、大数据科学的综合性知识体系。其覆盖面之广，跨学科跨领域之复杂，是以往任何一个金融学细分学科所无法比拟的，而国内尚无一本系统地介绍量化金融学的导论级别的书籍。因此，本书做了这样的尝试。本书章节的编排既是一种创新，也是一种突破。

本书共分为十章。第一章和第二章对量化金融学的发展进行了介绍，并对若干当下热门的金融学概念的“前世今生”进行了梳理。第三章重点介绍了 Python 与 Matlab 编程的基本操作。当下，金融圈都在谈论“金融科技”这一概念，学界、业界与政府都认为这次“科技浪潮”来势汹汹，变革也是实实在在地发生在每个人的身边。最明显的事例就是金融圈各个用人单位对新毕业生计算机编程能力要求的不断提高。因此，有必要首先介绍 Python 和 Matlab 这两个量化金融学的“敲门砖”型计算机语言。

有学者将当下受到金融科技浪潮冲击的“金融”称为“新金融”。“新金融”被大数据、人工智能、区块链、金融工程学以及金融计量学不断驱动，和“老金融”有很大的差别。因此，在第四章中，我们梳理了衍生品的基础知识、金融数据的基本统计特性、投资组合的基本原理、金融风险管理的基本原理以及固定收益证券（主要针对债券）的基本原理，并结合 Python 或 Matlab 计算编程语言对传统金融学知识进行了代码建模。对传统金融学知识的梳理，有助于读者将传统金融学知识与量化金融学知识相衔接。

量化金融学的发展大致经历了两个阶段：第一阶段是利用金融数学，尤其是随机分析学（stochastic calculus）进行金融产品定价或创新开发，在业界我们将此类量化从业人员称为 Q－type。第二阶段是利用金融计量学、金融统计学原理分析金融大数据，并进行量化投资或套利，我们把这类量化从业人员称为 P－type。因此，本书的第五章和第六章分别介绍了 P－type 和 Q－type 涉及的相关量化知识。第五章侧重于介绍基于金融计量与金融统计视角的量化知识，重点介绍了 GARCH（广义自回归条件异方差）理论，该理论是一个诺贝尔经济学奖级别的理论，该理论的主要贡献者罗伯特·恩格尔教授获得了 2003 年诺贝尔经济学奖。在第五章中，我们还利用 Python 代码演示了金融计量模型的实现。在第六章中，我们重点介绍了金融数学的相关知识，主要是基于另外一个诺贝尔经济学奖级别的理论——欧式期权定价理论展开，在本章中我们重点介绍了布朗运动、鞅过程及鞅表示定理、伊藤定理、Doob－Meyer 分解、Girsanov 定理、Radon－Nikodym 导数定理、热力学方程、等价鞅定价理论、二叉树模型、蒙特卡洛技术等在期权定价中的应用。

量化金融学的内涵和外延一直都在发展，科技与金融产业高度融合，带来了学科间的深度叠加，这种叠加又带来了量化金融学的新变革。因此，我们在第七章加入了人工智能学的内容，我们重点介绍了人工智能学中最重要的核心理论——机器学习理论。

过去几年，计量经济学，尤其是实证微观计量经济学得到了长足的发展，我们在第八章对前沿的计量经济学思想和理论进行了介绍。我们安排此章是基于两个目的：第一，让财经类高校学生将其所学与量化金融视角下的人工智能知识相衔接，开阔视野。财经类高校的学生一般都有较好的计量经济学背景，但他们的量化金融知识、人工智能学知识、前沿计量经济学知识有所欠缺，因此，有必要专门撰写一章以承上启下并融会贯通这些学科和知识。第二，让科学与工程系学生（尤其是计算机科学与工程专业的学生）了解计量经济学。过去十几年，大量的计算机科学与工程学的学生进入金融行业，并成为量化金融圈的中流砥柱，这些学生有非常强的数理背景，非常熟悉人工智能学的相关知识，但是他们对经济学尤其是计量经济学一无所知，并且无法深刻地掌握计量经济学研究的核心方法和研究实质。而这是一个跨学科的时代，是一个思想激烈碰撞的时代，我们提倡创新、提倡跨学科思考问题，本书就更该担当起传播跨学科领域知识的历史使命和时代责任，为科学与工程系学生介绍经管类高校的计量经济学知识，故本书专门设立了第八章。

在第九章，我们提出了一种“一体化”的量化金融分析框架，这种框架综合利用了量化金融学的知识，并结合了机器学习理论和经济学知识。这一章是对前面所有章节的一个系统性总结和升华。

我们还收集了一些量化领域较为“专”的技术案例和知识点，这些案例和知识点来自我们长期的教学经验和科研经验，我们将这些内容放在了第十章。

由于作者水平有限，书中难免存在不足与瑕疵，敬请广大读者不吝指正，欢迎各位将意见与建议发送到 yuyingfeng@cueb. edu. cn，或者关注公众号：empirical finance，本人将择机予以改进。

目 录 CONTENTS

第一章 绪 论

一、研究背景与问题的提出

量化金融（quantitative finance）是目前国内最热门的专业和学科之一，很多人认为它是新颖之物，其实它存在已久，很多学者、业界从业人员对它并不陌生。为了说清楚量化金融的由来，我们不妨先思考一下“量化”一词的由来。“量化”一词是舶来品，来自英文单词“quantitative”，而该词何时被翻译为“量化”并被中国人普遍接受，已经难以考证，但有一种解释认为，2008 年美国金融危机期间，美联储采用了一种叫量化宽松（quantitative easing）的非常规（unconventional）货币政策来应对全球金融危机，“quantitative”一词开始进入国人视野，并被国内媒体、官方、学界和业界统一翻译为“量化”。而在此之前，“quantitative”一词一直存在于学界和业界之中，但翻译名称并不统一，常见的翻译有“数理”或者“数量”①。国人所说的“数理经济学”和“数量经济学”对应的英文原文都是“quantitative economics”②，而国人常说的“数理金融学”其实就是“quantitative finance”，也就是我们所说的量化金融学。

国际量化金融协会（The International Association for Quantitative Finance, IAQF），是全球最大的也是最权威的量化金融组织，它的前身是国际金融工程师协会（International Association of Financial Engineers，IAFE）。IAQF 将自己的定位从“金融工程学”向“量化金融”过渡这一举动本身给国内学界和业界传递了一个十分重要的信号：量化金融学来自金融工程学。但时至今日，为了适应全球金融与科技业发展的新形势和新需求，让“量化金融”这个称谓能更好地诠释

---

① 笔者认为，将“quantitative”翻译为“数量”是个错误，因为“数量”一词的英文翻译应为“quantitive”。

② “数量经济学”的正确英文翻译到底是什么？究竟是“quantitive economics”还是“quantitative economics”？建议读者访问中国社会科学院数量经济与技术经济研究所的官方网站（http://iqte.cass.cn/gl/），查找该研究所名称的正确官方翻译。读者会发现该所认为“quantitative”应翻译为“数量”。

金融量化分析从业人员的真正工作属性，其内涵与外延都需要在传统的金融工程学基础上进行重新定义和拓延。那么为何欧美国家认为金融工程学已不能覆盖新的金融业态发展呢？为何 IAFE 需要用“量化金融”这个概念重新定义自身呢？

为了让读者初步认识和了解量化金融的发展脉络和整体知识框架，首先介绍两个重要概念：P－type 和 Q－type。这两个概念是理解量化学科发展的关键。

IAFE 向 IAQF 的转变，是量化金融学发展历史上的一次质的飞跃。虽然在此之前，从业人员未仔细地区分过金融工程学和量化金融学，从业人员甚至治学严谨的教授们都常常将这两个概念混为一谈，但是在 IAFE 向 IAQF 的转变发生后，以往很多混淆的概念开始逐步清晰。金融工程创立的原始目的是对金融产品尤其是金融衍生品进行定价，而定价的哲学基础是无套利原则，即风险中性（risk neutral）原则。随机过程分析（stochastic calculus）是金融工程学主要使用的业务工具。金融工程学主要教授学生灵活熟练地掌握随机分析工具对金融资产进行定价，基于这样的逻辑，学界和业界都没有对金融工程学和量化金融学进行区分，更不会试图去区分金融工程学和金融数学。利用随机分析数学工具进行金融产品创新工作的量化金融从业人员，后来被称为 Q－type 从业人员。而在金融生态圈里还有另外一些很长一段时间没有走上主流量化金融舞台的人，也就是那些使用数理统计方法（或利用金融计量的方法）进行数据分析的从业人员，这类人后来被称为 P－type 从业人员。在很长一段时间，当业界谈到量化分析师时，很多时候指的都是 Q－type 从业人员，而 P－type 从业人员是被忽视的，这也是时至今日很多主流的量化金融的书籍还仅介绍 Q－type 的知识，而对 P－type 的研究方法只字不提的原因，这种现象在 2008 年之前最为严重。直到 IAFE 向 IAQF 的转变实实在在地发生了，P－type 也被纳入量化金融的范畴之后，越来越多的量化金融专著或教材中开始涉及 P－type 的知识点。简而言之，现在我们说的量化金融学其实包含了 P－type 和 Q－type。

为何 P－type 会兴起于 2008 年并逐渐走上量化金融的主流舞台呢？主要原因是 2008 年美国金融危机之后，金融衍生品市场开始萎缩，尤其是过度复杂的衍生品的开发基本已不那么需要，因此，Q－type 的人才市场需求受到了很大的冲击。主要的金融衍生品的定价研究在 2008 年美国金融危机之前已非常成熟（虽然仍有很多可以研究的问题和方向），Q－type 人员施展才华的领域越来越有限。此外，大数据的兴起以及人工智能技术的成熟，既给金融数据统计分析提供了广袤的研究空间，也创造了若干基于统计数据分析的职业岗位，因此，P－type 逐渐兴起。

目前国内量化金融研究方兴未艾，量化金融在业界的应用也鱼龙混杂，在这样的背景下就特别需要构建一个覆盖跨学科知识，并且能够将碎片化知识纳入一个统一框架的分析研究范式。这也促使本书提出一个统一化的研究思路。当然，从全球发展趋势来看，量化金融发展的路径越来越明确。过去十年，随着大数据与人工智能技术的兴起，金融科技成为整个金融行业发展的主要驱动力。“金融科技”这一概念，可以认为是量化金融学的更高级版本。

弗拉基米尔·瓦普尼克（Vladimir Vapnik）被认为是机器学习理论的主要奠基人，他最大的贡献是为机器学习理论提供了一个现在家喻户晓的学习算法——支持向量机（Support Vector Machine，SVM），而机器学习理论更被认为是人工智能与大数据技术的主要理论基石①。当然这是后话。瓦普尼克写了本非常经典的、日后成为机器学习理论奠基石的书籍——《统计学习理论的本质》，在该书的中文翻译版的第213页有一段很耐人寻味的话：

> “20世纪最伟大的数学家之一，安德烈·柯尔莫哥洛夫（Andrey Kolmogorov）曾经注意到，数学科学与历史科学的一个重要区别是，数学中发现的事实一旦被发现就永远成立，而在历史中发现的事实却被每一代历史学家重新考虑。”

这段话深刻地揭示了一个事实：任何学科如果想要“基业长青”，关键取决于其如何与数学发生“深度接触”。传统的金融学教育注重培养学生的基本面分析和技术分析。就基本面分析而言，受时代所限，一般仅采取较为“文科”的研究方式，教材中的例子也过于理论化、简单化，不符合实际情况。当前，人类已经进入了大数据时代，进入了一切皆可量化的智能科技时代，在这样的背景下，量化金融横空出世。

与基本面分析不同，技术分析并不是国外大学金融教育讲授的重点。以笔者在海外留学的亲身经历为例，从本科至博士阶段，几乎没有一门课系统讲授技术分析，甚至没有任何一堂课专门介绍技术分析。主要原因是技术分析往往有“不可证伪”性②。一门学科要发展，逐渐成为“真科学”，就必须构建其“可证伪”的科学分析框架，而借助统计推论是一种非常科学的方法。借助诸如随机分析等强大的数学工具对金融资产价格进行建模，使得我们研究的问题“可追踪”（tractable）③。量化金融学所提倡的量化分析方法都是可证伪的。在人类分析金融数据的初级阶段，大众和从业人员更习惯于采用技术分析即通过直接观测价格

---

① 复旦大学著名经济学教授陈诗一的博士论文就是基于SVM的研究。

② 著名哲学家卡尔·波普尔（Karl Popper）在其著作《猜想与反驳》中提出科学和非科学划分的证伪原则，认为非科学的本质不在于它的正确与否，而在于它的不可证伪性。

③ 在自然科学或宏观经济学领域，西方科研人员习惯用“tractable”表示所研究问题的可追溯、可跟踪或可描述性。如果科研人员指某问题为“intractable”，意思是该问题最终走向不可预知或不可证伪的方向，那么这种问题的研究是让人沮丧的、无解的，说得通俗易懂一点，如果读者看到某西方学者说某问题为“intractable”，其潜台词就是：“本人主动放弃研究该问题。”

来进行简单的图表和图形分析，较少利用严密的数理统计分析推理，这就导致了后来计量经济学领域常说的“伪回归”（spurious regression）等问题。而量化分析技术的引入使得我们利用金融数据更加科学、合理和有效，减少了理论性或常识性错误。此外，还需要说明的是，量化分析并没有摒弃基本面分析，因为随着人类收集和保存公司基本面信息手段的多样化，公司的基本面信息越来越多，这些大数据的累积，最终导致金融分析技术和研究方法从量变到质变，大数据和算力的提升都为统计与数理方法提供了施展“魔法”的广袤舞台，这也是量化金融学在过去二三十年里得到迅猛发展的原因。由此可见，基本面分析和量化分析已发生了深度融合，而学生、科研人员以及行业从业人员要分析公司基本面，在大数据时代下不知道利用量化分析手段，如同在现代化城市里让自己生活在刀耕火种、茹毛饮血的时代一般。

国内的证券从业资格考试教材里面已经将量化分析作为并列于基本面分析、技术分析的第三种分析方法。其实我们的观点是，量化分析是基本面分析和技术分析的全面升级版，而且彼此其实并不矛盾，基本面分析和技术分析都应作为量化分析的一个子集。

在大数据时代，诞生了很多适合于大数据分析的高级编程软件或工具，比如本书会提到的 Python、R 以及 Matlab 语言，金融数据的获得也变得十分容易，诸如使用若干创新型金融公司所提供的免费金融数据，或者使用爬虫软件获得金融数据。数据获得的廉价和便利使得我们分析金融问题不再需要“pencil - paper”的研究模式，在当下这个时代，一切皆可自动化，一切皆可量化。因此，金融从业人员要做好知识结构大转型的准备。

伟大的天才物理学家马克斯·普朗克（Max Plank，1858—1947）关于真理曾有一段耐人寻味的评论：

> “新科学真理的胜利绝不是去说服它的反对者去让他们相信新科学真理的正确，而是那些反对它的人死去，而那些熟悉新科学真理的年轻人成长起来。”

其实这个评论也适合研究的方法论之争。虽然现在很多人仍习惯于基本面分析与技术分析，但任何人都不会怀疑量化分析的优势和正确性。量化金融这个学科要发展，关键是要引导年轻人使用量化分析方法，国内教育人才培养模式需要翻天覆地的大转型，尤其是观念和意识上的大变革。只有越来越多的年轻人掌握了量化分析的方法和技术，他们才会深刻体会到量化分析是一种比基本面分析更为高级、比技术分析更为科学的技术。自然地，他们会持续使用科学的量化分析方法、量化的技术和量化的手段，并将这一切融入他们每天的工作和研究中，然后他们自然会把量化分析作为金融分析的主流方法传授给他们的后辈和他们周围的人。

"桃李不言，下自成蹊"。我们相信，量化分析最终会帮助我们克服传统金融分析方法的低效性、不科学性和人类体能的局限性①。

因此，在大数据时代，本书需要承担起以下历史使命：首先，承前启后，让读者通过阅读本书从自身知识结构中找到衔接点，帮助读者从传统的"文科式金融"向量化金融过渡。其次，避免传统量化金融专著的以偏概全。以往的量化金融讨论的主要是 Q－type 量化，而忽视了 P－type 量化。再次，实现量化金融与大数据、人工智能乃至金融科技等新专业的有机结合。最后，过去几年，基于"因果推论"分析范式的实证微观计量学成为国内师生追捧的主流研究范式，甚至有学者指出，这是"新计量经济学"。"新计量"和量化金融是什么关系？这是本书要回答的问题之一。

二、研究框架

由于量化金融一直存在两个流派，即 Q－type 和 P－type，因此，本书的重点是试图提出一个统一的量化金融分析框架。鉴于目前国内对量化金融这个概念存在诸多误区，同时考虑到该领域存在非常强的跨学科特性，本书中的若干内容采取一问一答的形式。但是，本书本质上可分为四大模块：通识基础模块、专业基础知识模块、中级专业知识模块和高级专业知识集锦模块。其中，中级专业知识模块是本书的重点，在该模块中，本书分别从金融计量视角（即 P－type 视角）、金融数学视角（即 Q－type 视角）、机器学习理论视角（即大数据、人工智能视角）和微观实证计量视角（即新计量视角）四个方面进行了论述。金融计量视角模块讨论的知识点基于 P－type 量化的视角展开，金融数学视角模块从 Q－type 视角展开。而为何有微观实证计量视角和人工智能视角呢？在此需要先说明一下，计量经济学和机器学习理论都和统计学有着千丝万缕的联系，但又有区别。人工智能引领的金融科技革命浪潮已开始席卷全球金融业，人工智能技术，尤其是其底层核心理论——机器学习理论也在重塑着量化金融的理论和方法。机器学习理论的主要算法有哪些？和量化金融如何衔接？本书将给出一定的答案。我们再说说计量经济学的重要性。在目前国内的金融与经济研究活动中，基于微观实证计量展开的研究多得惊人，以国内权威期刊——《经济研究》为

① 举一个例子，一个证券研究院每天阅读和梳理各大券商的研究报告的极限是每天 100～150 篇，但是利用量化分析技术中的人工智能技术，可以构建知识图谱、聚类分析以及文本主题分析，迅速提取几万篇研究报告中的关键词、关键信息或者关键主题。量化分析技术能够帮助金融从业人员超越人类体能的极限。

例，每年超过六成的学术文章涉及微观实证计量，而“因果推论”是整个微观实证计量方法论的核心哲学逻辑。这些知识和量化金融有什么关系呢？和机器学习理论是否有关系呢？微观实证计量研究中的哪些知识和量化金融的知识有联系呢？区别又是什么呢？这是市面上所有书籍（不管是学术书籍还是科普类书籍）都避而不谈的内容。

三、本书的主要特点

（一）理论价值与现实意义

对于国内的学生、学者和实务界从业人员而言，量化金融还是一个比较新的概念。此外，也因为若干历史原因，涉及“量化金融”这一概念的内涵与外延的边际界定，几乎处于一种“混沌”的状态。因此，我们需要有一本专门的教材或专著，从理论的高度，“一体化”若干学科，构建一种可行的、统一的量化金融分析框架，这是本书的理论意义。

量化金融是一门操作性很强的实践型学科，我们认为任何好的量化金融理论必须能够迅速地转化为“生产力”，在现实世界中去检验，这是评价量化理论的最好办法。此外，如前文所述，“可证伪的”才为“非伪科学”。因此，本书所介绍的理论或者基于理论派生出来的模型都有很强的可操作性，很多模型直接给出了源代码，使金融从业人员可以对理论或模型进行评估和思考，进而改进，这就是所谓的“可追踪”，最终“可证伪”。

（二）创新之处

“创新”发生之处往往是将不同学科的“灰色地带”加以统一。本书的创新之处可以概括为：

1. 实现量化金融与传统金融学的衔接。传统的量化金融专著一般侧重 Q－type 的论述，仅关注衍生品定价，因国内衍生品市场发展滞后，国内学生阅读国外的量化金融专著往往觉得对现实研究问题指导作用不大，而且金融数学的学习曲线极为陡峭，学生学习缺乏热情，几乎都是“从入门到直接放弃”。国外金融教育和研究侧重于微观金融视角、财务管理视角，而我国本科金融教育侧重于宏观金融视角、经济学视角。本书试图调和这些长期被国内教育界和学术研究界忽视的问题，并引入一种一体化的分析框架。此外，本书的另外一个特点是，引导读者思考如何使用 CFA 和 FRM[①] 的知识点，如何进一步学习量化金融知识或者如何利用量化金融学手段理解和掌握 CFA 和 FRM 的知识点，本书中的很多研究案例直接来自 CFA 或 FRM 考试教程。通过利用量化金融的分析手段，金融教育的知识点“碎片化”问题得到了解决。

2. 实现量化金融与前沿学科的衔接。当下，我们已身处大数据、人工智能时代，数据量的陡然增加导致数据挖掘技术的兴起。因此，目前国外最热门的专业应属“数据科学”专业，数据科学专业又与人工智能等前沿学科有着千丝万缕的联系。众所周知，金融系统每天生产着海量的金融数据，金融数据本身就是大数据的一部分，而且是非常重要的一部分。但是因为国内教育体制的诸多问题，大数据、人工智能的课程在国内金融学教育中几乎缺失，其结果是导致国内从业人员和在校学生的知识结构出现严重缺陷。本书试图起到抛砖引玉的作用，弥补国内从业人员和在校学生的金融知识结构缺陷的问题。

3. 实现量化金融与数理统计类课程的衔接。财经类院校的数理统计课程一般是围绕计量经济学展开的，当代计量经济学是一门侧重“解释”而非“预测”的学科。而量化金融的若干成果更多地来自实务界，量化金融之所以受业界追捧，主要原因是量化金融更关注“预测”，人工智能中的机器学习理论就是一门关注“预测”的学科，这也是实务界往往要求高校的量化金融专业多向业界输送懂人工智能知识的学生的原因。需要注意的是，机器学习理论（有时也被称为统计学习理论）和计量经济学虽然都来自统计学，彼此却有很大的不同，本书在其后的章节中将详细讨论。如何在量化金融视角下，让财经类院校毕业的从业人员或在校生能将其所学与现代量化金融知识相结合，这是学界一直思考的问题，也是一个难点，而本书做了这样的尝试，相信读者会在本书中找到答案。

① CFA 是“特许金融分析师”（Chartered Financial Analyst）考试的英文缩写，而 FRM 是全球金融风险管理师考试的英文缩写。本书后续部分对这两个考试进行了专门的介绍。

第二章　完全无害的量化金融学共识

一、概述

为了让读者对量化金融学有全方位的认识，本章从以下几个方面向读者系统地介绍了量化金融学：首先是对量化金融学以及相关容易混淆的专业进行学科界定。然后我们重点回顾了量化金融学的发展历程和重要的历史事件，介绍了国外著名大学的量化金融专业课程设置理念，并给出了学习量化金融学知识的一些建议。本章仅是对量化金融学知识的一个粗浅的介绍，量化金融学本身也是一个迅速发展的学科，因此，本章一定也有不足或值得商榷的地方，欢迎专业学者讨论或指正不足。

如前文所述，在量化金融圈中一直存在着两个流派：P－type 和 Q－type。2008 年美国金融危机是一个重要的时间分水岭，2008 年以前，量化从业人士主要利用随机分析等数学工具对金融产品开发进行创新，主要以 Q－type 流派为主。而 2008 年之后，P－type 逐渐走上舞台。表 2－1 反映了量化金融学的内涵和外延。

表 2－1　量化金融学的内涵和外延

类别	内涵和外延
Q－type	基于金融数学原理和风险中性原则，利用随机分析工具，主要研究金融衍生品定价
P－type	基于数据和统计，利用金融时间序列和金融计量学、数据挖掘技术以及人工智能技术从事风险管理或者套利

二、量化金融与相关学科之间的区别与联系

量化金融专业是新兴专业方向，因此其内涵和外延的界定仍有待深入探讨。就目前而言，量化金融专业较容易和金融工程专业、计算金融专业、金融数学专

业相混淆。因此，我们在此做一定的梳理。

量化金融主要是利用数学方法和数理统计工具解决金融经济乃至金融社会问题。有很多其他的专业与量化金融类似，比如，金融工程、金融风险管理、计算金融以及金融数学。一般而言，这些学科都致力于将学生培养和打造成为量化分析师（Quant），让其具有较强的分析、交易、投资和风险管理技能。根据维基百科上关于量化金融的介绍，全球最早的量化金融项目可以追溯到1990年。

提到量化金融，就不能不提到金融工程学。金融工程学是一个跨学科的专业，该专业涉及金融理论、经济与管理科学、工程学方法、数学工具以及计算机程序开发与编程。也有人认为金融工程学是金融数学与计算金融在金融研究领域的具体应用。需要特别注意的是，金融工程专业虽然号称“工程学”，但是一般而言，以美国为例，美国的工程师协会并不承认金融工程学位属于工程学的范畴，而且特别有意思的是，国际金融工程师协会已改名为国际量化金融协会（IAQF）。该协会认为，金融工程学的专业知识和研究工具主要包括应用数学、计算机科学、统计学以及经济学理论。该协会认为，以上所涉及的专业知识和研究工具的排名是有顺序的。毋庸置疑，应用数学绝对是排在首要位置的，然后是计算机科学，统计学次之，经济学理论在金融工程中的地位则较为弱化。以华尔街的量化分析师为例，很多人的经济学知识相对贫乏，大量的量化分析师都直接来自数学专业、物理专业和计算机专业。还有人认为，凡是利用技术性工具处理和研究金融学问题的人都应该称为金融工程师，尤其是银行的程序员（也包括IT部门的从业人员）以及那些在政府部门利用统计方法处理金融经济问题的从业人员。当然，我们更希望将金融工程从业人员定义为那些受过系统的专业高等教育训练的、有完备金融知识的人才，并将这些人称为金融工程师。也有人将金融工程师定义为那些创造金融产品和策略的金融从业人员。我们也应该清醒地认识到，20世纪90年代金融工程专业的兴起，主要是因为全球出现了对新金融衍生品需求的浪潮，进而催生了大量涉及利用金融数学知识构建金融产品定价、估值模型、风险管理或涉及量化投资策略的金融职位，最终导致量化分析师（有时也称为“宽客”）这个职位的产生。金融工程学的主要应用领域包括：公司金融、衍生品定价、金融监管、投资组合管理（包括资产管理）、风险管理、结构化金融产品设计、量化交易以及金融产品的估值。

而另一个容易与量化金融学以及金融工程学混淆的专业方向是计算金融学。作为计算机科学在金融学中的具体应用，有学者认为计算金融学是计算机科学的一个分支，也有学者认为计算金融学是金融学的一个分支，由此可见计算金融学是一个典型的交叉学科。为了区别于金融数学或金融工程学，有学者认为计算金融学应该更偏重于对数据、交易算法的分析，该专业的人才培养重点应特别注重学生的编程能力，并要求学生能够综合地利用计算机程序化（或算法化）的数学模型对复杂金融市场问题进行分析，进而从事定价、估值、对冲、套利以及风险管理的研究和相关工作。此外，该专业要求学生对特定金融算法的“可实现性”以及对数据（尤其是大数据）的“可处理性”问题加以关注。诚然，这些问题也是计算金融学研究的重点。简而言之，该专业的核心数学课程应包括数值分析、优化运筹学、随机过程、随机微积分（重点关注数值解问题）、统计与机器学习理论、大数据统计与数据科学等。目前，业界一般认为，因为算法交易、量化投资以及高频交易领域的研究和应用涉及太多计算机科学知识，因此这些领域的研究都应隶属于计算金融学。

最后一个容易让人混淆的专业方向是金融数学专业。很多院校将金融数学专业设立在数学学院或统计学院下。此外，特别有意思的是维基百科一度将金融数学等价于量化金融，但是因为其专业名称毕竟是“金融数学”，即金融是形容词，而数学是主语，普遍认为“金融数学”是应用数学的一个分支，这在“数学圈”中是不争的事实。一般而言，金融数学家们认为，金融数学是数学领域的一个分支，该学科研究重点在于利用数学或数值方法建立金融理论与数学的关联，该学科“洁癖般地”强调数学定理的严谨，并致力于将金融理论与数学定理之间保持一致性和完备性。至于为保持一致性和完备性而牺牲经济学直觉或造成经济学含义的不明确，却绝对不是金融数学家所关注的焦点和研究重点。根据维基百科上的解释和举例，经济学家会思考公司股票价格形成的原因以及背后的经济学机理①，而金融数学家仅将股价作为某种数学家熟悉的数学模型（比如几何布朗运动），不会思考（也不会去关注）“股价为何是布朗运动”这类问题。

由此可见，量化金融专业、金融工程学、计算金融专业以及金融数学专业都涉及应用数学、计算机科学、统计学、经济学、财务管理学，因此为了进一步梳理清楚这些专业的内涵和外延，我们有必要对这些专业进行一个大致的横向比较（见表2-2）。笔者的本意是“抛砖引玉”，而对于这些专业的严格区分和界定，可作为高校教育研究的一个重点课题来进行。

① 当然，经济学家一般最终会将理由归结于消费以及基于消费的效用函数。

表 2-2　四个专业间的区别和联系

		金融工程学	计算金融	金融数学	量化金融
编程技能	C/C++	4	10	0	5
	Python/R	4	10	0	5
	MATLAB	4	10	0	5
电脑工程学/计算机科学	网络架构/操作系统	0	6	0	3
	大数据数据库	1	5	0	3
	硬件开发（指 GPU 并行计算等）	0	3	0	1
应用数学	数值计算	4	10	10	5
	优化学	4	10	10	5
	随机微积分	5	8	10	5
	测度论	2	1	10	1
	偏微分方程	3	3	10	3
统计学	大数据分析	2	5	2	8
	机器学习理论/人工智能	0	5	0	10
	传统数理统计	5	5	10	5
经济学	传统经济学①	0	0	0	0
	金融经济学	5	0	0	1
	金融经济计量学（包括实证）	8	0	0	1
物理学	金融物理	10	0	0	0
总分		56	67	64	65

金融工程学一般隶属于金融学院，或者经济与管理学院下的金融系。计算金融学隶属于计算机系。金融数学毕业的学生往往直接授予数学学位，因此，金融数学一般设立在数学学院或者统计学院之下。量化金融一般设立在金融学院之下，人工智能以及大数据这些课程，则可设置在量化金融专业课程中。由此可见，量化金融比较好地调和了其他三个专业。经济学对这些学科影响都较弱，金融工程专业学生会学习金融经济学，但其他几个专业的学生一般不学习金融经济学。虽然四个专业的区分不十分明显，但是侧重点不同，如果逐条细

① 主要指宏观经济学、微观经济学、产业组织学、劳动经济学、区域经济学、国际经济学（包括国际金融与国际贸易）等。

分比较，各个学科的研究重点的差别还是十分明显的。金融工程学在国内会涉及一些经济学课程，而计算金融彻底偏向计算机科学专业，甚至涉及硬件或计算机网络开发研究。金融数学对数学要求非常专业，强调数学推演和分析，对编程几乎没有要求（自学编程的数学家除外）。一般而言，计算金融和金融数学的学生财务管理以及公司金融的知识都比较薄弱，会计知识几乎为零，尤其是金融数学专业的学生，因为过于关注衍生品定价问题，对于股票和固定收益的那些传统金融学知识往往不足，缺乏金融市场与金融机构的相关知识，有时会出现报考 CFA 这样的金融专业技能考试反而有难度。而量化金融和金融工程学专业的学生因为隶属于金融学院，传统金融学和财务等这类“软知识”较为丰厚。当然，究竟本科人才培养是侧重培养学生的专业技能，还是侧重培养学生的综合全面素质，这是需要取舍的问题，但本质上并无孰优孰劣之分。

三、Q－type 视角下的量化金融发展历史

保罗·威尔莫特（Paul Wilmott）是一位全球著名的量化分析师，他在过去 20 年间为推动量化金融学的发展做出了巨大的贡献，他的很多书籍都是量化金融领域的经典教程，关于量化金融学发展的很多历史事件就来自他的若干书籍。但是我们要声明的是，量化金融的内涵和外延比威尔莫特所定义的要更广和更深远，我们认为保罗·威尔莫特定义的“量化金融”的实质是 Q－type 量化金融学，而量化金融学还包括很多威尔莫特未覆盖的 P－type 知识和量化视角下的宏观金融学。

量化金融的历史其实非常丰富，笔者很难全部概述，但本部分概括了量化金融学科发展的大致脉络。

关于 Q－type 量化从业人员可以简单地定义为：他们大多来自数学和物理专业，主要使用金融数学中的随机分析方法（stochastic calculus）进行工作或研究。风险中性假设是他们工作的重要准绳，主要的工作是对金融资产，尤其是衍生品进行定价。本部分内容主要是对保罗·威尔莫特若干专著的资料整理。

威尔莫特认为，量化金融的思想最早可追溯到 20 世纪初，“量化”第一人的称号应该颁给法国学者劳伦斯·巴施里耶（Louis Bachelier），他是一位数学家，1900 年他的博士论文《投机理论》是目前已知的最早试图用随机分析方法研究金融问题的著作。他认为，金融资产价格的运动满足一种特殊的随机过程，这种随机过程在今天看来其实就是大名鼎鼎的“布朗运动”（Brownian motion），基于

这样的假设，巴施里耶研究了股票期权的定价问题，但可惜的是，他的博士论文在当时并没有受到广泛的关注。但后世最终认可了他的贡献，目前很多教科书都认为巴施里耶是金融数学领域的先驱。

对量化金融或者量化经济学有实质性推动作用的是经济学泰斗保罗·萨缪尔森（Paul Samuelson）。如前文所言，在很长一段时间，国内学界将“quantitative”一词翻译为“数理”，因此很自然地让大众以为“量化金融学”以及“量化经济学”的发展是过去几年才兴起的，其实以“量化”的方法思考和处理经济与金融问题的早期践行者应该是萨缪尔森。萨缪尔森一生致力于将宏观经济学以及微观经济学进行彻底的“数理化”，也就是“量化”，其主要“量化”贡献包括：消费理论中的功效理论、福利经济学领域的林达尔—鲍恩—萨缪尔森条件（Lindahl - Bowen - Samuelson condition）、金融经济学中的有效市场假设以及隧道理论、国际金融学中的巴拉萨—萨缪尔森效应（Balassa - Samuelson effect）等。当然，对量化金融学而言，后人认为是萨缪尔森重新发现了巴施里耶的博士论文在金融学中的重要性，为后来的金融工程学的发展，尤其是期权定价理论指明了正确的研究方向，使得该学科的分析研究体系得以建立。后来量化金融学领域的若干巨擘，诸如罗伯特·莫顿（Robert Merton），都是萨缪尔森的学生。

量化金融学发展中最具里程碑式的事件应该是 BSM 欧式期权定价公式的确立。BSM 欧式期权定价公式的全称是 Black - Scholes - Merton 欧式期权定价公式，该模型是三位经济学家名字的缩写，这三位经济学家分别是布莱克·费克雪（Black Fischer）、迈伦·斯科尔斯（Myron Scholes）① 和罗伯特·莫顿，该模型最早由费克雪和斯科尔斯在 1973 年提出，发表在著名的经济学学术期刊《政治经济学期刊》（JPE）上，论文题目为《期权定价与公司债务》，他们利用偏微分方程推导出欧式期权的定价公式，这也就是现在的 BSM 期权定价公式。而罗伯特·莫顿是最早系统地从经济学视角发表学术文章全面阐述和扩展费克雪和斯科尔斯模型的学者，莫顿也是较早地将费克雪和斯科尔斯模型称为“费克雪—斯科尔斯期权定价模型”的学者。在该模型出现之前，金融市场上对期权的估值几乎都是“想当然”的“拍脑袋”，而该模型虽然表达式颇为复杂但易于使用，主要原因是，该模型仅需要交易员提供五个参数，便可以迅速计算出期权的合理价格，这五个参数分别是：标的物价格、行权价、无风险利率、期权期限以及波动率（volatility）。除波动率为主观因素外，其余四个因素皆为客观因素，数据可十分公开透明地在市场上获得。其后的经验表明，该模型很多时候都能较好地贴近

① 也有学者（比如：史树中教授）将 Myron Scholes 翻译为迈伦·肖尔斯。

市场的期权真实价格[①]。因为BSM模型的开创性研究，斯科尔斯和莫顿在1997年获得了诺贝尔经济学奖。费克雪在1995年患病去世，而诺奖委员会认为费克雪在BSM模型的贡献极为重要，只是因为该奖项只授予在世的学者，确实令人惋惜。

20世纪70年代是量化金融快速发展的时代，具体的学术成就包括：蒙特卡洛法在金融中的应用、利率定价理论的发展、离散衍生品的定价、债券与利率期限结构理论的发展。表2－3汇总了20世纪70年代具有代表性的学者及学术成就。

表2－3　20世纪70年代量化金融学的主要成就

时间	代表人物	主要贡献
1977年	费利姆·波义耳（Phelim Bolye）	利用蒙特卡洛法模拟资产价格（标的物）走势，进而对基于该标的物的期权进行定价
1977年	瓦西塞克（Vasicek）	传统量化模型认为利率为常数，而实证经验表明短期利率为随机过程，瓦西塞克给出了债券定价的随机微分方程，并建立了较为完整的利率定价分析体系
1979年	考克斯（Cox）、罗斯（Ross）、鲁宾斯坦（Rubinstein）以及夏普（Sharp）	创立基于二叉树模型的期权定价公式，该模型被认为是离散时间版本的BSM模型。创立的动机是，BSM模型在当时太晦涩难懂，其推导过程也很难让人接受，于是考克斯等人提出了一种比较浅显的期权定价方法
1979年	麦克·哈里森（Mike Harrison）和大卫·克雷普斯（David Kreps）	证明了期权价格和高等概率论与离散时间的关系

计算机技术的兴起使得更多复杂的数学模型可以实现，而更多受过专业数学训练的从业人员的加入又使得量化金融学的理论和实践有了更深入的发展，从业人员和科研人员对于金融资产的定价机理也有了更深刻的认识。最重要的代表事件包括风险中性思想在金融资产定价中的广泛应用、等价鞅测度理论的应用、信用衍生品定价等。

---

① 虽然该模型也有很多不足，比如该模型认为波动率为一常数，但事实证明波动率并非常数。因篇幅限制，对于BSM模型的不足和缺陷问题不展开讨论。但毋庸置疑的是，在20世纪70年代，BSM模型的出现是有跨时代意义的，是极具开创性的研究。

四、P－type 视角下的量化金融发展历史

P－type 的研究视角和 Q－type 有较大的差异，这类从业人员多来自统计学专业，早期从事实证研究。早期的实证研究发现，金融资产价格并非完全满足随机游走或布朗运动，资产价格的收益率存在负偏或者肥尾现象，而收益率与其历史数据的自相关系数也不如传统金融时间序列分析的那么高，收益率的平方项的自相关系数非常高，这也就是后来所谓的“波动率聚凝”（volatility clustering）。基于这些实证特性，若干学者对传统时间序列模型，比如，自回归移动平均（Auto－Regressive and Moving Average Model，ARMA）模型进行了重构，提出了自回归条件异方差（Auto－Regressive Conditional Heteroskedasticity，ARCH）模型，该模型认为模型的扰动项的方差并非常数，而是随时间变化。一般认为，纽约大学的罗伯特·恩格尔（Robert Engle）教授是 ARCH 的发明人，恩格尔教授因为 ARCH 模型在 2003 年获得了诺贝尔经济学奖。杜克大学的蒂姆·波勒斯勒夫（Tim Bellerslev）通过扩展 ARCH 模型构建了 GARCH 模型，特别值得一提的是，罗伯特·恩格尔教授和“恩格尔系数”并没有任何关系，恩格尔系数的发明人其实是 19 世纪德国统计学家恩斯特·恩格尔（Ernst Engel，1821—1896），细心的读者可能已经发现，此二人虽中文翻译名都为“恩格尔”，但该英文单词拼写其实不一样。而在国际经济学界，有一位著名的经济学家也叫恩格尔，他就是美国威斯康星大学（University of Wisconsin）教授查尔斯·恩格尔（Charles Engel），该教授在开放经济学领域的著名学术期刊《国际经济学杂志》（*Journal of International Economics*）发表了若干学术论文，因为都叫“恩格尔”，因此往往被国内学者张冠李戴。

经过差不多半个世纪的发展，金融计量学（financial econometrics）或者被称为实证金融学（empirical finance）已经发展为一门严谨完备的学科，该学科一个重要的研究领域就是研究波动率。研究波动率可能是整个金融计量学研究的重点。简而言之，波动率类似于动态化的方差（variance）。而方差本质上是一个最简单的刻度风险的指标。波动率的研究可以广泛地应用到金融学的三个重要的领域。

第一，投资组合最优权重的配置研究。投资组合学的核心就是研究收益（用统计学的一阶矩——期望值来度量）和风险（用统计学的二阶矩——方差来表示）的关系，进而寻找最优的资产权重配置问题。所以，投资组合学本质上特别关注动态方差的研究。此外，在经典的 CAPM 理论中，β 值始终是研究的重点，基于 GARCH 的波动率研究也可以扩展到研究动态 β 值。

第二，金融风险管理中的应用。在险价值（Value at Risk，VaR）和预期亏空（expected shortfall，ES①）是风险管理领域最重要的两个风险测度指标，而构建 VaR 和 ES 本质就是寻找恰当的波动率。

第三，金融工程中的应用。期权定价是金融工程学的核心理论支柱。根据 BSM 期权定价公式，期权的价值主要来自波动率。业界甚至认为波动率是期权价值的发动机。目前的实证研究也证实期权定价中的波动率绝对不是一个常数，它是随时间变化的。而动态化波动率的方法虽然有不少，但最为简单高效的方法是采用 GARCH 模型。而且经过若干年的发展，GARCH 模型家族已非常成熟和完善。有学者统计过，现在 GARCH 家族的模型多达三四十种。GARCH 模型的发明人蒂姆·波勒斯勒夫（Tim Bollerslev）教授在 2008 年的文章中总结了常见的 GARCH 模型，我们对一些特别常用的模型进行了汇总和整理，具体可见表 2－4。

表 2－4　常见的 GARCH 模型及相关文献汇总

缩写	英文全称	中文翻译	文献
AARCH	Augmented ARCH	增广 ARCH 模型	Bera，Higgins and Lee（1992）
APARCH	Asymmetric Power ARCH	非对称幂 ARCH 模型	Ding，Engle and Granger（1993）
ARCH－M	ARCH in Mean	ARCH 均值模型	Engle，Lilien and Robins（1987）
FIGARCH	Fractionally Integrated GARCH	分形积分 GARCH 模型	Baillie，Bollerslev，Mikkelson（1996）
GARCH	Generalized ARCH	广义 ARCH 模型	Bollerslev（1986）
GARCH－t	Student's t GARCH	学生式－t ARCH 模型	Bollerslev（1987）
GJR－ARCH	Glosten－Jagannathan－Runkle ARCH	GJR－ARCH	Glosten Jagannathan Runkle（1993）
EGARCH	Exponential Generalized ARCH	指数广义 ARCH 模型	Nelson（1991）
HGARCH	Hentschel GARCH	H－GARCH	Hentschel（1995）
IGARCH	Integrated GARCH	单整 GARCH 模型	Engle and Bollerslev（1986）
MARCH	Modified ARCH	修正 ARCH 模型	Friedman，Laibson and Minsky（1989）
MARCH	Multiplicative ARCH	乘法 ARCH 模型	Milhoj（1987）
NARCH	Nonlinear ARCH	非线性 ARCH 模型	Higgins and Bera（1992）
PNP－ARCH	Partially Nonparametric ARCH	偏非参 ARCH 模型	Engel and Ng（1993）
QARCH	Quadratic ARCH	二次型 ARCH 模型	Sentana（1995）
QTARCH	Qualitative Threshold ARCH	定性阈值 ARCH 模型	Gourieroux and Monfort（1992）
SPARCH	Semi－Parametric ARCH	半参 ARCH 模型	Engle and Gonzalez－Rivera（1991）

① 根据国际惯例，目前国内外都采用 VaR 和 ES 来专指在险价值和预期亏空，在本书中，如无特殊说明，将始终使用 VaR 和 ES。

续表

缩写	英文全称	中文翻译	文献
STARCH	Structural ARCH	结构 ARCH 模型	Harvey，Ruiz and Sentana（1992）
SWARCH	Switching ARCH	转换 ARCH 模型	Hamilton and Susmel（1994）
TARCH	Threshold ARCH	阈值 ARCH 模型	Zakoian（1994）
VGARCH	Vector GARCH	向量 ARCH 模型	Bollerslev，Engle and Wooldrige（1988）

过去十年，P－type 的量化分析师开始走上历史舞台，主要原因如下。

第一个原因是随着大数据时代的到来和互联网行业的兴起，更多的金融数据为统计学专业的人才提供了丰富的数据试验场。

第二个原因是全球金融监管的新趋势。大众普遍认为，2008 年席卷全球的美国金融危机是过度使用金融衍生品造成的。而衍生品的开发本来就是 Q－type 量化分析师的主要工作职责。2008 年美国爆发金融危机后，美国政府出台了号称人类历史上最严厉的金融监管法案——《多德—弗兰克华尔街改革和消费者保护法》，致使大量涉及衍生品开发的岗位消失。Q－type 从业人员岗位减少，是导致 Q－type 量化分析师大量转行的原因。

第三个原因是人工智能时代的到来。在 20 年前人工智能领域的发展遇到了难以想象的瓶颈，最主要的原因是缺乏理论支持，早期的人工智能科研人员主要来自计算机系，他们的数学与统计功底薄弱。但是 20 世纪 90 年代末以来，人工智能得到了迅猛的发展，主要原因是人工智能领域的研究开始和统计学深度融合，最主要的代表性事件是统计学习理论的兴起，支持向量机（Support Vector Machine，SVM）模型使严谨的应用数理统计知识在人工智能领域得到了真正的应用。SVM 模型有较强的预测能力和学习能力，在 2000 年前后被华尔街若干量化交易公司使用，进行金融资产价格预测。此外，SVM 还广泛应用于信用评估领域。2005 年后，以 SVM 模型为代表的机器学习理论遭遇研究发展瓶颈，业界普遍发现该类模型的预测正确率在达到一定程度后，就再难以提高，致使业界开始怀疑 SVM 模型视角下的人工智能技术是否已发展到了极限，触及“天花板”。令人庆幸的是，2006 年前后，一种被世人长期遗忘的人工智能理论——神经网络又回到了大众的视野，不过神经网络理论的成功回归是基于人类硬件技术有了重大突破，即图形处理器（Graphics Processing Unit，GPU）在人工智能中的大规模应用。从事神经网络研究的科研人员将基于结合大规模 GPU 硬件技术搭建的中大型神经网络的理论称为“深度学习理论”（Deep Learning）①，其标志性事件

① 2019 年该理论获得了计算机科学最高奖——图灵奖。

是加拿大多伦多大学的杰弗·辛顿（Geoffrey Hinton）2006年在《科学》（*Science*）杂志上发表的关于深度学习的论文。2016年，基于深度学习技术构建的阿尔法围棋（AlphaGo）打败韩国棋手李世石成为年度热门事件，基于人工智能的量化金融研究也成为国内业界炒作的热点。客观而言，大数据时代和人工智能时代带来了P－type量化行业的迅猛发展。

五、间接影响量化金融发展的人物和事件

本部分首先重点回顾了影响金融学发展的一些重要的经济学家，然后重点梳理了影响量化金融学科发展的重要的非金融经济学家。

除了前文提到的萨缪尔森、莫顿、斯科尔斯和恩格尔外，还有若干经济学家也都是数理经济学（即量化经济学）的忠实信徒，他们一生都在利用量化的手段从事着学术研究，这些学者包括（但不限于）：

弗兰科·莫迪利安尼（Franco Modigliani，1918—2003），1985年诺贝尔经济学奖得主，诺贝尔委员会评价其为分析储蓄与金融市场的先驱。他是储蓄的生命周期假说的创始人，该假说在研究家庭和企业储蓄中得到了广泛应用，他还是公司金融理论的早期奠基人，是Modigliani－Miller（简称M－M理论）创始人之一。

劳伦斯·R. 克莱恩（Lawrence R. Klein，1920—2013），1980年获得诺贝尔经济学奖，计量经济学模型的创始人，被后人称为“计量经济学之父”，他所发表的论著和对各国研究团队的指导，使得计量经济学成为经济与金融学重要的组成部分，这些模型也成为经济政策分析与评估的重要研究手段。

哈里·马科维茨（Harry Markowitz，1927—），1990年诺贝尔经济学奖得主，投资组合理论的创始人之一，最早提出资产组合收益率的均值和方差这两个数学概念，从数学上明确地定义了投资者偏好，并开创性地将边际分析原理运用于资产组合的分析中，对金融经济学理论发展做出了杰出贡献。他的研究领域还包括金融微观分析及数学、计算机在金融经济学方面的应用。他的理论几乎影响了和他同时代的所有学者。

默顿·米勒（Merton Miller，1923—2000），1990年诺贝尔经济学奖得主，Modigliani－Miller理论创始人之一。米勒的公司金融理论较好地解释了是何种因素决定公司在应计债务和分配资产方面的选择问题。

威廉·夏普（William F. Sharpe，1934—），1990年诺贝尔经济学奖得主，资本资产定价模型（CAPM）创始人之一，并创立了夏普比率，发展了期权估值的二叉树模型，提出了“系统性风险”和“非系统风险”的概念。夏普对经济学

的最主要贡献体现在他提出了在不确定条件下投资人关于有价证券的金融决策分析的规范分析框架。

罗伯特·蒙代尔（Robert A. Mundell，1932—），1999 年诺贝尔经济学奖得主，在不同汇率制度下的财政与货币政策的研究领域做出了杰出贡献，是“最优货币理论”的奠基人，被誉为“欧元之父”。此外，他还是开放条件下宏观稳定政策的理论蒙代尔—弗莱明模型的发明人之一。

尤金·法玛（Eugene F. Fama，1939—），2013 年诺贝尔经济学奖得主，被誉为“金融学之父”（The Father of Finance），是“有效市场假说”的创始人。法玛教授长期利用实证研究方法在投资组合学、资产定价以及股票市场行为研究领域为金融学做出了杰出贡献。

罗伯特·席勒（Robert J. Shiller，1946—），2013 年诺贝尔经济学奖得主，在资产定价实证分析领域有重要贡献，被认为是当代行为金融学的主要创始人，并被视为新兴凯恩斯学派成员之一。席勒教授在金融市场、行为经济学、宏观经济学、不动产、统计方法及市场道德判断、公共选择等领域都有杰出贡献。

此外，量化金融学得以迅速发展也得益于现代抽象概率理论的发展，而现代抽象概率论的理论奠基人主要是约瑟夫·杜布（Joseph Doob）、安德烈·柯尔莫哥洛夫和保罗·列维（Paul Lévy）。

约瑟夫·杜布（1910—2004），美国数学家，主要研究数学分析和概率论，金融数学中用得最多的鞅论（The theory of martingales）主要是由杜布发展起来的。

安德烈·柯尔莫哥洛夫（1903—1987），苏联著名数学家，主要研究概率论等。他一生的学术造诣非常高，被誉为 20 世纪苏联最杰出的数学家，也是 20 世纪世界上为数极少的几个最有影响力的数学家之一。

保罗·列维（1886—1971），法国籍犹太数学家，在金融学以及概率论中大名鼎鼎的 Lévy 分布，就是他发明的。

最后特别需要一提的是 19 世纪英国植物学家布朗、美国应用数学家诺伯特·维纳（Norbert Wiener，1894—1964）和 20 世纪日本数学家伊藤清（Kiyosi Itô，1915—2008），这三位也是间接影响量化金融发展的重要人物。

1827 年，英国植物学家布朗在花粉颗粒的水溶液中观测到花粉无间歇的不规则运动，后人将这种粒子的无规则运动称为布朗运动。而在金融数学中，用随机过程描述金融资产的价格走势是研究金融工程学的第一步。一般而言，金融资产的价格，尤其是股票的价格，都被认为满足布朗运动。因此，布朗运动这个概念已成为金融数学以及金融工程学的基础性假定。当然，在提到布朗运动时，也需要提到维纳过程（Wiener Process），一般而言，布朗运动就是维纳过程，因为布朗是一位植物学家，虽然他发现了粒子无规则运动这一事实，但是他无法用严谨的数学语言去描述和定义这一现象，而这一工作是由美国应用数学家维纳完成的。需要特别强调的是，维纳不仅是一位天才数学家，还是控制论的创始人。很长一段时间，人工智能研究和控制论研究没有严格的区别，维纳除了对当代金融数学的发展产生深远影响外，还被誉为人工智能学科的创立人之一。

如前文所述，BSM 模型是金融数学量化金融学的核心模型，在建模过程中往往需要使用伊藤积分（Ito calculus），而伊藤积分作为一种典型的随机积分，最早是由日本数学家伊藤清提出的。因此，在量化金融学学科发展史上，伊藤清也是一个伟大的理论贡献者。

六、中国现阶段金融学学科发展的困局与简单思考

在讨论量化金融学的发展之前，我们有必要回顾一下金融学在我国的发展历程。客观地说，金融学在我国的发展是十分曲折的。因为各种原因，我国金融行业的发展长期处在一种“抑制”的状态，根据西方主流的观点，金融行业的三大支柱分别为商业银行、证券公司以及保险机构，而我国长期以来一直是商业银行独大的局面，我国的金融市场也在一种“抑制”的状态下艰难发展。就金融学科而言，我国金融行业的不发达，致使可研究的金融问题有限，学科地位不高，时至今日金融学仍隶属于经济学，属于二级学科。

国内很多本科的入门课金融学其实质并非西方意义上的金融学，充其量为高级版本的货币银行学。特别需要注意的是，货币银行学一般是从经济学视角思考商业银行和央行货币政策问题，和西方意义上的金融学课程的立论基础几乎完全不同。西方的金融学专业，在很长一段时期也是隶属于财务管理专业或者经济学院，在过去十几年间，金融学成为炙手可热的专业，并能从财务管理专业或者经济学院脱离出来主要得益于投资学和金融工程学的发展，投资学和金融工程学极完备的理论基础成为现代金融学发展的重要理论支柱。可以认为，投资学、金融工程学、财务管理和金融经济学这四大理论支柱支撑起一个完整的现代金融学学科，并使得金融学最终成为一个独立的学科。但可惜的是，直到现在，我国的金融学学科仍隶属于经济学（或管理学），这样的学科分类是有偏颇的，弊端显而易见，因为金融学现在已经是一门独立的学科，该学科有自己十分庞大完整的行业生态体系，也有自己特殊的理论和实践体系。

客观而言，国内将金融学归为经济学或者管理学的范畴对金融学学科的发展有很大的误导性，尤其是量化金融学科的发展。在我们对量化金融学科发展的历程进行回顾的时候就可以发现，其学科发展与经济学和管理学关系并不大。根据我们长期跟踪和调研，美国的卡内基梅隆大学和加拿大的滑铁卢大学的量化金融

专业都是非常具有国际视野和办学特点的，这两所学校的量化金融专业的设立时间都不长，但在过去十余年间，这两所学校的量化金融专业迅速在业界获得了口碑和积累了人气，一个重要的原因是这两所大学的量化金融专业都得益于它们学校的计算机科学与工程专业的发展，这和过去十几年大数据、人工智能技术的崛起也密切相关，而更重要的是这两所学校培养出来的学生有极强的解决实际问题的动手能力。动手能力强弱和学生的计算机编程能力成正比。简言之，美国的卡内基梅隆大学和加拿大的滑铁卢大学是较早尝试将计算机科学与工程专业同金融学深度融合的大学，这也是这两所学校在过去十年迅速崛起的最重要的原因。

但是中国的量化金融人才培养不能完全照搬国外模式，原因有三：第一，中国国情不同，金融市场与机构发展的阶段和国外不同，西方量化金融专业的模式适合于成熟市场及机构，在西方的人才培养目标下培养的毕业生不能适应现阶段我国金融市场和机构的要求。第二，卡内基梅隆大学和滑铁卢大学的量化金融专业为专业硕士课程，并无本科专业，虽然这两所学校的招生计划中都提到并不要求学生具有金融学学位，并允许零金融基础学生报考，国内的高校如果要在本科阶段开设量化金融专业，国外可借鉴的经验非常少。第三，国外量化金融专业偏Q－type，而国内目前更需要P－type的从业人员。

七、国外名校的量化金融专业课程设置对我国的启示

卡内基梅隆（CMU）是一所以计算机科学立校的大学，该学校人工智能研究全球第一。因此，该校的量化金融专业自然侧重于计算金融（computing finance）方向，该专业硕士项目的人才培养模式非常值得国内高校借鉴和学习。首先，该项目非常强调C/C＋＋和Python的使用，基本上每学期安排一门讲授C/C＋＋语言的课程；其次，这些课程注重考查学生数据结构和算法的知识，并注重培养学生将编程知识和量化金融学知识紧密结合、综合运用的能力。

（一）主要课程与推荐教材

该项目除了重视C/C＋＋编程外，专业课的构成包括：高级衍生品建模、统计推论、统计与机器学习方法、金融时间序列分析、统计套利、多期资产定价、随机分析Ⅰ、随机分析Ⅱ、数值分析、金融风险管理Ⅰ、金融风险管理Ⅱ、固定收益证券分析、金融产品与市场、最优化方法在金融学中的应用、宏观视角下的计算金融分析、资产管理、微观市场结构和算法交易。

在高级衍生品建模课程中，学校推荐的教材为盖思勒尔编写的教材（Gatheral，2011）。而在统计推论这门课程中学校推荐的教材为鲁珀特编写的教

材（Ruppert，2011），该书也被推荐为金融时间序列分析和统计与机器学习方法课程的指定教材。在统计与机器学习方法课程中，学校还推荐了詹姆斯编写的教材（Gareth James，et al.，2014）。在随机分析Ⅰ和随机分析Ⅱ课程中，学校指定的教材是随机分析领域的经典教材，即由著名金融数学家施里夫（Shreve，S. E）编写的教材（Shreve，2004），施里夫长期担任CMU量化金融项目的负责人。而金融风险管理Ⅰ和金融风险管理Ⅱ的指定教材是布里格等（Brigo et al，2013）编写的。固定收益证券分析的教材是塔克曼等（Tuckman B and Serrat，2011）编写的。金融产品与市场课程的指定教材是库兹涅佑夫（Kuznetsov，2007）编写的，但是客观而言，该书写于2007年，而很多案例和数据主要集中在2000年至2005年。欧美市场在经历了2008年美国金融危机之后，金融行业发生了翻天覆地的变化，该书已经显得十分过时。本书在后面的章节有专门推荐涉及金融产品设计和金融市场与机构的教材和专著。对于课程最优化方法在金融学中的应用，学校推荐了三本书籍（Cornuejols and Tütüncü，2006；Grinold and Kahn，2000；Campbell and Viceira，2002）。

而统计套利、多期资产定价、宏观视角下的计算金融分析、资产管理、微观市场结构和算法交易课程皆未指定教材。

（二）核心模块和设计理念

CMU项目的专业课程设计包含三大模块：金融基础知识模块、数理统计理论模块、专业应用模块。

在金融基础知识模块中，课程主要包括：固定收益证券分析、金融产品与市场。量化金融专业是个跨学科专业，生源往往来自本科就读数学、统计、物理学、工程学、计算机科学与应用的学生，这些学生可能对金融学的内在逻辑没有任何了解，为了照顾这些跨专业的学生，有必要开设一些金融基础课程。

在数理统计理论模块中，课程又分为初级课程和高级课程。初级课程主要包括统计推论、统计与机器学习方法、金融时间序列分析、多期资产定价四门课程。而随机分析Ⅰ和Ⅱ、数值分析以及最优化方法在金融学中的应用较难。

统计推论这门课程是CMU量化项目的基础专业课，主要是给非统计类专业的跨专业学生开设的课程，该课程特别强调R语言以及对金融时间序列数据的理解和认识。在统计与机器学习方法这门课程中，使用的教程是计算机科学领域非常推崇的机器学习理论的入门级教材。此外，为了加强该课程与量化金融的结合，该课程使用了与统计推论、金融时间序列分析课程同样的教材。大卫·鲁珀特（David Ruppert）的金融时间序列的教材是北美主流商学院所选的教材，该教材非常有代表性。金融时间序列分析课程的教学设计和国内该课的设计差不多，主要是前期教授 ARMA 模型，然后讲授 VARMA，因为金融时间序列尤其特殊的统计特性，故重点讲授 GARCH 模型的应用。一般而言，在课堂上老师会花部分时间讲授高频金融时间序列分析，和计量经济学的侧重点不同，课堂上较少讲授结构向量自回归模型（Structure VAR，SVAR）等概念。

因 CMU 量化金融项目也招收非数学专业的学生，考虑到随机分析Ⅰ和Ⅱ课程难度较大，故安排了多期资产定价作为过渡。在该课程中，主要对一些随机分析中涉及的基本概念进行梳理，比如，鞅的基本概念、马尔科夫过程入门、滤波过程的定义及现实含义、停时过程介绍、风险中性定价的基本思想、关于套利的定义等。

整个项目的核心——数学理论课程应该是随机分析Ⅰ和Ⅱ。CMU 要求学生投入大量时间和精力学习随机分析，并将随机分析分为两个学期，基本上要求学生掌握施里夫教材中的全部内容。另外一个基础理论数学课程是数值分析，该课程主要教授如何利用数值分析方法解偏微分方程。首先介绍偏微分方程，重点介绍其在 BSM 公式中的应用。有限元法的相关算法、实现问题（诸如算法的稳定性、收敛性）、边界问题是重点讨论的对象，课堂上会介绍如何将这些数值技术和二叉树模型、利率模型、提前执行模型联系起来。课堂上还会介绍如何利用数值方法解多因素模型。而最优化方法在金融学中的应用主要是梳理资产配置和风险管理领域所涉及的最优化问题，并结合期权定价、模型校准等问题，讲授这些领域所需要的优化学的知识。该课程覆盖了中高级优化学理论，比如，线性、二次型优化、积分数值解、动态规则等。

而在专业应用模块中，课程设计的逻辑主要是让学生在完成前面两个模块的学习后，假设学生已掌握了若干数理工具，引导学生解决现实中的量化问题，这些现实中的量化问题主要包括：复杂金融衍生品的定价、金融风险管理、交易策略与量化投资以及对量化金融前沿问题等。

就衍生品定价问题，CMU 的量化金融项目安排了两门课程，高级衍生品建模课程主要基于赫斯顿模型（Heston model）展开，也会讲授 Cox - 过程在信用衍生品种中的应用。而期权研究课，要求学生已修完固定收益证券分析、高级衍生品建模、多期资产定价等课程后学习，该课程主要学习基本的看涨/看跌期权、奇异期权、利率期权、以波动率为标的物的衍生品、公司型证券（主要指含权的债券和认股证等）、实物期权（如以电、煤为标的物的衍生品）。理论学习主要集中在学习二叉树模型、BSM 模型、Hull - White 模型以及风险中性估值理论等。此外，本课程还介绍了几何布朗运动、连续时间随机过程、看涨—看跌平价理论、希腊字母、蒙特卡洛模拟、静态与动态期权复制在交易策略中的应用、隐含随机过程等。

模拟方法在期权定价中的应用以及统计套利是两门非常有实用价值的课程，模拟方法在期权定价中的应用讲授一些重要的蒙特卡洛模拟方法和思路，比如，重要性采样、控制变量法、分层抽样、MCMC（马尔科夫—蒙特卡洛）原理等。统计套利课程重点讲授在市场风险中性思想下的配对交易、动量策略、协整套利、算法与高频交易策略等知识。

因为目前大量的量化金融从业人员在金融机构的金融风险岗位就职，各大机构的金融风险管理部门每年接受大量的量化金融专业毕业生，因此，CMU 特别重视对学生的金融风险管理能力的培养，在培养计划中，CMU 要求学生完成金融风险管理Ⅰ和Ⅱ两门课程的学习。金融风险管理Ⅰ主要从两条主线展开：一条是市场风险，另一条是信用风险。该课程要求学生对现阶段金融监管环境和巴塞尔协议的基本思想有足够的认识。重点介绍两大类金融测度方法，即：VaR 和 ES 以及其相应测度标准的推广。该课程还会介绍一致性风险测度（coherent risk）的概念，以及极值分布（还包括解释一般帕累托分布）。本课程另一个重点是介绍模拟方法在衍生品投资组合分析中的应用，即向学生展示如何利用模拟技术对衍生品的投资组合快速有效准确地计算相关风险测度，并利用风险管理知识管理衍生品投资组合风险。而在信用风险管理部分，重点介绍 CDS、CDO 的定价以及风险管理，信用对家风险、信用估值调整（CVA）的概念和计算。在金融风险管理Ⅱ中，主要向学生介绍 2008 年美国金融危机后兴起的目前金融行业必不可少的金融监管技术和概念，这些技术和概念包括：信用估值调整、借记估值调整（Debit Valuation Adjustment，DVA）、资金估值调整（Funding Valuation Adjustment，FVA）和抵押/保证金问题分析。

此外，CMU 还开设了三门量化金融的前沿应用课程，分别是微观市场结构和算法交易、资产管理、宏观视角下的计算金融分析。

微观市场结构和算法交易介绍了主要的算法交易、最优下单执行策略、执行质量分析、监管动向、算法与高频交易相关的 IT 知识，课程另外一个部分是引导学生学习基于经济学视角下的微观市场结构理论。该课程使用的数据均来自真实市场交易数据，重点讨论权益市场、债券市场和期货市场。

资产管理课程致力于向学生揭示资产管理的本质是研究投资组合问题，当下的资产管理主流是利用量化的思想和量化的工具，量化资产管理的关键是平衡风险和收益。评估收益和风险，都可以转化为优化问题，但在实际操作中却需要量化从业人员懂得更多的可操作的处理技巧和智慧，这也是开设本课程的重要目的之一。该课程是一门综合型课程，需要学生将以往所学的量化知识和技巧灵活应用到实际问题中。此外，本课程重点介绍了基于艾普斯龙维度、贝塔维度以及阿尔法维度[①]的现代资产管理框架，授课老师认为资产管理的目的是希望尽量通过

① 艾普斯龙、贝塔以及阿尔法的英文分别为：epsilon，beta 和 alpha。它们代表的金融学含义分别为：那些来自好运气或坏运气的收益、投资人因承受风险而获得的风险溢价以及超额收益。

分散投资平滑掉艾普斯龙后，经过调整贝塔风险，最后应把所有精力集中在增加超额收益阿尔法上。本课程致力于引导学生了解不同的资产类型的特性，并能利用量化工具和所学知识计算投资组合的艾普斯龙、贝塔和阿尔法的值，并能够灵活利用所学知识构建出可行的交易策略。

宏观视角下的计算金融分析课程设置的基本目的是希望学生能够利用经济学工具分析宏观经济环境，该课程重点介绍如何用经济学分析工具预测证券价格和利率走势。由于传统金融学教学中对学生的经济知识要求比较高，而量化金融专业往往对学生的经济学知识不做任何要求，这就导致有部分跨专业的学生甚至连失业率、预期通货膨胀、汇率的决定因素等概念都不了解。因此，CMU 认为有必要给学生开设一门专业的课程，让学生对央行和政府政策影响、宏观经济的理论和方法有所了解。

从 2008 年美国金融危机开始，全球经济以及金融市场运行更多地受到美联储货币政策变化的影响，美联储的一举一动都会引起全球金融市场的震荡，而理解美联储的行为模式确实是需要专业培训的，需要量化从业人员了解很多现代货币经济学以及宏观金融学的知识，比如，什么是理性预期方程组？什么是金融摩擦理论（金融加速器理论）？什么是金融周期理论？什么是新凯恩斯主义视角下的央行宏观管理？什么是最优货币政策理论。此外，量化金融分析师也需要了解美联储、欧洲央行和 IMF 的核心宏观预测模型的原理和建模思路。简言之，如果量化金融分析师不经过系统的培训，很难理解央行的大政方针，而不理解大政方针，注定会导致微观金融定价模型出现系统性风险，毕竟微观的金融产品的定价、估值、风险管理以及套利都会受到宏观大趋势、大环境、大政治经济格局的影响。

八、量化金融技能的基础知识储备

就我们科研和教学经历而言，报考量化金融专业硕士的学生多是跨专业学生，即本科非金融专业学生，虽然量化金融对学生的数理知识要求非常高，但并不表示学生不需要一定的金融与经济学基础，因此学生有必要学习一些基础性金融知识。

“不积跬步，无以至千里”。因为量化金融是新兴交叉学科，普遍的共识是认为该学科需要学生有非常强的数理背景，这样的认识是正确的。因此，量化金融专业的硕士人才培养方案中一再要求并欢迎本科是数学、统计、物理、计算机等相关专业学生报考。但是有时也会给很多考生一种错觉：只要数学、计算机好，任何人转学金融学专业就一定没问题。这种认识其实是错误的。金融涉及大量的财务、法律以及经济学的知识，这些知识表面上看似不涉及高深的数学知识，但是对于完全没有基础背景的学生而言，其实是不容易掌握的，而这些看似“简单”的文科类金融知识，其实不简单，如果没有3至5年系统的学习和社会实践，跨专业的学生很难理解其中的玄妙。对于跨专业的学生而言，以下八门金融本科阶段的核心课程应牢牢掌握，这八门课程也是首都经济贸易大学金融学院指定的本科核心课程（见表2－5）。这些教材的课后习题在网上都可以获得，这些课程的学习都需要学生结合大量的习题，才能牢固掌握知识。

表2－5　本科阶段金融专业核心课程及教材

课程名称	教材名称	作者
公司金融、财务管理	《公司理财》	罗斯等
商业银行管理	《商业银行管理》	彼得·S. 罗斯，西尔维娅·C. 赫金斯
投资学、证券分析、证券投资学	《投资学》	滋维·博迪
衍生品入门、金融工程入门、期权与期货	《期权、期货及其他衍生产品》	赫尔
固定收益证券分析	《固定收益证券手册（上、下）》	法博齐
国际金融	《国际金融》	克鲁格曼
货币金融学	《货币金融学》	米什金
风险管理与保险原理	《风险管理与保险学》	乔治·E. 瑞达

此外，因为金融行业要求从业人员具有极强的专业知识，因此一些金融行业内从业执照的考试，也可以帮助金融从业人员提高其自身金融专业素养。这些重要的金融资格考试包括：证券从业资格考试、美国特许金融分析师（CFA）和美国金融风险管理师（FRM）。其中，证券从业资格考试是由中国证券业协会负责组织的全国统一考试，证券资格是进入证券行业的必备证书，是进入银行或非银行金融机构、上市公司、投资公司、大型企业集团、财经媒体、政府经济部门的重要参考。

美国特许金融分析师（CFA）是全球投资界最为严格和含金量最高的资格认证，被全球金融界雇主誉为“华尔街入场券”，CFA资格认证被全球170多个国家和地区认可。CFA考试内容分为三个不同级别，分别是Level Ⅰ，Level Ⅱ和Level Ⅲ。考试在全球各个地点统一举行，每个考生必须依次完成三个不同级别的考试。CFA资格考试采用全英文，候选人除应掌握金融知识外，还必须具备良好的英文专业阅读能力。通过CFA考试是一种成就，能获得雇主、投资者和整个投资界的高度尊重。CFA一级考试涉及120个问题，分上、下午考试，上午三小时，下午三小时。CFA 二级的考试题目总量为 60 个选择题，也是分上、下午考试，共考 6 小时，主要以考案例为主，每个案例涉及 4 个选择题。CFA 三级考试仍是 6 小时，题型与 CFA 一级和二级的选择题相比，增设了写作环节，写作环节考试被安排在上午，而下午考试的题型为选择题。一般而言，金融学专业的硕士研究生需无条件掌握 CFA 一级和二级的全部知识点，这是金融专业人员进入金融业需要掌握的基本知识。CFA 一级和二级的考试范围覆盖以下几个方面：①道德；②计量经济学；③经济学（宏观、微观、国际贸易和国际金融）；④会计；⑤财务管理与股权投资；⑥固定收益；⑦衍生品；⑧投资组合学；⑨可替代性投资（alternative investment）。一级和二级的知识点重合度非常高，二级以案例形式考查学生，因此更注重考查学生的综合知识运用能力。此外，需要注意，一级考试每半年举行一次，二级考试和三级考试一年举行一次，因此要通过 CFA 三级考试，最快也需要两年半时间。

美国金融风险管理师（Financial Risk Manager）是全球金融风险管理领域顶级的权威国际资格认证，由美国全球风险管理协会（Global Association of Risk Professionals，GARP）设立。GARP 是一个拥有来自超过 195 个国家和地区的 150 000 名会员的世界最大的金融协会组织之一，主要分别服务于 5 000 多家银行、证券公司、学术研究机构、政府管理机构、资产管理机构、保险公司及非金融性公司等。其主要职能是通过信息交换，实施教育计划，提高全世界金融风险管理领域的标准。FRM 考试虽然设立时间不长，但发展极为迅速，已经得到华尔街和其他欧美著名金融机构与大型公司风险管理部门以及政府监管层的认同，并初步成为风险管理领域最权威的认证。FRM 考试协会施行分级考试，每年的考试设在 5 月和 11 月的第三个星期六。自 2010 年起，FRM 考试分为 PART 1 和 PART 2 两级。PART 1 考试时间为上午四小时，全部是标准化试题，100 道单项选择题。PART 2 考试时间为下午四小时，全部是标准化试题，80 道单项选择题。考生可以同时报考 PART 1 和 PART 2 两级考试，但是考生只有通过 PART 1，其 PART 2 的考试成绩才会被评阅，两级都通过后并达到其他要求方可取得证书。FRM 考试考生只知道考试是否通过，而不知道确切的得分。FRM 及格分数线由考生的绝对分数以及排名前 5% 的考生的平均分的比例决定，答错的题目不扣分。

九、量化金融技能的中级进阶阶段

以上介绍的初级阶段的知识都是对本科学生的要求，而量化金融专业的研究生需要在掌握了基础的金融学知识后，进入全方位和专业的学习。学习的重点需要从传统的“文科”视角向“数理统计”视角转换。学生需要养成使用数理工具量化并解决问题的习惯。以下推荐教材可以作为高年级本科生和研究生的进修教材。

迈克尔·米勒（Michael B. Miller）的《金融风险管理的数量和统计》（第二版）（Mathematics and Statistics for Financial Risk Management，Second Edition）是一本专门给非数学专业的学生普及数理统计知识的书籍，该书还是 FRM 考试机构专门推荐的教材之一。该书深入浅出，几乎每个概念都配有例题，是一本能帮助学生打好数理功底的好书。目前，该书更新到第二版，第二版在第一版的基础上加入了大量有用的数理知识。

蔡瑞胸（Ruey S. Tsay）是一位在金融计量（P-type）领域赫赫有名的学者，他撰写的三本给高年级本科和硕士生的金融计量教材（Ruey S. Tsay，2005，2013，2014）是非常好的 P-type 入门教材，蔡瑞胸的第一本书适合高年级研究生，第二本书适合第一年的研究生，而第三本书适合高年级本科生。我们建议学生的学习顺序为先阅读第三本书，然后阅读第二本书，最后阅读第一本书。此外，蔡瑞胸在自己的个人主页上公开了这三本书中所涉及模型的代码。

亚历山大·卡尔（Alexander Carl）教授编著的《市场风险分析》（Market Riskanalysis）（2008[a,b,c]，2009）也非常值得推荐。这是一部从量化金融视角（偏 P-type）全面解读和剖析市场风险的金融学百科全书，该书共分为四册。第一册关注金融学中的量化方法，第二册重点介绍金融计量，第三册介绍金融市场风险的定价、对冲和交易，第四册重点介绍市场风险管理。

吉利等的《金融中的数值方法与优化》（Enrico schumann，Numerical methods and optimization）（Gilli，et al，2001）是一本专门介绍数值分析与优化的书，该书也是若干国外量化金融专业所推荐的书籍，该书还配有模型代码。

希思等的《量化金融的基本方法》A Benchmark Approach to Quantitative Finance（Platen and Heath，2006）也是很多国外量化金融项目所推荐的量化金融入门教材，该书较好地调和了 P-type 和 Q-type 的量化知识，是一本难得的量化金融入门教材，该书有中文版，而且课后配有习题解答。

波动率研究始终是量化金融学的重点，伊曼纽尔·德曼等的《波动率微笑》（The Volatility Smile）（Derman and Miller，2016）是一本专门讨论期权波动率问题的专业学术书籍。该书作者之一伊曼纽尔·德曼（Emanuel Derman）是金融数学领域的“大神级”人物。他曾是 BSM 发明人布莱克的助手，也是 Black-Derman-Toy 模型、Derman-Kani 局部波动率模型的发明人之一，还是著名畅销书《我的宽客人生》（*My life as a quant*）的作者，现任哥伦比亚大学金融系教授，哥伦比亚大学金融工程项目负责人。此外，他还制定了若干促进量化金融行业发展的行业准则，并为消除外界对量化金融从业人员的误解做出了积极贡献。比如，在 2008 年美国金融危机后，大众曾将美国金融危机归咎于量化金融从业人员创造的复杂模型，而德曼对此非常愤慨，他曾和威尔莫特模仿《共产党宣言》，写了一个《金融建模者宣言》（*Financial Modelers' Manifesto*），为量化金融从业人员正名。

当然，量化金融领域的优秀书籍很多，本书无法一一列举，有兴趣的读者可以与我们联系，或关注我们的公众号。我们的公众号里会经常分享优秀的量化金融专业著作。

十、量化金融技能的高级研修阶段

量化金融专业的前沿学术研究和其他金融与经济学科的前沿研究有很大的不同，最大的不同在于其研究问题的实用性。在掌握了若干中级量化金融的研究生课程之后，量化金融专业的学生如果进入博士阶段的学习，应该将更多精力放在前沿学术文献的梳理上，现将量化金融领域的学术前沿期刊介绍给读者。

一般而言，金融学隶属于经济学范畴，在经济学领域中，金融学作为经济学不可分割的一部分，很多顶级的金融学学术文章也出现在顶级经济学期刊中，国际公认的五大顶级英文经济学期刊分别是：《美国经济评论》（*American Economic Review*）、《经济学季刊》（*Quarterly Journal of Economics*）、《政治经济学杂志》（*Journal of Political Economy*）、《计量经济学杂志》（*Econometrica*）与《经济研究评论》（*Review of Economic Studies*），以上五大期刊被圈内人士称为“Top Five”。特别说明的是，《经济研究评论》（*Review of Economic Studies*）被称为“大RES”。还有一个非常不错的杂志——《经济与统计评论》（*Review of Economics and Statistics*），该杂志的缩写也是“RES”，为了和《经济研究评论》区分，一般将《经济与统计评论》称为“小RES”。这两个杂志经常被人搞混。

金融学领域中的顶级期刊见表2－6。

表2－6　金融领域四大顶级期刊

级别	期刊名称	主办单位
专业顶级	《金融学杂志》 （*Journal of Finance*）	美国金融协会 （American Financial Association）
专业顶级	《金融经济学杂志》 （*Journal of Financial Economics*）	爱思维尔出版集团 （Elsevier）
专业顶级	《金融与量化分析杂志》 （*Journal of Financial and Quantitative Analysis*）	华盛顿大学
专业顶级	《金融研究评论》 （*Review of Financial Studies*）	金融研究会 （Society for Financial studies）

此外，还有很多金融学术杂志也建议读者关注：《金融数学》（*Mathematical Finance*）、《金融数学杂志》（*Journal of Mathematical Finance*）、《量化金融》（*Quantitative Finance*）、《计算金融学杂志》（*Journal of Computational Finance*）、《金融计量学杂志》（*Journal of Financial Econometrics*）、《实证金融学杂志》（*Journal of Empirical Finance*）、《银行与金融杂志》（*Journal of Banking and Finance*）、《计量经济学杂志》（*Journal of Econometrics*）。

当然，一些人工智能方面的工作论文和学术期刊也值得量化金融从业人员关注，具体可见本书的附录。

本章小结

本章首先介绍了量化金融学与其他相关学科的区别和联系。因为在量化金融业界，一些相关名词，如金融工程、计算金融、金融数学、数理金融等，常常被混用，因此有必要对这些名词进行简单的梳理，并加以区分、总结和归纳。本章还介绍了目前量化金融的两大流派，一派是基于研究金融产品定价的Q－type，另一派是基于分析金融数据的P－type，两派既有区别也有联系，可以说是量化金融学的“两面”。本章重点梳理了这两个流派的发展历史以及这些流派中涌现出来的一些重要学者和专家。我们不可以孤立地看待任何事物的发展，尤其是量化金融学。若干间接影响量化金融发展的人物和事件也值得我们梳理。在这个金融科技大爆炸的时代，金融产业圈对金融人才的需求提出了全新的要求，目前我国金融人才培养机制仍存在一定的缺陷和弊端。本章汇总了一些调研案例，这些案例都来自国外著名高校的量化金融学项目的人才培养经验的总结，我们希望能利用这些案例给我国金融教育改革提供参考和思路，并希望我国金融人才培养向更优化的方向发展。量化金融学虽然在国外已发展得非常成熟，但是在国内才刚刚起步，因此有必要向读者简单阐明学习量化金融的具体路径。毕竟量化金融的学习是一个系统工程，不仅要掌握深厚的数理统计、计算机科学与应用以及传统经济与金融学理论知识，还要有极强的动手操作能力，这就涉及若干技能型知识的培养，比如，计算机编程等实务操作性技能。量化金融学的学习曲线是非常陡峭的，为了避免读者走弯路，本章在最后三个小节给读者提出了学习建议，建议学习分“三步走”，从初级知识积累，到中级进阶过渡，最后到高级研修阶段。

思考题

1. 请简述量化金融与金融数学、计算金融的区别和联系。

2. 目前量化金融学的两大流派是什么？这两个学派的代表人物有哪些？

3. 什么是P－type？什么是Q－type？它们研究的主要金融问题的核心是什么？

4. 主流的西方经济学学术期刊有哪些？顶级金融学学术期刊有哪些？

第三章　基本无害的编程人生

一、Python 编程语言简介

当前，人类已经进入了大数据和人工智能时代。在这个时代，如果金融从业人员不会编程，可能不出十年就会被时代所淘汰。但是还需要注意的是，如果未来的金融从业人员只会一种计算机编程语言也可能会被淘汰。任何计算机语言的发展，背后都离不开国际大公司的推动和支持。目前，应用最广泛的计算机编程语言应是 Python 语言。虽然 Python 只是一门诞生不到 30 年的计算机语言，但是其背后有谷歌、Facebook 以及特斯拉这样的顶级国际巨头的推动和背书，使得 Python 在人工智能时代迅速崛起，尤其是目前耳熟能详的前沿人工智能分析框架都是基于 Python 语言开发的。

常见的计算机编程语言排名有 TIOBE 排名[①]和 IEEE Spectrum 排名。TIOBE 排名每月更新，主要基于著名的搜索引擎（比如，谷歌、百度、YouTube、MSN 以及维基百科等）。目前，全球使用最多和影响力最广的五大编程语言为：Java，C，C++，C#和 Python。社会科学、经济与管理类科研人员熟悉的 R 语言和 Matlab 排在第 15～17 名；计量经济学常用的 Stata 软件，排在 100 名开外；而 EViews 等软件，从严格意义上讲，并不属于编程语言，仅为一个软件而已，所以 EViews 并不在 TIOBE 排名的监测范围内[②]。表 3－1 列出了 1997—2017 年 TIOBE 计算机编程语言的排名情况。

表 3－1　TIOBE 计算机编程语言长期平均排名

计算机语言	2017 年	2012 年	2007 年	2002 年	1997 年
Java	1	1	1	1	15

① 该排名的官方网址为：https://www.tiobe.com/tiobe-index/。

② 如需了解 TIOBE 社区所监测的计算机语言的清单请访问以下链接：https://www.tiobe.com/tiobe-index/programming-languages-definition/#instances。

续表

计算机语言	2017 年	2012 年	2007 年	2002 年	1997 年
C	2	2	2	2	1
C + +	3	3	3	3	2
C#	4	4	7	14	—
Python	5	7	6	11	27

IEEE 是国际电气与电子工程师协会的缩写，该协会是一个顶级的国际性的电子技术与信息科学工程师协会，是目前全球最大的非营利性专业技术学会。IEEE Spectrum 主要依据十个线上数据源的 12 个标准①，对 48 种计算机语言进行了排名。根据 2017 年 8 月最新的排名来看，目前 Python 已跃居第一位，排第二至第五位的分别是：C，Java，C + +，C#。而 R 语言和 Matlab 分别排名在第六位和第十五位。

下面简单介绍一下 Python。Python 是一款面向对象的解释型计算机程序设计语言，由荷兰人罗斯孙（Guido van Rossum）于 1989 年发明，Python 的第一个公开发行的版本诞生于 1991 年。目前常用的版本（也是本书使用的版本）是 Python 3. x 版本。

在本章，我们重点介绍 Python 和 Matlab 语言的应用。Python 语言对于国内财经类高校而言，还比较陌生。长期以来，我国国内数学建模培训使用的计算机语言一般为 Matlab。我们假设读者对 Matlab 计算机语言编程有一定的基础。在大数据时代，一个复合型人才是不可能仅会一门计算机编程语言的。但是值得庆幸的是，科研人员或学生一旦熟练地掌握了一门计算机编程语言，再学习第二、第三门计算机语言的学习成本并不是很高。此外，Python 语言和 Matlab 也有很多相似之处。因此，国外高校一直提倡学生学习计算机语言课程时应该同时学习多门计算机编程语言，而非一门计算机语言。国外有教授指出，同时学习三门计算机编程语言的时间和精力成本并不比学习一门计算机编程语言多很多。

Python 之所以变得如此受欢迎，除了有若干顶级 IT 公司的大力推广外，也得益于其自身的硬实力。主要原因是 Python 拥有大量丰富和强大的“库”，Python 也是一种很好的“胶水语言”，Python 可以较好地将其他计算机编程语言作为模块（尤其是 C/C + +，Fortran 语言等）联结在一起。

① 主要的线上资源包括谷歌搜索、谷歌趋势、Github、Stack Overflow、Twitter、IEEE Xplore、Career Builder 等。

对于金融从业人员而言，我们常用的 Python 程序包有 Numpy、Pandas、Scipy 包，这些包可以很好地帮助我们处理数据。此外，我们还常用 matplotlib 进行数据的可视化。

二、Matlab 与 Python 基本操作指南

任何计算机语言，都可以帮助我们实现科学计算的功能，所以计算机语言仅是一个“工具”，关键还是我们要解决的问题。而不同的计算机语言，往往具有非常强的共性，比如矩阵运算、数据的导入/导出、数据的基本统计分析等。当然，我们也需要利用计算机语言编写程序，并调用这些程序。简言之，我们虽然使用不同的计算机语言，但是就我们具体处理的工作而言，很多计算机代码的编写工作确实都是有共性的。

（一）内建数据结构与数据类型

1. 数据类型

Python 有若干自带的数据类型，主要有整数型（integer）、浮点型（float）和字符串。同理，Matlab 也有这些数据类型。其实，几乎所有的计算机语言的编程教程都是从介绍数据类型开始的。因为 Matlab 是较为高级的计算机语言，我们一般不需要太关注和纠结于数据类型。而对于非计算机专业的学生而言，学习 Python 时，也无须过于纠结这些问题，但是需要注意的是，因为目前流行的人工智能算法和理论——深度学习理论的 Python 软件包（比如，Tensorflow，Keras，Pytorch 等）都要求利用 GPU 等专门支持并行计算的硬件进行加速，而由于硬件的限制，我们往往只能对某一变量赋值为某一特定数据类型。在 Python 中常见的是 float 类型，float 类型一般又分为 float 32 和 float 64。前者被称为单精度浮点类型；后者被称为双精度浮点类型，有时也被简写为“double”。在 Matlab 中，计算机一般自动默认为双精度浮点类型。如果要查看 Python 数据类型的具体信息，可以使用“finfo”命令，具体可见代码 3－3 的 In［3］处。

此外，还需要说明的是，在 Python 中，我们可以直接对参数进行数据类型的声明，具体如代码 3－1 至代码 3－3 所示，但是我们现在一般不这样使用，主要原因是，我们直接调用 Numpy 或 Pandas 包的数据类型。如果用户使用 Anaconda 环境，Numpy 和 Pandas 都是内嵌在 Python 中的，要调用 Numpy 和 Pandas 仅需在程序开头处写入“import”。这种操作逻辑和 Java 语言非常类似。

```
In [1]①:    import numpy as np
            aa = np.array([1.0,2.3,4.343])
            aa.dtype

Out[1]:  dtype('float64')
```

代码 3-1 Python 演示对一个矩阵赋值并得到不同的数据结构

```
In[2]:    import numpy as np
          aa = np.array([1.0,2.3,4.343],dtype='f')
          aa.dtype

Out[2]:  dtype('float32')
```

代码 3-2 Python 演示对一个矩阵赋值并得到不同的数据结构

```
In[3]:    import numpy as np
          aa = np.array([1.0,2.3,4.343],dtype='i')
          aa.dtype
          print(aa)
          finfo = np.finfo(np.float64)
          print(finfo)

Out[3]:  dtype('int32')
         [1 2 4]
Machine parameters for float64
---------------------------------------------------------------
precision =   15   resolution = 1.0000000000000001e-15
machep =     -52   eps =        2.2204460492503131e-16
negep =      -53   epsneg =     1.1102230246251565e-16
minexp =   -1022   tiny =       2.2250738585072014e-308
maxexp =    1024   max =        1.7976931348623157e+308
nexp =        11   min =        -max
---------------------------------------------------------------
```

代码 3-3 Python 演示对一个矩阵赋值并得到不同的数据结构

而在 Matlab 的运行环境中要简单很多。我们一般仅使用 double 类型的数据，

① 我们在此处沿用了 Jupyter 的风格，其中"In"表示输入的代码，其后的中括号以及其中数字表示输入代码的行数，而"Out"则表示输出。

Matlab 也自动将变量默认为“double”类型。我们下面演示对一个变量赋值，并检验其数据类型，由代码 3-4 可知，Matlab 默认的数据类型是双精度数据类型。

```
>> aa = [1.0,2.3,4.343];
>> bb = single(aa);
>> cc = int32(aa);
>> whos
```

结果：

Name	Size	Bytes	Class	Attributes
aa	1x3	24	double	
ans	1x3	12	single	
bb	1x3	12	single	
cc	1x3	12	int32	

代码 3-4　利用 Matlab 演示对一个变量赋值并考察其数据类型

需要注意的是，Matlab 没有预留“float”作为数据类型，采用的是“single”。Matlab 中常见的数据类型有 double，logical，single，int8，int16，int32，char 以及支持图片格式的 unit8、unit16 等，此外，还有功能强大的 cell 和 struct 数据结构。但在平时的工作和科研中，我们常用的数据类型仅是 double 和 char，而在 Matlab 中常用的数据结构为 cell 和 struct。“whos”命令和 Python 中的“dtype”命令类似，用于显示变量的数据类型或数据结构。

本书并非专门介绍 Matlab 和 Python 语言编程的专著，对诸如字符串数据类型的介绍不在本节出现，感兴趣的读者可参阅 Python 和 Matlab 编程的相关书籍和网上资料。

2. Python 和 Matlab 常用的数据结构

（1）Python 的主要数据结构

Python 主要提供四种内建的数据结构，分别为：元组（tuple）、列表（list）、字典（dict）和集合（set）。元组和列表可以认为是任意对象的集合，但在实际工作和科研中元组用得非常少，最常用的是列表。字典是 Python 的一大亮点，支持“键—值”储存对象。而集合主要是针对那些独特对象的无序集合对象。

我们在下面对元组进行简单演示（见代码 3-5）。我们首先利用 Numpy 包定义各变量名为“aa”的向量，我们再定义各元组“tt”，我们发现元组可以接受任意的数据类型，比如，整数型、浮点型、字符串，甚至是由 Numpy 定义的向量。而我们用“type”命令显示出来“tt”的数据结构确实为元组。此外，元组也有内建的索引（index），利用索引，我们可以查找元组内部的任意元素的信息。但是需要注意的是，与 C/C++ 语言类似，Python 的索引都是从 0 开始的，而 Matlab 的索引是从 1 开始的，这一点需要引起初学者的足够重视。

In[5]:	import numpy as np aa = np. array([1. 0,2. 3,4. 343], dtype = 'i') aa. dtype print('What is aa = ', aa) tt = (1,3. 1415, 'hello world', aa) type(tt)
Out[5]:	What is aa = [1 2 4] tuple
In[6]:	print(tt)
Out[6]:	(1,3. 1415, 'hello world', array([1,2,4], dtype = int32))
In[7]:	tt[0]
Out[7]:	1
In[8]:	tt[2]
Out[8]:	'hello world'
In[9]:	tt[2:]
Out[9]:	('hello world', array([1,2,4], dtype = int32))
In[10]:	type(tt[3])
Out[10]:	numpy. ndarray

代码 3-5　Python 演示数据结构元组的基本特性

与元组相比，列表更为常用，最主要的原因在于元组的对象是不可变序列对象，即一经创建就不能更改，而列表的对象则非常灵活，可以通过不同操作更改。我们先简单演示列表的创建及其基本功能（见代码 3-6），我们在表（3-2）列出了常用的列表对象的操作和方法。

我们首先在“In [11]”创建一个列表，变量名为“ll”，注意创建列表和元组的区别，我们用中括号创建列表，用小括号创建元组。列表“ll”包含五个元素，第一个元素是一个整数型数据；第二个元素是一个浮点型数据；第三个元素是一个字符串；第四个元素是一个由 Numpy 定义的向量；而第五个元素即此列表末尾的元素是一个元组，此元组内部又包含一个整数元素“2”和一个字符串“rt”。我们在“In [12]”试图验证列表“ll”最后一个元素的数据类型，我们发现，其结果显示，列表“ll”的最后一个元素的数据类型确实是元组。

在“In [13]”中，我们将前面定义的元组“tt”的数据类型进行转换，让其成为一个列表“nw_ ll”，然后打印“nw_ ll”的内容，并在“In [14]”验证变量“nw_ ll”的数据结构，我们发现，“nw_ ll”元素的内容和“tt”完全一致，但是“nw_ ll”的数据结构为列表而非元组。

代码输入的第 15 到第 17 行主要演示了列表自带的一些操作。在“In [15]”中，我们演示了如何对现有列表对象进行末尾插入新元素，我们将列表“nw_ ll”插入到列表“ll”的尾部，列表“nw_ ll”成为列表“ll”的第六个元素，即列表“ll”的第六个元素是一个列表。在“In [16]”中，我们演示了如何在列表中插入新元素，我们扩展了列表。在“In [17]”中，我们使用了列表的“pop”功能，该功能能删除索引为 i 的元素。特别需要注意的是，Python 的索引从零开始，在本例中，我们试图移除索引为“3”的元素，即列表“ll”中的第四个元素，也就是我们前面提到的由 Numpy 创造的向量“aa”。我们在“In [18]”中显示了移除索引为“3”的元素的新的列表。

In[11]:	ll = [2,5.121314,'hello new world',aa,(2,'rt')] ll
Out[11]:	[2,5.121314,'hello new world',array([1,30,30],dtype = int32),(2,'rt')]
In[12]:	type(ll[4])
Out[12]:	tuple
In[13]:	nw_ll = list(tt) print(nw_ll)
Out[13]:	[1,3.1415,'hello world',array([1,30,30],dtype = int32)]
In[14]:	type(nw_ll)
Out[14]:	list
In[15]:	ll.append(nw_ll) ll
Out[15]:	[2, 5.121314, 'hello new world', array([1,30,30],dtype = int32), (2,'rt'), [1,3.1415,'hello world',array([1,30,30],dtype = int32)]]
In[16]:	ll.extend([6.0,7.2,8.4]) ll

Out[16]:	[2, 5.121314, 'hello new world', array([1,30,30],dtype=int32), (2,'rt'), [1,3.1415,'hello world',array([1,30,30],dtype=int32)], 6.0, 7.2, 8.4]
In[17]:	pp = ll.pop(3) pp
Out[17]:	array([1,30,30],dtype=int32)
In[18]:	ll
Out[18]:	[2, 5.121314, 'hello new world', (2,'rt'), [1,3.1415,'hello world',array([1,30,30],dtype=int32)], 6.0, 7.2, 8.4]

代码 3-6　Python 代码演示列表的创建及其基本功能

表 3-2　常用的针对列表对象的操作和方法

方法	参数形式	输出结果
ll [i] =x	[i]	表示索引为“i”的元素以及列表“ll”对应的内容“x”
ll [0]	i=0	列表对应的第一个元素的内容
ll [-1] 或者 ll [:-1]	i= -1	返回列表最后一个元素的内容
ll [:i]	:i	返回从第一个元素开始前 i 个元素的内容； 另一种陈述：返回从第一个元素到第 i 个元素的内容； 另一种陈述：返回 ll [0] 到 ll [i-1] 的元素的内容
ll [i:]	i:	返回 ll [i] 到 ll [n-1] 的元素的内容。我们假设此列表有 n 个元素
ll [i:j:k]	i:j:k	从 ll [i] 开始提取元素，到 ll [j-1] 为止，但是每隔 k 个索引进行返回。特别需要注意的是，这种抽取元素的方法和思想普遍地应用于 Python 编程中，但 Matlab 并不采取这种提取元素的方法

In[24]:	dictt['name'] = 'Mary' print(dictt['name'])
Out[24]:	Mary
In[25]:	del dictt['name'] print(dictt) dictt['name'] = 'Peter' dictt['name'] = 'Chris' print(dictt['name'])
Out[25]:	{'abc': 123,'2010-Aug-08': 123.76,'2010-Aug-09': 145.78} Chris
In[26]:	len(dictt)
Out[26]:	4
In[27]:	dictt.keys()
Out[27]:	dict_keys(['name','abc','2010-Aug-08','2010-Aug-09'])
In[28]:	dictt.values()
Out[28]:	dict_values(['Chris',123,123.76,145.78])
In[29]:	for key in dictt: print('Key is',key,'and Value is',dictt[key])
Out[29]:	Key is name and Value is Chris Key is abc and Value is 123 Key is 2010-Aug-08 and Value is 123.76 Key is 2010-Aug-09 and Value is 145.78
In[30]:	for key,value in dictt.times: print('Key is',key,'and Value is')

代码3-9　Python字典的创建和基本功能演示

我们在"In [23]"创建了一个字典，并分别打印了字典内部的三个"键"所对应的值。在"In [24]"我们重点演示如何改变字典内键所对应的值，我们将键"name"所对应的"Alex"变为"Mary"。我们在"In [25]"重点演示如何删除字典内的一个键—值对，我们只需调用命令"del"即可。然后我们利用打印命令查看是否成功删除我们希望删除的键—值对，答案自然是十分肯定的。然后我们演示如何添加键—值对，每个键的名词必须唯一，否则如果不同键—值对拥有同一个键名，却有不同的值，则Python的字典数据结构默认为对同一键名赋值，则最后的一次赋值将覆盖前一次的赋值，如我们的例子显示，我们对键名为“name”的值进行赋值，Python 只接受最后一次的赋值结果。在“In［26］”我们演示了如何查看字典内键—值对的数量。如果我们想查看字典内所有的键或者值的内容，可以直接调用字典的内建 Python 函数，具体做法可以参照我们在“In［27］”和“In［28］”的演示。如果想要遍历字典内的键—值对，可以参考“In［29］”行的做法。此外，需要注意的是 In［29］行“for 循环”的做法在 Python 语言的哲学中是普遍使用的。在 In［30］行中，读者还可以注意字典的“item”的特殊用法，这也是遍历字典键—值对的常见方法之一。读者可自己运行该行程序，看看其输出结果。

因为篇幅限制，我们仅列出了 Python 字典数据结构功能的“冰山的一角”，有兴趣的读者请参见具体书籍或者查阅 Python 官方使用手册。

当然，我们还需要注意 Python 字典数据结构的一个非常重要的特性。在互联网前端开发中，有一个非常重要的数据交换格式名叫 JSON，它的全称是 Java Script Object Notation，中文译名为：JS 对象标记。JSON 是一种完全独立于编程语言的文本格式，互联网从业人员用这种格式来储存和表示数据。JSON 被互联网从业人员定义为一种数据交换语言。那么什么是数据交换语言呢？数据交换语言主要是指能让机器解析和生成，并能有效地在网络传输的语言。JSON 受欢迎的原因是这种数据交换语言有十分清晰和简洁的层次结构，能让普通人打开 JSON 文件后易于理解文件内的数据内容并能编写，同时也易于让计算机解析和生成，并能提高网络传输速度。JSON 的语法规则就是基于“键—值”结构，所以 Python 的字典数据结构可以轻易地和 JSON 进行转换。这也是网络前端开发工程师非常喜欢使用 Python 字典数据结构的原因。

在 Python 中，“集合”本质上是没有了“值”的字典，可以将集合视为仅拥有“键”的字典。此外，键与键之间也不允许重复。集合类型的数据结构在金融从业人员的工作和科研中并不常见。集合适用于以下的工作场景：如果读者仅关心一个元素是否存在于读者自身研究的问题中，且并不关心其具体的值，则集合这种数据结构将是读者非常好的选择，但我们还是建议各位使用字典。在 Python 中，“集合”确实如其名，主要是帮助我们实现小学数学课本中教授的集合的基本功能，即合并运算。

代码 3－10 演示了如何创建集合以及集合的基本功能。

In[30]:	ss = set('welovequantitativefinance') ss
Out[30]:	{'a','c','e','f','i','l','n','o','q','t','u','v','w'}
In[31]:	type(ss)

Out[31]:	Set
In[32]:	tt = set(['cheess',10.0,10,9.8,'ches','cheess',123]) print(tt)
Out[32]:	{9.8,10.0,123,'cheess','ches'}

代码 3－10　Python 的集合数据结构的基本性质展示

特别需要注意的是，Python 的集合数据结构是一种非常少见的数据结构。它有很多有趣的特点，比如我们关注某个字符是否属于某一字符串，则集合数据结构将使我们处理问题变得异常简洁和高效，我们利用集合数据结构，可以迅速地确认该字符是否出现在字符串中。如果元素是各自不同的结构，集合数据结构会忽略那些相同的元素。在我们的例子中，我们输入了“10.0”和“10”，它们的数据类型分别是浮点型和整数型，但是最后在集合的输出中，集合数据结构仅显示了“10.0”。最后，我们还是要强调一下，根据我们的经验，在量化金融领域的金融数据分析工作中，我们几乎用不到集合这种特殊的数据结构。

（2）Matlab 的主要数据结构

Matlab 的主要数据结构包括 cell 和 struct。cell 的中文翻译为元胞数组，而 struct 的中文翻译为结构体。

我们简单介绍一下 cell 和 struct 对金融从业人员的使用场景。最常见的应用场景是，我们可能会有对杂乱无章的数据进行简单化管理的需求，尤其是对于大量的不是统一长度的字符串的管理。比如，我们有大量的数据文件，这些文件的名字叫“ss1.txt”，“ss10.txt”，“ss215.txt”。又如，涉及日期的字符串：“2017－08－23”，“17－Aug－23，“August 23，2017”，“23－Aug－2017”。如果不使用 cell 或者 struct，我们几乎无法对不同长度的字符串进行管理。对于初学者，我们给出以下简单区分 cell 和 struct 的建议。struct 在 Matlab 中的出现是模仿了 C/C＋＋的“struct”功能，但是现在 struct 在 Matlab 中用得较少，反而是 cell 用得非常多。cell 和 struct 的主要区别是，struct 仅支持 $1 \times n$ 个元素的结构，但 cell 却可以支持任意维度的元素结构，比如我们最常见的 $m \times n$ 个元素的结构。

代码 3－11 和代码 3－12 分别演示了在 Matlab 中运用直接方法和关键字方法创建 struct 结构。

```
>> stock.info = 'SH';
stock.name = 'Fufayinhang';
stock.ID = 600000;
stock.date = 'Aug-22-2017';
stock.price = 12.43;
>> stock
```

```
结果:       stock =
              info: 'SH'
              name: 'Fufayinhang'
              ID: 600000
              date: 'Aug-22-2017'
              price: 12.430000000000000
```

代码 3-11　在 Matlab 中创建一个 struct 结构：直接方法

```
>>stocks = struct('info',{'SH','SZ'},'name',{'Pufayinghang','Tianshangufen'},'ID',{600000,00087})
>>stock
>> stocks(1)
>> stocks(2)
```

```
结果:      stocks =
           1x2 struct array with fields:
              info
              name
              ID
           ans =

              info: 'SH'
              name: 'Pufayinghang'
                ID: 600000
           ans =

              info: 'SZ'
              name: 'Tianshangufen'
                ID: 87
```

代码 3-12　利用 Matlab 创建一个 struct 结构：关键字方法

在 Matlab 中有两种创建 struct 的方法，一种是类似于 C/C++的处理方法，直接对应对象的结构，并直接对对象的结构赋值（见代码 3-11）。而另一种方法是使用 Matlab 的内建保留关键字“struct”，也就是说，如果我们要创建一个结构，那么我们就用“struct”向 Matlab 申明。这两种方法没有孰优孰劣，用户可视具体问题自行选择。

下面演示如何创建一个 cell 数据结构（见代码 3-13）。我们可以将这个例子和在 Matlab 中创建结构进行比较，也可以和在 Python 中创建列表和字典进行比较。我们发现，Matlab 中的 cell 要比 Python 中的列表和字典好用。Python 中的字典其实和 Matlab 中的 struct 类似，而 Python 中的列表和 Matlab 中的 cell 类似，但是Matlab中的cell的功能明显比Python中的列表功能强大。因为，Matlab中的cell可以支持多维矩阵结构，而Python中的列表仅支持一维矩阵结构，即向量结构。

```
>> c(1,1) = {[1 2; 3 4]};
c(1,2) = {'2017-08-23'};
c(2,1) = {[173.5,16.88,23.15,35.89,66.34]};
c(2,2) = {'Aug-17-23'};
c
```

```
结果：     c =
           [2x2 double]    '2017-08-23'
           [1x5 double]    'Aug-17-23'
```

代码3-13　在Matlab中创建一个cell数据结构

表3-3汇总了常用的涉及cell和struct的命令，并简单介绍了其功能。

表3-3　涉及cell和struct的Matlab常用命令及功能介绍

Matlab命令	功能
cell2str	将cell中的元素转化为字符串
celldisp	显示cell中的元素的具体内容
num2cell	将数值型元素转化为cell数组
Mat2cell	将数值矩阵转化为cell数组
struct2cell	将struct转化为cell数组
cell2struct	将cell转化为struct结构
rmfield	删除struct中的字段

在使用cell数据结构时需要注意两个问题。如代码3-14所示，首先，在访问cell内部数据内容，也就是访问cell数据结构中某一元素时，使用{}和()的返回结果不一样。“bb”变量返回的仍然是一个cell数据结构，而“aa”变量利用“{}”返回的是cell数据结构中对应元素的数据类型。其中，要注意cell数据结构的索引问题。虽然我们可以定义高维的矩阵型数组，但是索引的顺序其实也可以按照序列的形式计算。此外，cell数据结构是按照“先列后行”的顺序计算索引，因此我们演示了对于一个2×2结构的cell数组，我们访问第一行第二列即c（1，2）的元素和我们访问变量“c”的第三个元素是等价的。在我们的实验中，“dd”变量和“ee”变量都访问并返回了变量“c”的同一个元素。

```
>>aa = c{1};
>>bb = c(1);
>>whos aa bb
>>dd = c{3}
>>ee = c{1,2}
```

结果：

```
Name      Size            Bytes  Class     Attributes
  aa        2x2              32  double
  bb        1x1             144  cell
dd =
2017-08-23
ee =
2017-08-23
```

代码 3-14 在 Matlab 中使用 cell 时需要注意的两个问题

（二）矩阵运算

矩阵运算是任何科学计算语言都重点关注和优化的焦点。我们在这里重点介绍 Python 和 Matlab 的基本矩阵运算。

首先我们创建一个矩阵。在 Python 语言环境中，我们主要介绍如何利用 Numpy 对矩阵进行运算。我们在 Python 环境下导入 Numpy 包。并用 np 作为该软件包的缩写，每次调用 Numpy 软件包内的 Python 函数仅需利用“np. 函数名”的模式即可（见代码 3-15）。

	Python 命令	Matlab 命令
输入	import numpy as np AA = np.array([[1.0,2.3,4.343], [4.,5.,6.],[7.0,8.,9.]], dtype = 'f') AA	AA = [1.0,2.3,4.343;4.,5.,6.;7.0,8.,9.]
输出	array([[1. ,2.30,4.3423], [4. ,5. ,6.], [7. ,8. ,9.]],dtype = float32)	AA = 1.0000 2.3000 4.3430 4.0000 5.0000 6.0000 7.0000 8.0000 9.0000

代码 3-15 利用 Python 和 Matlab 创建一个矩阵并对其赋值

下面我们演示如何创建一个列向量（见代码3－16）。在Matlab中，我们用“;”表示新的一行向量。而在Python中我们至少有两种方法来构建列向量，一种方法是生成一个行向量，然后将其进行转换重构，利用Python的“reshape”命令。另一种方法是更为常用的，即直接生成列向量。

	Python 命令	Matlab 命令

输入	bb = np.array([1,2,3]).reshape(3,1)
	bb
	#or
	bb = np.array([[1],[2],[3]])
		bb = [1;2;3]

输出	array([[1], [2], [3]])	bb = 1 2 3

代码3－16　利用Python和Matlab创建一个列向量

在科学计算中，我们经常要对矩阵进行赋值，并且用随机赋值方式对矩阵的元素赋值。代码3－17演示了Python和Matlab生成随机矩阵的方法。

	Python 命令	Matlab 命令
输入	BB = np.random.rand(3,2) BB	BB = randn(3,2)
输出	array([[0.66121708, 0.88334467], [0.53973814, 0.66758036], [0.89412922, 0.19350925]])	BB = 2.6570 0.3678 0.6567 -0.1784 -0.0078 -1.6453

代码3－17　利用Python和Matlab分别创建一个随机矩阵

在科学计算中，我们也经常需要生成零矩阵、元素全为一的矩阵、单位矩阵和对角矩阵。代码3－18至代码3－21分别演示了Python和Matlab生成这些特殊矩阵的方法。

	Python 命令	Matlab 命令
输入	ZZ = np. zeros((3,2)) print(ZZ)①	ZZ = zeros(3,2)
输出	[[0.　0.] [0.　0.] [0.　0.]]	ZZ = 0　0 0　0 0　0

代码 3－18　利用 Python 和 Matlab 分别创建一个零矩阵

	Python 命令	Matlab 命令
输入	OO = np. ones((3,2)) print(OO)	OO = ones(3,2)
输出	[[1.　1.] [1.　1.] [1.　1.]]	OO = 1　1 1　1 1　1

代码 3－19　利用 Python 和 Matlab 分别创建一个所有元素为 1 的矩阵

	Python 命令	Matlab 命令
输入	EE = np. eye((3)) print(EE)	EE = eye(3)
输出	[[1.　0.　0.] [0.　1.　0.] [0.　0.　1.]]	EE = 1　0　0 0　1　0 0　0　1

代码 3－20　利用 Python 和 Matlab 分别创建一个单位矩阵

	Python 命令	Matlab 命令
输入	DD = np. diag(np. array([9,7,4])) print(DD)	DD = diag([9,7,4])
输出	[[9.　0.　0.] [0. 7.　0.] [0.　0. 4.]]	DD = 9　0　0 0　7　0 0　0　4

代码 3－21　利用 Python 和 Matlab 分别创建一个对角矩阵

---

① 在前面的 Python 例子中，输入结果都有"array"的标签，如果读者不喜欢此标签出现，可以利用 Python 的 print(打印)命令，打印结果的具体值。

在代码3-22中，我们重点演示了Python中两个非常重要的命令：reshape和arange。在本例中，“arange”命令将生成一个从0到5的向量，然后我们再利用reshape命令将该向量转换为一个3×2的矩阵。请读者自行注意Python的reshape命令和Matlab的reshape命令的差异。

	Python 命令	Matlab 命令
输入	RR = np. reshape(np. arange(6. 0) ,(3,2)) print(RR)	RR = reshape([0:5],2,3)'
输出	[[0. 1.] [2. 3.] [4. 5.]]	RR = 0 1 2 3 4 5

代码3-22　Python的reshape和arange命令

我们往往也需要获得矩阵大小的信息，在Python中我们用“shape”命令，也可以使用“size”命令，但是两者有区别。而在Matlab中，我们使用“size”命令（见代码3-23）。

	Python 命令	Matlab 命令
输入	m,n = AA. shape print(m,n)	[m,n] = size(AA) display([m,n])
输出	3,3	ans = 3 3
输入	m = np. size(AA,0) n = np. size(AA,1) print(m,n)	m = size(AA,1) n = size(AA,2) display([m,n])
输出	3,3	ans = 3 3

代码3-23　获得矩阵大小的信息

科学计算中也经常遇到矩阵转置的问题，在Matlab中矩阵转置非常简单，仅是在矩阵变量后面敲入“′”即可（见代码3-24）。

	Python 命令	Matlab 命令
输入	print(AA.T)	AA′
输出	[[1. 4. 7.] [2. 30 5. 8.] [4. 34 6. 9.]]	ans = 1.0000 4.0000 7.0000 2.3000 5.0000 8.0000 4.3430 6.0000 9.0000

代码 3－24 矩阵的转置

关于矩阵的乘法，Python 和 Matlab 有一定的差别，初学者需要特别注意。一般而言，涉及矩阵的乘法有两种，一种是“点乘”，即矩阵与矩阵的每一个元素相乘。另一种是“叉乘”，也就是线性代数教科书里面常见的乘法。我们下面演示两个不一样大小的矩阵的点乘和叉乘。

我们先考察点乘（见代码 3－25），我们假设有两个矩阵的大小都是 3×2。

	Python 命令	Matlab 命令
输入	FF = np.array([[1.,2.,3.],[4.,5.,6.]]) GG = np.array([[6.,3.,2.],[1/4,1/5,1/6]]) print(FF * GG)	FF = [1 2 3;4 5 6]; GG = [6 3 2;1/4 1/5 1/6]; FF.* GG
输出	[[6. 6. 6.] [1. 1. 1.]]	ans = 6 6 6 1 1 1

代码 3－25 矩阵的点乘在 Python 和 Matlab 中的实现

下面我们考察矩阵的叉乘（见代码 3－26），假设一个矩阵的大小为 2×3，另一个矩阵的大小为 3×4。

	Python 命令	Matlab 命令

输入	HH = np.array([[1.,2.],[4.,5.],[3.0,7.0]])
	KK = np.array ([[6.,3.,2.,5.],[1/4,1/5,1/6,2.0]])
	print(HH.dot(KK))
	#or
	print(np.dot(HH,KK))
		HH = [1,2;4,5;3,7];
		KK = [6,3,2,5;1/4,1/5,1/6,2];
		HH * KK

输出	[[6.5 3.4 2.33333333 9.] [25.25 13. 8.83333333 30.] [19.75 10.4 7.16666667 29.]]	ans = 6.5000 3.4000 2.3333 9.0000 25.2500 13.0000 8.8333 30.0000 19.7500 10.4000 7.1667 29.0000

代码 3-26 矩阵的叉乘在 Python 和 Matlab 中的实现

下面我们考察克罗内克（Kronecker）乘积①（见代码 3-27）。克罗内克乘积是计量经济学中的重要概念。

	Python 命令	Matlab 命令
输入	A = np.array([[2,1],[1,3]]) B = np.array([[1,2,3],[4,5,6]]) print(np.kron(A,B))	A = [2,1;1,3]; B = [1,2,3;4,5,6]; kron(A,B)
输出	[[2 4 6 1 2 3] [8 10 12 4 5 6] [1 2 3 3 6 9] [4 5 6 12 15 18]]	ans = 2 4 6 1 2 3 8 10 12 4 5 6 1 2 3 3 6 9 4 5 6 12 15 18

代码 3-27 克罗内克乘积在 Python 和 Matlab 中的实现

此外，还有一些常用的矩阵运算的命令需要留意，比如，如何计算一个矩阵的行列式，如何对一个矩阵取逆运算，以及如何寻找矩阵的特征向量和特征值，具体的 Python 和 Matlab 操作可以见代码 3-28 至代码 3-30。

	Python 命令	Matlab 命令
输入	np.linalg.det(AA)	det(AA)
输出	-2.2290001	ans = -2.2290

代码 3-28 矩阵的行列式在 Python 和 Matlab 中的实现

	Python 命令	Matlab 命令
输入	AA_inv = np.linalg.inv(AA) print(A_inv)	AA_inv = inv(AA)

① 一般用⊗表示克罗内克乘积。假设 $A = \begin{bmatrix} a_{11} & a_{12} \\ a_{21} & a_{22} \end{bmatrix}$，则 $A \otimes B = \begin{bmatrix} a_{11}B & a_{12}B \\ a_{21}B & a_{22}B \end{bmatrix}$。

输出	[[1.34589493 -6.30058289 3.55091953] [-2.69178987 9.60116577 -5.10183907] [1.34589493 -3.63391614 1.88425291]]	AA_inv = 1.3459 -6.3006 3.5509 -2.6918 9.6012 -5.1018 1.3459 -3.6339 1.8843

代码 3-29　分别利用 Python 和 Matlab 求矩阵的逆矩阵

	Python 命令	Matlab 命令
输入	eig_vals, eig_vecs = np.linalg.eig(AA) print('Eigenvalues of AA = ', eig_vals) print('Eigenvectors of AA = ', eig_vecs)	[eig_vecs, eigvals] = eig(AA)
输出	Eigenvalues of AA = [16.7042141 - 1.77921331 0.07499909] Eigenvectors of AA = [[- 0.29774809 - 0.85068345 0.51292157] [-0.51411355 0.0378905 -0.79898977] [-0.80438381 0.52431101 0.31388983]]	eig_vecs = -0.2977 -0.8507 0.5129 -0.5141 0.0379 -0.7990 -0.8044 0.5243 0.3139 eigvals = 16.7042 0 0 0 -1.7792 0 0 0 0.0750

代码 3-30　分别利用 Python 和 Matlab 寻找矩阵的特征值和特征向量

我们还需要注意的是，Numpy 软件包中还提供了矩阵“matrix”的数据类型，关于矩阵数据类型的初始化，以及和“array”的相互转换可见代码 3-31。主要用到的命令是“asarray”和“asmatrix”，我们首先创建一个“matrix”数据结构的变量“*x*”，查看数据类型，调用“type”命令，我们看到结果显示变量“*x*”为“matrix”数据结构。我们利用“asarray”，将数据类型从“matrix”转化为“asarry”，我们发现变量“*y*”的数据结构变为“array”，然后，我们再利用“asmatrix”命令将矩阵变为“matrix”形式。

一般而言，Numpy 既支持在矩阵“array”数据类型下进行运算，也支持在矩阵“matrix”数据类型下进行运算，以 cholesky 分解为例，具体的计算结果可见代码 3-31“In [36]”至“In [37]”。

In[33]:	x = np.matrix([[1,.5],[.5,1]]) type(x)
Out[33]:	numpy.matrixlib.defmatrix.matrix
In[34]:	y = np.asarray(x) type(y)

Out[34]:	numpy. ndarray
In[35]:	z = np. asmatrix(y) type(z)
Out[35]:	numpy. matrixlib. defmatrix. matrix
In[36]:	np. linalg. cholesky(y)
Out[36]:	array([[1. , 0.], [0.5 , 0.8660254]])
In[37]:	np. linalg. cholesky(x)
Out[37]:	matrix([[1. , 0.], [0.5 , 0.8660254]])

代码 3-31　Python 的 Numpy 包中的 matrix 数据结构简介

三、Pandas 基本使用指南

Pandas 的全称是 Python Data Analysis Library，即 Python 数据分析库，是基于 Numpy 库的一种数据分析工具。Pandas 现在已成为数据科学家科研的必备工具。我们从事量化金融分析和建模也主要是利用 Pandas。此外，需要注意的是该“库”直到 2009 年才被作者开源，并放在网上与全球人民共享，Pandas 创立之初的目的就是给金融从业人员提供大规模金融数据分析的便利化服务。Pandas 中有两种最为重要的数据结构，一种被称为序列（series），另一种被称为数据框（data frame）结构。在日常工作中，我们主要使用数据框①，因此我们在本部分主要介绍 Pandas 的 data frame 的使用。

在本部分，我们仅简单地演示 Pandas 的常用命令，我们认为如果脱离应用场景介绍 Pandas 其实并没有太大意义。因此，我们在讲授 P 型量化部分时，将重点用 Pandas 以及 Numpy 编写若干程序演示 P 型量化的基础算法和模型。在讲解量化模型的数学原理和具体公式的代码实现过程中，穿插介绍 Pandas 的功能。

下面举一个量化金融从业人员最常用的应用场景：我们有大量数据，这些数据可能是以 csv，excel 或者 HDF5 形式存储的，当然我们的数据还可能是以 JSON 形式储存的，我们的数据还可能存放在诸如 SQL，MySQL 这样的数据库中。我们的数据的内容可能是一段时间的若干股票的数据或者外汇数据。导入数据是工作

① 标准的写法应是：data frame，如无特殊说明，本书后面章节涉及 Pandas 的数据框数据结构时，都使用 data frame。

的第一步，然后我们就要开始使用这些数据从事金融数据的分析工作，我们也会对数据进行简单的预处理。我们下一步的工作是将数据放入模型中，模型会产生新的实验结果，而实验结果都是基于新的数据，有了新的数据，我们一般需看看实验结果，于是我们需要将数据可视化，也就是需要计算机程序帮我们“画图”，如果结果可以接受，我们会存储数据或结果。

此外，关于 Numpy 和 Pandas 的区别和联系，我们需阐述使用逻辑。Pandas 有一些基础的处理数据的统计功能，但是 Pandas 没有 Numpy 灵活。我们采用了如图 3－1 所示的开发模式，在数据导入阶段，利用 Pandas 强大的数据清理功能对数据进行预处理，在数据达到我们的使用标准后，将 Pandas 型的数据类型转为 Numpy 的数据类型，然后对金融数据进行分析。这样转换的理由是，我们编写的大量的 Python 函数的输入默认为 Numpy 的数据类型。我们编写的 Python 函数的输出也默认为是 Numpy 类型，获得新的数据实验结果后，我们将结果转化为 Pandas，重新整理 data frame，然后利用 Pandas 的数据可视化工具展示结果，并利用 Pandas 的存储功能将实验结果存储为我们需要的格式。

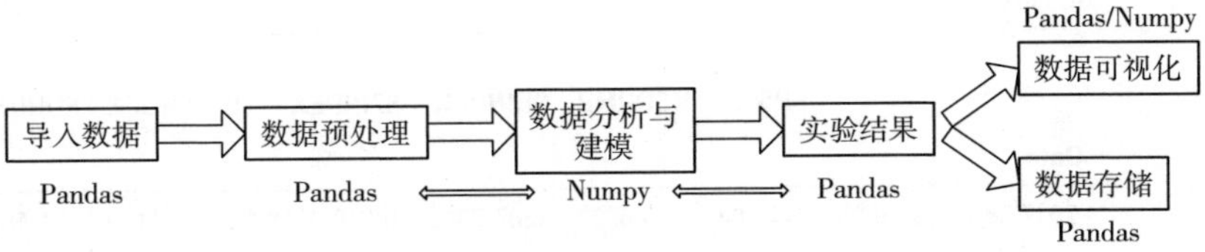

图 3－1　利用 Python 进行量化金融分析的一种开发思路

下面假设我们有一组数据，包含了美国标准普尔 500（S&P500）的指数、美元指数、美元兑欧元的汇率、美元兑人民币的汇率、上证指数和深成指指数，时间范围是 2000 年 1 月 3 日到 2017 年 8 月 25 日，数据从 Wind 资讯下载，有些数据缺失。数据缺失的原因也非常好理解，比如，中国的股市在春节期间不开市，而美国的股市仍然开市，而且当日也有汇率报价。此外，我们假设我们的数据以“. xls”形式储存。

首先，我们导入数据，我们先看代码 3－32“In ［1］”。我们主要是调用“read_ excel”命令，如果文件是“. csv”则调用“read_ csv”命令。其次，我们将数据中的变量“Date”移除数据框，让其为数据框的索引。最后，我们用“head（3）”Python 函数打印数据的前三行，如果我们使用“head（）”，则 Python 将默认打印前五行的数据。特别需要注意的是，在 2000 年 1 月 3 日沪深股市都不开市，所以在数据框中，显示的是“NaN”。我们在“In ［2］”中利用“tail（）”显示数据的末尾，因为我们没有在“tail（）”的括号内赋值，所以

Python 默认为显示最后五行数据，可以看到我们收集截至 2017 年 8 月 15 日的数据，最后两行是一些无用的信息。

In[1]:

```
import pandas as pd
import numpy as np
%matplotlib inline
df = pd.read_excel("yyf_prices.xls",parse_dates=[0])
#df = pd.read_csv("yyf_prices.csv",parse_dates=[0])
df.index = df.pop('Date')
df.head(3)
```

Out[1]:

	SP500	USDRMB	SHINDEX	SZINDEX	USDINDEX	EURUSD
Date						
2000-01-03 00:00:00	1455.22	8.2795	NaN	NaN	114.4743	1.0273
2000-01-04 00:00:00	1399.42	8.2798	1406.371	3497.060	114.3583	1.0295
2000-01-05 00:00:00	1402.11	8.2799	1409.682	3486.285	114.6221	1.0316

In[2]:

```
df.tail()
```

Out[2]:

	SP500	USDRMB	SHINDEX	SZINDEX	USDINDEX	EURUSD
Date						
2017-08-23 00:00:00	2444.04	6.6633	3287.7049	10619.3368	NaN	1.1807
2017-08-24 00:00:00	2438.97	6.6525	3271.5117	10552.9621	NaN	1.1799
2017-08-25 00:00:00	2443.05	6.6579	3331.5221	10659.0085	NaN	1.1923
NaN	NaN	NaN	NaN	NaN	NaN	NaN
数据来源:Wind资讯	NaN	NaN	NaN	NaN	NaN	NaN

In[3]:

```
df.info()
```

Out[3]:

```
<class 'pandas.core.frame.DataFrame'>
Index: 4614 entries,2000-01-03 00:00:00 to 数据来源:Wind 资讯
Data columns (total 6 columns):
SP500        4441 non-null float64
USDRMB       4305 non-null float64
SHINDEX      4274 non-null float64
SZINDEX      4274 non-null float64
USDINDEX     4445 non-null float64
EURUSD       4592 non-null float64
dtypes: float64(6)
memory usage: 252.3+ KB
```

In[4]:

```
df.describe()
```

Out[4]:

	SP500	USDRMB	SHINDEX	SZINDEX	USDINDEX	EURUSD
count	4441.000000	4305.000000	4274.000000	4274.000000	4445.000000	4592.000000
mean	1413.358131	7.261654	2390.367939	7936.923814	110.963164	1.216617
std	402.768955	0.851344	915.039787	3992.749709	10.060243	0.175403
min	676.530000	6.093000	1011.499000	2622.026000	93.757100	0.826800
25%	1131.420000	6.461600	1667.578750	3820.805250	101.847500	1.099875
50%	1309.720000	6.879800	2199.461000	8235.478000	110.025600	1.254100
75%	1562.170000	8.276600	2976.678750	10701.904750	119.976400	1.343250
max	2480.910000	8.279900	6092.057000	19531.155000	130.242000	1.599800

In[5]:

```
df[:5]
```

Out[5]:

Date	SP500	USDRMB	SHINDEX	SZINDEX	USDINDEX	EURUSD
2000-01-03 00:00:00	1455.22	8.2795	NaN	NaN	114.4743	1.0273
2000-01-04 00:00:00	1399.42	8.2798	1406.371	3497.060	114.3583	1.0295
2000-01-05 00:00:00	1402.11	8.2799	1409.682	3486.285	114.6221	1.0316
2000-01-06 00:00:00	1403.45	8.2798	1463.942	3655.199	115.1688	1.0295
2000-01-07 00:00:00	1441.47	8.2797	1516.604	3828.040	114.9098	1.0280

In[6]:

```
df.count()
```

Out[6]:

```
SP500        4441
USDRMB       4305
SHINDEX      4274
SZINDEX      4274
USDINDEX     4445
EURUSD       4592
dtype: int64
```

In[7]:

```
df.kurt()
```

Out[7]:

```
SP500       -0.185599
USDRMB      -1.690454
SHINDEX      1.389385
SZINDEX     -0.721929
USDINDEX    -1.272336
EURUSD      -0.588045
dtype: float64
```

In[8]:

```
df.plot()
```

Out[8]: < matplotlib. axes. _subplots. AxesSubplot at 0x14b825731d0 >

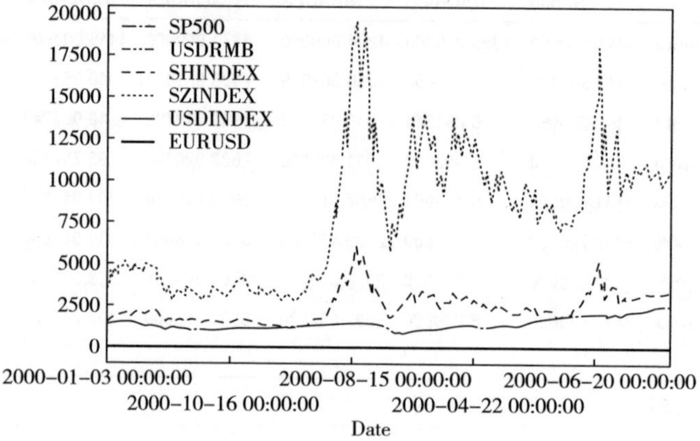

In[9]:

```
df. SP500. plot( legend = 'SP500')
df. SHINDEX. plot( legend = 'SHINDEX')
df. SZINDEX. plot( legend = 'SZINDEX')
```

Out[9]: < matplotlib. axes. _subplots. AxesSubplot at 0x14b83911d30 >

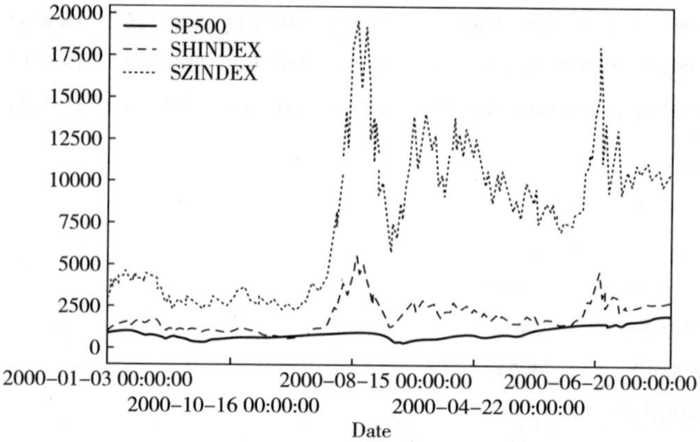

In[10]:

```
new_df = df. dropna( )
new_df. head( )
```

Out[10]:

Date	SP500	USDRMB	SHINDEX	SZINDEX	USDINDEX	EURUSD
2000-01-04 00:00:00	1399.42	8.2798	1406.371	3497.060	114.3583	1.0295
2000-01-05 00:00:00	1402.11	8.2799	1409.682	3486.285	114.6221	1.0316
2000-01-06 00:00:00	1403.45	8.2798	1463.942	3655.199	115.1688	1.0295
2000-01-07 00:00:00	1441.47	8.2797	1516.604	3828.040	114.9098	1.0280
2000-01-10 00:00:00	1457.60	8.2794	1545.112	3921.484	114.9799	1.0253

In[11]:

```
new_df.tail()
```

Out[11]:

Date	SP500	USDRMB	SHINDEX	SZINDEX	USDINDEX	EURUSD
2017-08-14 00:00:00	2465.84	6.6601	3237.3602	10519.8035	119.4812	1.1780
2017-08-15 00:00:00	2464.61	6.6689	3251.2617	10559.7779	119.8770	1.1735
2017-08-16 00:00:00	2468.11	6.6779	3246.4512	10600.7792	119.8369	1.1767
2017-08-17 00:00:00	2430.01	6.6709	3268.4298	10653.7301	119.5527	1.1723
2017-08-18 00:00:00	2425.55	6.6744	3268.7243	10614.0825	119.4197	1.1761

In[12]:

```
new_df.iloc[3]
```

Out[12]:

```
SP500          1441.4700
USDRMB            8.2797
SHINDEX        1516.6040
SZINDEX        3828.0400
USDINDEX        114.9098
EURUSD            1.0280
Name: 2000-01-07 00:00:00, dtype: float64
```

In[13]:

```
new_df.iloc[:,5].head()
```

Out[13]:

```
Date
2000-01-04 00:00:00    1.0295
2000-01-05 00:00:00    1.0316
2000-01-06 00:00:00    1.0295
2000-01-07 00:00:00    1.0280
2000-01-10 00:00:00    1.0253
Name: EURUSD, dtype: float64
```

In[14]:

```
tmp_data = np.random.randn(1000,1)
tmp_data[:5]
start_date = 2
tmp_df = pd.DataFrame(tmp_data, index = new_df.index[start_date:start_date + 1000],
columns = ['tmp_df'])
tmp_df.info()
```

Out[14]:

```
<class 'pandas.core.frame.DataFrame'>
Index: 1000 entries, 2000-01-06 00:00:00 to 2004-05-25 00:00:00
Data columns (total 1 columns):
tmp_df    1000 non-null float64
dtypes: float64(1)
memory usage: 15.6+ KB
```

```
In[15]:  new_df['tmp_df'] = tmp_df
         new_df.head()
```

Out[15]:

Date	SP500	USDRMB	SHINDEX	SZINDEX	USDINDEX	EURUSD	tmp_df
2000-01-04 00:00:00	1399.42	8.2798	1406.371	3497.060	114.3583	1.0295	NaN
2000-01-05 00:00:00	1402.11	8.2799	1409.682	3486.285	114.6221	1.0316	NaN
2000-01-06 00:00:00	1403.45	8.2798	1463.942	3655.199	115.1688	1.0295	-0.899080
2000-01-07 00:00:00	1441.47	8.2797	1516.604	3828.040	114.9098	1.0280	0.054597
2000-01-10 00:00:00	1457.60	8.2794	1545.112	3921.484	114.9799	1.0253	0.706994

```
In[16]:  new_df.to_csv("yyfdataout/new_df.csv", index_label = 'date')
         new_df.to_excel("yyfdataout/new_df.xls", index_label = 'date')
         new_df.to_excel("yyfdataout/new_df.xlsx", index_label = 'date')
```

代码 3－32　Pandas 的基本功能演示

在“In［3］”，我们使用了“info（）”命令，该命令显示了数据框的基本信息，显示索引数量为 4 614，“info（）”命令仅显示非“NaN”数据的个数。因此，我们看到，数据信息虽然共有六组，但每组数据信息的个数不一致。当然“info（）”还显示六组数据都是以列形式排列，数据类型为“float64”。此外，“info（）”还显示了内存的使用情况。

在“In［4］”我们调用了“describe（）”命令，该命令能对数据框中的每组数据进行简单的统计分析。在统计过程中，Python 会自动忽略“NaN”数据。如果我们想看看前 n 行的数据信息，我们可以直接使用 df［：n］，这种查看数据的逻辑和我们前面介绍的列表数据结构类似，故不多进行冗述，我们在“In［5］”处演示了数据框的这种功能。

Pandas 还提供了很多基础的统计功能，比如计算数据框中变量的非“NaN”个数。我们可以使用“df. count（）”，还可以计算变量的均值、方差、偏度和峰度等统计信息。我们在第“In［7］”行以峰度作为例子进行了演示。

Pandas 自带绘图功能，最简单的绘图方式是直接使用“plot（）”命令。具体演示可见“In［8］”，我们还可以对我们感兴趣的变量进行绘图，具体例子可见“In［9］”。

下面介绍 Pandas 最强大的功能：自动摒弃数据中的“NaN”功能。我们在“In［10］”处介绍了这种功能的使用，该命令为“dropna（）”。我们可以发现，尤其是数据结尾处的无用信息被自动移除，所有数据行中，只要存在“NaN”都被移除。

如果我们想查看数据框中的数据片段，可以使用“iloc”功能，具体演示可见“In［12］”和“In［13］”。

下面我们演示如何创建一个数据框，然后将新生成的数据框和已有的数据框合并。

我们利用 Numpy 生成一个 1 000 × 1 的随机向量，然后我们假设该随机向量是一个时间序列，且数据开始于 2000 年 1 月 6 日，并且我们认为时间索引和原有的数据框的索引一致。关于如何生成这样的新数据框的方法可见“In［14］”的第 4 行，最后我们在第 5 行查看了新数据框的基本信息。在“In［15］”我们演示了如何将新生成的数据框和已有的数据框合并，需要注意的是，原有的数据框“new_ df”的时间索引是从 2000 年 1 月 4 日开始的，到 2017 年 8 月 18 日结束，而我们在“In［14］”生成的新数据框的时间索引开始于 2000 年 1 月 6 日，结束于 2004 年 5 月 25 日。细心的读者查看合并的数据框结果会发现，Pandas 会将新的数据框中的数据信息按照索引对照的日期放入正确的日期位置，新的数据框的时间索引仍然是从 2000 年 1 月 4 日开始，到 2017 年 8 月 18 日结束，没有的信息将以 NaN 填满。这是 Pandas 非常强大的数据功能之一。

最后，我们在“In［16］”将新生成的数据框进行存储，如果我们希望将数据存储为“. csv”格式，则调用“to_ csv（）”；如果我们希望将数据存储成“. xls”或“. xlsx”格式，则调用“to_ excel（）”命令。

本章小结

本章主要介绍了 Matlab 和 Python 计算机编程语言的基本操作和常用函数。Matlab 作为老牌的编程语言，在量化金融领域有着非常悠久的历史和很强的生命力。Python 是在大数据 + 人工智能时代下最火的计算机编程语言，其易学易上手的特点使得非专业尤其是文科生学习编程成为可能。此外，Python 语言目前还支持若干主流的人工智能分析框架（比如：Tensorflow，Keras 和 Pytorch），Python 被称为打开人工智能与大数据之门的“钥匙”。因此，本书为量化金融专业的学生介绍 Python 算是顺应了时代潮流，但是仅通过本书一章的篇幅自然不能介绍完 Python 和 Matlab 的全部内容。因此，读者如果对 Python 和 Matlab 编程感兴趣，我们的建议是在互联网上寻找学习资源，并积极参与到开源项目开发中去。只有带着任务和目标去学习编程，才能使读者的代码有“落地”的可能，才有具体的应用场景。

思考题

1. 假如给你一个股票价格的历史数据，请用 Python 编程计算该股票的对数收益率。然后绘制股票的对数收益率的直方图，并计算股票价格收益率的样本均值、样本方差、样本偏度和样本峰度。

2. 利用上题的数据，绘制收益率的 QQ－plot。判断该对数收益率是否满足正态分布。

第四章　完全无害的传统金融学专业基础知识

一、衍生品的基本逻辑

金融学之所以能成为一个独立的学科，是因为有财务管理学、投资学和金融工程学三大成熟的学科作为支撑。金融工程学是一门研究金融产品（尤其是衍生品）定价的课程。由此可以看出衍生品在金融学学科知识结构中的重要性。从粗略的金融资产分类来看，金融资产可以分为三大类：股票、债券和衍生品。从这个角度分析，我们也可以发现学习衍生品知识的重要性。每当我们提到衍生品，都需要特别强调一个概念，即标的物资产（underlying asset）的概念。衍生品的英文是 derivative，在微积分学（calculus）中，“derivative”是导数的意思，对“导数”这一概念最直观的解释是：导数是一条曲线的切线的斜率。需要注意的是，“derivative”还有一个意思就是“派生的”。就“导数”这一概念而言，导数的值取决于曲线的形状，因此，我们认为导数是其对应的曲线派生出来的。这其实也是衍生品最质朴的定义，即衍生品的价格（或价值）是由另外一个金融资产的价格或价值所决定的，而这个“另外一个金融资产”则被我们专门称为“标的物”。常见的标的物有股票、债券、指数、外汇汇率、利率、信用事件、信用价差、大宗商品价格等。

CFA 一级和二级考试要求考生掌握的衍生品知识主要包括：远期、期货、期权和互换。这些金融衍生品最大的共性是它们都非常容易受到市场风险因素的影响，这些市场风险因素包括利率风险、汇率风险、股票价格变动风险等。因此，这些基础的衍生品，都可视为市场风险类衍生品。在此我们需特别强调一点，CFA 考试基本不考查信用类衍生品的复杂问题。当然，虽然 CFA 考试关于衍生品的考查主要涉及远期、期货、期权和互换这四种衍生品，但是还是有不少学生在考试的时候“云里雾里”，这是为何呢？主要原因如下：这四种常见衍生品中，任意一种衍生品，比如以远期为例，都可以有不同的标的物，而标的物的不同会导致同一种衍生品有不同的金融属性，比如股票远期和基于贷款利率的远期（即远期利率合约，Forward Rate Agreetment，FRA）的属性就有非常明显的不同。

CFA 一级考试考查衍生品的知识仅占整个考试总分的 5%，因此非常简单，仅要求考生掌握市场风险类四种衍生品的基本属性，CFA 一级考试基本上不涉及复杂计算。CFA 二级涉及大量计算，而且公式非常多，但是即便如此，学习衍生品知识还是有很多技巧和规律可循的。

如何掌握这些技巧和规律？关键是要明白衍生品的计算题其实主要涉及三大类问题。第一类问题是定价（pricing），这是最重要的。第二类问题是关于估值（valuation）。第三类问题是关于套利（arbitrage）。

（一）衍生品定价的 101[①] 课程

金融研究的两大核心问题为：公司金融和资产定价。衍生品是一种特殊的资产，金融工程学的一个最重要的任务就是研究衍生品定价，这也是 Q－type 量化从业人员最主要的工作之一。以下是“定价”的基本逻辑和假设：

• 衍生品的价值取决于标的物，衍生品有生命周期，衍生品不能永远存续下去。

• 任何国家或地区的会计准则都对资产和衍生品的定价做了专门规定，“公允”（fair）是定价的核心。

• 衍生品是零和游戏。

• 价格在衍生品诞生之时［即“期初”（initial）］产生，此时价格必须是公允价格，潜台词是买卖双方都占不到对方便宜，也就是买卖双方都无法套利，此时衍生品价值为零。

• 在期初定下未来某个时间点的标的物价格，买卖双方按此价格在未来约定的时间进行交割。

• “定价”的任务是在期初确定标的物的未来交割价格。

• 在期初之所以能够计算出标的物的未来交割价格，关键是基于“风险中性原则”，也就是“无套利”原则。

一般而言，给一个衍生品定价，往往可以提出两个投资策略，一个是提供给买方的，另一个是提供给卖方的，只有在未来某种特定的情况下才能够出现两个投资策略结果无差异的情形。因为无差异，于是买方和卖方才会对两个策略产生无差异化选择，也就是说不管选哪个策略，结果都是“无套利”，对谁都不存在有利或者吃亏，而在这种情况下给衍生品定下来的价格才是公允的，才是无套利

① “101”在西方指入门级课程。在西方，入门级课程的课程代码均从“101”开始，比如，物理学入门的课号一般为“pby－101”。

的，这也就是后面我们会提到的风险中性。

下面举一个国际金融学里面常用的例子来说明上述原理。本案例无须读者具有高深的数学背景知识。美国和加拿大两国是金融资本可自由流动的国家。任何一个加拿大人都可以用自己的“闲钱”投资于美元或者加拿大元。假设现在1美元可以兑换1.30加元，我们还假设不考虑存款利率和贷款利率存在利差，美国此时利率为1.00%，而加拿大此时利率为2.00%，如果给读者1 000美元，投资期限为一年，我们还假设这一年时间内两国的利率不发生变化，读者很自然会有两种投资选择，一种选择是直接将美元存入银行，一年后取出。另一种投资选择稍微复杂一点，读者先将美元按当日汇率USD1/CAD1.30兑换成加元，再按加元存款利率存一年，然后按一年后的汇率F，将加元换成美元。如果把F想成是一个未知数，这两个投资策略等价的时候，这个F值可以算出，而且需要注意计算出F的条件是只需要知道两个国家的利率和期初的汇率价格，也就是说如果在期初的时候读者向某银行经理购买一个一年期的外汇远期，外汇远期的本质就是在期初时刻，外汇的买方和卖方确定一个在未来交割外汇资产的汇率。所以本例中计算F的方法自然可以应用到远期合同定价中去，这个原理其实就是国际金融学里面涉及的“利率平价定理”（Interest Rate Parity Theory，IRP），具体公式如下。

$$F = S_0\left(\frac{1 + R_{DC}}{1 + R_{FC}}\right)^{\frac{T}{365}}$$

其中：F表示远期合同价格，S_0表示期初的汇率价格，R_{DC}表示本币的利率，R_{FC}表示外币的利率。在此公式中所有汇率按直接标价法标注，即汇率分母位置的货币被认为是外币，分子位置的货币被认为是本币。

简言之，不管任何复杂的衍生品的定价，都首先遵循“无套利原则”，即在期初时刻，衍生品价值为零，买卖双方没有任何一方“占优”，买卖双方始终处在“零和游戏”的世界里。衍生品定价机制设计的基本原则都是设计两个投资方案，一个方案是从买方视角，另一个方案则是从卖方视角，然后两个投资方案如果能等价，即无差异，则一定是未来的标的物价格满足一个特定的值（解）。

这样的思想可以用在股票远期的定价上，股票远期定价的原理是假设这样两个投资方案：第一个方案是投资股票，第二个方案是将现金存入银行获得利息，股票远期的价格本质是买卖双方在期初定下一个未来交割股票价格的协议，这个未来交割股票的价格就是股票远期的价格F，所以未来股票价格F必须等于$S_0(1+R)^{T/365}$，即$F = S_0(1+R)^{T/365}$，其中，S_0表示期初的股票价格，R表示无风险利率。

（二）衍生品估值的 101 课程

衍生品的估值（valuation）问题是 CFA 二级考试的重点，定价问题是估值问题的基础，估值的逻辑如下：如前文所述，衍生品都是有生命周期的，任何衍生品都不可能永远存续下去，衍生品估值问题关注的是衍生品在其生命周期内的价值。以一年期的外汇远期为例，估值问题研究的是外汇远期从期初到期末这一年内的价值。为便于理解，我们以远期为例，一般我们在课程上用 $F_{0:T}$ 表示，下标中的 0 表示期初时刻，T 表示衍生品对应的标的物交割的时刻，也就是衍生品的生命周期结束的时刻。利用这种表示法的思想，我们可以如此表示一年期远期合同：$F_{0:1}$ 。对于研究远期的价值[①]，我们其实是关注 $t \in [0,T]$ 衍生品的价值，可以表示为：$V_t(F_{0:T})$ ，其中，t 表示从期初（包括期初）到期末 T（包括期末）的任意时刻，而 V 表示估值（valuation）。

下面讨论两种特殊的情形，第一种情形是期初 $t=0$ 时刻衍生品的价值，第二种情形是期末 $t=T$ 时刻衍生品的价值。

在期初时刻，任何衍生品的价值都该为零，也就是买卖双方“无套利”，所以 $V_0(F_{0:T}) \equiv 0$ 。

而期末时刻，此时衍生品的价值取决于 T 时刻标的物的价格和衍生品的价格，我们用大写的 S 表示标的物，用数学语言表示即为：

$$V_T(F_{0:T}) \equiv S_T - F_{0:T}$$

这个公式其实非常容易理解。我们举一个例子：在期初时刻某投资人买入一份一年期的股票远期合同，该股票远期合同的价格为 $F_{0:T}$ ，股票远期合同的标的物是股票，$F_{0:T}$ 的含义是该投资人一年后需按 $F_{0:T}$ 的价格买入股票，比如 $F_{0:T}=45$ 元，而一年之后如果股票价格变为 $S_T=50$ ，此时此投资人是赚钱的，因为如果在 $t=0$ 时刻该投资人并没有买入一份股票远期合同，他将无法在 $T=1$ 时刻按低于市面的股票价（此时股票价格为 $S_T=50$ ）买入股票，此时股票远期的价值为：

$$V_T(F_{0:T}) \equiv S_T - F_{0:T} = 50 - 45 = 5$$

当然如果 $T=1$ 时刻，标的物股票的价格低于 45 元，比如 $S_T=40$ 元，此时此投资人手持的股票远期合同的价值为负，此时股票远期的价值为：

$$V_T(F_{0:T}) \equiv S_T - F_{0:T} = 40 - 45 = -5$$

下面讨论任意时刻 $t \in [0,T]$ 的计算衍生品估值的思路：$V_t(F_{0:T})$ 。

第一步，在已知 $F_{0:T}$ 情况下，在 t 时刻，利用定价公式构建一个从 t 时刻开始

---

① 本部分讨论的这种对远期估值的思想可以扩展应用到任意衍生品的估值问题中。

到 T 时刻到期的衍生品 $F_{t:T}$ 合同，特别注意 $F_{0:T}$ 和 $F_{t:T}$ 代表的是两个衍生品合同。

第二步，两个衍生品合同，即 $F_{0:T}$ 和 $F_{t:T}$ 都会在 T 时刻执行，其价值差异会在 T 时刻体现，即 $F_{0:T} - F_{t:T}$。

第三步，因为我们要寻找的是 t 时刻的价值，所以我们需要将 $F_{0:T} - F_{t:T}$ 进行时间贴现，即除以 $(1+R)^{\frac{T-t}{365}}$，因此衍生品合同在 t 时刻的价值为 $V_t(F_{0:T}) \equiv \frac{F_{t:T} - F_{0:T}}{(1+R)^{\frac{T-t}{365}}}$。

以股票远期为例，我们知道股票远期的定价公式为 $F_{t:T} = S_t(1+R)^{(T-t)/365}$，我们可以从两个方面验证我们前面所讲授的知识。

首先，检验该公式是否满足我们先前的结论：衍生品在期初的价值为零。可以发现，此时 $t=0$，则 $V_t(F_{0:T}) \equiv \frac{F_{t:T} - F_{0:T}}{(1+R)^{\frac{T-t}{365}}}$ 等于零，即符合我们先前的结论。

其次，我们再检验 $t=T$ 时刻 $V_t(F_{0:T}) \equiv S_T - F_{0:T}$ 是否成立。可以发现 当 $t=T$ 时，根据 $F_{t:T} = S_t(1+R)^{(T-t)/365}$ 公式，该公式退化为 $F_{T:T} = S_T$，当然如果有读者仔细思考 $F_{T:T}$ [①]的金融学含义也会是一件有趣的事情，其实 $F_{t:t}$ 一定恒等于 $F_{t:t} \equiv S_t$，这是显而易见的。

需要强调的是，如果将 $F_{t:T} = S_t(1+R)^{(T-t)/365}$ 代入 $V_t(F_{0:T}) \equiv \frac{F_{t:T} - F_{0:T}}{(1+R)^{\frac{T-t}{365}}}$，则马上可得到 CFA 考试教材上给出的远期合同的估值公式：

$$V_t(F_{0:T}) \equiv S_t - \frac{F_{0:T}}{(1+R)^{\frac{T-t}{365}}}$$

我们还可以进一步验证如果利用本部分构建衍生品合同估值公式的思路是否可以得到 CFA 教材上给出的外汇远期合同的估值公式。具体的验证步骤如下：

第一步，写出在 $t=0$ 时刻开始，到 T 时刻交割的外汇远期合同的定价公式，即：$F_{0:T} = S_0\left(\frac{1+R_{DC}}{1+R_{FC}}\right)^{\frac{T}{365}}$。

第二步，如果要计算 $V_t(F_{0:T})$，我们需要构建一个在 t 时刻开始，到 T 时刻交割的外汇远期合同 $F_{t:T}$，此外我们也知道其定价公式为 $F_{t:T} = S_t\left(\frac{1+R_{DC}}{1+R_{FC}}\right)^{\frac{T-t}{365}}$。

第三步，对两个外汇远期合同的价格差进行贴现，因为我们以本币进行结算，故贴现的利率应该为本币，因此：

① 或者更为普遍的写法 $F_{t:t}$。

$$V_t(F_{0:T}) \equiv \frac{F_{t:T} - F_{0:T}}{(1+R_{DC})^{\frac{T-t}{365}}}$$

$$= \frac{\left(S_t\left(\frac{1+R_{DC}}{1+R_{FC}}\right)^{\frac{T-t}{365}}\right) - F_{0:T}}{(1+R_{DC})^{\frac{T-t}{365}}}$$

$$= \frac{S_t}{(1+R_{FC})^{\frac{T-t}{365}}} - \frac{F_{0:T}}{(1+R_{DC})^{\frac{T-t}{365}}}$$

【案例4－1】假设现在美国的无风险利率为1%，欧元区的无风险利率为3%，此时市场上的即期汇率为$S_0 = 1.0625$ $/€。假设一年内美国和欧元区的利率都不发生变化，请基于这些信息，对此一年期的外汇远期合同进行定价。在过去180天后，此时的即期汇率变为$S_{180} = 1.100$ $/€，请计算此时外汇远期的价值，即求$V_{180}(F_{0:365})$。

【解析】该案例的第一问是一个典型的定价问题，因此该利用定价公式$F_{0:T} = S_0\left(\frac{1+R_{DC}}{1+R_{FC}}\right)^{\frac{T}{365}}$，然后将相关数据代入该公式中，则有：

$$F_{0:365} = 1.0625\left(\frac{1+1\%}{1+3\%}\right)^{\frac{365}{365}} = 1.0419 \$/€$$

该案例的第二问是一个经典的估值问题，估值的原理始终是基于本部分介绍的“三步法”，当然最后的结果都是利用$V_t(F_{0:T}) \equiv \frac{S_t}{(1+R_{FC})^{\frac{T-t}{365}}} - \frac{F_{0:T}}{(1+R_{DC})^{\frac{T-t}{365}}}$定价公式，现将$t=180$，$T=365$，$R_{DC} = 1.00\%$，$R_{FC} = 3.00\%$，$S_{180} = 1.1000$ $/€，$F_{0:365} = 1.0419$ $/€信息代入估值定价公式，则有：

$$V_{180}(F_{0:365}) \equiv \frac{1.1000}{(1+3.00\%)^{\frac{365-180}{365}}} - \frac{1.0419}{(1+1.00\%)^{\frac{365-180}{365}}} = 0.0470 \$/€$$

由此可见，定价的题目和估值的题目虽有联系，但绝不可混为一谈。

以下我们利用Matlab和Python分别编写计算外汇远期定价的代码和计算外汇远期估值的代码，并撰写一个主程序检验我们的计算结果（见代码4－1～代码4－4）。本书一再强调量化金融学是一门完全无害的学科，它和以往的金融学学习最大的不同在于我们思考问题和研究问题的方式和方法，我们倡导学生把在传统金融学中学到的公式编写一遍计算机程序。

```
function F = PriceFXForward(S0,Rdc,Rfc,T)
    % Pricing FX forward
    F = S0 * ((1 + Rdc)/(1 + Rfc))^(T/365);
end
```

代码4－1　利用Matlab实现外汇远期的定价

```
function Val = ValueFXForward(St,F,Rdc,Rfc,T,t )
    % valuation of Vt(F0:T)
    Val = St/(1 + Rfc)^((T - t)/365) - F/(1 + Rdc)^((T - t)/365);
end
```

代码 4－2　利用 Matlab 实现外汇远期的估值

```
% main function
Rdc = 1/100;
Rfc = 3/100;
T = 365;
S0 = 1.0625;
% Pricing FX forward
F = PriceFXForward(S0,Rdc,Rfc,T)
% After 180 days,valuing Vt(F0:T)
t = 180;
St = 1.1;
Val = ValueFXForward(St,F,Rdc,Rfc,T,t)
```

代码 4－3　调用外汇远期定价函数和外汇远期估值函数的主程序

输入

```
import numpy as np

def PriceFXForward(S0,Rdc,Rfc,T):
    # Pricing FX forward
    F = S0 * (((1 + Rdc)/(1 + Rfc)) ** (T/365))
    return F

def ValueFXForward(St,F,Rdc,Rfc,T,t ):
    # valuation of Vt(F0:T)
    Val = St/((1 + Rfc) ** ((T - t)/365)) - F/((1 + Rdc) ** ((T - t)/365))
    return Val

#main function
Rdc = 1/100
Rfc = 3/100
T = 365
S0 = 1.0625
#Pricing FX forward

F = PriceFXForward(S0,Rdc,Rfc,T)
#After 180 days,valuing Vt(F0:T)
t = 180
St = 1.1
Val = ValueFXForward(St,F,Rdc,Rfc,T,t)
print('What is the price of FX forward = ',F)
print("What is the Value of FX forward after %d = " %(t),Val)
```

输出	What is the price of FX forward = 1.041868932038835 What is the Value of FX forward after 180 = 0.04701510904641015

代码 4-4 用 Python 编程语言实现外汇远期的定价与估值的例子

（三）衍生品套利的 101 课程

一般而言，套利的原理无非是低买高卖（buy low，sell high），而“高”和“低”这两个概念是“相对”的。某物比另外一物“高”，其实是指某物相对于另外一物高，所以“高”一定是一个相对的概念。因此，讨论高和低的问题时，我们一定需要一个参照标准。一般而言，理论价格就是这个标准，又或者被称为“基准”（benchmark）。落实到金融中，套利主要指的是利用金融产品的理论价格和市场价格不一致而实现盈利。一般认为理论价格一定是对的，当金融资产的市场价格低于其理论价格时，投资人就应该购买该金融产品。而当某金融资产的价格高于其理论价格时，投资人就该做空，卖出该金融产品。所以，当我们讨论金融衍生品的“套利”问题时，首先需要计算金融衍生品的理论价格，也就是基于定价公式计算出来的理论值，而题目中一定会给出该金融产品的市场价格，如果存在套利机会，此时，套利机会一定出现在理论值和市场值不一致的时候。一般而言，这种套利的题目，还会要求学生列出实现套利的步骤，即写出具体套利策略。

我们以外汇远期为例，通过本例，让读者比较“定价”“估值”“套利”的问题，希望读者能分清楚初等衍生品中的这三大类问题，这些例题主要来自 CFA 二级的考试题目，因为版权原因我们做了一定修改。

【案例 4-2】 现在我们假设有一份一年期的远期合同的市场价是 $F_{0:365} = 1.0800\ \$/€$，假设此时美国的无风险利率为 1.000 0%，欧元区的无风险利率为 3.000 0%，此时市场上的即期汇率为 $S_0 = 1.0625\ \$/€$。假设一年内美国和欧元区的利率都保持不变，同时，我们也假设外汇资产可在美国和欧元区自由流动。请基于这些信息，回答投资人有无套利机会。如果有，该投资人应如何操作。

【解析】 这是一个典型的涉及套利的题目，该题的市场信息数据和案例 4-1 的市场信息数据是一致的，只是本题目多给出了一个一年期远期合同的市场价。我们在前面反复说明了 $F_{0:T} = S_0\left(\frac{1+R_{DC}}{1+R_{FC}}\right)^{\frac{T}{365}}$ 定价公式来自我们所假设的“市场风险中性原则”。市场如果是完全有效的，所有衍生品的风险也应该是中性的，所以通过这个公式计算出来的衍生品价格是理论值，也就是我们衡量外汇远期合同价格是被低估还是高估的基准。由案例 4-1 的计算结果可知，理论远期合同价格为 $F_{0:365} = 1.0419\ \$/€$，而一份一年期的远期合同的市场价是 $F_{0:365} = 1.0800\ \$/€$，即理论价格和市场价格不一致，于是我们可以认为一定存在套利机会。下面的问题是该如何实现套利。

我们永远认为理论价格都是正确的市场均衡价格，它也一定是公允价格，否则这个交易本身就是不公允的，而理论远期合同价格为 $F_{0:365} = 1.041\,9$ \$/€，这说明如现在购买一份外汇远期合同，一年后1欧元兑换1.041 9美元才是公允的，而现在市场上的远期合同市场价为 $F_{0:365} = 1.080\,0$ \$/€，这说明只要现在投资人按市场价购买一份外汇远期合同，一年后1欧元兑换1.080 0美元，也就是说相对于公允价格，欧元是被高估了。

因此，在期初，也就是 $t = 0$ 时刻，投资人应该：首先借入美元，比如借入1 000美元，并按即期汇率 $S_0 = 1.062\,5$ \$/€将1 000美元兑换为欧元，即获得\$1 000/(1.062 5 \$/€) = 941.18，然后按欧元利率 $R_{FC} = 3.000\,0\%$ 存入欧洲银行。此外投资人还需要进行最重要的市场操作，也就是在期初购买市场价为 $F_{0:365} = 1.080\,0$ \$/€外汇远期合同。当外汇远期合同到期时，将存在欧洲银行的欧元资产连本带利取出，此时的欧元外汇资产为941.18(1 + 3%) = 969.41，因外汇远期合同到期，按照合同 $F_{0:365} = 1.080\,0$ \$/€执行外汇兑换交易，投资人可获得 969.41 × $\frac{1.080\,0\,\$}{€}$ = \$1 046.96。投资人还需将一年前借入的1 000美元连本带利还给银行，即\$1 000.00 ×(1 + 1%) = \$1 010.00，于是投资人最终的套利利润为\$1 046.96 − \$1 010.00 = \$36.96。具体套利的思路可见图4−1。

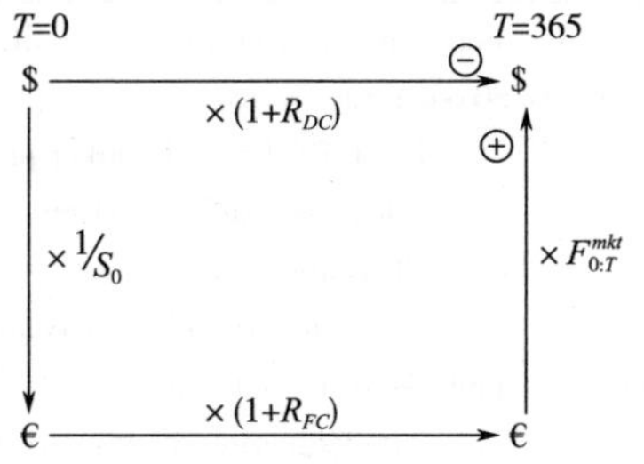

图4−1　外汇套利的四象限图

下面讨论如何开发计算机代码的思路，如果我们希望这个套利交易，也就是国际金融学教科书里面的这个套补利率套利（coverved interest arbitrage，CIA）①，可以用计算机代码来实现，我们给出了Matlab和Python代码实现的程序。在编写程序前，我们需要思考一下，该程序的输入是什么？输出是什么？如果仔细观察，我们会发现，这类型的题目一定会给出即期汇率 S_0、本国和外国的无风险利率、远期合同的到期时限以及远期合同的市场价格。

在程序的运行中，计算机程序需要判断市场外汇远期价格和理论远期价格是否不相等，并能判断大小，当外汇远期合同的市场价格大于理论价格时，也就是本书的例子，在期初时，投资人应借入本币（即在本例中，本币为美元），然后套利流程见图4−1。最后获得的套利金额为本币计价，获得的利润 P 可写成以下公式：

① “covered”一词在国内有时也被翻译为抵补、抛补或覆盖。

$$P = \$1\,000 \times \left[\left(\frac{F_{mkt}}{S_0} \right) (1 + R_{FC})^{\frac{T}{365}} - (1 + R_{DC})^{\frac{T}{365}} \right]$$

如果外汇远期合同的市场价格小于理论价格，则期初时，投资人应借入欧元（外币），套利思路应为图4－2。

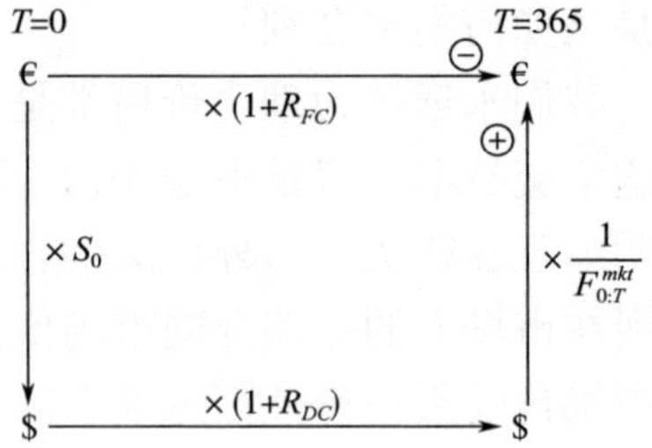

图4－2　外汇远期合同的市场价格小于理论价格时的套利策略

最后获得的套利金额为欧元计价，获得的利润 P 可写成以下公式：

$$P = €1\,000 \times \left[\left(\frac{S_0}{F_{mkt}} \right) (1 + R_{DC})^{\frac{T}{365}} - (1 + R_{FC})^{\frac{T}{365}} \right]$$

因此，程序设计过程中一定有一个“if－else”的条件判断语句。而程序的输出信息应该告知用户，投资人在期初时借入何种货币，并告知投资人获利的金额为多少，具体的程序实现和主程序见代码4－5和代码4－6。

```
function [prof,initial_currency] = CoveredIntArbitrage(S0,Fmkt,Rdc,Rfc,T)
% input: S0,spot rate
%          Fmkt,FX forward market price
%          Rdc,Domestic interest rate
%          Rfc,Foreign interest rate
%          T,the maturity of FX forward
% output: prof,profit investor earned
%           initial_currency: Initially,the currency investor should
%           lend from bank
F = PriceFXForward(S0,Rdc,Rfc,T);
if F < Fmkt
    prof = 1000 * ((Fmkt/S0) * (1 + Rfc)^(T/365) - (1 + Rdc)^(T/365));
    initial_currency = 'DC';
else
    prof = 1000 * ((S0/Fmkt) * (1 + Rdc)^(T/365) - (1 + Rfc)^(T/365));
    initial_currency = 'FC';
end
```

代码4－5　利用 Matlab 程序实现套补利率平价定理

```
% main function
Rdc = 1/100;
Rfc = 3/100;
T = 365;
S0 = 1.0625;
Fmkt = 1.0800;

[prof,initial_currency] = CoveredIntArbitrage(S0,Fmkt,Rdc,Rfc,T)
```

代码4－6　利用 Matlab 调用套补利率平价定理的主程序

下面给出利用 Python 实现套补利率套利的代码（见代码 4－7）。我们可以发现，只要掌握了 Python 语言编程的技巧，只要脑子里有正确的思路，其实计算编程语言仅是一种工具，而且计算机编程语言之间也有很多相似之处。比较 Matlab 和 Python 的代码可以发现，有了 Matlab 代码后，编写 Python 代码几乎不存在任何创造性的工作，几乎是“机械”地将每行 Matlab 代码改写为符合 Python 语法习惯的代码而已。

<table>
<tr><td>输入</td><td><pre>
import numpy as np

def PriceFXForward (S0, Rdc, Rfc, T):
    # Pricing FX forward
    F = S0 * ((1 + Rdc) / (1 + Rfc)) ** (T/365))
    return F

def CoveredIntArbitrage (S0, Fmkt, Rdc, Rfc, T):
# input: S0, spot rate
#   Fmkt, FX forward market price
#   Rdc, Domestic interest rate
#   Rfc, Foreign interest rate
#   T, the maturity of FX forward
#output: prof, profit investor earned
#   initial_ currency: Initially, the currency investor should
#   lend from bank
    F = PriceFXForward (S0, Rdc, Rfc, T);
    if (F < Fmkt):
        prof = 1000 * ((Fmkt/S0) * (1 + Rfc) ** (T/365) - (1 + Rdc) ** (T/
365))
        initial_ currency = 'DC'
    else:
        prof = 1000 * ((S0/Fmkt) * (1 + Rdc) ** (T/365) - (1 + Rfc) ** (T/
365))
        initial_ currency = 'FC'

    return prof, initial_ currency

Rdc = 1/100;
Rfc = 3/100;
T = 365;
S0 = 1.0625;
Fmkt = 1.0800;

prof, initial_ currency = CoveredIntArbitrage (S0, Fmkt, Rdc, Rfc, T)

print ('We earn profit = ', prof, initial_ currency)
</pre></td></tr>
<tr><td>输出</td><td>We earn profit = 36.96470588235301 DC</td></tr>
</table>

代码 4－7　实现套补利率套利模型的 Python 代码

本案例有很多可圈可点的金融学启示在里面。该案例非常好地诠释了“套利”的基本思想，即“低买高卖”，套利机会出现在理论价格和市场价格不一致的时候，套利能否成功的关键取决于以下两点：第一，理论价格确实可以通过一定的金融手段复制（replicate）或合成（synthesis）出来。第二，理论价格确实可靠，即当下的市场价格确实最终能向理论价格靠拢。

本案例中之所以投资者可实现套利，最主要的原因就是投资人可以在外汇市场上较容易地复制出一年期外汇远期价格，也就是说投资人可以通过三次简单的金融交易合成一个完美的理论价格。这三次简单的金融交易分别是在期初的一次美元（本币）的贷款、一次即期市场的换汇和一次欧元（外币）的存款，特别需要注意的是，这三次金融交易都发生在期初。

通过此案例的学习，读者应体会出金融工程学的本质。金融工程学之所以自称为“工程学”，其理由在于金融工程学体现着工程学研究的影子。工程学的本质其实就是工程师们利用手上仅有的工具（tools or instruments）组合创造出新的工具，以满足客户的需要。金融工程师们的工作之一就是创造出客户需要的新的金融产品，而新的金融产品往往是基于可获得的简易金融产品组合复制产生或利用简易的金融交易复制合成产生。在本案例中，读者可以发现：一个外汇远期合同是可以通过期初的三次简单的金融交易合成的，也就是说，外汇远期公式 $F = S_0\left(\frac{1+R_{DC}}{1+R_{FC}}\right)^{\frac{T}{365}}$ 其实可以看成是三次简单金融交易的组合结果。

特别值得一提的是，这种利用简单金融工具合成新的金融工具的思想在涉及期权的看跌—看涨平价（put - call parity）定理中体现得更为淋漓尽致。该定理为合成国债、股票、看涨期权和看跌期权提供了简单而强大的思路。

（四）“因子”思想与金融产品关系初探

因子分析是量化金融研究的一个非常重要的思路，这种思路可以追溯到统计学。因子分析的思想体现着统计学的基本思想，我们在第七章和第九章会仔细讨论计量经济学与机器学习理论的区别和联系。但是，不管是计量经济学还是机器学习理论都可以概括为：$Y = f(X) + \varepsilon$ 研究问题的框架，其中，X 为影响 Y 变动的因子或因素，而 ε 为扰动项。扰动项的讨论可以见第四章或者第七章。在此处，我们重点讨论因子 X 和 Y 的变动。如果 Y 表示为某一种我们需要关注的金融资产的价格，我们的关注焦点肯定是：首先我们需要思考什么因素会引起金融资产 Y 价格的变动，一旦我们知道某因素引起 Y 金融资产价格的变动，我们一定会关注因素 X 变动一个单位会导致多少个单位的 Y 变动。

举一个简单的例子，利率的变动能引起债券价格的变动。因此，初等金融学中在介绍债券的知识点时会重点介绍久期（duration）的概念，原因就来自此。久期的本质就是：$D \propto \frac{\Delta P}{\Delta r}$，由此可见，利率是影响债券价格变动的最重要的一个因素。

一般而言，这种基于思考某一因子 X_i 变动一个单位，如何引起资产价格变动 ΔY 的思想，也可以认为是金融学领域里面一种常见的金融风险管理的思想，因为这种思想的本质就是金融资产的敏感性分析（sensitivity analysis）的思想。

这种思想还用于研究期权定价的风险管理。期权的价格受五大因素影响，这五大因素主要是期权标的物价格、无风险利率、期权合同的期限、行权价和波动率。这五大因素都直接影响期权价格的变动。因此，金融从业人员定义了若干用希腊字母表示的衡量这些因素变化如何引起期权价格变动的风险管理指标，或者我们直接将它们称为敏感性分析指标。这些指标的名称及对应的含义如下：

$\Delta = \text{Delta} = \frac{\Delta C}{\Delta S}$，表示标的物价格变动一个单位如何引起期权价格变动。

$\theta = \text{Theta} = \frac{\Delta C}{\Delta t}$，表示期权合同到期时间变化一个单位如何引起期权价格变动。

$\kappa = \text{Kappa} = \frac{\Delta C}{\Delta K}$，表示期权的行权价变动一个单位如何引起期权价格的变动。

$\rho = \text{Rho} = \frac{\Delta C}{\Delta r}$，表示无风险利率变化一个单位如何引起期权价格的变动。

$\text{Vega} = \frac{\Delta C}{\Delta \sigma}$，表示波动率变化一个单位如何引起期权价格的变动。

$\gamma = \text{Gamma} = \frac{\Delta^2 C}{\Delta S^2}$,表示期权价格变动相对于标的物价格变动的二阶导数。

由此可见，我们还可以将这些期权的风险管理指标看成是期权定价公式的偏导数，基于利率偏微分的思想，于是我们可以有以下近似公式：

$$\Delta C \cong \frac{\partial C}{\partial S}\Delta S + \frac{\partial C}{\partial \sigma}\Delta \sigma + \frac{\partial C}{\partial t}\Delta t + \frac{1}{2}\frac{\partial^2 C}{\partial S^2}(\Delta S)^2 + \cdots$$

$$= \text{Delta} \times \Delta S + \text{Vega} \times \Delta \sigma + \text{Theta} \times \Delta t + \frac{1}{2}\text{Gamma} \times (\Delta S)^2 + \cdots$$

最后，需要强调一下，基于这种因子分析的思想，我们可以扩展两个概念，即线性衍生品和非线性衍生品。衍生品之所以被称为衍生品，是因为其价值取决于其对应的标的物。因此，关注标的物价格变动如何引起衍生品价格的变动，永远是衍生品风险管理研究中的重点和焦点。以前面讨论的远期定价公式为例，不管是股票远期 $F = S_0(1 + R)^{T/365}$ 还是外汇远期 $F = S_0\left(\frac{1 + R_{DC}}{1 + R_{FC}}\right)^{\frac{T}{365}}$，只要其涉及的无风险利率为常数，对远期定价公式求关于标的物价格的导数，我们会发现，其结果都是常数，也就是说远期的定价公式是线性的，于是我们称远期这样的衍生品为线性衍生品。而期权的 Delta 值不是一常数，且表达式颇为复杂，具体讨论可见第六章，因此，我们称期权为非线性衍生品。还有一点需要注意的是，一般而言，因子与价格的关系并非纯线性关系，往往存在非线性关系，比如，利率和债券价格就存在非线性关系，此时仅用一阶导数来刻画因子变化对资产价格的影响就变得不那么全面和客观，于是我们往往会引入二阶导数的概念，比如凸度（convexity）即用来描述利率和债券价格的非线性关系。而伽马（gamma）则用来描述标的物价格与期权价格变化的非线性关系，其本意是 $\frac{\partial^2 C}{\partial S^2}$。

（五）期权的价值与时间的关系

如果买入一个看涨期权（long a call），并假设其行权价为 50 元，则标的物价格与买入看涨期权的收益关系应如图 4－3 所示。

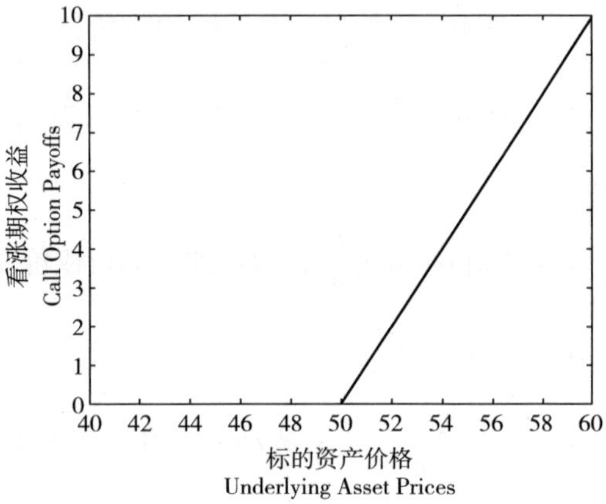

图 4－3　买入一个看涨期权的收益率图

这是教科书上非常中规中矩的关系图，作为量化金融的从业人员，应知晓如何用代码实现该关系。代码 4－8 是该关系的 Matlab 程序。特别值得一提的是，虽然在前文中我们自己编写了实现 BSM 公式的代码，但是因为 BSM 期权定价公式已成为金融业界的标准，因此，Matlab 的金融软件包中自然包括 BSM 公式的函数，该函数名称为“blsprice”，我们在下面的演示中直接调用该函数。

```
% test_longacall_payoff. m
clear
close


T =0; % Expiration
K =50; %  Strike price
r =0. 1; % Risk – free rate
```

```
Sigma =0.40; % Volatility
q=0; % Dividend rate

S=40:60;
figure
[C,P]=blsprice(S,K,r,T,Sigma,q);
plot(S,C);
xlabel('Underlying asset prices')
ylabel('Call option payoffs')
```

代码 4-8　利用 Matlab 实现买入看涨期权的收益率图

当然，我们也可以直接利用 $\begin{cases} C(T,S_T) = \max(S_T - K,0) \\ P(T,S_T) = \max(K - S_T,0) \end{cases}$ 的关系画出教科书里面的期权"四支付图"（见图 4-4），具体实现的代码如代码 4-9 所示。

```
clear
close all
S=[0:0.01:10]; % underlying asset prices
K=5;% strike price
B=2;
typ='c';
pay_off_c= european_opt_payoff(typ,S,K);

typ='p';
pay_off_p= european_opt_payoff(typ,S,K);

xmin=min(S);
xmax=max(S);
ymin=min(-pay_off_c);
ymax=max(pay_off_c);

subplot(2,2,1)
plot(S,pay_off_c);
ylabel('Long a call payoff')
xlabel('underlying asset price')
axis([xmin,xmax,ymin,ymax]);

subplot(2,2,2)
plot(S,pay_off_p);
axis([xmin,xmax,ymin,ymax]);
ylabel('Long a put payoff')
xlabel('underlying asset price')
```

```
subplot(2,2,3)
plot(S, - pay_off_c);
ylabel('Short a call payoff')
xlabel('underlying asset price')
axis([xmin,xmax,ymin,ymax]);
subplot(2,2,4)
plot(S, - pay_off_p);
axis([xmin,xmax,ymin,ymax]);
ylabel('Short a put payoff')
xlabel('underlying asset price')

function payoff = european_opt_payoff(typ,S,K)
% typ = "type" when "c" = call, "p = put"
    if typ == 'c'
        payoff = (abs(S - K) + (S - K))/2;
    else
        payoff = (abs(K - S) + (K - S))/2;
    end
end
```

代码 4－9　利用 Matlab 实现期权的“四支付图”

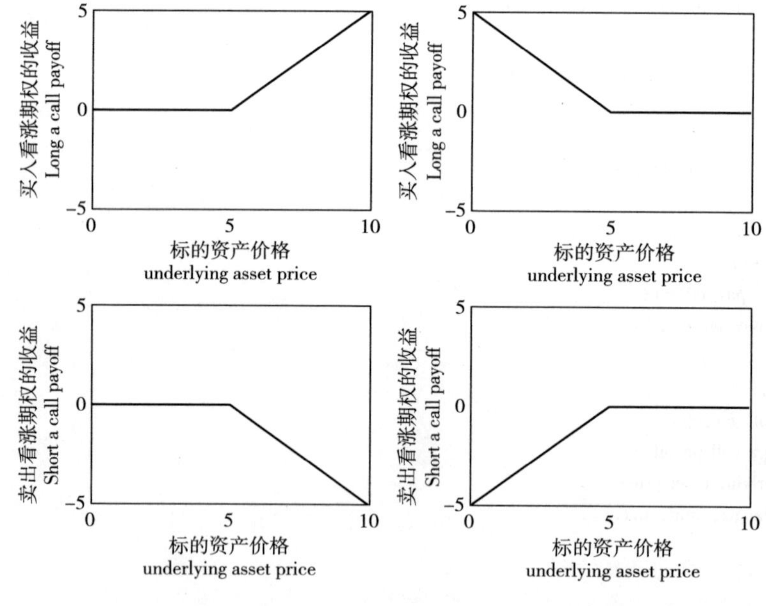

图 4－4　传统金融学教科书里的欧式期权“四支付图”

我们也可以非常容易地将“四支付图”用 Python 语言实现（见图 4－5），我们需要利用 Python 的“Matplotlib”可视化图形包（见代码 4－10）。我们可以发现 Matlab 语言和 Python 语言有很多相似之处。

```
import numpy as np
import matplotlib. pyplot as plt
% matplotlib inline

def european_opt_payoff( typ,S,K):
#typ  = "type"  when "c" = call,"p = put"
    if (typ = = 'c'):
        payoff = (abs(S - K) + (S - K))/2
    else:
        payoff = (abs(K - S) + (K - S))/2

    return payoff

S = np. arange(1,10,0. 01) #underlying asset prices
K =5. 0 #strike price
typ = 'c'
pay_off_c =  european_opt_payoff( typ,S,K)

typ = 'p'
pay_off_p =  european_opt_payoff( typ,S,K)

#xmin = min(S)
#xmax = max(S)
#ymin = min( - pay_off_c)
#ymax = max( pay_off_c)

plt. figure( figsize = (10,8))
plt. subplot(2,2,1)
#plt. axis( [ xmin,xmax,ymin,ymax])
plt. axhline(0,color = 'black',lw =2)
plt. plot(S,pay_off_c,color  =  '#1B9E77',linewidth = 1. 5)
plt. title( 'Long a Call')
plt. grid(True)

plt. subplot(2,2,3)
plt. axhline(0,color = 'black',lw =2)
plt. plot(S, - pay_off_c,color  =  '#1B9E77',linewidth = 1. 5)
plt. title( 'Short a Call')
plt. grid(True)
```

```
plt.subplot(2,2,2)
plt.axhline(0,color = 'black',lw = 2)
plt.plot(S,pay_off_p,color = '#1B9E77',linewidth = 1.5)
plt.title('Long a Put')
plt.grid(True)

plt.subplot(2,2,4)
plt.axhline(0,color = 'black',lw = 2)
plt.plot(S, - pay_off_p,color = '#1B9E77',linewidth = 1.5)
plt.title('Short a Put')
plt.grid(True)
```

代码 4－10　利用 Python 语言实现传统金融学教科书里面的欧式期权的"四支付图"

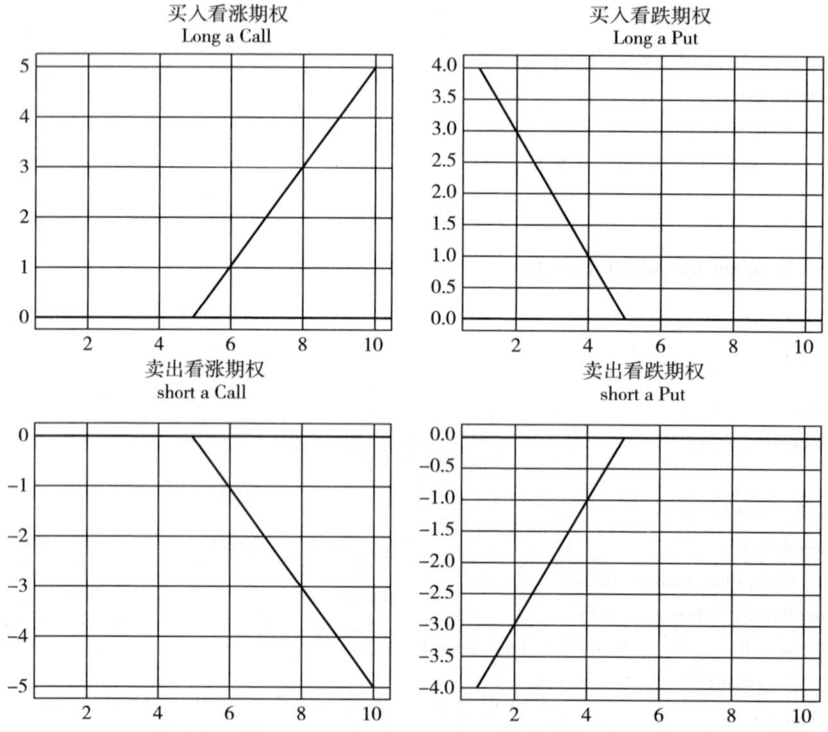

图 4－5　利用 Python Matplotlib 可视化包绘制传统
金融学教科书里的欧式期权"四支付图"

表 4－1 特别解释了"四支付图"里面对应的相关英文单词和中文翻译的具体含义。

表 4-1　“四支付”图中涉及的英文单词的具体中文含义

英文原文	中文翻译	英文原文	中文翻译
Long	买，看多，做多，	Short a call	卖出一个看涨期权
Short	卖，看空，做空，沽空	Long a put	买入一个看跌期权
Call option	看涨期权，认购期权	Shorta put	卖出一个看跌期权
Put option	看跌期权，认沽期权	Underlying asset	标的物资产
Long a call	买入一个看涨期权		

第一次接触图 4-4 和图 4-5 的本科生一般十分迷惑，比如他们总会以为横轴和时间有关系，其实横轴表示的是标的资产（underlying asset）的价格变化，横轴和时间没有任何关系。如果想要考察时间的变化如何影响期权的收益，我们可以引入一个新的维度——时间，如果把时间加入，这将变为一个 3D 图，这个 3D 图该是什么样子呢？

Matlab 提供了多种描述 3D 数据的命令，比如 Mesh，或者 Waterfall，读者可以比较一下这两种方法的风格差异（见图 4-6）。其实用 Waterfall（第二幅图）

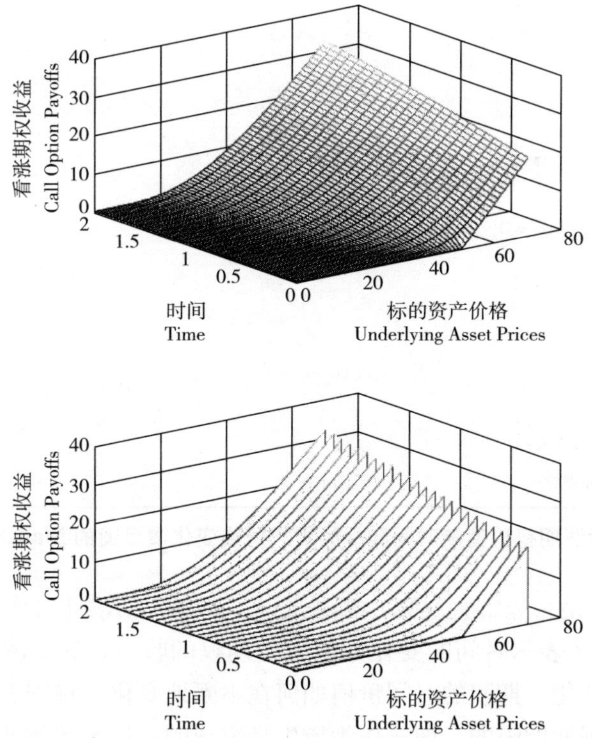

图 4-6　看涨期权价值随时间和标的资产价格变化的演示图

比较好，读者可以明确地看出期权的收益随着时间的变化。此外，请特别注意随着时间的变化，期权的时间价值（time value）也在明显变化。期权的价值包含两部分，一部分是时间价值，另一部分是内在价值（intrinsic value）。

下面给出以上两个图具体实现的 Matlab 代码（见代码 4－11）。

```
%BSM_3d_demo.m
clear
close
S0 = 1:1:70;
T = 2: -1/12:0;
K = 50;
r = 0.1;
Sigma = 0.4;
q = 0;

for i = 1:length(T)
  for j = 1:length(S0)
    [C(i,j,:),P] = blsprice(S0(j),K,r,T(i),Sigma,q);
  end
end

subplot(2,1,1)
mesh(S0,T,C)
ylabel('Time')
xlabel('Underlying Asset Prices')
zlabel('Call Option Payoffs')

subplot(2,1,2)
waterfall(S0,T,C)
ylabel('Time')
xlabel('Underlying Asset Prices')
zlabel('Call Option Payoffs')
```

代码 4－11　实现看涨期权价值随时间和标的资产价格变化演示图的 Matlab 代码

以上的 3D 图是否非常直观呢？客观来说，3D 图展示期权的特性更好。一般教科书通常如图 4－7 表示时间的变化如何影响期权的收益。这个图能很好地让学生了解随着时间的变化，期权的时间价值如何在不断地变化。特别需要注意的是，衍生品合约都是有到期期限的，期权作为衍生品家族的一员也不例外，期权的时间价值在期初最大，到期权到期时，期权时间价值为零。这和人的一生有点类似。任何一个衍生品都像人一样，有生有死，任何衍生品都不能永久地存续下去。期权的生命周期，就是期权的一生。讲期权的一生就如同讲一个人的一生。

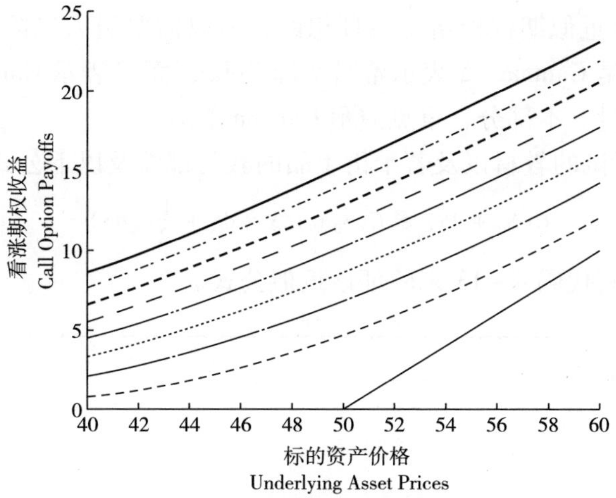

图 4－7　从二维视角展示期权的时间价值变化

图 4－7 的具体 Matlab 代码实现可见代码 4－12。

```
clear
close

T =0. 0;            %   Expiration
K =50;              %   Strike price
r =0. 1;            %   Risk - free rate
Sigma  =0. 4;       %   Volatility
q =0;               %   Divide Rate

S0 =1:60;           %   Underlying Asset Prices
figure
for T =2: -0. 5:0
   [C,P] = blsprice(S0,K,r,T,Sigma,q);
   hold on
   plot(S0,C);
end
xlabel('Underlying Asset Prices')
ylabel('Call Option Payoffs')
```

代码 4－12　利用 Matlab 实现从二维视角展示期权的时间价值变化

前面我们在讨论因子与金融产品的关系时介绍了希腊字母的概念，希腊字母的本质是期权价格关于某特定因子的偏导数，于是基于偏微分的思想，期权价格定价公式可以近似地利用泰勒展开式来表达。因为期权属于非线性金融产品，因此如果仅用 Delta 近似期权价格是不理想的，所以需要引入二阶近似的概念，最常用的希腊字母是 Gamma。Δ 表示希腊字母 Delta，而 Γ 表示 Gamma，而 dS 表示标的物价格的增量。本部分，重点演示 Gamma 效应。

涉及 FRM 考试的教材以及若干衍生品的教材都涉及以下公式：

$$C(S_0+\mathrm{d}S)\cong C(S_0)+\Delta\times \mathrm{d}S+\frac{\Gamma}{2}(\mathrm{d}S)^2$$

我们通过编写代码 4 - 13 来验证该近似公式。

```
% test_gamma_effect. m
clear
close all
S = 50;
K = 50;
r = 0.1;% risk - free rate
T = 5/12;
vol = 0.3; % volatility

C0 = blsprice(S,K,r,T,vol);
ds = 2;% stock price increment
C1 = blsprice(S + ds,K,r,T,vol)
delta = blsdelta(S,K,r,T,vol);
gamma = blsgamma(S,K,r,T,vol);
approx_1strd_C = C0 + delta * ds
approx_2ndrd_C = C0 + delta * ds + 0.5 * gamma * (ds^2)
```

代码 4 - 13　验证期权的 Gamma 效应的 Matlab 代码

我们假设标的物为股票，并假设 $S_0 = 50$，d$S = 2$，其金融学含义是股票在下一期涨到 52 元。在此部分我们重点演示此近似公式是否正确。我们的思路是利用 BSM 公式，先计算出 Delta 值，然后再利用 BSM 公式计算出 Gamma 值。需要特别指出的是，Matlab 提供基于 BSM 模型的计算 Delta 和 Gamma 的函数，这两个函数名字分别为“blsdelta”和“blsgamma”，当然如果我们不用 Matlab 自带的函数，也可以自己编写，具体公式见本书前面的内容。下面是演示结果。

我们假设股票价格为 50 元，现有一期权行权价也为 50 元，无风险利率 10%，其期限为 5 个月。此外，需要特别注意，Matlab 的“blsprice”命令是假设期权都为一年期合约，因此，如果研究到期期限是5个月的期权合同，须将时间进行调整，即先除以12，再乘以5。假设波动率设为0.3。在这种情况下，我们计算出来的期权价格为4.885 1。如果标的物价格上升2元，则此时C1变为6.205 7。

接下来我们计算出Delta和Gamma值，我们先不考虑Gamma效应，只考虑Delta近似则算出来的期权价格约等于6.130 1。如果考虑Gamma效应，则我们计算出来的近似期权价格为6.208 6，该值较接近我们的理论值6.205 7。由此可见，Gamma效应不能忽略。

表4－2　以5月期欧式看涨合同（S＝50＋ds，ds＝2，K＝50，r＝10%，vol＝0.3）为例BSM值与其一、二阶近似结果的比较

BSM理论值	一阶近似值	二阶近似值
6.205 7	6.130 1	6.208 6

二、二叉树模型与风险中性的思想

我们假设一个最简单的一期二叉树模型，我们利用这个例子说明风险中性的思想。我们做一些相应的假定：S_0表示在$t=0$时刻股票的价格；而S_1^+和S_1^-表示$t=1$时刻股票价格上涨的状态和股票价格下跌的状态，并且认为在$t=1$时刻，股票仅存在上涨和下跌两种状态。我们再假定，股票上涨的概率为π_u而股票下跌的概率为π_d，且满足$\pi_u+\pi_d=1$。我们还需假设S_0与S_1^+和S_1^-之间满足：

$$S_1^+ = u \times S_0 \text{ 和 } S_1^- = d \times S_0$$

根据以上信息，我们可知$E(S_1)=\pi_u S_1^+ + \pi_d S_1^-$，而$S_0$与$E(S_1)$之间满足$S_0=\dfrac{E(S_1)}{1+R_f}$。其中，$R_f$表示无风险利率。联立以上信息可得：

$$\frac{(u\pi_u + \mathrm{d}\pi_d)S_0}{1+R_f} = S_0$$

$$\Rightarrow (u\pi_u + \mathrm{d}(1-\pi_u)) = 1 + R_f$$

$$\Rightarrow \pi_u = \frac{1+R_f-d}{u-d}$$

考克斯等（Cox，Ross and Rubinstein，1979）指出，u和d之间应有如下近似关系：

$$\begin{cases} u = \mathrm{e}^{\sigma\sqrt{\Delta t}} \\ d = \mathrm{e}^{-\sigma\sqrt{\Delta t}} \end{cases}$$

其中，σ表示股票价格的波动率，且为一常数。由此可见，股票价格上涨的概率π_u和下跌的概率π_d是由R_f、σ和Δt决定的，而并非根据观测股票价格历史数据，然后计算上涨或下跌概率所得到的概率，π_u 是一个理论概率值，这个理论概率就是所谓的“风险中性概率”，π_u 就是该模型的风险中性概率。此外，还需要注意的是，风险中性概率的讨论是针对期权的标的物——比如股票而言的。有了此风险中性概率，我们可以计算出基于二叉树模型的期权定价公式，下面以看涨期权为例。

首先，我们可知以下公式成立：

$$c_0 = \frac{E(c_1)}{1+R_f} = \frac{\pi_u c_1^+ + \pi_d c_1^-}{1+R_f}$$

$$\Rightarrow c_0(1+R_f) = \pi_u c_1^+ + \pi_d c_1^-$$

$$\Rightarrow c_0(1+R_f) = (1-\pi_d)c_1^+ + \pi_d c_1^-$$

$$\Rightarrow c_0(1+R_f) = c_1^+ - (c_1^+ - c_1^-)\pi_d$$

$$\Rightarrow c_1^+ = c_0(1+R_f) + (c_1^+ - c_1^-)\pi_d$$

同理还可以写出 $c_1^- = c_0(1+R_f) + (c_1^+ - c_1^-)\pi_u$ 。

从初级金融工程学可知，期权的 Delta 的定义为 $\Delta \triangleq \frac{c_1^+ - c_1^-}{S_1^+ - S_1^-}$ ，于是 $c_1^+ - c_1^- = \Delta(S_1^+ - S_1^-)$ 。又因为

$$S_1^+ - S_1^- = S_1^+ - \frac{(S_0(1+R_f) - \pi_u S_1^+)}{\pi_d}$$

$$\Rightarrow S_1^+ - S_1^- = \frac{(1-\pi_u)S_1^+ - (S_0(1+R_f) - \pi_u S_1^+)}{(1-\pi_u)}$$

$$\Rightarrow S_1^+ - S_1^- = \frac{S_1^+ - S_0(1+R_f)}{\pi_d}$$

代入前面我们得到的结果可以写出 c_1^+ 和 c_1^- 分别关于 c_0 , Δ , S_1^+ , S_1^- 和 S_0 的式子，即：

$$\begin{cases} c_1^+ = c_0(1+R_f) + \Delta(S_1^+ - S_0(1+R_f)) \\ c_1^- = c_0(1+R_f) + \Delta(S_1^- - S_0(1+R_f)) \end{cases}$$

三、其他常见的期权

在本部分，我们重点介绍一些欧美发达金融市场中常见的期权。由前面的讨论，读者可以发现，如果标的物种类不变，比如我们仅考虑股票为标的物，只要我们改变支付函数（payoff function）① 的定义，我们就可以定义出不同的期权。

① Payoff function 的中文翻译在国内目前还没有统一，尤其是在经济学领域。我们收集了一些不同学科（机制设计、产业组织学、微观经济学、实务金融业界、港台地区）的翻译：回报函数、收益函数、利益函数、利润函数。希望国内学界与业界早日对该概念进行统一，避免因翻译造成的望词生义。

通过下面的例子，读者会对我们以上的提法有更深刻的认识。

（一）二值期权（binary option）

若标的物在 T 时刻的价格为 S_T，我们按以下支付方式对看涨期权进行交割，则称这样的期权为二值看涨期权：

$$C(T,S_T) = \begin{cases} B, S \geqslant K \\ 0, S < K \end{cases}$$

同理可定义二值看跌期权：

$$P(T,S_T) = \begin{cases} B, K \geqslant S \\ 0, K < S \end{cases}$$

我们假设行权价 $K = 5$ 而 $B = 2$，可以画出期权的支付函数图（见图4－8），其代码如代码4－14和代码4－15所示。

```
clear
close all
S = [0:0.01:10]; % underlying asset prices
K = 5;% strike price
B = 2;
typ = 'c';
pay_off_c = binary_opt_payoff(typ,S,K,B);

typ = 'p';
pay_off_p = binary_opt_payoff(typ,S,K,B);

xmin = min(S);
xmax = max(S);
ymin = min(pay_off_c);
ymax = 2 * B;
subplot(2,1,1)
plot(S,pay_off_c);
xlabel('binary call')
axis([xmin,xmax,ymin,ymax]);
subplot(2,1,2)
ymin = min(pay_off_p);
plot(S,pay_off_p);
axis([xmin,xmax,ymin,ymax]);
xlabel('binary put')
```

代码4－14　实现二值期权支付函数的 Matlab 主程序

```
function payoff = binary_opt_payoff(typ,S,K,B )
% typ = "type" when "c" = call,"p = put"
    if typ = = 'c'
        payoff = B * (S > K);
    else
        payoff = B * (S < K);
    end
end
```

代码 4-15　二值期权支付函数的 Matlab 程序

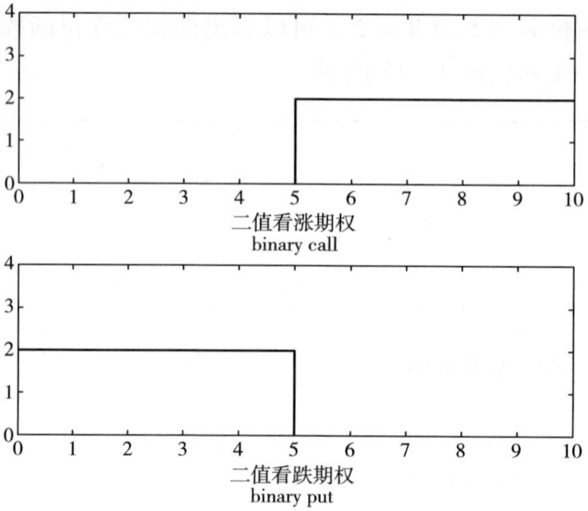

图 4-8　二值期权的支付函数

（二）牛市价差期权（bull spread）

该期权涉及两个行权价，假设这两个行权价分别是 K_1 和 K_2 ，且 $K_1 < K_2$ ，则牛市价差期权的支付函数（payoff function）可表示为：

$$V(T,S_T) = \max(S_T - K_1) - \max(S_T - K_2) = \begin{cases} 0, 如果\ S_T \leqslant K_1 \\ S_T - K_1, 如果\ K_1 < S_T < K_2 \\ K_2 - K_1, 如果\ S \geqslant K_2 \end{cases}$$

我们下面给出其对应的代码实现（见代码 4-16、代码 4-17），我们假设 $K_1 = 3$ 而 $K_2 = 12$ ，牛市价差期权的支付函数如图 4-9 所示。

```
clear
close all
S = [0:0.01:15]; % underlying asset prices
K1 = 3;% strike price
K2 = 12; % strike price
pay_off = bullspread_payoff(S,K1,K2);


xmin = min(S);
xmax = max(S);
ymin = min(pay_off);
ymax = max(S);
hold on
plot(S,pay_off);
grid on
ylabel('Long a bullspread payoff')
xlabel('underlying asset price')
axis([xmin,xmax,ymin,ymax]);
```

代码 4-16　实现牛市价差期权支付函数的 Matlab 主程序

```
function payoff = bullspread_payoff(S,K1,K2)
typ = 'c';
payoff = european_opt_payoff(typ,S,K1) +...
      - european_opt_payoff(typ,S,K2);
end
```

代码 4-17　牛市价差期权支付函数的 Matlab 程序

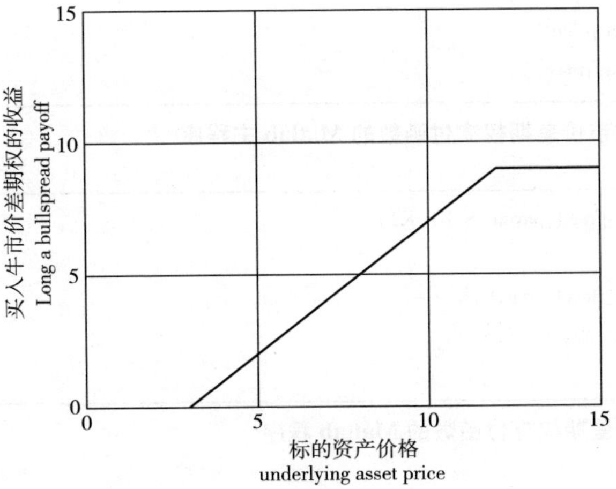

图 4-9　牛市价差期权的支付函数

（三）熊市价差期权（bear spread）

该期权也涉及两个行权价，假设这两个行权价是 K_1 和 K_2，且 $K_1 < K_2$，则其支付函数可表示为：

$$V(T,S_T) = \max(K_2 - S_T) - \max(K_1 - S) = \begin{cases} K_2 - K_1, \text{如果 } S_T \leqslant K_1 \\ K_2 - S_T, \text{如果 } K_1 < S_T < K_2 \\ 0, \text{如果 } S \geqslant K_2 \end{cases}$$

代码 4－18 和代码 4－19 为实现熊市价差期权的代码。熊市价差期权的支付函数见图 4－10。

```
clear
close all
S = [0:0.01:15]; % underlying asset prices
K1 = 3; % strike price
K2 = 12;
pay_off = bearspread_payoff(S,K1,K2);

xmin = min(S);
xmax = max(S);
ymin = min(pay_off);
ymax = max(S);
hold on
plot(S,pay_off);
grid on
ylabel('Long a bullspread payoff')
xlabel('underlying asset price')
axis([xmin,xmax,ymin,ymax]);
```

代码 4－18　实现熊市价差期权支付函数的 Matlab 主程序

```
function payoff = bearspread_payoff(S,K1,K2)
typ = 'p';
payoff = european_opt_payoff(typ,S,K2) +...
    - european_opt_payoff(typ,S,K1);
end
```

代码 4－19　熊市价差期权支付函数的 Matlab 程序

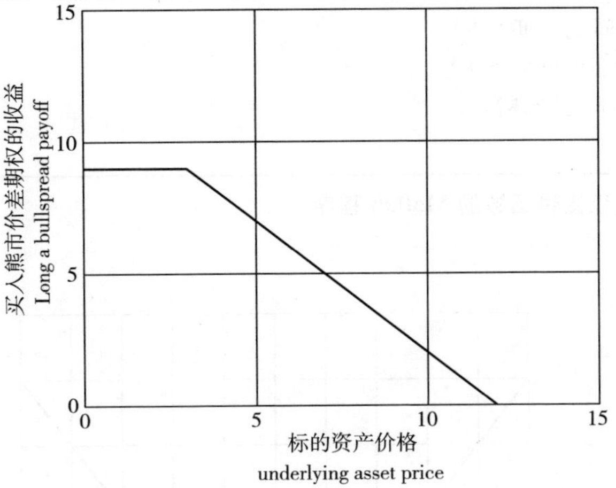

图 4－10　熊市价差期权的支付函数

（四）跨式期权（straddle）

该期权仅涉及一个行权价，这种期权可被视为买入一个看涨期权和买入一个看跌期权的组合，且这两个期权具有相同的行权价，跨式期权的支付函数如下：

$$V(T,S_T) = \max(S_T - K) + \max(K - S_T) = |S_T - K|$$

程序代码见代码 4－20 和代码 4－21。支付函数见图 4－11。

```
clear
close all
S = [0:0.01:10]; % underlying asset prices
K = 5; % strike price
pay_off = straddle_payoff(S,K);

xmin = min(S);
xmax = max(S);
ymin = min(pay_off);
ymax = max(1.2 * pay_off);
hold on
plot(S,pay_off);
grid on
ylabel('Long a straddle payoff')
xlabel('underlying asset price')
axis([xmin,xmax,ymin,ymax]);
```

代码 4－20　实现跨式期权支付函数的 Matlab 主程序

```
function payoff = straddle_payoff(S,K)
payoff = european_opt_payoff('c',S,K) +...
    european_opt_payoff('p',S,K);
end
```

代码 4-21　跨式期权支付函数的 Matlab 程序

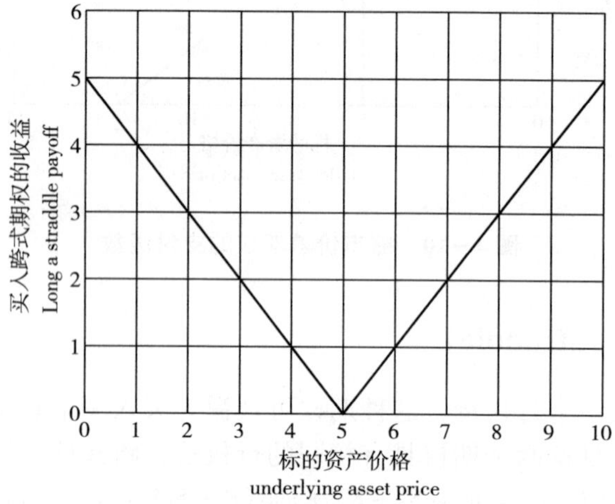

图 4-11　跨式期权的支付函数

（五）异价跨式期权（strangle）

该期权和跨式期权都属于组合期权，但与跨式期权的区别在于异价跨式期权包含两个行权价，分别为 K_1 和 K_2，其支付函数的具体形式如下：

$$V(T,S_T) = \max(S_T - K_2) + \max(K_1 - S_T)$$

该期权又可细分为实值异价跨式期权和虚值异价跨式期权两种形式。

当 $K_1 > K_2$ 时，为实值异价跨式期权，其支付函数可以进一步写为：

$$V(T,S_T) = \begin{cases} K_1 - S_T, 如果\ S_T \leqslant K_2 \\ K_1 - K_2, 如果\ K_2 < S_T < K_1 \\ S_T - K_2, 如果\ S_T \geqslant K_1 \end{cases}$$

当 $K_1 < K_2$ 时，为虚值异价跨式期权，其支付函数可以进一步写为：

$$V(T,S_T) = \begin{cases} K_1 - S_T, 如果\ S_T \leqslant K_1 \\ 0, 如果\ K_1 < S_T < K_2 \\ S_T - K_2, 如果\ S_T \geqslant K_2 \end{cases}$$

程序代码见代码 4-22 和代码 4-23。支付函数图见图 4-12。

```
clear
close all
S = [0:0.01:10]; % underlying asset prices
K1 = 8;% strike price
K2 = 5;
pay_off = strangle_payoff(S,K1,K2);

xmin = min(S);
xmax = max(S);
ymin = min(S);
ymax = max(1.2 * pay_off);
hold on
subplot(2,1,1)
plot(S,pay_off);
grid on
ylabel('Long a strangle payoff')
xlabel('underlying asset price')
title('In - the - Money Strangle Option')
axis([xmin,xmax,ymin,ymax]);

subplot(2,1,2)
K1 = 5;% strike price
K2 = 8;
pay_off = strangle_payoff(S,K1,K2);
plot(S,pay_off);
grid on
ylabel('Long a strangle payoff')
xlabel('underlying asset price')
title('Out - of - Money Strangle Option')
axis([xmin,xmax,ymin,ymax]);
```

代码 4-22　实现异价跨式期权支付函数的 Matlab 主程序

```
function payoff = strangle_payoff(S,K1,K2)
payoff = european_opt_payoff('c',S,K2) +...
    european_opt_payoff('p',S,K1);
end
```

代码 4-23　异价跨式期权支付函数的 Matlab 程序

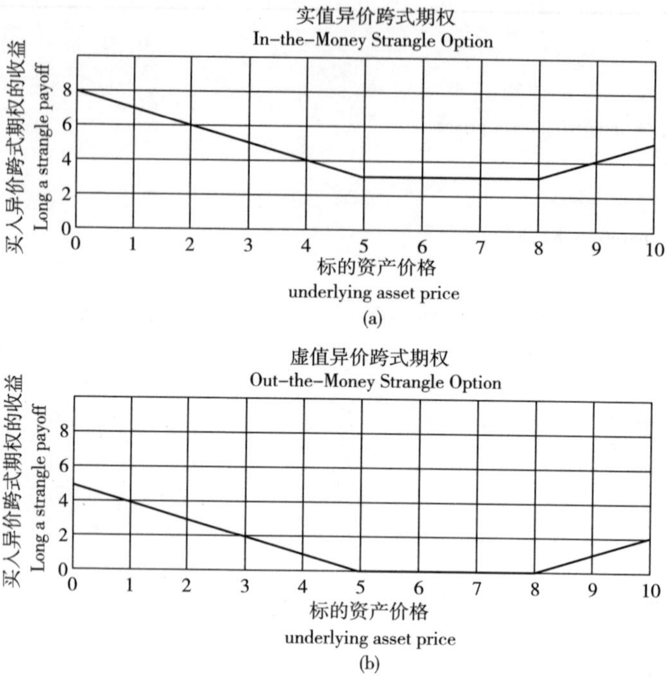

图 4－12　两种常见的异价跨式期权的支付函数

（六）风险逆转期权（risk reversal）

风险逆转期权本质上也属于组合期权，该期权是由买入一个行权价高于标的物即期价格的看涨期权和卖出一个行权价低于标的物即期价格的看跌期权组合而成的。此外还需要注意的是，这两个期权必须有相同的到期日。其支付函数可以表示为：

$$V(T,S_T) = \max(S_T - K_2) - \max(K_1 - S_T) = \begin{cases} S_T - K_1, \text{如果 } S_T \leqslant K_1 \\ 0, \text{如果 } K_1 < S_T < K_2 \\ S_T - K_2, \text{如果 } S \geqslant K_2 \end{cases}$$

程序代码见代码 4－24 和代码 4－25。支付函数见图 4－13。

```
clear
close all
S = [0:0.01:10]; % underlying asset prices
K1 = 3;% strike price
K2 = 8;
if K1 > = K2
    display('Sorry,it is improper setting');
    return
```

```
else
    pay_off = riskreversal_payoff(S,K1,K2);
end
xmin = min(S);
xmax = max(S);
ymin = min(pay_off);
ymax = max(1.2 * pay_off);
hold on
plot(S,pay_off);
grid on
ylabel('Long a risk reversal payoff')
xlabel('underlying asset price')
axis([xmin,xmax,ymin,ymax]);
```

代码 4-24　实现风险逆转期权支付函数的 Matlab 主程序

```
function payoff = riskreversal_payoff(S,K1,K2)
payoff = european_opt_payoff('c',S,K2) -...
    european_opt_payoff('p',S,K1);
end
```

代码 4-25　风险逆转期权支付函数的 Matlab 程序

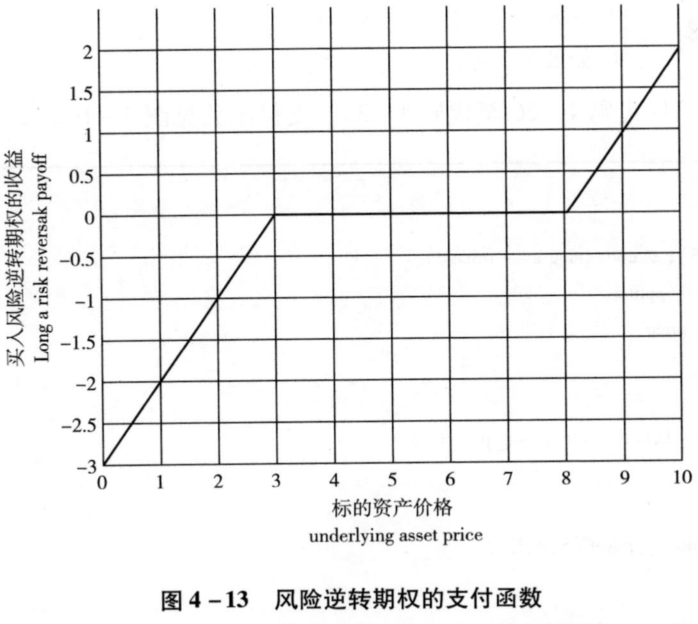

图 4-13　风险逆转期权的支付函数

（七）蝶式价差期权（butterfly spread）与秃鹰期权（condar）

以上讨论的组合期权都是由两个基本期权所构成，我们可以利用更多的基本期权来构建更为特殊的期权组合。蝶式价差期权和秃鹰期权就是由多个基本期权所组成的组合期权。

蝶式价差期权由四个期权组成，其本质是买入两个行权价为 K 的看涨期权，再买入一个行权价为 $K-E$ 的看涨期权和买入一个行权价为 $K+E$ 的看涨期权。

蝶式价差期权的支付公式为：

$$V(T,S_T) = \max(S_T - K + E) - 2\max(S_T - K) + \max(S_T - K - E)$$

$$= \begin{cases} 0,\text{如果 } S_T \leqslant K - E \\ S - K + E,\text{如果 } K - E < S_T < K \\ K + E - S,\text{如果 } K < S \leqslant K + E \\ 0,\text{如果 } S \geqslant K + E \end{cases}$$

而秃鹰期权也是由四个期权组合而成，其中 $K_1 > K_2$，且 K_1、K_2 和 E 皆大于零，秃鹰期权的支付函数如下：

$$V(T,S_T) = \max(S_T - K_1 + E) - \max(S_T - K_1) - \max(S_T - K_2) + \max(S_T - K_2 - E)$$

$$= \begin{cases} 0,\text{如果 } S_T \leqslant K_1 - E \\ S - K_1 + E,\text{如果 } K_1 - E < S_T < K_1 \\ E,\text{如果 } K_1 < S \leqslant K_2 \\ K_2 + E - S,\text{如果 } K_2 < S \leqslant K_2 + E \\ 0,\text{如果 } S \geqslant K_2 + E \end{cases}$$

程序代码见代码 4－26 至代码 4－28。支付函数见图 4－14。

```
clear
close all
S = [0:0.01:15]; % underlying asset prices
% Testing butterfly option
K = 10;% strike price
E = 4;
if E > K
    display('The butterfly setting is improper.')
    return
else
pay_off_b = butterfly_payoff(S,K,E);
end
```

```
% Testing condor option
K1 = 6; % strike price
K2 = 10;
E = 4;
if (E > K1) || (K1 > K2) || (E > K2)
    display('The condor setting is improper.')
    return
else
    pay_off_condor = condor_payoff(S,K1,K2,E);
end

xmin = min(S);
xmax = max(S);
ymin = min(pay_off_b);
ymax = max(1.2 * pay_off_b);
subplot(2,1,1)
hold on
plot(S,pay_off_b);
grid on
ylabel('Long a butterfly payoff')
xlabel('underlying asset price')
axis([xmin,xmax,ymin,ymax]);

subplot(2,1,2)
hold on
ymax = max(1.2 * E);
plot(S,pay_off_condor );
grid on
ylabel('Long a condor payoff')
xlabel('underlying asset price')
axis([xmin,xmax,ymin,ymax]);
```

代码 4-26　实现蝶式价差期权和秃鹰期权支付函数的 Matlab 主程序

```
function payoff = butterfly_payoff(S,K,E)
payoff = european_opt_payoff('c',S,K-E) -...
    2 * european_opt_payoff('c',S,K) +...
    european_opt_payoff('c',S,K+E);
end
```

代码 4-27　蝶式价差期权支付函数的 Matlab 程序

```
function payoff = condor_payoff(S,K1,K2,E)
payoff = european_opt_payoff('c',S,K1 - E) -...
    european_opt_payoff('c',S,K1) -...
    european_opt_payoff('c',S,K2) +...
    european_opt_payoff('c',S,K2 + E);
end
```

代码 4-28　秃鹰期权支付函数的 Matlab 程序

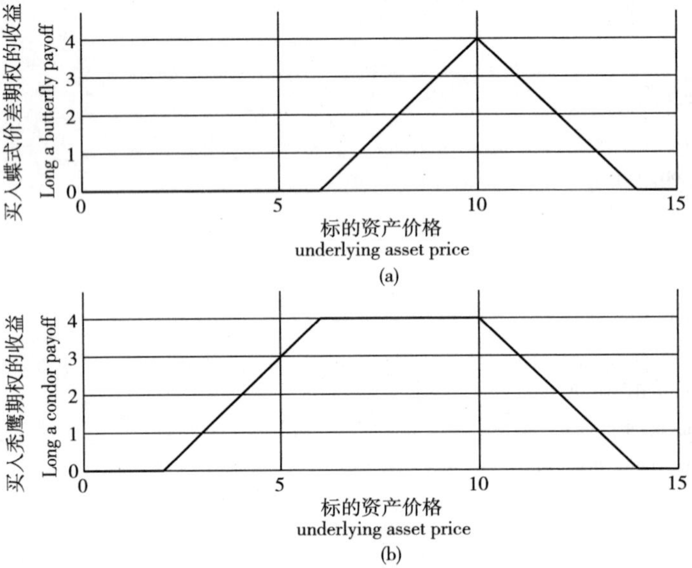

图 4-14　蝶式价差期权和秃鹰期权的支付函数

我们可以用 Python 撰写以上常见的期权的支付函数，下面是相关程序实现的代码和绘制出来的支付函数（见代码 4-29 和图 4-15）。

```
importnumpy as np
import matplotlib. pyplot as plt
%matplotlib inline


def european_opt_payoff(typ,S,K):
#typ  = "type" when "c" = call,"p = put"
if (typ = = 'c'):
        payoff = (abs(S - K) + (S - K))/2
else:
        payoff = (abs(K - S) + (K - S))/2
```

```
return payoff


def binary_opt_payoff(typ,S,K,B):
#typ  = "type" when "c" =call,"p =put"
if (typ = = 'c'):
            payoff = B * (S > K)
else:
            payoff = B * (S > K)
return payoff

def bullspread_payoff(S,K1,K2):
      typ = 'c'
payoff  =  european_opt_payoff(typ,S,K1) - european_opt_payoff(typ,S,K2)
return payoff

def bearspread_payoff(S,K1,K2):
      typ = 'p'
payoff  =  european_opt_payoff(typ,S,K2) - european_opt_payoff(typ,S,K1)
return payoff

def straddle_payoff(S,K):
      payoff  =  european_opt_payoff('c',S,K) + european_opt_payoff('p',S,K)
return payoff

def strangle_payoff(S,K1,K2):
      payoff  =  european_opt_payoff('c',S,K2) + european_opt_payoff('p',S,K1)
return payoff

def riskreversal_payoff(S,K1,K2):
      payoff  =  european_opt_payoff('c',S,K2) - european_opt_payoff('p',S,K1)
return payoff

def butterfly_payoff(S,K,E):
      payoff  =  european_opt_payoff('c',S,K - E) -2 * european_opt_payoff('c',S,K) + \
      european_opt_payoff('c',S,K + E)
return payoff

def condor_payoff(S,K1,K2,E):
      payoff  =  european_opt_payoff('c',S,K1 - E) - \
```

```
        european_opt_payoff('c',S,K1) - \
        european_opt_payoff('c',S,K2) + \
        european_opt_payoff('c',S,K2 + E)
    return payoff


cc = 8
rr = 2

S = np.arange(1,15,0.01) #underlying asset prices
K1 = 3.0 #strike price
K2 = 12.0
typ = 'c'
pay_off = bullspread_payoff(S,K1,K2)

plt.figure(figsize = (10,30))
plt.subplot(cc,rr,1)
#plt.axis([xmin,xmax,ymin,ymax])
plt.axhline(0,color = 'black',lw = 2)
plt.plot(S,pay_off,color = '#1B9E77',linewidth = 1.5)
plt.title('Long a Bull Spread')
plt.grid(True)

S = np.arange(0,15,0.01) #underlying asset prices
K1 = 3 #strike price
K2 = 12 #strike price
pay_off = bearspread_payoff(S,K1,K2);

plt.subplot(cc,rr,2)
plt.axhline(0,color = 'black',lw = 2)
plt.plot(S,pay_off,color = '#1B9E77',linewidth = 1.5)
plt.title('Long a Bear Spread')
plt.grid(True)

S = np.arange(0,10,0.01) #underlying asset prices
K = 5 #strike price

pay_off = straddle_payoff(S,K)

plt.subplot(cc,rr,3)
plt.axhline(0,color = 'black',lw = 2)
```

```
plt.plot(S,pay_off,color = '#1B9E77',linewidth=1.5)
plt.title('Long a Stradlle')
plt.grid(True)

plt.subplot(cc,rr,4)
plt.axhline(0,color='black',lw=2)
plt.plot(S,-pay_off,color = '#1B9E77',linewidth=1.5)
plt.title('Short a Stradlle')
plt.grid(True)

S=np.arange(0,10,0.01) #underlying asset prices
K1 = 8.0 #strike price
K2 = 5.0 #strike price
pay_off = strangle_payoff(S,K1,K2)
plt.subplot(cc,rr,5)
plt.axhline(0,color='black',lw=2)
plt.plot(S,pay_off,color = '#1B9E77',linewidth=1.5)
plt.title('In-the-Money Strangle Option')
plt.grid(True)

S=np.arange(0,10,0.01) #underlying asset prices
K1 = 5.0 #strike price
K2 = 8.0 #strike price
pay_off = strangle_payoff(S,K1,K2)
plt.subplot(cc,rr,6)
plt.axhline(0,color='black',lw=2)
plt.plot(S,pay_off,color = '#1B9E77',linewidth=1.5)
plt.title('Out-of-Money Strangle Option')
plt.grid(True)

S=np.arange(0,10,0.01) #underlying asset prices
K1 = 3.0 #strike price
K2 = 8.0 #strike price
if K1>=K2:
    print('Sorry,it is improper setting')
else:
    pay_off = riskreversal_payoff(S,K1,K2)

plt.subplot(cc,rr,7)
plt.axhline(0,color='black',lw=2)
```

```
plt.plot(S,pay_off,color = '#1B9E77',linewidth=1.5)
plt.title('Long a Risk Reversal Option')
plt.grid(True)

plt.subplot(cc,rr,8)
plt.axhline(0,color='black',lw=2)
plt.plot(S,-pay_off,color = '#1B9E77',linewidth=1.5)
plt.title('Short a Risk Reversal Option')
plt.grid(True)

S=np.arange(5,15,0.01) #underlying asset prices
K = 10.0 #strike price
E = 4.0 #strike price
if E>K:
    print('Sorry,it is improper setting')
else:
    pay_off = butterfly_payoff(S,K,E)

plt.subplot(cc,rr,9)
plt.axhline(0,color='black',lw=2)
plt.plot(S,pay_off,color = '#1B9E77',linewidth=1.5)
plt.title('Long a Butterfly Option')
plt.grid(True)

S=np.arange(0,15,0.01) #underlying asset prices
K1 = 6.0 #strike price
K2 = 10.0
E = 4.0 #strike price
if ((E>K)or(K1>K2)or(E>K2)):
    print('Sorry,it is improper setting')
else:
    pay_off = condor_payoff(S,K1,K2,E)

plt.subplot(cc,rr,10)
plt.axhline(0,color='black',lw=2)
plt.plot(S,pay_off,color = '#1B9E77',linewidth=1.5)
plt.title('Long a Condor Option')
plt.grid(True)
```

代码4-29　利用Python实现常见组合期权的支付函数并用Python代码实现绘制随标的物变化的支付函数图

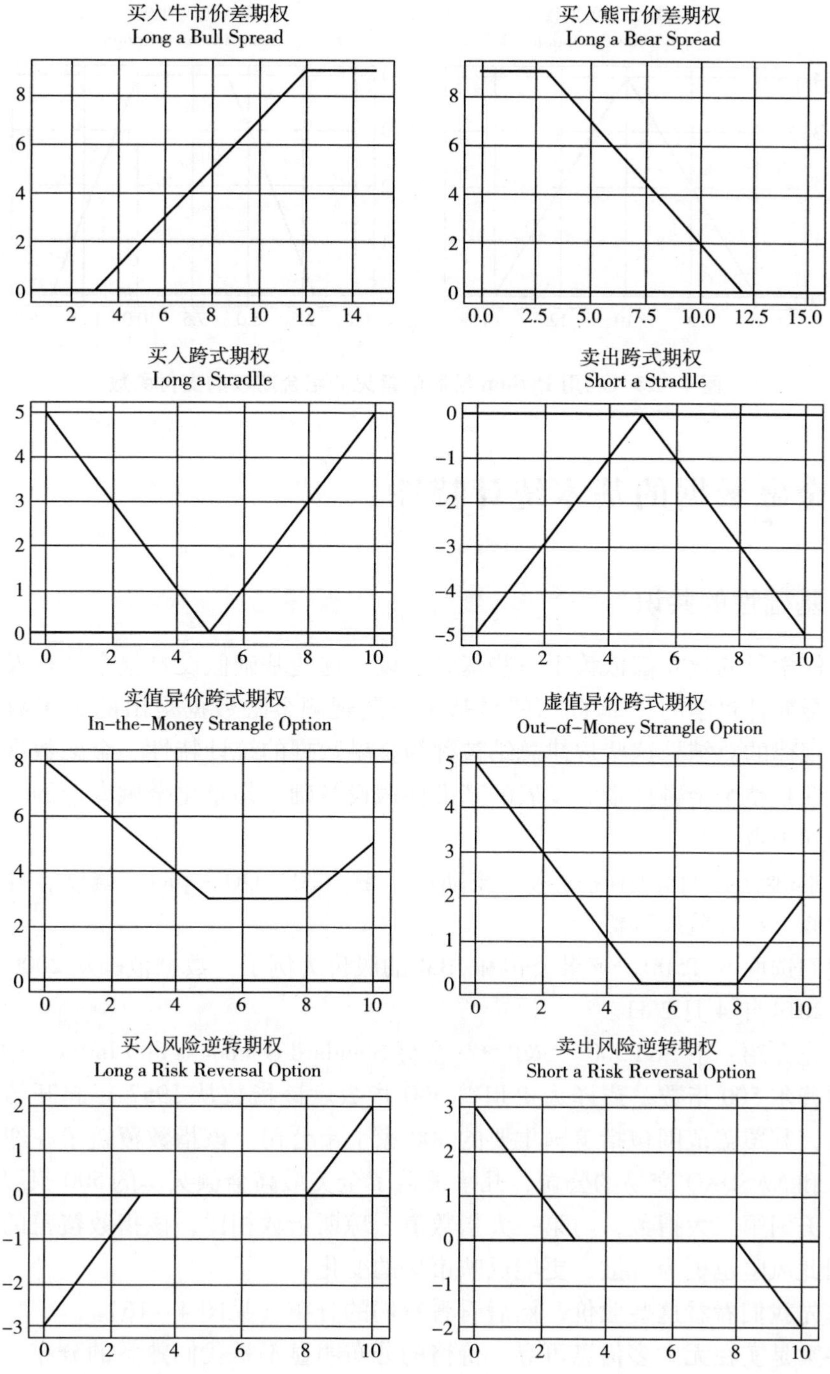
买入牛市价差期权
Long a Bull Spread
买入熊市价差期权
Long a Bear Spread
买入跨式期权
Long a Stradlle
卖出跨式期权
Short a Stradlle
实值异价跨式期权
In-the-Money Strangle Option
虚值异价跨式期权
Out-of-Money Strangle Option
买入风险逆转期权
Long a Risk Reversal Option
卖出风险逆转期权
Short a Risk Reversal Option

图 4－15

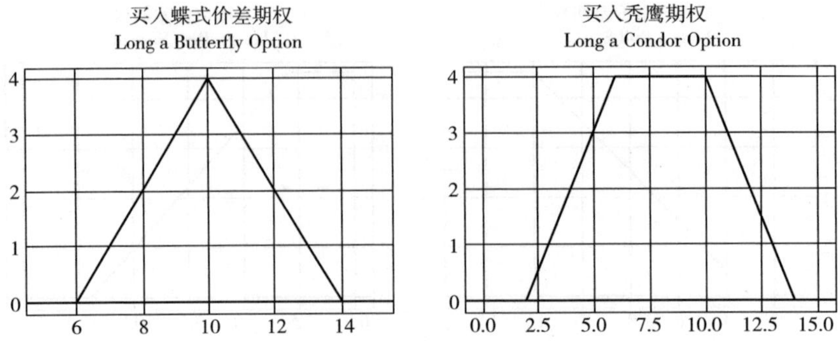

图 4－15　利用 Python 绘制的常见的组合期权的支付函数

四、金融数据的基本统计特性

（一）基础性的共识

任何学科的建立都依赖于一些基础假设，这些基础假设是整个学科发展的基石。而金融计量学的“基石”就是基于长期观测金融数据得出的关于数据的基本统计规律的总结，这些规律总结被称为金融数据的统计特性。金融数据的基本统计特性是整个金融计量学发展的基准性假设基础，是量化金融专业的学生必须掌握的知识点。

在本部分我们介绍收益率、波动率、散点图、QQ－plot、偏度、峰度、肥尾、超峰、杠杆效应等概念。

我们选取 S&P500、苹果公司和 IBM 的股价为例子，数据范围从 2000 年 1 月 1 日到 2014 年 4 月 2 日。

首先介绍一下 S&P500。S&P 500 全称 Standard & Poor's 500 index，中文翻译为标准普尔 500 指数，或译为史坦普 500 指数。该指数从 1957 年起开始记录美国股市，其覆盖范围包括美国主要的 500 家上市公司。该指数覆盖了在纽约证券交易所和 NASDAQ 交易的公司，几乎覆盖了全美最高金额买卖的 500 只股票，该指数是美国第二大指数，与第一大指数道·琼斯指数相比，该指数覆盖的公司更多，因此风险也更为分散，更能反映市场的变化。

首先我们看看这些股价，然后看看它们的分布（见图 4－16）。

答案是实在无太多信息可寻，价格的分布明显不是我们熟悉的分布，它的统计特性让人无法把握。

在此也讲述一下直方图的概念。直方图（Histogram）又称质量分布图，是一

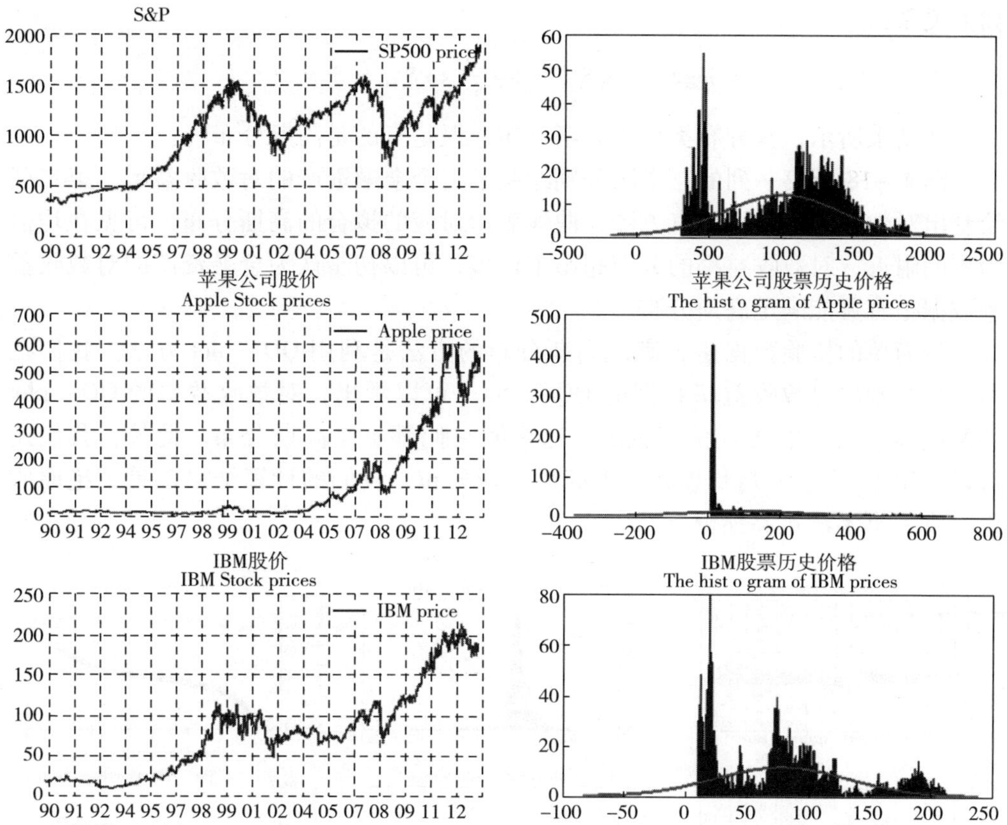

图 4－16　S&P500、苹果以及 IBM 公司股票价格及其对应的直方图

种统计报告图，由一系列高度不等的纵向条纹或线段表示数据分布的情况。一般用横轴表示数据类型，纵轴表示分布情况。要绘制一幅直方图（如图 4－17），需经过以下六个步骤：①集中和记录数据，求出其最大值和最小值。②将数据分成若干组，并做好记号。③计算组距的宽度。④计算各组的界限位。⑤统计各组数据出现的频数，作频数分布表。⑥作直方图。以组距为底长，以频数为高，作各组的矩形图。

下面计算价格的对数收益率，然后再看看其统计分布。对数收益率 r_t 与股票价格 S_t 之间应满足

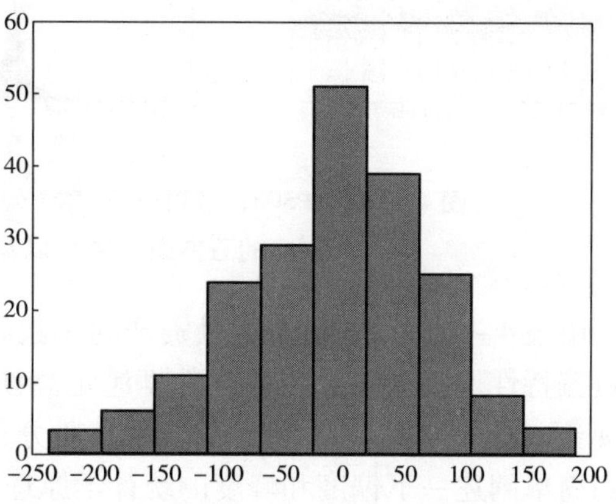

图 4－17　一个直方图的例子

如下关系：

$$r_t = \log S_t - \log S_{t-1} = \log \frac{S_t}{S_{t-1}} \Leftrightarrow S_{t+1} = S_t \times e^{r_{t+1}}$$

如结果所示，其分布类似于高斯分布，但是真的是高斯分布吗？

图4－18的第一列的三个图分别绘制了三个金融资产的对数收益率，第二列绘制出对数收益率数据的直方图，曲线表示对应的拟合的高斯分布，可见在均值为零的附近，对数收益率的分布超出了许多，可以初步认为金融资产的对数收益率数据很有可能满足高斯分布。

最简单的检验数据是否满足高斯分布的方法是利用QQ－plot方法。我们在第三列绘制出对数收益率数据的QQ－plot。可以看出，对数收益率的QQ－plot的两端离直线（虚线）偏离较远，这说明它们都不是高斯分布。此外，我们还可以利用JB检验来判断数据是否满足高斯分布，我们的计算结果都是拒绝原假设（即数据不满足高斯分布）。

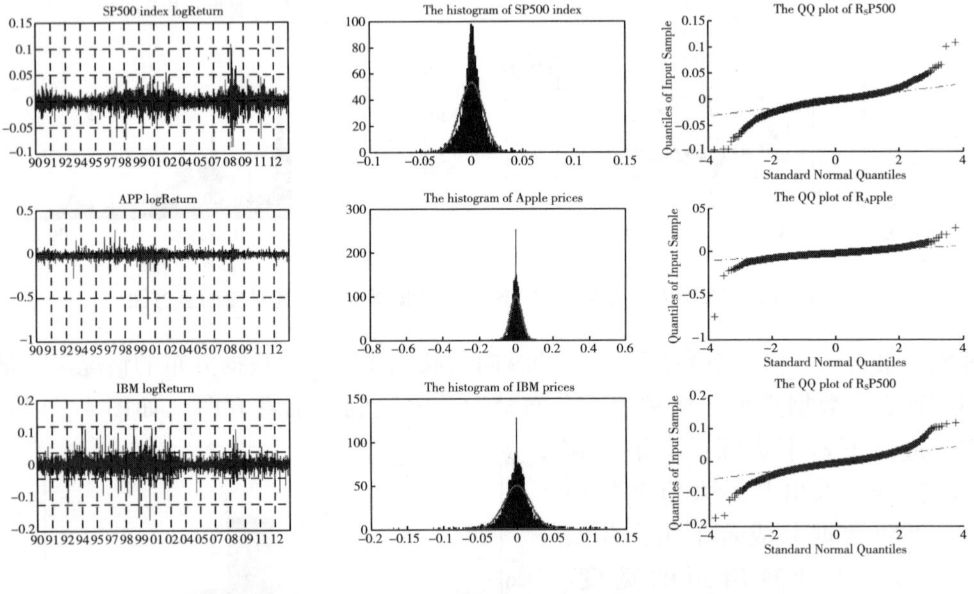

图4－18　SP500、苹果以及IBM公司股票的对数收益率（左）、对应的直方图（中）以及QQ－plot（右）

由表4－3可以看出，金融资产的对数收益率数据确实不满足高斯分布，都有负偏特性（如果对数收益率数据满足高斯分布，则该值应为0），而且都有超峰现象（如果对数收益率数据满足高斯分布，则样本的峰度应该为3）。在此，我们简单阐述一下偏度和峰度的统计学原理。偏度（见图4－19）是用来衡量概率分布的对称性的一个统计学测度量。正态分布是一个标准的对称分布，因此，正态分布的偏度一定为零。需要注意的是：金融数据，尤其是资产价格，往往呈现资产价格下跌概率不等于资产价格上升概率的特性，即导致负收益率发生的概率不等于正收益率发生的概率，因此，金融数据的概率分布往往不满足对称分布的特性。

表 4－3　以上三种金融资产的基本统计信息

金融资产	样本均值（一阶矩）	样本方差（二阶矩）	样本偏度（三阶矩）	样本峰度（四阶矩）
S&P500	0.000 271 57	0.000 132 88	－0.238 18	11.656 1
苹果	0.000 682 84	0.000 931 9	－2.175 6	62.212 1
IBM	0.000 407 13	0.000 326 0	－0.013 024	10.216 1

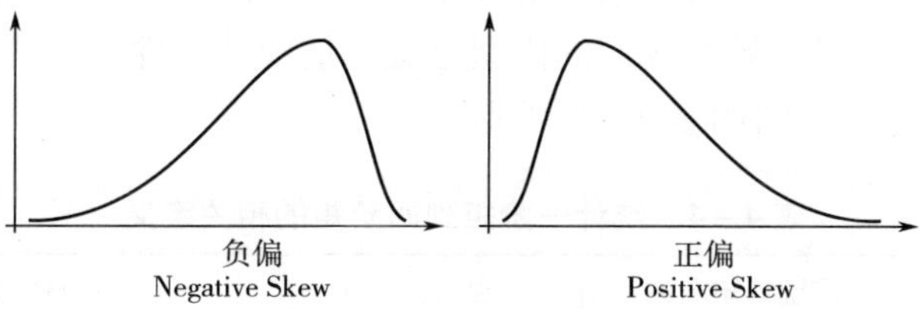

图 4－19　偏度示意图

关于偏度的概念，我们还需要特别强调以下一些容易被忽略的事实。正偏度出现不代表数据中出现正数的概率多过出现负数的概率，偏度为正，还和出现的数的数值有关。为了说明这个问题，我们构建以下数据：［－100，0.12，0.01，0.45，0.02］，可以明显看出，正数出现的频率高过负数，但是这个数据样本的样本偏度为－1.499 9。

此外，样本偏度的公式如下：

$$\text{skewness} = \frac{\frac{1}{N}\sum_{i=1}^{N}(x_i - \bar{x})^3}{[\sqrt{(x_i - \bar{x})^2}]^3}$$

可以变化为以下形式：

$$\text{skewness} = \sqrt{N}\left(\sum_{i=1}^{N}(x_i - \bar{x})^3\right)\left((N-1)\hat{\sigma}^2\right)^{-3/2}$$

其中，$\hat{\sigma}^2$ 表示样本方差，样本方差的公式为：$\frac{1}{N-1}\sum_{i=1}^{N}(x_i - \bar{x})^2$ 。偏度在实证金融研究中越来越被重视，深刻理解偏度的相关概念是有必要的。有实证研究专门研究偏度的决定因素，这类研究主要考察偏度与波动率的因果关系。

峰度是统计学中用来反映随机变量集中与分散程度的统计量。峰度高就意味着方差增大是由低频度大于或小于平均值的极端差值引起的。

（1）当分布为正态分布时，峰度 = 3。

（2）当峰度 >3 时，表示分布曲线呈尖顶峰度，为尖顶曲线，说明变量值的次数较为密集地分布在众数的周围。

（3）当峰度 <3 时，表示分布曲线呈平顶峰度，为平顶曲线，说明变量值的次数分布比较均匀地分散在众数的两侧。

超峰现象是比较麻烦的问题，当金融资产的收益率数据呈现超峰时，在金融学上，该效应被称为"肥尾现象"（fat tail effect）。以下是"肥尾现象"的具体定义：某一随机变量发生极端事件的概率高于与其相同均值和方差的正态分布的随机变量时，我们称这种现象为"肥尾现象"。超峰现象和肥尾现象是同时出现的。因为金融数据样本的概率分布峰度中心聚集的现象，造成概率分布的两端出现肥尾现象。肥尾效应的危害主要表现在极端情形下（比如黑天鹅事件），我们的模型因一般采取正态分布的假设，导致我们的模型总是低估极端事件发生的概率。

以上概念的定义归纳如表 4－4 所示。

表 4－4　统计一阶矩到四阶矩的相关定义

统计量	对应统计矩名称	含义	具体公式
均值（mean）	统计一阶矩	位置	$\text{mean} = \bar{x} = \frac{1}{N}\sum_{i=1}^{N} x_i$
标准差（std）	统计二阶矩	偏离程度	$\text{std} = \sqrt{(x_i - \bar{x})^2}$
偏度（skewness）	统计三阶矩	对称性	$\text{skewness} = \frac{\frac{1}{N}\sum_{i=1}^{N}(x_i - \bar{x})^3}{[\sqrt{(x_i - \bar{x})^2}]^3}$
峰度（kurtosis）	统计四阶矩	峰态	$\text{kurtosis} = \frac{\frac{1}{N}\sum_{i=1}^{N}(x_i - \bar{x})^4}{[\sqrt{(x_i - \bar{x})^2}]^4}$

下面我们给出能绘制出标准普尔 500 指数、美国苹果公司以及美国 IBM 公司股票的对数收益率、直方图以及各自 QQ－plot 的 Matlab 源代码（见代码 4－30）。

```
clear
close


load sp500_ibm_apple_90_14Apr03. mat
```

```
%from left 2 right - - >from old days to today
SP500 = flipud( sp500_900101_140403) ;
APP = flipud( apple_900101_140403) ;
IBM = flipud( ibm_900101_140403) ;

R_SP500 = diff( log( SP500( :,2) ) ) ;
R_APP = diff( log( APP( :,2) ) ) ;
R_IBM = diff( log( IBM( :,2) ) ) ;

%%plot return

%SP500 log - return
subplot(3,3,1)
plot( R_SP500) ;
grid on
N = length( R_SP500) ;
intval = 360;%interval,set as 1 year
xlim( [0 N] ) ;
set( gca, 'XTick', [1:intval:N] )
set( gca, 'XTickLabel',datestr( SP500( 1:intval:N,:) ,11) )
title( 'SP500 index logReturn')
%legend( 'SP500 logReturn') ;

%APPLE log - return
subplot(3,3,4)
plot( R_APP) ;
grid on
N = length( R_APP) ;
intval = 360;%interval,set as 1 year
xlim( [0 N] ) ;
set( gca, 'XTick', [1:intval:N] )
set( gca, 'XTickLabel',datestr( APP( 1:intval:N,:) ,11) )
title( 'APP logReturn')
%legend( 'APP logReturn') ;

%IBM log - return
subplot(3,3,7)
plot( R_IBM) ;
grid on
N = length( R_IBM) ;
```

```
intval = 360;% interval, set as 1 year
xlim([0 N]);
set(gca,'XTick',[1:intval:N])
set(gca,'XTickLabel',datestr(IBM(1:intval:N,:),11))
title('IBM logReturn')
% legend('IBM logReturn');

% plot hist returns
nbins = 800;
% SP500 hist plot
subplot(3,3,2)
histfit(R_SP500,nbins,'normal');
% hist(SP500(:,2),nbins);
title('The histogram of SP500 index')

% APP hist plot
subplot(3,3,5)
histfit(R_APP,nbins,'normal')
title('The histogram of Apple prices')

% IBM hist plot
subplot(3,3,8)
histfit(R_IBM,nbins,'normal')
title('The histogram of IBM prices')

% plot qq plot test
% SP500 qq plot
subplot(3,3,3)
qqplot(R_SP500);
title('The QQ plot of R_SP500')

% APP qq plot
subplot(3,3,6)
qqplot(R_APP);
title('The QQ plot of R_Apple')

% IBM qq plot
subplot(3,3,9)
qqplot(R_IBM);
title('The QQ plot of R_IBM')
```

```
display('|-------------Statistical Properties-----------|')
display('|name---|mean------|variance--|skewness|kurtosis|')
display(['|SP500--|',num2str(mean(R_SP500)),'|',num2str(var(R_SP500)),'|',num2str(skewness(R_SP500)),'|',num2str(kurtosis(R_SP500)),'|'])
display(['|APPLE--|',num2str(mean(R_APP)),'|',num2str(var(R_APP)),'|',num2str(skewness(R_APP)),'|',num2str(kurtosis(R_APP)),'|'])
display(['|IBM----|',num2str(mean(R_IBM)),'|',num2str(var(R_IBM)),'|',num2str(skewness(R_IBM)),'|',num2str(kurtosis(R_IBM)),'|'])
```

代码 4－30 绘制出标准普尔 500 指数、美国苹果公司以及美国 IBM 公司股票的对数收益率、直方图以及各自 QQ－plot 的 Matlab 源代码

下面讨论金融数学中的杠杆效应（leverage effect），该效应是指当金融资产（比如，股票价格）下跌时，因为其权益（equity）价格下跌，导致其负债与权益的比值上升，也就是杠杆率上升，当投资人发现该公司的杠杆率上升，一般会担忧公司未来的投资前景，于是股票价格一般会进一步下跌，也就是股票收益率的波动率增加。同理，当股价变得更为波动的时候，投资人需要更好的收益率来弥补风险的增加，也会加快股价的下跌。基于这个原因，一般而言股票价格下跌的幅度大于股票价格上涨的幅度。资产的收益率与波动率的改变量成反比，这就是杠杆效应。杠杆效应既能被经济金融学理论很好地解释，同时利用数据也可以很好地观测到“杠杆效应”。我们以 S&P500 为例，我们首先计算 S&P500 的对数收益率，然后使用 VIX 指数来代表波动率。VIX 是由 CBOE（芝加哥期权交易所）在 1993 年推出的，是以 S&P500 指数为基础，根据 S&P500 指数期权隐含波动率加权平均后所得之指数。简言之，VIX 指数反映的是 S&P500 股指的波动率情况。我们计算出 VIX 的变化率，并绘制 VIX 变化率与 S&P500 收益率的散点图，具体见图 4－20。可以明显地发现，收益率与波动率的变化率之间呈明显的负相关关系，也就是在金融市场中，杠杆效应非常明显。图中的直线表示 OLS 的拟合直线。利用波动率的变化率作为解释变量，对数收益率作为被解释变量进行 OLS 回归，基本回归统计信息见表 4－5。

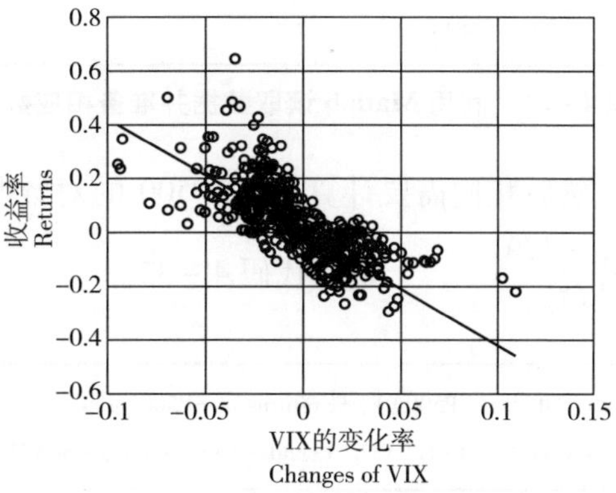

图 4－20 VIX 的变化率与收益率的散点图和 OLS 拟合直线

表 4-5 关于 S&P500 收益率与 VIX 变化率影响的回归分析

	β
常数项	0.002 9** (3.843 2)
VIX 变化率	-4.205 8*** (-68.381 2)
观测数	3 915
调整后的R^2	0.544 3
Prob > F	0.000 0

注：*** 表示 $p<0.01$，** 表示 $p<0.05$，* 表示 $p<0.1$。

下面讨论该实验的代码的具体实现。完成 Matlab 代码请见“demo_ leverage_ effect. m”文件。

我们的数据储存在“SP500_ VIX. csv”文件中，本书所使用的数据，都是以“. csv”文件储存。通过代码 4-31 读取数据信息文件，该数据文件中有三列数据，第一列数据表示日期，以数字形式存储，数字与日期的关系请参见本书前面章节关于 Matlab 与日期数据信息存储的部分。数据的第二列存储的是 S&P500 的价格信息，数据的第三列是 VIX 指数的信息。

```
Nums = csvread('SP500_VIX.csv');
SP500 = Nums(:,2);
VIX = Nums(:,3);
```

代码 4-31 利用 Matlab 读取数据并准备相应数据

然后我们需要计算出 S&P500 的对数收益率和 VIX 的变化率，即：$\%VIX = \frac{VIX_t - VIX_{t-1}}{VIX_{t-1}}$，于是有代码 4-32。

```
r_sp = diff(log(SP500)); % returns of SP500 prices
chg_vix = diff(VIX)./VIX(1:end-1);% changes of VIX
```

代码 4-32 利用 Matlab 计算 S&P500 对数收益率和 VIX 的变化率

然后我们绘制散点图，调用 Matlab 绘制散点图的命令（见代码 4-33）。

```
hold on
scatter(r_sp,chg_vix);
```

代码 4－33 利用 Matlab 绘制散点图

代码 4－33 也为进行简单一元回归做了准备。

OLS（Ordinary Least Square）的基本形式一般表示为

$$y_i = \beta_1 x_{i1} + \beta_2 x_{i2} + \cdots + \beta_K x_{iK} + \varepsilon_i \qquad (i = 1, \cdots, N)$$

以上式子的向量（vector）形式：

如果定义 $y \triangleq \begin{bmatrix} y_1 \\ \vdots \\ y_N \end{bmatrix} \in \mathbb{R}^{N\times 1}$，则 $X = \begin{bmatrix} x_{11} & \cdots & x_{1j} & \cdots & x_{1K} \\ \vdots & \ddots & & & \vdots \\ x_{i1} & \cdots & x_{ij} & \cdots & x_{iK} \\ \vdots & & & \ddots & \vdots \\ x_{N1} & \cdots & x_{Nj} & \cdots & x_{NK} \end{bmatrix}$。即

$$X \triangleq \begin{bmatrix} x_{11} & \cdots & x_{1K} \\ \vdots & \ddots & \vdots \\ x_{N1} & \cdots & x_{NK} \end{bmatrix} \triangleq \begin{bmatrix} x_1{}' \\ \vdots \\ x_i{}' \\ \vdots \\ x_N{}' \end{bmatrix} \text{or} \triangleq [\, x^1 \quad \cdots \quad x^j \cdots \quad x^K \,] \in \mathbb{R}^{N\times K},$$

其中，$x_i \triangleq \begin{bmatrix} x_{i1} \\ \vdots \\ x_{iK} \end{bmatrix} \in \mathbb{R}^{K\times 1}$，$x^j = \begin{bmatrix} x_{1j} \\ \vdots \\ x_{Nj} \end{bmatrix} \in \mathbb{R}^{N\times 1}$，

而扰动项和参数的向量形式为：

$$\varepsilon \triangleq \begin{bmatrix} \varepsilon_1 \\ \vdots \\ \varepsilon_N \end{bmatrix} \in \mathbb{R}^{N\times 1}$$

$$\beta = \begin{bmatrix} \beta_1 \\ \vdots \\ \beta_K \end{bmatrix} \in \mathbb{R}^{K\times 1}$$

则 $y_i = \beta_1 x_{i1} + \beta_2 x_{i2} + \cdots + \beta_K x_{iK} + \varepsilon_i \ (i = 1, \cdots, N)$ 可写成以下矩阵形式：

$$y = X\beta + \varepsilon$$

特别需要指出的是，从计量软件开发视角，OLS 回归方程中的解释变量部分都不含常数项，即 OLS 回归方程都采用 $y = X\beta + \varepsilon$ 形式表示，特别需要强调的是，不是说模型不可以含有常数项，而是我们约定俗成地假设

$$X = \begin{bmatrix} x_{11} & \cdots & x_{1j} & \cdots & x_{1K} \\ \vdots & \ddots & & & \vdots \\ x_{i1} & \cdots & x_{ij} & \cdots & x_{iK} \\ \vdots & & & \ddots & \vdots \\ x_{N1} & \cdots & x_{Nj} & \cdots & x_{NK} \end{bmatrix}$$ 的第一列向量 $x^1 = \begin{bmatrix} 1 \\ \vdots \\ 1 \end{bmatrix}$。

因此，我们要构建 X 解释变量矩阵，其 Matlab 代码见代码 4 – 34。

```
X = [ ones( length( r_sp) ,1) ,r_sp] ;
% perparing regressors cotaining constant term
```

代码 4 –34　利用 Matalb 构建解释变量矩阵

然后我们调用我们编写的 OLS Matlab 代码（见代码 4 – 35），关于这个 OLS 命令的具体实现可见第八章。

```
rslts = fols( chg_vix, X) ; % results of running OLS
```

代码 4 –35　调用 fols 函数

在求得 OSL 的回归系数 $\tilde{\beta} = [\tilde{\beta}_0 \quad \tilde{\beta}_1]$ 之后，可求得收益率的拟合值 $\hat{r}_t = \tilde{\beta}_0 + \tilde{\beta}_1(\% VIX)$，实现代码见代码 4 – 36。

```
range_r_sp = [ min( r_sp) :0. 001 : max( r_sp) ] ;
y_hat = rslts. beta( 1) + rslts. beta( 2) * range_r_sp;
```

代码 4 –36　利用 Matlab 实现收益率的拟合值

最后在散点图上绘制 OLS 的拟合直线。特别值得一提的是，绘制的直线往往较细，图片显示效果不好，此时可以在 Plot 命令中添加“'LineWidth', num”，其中 num 表示线条的宽度，在本案例中，我们将线条的宽度设置为“2”（见代码 4 – 37），从结果显示图上可以看出，宽度适合。

```
grid on
plot( range_r_sp, y_hat, 'r', 'LineWidth', 2) ;
ylabel( 'Returns') ;
xlabel( 'Changes of VIX')
```

代码 4 –37　利用 Matlab 绘制相应图片

为了说明以上我们讨论的统计事实普遍存在于全世界的金融市场数据中，我们曾统计了全球 35 个主要的股指以及几个主要的中国股票的对数收益率的相关样本矩的统计结果，可以发现，股票的对数收益率的均值非常接近零，绝大部分样本的偏度都为负，但是确实也有例外，而峰度普遍超过 3，即超峰现象严重，所有样本都有很强的肥尾效应。由于肥尾效应的存在，在极端情形下，如果利用常见的基于对数收益率为正态分布假设的金融模型来评估风险，将会低估风险。为节省篇幅，关于这些简单统计研究的结果可见本书配套的网上信息。

（二）波动聚凝

我们绘制上证和深证的对数收益率的自相关方程函数（autocorrelation function），具体见图 4－21 的左上和左下的两个图，纵坐标表示的是自相关系数，横坐标表示的是其滞后项。该图表示的是收益率与过去 1 天到 100 天的收益率的相关性。由此可见，日收益率之间的自相关非常弱，杂乱无章，介于［－0.05，＋0.05］之间。其潜在的含义是我们几乎不可以利用过去的收益率去预测未来的收益率。用数学语言表达则是 $\operatorname{corr}(r_t, r_{t-\tau}) \approx 0$，其中，$\tau = 1,2,\cdots,100$。

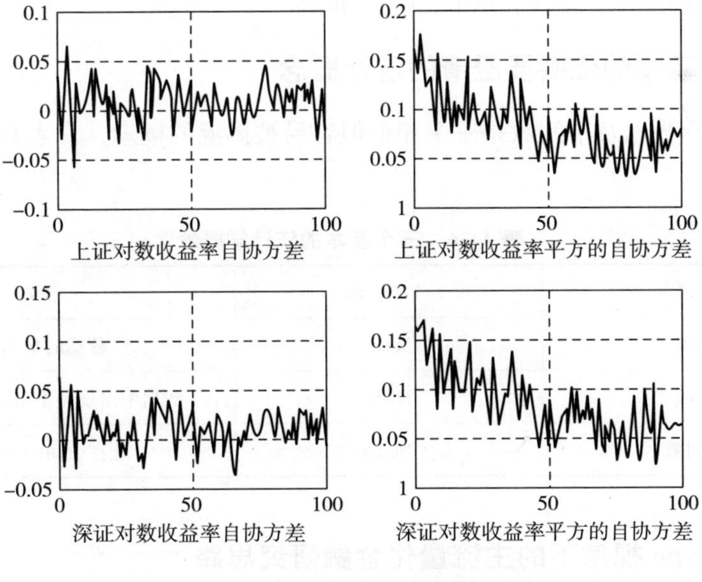

图 4－21　利用上证与深证指数信息分别绘制收益率以及收益率平方的自相关函数

但是，如果我们把收益率进行平方处理，我们再找对数收益率的平方之间的自相关函数，具体见图 4 - 21 右边的两个图。读者可以发现，在较短的时间内（比如，一两天或一周）收益率的平方之间存在较强的相关性，最高的时候达到了 +0.15，即使 100 天以后，仍大于 +0.05。用数学语言表达则是 $\mathrm{corr}(r_t^{\ 2}, r_{t-\tau}^{\ 2}) \neq 0$，其中，$\tau = 1, 2, \cdots, 100$。

这就是本小节要向读者介绍的最后一个金融数据，但也是最重要的特性，也就是大名鼎鼎的“波动聚凝”（volatility clustering）效应。

这个统计效应告诉我们，我们可以利用收益率的平方信息对金融数据建模，采用平方信息比直接利用收益率值建模更有意义，至少在统计学上是如此。也就是基于这个特性，罗伯特·恩格尔建立了 ARCH 模型，并最终获得了诺贝尔经济学奖。

最简单的建模方法如下。首先我们定义“波动率”（volatility）的概念为 σ_t，并让其随时间变化，则其与对数收益率的平方 $R_t^{\ 2}$ 满足如下递归关系：

$$\sigma_{t+1}^2 = \beta\sigma_t^2 + \alpha r_t^2$$

$$r_t = \sigma_t z_t$$

$$z_t \sim \text{i. i. d}D(0,1)$$

这个模型就是后面我们要重点讨论的 GARCH 模型的雏形，其中 i. i. d 表示独立同分布，而 $D(0,1)$ 表示某种分布为均值为 0，标准差为 1 的分布，这种分布可以（但不限于）是正态分布、t－分布等。

（三）一些基本的但需要澄清的统计概念

均值、众数以及中间数是三个相似但容易被搞混的概念，三者具体定义可见表 4 - 6。

表 4 - 6　三个基本的统计学概念

中文名称	英文名称	含义
均值	Mean	数据的平均值
众数	Mode	数据中出现频率最高的那个数
中间数	Media	处在中间的那个数

（四）P - type 视角下的主流量化金融研究思路

为了让初学者全面了解 P - type 量化金融研究的思路，在此推荐一本基于 P - type 的量化金融的专业书籍，该书作者是加拿大多伦多大学的彼得·克里斯托弗森（Peter Christophersen）教授[①]。该书虽然名为《基础金融风险管理》，但其涉及了所有的金融建模、金融统计、金融计量的内容和专题。该书最大的好处是为学生以后的学习——做铺垫，比如最近十分热门的大数据金融、统计套利、高频计量经济学等。

该书的逻辑性非常明确，全书围绕“波动率”展开，不断反复强调金融数据的统计特性、在险价值、ES 概念。克里斯托弗森教授在该书的第一章就强调了金融数据的基本统计特性，并给初学者直接指明了量化金融从业者关注的焦点应为“收益率”而非“价格”这一深刻思想。克里斯托弗森教授在第一章还给出了 VaR、ES 以及波动率的定义和相关数学公式，并反复强调了金融资产收益率数据存在不对称、肥尾（以及超峰）和波动聚凝等现象。此外，克里斯托弗森教授的教材写作风格是“单刀直入”而且毫无废话，在第一章就介绍了大名鼎鼎的“RiskMetrics”模型，初学者可以不太准确地认为，RiskMetrics 就是一种最简单的构建金融资产收益率的波动率的模型。在该书第一章的课后练习中，彼得·克里斯托弗森教授指导学生利用 S&P500 数据，基于 RiskMetrics 模型计算 S&P500 的动态波动率。特别值得一提的是，克里斯托弗森教授的教材一直在为读者传递以下重要信息：在险价值（Value at Risk，VaR）和 Expected Shortfall（ES）是金融风险管理领域重要的分析度量指标。该指标的计算需要获取金融资产收益率的“波动率”，而 GARCH 模型是对金融资产收益率的波动率建模的重要工具。因此，整本书中克里斯托弗森教授都会在讨论完某波动率建模模型后，非常自然地给出基于该模型的 VaR 以及 ES 的计算方法。

在第二章，克里斯托弗森教授讨论了历史模拟法、VaR 以及 ES 的基本概念，并提出了两种基于历史数据计算 VaR 和 ES 的方法。这一章其实和 GARCH 模型的主线有一定脱节，因此在本科教学中，往往不讲授本章节。

在第三章，克里斯托弗森教授复习了金融时间序列分析的基本内容。这和一般的教科书中的时间序列分析没有太大不同。但需要指出的是，学生在学习该章时，应重点掌握 VAR（向量自回归）、单位根、协整（co - integration）等概念，并理解伪回归、格兰杰因果检验的原理和逻辑。这对于学习统计套利是至关重要的（虽然统计套利的概念没有在这本专著中体现）。学生需要知道，统计套利的基本思想是利用配对交易（pairs trading），在数学上其本质即为“协整关系”。

第四章是这本书的重点，该章立足于分析金融资产收益率的日间波动率，解释了大名鼎鼎的“RiskMetrics”模型，借用该模型引出了 GARCH 模型。此外，本章还介绍了 GARCH 模型的参数估计的问题。虽然在第一章中克里斯托弗森教

① 非常令人惋惜的是克里斯托弗森教授于 2018 年 6 月因癌症在加拿大多伦多去世。笔者在研究生读书阶段曾得到克里斯托弗森教授非常多的帮助和恩惠，他是笔者人生中的一位难得的恩师。

授已指导学生利用RiskMetrics构建了S&P500的波动率，但其前提是该模型事前给定了模型的参数，这在实际中是不现实的。克里斯托弗森教授在本章中介绍了极大似然（MLE）的估计方法。

第五章讨论了金融资产日内波动率的建模，该章在本科阶段一般不讲授，但学生需要知道本章实质是介绍高频金融数据分析的基础，该章提供了HAR模型的具体实现方法，HAR是最基础的高频计量经济学模型。

第六章是非常有趣的一章。本章以及其后的所有章节将精力放在讨论“日间”数据上，只有第五章讨论了“日内”数据。第六章其实与第四章联系更紧密，是第四章的后续章节。在第四章中，克里斯托弗森教授介绍了GARCH模型在分析日间数据方面的应用，GARCH模型主要应用在对金融资产的收益率进行动态波动率建模，但整章的假设是基于模型的标准化收益率（standardized returns）[①] 服从正态分布。而第六章放宽了这种假设，将标准化收益率的分布扩展到诸如t－分布等领域。特别值得一提的是，该章终于讲授了大名鼎鼎的EVT（“极值理论”），这个理论最早来自物理学，是金融风险管理中非常重要的理论之一。此外，在本章中，克里斯托弗森教授还介绍了模型的参数估计方法。

以上章节都是围绕单个金融资产展开的，而我们知道金融投资的核心是分析多个资产，即投资组合（portfolio），克里斯托弗森教授在其专著的第七章至第九章开始讨论多个资产，其核心是讨论如何构建协方差（或者相关系数）的动态模型。

在第七章中，克里斯托弗森教授简单回顾了投资组合理论，但是对于本科生而言，如果数学功底不好，可能较难理解。在第七章中，克里斯托弗森教授还介绍了诺贝尔经济学奖得主罗伯特·恩格尔教授发明的DCC模型。

而在第八章中，克里斯托弗森教授以美国国债和S&P500为例演示了如何利用DCC模型结合CAPM理论分析多个金融资产。

第九章是一个重点。克里斯托弗森教授解释了Copula的概念。简言之，初学者可以认为Copula是一种更为高级的计算相关系数的数学方法。Copula在信用风险领域有很广泛的应用。

从第十章到全书结束，讨论的问题开始进入金融风险管理的具体领域，第十章和第十一章是第一版即有的，第十二章信用风险管理部分为第二版新加入的内容。但不管如何，学生还是该重点关注第十章和第十一章，这两章非常有趣而且撰写得异常精彩。我们必须再次向读者传递以下重要信息：波动率的最大（也最广泛）的应用领域是可以帮助我们对期权进行定价（以及基于定价而派生出来

① 关于“标准化收益率”（standardized returns）的概念可见该书第五章第五小节。

的其他金融风险管理分析)。因此，在第十章克里斯托弗森教授介绍了如何利用GARCH模型的思想对期权进行定价。管理期权风险主要基于“希腊字母”(Greeks)，主要使用的监管期权风险的指标，诸如Delta，Gamma，Vega，Rho，Theta都无非是期权价格的偏导数而已，因此知道了期权的定价公式，这些希腊字母的含义是非常容易被计算出来的，这些小技术、小技巧在该书的第十一章进行了介绍。

五、波动率的种类

我们在前面小节陆续为读者介绍了金融数据的统计特性，其中非常重要的一个特性就是波动聚凝（volatility clustering)。本小节重点探讨在量化金融学中波动率的种类以及区别。通过本小节的学习，我们可以发现，金融资产的波动率不是一个常数。

(一) 历史波动率（Historical Volatility)

顾名思义，从历史数据中计算出的波动率即为历史波动率。一个被大众所熟知的计算 Close to Close Historical Variance（CtoCHV）的公式是：

$$\sigma_{CtC}^2 = \frac{1}{(N-1)\delta t}\sum_{i=1}^{N}\left[\ln\left(\frac{S_i}{S_{i-1}}\right)-\left(\sum_{i=1}^{N}\ln\left(\frac{S_i}{S_{i-1}}\right)\right)\right]^2$$

其中，S_i 表示金融资产在 i 时刻的价格，N 表示观测值个数，δt 表示时间步长，$N\delta t = T$。

我们简单讨论一下这个公式是如何构建出来的。该公式是基于经典的随机过程积分构建的。我们来回顾一下金融数学里面的一些概念。在金融数学中，我们一般假设金融资产的价格服从一个固定的波动率 σ 和固定的漂移率 μ 的几何布朗运动①，其随机微分方程表达式如下：

$$dS_t = \mu S_t dt + \sigma S_t dW_t$$

其中，$\{W_t\}_{t\geqslant 0}$ 表示布朗运动。我们在后面的章节会重点讨论这种形式的随机过程。我们后面会论证，在几何布朗运动中，如果将波动率 σ 看作是随机微分方程的参数，则该参数的平方无偏估计就是 CtoCHV。我们会在后面的章节专门讨论布朗运动。这部分的资料主要来自彭博社（Bloomberg）的技术文件。

而常用的历史波动率有以下几种，它们的名词分别是：

(1) 收盘价对收盘价的历史波动率（Close – to – Close Historical Volatility)。

---

① 当然，如前所述，在真实世界中，波动率并非为一恒定常数，波动率是随时间变化的。

（2）基于风险中性调整的收盘价对收盘价的历史波动率（Close to Close Historical Volatility with Risk Neutral Adjustment）。

（3）Parkinson 方法。

（4）Garman – Klass 方法。

（5）Rogers – Satchell 方法。

前面两种方法仅需要股票价格的收盘价就可以计算出历史波动率，而后面的主程序，需调用三种方法，而这三种方法，都需借助股票价格当日的最高价、最低价或者开盘价信息。这和我们后面介绍的 GARCH 模型构建波动率有很大不同，一般而言，GARCH 模型计算不需要使用资产价格的最高价、最低价或者开盘价信息。虽然目前已有学者利用最高价、最低价或者开盘价信息构建 GARCH 模型。但这种讨论超出了本书讨论的范围。

（二）隐含波动率（Implied Volatility）

隐含波动率是利用市场的期权价格，通过 BSM 期权定价公式反算出期权的标的资产的波动率。公式如下：

$$V_{BS}(S_0, t_0; X, T, r, d; \sigma) = \text{已知值}$$

其中，V 表示 BS 期权定价公式，当前资产价格是 S_0，当前时间是 t_0，其他参数均已知，可见模型中唯一的一个未知参数就是波动率。我们又知道期权此刻的市场价格，因此可反算出一个波动率值，我们把通过这种方法计算出来的波动率称为隐含波动率。但是需要注意的是，要解出上面那个函数并不容易，需要借助一些特殊的数值方法，比如常用的 Newton—Raphon 方法，反算出隐含波动率的值。从某种意义上说，隐含波动率是在期权存续期内，市场人士对标的资产整体波动率水平的看法。因此，隐含波动率具备一定前瞻性。

最著名的隐含波动率指数，当属芝加哥期权交易所 VIX 指数，它又被称为恐慌指数。VIX 是根据 S&P500 指数期权计算出来的关于 S&P500 指数的隐含波动率，关于 VIX 指数编制的具体细节，详见后文。

（三）已实现方差（Realized Variance）

已实现方差在高频金融数据中应用广泛，我们下面举一个例子帮助读者理解已实现方差的计算公式。

假如某个金融资产是 24 小时不间断交易的，我们每分钟收集到一个观测值。那么上式中 $m = 24 \times 60 = 1\,440$。我们把 $t+1$ 天的第 j 个观测值记为 $S_{t+j/m}$。同理，第 $t+1$ 天的收盘价就是：

$$S_{t+j/m} = S_{t+1}$$

那么第 j 个观测值一分钟收益率就是：

$$r_{t+j/m} = \log(S_{t+j/m}) - \log(S_{t+j-1/m})$$

我们一天可以观测到 m 个一分钟收益率，利用这些日内的收益率平方数据，就可以估计出日方差，如下式。这就是已实现方差（Realized Variance）。

$$RV_{t+1}^{m} = \sum_{j=1}^{m} r_{t+j/m}^{2}$$

将已实现方差开方，我们就可以得到实现波动率（Realized Volatility）。有兴趣的读者应该注意到了，我们没有除以 m。因为我们算的是日方差，如果我们除以 m 的话，那么算出来的则是分钟方差。还有一点需要注意，我们在计算已实现方差的时候，没有减去分钟收益率的均值，这是因为 1 分钟的收益率通常很小，以至于几乎不影响已实现方差的估计。

(四) 关于隐含波动率的讨论

根据 BSM 期权定价公式，我们知道期权的价值是关于期权对应的标的物价格 S、行权价 K①、到期时间 T、无风险利率 r 以及波动率的方程，有时候将它们简称为期权定价公式的五大要素。我们以看涨期权（call option）为例，这个结果也适用于看跌期权（put option），影响期权价格的因素的数学公式为：

$$c = f_{BSM}(S,K,T,r;\sigma)$$

当然，如果我们的期权是股票期权，那么期权的价值还和分红 d 有关，此时影响股票期权价格变动的因素就变为六要素。

根据金融工程学的知识，我们知道，基于 BSM 模型期权定价公式中（以股票期权为例）的六要素，其中标的物价格 S、行权价 K、到期时间 T、无风险利率 r 以及分红 d，都是可直接在金融市场上获得的信息，因此一般而言没有什么不确定性，任何人都不会对这些信息有异议，而唯独波动率（volatility）是一个比较主观的概念，有一定的“拍脑袋”的成分在里面。但需要注意的是，很多交易员喜欢将波动率称为期权价值的发动机，因为波动率越大，不管是看涨期权（call option）还是看跌期权（put option）的价值都是增加的，所以“波动率是期权价值的发动机”。

而隐含波动率指的是，在成熟期权市场下，我们已知期权价格的情况下，利用 BSM 公式反算出来的波动率公式如下：

$$\sigma^{implied} = f_{BSM}^{-1}(S,X,T,r;c)$$

最著名的隐含波动率的应用应该是由芝加哥期权交易所开发的 VIX 指数。

---

① 行权价所对应的英文应是 strike price 或者是 exercise price，有些教材或专著也用字母 X 表示行权价。

1. VIX 指数的基础知识

VIX 由 CBOE（芝加哥期权交易所）在 1993 年推出，该指数是指数期权隐含波动率加权平均后所得到的指数，该指数也被称为恐慌指数。VIX 指数的全称是芝加哥期权交易所 VIX 指数（CBOE Volatility Index）。现在 VIX 指数主要以 S&P500 指数期权费价格利用插补法的方式将一组期限相同但执行价格不同的虚值期权的波动率编制而成。由于隐含波动率主要反映市场投资人对于未来指数波动的预期，这也意味着 VIX 指数走高时，表示投资人预期未来指数波动将加剧。反之，当 VIX 指数走低时，表示投资人预期未来指数波动将趋缓，指数也将进入平稳状态。VIX 不仅代表着市场多数人对于未来指数波动的看法，更可清楚透露市场预期心理的变化情形，故又被称为投资人恐慌指标。

下面我们来看看从 1990 年开始截至 2015 年 11 月 4 日的 VIX 指数值，由图 4－22 可见，2008 年美国金融危机的时候，VIX 冲上了历史的高位。

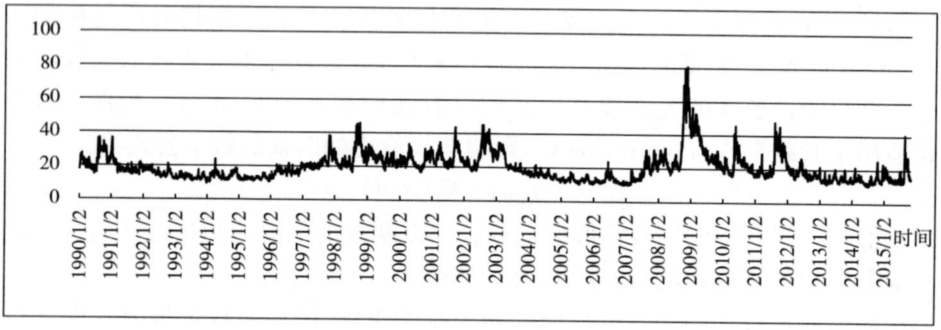

图 4－22　VIX 指数

为了说明 VIX 指数对解读和预判美联储的政策走向意义重大，不妨以下面这个时间段的数据为例。图 4－23 绘制了 VIX 指数从 2015 年 1 月 3 日至 2015 年 11 月 4 日的走势，VIX 指数从 2015 年 8 月 19 日的 15.25 开始突然跳升，短短三天，跳至 40.74（8 月 24 日），这样的走势异常惊险，VIX 指数差不多到了 10 月 26 日才恢复到 15.00 的水平，基本上从 8 月下旬到 10 月下旬两个月，市场都在惊恐当中，在这样的环境下，只要是深谙美国金融市场运作的投资人就会知道，美联储肯定不敢在 VIX 指数骤然增加时贸然加息。特别值得一提的是，其后美联储的行动确实印证了当时人们的判断；一般而言，如果 VIX 较低，且一直比较低，那么美联储加息的可能性就会提高；如果 VIX 一直高于 15 以上，一般可以认为，美联储加息的概率不大。

2. VIX 指数的由来

VIX 指数是由美国范德堡（Vanderbilt）大学罗伯特·威利（Robert Whaley）

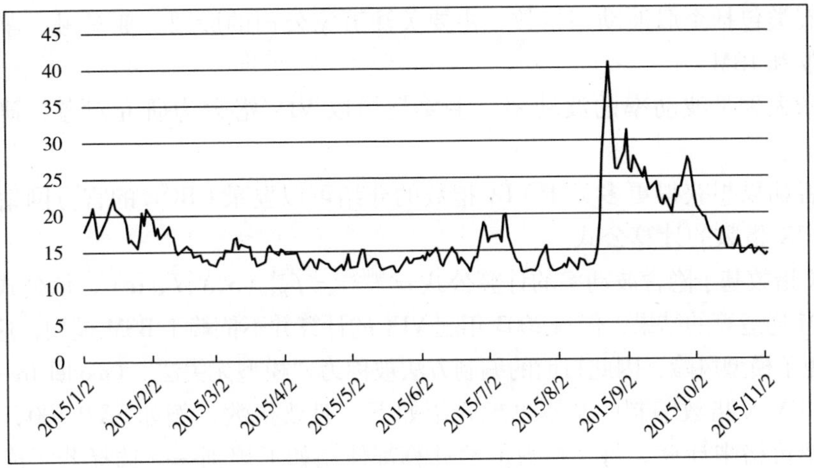

图 4-23　2015 年 1 月 2 日截至 2015 年 11 月 2 日的 VIX 指数

教授发明的。VIX 之所以被称为惊恐指数，主要原因是该波动率指数是由基于以 S&P500（交易所代码 SPX）的标的物（underlying asset）的虚值（Out-of-money）或者在值（at-the-money）的看跌期权（put）所驱动，也就是说市场主要是由那些购买 SPX 的看跌期权的投资人所推动。我们知道买入看跌期权的人，一般而言都是为了对冲风险，所以当该股票指数（指 SPX）走高时，等于是说有很多人有意愿买入看跌期权作为一种“保险”以避免股价暴跌。买“保险”的人越多，越表明市场担心股价下跌的预期在形成，惊恐情绪在聚集。

3. VIX 指数的种类

下面的问题是，截至目前 CBOE 到底开发了多少条波动率指数呢？答案是 29 条。每条波动率指数都基于一个特定的标的物。这些标的物大致可以分为六大类。

第一大类主要是基于股票指数，这一类的波动率指数有 7 条。这些对应的标的物分别是 SPX（即 VIX），S&P100，Nasdaq-100，DJIA，Russell 2000（波动率指数代码为 RVX），3-Month SPX option，Mid-term SPX option。此外，特别值得一提的是，CBOE 还开发出以 VIX 和 RVX 为标的物的期货和期权。

第二大类是基于利率指数开发的波动率指数，主要是基于 10 年期美国国债（TYVIX）和利率互换，此外 CBOE 还开发了基于 TYVIX 的期货。

第三大类是基于货币期货指数的波动率指数，主要有欧元、日元和英镑。

第四大类是基于 ETFs 的波动率指数，这类的指数高达 10 种，有原油波动率指数、黄金波动率指数、欧洲货币波动率指数、EFA（Europe，Australasia and the Far East）ETF 波动率指数、新兴市场 ETF 波动率指数、中国 ETF 波动率指数、巴西 ETF 波动率指数、白银 ETF 波动率指数、Gold miners ETF 波动率指数、能源部门 ETF 波动率指数。

第五类包括个股波动率指数，主要关注五家公司的股票：亚马逊、苹果、高盛、谷歌和 IBM。

第六大类是波动率的波动率。主要是指以 VIX 指数为研究对象，研究 VIX 的 VIX。

读者如果想获得更多关于 VIX 指数的介绍可以登录 CBOE 的官方网站。

4. VIX 指数的计算公式

VIX 指数基于隐含波动率的计算公式 $\sigma^{implied}=f_{BSM}^{-1}(S,X,T,r;c)$，该公式可以认为是 BSM 逆运算的结果，但自 2003 年起 VIX 的计算并不依赖于 BSM 模型，这样的好处是避免了模型风险，因此目前的编制方法被称为“模型无关法”（model free）。

现将 VIX 指数编制的基本思想介绍如下。股票指数，例如 S&P 500，由其构成的股票价格来计算。每个指数值的计算都使用如下规则——选择若干成分证券和一个（对应的）计算公式。

与股票指数不同的是，VIX 指数由构成其的期权的价格来计算。VIX 指数可以反映出未来市场的预期波动率。像传统的指标一样，VIX 指数的计算规则也是选出若干期权品种和一个（对应的）计算公式。

VIX 指数的计算公式如下：

$$\sigma^2=\frac{2}{T}\sum_i\frac{\Delta K_i}{K_i^2}e^{RT}Q(K_i)-\frac{1}{T}\left[\frac{F}{K_0}-1\right]^2$$

其中各变量的含义见表 4－6。

表 4－6 VIX 指数计算公式中的数学符号的具体金融学含义

符号	含义
σ	$=\frac{VIX}{100}$
T	到期时间
F	由指数期权价格导出的远期指数水平
K_0	低于远期指数价位 F 的第一个执行价
K_i	第 i 个价外（或翻译为“虚值”）期权的执行价格；如果 $K_i>K_0$，则为看涨，如果 $K_i<K_0$，则为看跌，如果 $K_i=K_0$ 则看涨与看跌相同
ΔK_i	执行价格的区间值，$\Delta K_i=\frac{(K_{i+1}-K_i)}{2}$ 需要说明的是：最低执行价格的 ΔK 是指最低的执行价格与其相邻的最高执行价格之间的差值。同理，最高执行价格的 ΔK 是指最高执行价格与邻近的最低执行价格之间的差值
R	到期时间段内的无风险利率
$Q(K_i)$	执行价格为 K_i 的每个期权的买卖差价的中间价

（五）常见波动率与 GARCH 波动率模型的关系

以上介绍的这些波动率和前文提到的 GARCH 模型计算的波动率之间有什么关系呢？

答案有很多种。我们仅阐述一个答案。我们知道期权定价的关键是寻找一个好的标的资产的波动率。这在成熟市场不是问题，因为在成熟市场我们可以直接观察隐含波动率，但是请记住隐含波动率是利用市场上的期权价格计算出来的。在不成熟市场，根本就没有期权价格，因为没有大量的期权价格数据，于是也不可能测算出隐含波动率，而如果没有隐含波动率，就无法准确地计算出期权价格，而没有市场上的期权价格，又哪里有隐含波动率呢？读者应该会发现，这将永远是个没完没了的逻辑循环，类似于“先有蛋，还是先有鸡”的问题。

如何解决？如何跳出这个诡异的循环？一个最简单的办法就是使用 GARCH 模型，并且结合蒙特卡洛模拟技术，我们可以对波动率进行模拟。因为我们认为 GARCH 模型是能很好反映资产价格（实际是收益率）波动率的结构方程模型，也就是说从理论上而言，GARCH 模型就该揭示资产价格波动率的内在机制。而结构方程的“结构”一旦被确定，决定结构模型特性的，将是该模型的参数，只要用合理的参数估计方法（比如，极大似然方法），我们就可以利用 GARCH 模型模拟出合理的波动率值。

在图 4－24 和表 4－7 中，我们利用上证指数数据测算了常见的历史波动率和 NGARCH（1，1）模型计算的波动率。NGARCH 模型是 GARCH 家族模型中的一种常用的波动率模型，该模型可较好地捕捉到资产收益率价格的非对称与尖

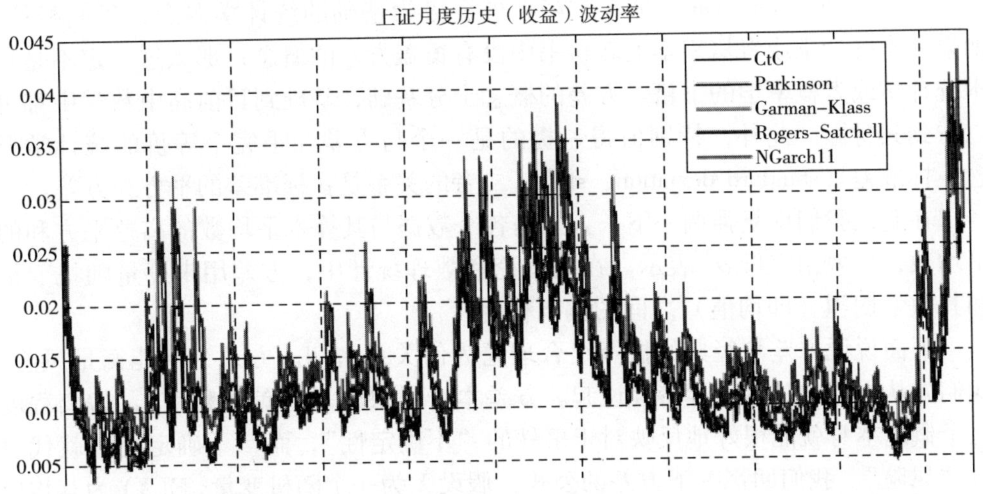

图 4－24　以上证指数为例分别计算出四种历史波动率和一种 GARCH 家族波动率

峰肥尾现象，我们可以看出 NGARCH 模型拟合出了常见历史波动率的结果。我们会在本书第五章的第六节重点介绍 NGARCH（1，1）模型。

表 4－7　基于上证指数计算出的历史波动率的基本统计特性

	CtC	Parkinson	Garman－Klass	Rogers－Satchell	NGARCH（1，1）
均值	0.014 773	0.012 504	0.012 071	0.011 698	0.015 454
标准差	0.006 824	0.005 44	0.005 388	0.005 285	0.006 14

六、投资组合理论

（一）方差与风险的关系

在前一章中，我们推荐了桑德斯（Anthony Saunders）等人撰写的教科书《金融市场与机构》（A. Saunders，et al，2012），该书从第五版开始，特别强调金融市场和金融机构从业人员应该将对“风险的管理”作为工作的核心。毕竟从传统的商业银行管理的思路而言，人类经历了从负债端管理到资产端管理，再到资产负债端管理理念的转变，但是在 2008 年全球金融危机之后，桑德斯等人倡导一体化的金融风险管理理念。因此，金融从业人员对“风险”应该有一个明确和清晰的量化认知。最简单的关于风险的量化概念认知应该来自一个统计学的基本概念，即方差或者标准差。我们首先介绍方差与风险的关系。

方差（variance，var）是一个经典的、极为基础的统计学概念，我们相信，如果一本统计学或者概率学的教科书中没有覆盖方差的概念，那么这一定不是一本统计学或者概率学的书籍。方差的概念十分基础，基础到目前高中数学中都可以看到其身影。此外，特别值得一提的是一个与方差几乎完全等价的统计学概念：标准差（standard deviation，std），二者的关系是：标准差的平方为方差。

在此，我们反复强调一下，方差是各个数据与其算术平均数的离差平方和的平均数，一般用字母 σ^2 表示。在概率论和数理统计中，方差用来度量随机变量和其数学期望（即均值）之间的偏离程度。

下面说说方差与经典的投资组合理论为何关系密切。方差为何能衡量风险。我们先从方差的基本统计特性说起。方差本身反映的是“偏离程度”，偏离程度这个概念本身就能很好地反映对于事件的“不确定性”，而“不确定性”就代表着“风险”。我们回忆一下方差的公式，假设 X 为一个随机变量，$\mathbb{E}(X)$ 为其均值（期望值），则方差的公式为：$\sigma^2 = \mathbb{E}(X - \mathbb{E}(X))^2$。

由图 4-25 可以看出，随着方差的变小，“偏离程度”越小，说明偏离均值的不确定就越小。

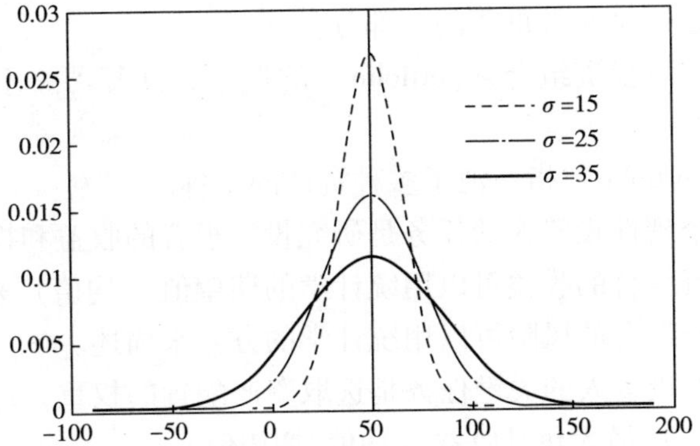

图 4-25　方差代表离散水平故能表示“不确定性”

传统的金融学本科阶段都会讲授投资学，该课程的核心是讲授投资组合理论，而投资组合理论的一个核心就是研究风险与收益的关系，而在本科阶段，一般而言，老师会告诉学生方差就等于风险。接下来的内容，我们开始讨论投资组合理论，我们还会讨论方差与波动率之间的关系。

（二）投资组合理论：量化视角

根据 CFA 考试讲解的投资组合理论的思路，一般认为投资组合理论（portfolio theory）分为四大理论体系：第一大理论是均值—方差分析方法（mean - variance analysis），第二大理论是 CAL（资本配置线）或者 CML（资产市场线）理论，第三大理论是 CAPM 理论，第四大理论是 APT（arbitrage pricing theory）理论。其中 CAPM 理论被认为是金融学体系中最著名的理论之一。我们在此先简单讨论均值—方差分析法。

说起投资组合理论，我们不得不介绍一下一个伟大的人——哈里·马科维茨（Harry M. Markowitz）。

马科维茨，1927 年 8 月 24 日生于美国伊利诺伊州，20 世纪 50 年代在芝加哥大学获得经济学硕士和博士学位，其研究范围主要涉及微观金融分析、数学与运筹学以及计算机科学，其一生重要的理论文章有 30 余篇，专著及合著 7 部。他的理论几乎影响了和他同时代的圈内学者。由于其出色的、开创性的工作，马科维茨与威廉·夏普及默顿·米勒分享了 1990 年诺贝尔经济学奖。

他的人生也很传奇。他的博士论文写的就是均值—方差分析理论，但是当时答辩委员会的老师、经济学泰斗弗里德曼并不看好他，说他搞的不是经济学（更不是微观经济学)，但是马科维茨坚持认为他的研究属于微观经济学，后来他在回忆文章中提到当时他在等博士答辩结果的时候，被吓得手心都出汗了。

总之，最后事实证明他是对的，他赢了。他的理论现在已被承认是微观经济学的一部分，而且还是非常重要的一部分。

我们先复习一下投资组合（portfolio）的概念，并复习一下经典的投资组合理论的观点。

投资组合（portfolio）指一池子多种资产的全称。

观点一：一个理性投资人的任务是研究投资组合的收益和投资组合的风险。

观点二：投资组合的收益可以用统计学的期望值（均值）来描述。

观点三：投资组合的风险可以用统计学的方差来描述。

观点四：理性投资人的关键任务是选取资产配置的权重，进而最小化投资组合的风险（方差）并最大化其收益（均值/期望值)。

基于以上这样的投资思路，马科维茨创建了均值—方差分析方法（mean - variance analysis)。此外，我们也复习一下均值—方差分析方法的数学描述。

假设有 n 个资产，其对应的收益分别为 r_i ，我们认为这些资产的收益都是随机变量（random variables，RVs)，则每个资产的预期收益（均值）为 $\mathbb{E}(r_i)$ ，而其收益风险（方差）为 σ^2 。

假设我们给予每个资产配置的权重为 w_i ，且 $\sum_{i=1}^{n} w_i = 1$ ，则这 n 个资产的投资组合的收益应等于：

$$\mathbb{E}(r_p) = \sum_{i=1}^{n} w_i \mathbb{E}(r_i)$$

投资组合的风险是：

$$\sigma_p^2 = \sum_{i=1}^{n} \sum_{j=1}^{n} w_i w_j \mathrm{cov}(r_i, r_j)$$

如果投资组合资产池中仅有两个资产，则投资组合的期望值和标准差可化简为：

$$\mathbb{E}(r_p) = w_1 \mathbb{E}(r_1) + w_2 \mathbb{E}(r_2)$$

$$\sigma_p = \sqrt{w_1^2\sigma_1^2 + w_2^2\sigma_2^2 + 2w_1 w_2 \sigma_1 \sigma_2 \rho_{12}}$$

$$w_1 + w_2 = 1$$

前面的讨论可能过于数学化，下面结合一个实际的例子。假设我们手上有两个金融资产，分别为 Apple 和 IBM 的资产价格。假如我们有 1 000 美元，我们该如何分配投资呢?

第一步，首先在 Yahoo 财经、Sina 财经或者在 Wind 终端下载相关金融资产的历史股票价格，然后利用前面我们提到的公式：

$$r_t = \log S_t - \log S_{t-1} = \log \frac{S_t}{S_{t-1}} ?S_{t+1} = S_t \times e^{r_{t+1}}$$

分别计算两个资产价格的对数收益率（如图4－26所示）。

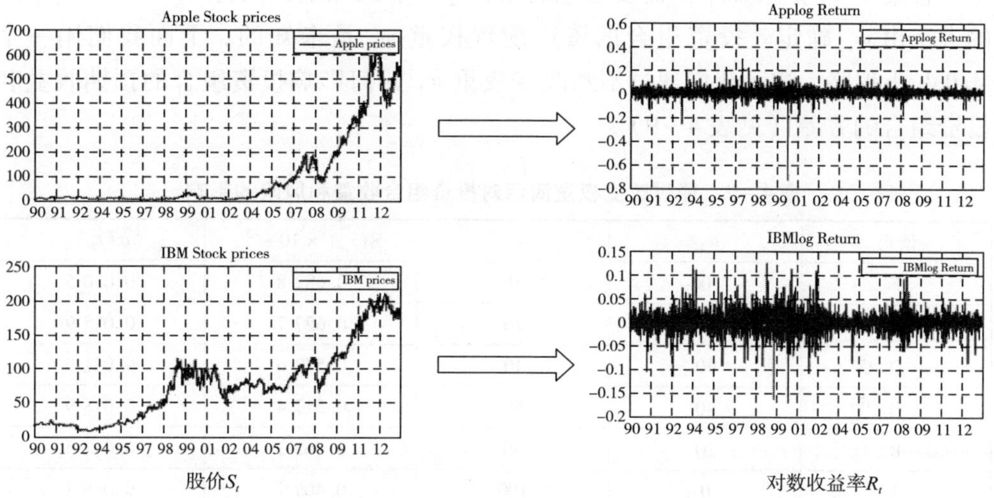

图4－26　Apple和IBM股票价格及其对应的对数收益率

第二步，利用若干统计软件（比如，Excel，Matlab，R语言或者Python）分别计算两个金融资产的对数收益率的样本均值。

第三步，再分别计算两个金融资产的对数收益率的样本标准差。

第四步，计算两个金融资产对数收益率之间的相关系数（见表4－9）。

表4－9　两个金融资产对数收益率的基本统计特征描述

数学符号	金融学含义	数值
$\mathbb{E}(r_{apple})$	Apple收益率的均值	6.828 4 e^{-4}
$\sigma(r_{apple})$	Apple收益率的历史标准差（风险）	0.030 5
$\mathbb{E}(r_{IBM})$	IBM收益率的均值	4.071 3 e^{-4}
$\sigma(r_{IBM})$	IBM收益率的历史标准差（风险）	0.040 2
$\rho(r_{apple}, r_{IBM})$	两资产收益率的历史相关系数	0.342 5

第五步，请读者翻开任意一本基础统计学教科书或者金融投资学的教科书，寻找计算投资组合的期望对数收益率（return，收益）和投资组合的方差（risk，风险）表达式，读者可以找到以下两个式子：

$$\mathbb{E}(r_p) = w_1 \mathbb{E}(r_1) + w_2 \mathbb{E}(r_2)$$

$$\sigma_p = \sqrt{w_1^2\sigma_1^2 + w_2^2\sigma_2^2 + 2w_1w_2\sigma_1\sigma_2\rho_{12}}$$

$$w_1 + w_2 = 1$$

第六步，请读者再仔细看看上面这两个式子，在这两个方程中，谁是未知量？答案是 w_1 是未知量。需要注意的是，w_2 并非未知量，因为 $w_2 = 1 - w_1$，w_2 的大小由 w_1 确定。投资组合的资产配置权重 w_1 是未知的。下面我们用一个 Matlab 小程序，演示我们通过不断改变权重 w_1 如何影响投资组合的预期收益和投资组合的方差（见表 4－9）。

表 4－9　通过改变权重演示对投资组合收益和风险的影响

情形	w_1	w_2	$\mathbb{E}(r_p) \times 10\text{e}^{-3}$	$\sigma(r_p)$
F	100	0	0.682 8	0.030 5
E	80	20	0.627 7	0.025 9
D	60	40	0.572 6	0.021 9
C	40	60	0.517 4	0.018 9
B	20	80	0.462 3	0.017 5
A	0	100	0.407 1	0.018 1

图 4－27 反映了以苹果和 IBM 对数收益率为例的均值—方差分析，纵轴代表预期收益率，横轴代表方差（也就是风险），这就是第一代投资组合理论，即均值—方差分析理论，该理论有时又被称为马科维茨投资组合理论。

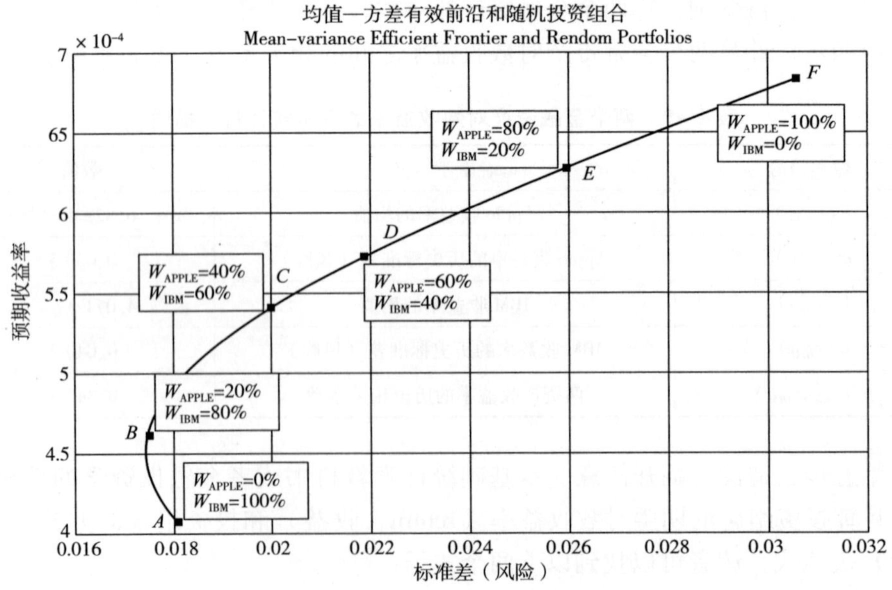

图 4－27　以苹果和 IBM 对数收益率为例的均值—方差分析

这是一条美丽的抛物线，在数学上可以很容易证明。

以上程序实现的 Matlab 代码如代码 4－38 所示。

```
Close all
clear all

load sp500_ibm_apple_90_14Apr03. mat

% from left 2 right →from old days to today
% SP500 = flipud( sp500_900101_140403) ;
APP = flipud( apple_900101_140403) ;
IBM = flipud( ibm_900101_140403) ;

% R_SP500 = diff( log( SP500( : ,2) ) ) ;
R_APP = diff( log( APP( : ,2) ) ) ;
R_IBM = diff( log( IBM( : ,2) ) ) ;

Ind_Rts  = [ mean( R_APP)  mean( R_IBM) ] ; % Individual Returns vector
Ind_Stds = [ std( R_APP)  std( R_IBM) ] ; % Individual assets stds vector

Ind_Corr  = corr( [ R_APP, R_IBM] ) ; % individual assets'correlation matrix

Ind_Cov  =  corr2cov( Ind_Stds, Ind_Corr) ; % contruct covariance matrix with corr matrix and stds

nobs = 2000;  % generates nobs pts on frontier
% plot 'frontier' →blue line
portopt( Ind_Rts, Ind_Cov, nobs) ;

nass = length( Ind_Rts( 1 ,☺) ) ; % the number of assets - in this demo, two assets
ww  =  rand( 100000, nass) ;

Total_ww  =  sum( ww,2) ;
Total_ww  =  Total_ww( : , ones( nass,1) ) ;   % Make size - compatible matrix
ww  =  ww. /Total_ww;      % Normalize so sum  =  1

[ PortRisk, PortReturn]  =  portstats( Ind_Rts, Ind_Cov, ww) ;
hold on
plot ( PortRisk, PortReturn, '. r')

% hold off
```

```
% plot some special weights
ww2 = [1,0;0.8,0.2;0.6,0.4;0.4,0.6;0.2,0.8;0,1];
[PortRisk,PortReturn] = portstats(Ind_Rts,Ind_Cov,ww2);

plot(PortRisk,PortReturn,'.k')
title('Mean - Variance Efficient Frontier and Random Portfolios')
hold off
```

代码 4－38　利用 Matlab 实现以苹果和 IBM 为资产组合的均值—方差分析

当然最后还需要强调一个问题。曾有学生提出以下问题：为何图 4－27 标注的是关于权重的变化，而纵轴和横轴分别是关于收益（期望值）和风险（方差）？难道图 4－27 不是表示风险改变导致收益率改变吗？为何和权重没有关系？

主要的原因是，虽然纵轴和横轴都是关于投资组合的收益率和方差，但其实我们研究投资组合的收益率和方差这两个变量时需要注意它们都是关于权重的函数。只是在图 4－27 上，我们没有办法看到权重 w_1 如何推动投资组合的收益率和方差的变化。如果我们建立一个 3D 坐标，z 轴是权重 w_1，该问题就可以很好回答了，具体实现的结果如图 4－28 所示。

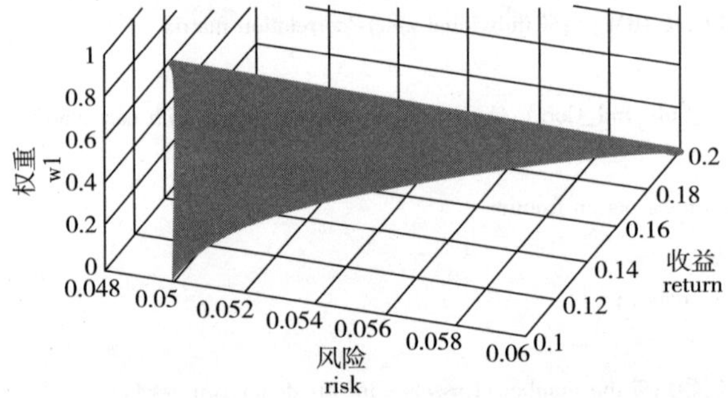

图 4－28　权重的变化如何影响收益和风险的 3D 显示图

具体的 Matlab 实现代码见代码 4－39。

```
R1 =0.1;
R2 =0.2;
Sig2 =0.06;
r =0.8;
w1 =[0:0.001:1];
w2 =1 - w1;
```

```
Rp = w1 * R1 + w2 * R2;
Sigp = sqrt(w1.^2.*Sig1.^2 + w2.^2.*Sig2.^2 + 2*r*w1.*w2.*Sig1.*Sig2);

grid on
stem3(Sigp,Rp,w1)
xlabel('risk')
ylabel('return')
zlabel('w1')
```

代码 4－39　权重的变化如何影响收益和风险的 3D 显示图代码

下面我们再思考一个问题。如果是三个资产呢？如果我们不断变换投资组合权重的可能性就会得到如图 4－29 所示的结果。此外，需要特别说明的是，在当今大数据时代，我们要利用均值—方差分析方法研究多资产问题是非常方便的，我们只需要计算出每个资产收益率的均值、方差以及彼此的相关系数即可。

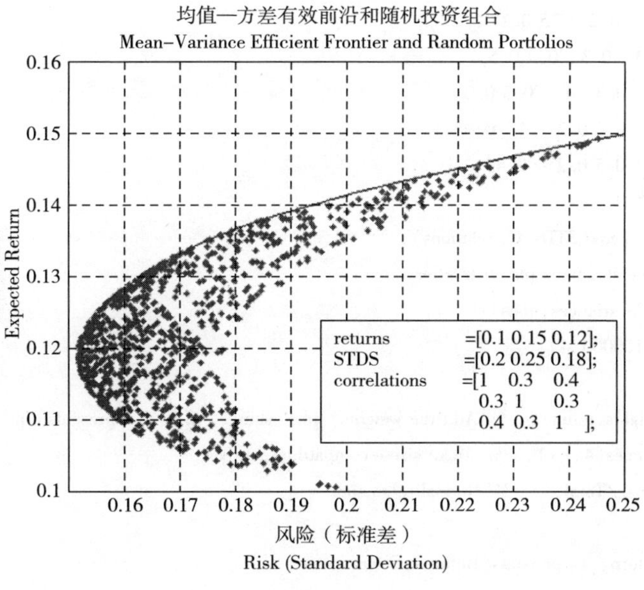

图 4－29　三个资产的均值—方差分析

如果是四个资产呢？长什么样子呢？答案是如图 4－30 所示的样子。

以上量化实验实现的具体 Matlab 代码见代码 4－40。

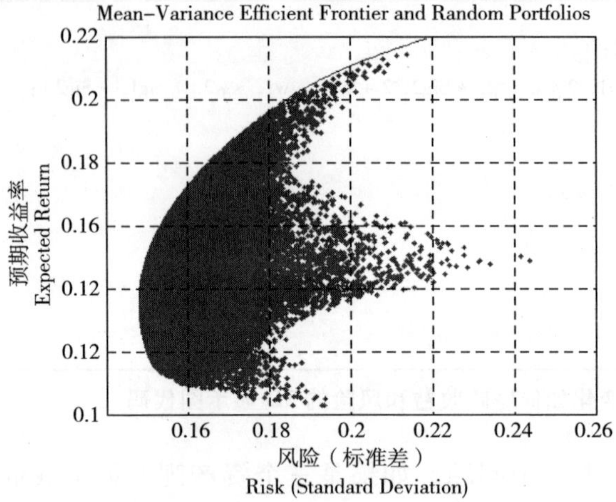

图 4-30 四个资产的均值—方差分析

```
Close all
clear all
Returns        = [0.1 0.15 0.12 0.22];
STDs           = [0.2 0.25 0.18 0.22];
Correlations = [ 1   0.3   0.4 0.5
                 0.3   1   0.3 0.2
                 0.4 0.3   1   0.45
                 0.5 0.2   0.45  1
                 ];
Covariances = corr2cov(STDs,Correlations);
nobs =200; % generates nobs pts on frontier
portopt(Returns,Covariances,nobs);
Weights = rand(100000,4);
ndim =2;
Total = sum(Weights,ndim);   % Add the weights? in ? sum(..,2)? 2 represents dim
Total = Total(:,ones(4,1));   % Make size - compatible matrix
Weights = Weights./Total;      % Normalize so sum = 1

[PortRisk,PortReturn] = portstats(Returns,Covariances,...
                         Weights);
hold on
plot (PortRisk,PortReturn,('.r')
title('Mean - Variance Efficient Frontier and Random Portfolios')
hold off
```

代码 4-40 利用 Matlab 实现多于两个资产组合收益的均值—方差分析

如此看来，貌似第一代投资组合理论已经解决了所有问题，但真的就这么简单吗？还有什么问题是我们忽视了的？

以上的答案是，第一代投资组合理论未解决的问题其实非常多，也就是基于这些问题，才有了后来发展起来的 CAPM 理论以及其相关概念。

以两个资产为例，我们可以得到可能的关于坐标系为投资组合收益和风险的曲线，这条曲线是一条抛物线。这条抛物线能告诉我们很多的信息，但是基于这条抛物线我们仅能回答以下三个问题：

问题一：在给定风险水平的条件下，投资组合的收益率是多少？

问题二：在给定收益率的前提下，投资组合的风险是多少？

问题三：在知道了投资组合的收益率和方差的具体值后，我们可以求出投资组合间资产的配置情况吗？

在我们继续展开讨论前，我们需引入“有效前沿”（efficient frontier）的概念。具体的专业学术定义，请读者自行寻找教科书，具体可视化含义见图 4－31。

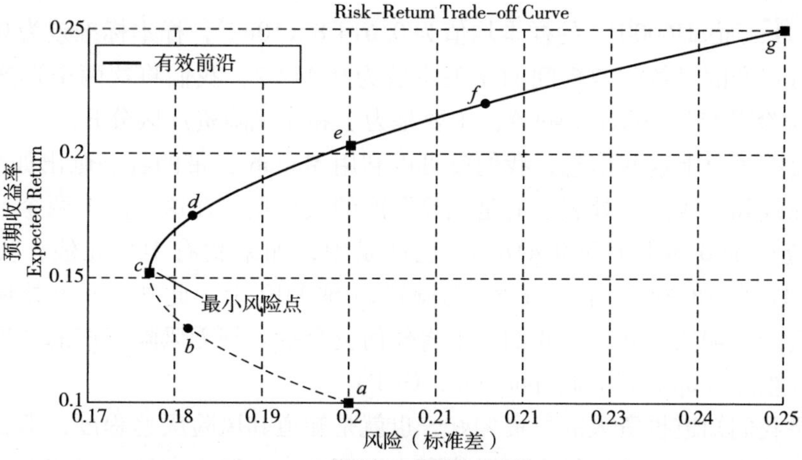

图 4－31　有效前沿

根据马科维茨的观点，因为投资人是理性的，所以在给定一定风险水平下，比如风险为 0.2 时，有 a 点和 e 点可选，投资人不会去选 a 点，投资人只会去选 e 点，于是在理性投资人的视角下，以两个资产为例，投资人可能的投资组合配置只能是从 c 点到 g 点弧线上的某一点。

简言之，到目前为止，我们无法回答在 c 点到 g 点的弧线上哪一个点是最优点。需要注意的是，也只有知道了最优点，才能确定投资组合的资产配置权重。

如果要回答 c 点到 g 点上哪一点是最优点这个问题，我们必须引入无风险资产（risk - free asset）的概念。如其名，“无风险”的意思是方差为零，即该资产出现在图像上的位置，只能在纵轴上移动。一般而言，美国国债（或者任何一个国家的国债）都被认为是无风险资产。

如果有一条切线从纵轴出发与抛物线相切，那么切点就应该是我们需要寻找的最优点。

（三）量化视角下投资组合理论：如何彻底解出 CAL

我们选取两只股票（SH600000 浦发银行和 SH600012 皖通高速），从 2000 年 1 月 1 日到 2015 年 9 月 30 日的日间交易数据，我们分别求出它们对数收益率的样本均值、样本方差（标准差）和两个资产对数收益率的自相关系数。我们假设无风险资产利率（用一年期存款利率代替）为 6%（年利率），那么每日的利率则应该为 6%/365。

我们得到 SH600000 的对数收益率的样本均值为 $0.775\times 10e^{-3}$，样本标准差为 0.025 4，而 SH600012 的样本均值为 $0.614\,8\times 10e^{-3}$，样本标准差为 0.022 2，两个金融资产的对数收益率间的相关系数为 0.442 2，我们将这两个资产的组合称为“风险资产”（risky assets），主要是为了和无风险资产区分开。

只要有了以上这些信息，我们就可以利用 Matlab 自带的程序画出如图 4 - 32 所示的曲线和切线。* 处表示的是风险资产的最优点，在这一点上两个金融资产的配比应该是 0.581 4 和 0.418 6，也就是说，如果我有 100 元钱，我应该把 58.14 元投到 SH600000 上，41.86 元投到 SH600012 上。此外，* 点处还表示对无风险资产的配比为 0 元。我们把不将任何资金投入到无风险资产的情形称为最优风险权重点（optimal risky portfolio，ORP）。

如果我们知道投资人的投资偏好，也就是知道其风险厌恶程度，那么我们就能确定该人应该有多少钱投在无风险资产上而有多少钱投在风险资产上。关于风险资产（risky assets）这个概念，请见前文的讨论。一般而言，我们假设以下效用函数表示一个投资人的风险厌恶程度：

$$U = \mathbb{E}(\text{risky asset}) - 0.005\alpha\,\text{var}(\text{risky asset})$$

其中，α 表示风险厌恶程度系数，当该值为零时表示投资人风险中性。一般我们假设 $\alpha=4$，建议选取 2 至 5 较为合适。

假设 p 为投入到风险资产的资金，$(1-p)$ 表示投入到无风险资产的资金，我们有时候把 p 称为风险分数（risky fraction）。于是 $p = \arg\max(U)$，其中，$U = \mathbb{E}(r_{OFP}) - 0.005\times\alpha\times\text{var}(r_{OFP})$。此外，$r_{OFP} = (1-p)\,r_f + p\,r_{OFP_p}$。

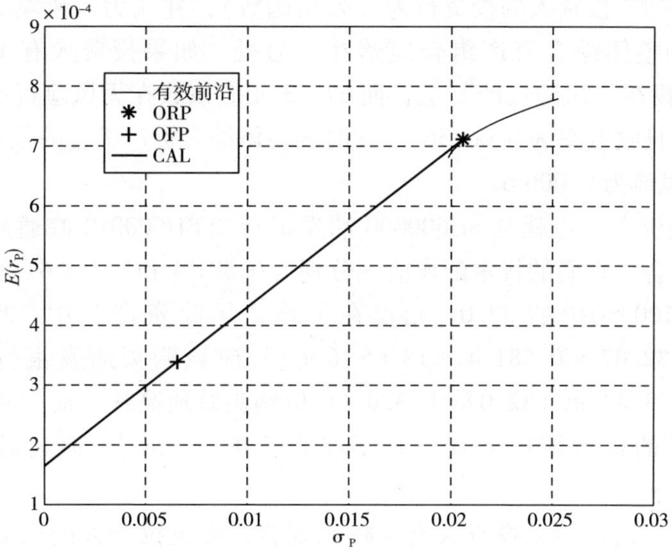

图 4－32 利用资产配置线研究股票的资产配置

我们把风险资产＋无风险资产的这种组合叫最优最后资产（Optimal final portfolio，OFP，或者翻译为整体综合资产组合）。

投资组合基本统计信息与最优权重及相关指标信息分别见表 4－10、表 4－11。

表 4－10 投资组合基本统计信息与最优权重结果

股票代码	样本均值（10e⁻³）	样本标准差	最优权重
SH6000000	0.777 5	0.025 4	0.581 4
SH6000012	0.614 8	0.022 2	0.418 6

表 4－11 投资组合的相关指标信息汇总

投资组合的相关指标	值
投资组合相关系数	0.442 2
风险资产收益率	7.09E－04
风险资产风险	0.418 6
风险分数	0.320 7
无风险利率	0.06/365
整体综合收益率	3.39E－04
整体综合风险	0.006 6

如果已经知道投资人的投资行为（效用函数），并认为其风险厌恶程度系数 alpha = α，则整体综合资产组合应落在 + 号处，如果投资人有 100 元钱，则 32.07 元应该投在“风险资产”上，而 67.93 元应该放在无风险资产上，我们假设无风险资产日收益率为 0.06/365。此时的整体综合资产组合的收益率为 $3.39 \times 10e^{-4}$，而其风险为 0.006 6。

而“风险资产”也就是 SH600000 浦发银行和 SH600012 皖通高速两只股票组成的资产组合，它们的权重配比应该分别为 0.581 4 和 0.418 6。也就是说，如果投资人将 100 元中的 32.07 元投在了该“风险资产”中，32.07 元中的 58.14% [即 $32.07 \times 0.581\ 4 = 18.65$（元）] 应该购买浦发银行的股票，而 32.07 元中的 13.42 元（$32.07 \times 0.320\ 7$）应购买皖通高速。而“风险资产”在两只股票这样的权重配比下其收益率应为 $7.09 \times 10e^{-4}$，而其对应的风险为 0.020 6。

基于以上讨论，如果投资人有 100 元现金，假设投资人的风险厌恶程度为 alpha =4，则投资人 100 元中的 67.93 元应该存在银行，而 32.07 元拿来炒股，并构建投资人自己的资产组合池，在本例中，资产池中仅有两只股票。于是，投资人应当用 18.65 元买浦发银行股票，13.42 元买皖通高速股票。

此外，也要特别注意一下，从 ORP 到无风险资产这两点间的线段就是著名的 CAL（资产配置线，Capital Allocation Line）。

还需要说明的是，如果投资人能利用 GARCH 模型构建金融资产的动态条件方差和金融资产间的动态相关系数，投资人就可以测算出每天的最优资产比例及每天调整的仓位。当然，在实际操作中动态调整仓位不是那么简单的，往往还需要考虑测算 VaR 及回溯测试和情景分析压力测试等。总之，投资学是一门严谨的科学。

七、金融风险管理与风险测度

首先我们来看看什么是金融风险管理？其基本定义是什么？金融风险管理是各类金融机构所从事的全部业务和管理活动中最核心的内容，它和时间价值、资产定价并称为现代金融理论的三大支柱。既然金融风险管理如此重要，那么管理的内容又是什么呢？一般而言，包括三个维度：风险的识别、风险的测量以及风险的应对。其中，金融风险的测量是现代金融风险管理的核心环节，因为金融风险测量（measurement）的质量很大程度上直接决定了金融市场以及金融机构运行的有效性、稳定性以及安全性。是否能找到合理、稳健的金融风险测量指标就成为决定能否有效地测量金融风险的关键。只有有效地测量风险，我们才能够防范风险、缓释风险。

因此，能否寻找到好的测量金融风险的指标或工具是测量金融风险成败的关键。我们一般将能有效准确地甄别、可量化风险的工具或指标称为“金融风险测度”，其英文为“risk measures”。传统的风险测度指标有：方差（variance）、久期等。

前文我们已说明为何方差是一个较好的、有效的准确甄别并能量化风险的风险测度工具。但是，用方差作为风险测度也有很多不足。方差分析风险至少有两点不足：第一，当面对复杂衍生品（亚式期权、multi - names CDS 等），我们很难用方差作为主要的风险度量工具。第二，方差的使用很大程度上是基于收益与风险成正比这一思想作为指引。但现实金融市场和机构面临的风险非常复杂。比如流氓交易员、恐怖袭击这类操作风险和收益完全不成正比。

那么风险的测度有业界标准吗？有严格的数学公理来定义它的内涵和外延吗？答案肯定是有的！

（一）关于风险测度的“四大公理”

阿尔茨纳等（Artzner et al，1999）从数学角度严格地规定了衡量一种良好的风险测度应满足的四个标准，并称之为“四大公理”。这四大公理如下：

第一大公理：单调性（Monotonicity）。

第二大公理：一次齐次性（positive homogeneity）。

第三大公理：转换不变性（Translation invariance）。

第四大公理：次可加性（subadditivity）。

如果一个风险测度满足以上四大公理，阿尔茨纳等人认为该测度是一个合情合理的（sensible）、有实际使用价值的风险测度工具，并将这样的测度工具称为“一致性风险测度”（coherent risk measures）工具。需要注意的是，阿尔茨纳等人的文章首次从数学上严谨地提出了“一致性风险”（coherent risk）的概念。

这些名字听起来都非常晦涩，其实道理却不复杂。

我们先说说什么是“一致性风险测度”，以下是该概念的基本数学描述：

假设有两个随机变量，比如 X 和 Y，我们可以认为这两个随机变量代表的是两个资产的收益率。

假设有一个风险测度函数为 $\eta(.)$，则关于 X 的风险就应该是 $\eta(X)$，而 Y 的风险就应该是 $\eta(Y)$。以方差为例，方差就是一个非常好的风险测度方程。

我们来具体解释一下一致性风险理论的四大公理的基本金融含义。

我们先说说“单调性”的数学表达和金融含义。关于一致性风险的单调性的数学表达：如果 $X \leqslant Y \Rightarrow \eta(X) \geqslant \eta(Y)$。单调性的金融学含义指：如果投资组

合 X 的价值从来没有超过 Y（比如：X 收益率从来就没有高过 Y），那么持有 Y 的风险就绝对不能、也不应该超过持有 X 的风险。

下面说说一次齐次性的数学表达和其具体金融含义：$\eta(cX)=c\eta(X)$。一次齐次性的金融学含义是：如果 c 倍增持资产 X，则其风险也应该增加 c 倍。

下面说说转换不变性的数学表达和金融含义。假定 c 为常数，则有：

$$\eta(c+X)=\eta(X)-c$$

需要注意的是，增加常数 c 到一个随机变量 X 中是什么意思呢？其金融学含义是：c 可理解为现金（或无风险资产），将现金 c 增加到资产 X 中，就如同是给该金融资产 X 购买了保险（或者说是设立了 c 的资金池，以避免 X 出现风险），因此增加多少 c 就该减少多少原 $\eta(X)$ 的风险。

最后说说次可加性的具体数学表达和其对应的金融学含义。该特性是整个现代金融学中最重要的一个概念。其数学表达为：

$$\eta(X+Y)\leqslant\eta(X)+\eta(Y)$$

它的金融学含义是：关于资产组合 X 和 Y 的风险不能够（也不应该、也不会）多过单独持有两个资产的风险。这也就是金融学上“风险分散”（risk diversification）概念的严谨的数学语言表达。

下面需要思考的是，方差满足“次可加性”吗？答案是肯定的。方差满足次可加性。简单证明如下：

$$\begin{aligned}\sigma_p^2&=w_1^2\sigma_1^2+w_2^2\sigma_2^2+2w_1w_2\sigma_1\sigma_2\rho_{12}\leqslant w_1^2\sigma_1^2+w_2^2\sigma_2^2+2w_1w_2\sigma_1\sigma_2\\&=(w_1\sigma_1+w_2\sigma_2)^2\end{aligned}$$

因为相关系数 $|\rho_{12}|\leqslant1$，因此方差是满足次可加性的。

目前，全球用得最多也是最广泛的风险测度工具是 VaR（Value at Risk），中文翻译为“在险价值”。一般认为该指标最早由摩根大通在 1994 年提出。1997 年，美国 SEC 要求主要银行需利用 VaR 技术在财务报表中披露其衍生品头寸风险。1999 年作为全球主要的金融风险监管部门的巴塞尔委员会在其《巴塞尔协议Ⅱ》中提倡各主要银行利用 VaR 进行风险控制和管理。虽然 VaR 已成为全球风险管理的标杆，但是特别需要注意的是 VaR 不满足次可加性。

（二）在险价值（Value at Risk）——一个最重要的风险管理指标

在险价值（Value at Risk，VaR）试图回答以下简单的金融风险问题：在未来 K 个交易日中，超过 $100p\%$ 概率的损失是多少？所以从传统意义上而言，VaR 的单位应该是“元”。我们使用\$VaR 来代表单位为“元”的 VaR，所以用较为数学的语言表达我们上面的意思可以是：Pr（\$Loss > \$VaR）$=p$，其中，Pr（）表示概率。基于基本的统计特性，我们也可以得到以下关系：

$$\Pr(\$Loss\leqslant\$VaR)=(1-p)$$

如前几节我们反复强调的，我们喜欢研究资产价格（或者资产组合的价格）的收益率而非价格本身，因为资产价格一般为非平稳序列，而收益率一般认为是平稳序列。因此，在金融计量研究中，我们更习惯定义一个被称为“收益率VaR”的概念，即如无特殊说明，我们以后所有的讨论，凡是用VaR则表示“收益VaR”的含义。收益VaR和最差收益率之间应该有以下定义：

$\Pr(-r > \text{VaR}) = p$ 或者写为 $\Pr(R < -\text{VaR}) = p$，其中，r 表示收益率。一般而言，我们讨论收益VaR要比讨论$VaR更便利。最主要的原因是我们可以忽略资产的具体价值，进而专心研究金融风险本身的问题。

我们举一个例子，比如，我们知道某投资人持有的资产在10个交易日内，在 $p = 1.00\%$ 的VaR为100美元，这说明什么意思？这个结论仅告知投资人“在10个交易日内，投资人损失100美元的概率是0.01”，但是这个信息能告诉读者投资人原来的资产价值是多少吗？注意一下，也许投资人原来资产的价值是100 000 000美元。那么就算是损失100美元，对投资人而言，貌似不算什么。所以单纯地算出损失了多少钱，实际意义并不大。所以应该把焦点放在收益率的研究上，我们将原资产价值 V 这种概念单独拿出来最后讨论。

简言之，我们的关注焦点应该落实到使用收益率VaR，并专心研究收益率VaR的动态形成或演变机制。

下面给出收益VaR和$VaR的关系：$\$\text{VaR} = V \times (1 - \exp(-\text{VaR}))$。其中，$V$ 表示初始资产（或资产组合）的价值。也就是说，我们应该专心研究收益率VaR，只要知道资产的初始价值（一般我们都能知道），利用上面的公式就能计算出$VaR。

反复强调一下，教科书里面一般讲的是VaR，其实指的是$VaR，在本书中我们会专门针对收益率VaR和$VaR的差异性进行说明。

我们下面主要讨论收益率VaR、$VaR和方差的关系。

假设我们持有某一个金融资产，我们利用 VaR_{t+1}^{p} 的符号来表示概率 p 下的在明天（即 $t+1$ 天）的收益率VaR，我们假设收益率的均值为零，并认为 σ_{t+1} 表示方差，则方差和收益VaR有以下公式：

$$\text{VaR}_{t+1} = -\sigma_{t+1}\Phi^{-1}(p)$$

其中，$\Phi(\cdot)$ 表示资产价格收益率的累积分布函数。

如果 $p = 0.01$，如果我们假设资产价格收益率满足正态分布，那么我们根据正态分布的性质可知道 $\Phi^{-1}(p) = \Phi^{-1}(0.01) \cong -2.33$，假设标准差一直保持不变①，即 $\sigma_0 = \cdots = \sigma_t = \sigma_{t+1} = \cdots = 2.5\%$

① 我们可以让方差随时间变化，这就是我们最终要引入GARCH模型的原因。

那么收益 VaR 等于：

$$\mathrm{VaR}_{t+1} = -\sigma_{t+1}\Phi^{-1}(p) = -0.025 \times (-2.33) = 0.05825$$

再利用收益率 VaR 和$VaR 的转换公式（我们假设该初始资产的价值为$4 million）则：

$$\begin{aligned}\$\mathrm{VaR}_{t+1} &= V \times (1-\exp(-\mathrm{VaR}_{t+1})) \\ &= \$4\mathrm{M}(1-\exp(-0.05825)) \\ &= \$226\,344\end{aligned}$$

在此，我们也浅议一下 VaR 的弊端，一般而言有以下三点：

弊端一：涉及确定 VaR 的参数的随意性，主要指 p 值与天数选择的随意性。

弊端二：VaR 的易操控性：伦敦政经学院（LSE）的丹尼尔森（Danielsson，2002）曾证明金融机构可以利用极为简单的投机策略在增加金融机构下行风险和减少预期收益的前提下，迅速降低 VaR 以达到监管目标的要求。

弊端三：VaR 不满足次可加性，因此 VaR 不满足一致性风险度量的公理。这就意味着当用 VaR 度量风险时，某种投资组合的风险可能会比各组成成分证券风险之和还要大，从而导致投资者不愿多样化投资的情况出现。

首先回顾一下 VaR 的公式。我们反复强调，本书中的 VaR 是收益率 VaR，此外也强调一下对数收益率 $r_t \equiv \log\left(\frac{S_t}{S_{t-1}}\right)$、标准化收益率（standardized return）z_t 以及波动率 σ_t 之间的关系，三者关系如下：

$$r_t = \sigma_t z_t$$

其中，z_t 始终被定义为独立同分布（i. i. d）随机过程，至于其具体是什么随机过程不需要做硬性要求；z_t 可以为正态分布，也可以为 Student－t 分布，我们不特别指定 z_t 满足何种分布，我们仅用 $D(\,)$ 表示 z_t 的分布。

收益率 VaR 的公式为 $\Pr(r_t < -\mathrm{VaR}) = (1-p)$。此外需特别注意的是，VaR 始终取正值，在此公式中 r_t 为负值。

因为我们有 $r_t = \sigma_t z_t$，所以 $\Pr(R_t < -\mathrm{VaR}) = (1-p) \Leftrightarrow \Pr(\sigma_t z_t < -\mathrm{VaR}) = (1-p)$

$$\Leftrightarrow \Pr\left(z_t < \frac{-\mathrm{VaR}}{\sigma_t}\right) = (1-p)$$

一般 p 值一定给出，如果已知 z_t 的具体概率 $D(\,)$ 的分布，则 z_t 的累积分布函数可以写为 $\Phi_D(z) = \int_{-\infty}^{z} \varphi_D(x)\mathrm{d}x$，其中，$\varphi_D(x)$ 表示概率密度函数。而 $\Phi_D^{-1}(1-p)$ 表示逆累积分布函数。

则 $\Pr\left(z_t < \frac{-\mathrm{VaR}}{\sigma_t}\right) = (1-p)$

$$\Leftrightarrow \Phi_D\left(\frac{-\text{VaR}}{\sigma_t}\right) = (1-p)$$

$$\Leftrightarrow \Phi_D^{-1}(1-p) = \frac{-\text{VaR}}{\sigma_t}$$

$$\Leftrightarrow \text{VaR} = -\sigma_t(\Phi_D^{-1}(1-p))$$

因为 $\Phi_D^{-1}(1-p)$ 为常数，而 σ_t 随时间变化，所以 VaR 其实也随时间变化，所以上式写成以下形式更为合理：

$$\text{VaR}_t = -\sigma_t \times (\Phi_D^{-1}(1-p))$$

收益率 VaR 和$VaR 的 Matlab 代码实现可见代码 4－41。

```
% draw N(0,1) pdf graph
x = [ -6:0.01:6];
pf = normpdf(x,0,1);
plot(x,pf);

p = 99/100;
sigma_t = 0.00135;
% let p = 1 - 0.01,
% and treat sigma_t as a constant which equals to 0.00135
% and then VaR should be:
VaR = - sigma_t * norminv(1 - p);
dollar_VaR = 1 - exp(VaR);
```

代码 4－41　实现收益率 VaR 和$VaR 的 Matlab 代码

我们讨论两种比较特殊的分布——正态分布和 Student－t 分布。在正态分布时，我们让 $D=N$，而讨论 Student－t 分布时令 $D=T$，则对应的 Matlab 命令如表 4－12 所示。

表 4－12　Matlab 中重要的统计命令

数学符号	Matlab 命令	注释
$\varphi_N(x;\mu,\sigma)$	normpdf（x，mu，sigma）	计算正态分布下的概率密度函数
$\Phi_N(z;\mu,\sigma)$	normcdf（z，mu，sigma）	计算正态分布下的累积分布函数
$\Phi_N^{-1}(p;\mu,\sigma)$	norminv（p，mu，sigma）	计算正态分布下累积分布函数的逆函数
$\varphi_T(x,V)$	tpdf（x，V）	计算 t－分布下的概率密度函数，其中 V 表示自由度
$\Phi_T(z)$	tcdf（z，V）	计算 t－分布下的累积分布函数，其中 V 表示自由度
$\Phi_T^{-1}(p)$	tinv（p，V）	计算 t－分布下累积分布函数的逆函数

这里还需要特别强调一下，很多教材喜欢将 p 设为诸如 0.01 类的值，但是根据 FRM 等考试机构的定义，p 应设为诸如 99% 这样的值，所以我们将其做了修正。

（三）参数法下的 VaR 计算

计算 VaR 有三种方法，分别为：参数法、历史模拟法和蒙特卡洛模拟法。

参数法是最简单、最容易计算的方法，因此 FRM 考试中一般让考生利用参数法计算 VaR 值，久而久之很多人误以为 VaR 就该用参数法计算，其实在实际应用中参数法是效果最差的，而且是违背金融数据基本统计特性的。

下面介绍参数法。参数法一般指假设 X 的概率密度函数已知，并假设 X 满足我们熟悉的概率密度函数，最常见的假设就是直接将其假设为正态分布，则其统计特性完全由均值和方差所决定。我们假设收益率分布为正态分布。以正态分布为例，其统计特性完全由均值 μ 和标准差 σ 决定。如果我们假设资产组合的收益率 X 满足正态分布，可表示为：

$$x \sim \text{i. i. d}N(\mu,\sigma^2)$$

利用数理统计的基本知识有如下转换：

$$\begin{aligned}\Pr(X < -\text{VaR}(1-p)) &= \Pr\left(\frac{x-\mu}{\sigma} < \frac{-\text{VaR}(1-p)-\mu}{\sigma}\right)\\ &= \Pr\left(Z < \frac{-\text{VaR}(1-p)-\mu}{\sigma}\right)\\ &= 1-p\end{aligned}$$

其中，$Z \sim N(0,1)$ 且有 $\Pr(Z < \Phi^{-1}(1-p)) = 1-p$，其中 $\Phi(\cdot)$ 表示标准正态分布的累积分布函数，而 $\Phi^{-1}(\cdot)$ 表示标准正态分布的累积分布函数的逆函数。置信水平在 p 下，d 天的收益 VaR 公式如下：$\text{VaR}_{p,d} = -\Phi^{-1}(1-p)\sigma_d - \mu_d$。

利用 Matlab 以 S&P500 2000 年 1 月 1 日到 2010 年 12 月 31 日的数据为例，计算从 2011 年第一个交易日为起点的未来第十个交易日的收益 VaR（剔除不交易的日期，比如 2011 年 1 月 1 日—1 月 2 日，以及周末日，则第十个交易日为 2011 年 1 月 14 日）。

分别计算出 S&P500 的历史收益率 μ 和标准差 σ，我们假设收益率满足正态分布①，其中 $\mu = -0.538e^{-5}$，$\sigma = 0.0135$。

特别值得一提的是，利用 Matlab “mean” 和 “std” 计算出来的是 1 天的收益率的均值 μ 和方差 σ，而 d 天的均值 μ_d 和方差 σ_d 满足以下关系：

$$\mu_d = d \times \mu$$

$$\sigma_d = \sigma\sqrt{d}$$

假设我们计算 $p=99\%$，$d=10$ 天，参数法的收益 VaR 则为：

① 我们前面已证实该收益率不满足正态分布，因此参数法下的 VaR 计算是有缺陷的。

$$R_{\mathrm{VaR}_{1:d}^{p=99}} = -\Phi^{-1}(1-p)\sigma\sqrt{d} - d\times\mu = 0.099\ 367$$

$$\$\mathrm{VaR}_{1:d}^{p=99} = 1-\exp(-R_{\mathrm{VaR}_{1:d}^{p=99}}) = 0.951\ 32$$

其含义是如果我们拥有$1M 资产（S&P500），那么置信区间 99%，10 天我们的可能损失是$95.132K。假定，我们的数据是基于 2010 年 12 月 31 日到第 10 个交易日 2011 年 1 月 14 日。

小结一下参数法。其计算过程十分简便，这是其最大的优点。其最大的缺点是忽视了金融数据负偏和肥尾的特性。我们会通过后面的例子来说明此方法确实低估了 VaR 的值，即低估了损失。

该方法实现的 Matlab 代码如代码 4-42 所示。

```
close all
clear all
load R_sp

dd = 10;
pp = 0.99;
mm = mean(R_sp);
stdd = std(R_sp);

dd_mm = dd * mean(R_sp);
dd_stdd = sqrt(dd) * std(R_sp);

R_VaR = -norminv(1-pp) * dd_stdd - dd_mm;
dollar_VaR = 1 - exp(-R_VaR);

display('|--------------Demonstrating the results-----------|')
display(['|name---|----Results----|--p=',num2str(pp),'-d=',num2str(dd),'--|'])
display(['|R_VaR--|',num2str(R_VaR),'-------|'])
display(['|$VaR---|',num2str(dollar_VaR),'-------|'])
```

代码 4-42　利用 Matlab 代码实现参数法

（四）历史法下的 VaR 计算

下面我们介绍 VaR 的第二种计算方法——历史法，我们先介绍百分位数（percentile）的概念，因为百分位数是计算历史 VaR 的关键步骤。

百分位数（percentile）是一种历史悠久的经典的统计技术，其计算步骤归纳如下：

假设有 n 个观测值，为求得其处于 $1-p\%$ 位置的第 $100(1-p\%)$ 百分数，其计算思路如下：

第一步：将 n 个观测值从小到大重新排列，使其形成新的向量 $v(i), i=1,\cdots,n$ 。

第二步：计算指数 $i=n\times p\%$ 。

第三步：如果 i 为整数，则第 $100(1-p\%)$ 百分位数为 $\left[\frac{v(i)+v(i+1)}{2}\right]$；如果 i 不为整数，则将 i 向上取整，我们令其为 j 。比如 $i=2.5$ ，则向上取整时 $j=3$ 。此时的第 $100(1-p\%)$ 百分位数应为 $vv(j)$ 。

以本案例为例，我们令 $p=99$，$n=250$（250 个交易日的对数收益率），则 $i=n\times p\%=2.5$ ，则在此情形下，$(1-p\%)$ 的百分位数对应的始终是 $v(3)$ 。

此外，不同的软件使用的百分位数的规则不一样。主要原因是出现在不同软件对第三步的处理有差异。

图 4－33 反映的是同一组收益率数据分别用 Matlab 和 Excel 计算的百分位数值，可以明显看出差距（此图横轴是天数）。

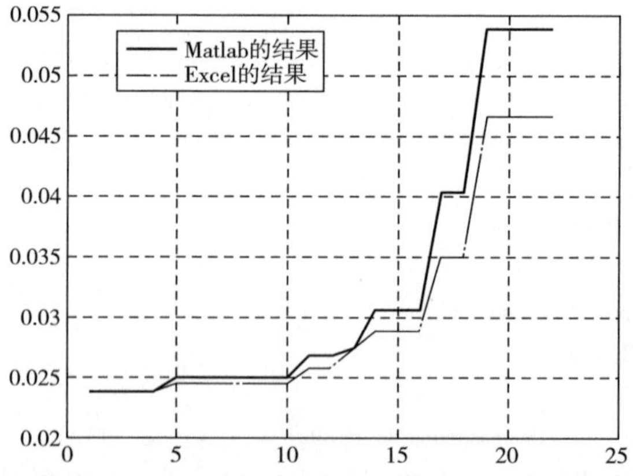

图 4－33　同一组数据下利用不同软件计算的百分数结果差异

以下是历史模拟法下的 VaR 计算步骤：

第一，完全利用资产历史收益率作为计算 VaR 的基础，不假设资产收益率的概率分布。

第二，利用统计学的百分位数的概率，计算出在置信水平 p 下，d 天的 VaR。

第三，一般使用过去一年（以交易日为准）的历史收益率作为计算基础。一般认为一年的交易日为 250 天。

第四，先计算 1 天的 VaR，然后利用克里斯托弗森在《基础金融风险管理》（2011）第 28 页给出的公式：

$$R_{\mathrm{VaR}_{1:d}^{p=99}} = \sqrt{d}R_{\mathrm{VaR}_{1:d}^{p=99}}$$

计算出 d 天的收益 VaR，再利用$VaR 和收益 VaR 的关系计算出$VaR。

需要注意百分位数是计算历史法 VaR 的核心步骤。

下面我们以 S&P500 为例，计算和演示历史 VaR 的计算。

仍以 S&P500 从 2000 年 1 月 1 日到 2010 年 12 月 31 日的数据为例，如果要计算 2011 年 1 月 3 日，置信区间在 99%，未来十天的 VaR，其计算步骤如下：

第一步：选取从 2011 年 1 月 3 日为起点的前 250 个交易日的历史收益率数据，即 2010 年 1 月 6 日至 2010 年 12 月 31 日的历史收益率数据。

第二步：对以上 250 天的收益率数据计算在 1% ~99% 下的百分位数。即对以上 250 天收益率从小到大进行排序，建立新的收益率向量 v，则 v（3）对应的百分位数即为 1 天的收益 VaR 的负值。经 Matlab 的百分位数命令计算得 0.032 9。

第三步：利用 $R_{\mathrm{VaR}_{1:d}^{p=99}} = \sqrt{d}R_{\mathrm{VaR}_{1:d}^{p=99}}$ 计算出 10 天的在置信区间 99% 下的收益 VaR，为 0.104。

第四步：利用 $\$\,\mathrm{VaR}_{1:d=10}^{p=99} = 1 - e^{-(R_{\mathrm{VaR}_{1:d=10}^{p=99}})}$ 计算$VaR = 0.098 77。

实现本方法的 Matlab 代码如代码 4 -43 所示。

```
Close all
clear all

load sp500_ibm_apple_90_14Apr03. mat

% from left 2 right →from old days to today
SP500 = flipud( sp500_900101_140403 ) ;%
% APP = flipud( apple_900101_140403 ) ;
% IBM = flipud( ibm_900101_140403 ) ;
date_info = SP500( : ,1 ) ;

R_SP500 = diff( log( SP500( : ,2 ) ) ) ;
R_date_info = SP500( 2 :end ,1 ) ;

pp = 1%
nn = 250
% to calculate 1 day, alph = 1 - pp = 1% ,@ Jan - 03 - 2011 VaR

% step 1 peprapre 250 trading days returns

if length( 5045 :5294 ) = = nn% to make sure 250 trading days
R_tmp = R_SP500( 5045 :5294 ) ;
```

```
%check
datestr(R_date_info(5045))
datestr(R_date_info(5294))
else
    break;
end

R_tmp_dinfo = R_date_info(5045:5294);

%step 2: sort these 250 - trading - day returns
vv = sort(R_tmp);
indx = nn * pp/100;
if rem(indx,1) = =0
     R_VaR2 = -(vv(indx) + vv(indx +1))/2
%     % b = vv(indx)
else
%     %algorithm 1
    indx = ceil(indx);
     R_VaR2 = -vv(indx)%Matlab uses this algorithm
%     %alogorithm 2 %linear interpolation
%       %indx1 = ceil(indx +1);
%     %indx2 = floor(indx +1);
%     %R_VaR = vv(indx2) + rem(indx,1) * (vv(indx1) - vv(indx2))
end
%or simply use
ddd = 10;%ten days
R_VaR = -prctile(R_tmp,pp);
R_VaR_10d = sqrt(ddd) * R_VaR;
dollar_VaR =1 - exp( -R_VaR_10d);

display('| - - - - - - - - - - - - - - - -Demonstrating the results - - - - - - - - - - - - -|')
display(['|name - - - - - - - - - -| - - - - -Results - - - - | - - p =',num2str(100 - pp),' - d =',
num2str(ddd),'- - |'])
display(['|1 day R_VaR - |',num2str(R_VaR),'- - - - - - - - |'])
display(['|10 - day R_VaR|',num2str(R_VaR_10d),'- - - - - - - - - |'])
display(['|10 - day $VaR - - |',num2str(dollar_VaR),'- - - - - - - - - |'])
```

代码 4-43 利用 Matlab 实现历史法下的 VaR 计算

简单小结一下该方法。该方法的计算十分简单，仅仅利用了过去 250 个交易日的收益率数据。与前面的参数法最大的不同是没有假设收益率的概率分布，完全利用样本的统计特性。百分位数是历史法的核心所在。该方法计算出的\$VaR高于参数法计算出来的\$VaR。下面我们看看第三种计算 VaR 的方法——蒙特卡洛法。

（五）蒙特卡洛模拟法计算 VaR

1. 蒙特卡洛法的历史和基本原理

蒙特卡洛（Monte Carlo）方法又称随机模拟方法，属于计算机科学的一个分支，它是20世纪40年代中期为了适应当时原子能事业发展兴起的一种应用计算机模拟技术。有时也被称作统计模拟方法（statistical simulation method）。

该方法的本质是一种基于“随机数”的模拟方法，其原名为“计算机随机模拟方法”。起源于第二次世界大战时期美国制造原子弹的“曼哈顿计划”，当时的项目负责人为计算机之父冯·诺伊曼教授，因出于保密的需要，将“计算机随机模拟方法”以世界驰名的赌城“蒙特卡洛”来命名。

蒙特卡洛方法的基本思想很早以前就被人们发现和使用。早在17世纪，人们就开始利用事件发生的频率来计算事件发生的“概率”（probability）。比如19世纪，人们用蒲丰（Buffon）投针的方法计算圆周率 π。20世纪40年代电子计算机技术出现以后，尤其是过去30年计算机应用技术的高速发展，蒙特卡洛方法已经成为现代工学、经济学以及金融学必不可少的数学分析技术和工具。蒙特卡洛方法的关键步骤是产生“随机数”。因为计算机产生的随机数都不是真正意义上的随机数，而是由特定的数学“算法”（algorithm）所确定。而这些算法的设计过程都是基于蒙特卡洛思想。也就是说，计算机产生的随机数，一般都基于蒙特卡洛法生成，其本质都是“伪随机数”，但是这些“伪随机数”都是可以通过一系列严格的统计检验的，因此，我们可以将其视为随机数使用。

2. 蒙特卡洛模拟法的基本思想

因为金融数据具有波动凝聚（volatility clustering）的特性，实证金融学家们创立了如下的动态方差模型：假设 R_t 表示 t 时刻金融资产的收益率，并认为它是一个随机过程（random process）。我们定义其期望值为 $\mathbb{E}(R_t) = \mu_t$，则其动态方差可表示为：

$$\mathbb{E}(R_t - \mu_t)^2 = \sigma_t^2$$

同时我们认为金融资产收益率满足以下动态形式：

$$\sigma_{t+1}^2 = \beta\sigma_t^2 + \alpha R_t^2$$
$$R_t = \sigma_t \times \xi_t$$
$$\xi_t \sim \text{i.i.d}D(0,1)$$

其中，α 和 β 为两常数，分别为：$\alpha = 0.06, \beta = 0.94$。

第一步：我们假设已知 R_0 和 σ_0，该二值可以利用历史数据计算出。如我们计算出 S&P500 从 2000 年 1 月 1 日到 2010 年 12 月 31 日样本收益率为 $-0.538e^5$（≈ 0），其样本标准差为 0.013 5。即：$R_0 = 0$，$\sigma_0 = 0.0135$。

第二步：利用 $\sigma_1^2 = \beta\sigma_0^2 + \alpha R_0^2$，$R_1 = \sigma_1\xi_1$，计算出 $t = 1$ 时刻的 R_1 和 σ_1。其中，我们认为 ξ_1 满足均值为 0，方差为 1 的正态分布，该随机数由 Matlab 产生。

第三步：重复第二步，计算出 $t=2$，…，10 的 R_t 和 σ_t。因此我们利用以上的递归算法，模拟出未来 10 天的 S&P500 的收益率。

简言之，我们首先模拟出 S&P500 未来 10 天的收益率情况。不断重复以上模拟思路，比如重复次数 M 为 1 000 次。基于这 1 000 次的模拟，从而得到第十天的 S&P500 可能的收益率的概率分布。具体操作思想见图 4－34。

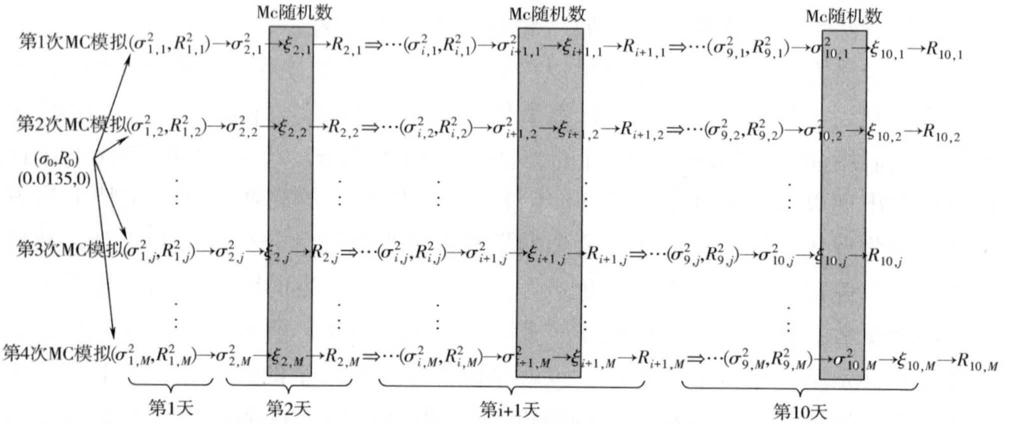

图 4－34　蒙特卡洛模拟法下利用动态方差模型模拟收益率分布

最后，我们将这 1 000 个样本汇总并进行统计分析，一种最为简单的分析方法仍然是采用直方图的形式。具体见图 4－35。

在图 4－35 中，左上的图为未来十天 S&P500 的指数走势，左下图为未来十天的收益率的走势。特别值得一提的是，左上图是利用左下图推导出来的。右边的两个图分别为十天收益率和十天指数走势的直方图。经过 1 000 次的模拟，收益率呈现明显的肥尾和负偏现象，也就是说，我们的模拟接近真实的金融数据。

在获得了十天收益率的可能值后，研究其样本概率分布。此外，需要注意以下技术细节。第 j 次 MC 实验的 10 天的收益率满足如下方程：

$$R_{1:10,j} = \sum_{i=1}^{10} R_{i,j} \text{ 其中，} j=1,2,\cdots,\text{MC}$$

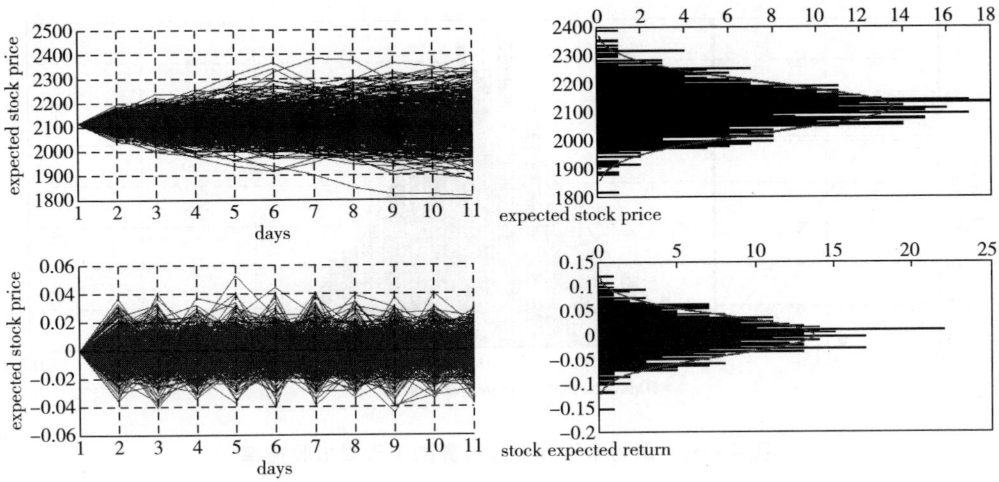

图 4－35　模拟 S&P500 收益率及走势（左）以及其对应的直方图（右）

$$\sum_{i=1}^{10} R_{i,j} = \sum_{i=1}^{10} \log\left(\frac{S_{i,j}}{S_{i-1,j}}\right) = \log\left(\frac{S_{1,j}}{S_{0,j}} \times \frac{S_{2,j}}{S_{1,j}} \cdots \frac{S_{10,j}}{S_{9,j}}\right) = \log\left(\frac{S_{10,j}}{S_{0,j}}\right)$$

由以上公式可知，我们只需收集所有的在 MC 模拟下产生的 10 天收益率 $R_{1:10,j}$，并建立样本集合 $\{R_{1:10,j}\}_{j=1}^{MC}$。绘制出该样本集合的直方图，再利用统计学百分位（percentile）的概念计算出在 $p=99\%$ 时该样本集合的百分位数值，该值即为在 $p=99\%$ 时，10 天的“收益 VaR”。用数学语言表示为：

$$\mathrm{VaR}_{1:d=10}^{p=99} = -\mathrm{Percentile}\{\{R_{1:10,j}\}_{j=1}^{MC},(100-p)\}$$

下面我们讨论如何具体地计算 10 天的收益 VaR，特别值得一提的是，我们研究的收益率是对数收益率，n 天的对数收益率有一个十分特别的特性，以 $n=10$ 为例，10 天的对数收益率就等于第 10 天的股价比上初始天的股价取对数，因此我们只需知道初始股价和 10 天的对数收益率即可计算出第 10 天的股价，而无须知道第 1 天和第 9 天的股价以及其相关对数收益率信息。知道第 10 天的股价是我们计算第 10 天的$VaR 所必需的信息。下面介绍如何计算第 10 天的收益率 VaR。特别值得一提的是，对数收益率是基于模拟出来的一千次 10 天收益率的样本计算的，在此计算收益 VaR 步骤中，我们没有对模拟出来的 10 天对数收益率进行任何的概率分布假设。就此步骤而言，其计算思路和历史法完全一样。

如需计算案例中的收益 VaR，我们用蒙特卡洛模拟出来的 1 000 次数据，绘制出 10 天收益率的直方图（见图 4－36）。Matlab 命令为：return VaR ＝ －prctile（return_ SP500，（100－99））。

最后，将蒙特卡洛法下的收益 VaR 转换为$VaR。具体步骤如下：因为收益率和资产价格之间有以下关系：

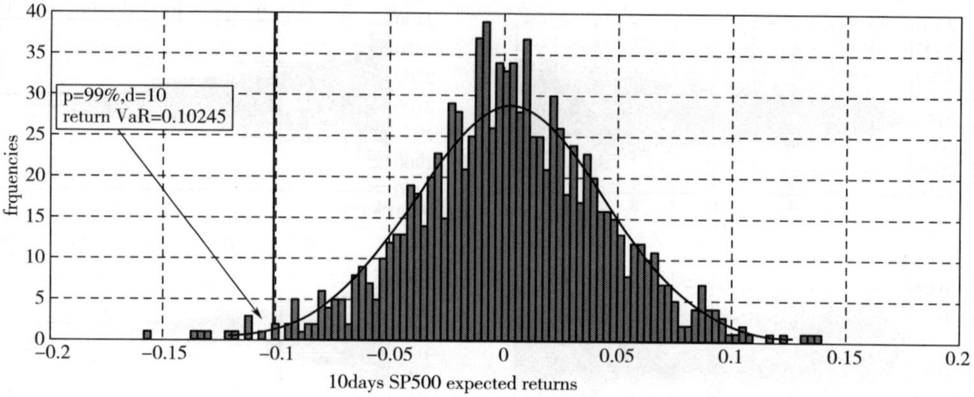

图 4－36　蒙特卡洛模拟法计算的十天模拟收益率

$$R_t = \log S_t - \log S_{t-1} \Leftrightarrow S_{t-1} = S_t \times e^{R_{t+1}}$$

所以收益 VaR（简称R_{VaR}）和$VaR 之间存在以下关系：

$$\$\,\mathrm{VaR}_{1:d=10}^{p=99} = 1 - e^{-(R_{\mathrm{VaR}}{}_{1:d=10}^{p=99})}$$

以我们的案例为例，我们计算出来的置信区间在 99%，$d = 10$ 天的收益率 VaR 为 0.102 45，利用以上转换公式我们计算出$VaR 为：

$$\$\,\mathrm{VaR}_{1:d=10}^{p=99} = 1 - e^{-(R_{VaR}{}_{1:d=10}^{p=99})} = 1 - e^{-0.102\,45} = 0.097\,377$$

其含义是如果我们拥有 $1M 资产（S&P500），那么置信区间 99%，10 天我们的可能损失是 $97.377K。

最后，利用图 4－37 回顾一下蒙特卡洛计算 VaR 的全部流程。

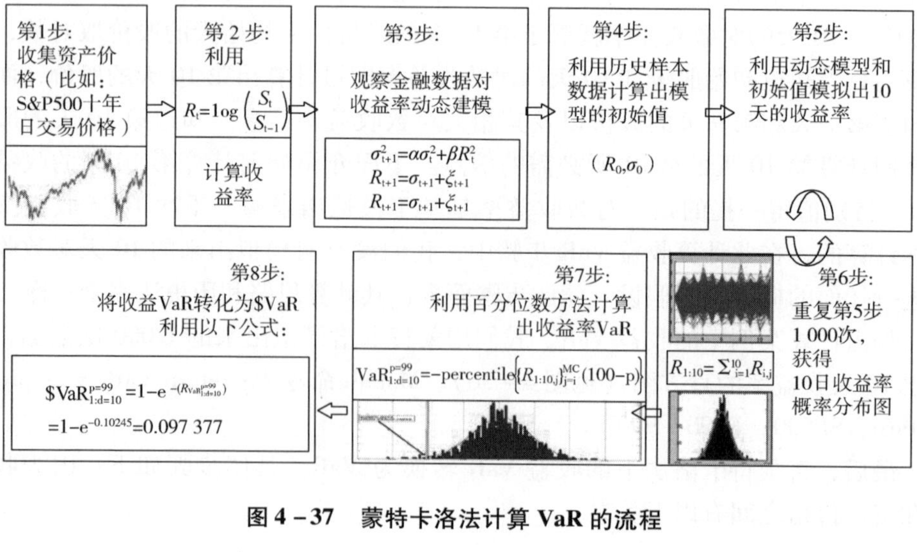

图 4－37　蒙特卡洛法计算 VaR 的流程

代码 4－44 是关于此算法的具体 Matlab 实现代码。特别值得一提的是，当读者运行此代码时，电脑会自动生成一段录像，该录像能很好地演示计算机模拟收益率和指数走势。

```
Clear all;
close all;
load R_sp;
alpha =0.94;
beta =0.06;
iter =500; % MCMC iteration
nBins =100; % histogram usage
for j =1:iter
  for i =1:11 % day
            if i = =1
                sp_std(j,i) = std(R_sp);
                sp_R(j,1) = mean(R_sp);
                sp_price(j,1) =2114.28;% price S0 =2114.28
            else
               sp_std(j,i) = sqrt(alpha * sp_std(j,i-1)^2 + beta * sp_R(j,i-1)^2);
               sp_R(j,i) = sp_std(j,i) * randn(1,1);
               sp_price(j,i) = sp_price(j,i-1) * exp(sp_R(j,i));
            end
  end
end
figure(1);

% tmp demo
sp_R10d = sum(sp_R(:,2:11),2);
histfit(sp_R10d,nBins);
VaR =  -prctile(sp_R10d,1)
% tmp demo ends


% for constructing video
rect = get(gcf,'Position'); rect(1:2) = [0,0];% ignore
t =1:11;
sp_R10d = sum(sp_R(:,2:11),2);% think! Why I use 'sum' instead of average?
For i =1:iter
    subplot(2,2,3)
    hold on % ignore
```

```
grid on % ignore
    plot(sp_R(i,:));
    xlabel('days');
    ylabel('stock expected return')
    axis([1 11 -0.06 0.06]) % ignore
    hold off % ignore
    subplot(2,2,4)
      if i > nBins
                histfit(sp_R10d(1:i),nBins);
                set(gca,'xdir','reverse');% ignore
                camroll(270)% ignore
                xlabel('stock expected return')
                ylabel('frquencies')
      else
            if i = =1
            else
                histfit(sp_R10d(1:i),nBins);
                set(gca,'xdir','reverse');% ignore
                camroll(270)
                xlabel('stock expected return')
                ylabel('frquencies')
            end
      end
      subplot(2,2,1)
            hold on% ignore
            grid on% ignore
            plot(sp_price(i,:));
            xlabel('days');
            ylabel('expected stock price')
            axis([1 11 1800 2500])% ignore
            hold off% ignore
      subplot(2,2,2)
      if i > nBins
            histfit(sp_price(1:i,11),nBins);
            set(gca,'xdir','reverse');
            camroll(270)
            xlabel('expected stock price')
            ylabel('frquencies')
      else
            if i = =1
```

```
            else
            histfit(sp_price(1:i,11),nBins);
            set(gca,'xdir','reverse');
            camroll(270)
            xlabel('stock expected return')
             ylabel('frquencies')
            end
        end

        frame(:,i) = getframe(gcf,rect);% recoard video //ignore
end
hold off
break

movie2avi(frame,'example4. avi');% create video file


close all
figure
sp_R10d = sum(sp_R(:,2:11),2);
histfit(sp_R10d,nBins);
VaR =  - prctile(sp_R10d,1)

display('|--------------Statistical Properties -----------|')
display('|name -----------------|mean ------|variance --|skewness|kurtosis|')
display(['|MC#1000 10d Rt --|',num2str(mean(sp_R10d)),'|',num2str(var(sp_R10d)),'|',num2str
(skewness(sp_R10d)),'|',num2str(kurtosis(sp_R10d)),'|'])
```

代码 4-44　利用 Matlab 代码实现蒙特卡洛法 VaR 的计算

（六）关于三种计算 VaR 方法的讨论

下面对蒙特卡洛法计算 VaR 进行评述。一般来讲，传统的金融风险教科书将蒙特卡洛法下的 VaR 计算归纳为有以下三大优点，我们结合我们的实例逐点分析。

优点 1：可产生大量情景，因而能够测试更多可能的结果，比历史模拟法更精确、更可靠。在案例中我们可以增加 MC 模拟次数，可以任意改变研究的天数（在本案例中时间长度为 10 天），我们还可以根据金融资产价格的特殊统计特性建立全新的关于收益率以及收益率方差的动态模型。

优点 2：与参数 VaR 不同，它采用的是完全定价模型，是一种全值估计方法，可以处理非线性、大幅波动及肥尾问题。在本案例中我们模拟了动态的

(dynamic)、时变的(time - varying)收益率方差。这就是一种能处理非线性和肥尾问题的方法。

优点3:可模拟回报(即收益率)的不同行为(如白噪声、自回归和多重共线性)和不同分布,可以深入、充分地挖掘风险因子历史数据中所包含的各种有益信息,并通过对模型中相关参数的估计和修正反映到模型中去,从而使得随机模型对风险因子的变化更加贴近现实。请注意在本案例中对于收益率的自相关系数的分析和收益率平方的自相关系数的分析。基于对数据的观察,我们建立了动态的、时变的收益率方差方程。本案例中假设 MC 的随机数为正态分布,而实际上我们还可以假设随机数满足 t - 分布,以及 GED 分布,这是历史模拟 VaR 法无法实现的。

一般来讲,传统的金融风险教科书将蒙特卡洛法下的 VaR 计算归纳为有以下四大缺点,我们也结合我们的实例逐点分析。

第一个缺点是伪随机数问题。如前文所说,毕竟 MC 技术的基本思想是利用电脑模拟平均分布(uniform distribution),然后利用特定算法拓扑生成诸如正态分布、t - 分布、GED 分布等。只是我们在使用 Matlab 时无须知道背后这些复杂的算法,只需要敲击相应命令即可生成满足我们需要的随机分布的随机数(以本案例为例,我们不断让 Matlab 生成均值为 0,方差为 1 的满足正态分布的随机数)。但 MC 技术本身可能会存在产生的数据序列是伪随机数问题,即随机数中容易出现循环和群聚效应,从而浪费了大量观测值,降低了模拟效率,甚至可能导致错误结果。

第二个缺点是该方法依赖于特定的随机过程和所选择的历史数据。本案例中研究的是资产价格,资产的价格数据一般与收益率方差之间存在一定正相关的特性。如果将这样的建模思路移植到外汇市场,这是不适用的,因为外汇市场的汇率数据一般无此统计数据特性。这就是 MC 法"依赖于特定的随机过程"的含义。此外,细心的读者会发现,我们的所有模拟是基于给定的初始值 R_0 和 σ_0,而这二值的选取是基于 S&P500 的样本数据(从 2000 年 1 月 1 日到 2010 年 12 月 31 日的 2 376 个样本数据)计算出的,其中 R_0 是样本的收益率均值,而 σ_0 是样本的收益率标准差。不同的样本数据影响初始值 R_0 和 σ_0,不同的初始值自然影响模拟结果,最终肯定会得到参数不同的 MC $VaR 的结果。

第三个缺点是该方法计算量大、计算时间长。随着计算机技术的不断发展,云计算、并行计算以及创新编程语言(比如 Julia[①])的出现,目前蒙特卡洛模拟

① Julia 是一种面向科学计算的高性能动态高级程序设计语言。其语法与诸如 Matlab 这样的科学计算语言相似,在许多情况下该计算机语言拥有能与编译型语言相媲美的性能。它最初是为了满足高性能数值分析和计算科学的需要而设计出来的。2011 年诺贝尔经济学奖得主、数理经济学大师托马斯·萨金特(Thomas Sartgent)在其宏观经济学课程和个人主页中,一直大力推荐 Julia 作为宏观模型建模之首选开发语言。Julia 语言在若干高性能运算上明显优于 Python 语言。Julia 语言是计算语言界一颗冉冉升起的新星。

计算量大、时间较长的问题已不是问题。现在手提电脑都有平行计算功能。

第四个缺点是该方法容易产生模型风险和参数（parameters）估计误差。基于蒙特卡洛法的计算结果严重依赖于所选择或建立的随机模型以及股价模型参数的历史数据，因此这种方法容易产生模型风险和参数（parameters）估计误差。

首先回顾一下我们的动态方程：

$$\sigma_{t+1}^2 = \beta\sigma_t^2 + \alpha R_t^2$$

$$R_t = \sigma_t z_t$$

$$z_t \sim \text{i. i. d}D(0,1)$$

细心的读者会发现，我们未对模型中的参数 α 和 β 的赋值进行过多的讨论，仅直接给出了二者的值。而要估算此二参数的值需要高等计量经济学的知识（比如最大似然法或贝叶斯法），但不管何种高级的计量估值方法，此参数的取值可以认为是关于历史数据的函数，因此历史数据的选取对二值的估计影响极大。为简单起见，我们假设 α 和 β 为两个常数，分别为：$\alpha = 0.06$ 和 $\beta = 1 - \alpha = 1 - 0.06 = 0.94$。

1. RiskMetrics 模型初探

其实我们的动态方程：

$$\sigma_{t+1}^2 = \beta\sigma_t^2 + \alpha R_t^2$$

$$R_t = \sigma_t z_t$$

$$z_t \sim \text{i. i. d}D(0,1)$$

就是大名鼎鼎的 RiskMetrics，最初由摩根大通（J. PMorgan）于 1994 年公之于众。特别值得一提的是，摩根大通将 β 设定为 0.94，则 $\alpha = 1 - \beta = 0.06$。该模型准确的数学名称为：指数加权移动平均（exponentially weighted moving average，EWMA）。后来有人对该模型进行了改进，认为可以包括一个长期方差的水平项，于是有：

$$\sigma_{t+1}^2 = \omega V + \beta\sigma_t^2 + \alpha R_t^2\text{，其中 } \omega + \alpha + \beta = 1$$

除此之外，VaR（在险价值）也是摩根大通提出的，其实 VaR 和 RiskMetrics 是同时提出的（都是 1994 年）。VaR 的计算中使用到 RiskMetrics，即利用对方差的动态建模来辅助求解 VaR 的思路本来就是同宗同源，从来都是不分彼此的。

RiskMetrics 是 ARCH 以及 GARCH 的特例，我们比较一下 ARCH 和 GARCH。美国纽约大学（NYU）的罗伯特·恩格尔（1982）提出自回归条件异方差模型（autoregressive conditional heteroskedastic，ARCH）：

$$R_t = \sigma_t z_t$$

$$\sigma_t^2 = \omega + \sum_{j=1}^{K} \alpha_j R_{t-j}^2$$

恩格尔教授基于此模型以及对波动率凝聚（动态方差）的研究，获得2003年诺贝尔经济学奖。

更为一般的ARCH模型的推广，由美国杜克大学（Duke University）的汤姆·博勒斯莱夫（Tim Bollerslev，1986）完成，该推广被称为GARCH模型（G表示“generalized”，中文翻译为“广义”），具体形式如下：

$$R_t = \sigma_t z_t$$

$$\sigma_t^2 = \omega + \sum_{i=1}^{H} \beta_i \sigma_{t-i}^2 + \sum_{j=1}^{K} \alpha_j R_{t-j}^2$$

需要特别解释一下 z_t，我们一般认为它满足一个独立同分布过程，且均值为0，方差为1。关于 z_t 分布，最常见的处理是将其假设为满足正态分布或t－分布。因为其有 $z_t = R_t/\sigma_t$ 的特性，一些教材将其称为标准化收益率（standardized return）。

2. 再论关于三种计算VaR的方法

我们以S&P500从2000年到2010年年底的历史数据为蓝本，基于参数法、历史模拟法和蒙特卡洛法，分别计算在置信区间 $1-p=99$，$d=10$ 下的收益率VaR和$VaR，结果如表4－13所示。

表4－13　利用同一组金融数据采用三种不同方法计算的VaR结果的比较和讨论

方法	10d R_ VaR	10d $VaR	数据使用	模型假设
参数法	0.099 966	0.095 132	全部数据（也可使用部分数据）	收益率满足正态分布
历史法	0.104 000	0.098 777	过去250个交易日的历史收益率数据	关于收益率的分布无任何假设
蒙特卡洛法	0.102 450	0.097 377	全部数据（也可使用部分数据）	假设方差随事件变化，每期受到正态随机过程扰动，该扰动由电脑模拟出。最后计算的收益VaR是基于百分数，而不对其进行PDF假设。

由表4－13可见，参数法因为不考虑金融数据的肥尾现象，确实低估了VaR值。历史法完全依赖于历史数据，对未来事件无前瞻性。蒙特卡洛法介于以上两种方法之间。此外，我们一再强调，蒙特卡洛法利用了历史信息，但却是模拟了未来资产收益率的走势，因此有前瞻性。从这一点来讲，蒙特卡洛法更为合理。

（七）预期亏空

VaR作为重要的风险测度，存在非常严重的问题。比如，我们只知道超过

VaR 值的损失概率 p 是多少（或者给定 p 值，我们算出 VaR 是多少），但我们还是无法知道损失的具体值（其实我们希望知道平均值）。此外，VaR 不是一致性风险测度（coherent risk measure），因为不满足“次可加性”。我们以前讨论过一致性风险测度的概念，并谈过该概念涉及的几大风险管理的公理。“次可加性”其实就是“风险可分散”（risk diversification）的意思。

为了弥补 VaR 的缺陷和不足，我们在 VaR 的基础上定义了另外一个风险测度指标 Expected Shortfall（ES）：$ES_t \triangleq -\mathbb{E}_t(R_{t+1} \mid R_{t+1} < -\mathrm{VaR}^p_{t+1})$。

该名词的中文翻译非常混乱，比如，预期损失、期望损失。该指标又叫：TailVaR，Conditional VaR（CvaR），tail conditional expectation，conditional loss，expected tail loss。它其实是求从负无穷到 $-$VaR 这部分的期望值。该指标满足次可加性。

从公式可以看出，ES 的含义其实是对于金融资产收益率 R_{t+1}，在 VaR 的基础上，可以给出置信水平 $100\times(1-p)\%$ 的期望损失（或平均损失）是多少。

此外，也需要强调一下 coherent 这个词，这个词运用得最广的地方，应该是在物理学中，该词语在物理学中的含义是“相干、连续、共格”的意思，比如“coherent light”（相干光源）。

总之，ES 不但满足单调性、正齐次性、平移不变性，还满足次可加性，因此 ES 是一致性风险测度。

反复强调一下我们建模的思路：首先，假设一个标准化收益率 z_t 满足 i. i. d $D(0, 1)$，而收益率 R_t 与标准化收益率 z_t 之间满足 $R_t = \sigma_t z_t$，σ_t 与 z_t 相互独立。所以，如果将 $R_t = \sigma_t z_t$ 代入 ES 公式则可以有：

$$ES_t \triangleq -\mathbb{E}_t(R_{t+1} \mid R_{t+1} < -\mathrm{VaR}^p_{t+1}) = -\sigma_{t+1}\,\mathbb{E}_t\left(z_{t+1} \mid z_{t+1} < -\frac{\mathrm{VaR}^p_{t+1}}{\sigma_{t+1}}\right)$$①

$$\Rightarrow ES_t = -\sigma_{t+1}\int_{-\infty}^{-\left(\frac{\mathrm{VaR}^p_{t+1}}{\sigma_{t+1}}\right)} x_{t+1}\,\varphi_D\left(x_{t+1} \mid x_{t+1} < -\frac{\mathrm{VaR}^p_{t+1}}{\sigma_{t+1}}\right)\mathrm{d}x_{t+1}$$

$$\Rightarrow ES_t = -\sigma_{t+1}\int_{-\infty}^{-\left(\frac{\mathrm{VaR}^p_{t+1}}{\sigma_{t+1}}\right)} x_{t+1}\,\frac{\varphi_D(x_{t+1})\,\mathrm{d}x_{t+1}}{\Phi\left(-\frac{\mathrm{VaR}^p_{t+1}}{\sigma_{t+1}}\right)}$$

因为 $\Phi\left(-\frac{\mathrm{VaR}^p_{t+1}}{\sigma_{t+1}}\right)$ 与 $\mathrm{d}x_{t+1}$ 无关，则：

$$ES_t = -\frac{\sigma_{t+1}}{\Phi\left(-\frac{\mathrm{VaR}^p_{t+1}}{\sigma_{t+1}}\right)}\int_{-\infty}^{-\left(\frac{\mathrm{VaR}^p_{t+1}}{\sigma_{t+1}}\right)} x_{t+1}\,\varphi_D(x_{t+1})\,\mathrm{d}x_{t+1} \Leftrightarrow$$

---

① 注意，我们有以下性质：$\varphi_{Tr}(z \mid z \leqslant Tr) = \frac{\varphi(z)}{\varphi(Tr)} \Rightarrow \mathbb{E}(z \mid z \leqslant Tr) = -\frac{\varphi(Tr)}{\Phi(Tr)}$。

$$ES_t = -\frac{\sigma_{t+1}}{(1-p)}\int_{-\infty}^{-\left(\frac{\mathrm{VaR}_{t+1}^p}{\sigma_{t+1}}\right)} x_{t+1}\,\varphi_D(x_{t+1})\,\mathrm{d}x_{t+1}$$

其中，$\varphi_D()$ 表示概率密度函数（Probability Density Function，PDF），而 $\Phi_D()$ 表示累积分布函数（Cumulative DistributionFunction，CDF）。CDF 和 PDF 之间满足如下关系：$\Phi_D(z) = \int_{-\infty}^{z}\varphi_D(x)\,\mathrm{d}x$。

上面这个式子乍一看颇为吓人，其实如果我们假设波动率 σ_{t+1} 不随时间变化，则此时 VaR_{t+1}^p 为一常数，则上式可化简为：

$$ES = -\frac{\sigma}{\Phi\left(-\frac{\mathrm{VaR}^p}{\sigma}\right)}\int_{-\infty}^{-\left(\frac{\mathrm{VaR}^p}{\sigma}\right)} x\,\varphi_D(x)\,\mathrm{d}x$$

此外，我们还需要注意一下，$\Phi\left(-\frac{\mathrm{VaR}^p}{\sigma}\right) \equiv 1-p$，所以该式子还可以化简为：

$$ES = -\frac{\sigma}{1-p}\int_{-\infty}^{-\left(\frac{\mathrm{VaR}^p}{\sigma}\right)} x\,\varphi_D(x)\,\mathrm{d}x$$

如果 D（）满足正态分布，该式子可以继续化简为：

$$ES = \sigma\frac{\varphi_N(\Phi_N^{-1}(1-p))}{(1-p)}$$

证明如下：

在证明之前，我们先回顾一下正态分布的一些基本性质，我们假设 x 满足正态分布 N（0，1），且令 $z \triangleq -\frac{\mathrm{VaR}^p}{\sigma}$：

因为 $\varphi_N(z) \triangleq \frac{1}{\sqrt{2\pi}}\exp\left\{-\frac{z^2}{2}\right\}$ 而

$$\Phi_N(z) \triangleq \int_{-\infty}^{z}\frac{1}{\sqrt{2\pi}}\exp\left\{-\frac{x^2}{2}\right\}\mathrm{d}x \triangleq \int_{-\infty}^{z}\varphi_N(x)\,\mathrm{d}x$$

而 $\Phi_N^{-1}(1-p) \triangleq z \Leftrightarrow \Phi_N(z) \triangleq \int_{-\infty}^{z}\frac{1}{\sqrt{2\pi}}\exp\left\{-\frac{x^2}{2}\right\}\mathrm{d}x = (1-p)$

此外，正态分布还有如下性质：

$$\frac{\mathrm{d}\varphi_N(z)}{\mathrm{d}z} = \frac{\mathrm{d}\left[\frac{1}{\sqrt{2\pi}}\exp\left\{-\frac{z^2}{2}\right\}\right]}{\mathrm{d}z} = -z\,\varphi_N(z)$$

所以 $\mathbb{E}(z) = \int_{-\infty}^{z} x\,\varphi_N(x)\,\mathrm{d}x = -\int_{-\infty}^{z}\frac{\mathrm{d}\varphi_N(x)}{\mathrm{d}x}\mathrm{d}x$

在我们的问题中，$x \in \left(-\infty, -\left(\frac{\mathrm{VaR}^p}{\sigma}\right)\right) \Rightarrow \varphi_N(x) \in \left(0, \varphi_N\left(-\frac{\mathrm{VaR}^p}{\sigma}\right)\right)$

所以 $-\int_{-\infty}^{z}\frac{d\varphi_N(x)}{dx}dx=-\int_{0}^{\varphi_N(-\frac{VaR^p}{\sigma})}d\varphi_N(x)=-\varphi_N\left(-\frac{VaR^p}{\sigma}\right)$

利用以上所有结论可知：

$$ES=-\frac{\sigma}{1-p}\int_{-\infty}^{-(\frac{VaR^p}{\sigma})}x\varphi_N(x)dx$$
$$=\left(-\frac{\sigma}{1-p}\right)\int_{-\infty}^{-(\frac{VaR^p}{\sigma})}-\frac{d\varphi_N(x)}{dx}dx$$
$$=\left(\frac{\sigma}{1-p}\right)\int_{-\infty}^{-(\frac{VaR^p}{\sigma})}\frac{d\varphi_N(x)}{dx}dx$$
$$=\left(\frac{\sigma}{1-p}\right)\varphi_N\left(-\frac{VaR^p}{\sigma}\right)$$

又因为 $\Phi_N^{-1}(1-p)=-\frac{VaR^p}{\sigma}$

所以

$$ES=\sigma\frac{\varphi_N(\Phi_N^{-1}(1-p))}{(1-p)}=\left(\frac{\sigma}{1-p}\right)\varphi_N(\Phi_N^{-1}(1-p))$$

如果写成时变的形式，这样的变化也非常简单，于是变成如下形式：

$$ES_t=\sigma_t\frac{\varphi_N(\Phi_N^{-1}(1-p))}{(1-p)}$$

特别需要注意，$\frac{\varphi_N(\Phi_N^{-1}(1-p))}{(1-p)}$ 在 p 给定的情况下，是一个常数。

具体的 Matlab 实现见代码 4－45。

```
p = 99/100;
ES = sigma_t * ( normpdf( norminv( 1 - p) ) )/( 1 - p)
```

代码 4－45　演示用 Matlab 实现 ES

具体 R 语言实现如代码 4－46 所示。

```
p < -99/100
VaR = qnorm( 1 - p)
ES = dnorm( qnorm( 1 - p) )/( 1 - p)
```

代码 4－46　演示用 R 语言实现 ES

如果 $\varphi_D(x)$ 的具体表达式比较复杂，

$$ES=-\frac{\sigma}{1-p}\int_{-\infty}^{-(\frac{VaR^p}{\sigma})}x\,\varphi_D(x)dx$$

能否让 Matlab 自己计算出来呢？答案是肯定的。

假如读者编写一个“anypdf（p）”方程，再利用 Matlab 自带的定积分功能，就可以把 ES 计算出来，具体实现方法如代码 4－47 所示。

```
min_val = 7;
q = 1 - p;
ES2 = - (sigma_t/(1 - p)) * quad(@(q)q. * normpdf(q), - min_val, - VaR/sigma_t)
```

代码 4－47　利用 Matlab 语言自带的定积分功能实现任意概率密度函数下的 ES

特别需要注意，“min_ val”其实该取一个非常小的数，以代表“$-\infty$”，但是为了节省计算时间，我们其实无须取太小的值，从代码 4－47 可见，取“－7”已足够，很多专业人士在实际操作中仅取“－6”。

（八）关于 VaR 和 ES 的一些必须澄清的事情

VaR 和 ES 的公式在诸如 FRM 考试和许多教材、学术文献中写法不一致而且不统一，这给初学者带来了极大的困惑。这就要求学生对 VaR 和 ES 的原始概念非常熟悉。我们借此机会，对 VaR 和 ES 的公式进行一些说明，先看图 4－38。

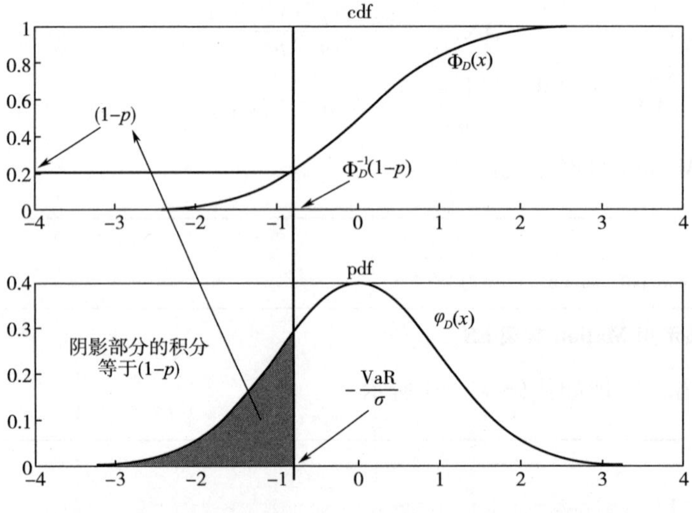

图 4－38　VaR 与密度函数和累积函数之间的关系

说明一：关于 VaR 和 ES 的符号。

在本书中 VaR 和 ES 始终是正实数，但需要注意的是，VaR 的本意却是一个在概率密度函数（即：pdf）横轴左侧的一个概念，所以 FRM 等很多考试和相关教材都认为 VaR 和 ES 该为负值。但因为本书的 VaR 是正数，所以读者看到的图中标明的符号始终是诸如－VaR 的形式。

说明二：关于概率 p 的大小，即到底 p 该表示为 0.9x 形式还是 0.0x 形式。

这是一个让人非常困惑的问题，而且在大量的教材和学术文献中也没有统一。比如许多高校的老师喜欢用 $p=0.0x$ 形式，比如 $p=0.05$。但是，FRM 考试不喜欢这么用，巴塞尔协议也不喜欢这么用，一般都采用 $p=0.9x$ 的形式，比如 $p=1-0.05=0.95$。但是读者从直觉上知道 VaR 是关注小概率事件的风险测度，所以 VaR 应该对应的是一个"小概率"事件的概率值，比如类似于 0.05 这样的值，所以高校老师的写法也是符合逻辑的。读者若是要去考 FRM，还是不能这么记忆，所以本书采用了 FRM 的形式，即采用 $p=0.9x$ 的形式。

说明三：为何横轴是（$-\mathrm{VaR}/\sigma$）形式？

FRM 的考题中，横轴应是 $-$VaR，但是我们的图中标注的是 $-\mathrm{VaR}/\sigma$。这是为何呢？在讨论此问题前，我们再复习一下为何量化从业人员喜欢研究对数收益率 R。主要原因是当我们研究收益率时，我们最终会把 VaR 和 ES 这两个概念与 GARCH 模型结合起来。我们针对对数收益率建模时，喜欢采用 $R=z\times\sigma$ 的形式。其中，z 表示标准化收益率，而 σ 则表示波动率，我们一般认为波动率随时间变化，波动率是个不可观测变量，我们一般利用 GARCH 对波动率进行建模，利用 GARCH 最终计算出波动率。而对于 z，我们一般令其满足独立同分布（i. i. d）且均值为零。我们一般将横轴设为是 z 的可能取值，而纵轴是关于 z 的密度函数和累积函数，这样的处理逻辑更清晰，因此，需要注意的是，横轴是关于 z 的可能取值而非关于收益率 R 的可能取值。基于这个原因，读者在图中看到的横轴是关于（$-\mathrm{VaR}/\sigma$）。但是在 FRM 的考试题中，读者脑子里应出现的是收益率 R 的密度函数和累积函数图。也因为这个原因，在 FRM 的考试中，关于密度函数和累积函数横轴应该标注为 $-$VaR。

八、涉及债券的基本数学知识

国外的金融学教育主要集中在宏观和微观层面，宏观层面的教育集中在机构或者是市场，而微观的教育主要集中在让学生了解金融资产的定价、估值、风险管理和套利等，其中关于定价的研究是最基础的，是其他研究的基石。

金融资产大致可分为股票、债券、衍生品、外汇与大宗商品衍生品。债券是其中很重要的一部分。一般而言，我们认为债券属于无风险资产。关于债券的建模思想基本如下：

假设债券价格为 B_t，债券的期限是 T，则 $t\in[0,T]$，则债券价格的常微分（ODE）形式为：$\mathrm{d}B_t=rB_t\mathrm{d}t$，其中 r 为一常数，表示无风险债券的连续复利形式的利率。

于是 $\left(\frac{1}{B_t}\right)\mathrm{d}B_t = r\mathrm{d}t$。利用初等常微分方程的知识，我们知道，$t \in [0,T]$，则常微分方程的左边有 $\int_{B_0}^{B_T}\left(\frac{1}{B_t}\right)\mathrm{d}B_t = \ln B_T - \ln B_0 = \ln\left(\frac{B_T}{B_0}\right)$，而常微分方程的右边有 $\int_0^T r\mathrm{d}t = r(T-0) = rT$，于是我们有 $\ln\left(\frac{B_T}{B_0}\right) = rT \Rightarrow B_T = B_0\exp(rT)$。

即最终可以得到 $B_t = B_0\mathrm{e}^{rt}$，这就是我们熟悉的债券的复利公式。

此外，我们常将 $\mathrm{d}B_t \triangleq B_{t+\mathrm{d}t} - B_t$，并且认为 $\frac{B_{t+\mathrm{d}t} - B_t}{B_t} = r\mathrm{d}t$。

最后我们复习一下连续复利和离散利率的关系：

假设我们将 $[0,T]$ 分为 n 等份，并假设 $r_n \triangleq r\frac{T}{n}$，且认为 $\lim\limits_{n\to\infty} r_n = 0$。根据初等微积分知识可知：$\lim\limits_{n\to\infty}(r_n+1)^n = \lim\limits_{n\to\infty}\left(\frac{rT}{n}+1\right)^n = \mathrm{e}^{rT}$。

利率是决定债券价格的最主要因素。下面我们简单介绍，在常微分方程下如何对利率建模。我们令利率为 r_t，而其对应的常微分方程为：$\mathrm{d}r_t = c(r_t - \mu)\mathrm{d}t$，我们也可以写为：$r' \triangleq \frac{\mathrm{d}r_t}{\mathrm{d}t} = c(r_t - \mu)\mathrm{d}t$，那么对其两边求积分可得：$r_t = r_0 + c\int_0^t (r_s - \mu)\mathrm{d}s$，则最终结果为：$r_t = \mu + \mathrm{e}^{ct}(r_0 - \mu)$。此外，我们需要特别注意的是，当 $c < 0$ 时，随着 t 不断增大，利率最终趋近于 μ。常微分方程仅能描述确定系统中的变量的动态变化运行规律，而我们将利率认定为是一确定变量不太合理，用实用随机微分方程来描述利率的运动更为合理。也就是说，我们应将利率假设为一随机过程。这些内容我们放在第六章进行讨论。

本章小结

本章主要回顾了传统金融学的一些知识点，这些知识包括公司金融、固定收益证券、投资学、金融衍生品基础等，这部分的知识点非常简单，但是本章结合计算机编程语言（基于 Matlab 和 Python）向读者演示了传统金融学的知识点。我们意在向读者表明，在“大数据＋人工智能”的时代，本科学生学习金融学知识不能停留在书本上，也不能被动地学习书本知识，应多尝试利用计算机编程技术检验所学的定理和公式，只有通过计算机代码，学生才可以让数学模型更贴近现实，也可以让学生理解传统金融学教材中的不足。只有知道了“不足”，学生才有动力去学习更复杂的量化金融知识，攀登新的知识高峰。

思考题

1. 请简述衍生品的基本定义及其相关特性。

2. 什么是 VaR？什么是 ES？

3. 什么是均值—方差分析理论？

4. 什么是 CML 理论？什么是 CAL 理论？什么是 SML 理论？什么是 CAPM 理论？

5. 什么是风险中性思想？请举例。

6. 为什么说“波动率是期权价格的发动机”？

7. 常见的历史波动率有哪些？什么是隐含波动率？

8. 什么是风险测度的“四大公理”？

9. 什么是次可加性？VaR 是否满足次可加性？方差作为风险测度是否满足次可加性？

10. 什么是期权的时间价值、内在价值？

11. 假设一投资人购买了一份股票看涨期权，价格为\$5.00，该期权行权价为\$51.00，该期权期限为 6 个月，无风险利率为 3.00%，股票（期权的标的物）的年化波动率为 3.5%，在到期时，股票的价格为\$63.00，请计算此时投资人的收益（pay－off）情况，并绘制该投资人关于标的物价格变动的收益图（pay－off diagram）。

12. 假如你有一些现金，你打算进行投资，为简单起见，假设你有 1 元人民币，其中，w 的比例投资于股票市场共同基金，而（$1-w$）比例的现金投资于债券市场共同基金。假设投资股票市场共同基金的预期收益率为 $E(R_s)=8.00\%$，其标准差为 $\sigma_s=0.07$，而投资债券市场共同基金的预期收益率为 $E(R_b)=5.00\%$，其标准差为 $\sigma_b=0.04$，R_s 和 R_b 的相关系数 $\rho_{sb}=0.25$。因此，你的投资组合的收益率可以表示为 $R_p=wR_s+(1-w)R_b$。此外，我们认为标准差可以用于度量风险，并且不考虑 $w<0$ 或 $w>1$ 的情形，基于以上信息，请回答以下问题：

（1）计算投资组合 R_p 的预期收益率 $\mathbb{E}(R_p)$ 和投资组合 R_p 的风险 σ_p，如果我们假设 $w=0.5$。

（2）计算投资组合 R_p 的预期收益率 $\mathbb{E}(R_p)$ 和投资组合 R_p 的风险 σ_p，如果我们假设 $w=0.75$。

(3) w 取何值时投资组合 R_p 的风险 σ_p 最小？

(4) w 取何值时 $\mathbb{E}(R_p)$ 最大？

第五章　完全无害的金融计量学

前面章节的内容旨在帮助读者了解量化金融学，多是从高屋建瓴的视角展开的讨论，并没有将具体的技术细节加以展开，很多理论知识也没有给出严格的定义。在本章，我们开始给读者提供更多的技术细节和对理论知识进行更深入的讨论。如前文所述，量化金融学分为两个学派，一个是 P - type，另一个是 Q - type。P - type 偏重于统计学，一般从金融计量或机器学习理论视角展开；而 Q - type 偏重于金融数学视角。本章主要关注金融计量视角，尤其是基于 GARCH 模型展开讨论。

一、有效市场假说与三种新息的关系

有效市场假说（Efficient Markets Hypothesis，EMH）是金融学领域一个重要的假说，是一个诺贝尔经济学奖级别的假说理论。该理论假设资产价格是公允价格，而市场中的消息可以迅速传播而且可以被所有市场中的投资人所获得。此外，该假说还假设这些投资人都是理性的。因此，价格 S_t 应该包含截至 t 时刻的所有信息，而任何投资人也不应比其他投资人在信息的获得上有任何比较优势。也就是说，价格的变化 $\Delta S_t = S_t - S_{t-1}$ 仅因为在从 $t-1$ 到 t 时刻有新的消息到来所引起。也基于这样的逻辑，任何投资人都不能在金融市场中获得比无风险利率更多的收益，也就是说，在这样的市场环境下，因为价格始终公允，因此市场不存在任何套利机会。当然以上这种假设非常的强，往往被称为强有效市场假说（Strong EMH）。该假说的“放松”版本分别是半强有效市场假说、弱有效市场假说。强有效市场假说认为，价格实时地反映市场的所有信息（包括公开信息和内幕信息）。半强有效市场假说认为，金融资产的价格仅实时有效地反映所有公开市场信息，而拥有内部消息的投资人还是可以在该假说条件下获利。而在弱有效市场假说下，金融资产的价格仅反映所有过去的公开市场信息。

下面我们从量化金融的视角定义有效市场假说，让这样的定义和一些概率学中较为抽象的概念相结合。我们写作本部分的最重要的目的是希望告诉读者，抽象的概率论知识其实并非如此抽象，量化金融学是个非常好的学科，它可以帮助读者更深刻地理解金融与经济学理论本身，学习量化金融确实是基本无害的。

只有对一个假说（又或者是一个理论）构建严密、严谨的量化分析框架，才能够为后来的学者留出足够的"实证"（证伪）的研究空间，因此我们也需要对EMH的三种市场形式进行量化描述。

一种可行的思路是从收益率 r_t 入手，因为任何资产价格过程都可以用以下方程来描述：$r_t = \mu_t + \varepsilon_t$，其中 $\varepsilon_t \sim D(0,\sigma_t)$，而 μ_t 被我们定义为投资人在 $t-1$ 时刻关于 r_t 的理性价格预期，即：$\mathbb{E}_{t-1}(r_t) \equiv \mathbb{E}(r_t \mid F_{t-1}) = \mu_t$，其中 F_{t-1} 表示从零时刻到 $t-1$ 时刻的所有信息集。而 ε_t 的经济学含义是从 $t-1$ 时刻到 t 时刻，基于不可预测信息所导致的收益率。此外，因为有大量的实证研究表明，金融数据，尤其是资产价格收益率的长期均值都为零，而且涉及资产价格的收益率的时间序列，都和其均值没有明显的相关性，因此我们可以认为 $\mu_t = \mu$，主流的金融理论和建模也是如此处理的，关于金融时间序列数据的统计特性请参考第四章第四节相关内容的讨论。

为了使理论描述更具有普遍性，我们对 ε_t 的具体分布并无明显限制，仅假设其均值为零，并认为其方差可随时间变化。在时间序列分析研究文献中，ε_t 一般被认为是一个新息过程（innovation process），且 $\mathbb{E}\varepsilon_t = 0$。

一般而言，关于新息过程 ε_t 的假设有三种，依次由弱到强为：

（1）白噪声新息过程：该过程定义 $\{\varepsilon_t\}$ 均值为零，方差为常数，相对于所有滞后项随机过程相关协方差为零，即：$\mathbb{E}\varepsilon_t = 0$，$\mathrm{var}(\varepsilon_t) = \sigma^2$，且 $\mathrm{cov}(\varepsilon_t,\varepsilon_s) = 0$，当 $\forall t \neq s$。

（2）鞅差新息过程（martingale difference innovations，MDIs）：在任意 t 时刻下，$\{\varepsilon_t\}$ 满足以下条件，即为鞅差新息过程：

$$\mathbb{E}(\varepsilon_t \mid r_{t-1},r_{t-2},\cdots) = \mathbb{E}(\varepsilon_t \mid \varepsilon_{t-1},\varepsilon_{t-2},\cdots) = 0$$

根据鞅差新息过程的定义，在任意 $t > s$ 情形下，都应有：

$$\begin{aligned}\mathrm{cov}(\varepsilon_t,\varepsilon_s) &= \mathbb{E}(\varepsilon_t\varepsilon_s)\\ &= \mathbb{E}\{\mathbb{E}(\varepsilon_t\varepsilon_s \mid \varepsilon_{t-1},\varepsilon_{t-2},\cdots)\}\\ &= \mathbb{E}\{\varepsilon_s\,\mathbb{E}(\varepsilon_t \mid \varepsilon_{t-1},\varepsilon_{t-2},\cdots)\} = 0\end{aligned}$$

由此可见，鞅差新息过程也属于白噪声过程。

而最常见的针对鞅差新息的变形假设形式为：$\varepsilon_t = \sigma_t z_t$，其中 z_t 被定义为 i. i. d D（0,1），而 σ_t 被假设为在已知 $t-1$ 时刻信息时，可预测的波动率过程，即：$\mathbb{E}(\sigma_t \mid r_{t-1},r_{t-2},\cdots) = \sigma_t$，而 $D(\cdot)$ 表示某种特定的分布，比如正态分布、t－分布等。特别值得一提的是，本书重点介绍的GARCH家族模型就属于新息满足鞅差假定的模型。

(3) 独立同分布新息(independent identical distribution innovation process),即:$\varepsilon_t \sim \text{i.i.d}\ D(0,\sigma^2)$。因为 $\forall \varepsilon_i \perp \varepsilon_j$,且 $\mathbb{E}(\varepsilon_t)=0$,因此有 $\mathbb{E}(\varepsilon_t)=\mathbb{E}(\varepsilon_t \mid \varepsilon_{t-1},\varepsilon_{t-2},\cdots)=0$,因此,$\varepsilon_t \sim \text{i.i.d}\ D(0,\sigma^2)$ 也属于鞅差过程。

这三种信息有彼此包容关系(见图5-1)。

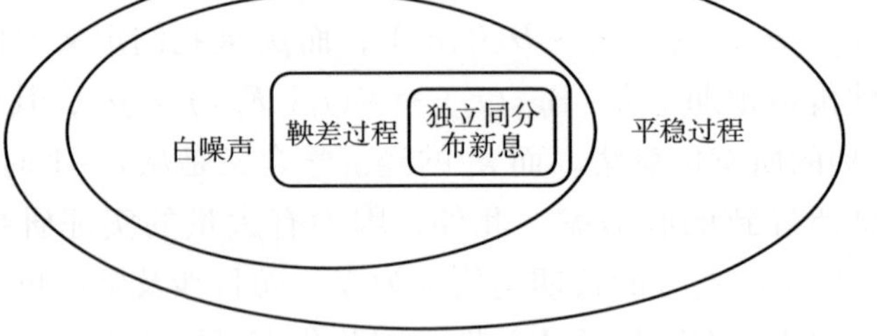

图5-1　三种新息彼此包容关系

下面讨论 ε_t 关于这三种新息假定与 EMH 的联系。

我们还是回到关于 ε_t 设定为独立同分布的情形进行讨论,在这样的设定下①,收益率 $r_t=\log\left(\frac{S_t}{S_{t-1}}\right)=\mu+\varepsilon_t$,此时 $\log S_t$ 是一个随机游走过程,而 S_t 为几何随机游走过程。因为在此假定下未来信息与过去和现在的信息独立,因此在此假定下 EMH 是完全满足的。

此外,一般的金融学还进一步简化假设,认为 ε_t 满足正态分布。此时,S_t 为对数正态分布。我们在本书的后续章节会展示,当时间间隔 $\Delta t \to 0$ 时,$\log S_t$ 趋近于布朗运动,而此时 S_t 趋近于几何布朗运动。特别需要说明的是,前文介绍量化金融发展历史时曾提到过法国数学家劳伦斯·巴施里耶(Louis Bachelier)。巴施里耶被认为是目前已知的最早将随机分析引入金融分析的学者。巴施里耶对资产价格的假设本质是假设 ε_t 满足独立同分布的正态分布。而 BSM 模型关于标的物的价格的动态运动过程的基本假设也是基于 $\varepsilon_t \sim \text{i.i.d}\ D(0,\sigma^2)$ 的假定。

基于独立同分布的假定,根据 EMH 假说,我们可以知道资产价格的收益率在线性规则(即一阶矩和二阶矩的统计信息,利用类似 OLS 的识别策略)下,并不能被预测,也就是说利用技术分析预测股价是徒劳的。基于这样的逻辑,很长一段时间,西方学者认为资产价格的收益率完全不可预测。但是,如果资产价格不可预测,那么为何还有很多数理统计专家从金融市场赚到钱呢?为何还有那

① 基本上传统的金融学的假定皆如此,如 BSM 期权定价公式关于标的物价格的假设,但当代金融学对该假定已进行了修正,这也就是本书重点讨论的 GARCH 家族模型和随机波动率模型。

么多的各路精英杀入资本市场苦心搏杀呢？如果说这一切都是心理上的“资产收益的幻觉”是说不过去的。

唯一庆幸的是，科研人员后来发现将 ε_t 设定为独立同分布与事实不符，这样的设定是一种模型设定错误。因为科研人员发现，基于金融数据的实证事实，我们知道金融资产收益率的波动率并非一个常数，也就是说 $\mathrm{var}(\varepsilon_t) \neq \sigma^2$，因此 $\varepsilon_t \sim \mathrm{i.\,i.\,d}\ D(0,\sigma^2)$ 的假定过于“强”和金融数据的实证事实不符。于是，鞅差新息假定就成了更好的建模方案。

鞅差过程属于白噪声过程，具有白噪声过程的统计特性，而其假定又比 $\varepsilon_t \sim \mathrm{i.\,i.\,d}\ D(0,\sigma^2)$ 的假定要“弱”，因此当代量化金融模型一般将 ε_t 设定为鞅差过程。常用的金融计量模型如 GARCH 家族模型和随机波动率模型，一般都属于鞅差过程（见图 5－2）。

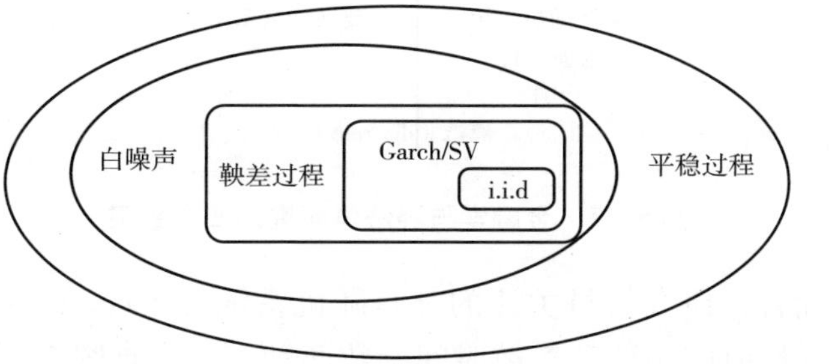

图 5－2　GARCH 模型以及随机波动率（SV）模型与常见随机过程之间的关系

简言之，当代金融计量学一般将 ε_t 设定为鞅差过程的好处是，根据 EMH 假说的设定，ε_t 应表示为从 $t-1$ 时刻到 t 时刻，基于不可预测信息所导致的收益率。而在鞅差过程的设定下，基于任何“规则”（尤其是诸如 OLS 这样的线性规则），ε_t 对资产价格的收益率的预测并没有任何帮助，但 ε_t 的波动率对收益率的预测是有帮助的，也就是说 ε_t 的非线性特性（或一些极为巧妙的或高度精细复杂的统计识别检验方法）对资产价格的收益率的预测是可以有帮助的。当代金融计量学的共识是这样的“调和”，即调和 EMH 假说和金融数据实证事实的模型设定也是基本无害和恰当的。

随着科研人员对资产价格理论理解的不断深入，后来我们发现，其实将 ε_t 假设为白噪声是更好的选择，因为它更符合金融数据的实证事实，也符合 EMH 的假定。

本章内容安排如下，首先论述随机游走与布朗运动之间的联系。然后汇总随机游走和平稳过程之间的关系。在后面的章节，我们开始重点讨论 GARCH 模型，而随机波动率模型一般被认为是 Q－type，即金融数学领域的模型，故暂不讨论。本部分的重点是金融计量与量化金融案例汇总。

（一）随机游走与布朗运动

一般而言，研究经济学与金融学问题可以从两个维度、四个象限思考，见图 5－3。

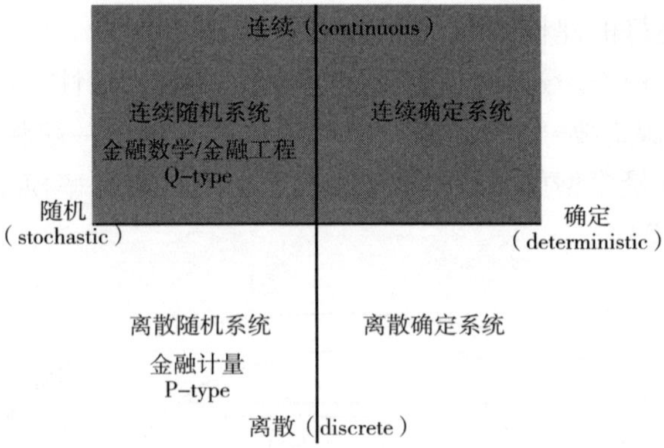

图 5－3　金融学与经济学研究的四个象限

就金融学而言，研究人员关注的都是随机系统（stochastic system），随机系统又可以分为连续时间函数和离散时间函数两种，也就是图 5－3 的第二和第三象限。传统经济学，诸如经济增长理论的很多模型是基于确定系统构建的，但确定系统问题在金融学中不常见。此外，金融数学以及金融工程领域的科研人员，也就是 Q－type，一般都利用随机微积分（stochastic calculus）的工具进行建模，这些模型都是连续随机时间函数。而 P－type 一般利用时间序列模型建模，这属于离散随机系统。

本部分首先介绍布朗运动，然后讨论随机游走模型，本部分会重点论证布朗运动和随机游走模型的等价性，唯一的区别是布朗运动是基于“连续型”，而随机游走模型是“离散型”。

（二）布朗运动初探

我们在第六章还会重点探讨布朗运动，因为本章主要是从 P－type 视角研究量化金融问题，如前文所述，P－type 更多关注离散随机系统，即从时间序列视角研究量化问题，而布朗运动属于连续随机过程，这是 Q－type 更热衷的研究领域。

我们用 $\{W_t\}$ 表示布朗运动（Brownian motion），一般而言，布朗运动有时也被很多教科书称为维纳过程（Wiener process），而布朗运动需满足以下性质[①]：

（1）增量的独立性，即对于任意的 $t > s$，$W_t - W_s$ 需独立于之前的过程 W_u，其中 $0 \leqslant u \leqslant s$。

（2）增量的正态性，对于任意的 $t > s$，$W_t - W_s$ 满足均值为零，方差为 $t - s$ 的正态分布，即：$W_t - W_s \sim N(0, t - s)$。

（3）路径的连续性，指 W_t 在 $t \geqslant 0$ 时是关于时间 t 的连续函数。固定一条路径，$W_t \to W_s$ 满足依概率收敛。

（4）初始状态为零，即 $W_0 = 0$。

关于布朗运动的密度函数、转移密度函数、期望值、方差、协方差和自相关系数的公式汇总如表 5－1 所示。

表 5－1　布朗运动的基本数理统计性质汇总

项目	公式
密度函数	$f[W_t(x)] = \frac{1}{\sqrt{2\pi t}} e^{-\frac{x^2}{2t}}$
转移密度函数	$p(t-s;x,y) = \frac{1}{\sqrt{2\pi(t-s)}}\exp\left[-\frac{(x-y)^2}{2(t-s)}\right]$，表示在 s 时刻固定点 x 到 y 位置在 t 时刻的转移密度函数，且 $s \leqslant t$
期望值	$\mathbb{E}[W_t] = 0$
方差	$\mathrm{var}(W_t) = \mathbb{E}[W_t^{\ 2}] - E^2[W_t] = \mathbb{E}[W_t^{\ 2}] - 0 = \mathbb{E}[W_t^{\ 2}] = t$ 或者有 $\mathbb{E}[(W_t - W_s)^2] = \lvert t - s \rvert$
协方差	$\mathrm{cov}(W_s, W_t) = \min(s,t)$ 或者等价于 $\mathbb{E}[W_t W_s] = \min\{t,s\}$
自相关系数	$\mathrm{corr}(W_s, W_t) = \frac{\mathrm{cov}(W_s, W_t)}{\sigma_{W_s}\sigma_{W_t}} = \frac{\min(s,t)}{\sqrt{st}} = \sqrt{\frac{\min(s,t)}{\max(s,t)}}$

此外，还需要说明为何现在越来越多的教科书采用 W 表示布朗运动而不用大写字母 B 表示。主要原因是，我们在研究量化金融时，除了讨论股票资产外，还经常讨论债券，债券的英文为 Bonds，我们习惯于用 B 来表示债券价格，因此容易和布朗运动相混淆。而庆幸的是，布朗运动又被称为维纳过程（Wiener Process），而维纳过程的英文第一个字母为“W”。在以下的讨论中，如无特殊说明，我们用 W 表示布朗运动。

---

① 特别需要注意的是，本书中介绍的布朗运动过程指的是标准维纳过程。“标准”的含义指的是 $W_0 = 0$。一般维纳过程并不一定要求 $W_0 = 0$，也不一定要求漂移项 μ 等于零，也无须其方差等于时间 t。

（三）随机游走过程与布朗运动

下面给出一个最简单的离散系统下的随机模型：

$$r_t = \rho r_{t-1} + \sigma z_t\ ,\ z_t \sim \text{i. i. d}\ N(0,1)$$

当 $|\rho| = 1$，r_t 是一个随机游走过程（random walk process），即 $r_t = \sigma z_t$。

而当 $|\rho| < 1$ 时，r_t 是一个平稳过程（stationary process），也是一个标准的含一阶的自回归模型（Autoregression，AR），ARMA 模型是最经典的时间序列模型，时间序列模型一般都研究离散随机系统。

我们在下一章会重点讨论 AR（1）的条件均值、条件方差、非条件均值、非条件方差以及自协方差的性质，还会给出计算机模拟代码。本部分主要论证 AR（1）与布朗运动的关系。

下面开始论证布朗运动和随机游走模型的等价性，即布朗运动是随机游走模型的极限形式。

首先我们将时间区间 $[t-1,t]$ 分成 n 分，则 $\Delta t = \frac{1}{n}$，我们假设每个 $z_{i,t} \sim N\left(1,\frac{1}{n}\right)$ 则 $z_t \triangleq \sum_{i=1}^{n} z_{i,t}$，下面主要讨论 $\mathbb{E}(z_t)$ 和 $\text{var}(z_t)$ 的性质，需论证它们的性质满足布朗运动。

$$\begin{aligned}\mathbb{E}(z_t) &= \mathbb{E}(z_{1,t} + z_{2,t} + \cdots + z_{n,t}) \\ &= \mathbb{E}(z_{1,t}) + \mathbb{E}(z_{2,t}) + \cdots + \mathbb{E}(z_{n,t}) = 0\end{aligned}$$

而 $\text{var}(z_t) = \mathbb{E}(z_t^2) - [\mathbb{E}(z_t)]^2 = \mathbb{E}(z_t^2) = \mathbb{E}\left(\left(\sum_{i=1}^{n} z_{i,t}\right)^2\right)$

因为当 $i \neq j$ 时，我们假定 $\forall_{i,j}$，

$$z_{i,t} \perp z_{j,t} \Rightarrow \forall\ \mathbb{E}(z_{i,t}z_{j,t}) \equiv 0$$

于是 $\text{var}(z_t) = \mathbb{E}(z_t^2) = \mathbb{E}\left(\left(\sum_{i=1}^{n} z_{i,t}\right)^2\right)$

$\Rightarrow \text{var}(z_t) = \mathbb{E}(z^2{}_{1,t}) + \mathbb{E}(z^2{}_{2,t}) + \cdots + \mathbb{E}(z^2{}_{n,t})$

$\Rightarrow \text{var}(z_t) = \frac{1}{n} + \frac{1}{n} + \cdots + \frac{1}{n}$

当 $n \to \infty$，$\lim_{n\to\infty}\text{var}(z_t) = 1$，如果我们定义 $\text{d}t = \lim_{i\to j}(i-j)$，$\text{d}z_t = \lim_{i\to j}(z_i - z_j)$，于是当 $n \to \infty$ 时 $\text{d}z_t = \text{d}W_t$，且 $\text{d}W_t \sim \text{i. i. d}\ N(0,\text{d}t)$，其中 W_t 表示布朗运动。因为 $r_t = \sigma z_t$，于是 $\text{d}r_t = \sigma \text{d}W_t$。

二、与标准布朗运动相关的重要过程

本小节主要介绍标准布朗运动的一些基本性质，尤其是其微分性质，我们还

介绍一些在量化金融领域最常见的和标准布朗运动紧密相关的随机过程，它们是：算术布朗运动、几何布朗运动和 Ornstein Uhlenbeck（OU）过程。

布朗运动最重要的一个数学性质是增量之间彼此独立，但满足相同的分布，且分布为正态分布，即：$W_{t+\Delta} - W_t \sim \text{i. i. d}\ N(0,\Delta)$ 。特别需要注意的是，$\mathrm{d}W_t$ 和 $W_{t+\Delta} - W_t$ 的关系满足 $\mathrm{d}W_t = \lim\limits_{\Delta\to 0}(W_{t+\Delta} - W_t)$ 。

下面我们讨论 $\mathrm{d}W$ 和 $\mathrm{d}t$ 的关系，它们的关系如下：

$\mathrm{d}W_t \sim O(\sqrt{\mathrm{d}t})$ ，$\mathrm{d}W_t^2 = \mathrm{d}t$ ，$\mathbb{E}(\mathrm{d}W_t) = 0$ ，$\mathrm{var}(\mathrm{d}W_t) = \mathbb{E}(\mathrm{d}W_t^2) = \mathrm{d}W_t^2 = \mathrm{d}t$。

在金融数学领域，将股票价格假设为几何布朗运动是最常见的建模方法。$\frac{\mathrm{d}S}{S} = \mu \mathrm{d}_t + \sigma \mathrm{d}W_t$ 的统计矩，尤其是其条件均值和条件方差我们经常使用，希望读者特别注意，它们分别是：$\mathbb{E}\left(\frac{\mathrm{d}S_t}{S_t}\right) = \mu dt$ ，$\mathrm{var}\left(\frac{\mathrm{d}S_t}{S_t}\right) = \sigma^2 \mathrm{d}t \Leftrightarrow \mathrm{var}(\mathrm{d}S_t) = S_t^2\sigma^2\mathrm{d}t$ 。

值得一提的是，OU 过程在量化金融领域使用得非常多，OU 过程常用来描述利率的动态随机特性。在第四章第八小节，我们介绍了利率的 ODE 形式 $\mathrm{d}r_t = c(r_t - \mu)\mathrm{d}t$ ，我们指出如果仅将利率作为确定变量，并不符合事实，应加入随机效应，即可以改写为：$\mathrm{d}r_t = c(r_t - \mu)\mathrm{d}t + \sigma \mathrm{d}W_t$ ，即 OU 过程。此外，还需注意的是，OU 过程其实是 AR（1）的连续版本。表 5－2 展示了一些最常见的随机过程的微分形式。

表 5－2　一些最常见的随机过程的微分形式

项目	公式
带漂移项的随机游走①	$\mathrm{d}r_t = \mu\mathrm{d}t + \sigma\mathrm{d}W_t$
资产价格 （比如 BSM 对标的物价格的假设）	$\frac{\mathrm{d}S}{S} = \mu\mathrm{d}t + \sigma\mathrm{d}W_t$（几何布朗运动） 注意其变形形式： $\mathrm{dln}S_t = \left(\mu - \frac{1}{2}\sigma^2\right)\mathrm{d}t + \sigma\mathrm{d}W_t$
OU 过程	$\mathrm{d}r_t = -\varphi(r_t - \mu)\mathrm{d}t + \sigma\mathrm{d}W_t$ ，其中 $\varphi > 0$ 或者写为：$\mathrm{d}r_t = c(r_t - \mu)\mathrm{d}t + \sigma\mathrm{d}W_t$ ，其中 $c < 0$

OU 过程的相关性质可见表 5－3，其中 z_t 为白噪声。

① 该随机过程又被称为算术布朗运动（arithmetic Brownian motion）。

表 5-3 Ornstein Uhlenbeck 过程与 AR（1）之间的关系

	AR（1）	OU 过程
表达式	$r_{t+1} = (1-\rho)\mu + \rho r_t + \sigma z_{t+1} \Rightarrow$ $r_{t+1} - r_t = -(1-\rho)(r_t - \mu) + \sigma z_{t+1}$	$dr_t = -\varphi(r_t - \mu)dt + \sigma dW_t$
均值	$\mathbb{E}_t(r_{t+1} - r_t) = -(1-\rho)\mathbb{E}_t(r_t - \mu) + \sigma \mathbb{E}_t z_{t+1}$ $\Leftrightarrow \mathbb{E}_t(r_{t+1} - r_t) = (1-\rho)(r_t - \mu)$	$\mathbb{E}_t(dr_t) = -\varphi(r_t - \mu)dt$
方差	$\text{var}_t(r_{t+1} - r_t) = \sigma^2$	$\text{var}_t(dr_t) = \sigma^2 dt$

三、伊藤定理（Ito-lemma）初探

我们进行推广，在一般的研究中，只要遇到以下形式其实都可以处理：

$$dS_t = a(S_t, t, \cdots)dt + b(S_t, t, \cdots)dW_t$$

如果一个随机过程 S_t 的随机微分方程可表示为：$dS_t = a(S_t, t, \cdots)dt + b(S_t, t, \cdots)dW_t$，且其统计满足：$\mathbb{E}_t(dS_t) = a(S_t, t, \cdots)dt$ 和 $\text{var}_t(dS_t) = b^2(S_t, t, \cdots)dt$，我们把 S_t 称为扩散过程（diffusion process）。

那么如何利用计算机做模拟呢？

对以上随机微分方程做计算机模拟是十分容易的事情，我们仅需使用以下介绍的近似公式即可，该近似公式被称为欧拉近似公式：$dS_t = a(S_t, t, \cdots)dt + b(S_t, t, \cdots)dW_t \Rightarrow S_{t+\Delta} - S_t = a(S_t, t)\Delta + b\sqrt{\Delta}z_{t+\Delta}$，其中，$\Delta$ 可以设为 $\Delta = 1/365$，而 $z_{t+\Delta} \sim N(0,1)$。

下面，我们再探讨另外一个问题。如果我们已经知道了 S_t 是扩散过程，我们若再想知道 $y_t = f(S_t, t)$ 的表达式，比如：$y_t = \ln S_t$，那该如何处理？

我们先讨论确定系统的情形，也就是常微分方程的情形，在这种设定下，我们可直接使用全微分公式，于是我们有 $dy_t = \frac{\partial f}{\partial t}dt + \frac{\partial f}{\partial S}dS_t$。

如果是随机系统，我们有以下的形式：

$$dy_t = \frac{\partial f}{\partial S}dS_t + \frac{1}{2}\frac{\partial^2 f}{\partial S^2}dS_t^2 + \frac{\partial f}{\partial t}dt$$

又因为 $E_t(dS_t) = a(S_t, t, \cdots)dt$，$\text{var}_t(dS_t) = b^2(S_t, t, \cdots)dt$

于是有 $dy_t = \left[\frac{\partial f}{\partial S}a + \frac{\partial f}{\partial t} + \frac{1}{2}\frac{\partial^2 f}{\partial S^2}b^2\right]dt + \left[\frac{\partial f}{\partial S}b\right]dW_t$，这就是大名鼎鼎的“伊藤公式”。

下面给出一个利用伊藤公式的案例。我们一般会得到某随机过程的微分形式，比如我们有随机过程 $r(t) \triangleq r_t$，我们也已知这个随机过程的微分形式为

$dr_t = \mu dt + \sigma dW_t$，我们关注的是另外一个随机过程 $S(t) \triangleq S_t$，我们还知道 S_t 和 r_t 之间有 $S_t = \exp(r_t)$ 函数关系，则我们希望知道 dS_t 的形式。于是伊藤公式在处理这种类型的数学问题时，就有了用武之地，且功能强大。利用伊藤公式可以迅速得到：

$$dS_t = \Big[\underbrace{\frac{\partial f}{\partial r}\mu}_{\mu\exp(r_t)} + 0 + \underbrace{\frac{1}{2}\frac{\partial^2 f}{\partial r^2}\sigma^2}_{+\frac{1}{2}\sigma^2\exp(r_t)}\Big]dt + \Big[\underbrace{\frac{\partial f}{\partial r}\sigma}_{\sigma\exp(r_t)}\Big]dW_t$$

$$\Rightarrow dS_t = \left(\mu\exp(r_t) + \frac{1}{2}\sigma^2\exp(r_t)\right)dt + \sigma\exp(r_t)dW_t$$

$$S_t \equiv \exp(r_t) \Rightarrow \frac{dS_t}{S_t} = \left(\mu + \frac{1}{2}\sigma^2\right)dt + \sigma dW_t$$

$$\frac{dS_t}{S_t} = \left(\mu + \frac{1}{2}\sigma^2\right)dt + \sigma dW_t\text{。}$$

我们会在本章的后续小节细致地讨论随机微积分的性质。

四、波动聚凝与 ARCH 模型

任何学科都不可能是绝对完美的，量化金融也是如此，虽然我们认为量化金融相比很多学科已经非常严谨。任何学科的建立都是构建在一定的假设基础之上的，不管读者喜欢还是不喜欢这些假设，读者都必须接受这些假设。我们需要强调的是，虽然这些假设不完美，但通过我们的论述，读者会发现这些假设还是非常合理的。

我们认为对数收益率 R_t 由两个过程构成，一个被称为标准化收益率 z_t 的随机过程，一个叫波动率 σ_t 的过程，它们满足如下形式：

$$R_t = \sigma_t z_t$$

标准化收益率 z_t 始终是 i. i. d D（0，1）的形式，D（）表示某种已知的常见概率分布，比如最常见的是高斯分布、t－分布等。z_t 也叫作新息（innovation process，或者 innovation term[①]）。波动率 σ_t 被认为是一个不可观测变量。此外，还有一个更重要的假设前提，我们认为波动率虽然不可观测（即我们无法在金融市场中直接获得波动率的样本数据），但我们相信它（假设现在我们站在 t 时刻）应该由过去的收益率 $R_{t-i}^2(i = 1,2,3,\cdots)$ 和它自己的过去信息 $\sigma_{t-i}^2(i = 1,2,3,\cdots)$ 所决定，以上讨论若用数学语言表示出来就应该是如下形式：

$$\sigma_t^2 = f(R_{t-1}^2, R_{t-2}^2, \cdots, \sigma_{t-1}^2, \cdots)$$

① 这个单词很多国内金融教科书翻译有误，这些翻译的书籍称此项为创新项，这是极度错误的。新息是随机过程领域重要的概念。

最简单的 σ_t^2 关于 R_{t-1}^2 和它自己的过去信息 σ_{t-1}^2 的表达式是：

$$\sigma_t^2 = \omega + \alpha R_{t-1}^2 + \beta \sigma_{t-1}^2$$

下面我们把讨论的问题想得再抽象一点，如果我们假想有一个集合 $F_{t-1} = \{R_{t-1}^2, R_{t-2}^2, \cdots, \sigma_{t-1}, \cdots\}$ 包含所有从 $t-1$ 时刻到无穷远处的过往信息，那么是不是可以认为只要给定 F_{t-1} 这样的条件下，σ_t 就可以较容易地被确定呢？答案当然是肯定的。所以很自然的，我们会将 σ_t^2 条件方差（conditional variance），或者将 σ_t 称为条件波动率（conditional volatility）。

我们再回过头来思考一下

$$R_t = \sigma_t z_t$$

首先回答一个问题：z_t 会不会受到 F_{t-1} 的影响？

答案是不会！原因很简单，因为我们假设了 z_t 满足 i. i. d D（0，1），z_t 就是在 t 时刻突然蹦出来的[①]。

那么 R_t 受 F_{t-1} 的影响吗？答案是受！原因很简单，因为 σ_t 被 F_{t-1} 决定。

那么 σ_t 受 z_t 的影响吗？答案是不受！原因是 σ_t 被 F_{t-1} 决定，σ_t 根本不受 t 时刻信息的影响，自然也不受 z_t 的影响。此外，如果读者反复推敲前面我们给出的假设和定义，也可以马上想明白。总之，数学定义胜过千万行语言文字无力的解读。

那么 z_t 受 σ_t 的影响吗？答案是也不受！还是请读者去查新息的定义。

简言之，我们可以认为 $z_t \perp \sigma_t$，其中 $\perp$ 表示正交（orthogonal）的意思，这是个线性代数（linear algebra）的概念，也就是可以认为 z_t 和 σ_t 彼此独立。

下面我们问一个比较狡猾的问题：σ_t 受 $z_{t-i}(i = 1,2,3,\cdots)$ 的影响吗？答案是会受到影响！原因是 σ_t 由 R_{t-i} 决定，而 $R_{t-i} = \sigma_{t-i} z_{t-i}$，所以 σ_t 受 z_{t-i} 的影响。所以 $z_t \perp \sigma_t$，但 z_{t-i} 可不 $\perp$ σ_t 独立。

下面再讨论一个比较深刻的问题，在给定 F_{t-1} 的条件下和 z_t 满足 i. i. d $D(0, 1)$ 的条件下，R_t 的分布是什么？

答案是：$R_t \mid F_{t-1} \sim D(0, \sigma_t^2)$。

以上结论贯穿整个量化金融的建模过程中。

最后我们强调一个重要（但又经常被忽视）的概念：条件均值（conditional mean）。完整版的对数收益率的建模应该是这个样子的：

$$R_t = \mu_t + \sigma_t z_t$$

其中，μ_t 表示条件均值，而 σ_t 表示条件标准值，σ_t^2 表示条件方差

---

① 初学者可以这么有趣地理解：“z_t 就是在 t 时刻突然蹦出来的”，所以才叫新息！即 z_t 是在 t 时刻突然蹦出来的新信息。

(conditional variance）或者将 σ_t 称为条件波动率（conditional volatility），在此我们再次强调一下“条件”的概念。如果孤立地讨论条件方差和条件均值，对初学者而言，无疑会觉得非常抽象，但如果我们采取以下的思路阐述此概念或许会对初学者有所帮助：在给定（或已知）F_{t-1} 这个“条件”的情况下的均值 μ_t 和方差 σ_t^2 分别被称为条件均值和条件方差。

落实到具体的数学表达形式上，我们可以按如下方式表达：

$$\mathbb{E}_{t-1}(R_t) \triangleq \mathbb{E}(R_t \mid F_{t-1}) = \mu_t$$

$$\mathbb{E}_{t-1}[(R_t - \mu_t)^2] \triangleq \mathbb{E}[(R_t - \mu_t)^2 \mid F_{t-1}] = \sigma_t^2$$

当然在很多金融计量的教材中，时间索引（index）前移了一项，见如下两个公式，但这并不会影响我们的结论。

$$\mathbb{E}_t(R_{t+1}) \triangleq \mathbb{E}(R_{t+1} \mid F_t) = \mu_{t+1}$$

$$\mathbb{E}_t[(R_{t+1} - \mu_{t+1})^2] \triangleq \mathbb{E}[(R_{t+1} - \mu_{t+1})^2 \mid F_t] = \sigma_{t+1}^2$$

我们一般将条件均值假设为零，也就是说条件均值的动态演绎过程是无规律可循的，不管是空方还是多方[①]投资人，试图成功预测标的物未来收益率的可能性都不大。但是即使如此，收益率的条件方差的动态演绎过程还是有规律可循的，这也就是我们前面反复提到的波动聚凝（volatility clustering）现象，这也是在恩格尔之后有那么多的计量巨擘前仆后继开发 GARCH 家族模型的原因，这些模型都是基于波动聚凝现象作为建模依据而展开的后续研究。

如果我们始终认为条件均值为零，那么上面两个式子就化简为：

$$\mathbb{E}_t(R_{t+1}) \triangleq \mathbb{E}(R_{t+1} \mid F_t) = 0$$

$$\mathbb{E}_t[(R_{t+1})^2] \triangleq \mathbb{E}[(R_{t+1})^2 \mid F_t] = \sigma_{t+1}^2$$

以上结论和我们关于 $R_t = \sigma_t z_t$ 的假设矛盾吗？答案是绝对不矛盾，我们可以从另外一个视角印证一下：

因为前面讨论了 $z_t \perp \sigma_t$（但 z_{t-i} 可不 $\perp \sigma_t$）

$$\mathbb{E}(R_{t+1} \mid F_t) = \mathbb{E}(\sigma_{t+1} z_{t+1} \mid F_t) = \mathbb{E}(\sigma_{t+1} \mid F_t) \underbrace{\mathbb{E}(z_{t+1} \mid F_t)}_{=0} = 0$$

$$\mathbb{E}[R_{t+1}^2 \mid F_t] = \mathbb{E}[\sigma_{t+1}^2 z_{t+1}^2 \mid F_t] = \sigma_{t+1}^2 \underbrace{\mathbb{E}[z_{t+1}^2 \mid F_t]}_{=1} = \sigma_{t+1}^2$$

所以 $R_t \mid F_{t-1} \sim D(0, \sigma_t^2)$ 的假设仍然满足。为什么我们要在这个基础性质上纠缠这么久，讨论这么久呢？因为 GARCH 模型的构建过程中最重要的一步是参数估计（parameter estimation）环节，而所有的 GARCH 模型的参数估计都采取了极大似然方法［准确地说是采用了准极大似然估计法（Quasi - Maximum Likelihood method，QML）］，而在进行极大似然参数估计时，我们会不断用到

① “多方”和“空方”的英文分别是“long position”和“short position”。“多方”指的是那些基于持有标的物价格上涨而获利的投资人，而“空方”指的是那些基于持有标的物价格下跌而获利的投资人。

$R_t | F_{t-1} \sim D(0, \sigma_t^2)$ 这一特性。

最后需要明确一个概念：什么是无条件方差（unconditional variance）或称为长期平均方差（long - term average variance）。首先我们需明确：无条件方差是一个常数，它不随时间变化，而条件方差是随时间变化的。读者可以这么记忆这个概念，假如 σ_t^2 满足：

$$\sigma_t^2 = \omega + \alpha R_{t-1}^2 + \beta \sigma_{t-1}^2$$

则 $t \to \infty$ ，应有：

$$\sigma_\infty^2 = \omega + \alpha R_{\infty-1}^2 + \beta \sigma_{\infty-1}^2$$

这么写其实非常不严谨，因为“ $\infty - 1$ ”本身违反基本数学原理，但是我们试图表达的核心思想是：

$$\sigma^2 = \omega + \alpha R_\infty^2 + \beta \sigma^2$$

且 $\mathbb{E}(R_\infty^2) = \sigma^2$ ，于是

$$\mathbb{E}\sigma^2 = \mathbb{E}(\omega + \alpha R_\infty^2 + \beta \sigma^2) = \omega + \alpha \mathbb{E}(R_\infty^2) + \beta \sigma^2$$
$$\Rightarrow \sigma^2 = \omega + \alpha \sigma^2 + \beta \sigma^2$$

所以在已知 ω 、α 和 β 的情况下，无条件方差等于 $\sigma^2 = \dfrac{\omega}{1 + \alpha + \beta}$。

最后，总结一下如何找“无条件方差”，如果动态波动率方程的参数都已知，在本例中动态波动率方程是 $\sigma_t^2 = \omega + \alpha R_{t-1}^2 + \beta \sigma_{t-1}^2$ 。如果动态波动率方程去掉方程中的时间下标，并让 R_{t-i}^2 项等于 σ^2 ，则可非常容易并快速地找到 σ^2 的表达式。注意，在参数给定的情况下，σ^2 的表达式一定是关于所有参数的。

此外，在实际操作中，动态波动率方程往往都有一个截距项（intercept），比如在本例中 ω 就是方程的截距项。在参数估计的过程中，我们往往不喜欢估计这个参数（原因很简单，这是经验法则：估计的参数个数少是好事），那怎么办呢？如果我们知道“无条件方差”值，则 ω 的值应该随 σ^2 和其他参数（在本例中，其他参数指 α 和 β ）的变化而变化了。当然这么说就成了一个“先有蛋还是先有鸡”的问题了，我们刚才说的计算“无条件方差” σ^2 的公式是在知道 ω , α 和 β 的情况下求出 σ^2 的。所以，如果要利用 σ^2 和其他参数（在本例中，其他参数指 α 和 β ）计算 ω 必须事先知道 σ^2 ，具体的方法其实非常简单，就是利用公开股票的收益率的数据：

$$\sigma^2 = \frac{1}{T} \sum_{i=1}^{T} R_i^2$$

注意，这不是样本方差，因为该公式中分母是 T，而非 $T-1$。样本方差的公式是样本减去样本均值的平方然后加总，再除以 $T-1$。

五、不同的 GARCH 模型与参数估计初探

本节重点讨论 z_t 是标准正态分布的问题。和前面几节讨论最大的不同是这一节开始讨论模型的参数估计问题，前面几节都是讨论在给定参数（即参数已知）的情形下利用 GARCH 模型从事金融研究。下面简单介绍 GARCH 模型的参数估计思路，先以 GARCH（1，1）为例。

因为 $R_t = \sigma_t z_t$，且 $R_t \mid F_{t-1} \sim N(0,\sigma_t^2)$，如果 σ_t^2 满足：

$$\sigma_t^2 = \omega + \alpha R_{t-1}^2 + \beta \sigma_{t-1}^2$$

所以 R_t 的概率密度函数的表现形式应该是：

$$\varphi(R_t \mid F_{t-1}) = \frac{1}{\sqrt{2\pi}} e^{\left(-\frac{R_t^2}{2\sigma_t^2}\right)} \triangleq l_t$$

此处需要做一个假设，$R_t \mid F_{t-1}$、$R_{t-1} \mid F_{t-2}$、$R_{t-2} \mid F_{t-3} \cdots R_1 \mid F_0$ 之间彼此独立。为什么这个假设是合理的呢？

在给定 F_{t-1} 时，那么在这种特定条件下读者是否可以认为 σ_t^2 是“确定的”而非“随机”的呢？即 $\sigma_t^2 \mid F_{t-1}$ 是否可以认为是“确定的”而非“随机的”？答案是肯定的。原因是：当 F_{t-1} 的信息为已知时，等于是我们假设 R_{t-1}^2 和 σ_{t-1}^2 已知，在这种情况下，仅对 $\sigma_t^2 = \omega + \alpha R_{t-1}^2 + \beta \sigma_{t-1}^2$ 这个式子而言，σ_t^2 是确定的。在假设 R_{t-1}^2 和 σ_{t-1}^2 已知的情况下，$\sigma_t^2 = \omega + \alpha R_{t-1}^2 + \beta \sigma_{t-1}^2$ 中并非没有任何随机项，故 $\sigma_t^2 \mid F_{t-1}$ 是确定的。

但是 $R_t \mid F_{t-1}$ 是确定的吗？答案是否定的。原因很简单，因为 $R_t = \sigma_t z_t$，σ_t 虽然在给定 F_{t-1} 情况下是确定的，但是 z_t 是随机的，它是个 i. i. d 的 D（0，1），所以导致 $R_t \mid F_{t-1}$ 是“随机的”。由此也可以看出整个量化金融建模的技巧了。我们极度巧妙地在每一期利用条件信息把讨论收益率的问题分成两个过程，在给定 F_{t-1} 下的确定过程 σ_t 和不受过去信息只受当期信息的随机过程 z_t。

当然，更重要的推论是在以上的假设下，$R_t \mid F_{t-1}$，$R_{t-1} \mid F_{t-2}$，$R_{t-2} \mid F_{t-3} \cdots R_1 \mid F_0$，$R_0$ 之间彼此独立的过程，于是有：

$$\begin{aligned}
L &\triangleq \varphi(R_t, R_{t-1}, R_{t-2}, \cdots, R_1, R_0) \\
&= \varphi(R_t \mid F_{t-1})\varphi(R_{t-1} \mid F_{t-2})\cdots\varphi(R_1 \mid F_0)\varphi(R_0) \\
&= \varphi(R_0)\prod_{t=1}^{T} l_t = \varphi(R_0)\prod_{t=1}^{T}\left(\frac{1}{\sqrt{2\pi\sigma_t^2}} e^{\left(-\frac{R_t^2}{2\sigma_t^2}\right)}\right) \\
&= \varphi(R_0)\prod_{t=1}^{T}\left(\frac{1}{\sqrt{2\pi\sigma_t^2}}\right)\prod_{t=1}^{T}\left(e^{\left(-\frac{R_t^2}{2\sigma_t^2}\right)}\right) \Rightarrow \\
&= \varphi(R_0)\left(\frac{1}{\sqrt{2\pi}}\right)^{T}\prod_{t=1}^{T}\left(\frac{1}{\sqrt{\sigma_t}}\right)\exp\left(-\sum_{t=1}^{T}\left(\frac{R_t^2}{2\,\sigma_t^2}\right)\right) \Rightarrow
\end{aligned}$$

等式两边取对数，则有：

$$\log L = \log\varphi(R_0) - \frac{T}{2}\log(2\pi) - \frac{1}{2}\left(\sum_{t=1}^{T}\log\sigma_t^2 + \sum_{t=1}^{T}\left(\frac{R_t^2}{\sigma_t^2}\right)\right)$$

其中，$\log\varphi(R_0) - \frac{T}{2}\log(2\pi)$ 为常数，一般很多的教材将 $\log\varphi(R_0)$ 完全删除了，没有写进极大似然的公式中。下面的讨论我们也省略 $\log\varphi(R_0)$ 项。

我们希望找 $\max\limits_{\alpha,\beta,\omega}\log L$ 等价于找 $\sum_{t=1}^{T}\log\sigma_t^2 + \sum_{t=1}^{T}\left(\frac{R_t^2}{\sigma_t^2}\right)$ 的最大值，因为 $-\frac{T}{2}\log(2\pi)$ 为常数项可省略，所以整个问题可化为：

$$\min_{\alpha,\beta,\omega}\left[\sum_{t=1}^{T}\log\sigma_t^2 + \sum_{t=1}^{T}\left(\frac{R_t^2}{\sigma_t^2}\right)\right]$$

或者在一些教科书里写为：

$$\min_{\alpha,\beta,\omega}\left[2\sum_{t=1}^{T}\log|\sigma_t| + \sum_{t=1}^{T}\left(\frac{R_t^2}{\sigma_t^2}\right)\right]$$

此外，不同的GARCH模型一般都可以写成相同的极大似然函数。表5-4列出了常见的GARCH模型的具体公式。

表5-4 常见的GARCH模型具体公式汇总

简单GARCH		$\sigma_{t+1}^2 = \omega + \alpha R_t^2 + \beta\sigma_t^2$，$\sigma^2 = \frac{1}{T}\sum_{i=1}^{T}R_i^2$
带杠杆效应（leverage effect）	NGARCH	$\sigma_{t+1}^2 = \omega + \alpha(R_t - \theta\sigma_t)^2 + \beta\sigma_t^2$
	GJR-GARCH	$\sigma_{t+1}^2 = \omega + \alpha R_t^2 + \alpha\theta I_t R_t^2 + \beta\sigma_t^2$ 其中 $I_t = \begin{cases}1, R_t < 0\\0, R_t \geq 0\end{cases}$，$I_t$ 被称为指示方程
	EGARCH	$\log\sigma_{t+1}^2 = \omega + \alpha(\varphi R_t + \gamma[\lvert R_t\rvert - \mathbb{E}\lvert R_t\rvert]) + \log\sigma_t^2$
新信息影响效应（News Impact）	NIF	$\sigma_{t+1}^2 = \omega + \alpha R_t^2 + \alpha\sigma_t^2 NIF(z_t) + \beta\sigma_t^2$ Type Ⅰ：$NIF(z_t) = z_t^2$ Type Ⅱ：$NIF(z_t) = (z_t - \theta)^2$ Type Ⅲ：$NIF(z_t) = [\lvert z_t - \theta_1\rvert - \theta_2(z_t - \theta_1)]^{2\theta_3}$
更一般情形	GARCH（p，q）	$\sigma_{t+1}^2 = \omega + \sum_{i=1}^{p}\alpha_i R_{t+1-i}^2 + \sum_{j=1}^{q}\beta_j\sigma_{t+1-j}^2$
	ComponentGARCH	$\sigma_{t+1}^2 = v_{t+1} + \alpha_\sigma(R_t - v_t)^2 + \beta_\sigma(\sigma_t - v_t)^2$ $v_{t+1} = \sigma^2 + \alpha_v(R_t - \sigma_t^2) + \beta_v(v_t - \sigma_t^2)$

六、金融计量与量化金融案例汇总

（一）实验模型的搭建

我们延续前一章的讨论，仍然使用前一章相同的数据进行建模。我们主要使用 Python 程序演示重要金融计量结果。我们首先使用 Python 的 Pandas 工具包导入数据，然后画出它们的直方图（见代码 5－1 和图 5－4），我们发现这些数据的分布并不满足正态分布。然后我们计算这些数据的收益率。一般而言，收益率有两种形式，一种是百分比收益率，另一种是对数收益率。

```
#-*- coding:utf-8 -*-
import numpy as np
import pandas as pd
import scipy. stats as ss
import matplotlib. pyplot as plt
from scipy. optimize import fmin_slsqp
%matplotlib inline
df = pd. read_excel('yyf_prices. xls',parse_dates = [0])
df. index = df. pop('Date')
df. hist(figsize = [10,10])
```

代码 5－1　导入数据并绘制每个变量的直方图

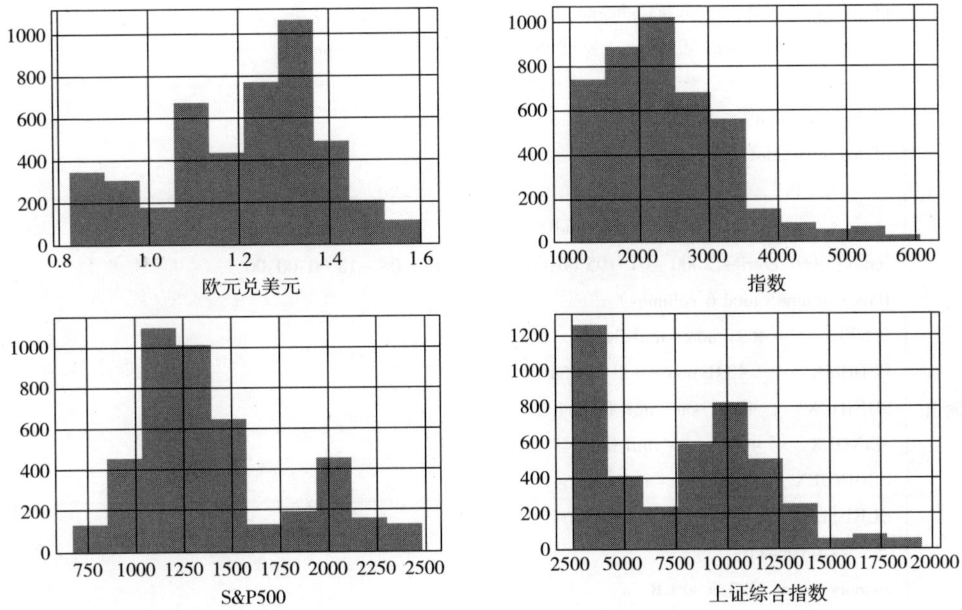

图 5－4

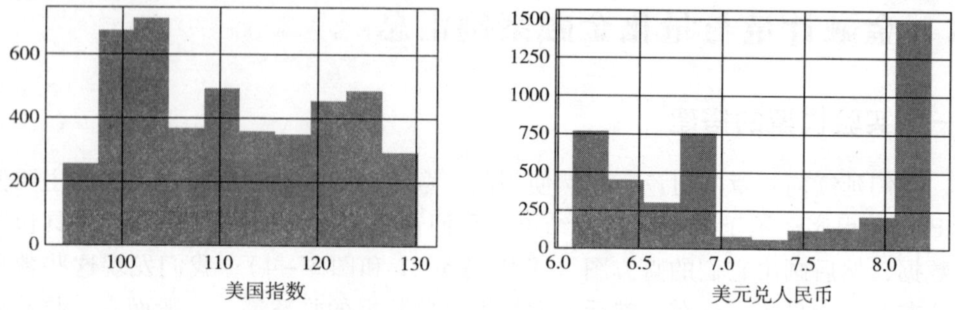

图 5－4　主要金融价格的直方图

百分比收益率为 $R_t = \left(\frac{S_t - S_{t-1}}{S_{t-1}}\right) \times 100\%$ ，而对数收益率为 $R_t = \log\left(\frac{S_t}{S_{t-1}}\right)$ 。

因为 Pandas 自带计算百分数收益率的功能，目前业内专业人士和学界专业人士使用的是百分比收益率，而非对数收益率。特别需要强调的是，目前不管是主流的金融计量的教材还是学术专著，一般都采用对数收益率，而非百分比收益率，如无特别说明，我们使用对数收益率。

此外，还需要强调，金融计量研究的对象一般都是收益率而非价格。

代码 5－2 展示了如何迅速地计算这些金融资产的收益率。

输入

```
df_pct_rets = 100 * df.pct_change().dropna()
df_log_rets = np.log(df.dropna()/df.dropna().shift(1)).dropna()

df_pct_rets.info()
df_log_rets.info()
```

输出

```
<class 'pandas.core.frame.DataFrame'>
Index: 4091 entries,2000-01-05 00:00:00 to 2017-08-18 00:00:00
Data columns (total 6 columns):
SP500        4091 non-null float64
USDRMB       4091 non-null float64
SHINDEX      4091 non-null float64
SZINDEX      4091 non-null float64
USDINDEX     4091 non-null float64
EURUSD       4091 non-null float64
dtypes: float64(6)
memory usage: 223.7+ KB
```

输出	<class 'pandas. core. frame. DataFrame'> Index: 4091 entries, 2000 - 01 - 05 00:00:00 to 2017 - 08 - 18 00:00:00 Data columns (total 6 columns): SP500　4091 non - null float64 USDRMB　4091 non - null float64 SHINDEX　4091 non - null float64 SZINDEX　4091 non - null float64 USDINDEX　4091 non - null float64 EURUSD　4091 non - null float64 dtypes: float64(6) memory usage: 223.7 + KB USDRMB　4091 non - null float64 SHINDEX　4091 non - null float64 SZINDEX　4091 non - null float64 USDINDEX　4091 non - null float64 EURUSD　4091 non - null float64 dtypes: float64(6) memory usage: 223.8 + KB

代码 5-2　利用 Pandas 和 Nump 快速计算出两种收益率

(二) 验证资产价格的基本统计特性

需要说明一下，我们定义两个新的数据框，“df_ pct_ rets”表示计算百分比收益率，而“df_ log_ rets”表示计算对数收益率。然后我们分别打印两个数据框的基本信息，我们发现两个数据框的大小一致。计算百分比收益率，直接使用 Pandas 的内建命令即可，而如果要计算对数收益率还需要借助 Numpy 的命令。此外还需要注意的是，在计算对数收益率时，代码中三次出现了“dropna ( )”命令，“dropna ( )”的每次出现并非没有原因，如果不如此构建代码，我们往往会丢失大量的有用数据，或者最后数据框中仍然存在“NaN”。读者可自行尝试去掉任意一个“dropna ( )”会出现什么结果。

下面我们需要测算这些金融资产收益率的基本统计信息（见表 5-5、表 5-6）。同时我们绘制了它们的直方图（见图 5-5、图 5-6）其对应代码见代码 5-3。

表 5－5　六种金融资产百分比收益率的基本统计信息

	S&P500	美元兑人民币	指数	上证综合指数	美国指数	欧元兑美元
总数	4 091	4 091	4 091	4 091	4 091	4 091
均值	0. 015 03	－0. 005 24	0. 034 246	0. 045 117	0. 003 125	0. 005 756
标准差	1. 210 493	0. 106 656	1. 604 21	1. 799 297	0. 310 703	0. 636 947
最小值	－9. 034 98	－2. 011 72	－8. 840 63	－9. 289 85	－2. 275 15	－2. 728 32
25%	－0. 508 8	－0. 023 63	－0. 693 53	－0. 821 9	－0. 164 87	－0. 370 01
50%	0. 048 817	0	0. 066 51	0. 048 859	0. 001 699	0. 008 295
75%	0. 567 063	0. 016 144	0. 792 535	0. 921 329	0. 162 739	0. 360 728
最大值	10. 789	1. 857 362	9. 857 043	9. 998 804	1. 751 054	3. 819 258
偏离度	－0. 121	0. 730 6	－0. 154	－0. 167	0. 017 9	0. 063 2
峰度	7. 113 2	76. 433	4. 752 9	3. 489 6	4. 345 9	1. 661 1

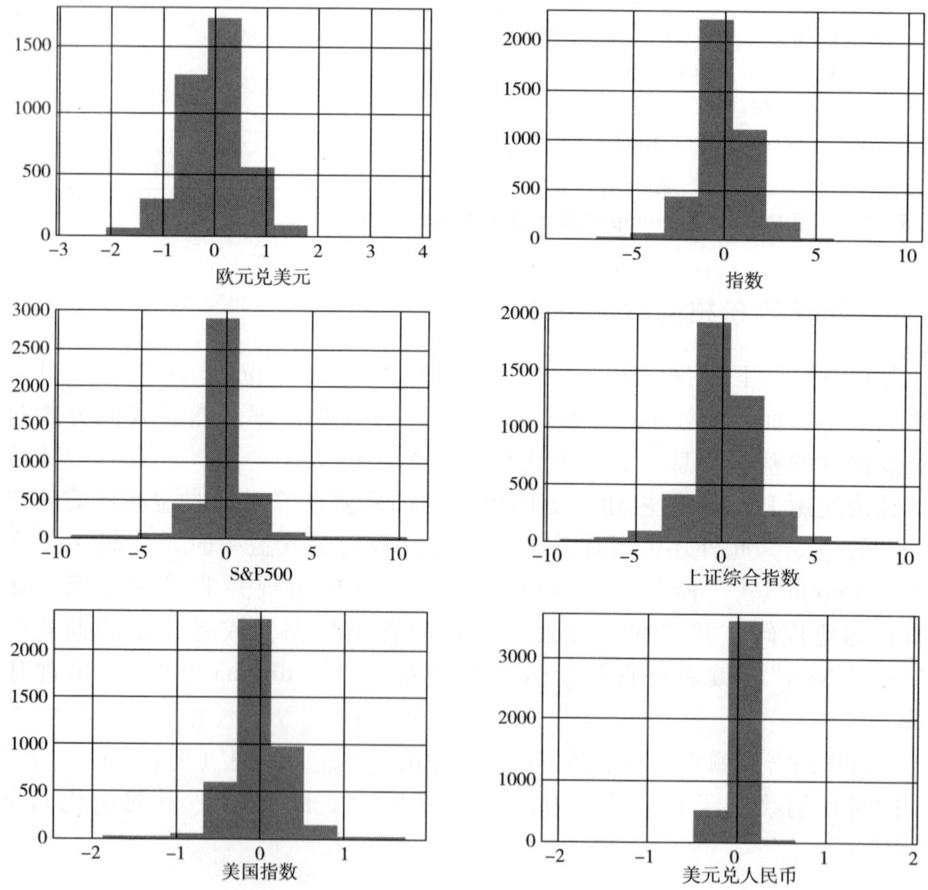

图 5－5　六种金融资产百分比收益率直方图

表 5－6 六种金融资产的对数收益率的基本统计信息

	S&P500	美元兑人民币	指数	上证综合指数	美国指数	欧元兑美元
总数	4 091	4 091	4 091	4 091	4 091	4 091
均值	0. 000 134	－0. 000 053	0. 000 206	0. 000 271	0. 000 011	0. 000 033
标准差	0. 012 651	0. 001 085	0. 016 5	0. 018 565	0. 003 276	0. 006 698
最小值	－0. 137 774	－0. 020 322	－0. 127 636	－0. 125 315	－0. 023 014	－0. 080 271
25%	－0. 005 135	－0. 000 245	－0. 007 017	－0. 008 36	－0. 001 688	－0. 003 701
50%	0. 000 533	0	0. 000 655	0. 000 533	－0. 000 003	0. 000 11
75%	0. 005 799	0. 000 162	0. 008 036	0. 009 329	0. 001 643	0. 003 673
最大值	0. 104 236	0. 018 403	0. 094 01	0. 107 525	0. 043 322	0. 037 481
偏离度	－0. 425 27	0. 669 598	－0. 380 68	－0. 348 18	0. 441 793	－0. 389 24
峰度	10. 727 59	71. 715 02	5. 176 679	4. 006 025	11. 262 93	6. 577 719

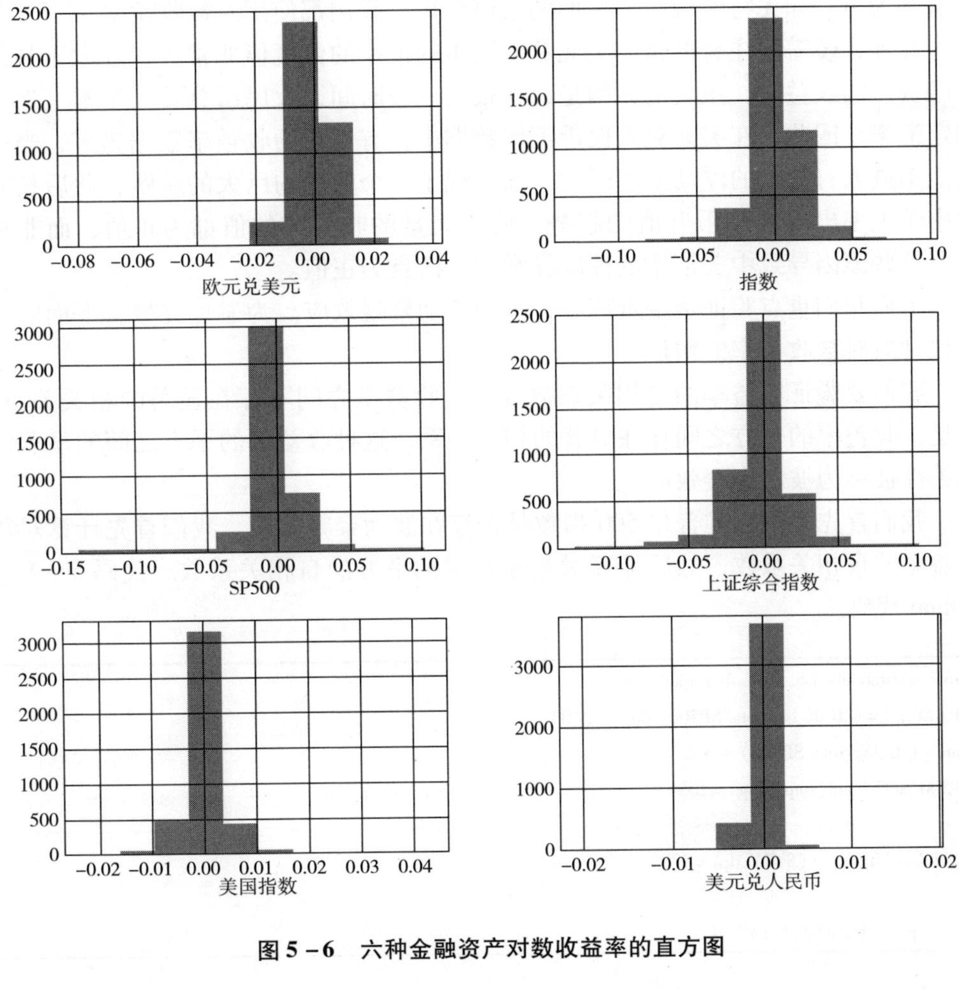

图 5－6 六种金融资产对数收益率的直方图

```
df_pct_rets.hist(figsize=[10,10])
df_log_rets.hist(figsize=[10,10])
df_pct_rets.describe()
print(df_pct_rets.skew())
print(df_pct_rets.kurt())
df_log_rets.describe()
print(df_log_rets.skew())
print(df_log_rets.kurt())
```

代码 5－3　计算六种金融资产两种收益率的统计信息的相关代码

我们需要讨论一下结果。我们发现虽然对数收益率和百分比收益率两者的数值非常接近但不能彼此替代，因为统计特性上还是有差异的，尤其是在偏度上差异比较明显。以欧元兑美元的汇率为例，百分比收益率的偏度为正，但是其对数收益率为负。如无特殊说明，后面的案例讨论，我们都使用对数收益率。

此外，还需要注意的是，美元兑人民币的汇率的偏度值非常大，远大于其他金融资产的收益率，主要的原因是，在很长一段时间，人民币兑美元基本上保持固定汇率，因此，在美元兑人民币汇率数据中，有大量的收益率数据为零，当中美汇率进入有管制的浮动汇率时代，又出现了一个明显的巨大的跳跃，此后长时间中美汇率出现人民币升值的趋势，所以大量的收益率的值都为正值，而非负值。这些原因导致中美汇率的偏度异常大，而且为正值。

下面我们重点验证金融资产收益率的波动聚凝效应。为避免冗繁，下面的讨论仅针对对数收益率的情形。

我们要验证收益率的自相关系数较小，收益率之间不存在显著的相关关系。但是，收益率的平方之间存在显著的相关关系，这种收益率的平方之间的显著的相关性被称为波动聚凝效应。

我们首先考察标准普尔 500 指数是否存在波动聚凝效应。我们首先计算对数收益率的自相关系数，然后计算对数收益率的平方的自相关系数。代码 5－4 是 Python 代码。

```
From statsmodels.tsa.stattools import acf
SP500_acf = acf(df_log_rets.SP500, nlags=200)
tmp = (df_log_rets.SP500) ** 2
SP500_acf2 = acf(tmp, nlags=200)


plt.figure(figsize=(8,7), dpi=980)


p1 = plt.subplot(2,1,1)
```

```
p1. grid(True)
p1. plot(SP500_acf[1:],color = '#009CD1')
p1. set_title('SP500 ACF of Returns',fontsize = 10)

p2 = plt. subplot(2,1,2)
p2. grid(True)
p2. plot(SP500_acf2[1:],color = '#8E008D')
p2. set_title('SP500 ACF of Returns $^{2}$',fontsize = 10)
```

代码 5－4　验证美国标准普尔 500 指数具有波动聚凝效应的 Python 代码

关于以上代码有几点需要说明。首先，我们调用了“statsmodels”工具包，该工具包是一个专门处理统计建模和计量经济学的工具包，该工具包提供了若干常用的时间序列模型。我们主要利用该工具包中的计算自相关系数的函数。其次，我们调用了“statsmodels”工具包中的“acf”函数，该函数负责计算时间序列的自相关系数。我们首先计算美国标准普尔 500 指数过去 100 天的自相关系数，然后存入变量“SP500_ acf”中，再对收益率求平方，在 Pandas 下对一向量计算其每个值的平方非常容易，直接使用“ ** 2”即可。这种计算平方的方法是 Python 特有的，这种方法和 Matlab 语言不一样，在 Matlab 中，我们使用“. ^2”对某一向量的每个值求平方。然后我们对对数收益率的平方数据求其自相关系数，最后将结果存入变量“SP500_ acf2”中。上面代码片段的剩下部分都是将结果可视化，都是从事画图的工作。但是有一些 Python 编程技巧需要在这里进行说明。我们得到的结果，即“SP500_ acf”和“SP500_ acf2”的数据类型都是 Numpy 形式，并不是 Pandas 的数据类型，因此，我们要对结果进行可视化处理，不能直接使用前面的可视化方法。对于 Pandas 的数据类型，比如我们前面的例子，数据框变量“bf”，我们可以利用“df. hist ( )”直接对数据框里面的数据绘制直方图，我们也可以利用“df. plot ( )”直接对数据框内的数据进行绘图。但是如果我们输入“SP500_ acf. plot ( )”计算机会报错，报错信息为：numpy 无 plot 特性的内建命令或函数（见代码 5－5）。

输入	SP500_acf. plot()
输出	AttributeError　　Traceback (most recent call last) <ipython-input-57-02ecedccc159> in <module>() -->1 SP500_acf. plot() AttributeError: 'numpy. ndarray' object has no attribute 'plot'

代码 5－5　Numpy 画图中常犯的错误以及 Python 的报错命令

我们对“plt”的“figure”属性进行了定义，增大了图片显示的大小，我们认为设置为（8，7）较为合理，然后我们增加了图片的解析度，令 dpi = 980①，我们将美国标准普尔 500 指数的对数收益率和其对数收益率平方的自相关系数两张图放在一个平面内，于是我们使用了 subplot 命令。这个命令和 Matlab 的 subplot② 命令类似。我们令第一个“subplot（2，1，1）”为一个对象“p1”，此对象用来绘制美国标准普尔 500 指数的对数收益率的自相关图。针对这个对象，我们设定一些它的属性，比如是否要绘制网格，当然我们一般都需要设置网格，于是我们使用“p1. grid（True）”，然后绘制图片，此外需要注意的是，Python 为科研人员提供了极为方便的调整可视化图片属性的功能，科研人员可以自定义曲线的颜色③。我们令第二个“subplot（2，1，2）”也为一个对象“p2”，此对象用来绘制美国标准普尔 500 指数的对数收益率的平方的自相关图（见图 5 -7），其余的绘图设置属性和“p1”类似，故不再冗述。

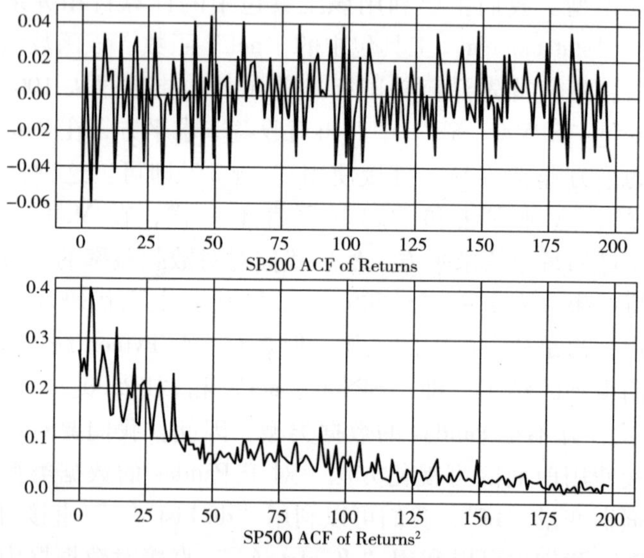

图 5 -7　美国标准普尔 500 指数的对数收益率的自相关图（上）与其对数收益率平方的自相关图（下）

---

① dpi 是描述图像解析度的单位，一般指每英寸的形式。以一个 200dpi 的图片为例，假设长 10 英寸，则其分辨率应为 2 000 × 1 000。

② 我们主要使用了 Python 的画图工具包“Matplotlib”，我们需要在此简单地介绍和回顾一下该工具包。该包本来创作的动机就是为熟悉 Matlab 编程操作的生物医疗工程学（Biomedical Engineering，BME）的科研人员在 Python 上可视化大量癫痫病人的大脑皮层点图相关信号而研发，所以该可视化软件包几乎“复制”了所有 Matlab 的命令，也因为这个原因，该软件包的名字中有一个“mat”的词根，以体现该程序包和 Matlab 软件的渊源。Matplotlib 首次发表于 2007 年，其原作者是一位名为亨特（John D. Hunter）的神经生物学家，可惜的是他在 2012 年不幸因癌症去世。

③ 关于如何查找这种十六进制的颜色代码，绘制出美观的图片，我们推荐一个色图网站：http://encycolorpedia. cn/。

我们还测算了上证指数、深证成分股指数以及美元兑欧元汇率的对数收益率的自相关系数和其对数收益率的平方的自相关系数（见图5－8、图5－9和图5－10）。用肉眼即可识别出，对数收益率的自相关系数远没有其平方的自相关系数显著，由此可见，波动聚凝效应明显。

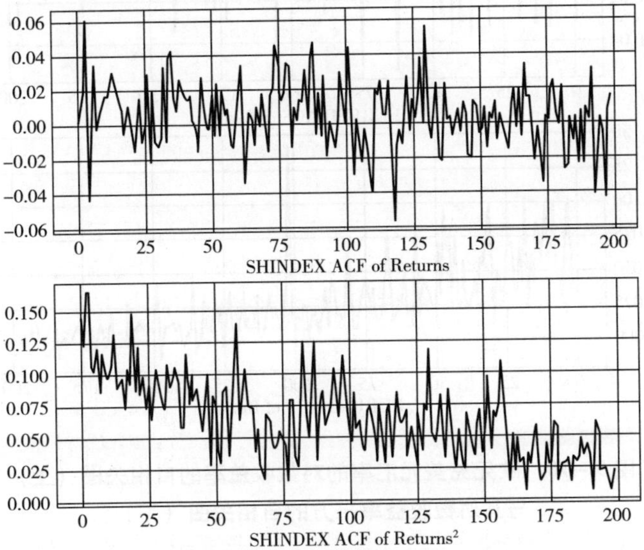

图5－8　上证指数的对数收益率的自相关图（上）与其对数收益率平方的自相关图（下）

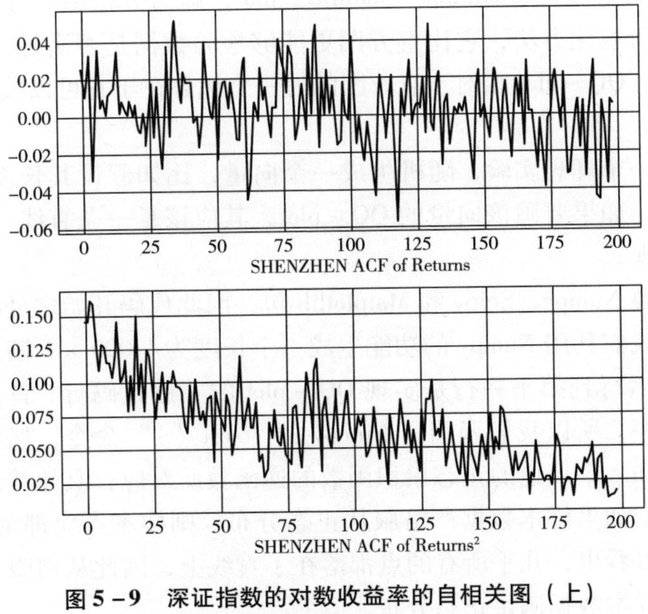

图5－9　深证指数的对数收益率的自相关图（上）与其对数收益率平方的自相关图（下）

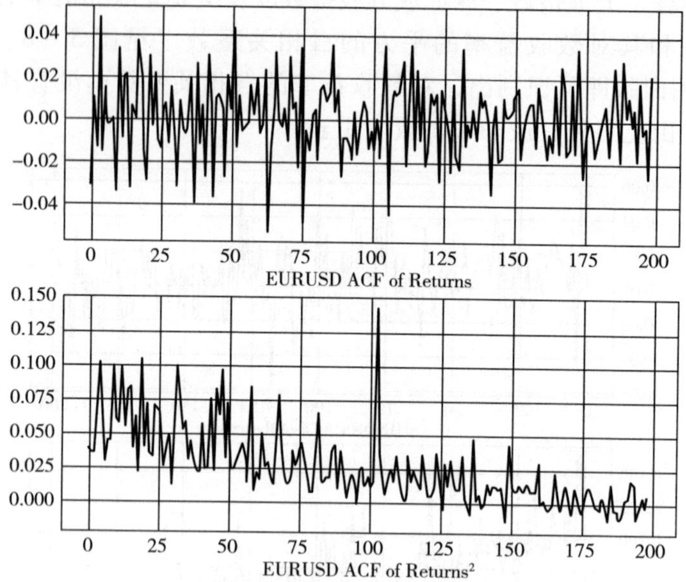

图 5－10　欧元兑美元汇率的对数收益率的自相关图（上）与其对数收益率平方的自相关图（下）

（三）QQ－plot 的 Python 编程实现

QQ－plot 的全称为 Quantile－quantile－plot，即为分位数—分位数图，是一种常见的统计可视化方法，它比直方图更能够检验数据是否满足某一特定分布，比如正态分布。QQ－plot 相对于直方图的另一个优势在于它可以较好地可视化数据的尾部分布。

我们先做一个理想实验，随机生成一个向量，比如假设其长度为 1 000，并满足正态分布，如果要画该向量的 QQ－plot，其应该是一条直线。代码 5－6 是 Python 代码实现。

我们仅需要 Numpy，Scipy 和 Matplotlib 包，因此代码开始之处导入了这三个程序包。然后我们利用 Numpy 的功能生成一个长度为 1 000 × 1 满足正态分布的列向量。从第六行到第十一行是实现 QQ－plot 的关键代码行。首先要对随机数按大小进行排序，所以我们调用了 Numpy 的“sort（）”命令，然后，每一个新排序后的值应和一个理论的正态累积函数的逆函数所对应，具体代码实现见第十行到第十一行。如果样本数据严格服从正态分布，则样本点应都落在直线之上。从图 5－11 可以看出，几乎所有的点都落在了直线上，因此从肉眼上我们就几乎可以判断，该样本数据满足正态分布。

```
Import numpy as np
import scipy. stats as ss
import matplotlib. pyplot as plt
% matplotlib inline
tmpdata = np. random. randn(1000,1)
s_rts  =  np. sort(tmpdata,axis = 0)
len_s_rts = len(s_rts)
norm_quant_rts = np. zeros([len_s_rts,1])

for i in range(0,len_s_rts):
    norm_quant_rts[i] = ss. norm. ppf((i + 1.0 - 0.5)/len_s_rts)

plt. scatter(norm_quant_rts,s_rts)

min_qt = np. min(norm_quant_rts)
min_s = np. min(s_rts)
min_ax  = np. min([min_qt,min_s])

max_qt = np. max(norm_quant_rts)
max_s = np. max(s_rts)
max_ax  = np. max([max_qt,max_s])

ax_x = np. linspace(min_ax,max_ax,len_s_rts)
ax_y = np. linspace(min_ax,max_ax,len_s_rts)
plt. plot(ax_x,ax_y,color = 'r')
plt. grid(True)
```

代码 5－6　绘制一个正态分布的随机向量的 QQ－plot 的 Python 代码

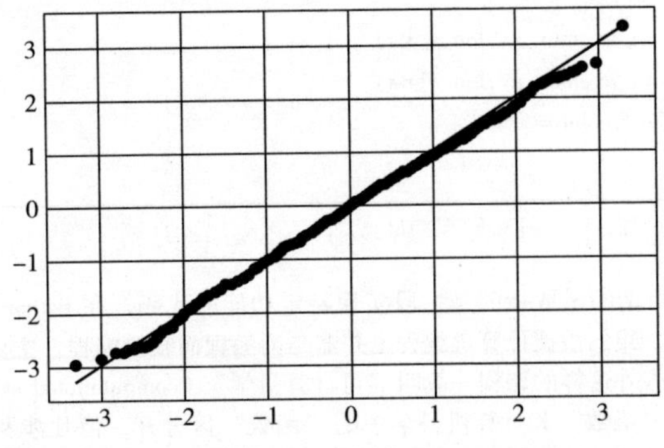

图 5－11　一个满足正态分布的随机向量的 QQ－plot

回到我们先前讨论的案例，我们继续以“yyf_ prices. xls”数据中的存储数据为例，将 QQ - plot 的功能模板化，即定义一个 Python 函数[①]，名为“mynormqqplot”，具体代码可见代码 5 - 7。需要注意的是，该 Python 函数对输入数据有一定的要求，要求数据必须先进行标准化处理，即样本数据必须先除以其样本标准差。从图 5 - 12 可以看到，样本数据并没有和直线重合，尤其是大量的尾部数据无法和直线重合，说明该数据确实不满足正态分布。

```
Import numpy as np
import pandas as pd
import scipy. stats as ss
import matplotlib. pyplot as plt
% matplotlib inline

def mynormqqplot( data) :
#normalized data before plug - in the function
     s_rts  =  np. sort( data, axis = 0)
     len_s_rts = len( s_rts)
     norm_quant_rts = np. zeros( [ len_s_rts, 1 ] )
     for i in range( 0, len_s_rts) :
          norm_quant_rts[ i ] = ss. norm. ppf( ( i + 1. 0 - 0. 5) / len_s_rts)

     plt. scatter( norm_quant_rts, s_rts)

     min_qt = np. min( norm_quant_rts)
     min_s = np. min( s_rts)
     min_ax  = np. min( [ min_qt, min_s] )

     max_qt = np. max( norm_quant_rts)
     max_s = np. max( s_rts)
     max_ax  = np. max( [ max_qt, max_s] )

     ax_x = np. linspace( min_ax, max_ax, len_s_rts)
     ax_y = np. linspace( min_ax, max_ax, len_s_rts)
     plt. plot( ax_x, ax_y, ' - ', color = 'r')
     plt. grid( True)
```

① 计算机科学里面所谓的函数指的是一段实现特定功能的代码，在 Python 中以“def”开头。因为本书涉及大量的数学知识，我们讲授计算机编程也并非是为编程而教授编程，主要是讲授数学模型或数学理论具体代码的实现，在国外这样的课程一般叫“可计算科学”（computational science）。为了避免读者的误会，也为了将数学中的“函数”和计算机科学中的“函数”区分开，但凡涉及计算机编程的“函数”，我们会注明是计算语言的函数。比如在此例子中，我们马上要编写一个 Python 函数，我们会说明是“编写一个 Python 函数”，而不会像计算机科学专著或教科书那样直接说“我们编写一个函数”。

```
# mynormqqplot function END

df = pd. read_excel("yyf_prices. xls",parse_dates = [0])
df. index = df. pop('Date')
#df. hist(figsize = [10,10])

df_log_rets =   np. log(df. dropna()/df. dropna(). shift(1)). dropna()

std_rts = df_log_rets. SHINDEX. std()
normalized_log_rts = np. asarray(df_log_rets. SHINDEX/std_rts)

# call our function 'mynormqqplot'
mynormqqplot(normalized_log_rts)
```

代码 5－7　实现上证指数对数收益率（标准化后数据）的 QQ－plot 的 Python 代码

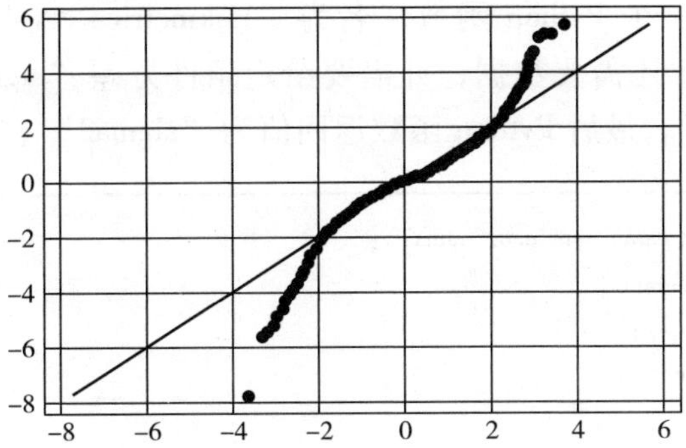

图 5－12　上证指数对数收益率（标准化后数据）的 QQ－plot

当然我们也可以调用 Python 的“statsmodels”工具包的“qqplot”功能绘制 QQ－plot。我们可以得到同样的结果（见代码 5－8）。

```
Import statsmodels. api as sm
…
…(中间代码省略)
plt. figure()
sm. qqplot(normalized_new_rts,line = 's')
plt. grid(True)
plt. xlabel('theoretical quantiles')
plt. ylabel('sample quantiles')
plt. title('Statsmodels qqplot result')
```

代码 5－8　利用 QQ－plot 功能实现同样的结果

(四) RiskMetrics 波动率模型的编程实现

前面我们已经介绍了 RiskMetrics 模型，该模型的基本思想是认为波动率是不可观测变量，但其可以表示为过去的波动率与收益率之间的函数，具体表达式为：

$$\sigma_t^2 = \beta\sigma_{t-1}^2 + \alpha R_{t-1}^2 , t \geqslant 1$$

关于初始值，一般我们采用 $R_0 = \bar{\mu}$ 和 $\sigma_0 = \bar{\sigma}$，即使用对数收益率数据的样本均值和样本标准差。此外，RiskMetrics 模型不涉及参数估计问题，也就是说，我们不去估计 α,β 的值，而是可直接认为 $\alpha = 0.06$，$\beta = 0.94$。需要注意的是，我们称 $\{\sigma_t\}_{t\geqslant 0}$ 为波动率，称 $\{\sigma_t^2\}_{t\geqslant 0}$ 为条件方差，而称 $z_t \triangleq \frac{R_t}{\sigma_t}$ 为标准化收益率。这三个概念，我们在本部分会不断提到。在给定参数的条件下，且已知初始值 $R_0 = \bar{\mu}$ 和 $\sigma_0 = \bar{\sigma}$，我们的样本数据又是所有历史对数收益率 $\{R_t\}_{t\in[1,T]}$，则要计算波动率 $\{\sigma_t\}_{t\geqslant 0}$ 就是一个递归过程。

我们专门定义一个 Python 函数，名为“riskmetrics_ volatilities”。该 Python 函数的输入是参数，还需要数据，并需要给定条件方差“sigma2”，其中的“2”其实是指代“平方”。最后 Python 函数返回值为“sigma2”（见代码 5－9）。

```
Def riskmetrics_volatilities(parameters,data,sigma2):
        alpha = parameters[0]
        beta = parameters[1]
        T=len(data)

        for t in range(1,T):
            sigma2[t]=(alpha * data[t-1] * *2+beta * sigma2[t-1])

        return np. copy(sigma2)
```

代码 5－9　实现 Riskmetrics 功能的 Python 代码

下面我们看一下如何在后续的程序中调用该 Python 函数，我们最后将可视化波动率，并对标准化收益率的结果进行简单分析。代码 5－10 是部分主要代码。

```
(前面代码省略)…
df_log_rets = 100 * np. log(df. dropna()/df. dropna(). shift(1)). dropna()
tmpdata= df_log_rets. SZINDEX
mean_rts = tmpdata. mean()
var_rts   = tmpdata. var()
std_rts = tmpdata. std()
```

```
T = tmpdata.count()
# alternative methods
# T = len(tmpdata)
# T = np.shape(tmpdata,0)
sigma2 = np.ones(T) * (var_rts) #initialized volatilities
analized = 1# or we should set to 252
startingVals = np.array([0.09,.90])
sigma2final = riskmetrics_volatilities(startingVals,np.array(tmpdata),sigma2)
garch_vol = np.sqrt(analized * sigma2final)
gr_vol = pd.DataFrame(garch_vol,index = tmpdata.index,columns = ['Garch Volatilities'])
gr_vol.plot(figsize = (12,7),grid = True)
normalized_new_rts = np.asarray(tmpdata)/garch_vol
gr_vol.loc[:,'Standerized Returns'] = normalized_new_rts
gr_vol.loc[:,'Log Returns'] = tmpdata
ttmp = normalized_new_rts/(normalized_new_rts.std())
# plot standerized returns using Garch 11
mynormqqplot(ttmp)
#calculate FOUR MOMENTS of standerized returns using Garch 11
a1 = ttmp.mean()
a2 = ttmp.std()
a3 = ss.skew(ttmp)
a4 = ss.kurtosis(ttmp)

std_rts = tmpdata.std()
normalized_log_rts = np.asarray(tmpdata)/std_rts

#calculate FOUR MOMENTS of original log returns
b1 = normalized_log_rts.mean()
b2 = normalized_log_rts.std()
b3 = ss.skew(normalized_log_rts)
b4 = ss.kurtosis(normalized_log_rts)

print('Type        ||','mean||','std||','skew||','kurt||')
print('Original data:  ',b1,b2,b3,b4)
print('After GARCH:  ',a1,a2,a3,a4)
```

代码5－10　利用 Python 代码展示 Riskmetrics 的结果

我们以深证成分股指数为例，我们在代码的第一行计算了深证成分股指数的对数收益率，然后在代码的第三行到第五行计算了该对数收益率的基本统计信息，即均值、方差和标准差。因为我们的变量“tmpdata”本质上是一个 Pandas 的数据框，所以可以调用数据框的内嵌命令“. count”直接测算其长度，当然迅速计算一个向量长度的方法在 Python 中不止一种，我们在第八行和第九行代码中列出了两种常用的方法供读者参考。我们在代码的第十行，初始化了条件方差①。有些专著关注于年化波动率，如果需要年化波动率，则最后波动率的结果要乘上年度交易时间，一般业内将年度交易时间假设为 252②，我们不考虑年化收益率，仅考虑日化收益率，因此我们将“analized”简单设置为“1”，我们在第十二行初始化 Riskmetrics 模型的参数，将参数设置为 $\alpha = 0.06$，$\beta = 0.94$，然后在第十三行调用函数“riskmetrics_ volatilities”，结果储存在“sigma2final”。然后我们对结果开方，即获得波动率的结果，我们将结果储存在“garch_ vol”变量中。我们创建一个新的 Pandas 数据框，名为“gr_ vol”。将“garch_ vol”变量中的结果储存进数据框，需要注意的是，“garch_ vol”的数据类型是 Numpy 的数据类型。我们在本部分开篇之前一再强调，我们最后的输出结果都是 Pandas 数据框形式。我们再计算标准化收益率，然后将标准化收益的信息也存入新的数据框，为了便于后续研究，我们将对数收益率也存入新的数据框中。

为了绘制标准化收益率的 QQ - plot，我们针对对数收益率的值再进行一次标准化，即除以该数据自身的样本标准差，然后将新标准化的值放入“mynormqqplot” Python 函数中。图 5 - 13 展示了基于 Riskmetrics 计算的深证成分股指数波功率。我们最后比较了对数收益率的标准化结果和经过 Riskmetrics 模型处理的最终的标准化收益率的结果。比较的途径主要是考察它们的主要统计特性，即均值、标准差、偏度和峰度，具体结果见表 5 - 7。由此可见，最终的标准化收益的均值变小，偏度更靠近零，说明分布更为对称，而峰度值也有所改善，该值从原来的 3. 999 7 变为现在的 2. 831 0。

表 5 - 7　原始数据和经过 Riskmetrics 模型调整后的结果比较

	均值	标准差	偏度	峰度③
原始数据	0. 014 6	0. 999 9	-0. 348 1	3. 999 7
Riskmetrics	0. 007 7	1. 000 0	-0. 265 1	2. 831 0

① 条件方差（conditional variance）在数学上就是波动率的平方。

② 也有专著或教材将该值设为 250。

③ 利用 Python 的 Scipy 库计算的偏度是“超额峰度”（excess kurtosis）。正态分布的峰度值为 3，其超额峰度为 0。

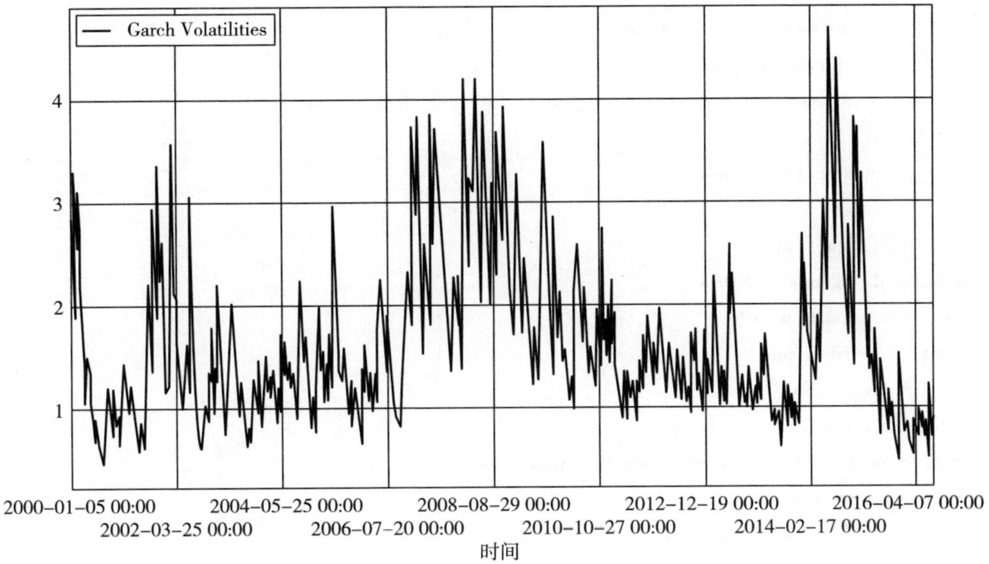

图 5－13　基于 Riskmetrics 计算的深证成分股指数波动率

（五）GARCH（1，1）波动率模型的编程实现

常见的实现 GARCH（1，1）波动率的方法有两种，先介绍较常用的一种。

我们已经知道 GARCH（1，1）波动率的模型为：$\sigma_t^2 = \omega + \alpha R_{t-1}^2 + \beta\sigma_{t-1}^2$，我们计算模型的初始值 σ_0 和 R_0 仍然使用对数收益率样本的标准差和均值。在给定参数 α 和 β 的前提下，我们利用 $\omega = \sigma_0^2(1-\alpha-\beta)$ 的公式计算出 ω 参数的值。在有了以上条件后，计算每一次的波动率的值仅是一个迭代的代码工作而已。代码 5－11 给出了具体的代码实现，我们将现在介绍的第一种实现 GARCH（1，1）模型的 Python 函数命名为“garch_ volatilities_ v1”。需要注意的是，在后续的代码中，我们仅需改变代码 5－11 中的第十三行，将原来调用的“riskmetrics_ volatilities” Python 函数，改为调用“garch_ volatilities_ v1” Python 函数。

```
…
…(前面代码省略)
def garch_volatilities_v1(parameters,data,sigma2):
        alpha = parameters[0]
        beta = parameters[1]
        T = len(data)
```

```
        # Data and Sigma2 are assumed as T by 1 vectors
        omega = sigma2[0] * (1 - alpha - beta)
        for t in range(1,T):
            sigma2[t] = omega + (alpha * data[t-1] ** 2 + beta * sigma2[t-1])

        return np.copy(sigma2)
…
…(中间部分代码省略)
tmpdata = df_log_rets.SZINDEX
mean_rts = tmpdata.mean()
var_rts   = tmpdata.var()
std_rts = tmpdata.std()
T = tmpdata.count()
sigma2 = np.ones(T) * (var_rts) #initialized volatilities
analized = 1 # or we should set to 252
startingVals = np.array([0.06,0.94])

sigma2final = garch_volatilities_v1(startingVals,np.array(tmpdata),sigma2)
…
…(后面部分代码省略)
```

代码 5－11　第一种实现 GARCH（1，1）的 Python 代码

下面介绍第二种实现 GARCH（1，1）代码的方法。模型的初始值 σ_0 和 R_0 仍然使用对数收益率样本的标准差和均值，且这是对数收益率的无条件标准差和无条件均值，仍假定参数 α 和 β 给定，但是 GARCH（1，1）模型有小的变动，写为：$\sigma_t^2 = \alpha(R_{t-1} - \bar{\mu})^2 + \beta\sigma_{t-1}^2$，注意，该写法中没有参数 ω。代码 5－12 给出了第二种实现 GARCH（1，1）模型的代码，我们将此 Python 函数命名为“garch_ volatilities_ v2”。注意，在 Python 函数的输入变量“parameters”中多增加了一个元素，即无条件均值 $\bar{\mu}$。在后续的运行程序部分，我们需要对初始值简单修改一下，而其余部分的代码则无须再修改。

```
…
…(前面代码省略)
def garch_volatilities_v2(parameters,data,sigma2):
        mu = parameters[0]
        alpha = parameters[1]
        beta = parameters[2]
        T = len(data)
```

```
        eps = data - mu

        for t in range(1,T):
            sigma2[t] = (alpha * eps[t-1] * *2 + beta * sigma2[t-1])

        return np.copy(sigma2)
...
…(中间部分代码省略)
tmpdata = df_log_rets.SZINDEX
mean_rts = tmpdata.mean()
var_rts  = tmpdata.var()
std_rts = tmpdata.std()
T = tmpdata.count()
sigma2 = np.ones(T) * (var_rts) #initialized volatilities
analized = 1 # or we should set to 252

startingVals = np.array([mean_rts,0.06,0.94])
sigma2final = garch_volatilities_v2(startingVals,np.array(tmpdata),sigma2)
...
…(后面部分代码省略)
```

代码 5－12 第二种实现 GARCH（1，1）的 Python 代码

(六) NGARCH（1，1）波动率模型的编程实现

有了前面几种实现常见 GARCH 模型的经验，要实现 NGARCH 模型也就变得易如反掌。NGARCH（1，1）关于波动率的方程设定为：$\sigma_t^2 = \omega + \alpha (R_{t-1} - \theta\sigma_{t-1})^2 + \beta\sigma_{t-1}^2$，该波动方程的初始值还是采用和前面模型类似的设定，即模型的初始值 σ_0 和 R_0 仍使用对数收益率样本的标准差和均值，并认为这是对数收益率的无条件标准差和无条件均值，且 $\omega = \sigma_0^2(1 - \alpha(1 + \theta^2) - \beta)$，所以在创建"Ngarch_ volatilities" Python 函数中，仅多加了一个参数 θ，其余的部分并未改动（见代码 5－13）。请读者自行对照前面的代码。我们将 θ 的值设置为 0.5。

```
...
…(前面代码省略)
def Ngarch_volatilities(parameters,data,sigma2):
        alpha = parameters[0]
        beta = parameters[1]
```

```
        theta  = parameters[2]

        T = len(data)
        omega = sigma2[0] * (1 - alpha * (1 + theta * * 2) - beta)
        for t in range(1,T):
            eps =  data[t - 1] - theta * np. sqrt(sigma2[t - 1])
            sigma2[t] = omega + (alpha * eps * * 2 + beta * sigma2[t - 1])

        return np. copy(sigma2)
…
…(中间部分代码省略)
tmpdata =  df_log_rets. SZINDEX
mean_rts  =  tmpdata. mean()
var_rts    =  tmpdata. var()
std_rts  =  tmpdata. std()
T = tmpdata. count()
sigma2  =  np. ones(T) * (var_rts) #initialized volatilities
analized = 1  # or we should set to 252

initial_vals  =  np. array([0. 07,0. 85,0. 50])
sigma2final  =  Ngarch_volatilities(initial_vals,np. array(tmpdata),sigma2)
…
…(后面部分代码省略)
```

代码 5－13　实现普通 NGARCH（1，1）模型的 Python 代码

我们还可以考虑一种更为一般的 NGARCH 的形式：

$$\sigma_t^2 = \omega + \alpha\sigma_{t-1}^2 \mathrm{NIF}(z_t) + \beta\sigma_{t-1}^2$$

$$\mathrm{NIF}(z_t) = (|z_t - \theta_1| - \theta_2(z_t - \theta_1))^{2\theta_3}$$

其中，$\mathrm{NIF}(z_t)$ 被定义为新消息冲击函数（News Impact Function），而 $z_t = \dfrac{R_t}{\sigma_t}$ 表示标准化收益率。

我们给出了具体的代码实现（代码 5－14），读者可以自行将一般化的 NGARCH 模型和普通 NGARCH 模型相比较。需要注意的是，为了向读者充分展示若干商业开发的 GARCH 软件包的开发细节及数学模型实现的多样性，相对于前面介绍的 Ngarc 模型，我们在构建“General_ Ngarch_ volatilities”Python 函数时对数学模型的实现做了一些小的修改。在上例中，我们利用现有参数和样本数据信息计算出了 ω 的值，其实我们也可以自己对 ω 赋值。在“General_ Ngarch_ volatilities”Python 函数中我们做了这样的尝试。

```
…
…(前面代码省略)
def General_Ngarch_volatilities(parameters,data,sigma2):
        alpha = parameters[0]
        beta = parameters[1]
        theta1 = parameters[2]
        theta2 = parameters[3]
        theta3 = parameters[4]
omega = parameters[5]

        T = len(data)
        for t in range(1,T):
            z = data[t - 1]/np.sqrt(sigma2[t - 1])
            NIF = np.power(np.abs(z - theta1) - theta2 * (z - theta1),2 * theta3)
            sigma2[t] = omega + (alpha * NIF * sigma2[t - 1] + beta * sigma2[t - 1])

        return np.copy(sigma2)
…
…(中间部分代码省略)
# start general Ngarch
initial_vals = np.array([0.07,0.85,0.02,0.5,0.75,0.01])
sigma2final = General_Ngarch_volatilities(initial_vals,np.array(tmpdata),sigma2)
# end Ngarch
…
…(后面部分代码省略)
```

代码 5-14 实现一般化 NGARCH (1, 1) 模型的 Python 代码

(七) GJR-GARCH (1, 1) 波动率模型的编程实现

NGARCH 模型是一种研究收益率波动率的非对称性的模型，而 GJR-GARCH 模型也是研究收益率波动率的非对称性的模型。该模型在 1989 年由 Glosten、Jagannathan 和 Runkel 提出，后来根据三位作者名字首字母缩写命令了该模型。

GJR-GARCH 的波动方程为：

$$\sigma_t^2 = \omega + \alpha(R_{t-1} - \bar{\mu})^2 + \gamma(R_{t-1} - \bar{\mu})^2 I[R_{t-1} - \bar{\mu} < 0] + \beta\sigma_{t-1}^2$$

其中，$I[\cdot]$ 表示指示函数，其含义是：当 $R_{t-1} - \bar{\mu} < 0$，指示函数等于1，而其余情况等于零。

代码 5-15 是 GJR-GARCH (1, 1) 实现的 Python 代码。需要注意的是，

"gjr_ garch_ volatilities" Python 函数的输入变量中的"parameters"的第一个参数对应的是$\bar{\mu}$，为样本的均值，而第二个参数对应的是ω，我们可以直接对其赋值，令其为样本方差的1%。

```
…
…(前面代码省略)
def gjr_garch_volatilities(parameters,data,sigma2):
        mu = parameters[0]
        omega = parameters[1]
        alpha = parameters[2]
        gamma = parameters[3]
        beta = parameters[4]

        T = len(data)
        #print('What is T = ',T)
        eps = data - mu
        # Data and Sigma2 are T by 1 vectors
        for t in range(1,T):
            sigma2[t] = (omega + alpha * eps[t-1] ** 2 + gamma * eps[t-1] ** 2 * (eps[t-1] <0)
 + beta * sigma2[t-1])

        return np.copy(sigma2)…
…(中间部分代码省略)
initial_vals = np.array([mean_rts,var_rts * .01,0.03,0.09,0.90])
sigma2final = gjr_garch_volatilities(initial_vals,np.array(tmpdata),sigma2)
…
…(后面部分代码省略)
```

代码5-15　实现GJR-GARCH（1，1）的Python代码

(八) 关于收益率的在险价值（VaR）的编程实现

我们前面已经讨论和推导过，如果我们认为标准收益率满足正态分布，则在险价值和波动率之间满足以下非常简单的函数关系，即：$VaR_t^p = -\sigma_t\Phi^{-1}(p)$，其中$\Phi^{-1}(p)$表示概率为$p$的逆密度函数。此外，当$p$值给定，比如$p = 1.00\%$，我们又假设标准收益率满足正态分布，此时，$\Phi^{-1}(p)$实则为一个常数，$\Phi^{-1}(p) \approx -2.3263$。也就是说，如果要计算某资产的收益率的在险价值，其实仅需在求出其波动率的值之后乘以$-\Phi^{-1}(p) \approx 2.3263$。在代码5-16中，打印了我们最后获得数据框的结果。最后我们可以利用 Python 自带的"to_ csv"和"to_ excel”命令轻而易举地将数据框的内容储存为我们常用的“. csv”或“. excel”文件。

<table>
<tr><td>输入</td><td>

```
…
…(前面代码省略)
def VaR_norm(vols,p):
    T = len(vols)
    invpdf = ss.norm.ppf(p)
    VaR  = -invpdf * vols
    return VaR
…(中间部分代码省略)
VaR  = np.zeros(T) #initialized VaR
p =0.01
VaR  = VaR_norm(garch_vol,p)
gr_vol.loc[:,'VaR'] = VaR

gr_vol.head()
gr_vol.to_csv('yyfdataout/garch_vols.csv',index_label = 'date')
gr_vol.to_excel('yyfdataout/garch_vols.xls',index_label = 'date')
…
…(后面部分代码省略)
```

</td></tr>
<tr><td>输出</td><td>

	Garch Volatilities	Standerized Returns	Log Returns	VaR
Date				
2000-01-05 00:00:00	1.856530	-0.166220	-0.308592	4.318935
2000-01-06 00:00:00	1.895925	2.495554	4.731384	4.410581
2000-01-07 00:00:00	2.007752	2.301200	4.620239	4.670728
2000-01-10 00:00:00	2.097463	1.149829	2.411723	4.879428
2000-01-11 00:00:00	2.121183	-2.527428	-5.361138	4.934610

</td></tr>
</table>

代码 5－16 关于在险价值的 Python 编程实现

(九) 模型参数估计的编程实现

在前面的案例中，波动方程的参数都是由我们事先设定而且具有很大的随意性，较为符合常理的方法是利用极大似然的方法找出模型的最优参数。在前面的章节中，我们讨论的每种 GARCH 模型的波动方程虽然并不一样，但是它们的极大似然函数却是一致的。我们首先演示如何利用 Python 的优化工具包找出 Riskmetrics 模型的最优参数。一旦我们了解了如何利用代码找出模型参数的最优解，我们就可以将这种编写代码的模式轻易地扩展到其他的 GARCH 模型中去。

下面我们先给出相关的代码（见代码 5－17），然后解释这些代码的意图。

```
…
…(前面代码省略)
defriskmetrics_likelihood(parameters,data,sigma2,out = None):
        alpha = parameters[0]
        beta = parameters[1]
        T=len(data)

        # Data and Sigma2 are assumed as T by 1 vectors
        for t in range(1,T):
            sigma2[t]=(alpha*data[t-1]**2+beta*sigma2[t-1])

        logliks = 0.5*(np.log(2*np.pi)+np.log(sigma2)+data**2/sigma2)
        loglik = np.sum(logliks)

        if out is None:
            return loglik
        else:
            return loglik,logliks,np.copy(sigma2)

defriskmetrics_constraint(parameters,data,sigma2,out=None):
        alpha = parameters[0]
        beta = parameters[1]
        return np.array([1-alpha-beta])
…
…(中间部分代码省略)
rm_initial_vals = np.array([.09,.90])
iniloglik,_,_ = riskmetrics_likelihood(rm_initial_vals,np.array(tmpdata),sigma2,out=True)
rm_bounds   =[(0.0,1.0),(0.0,1.0)]
    estimates=fmin_slsqp(riskmetrics_likelihood,rm_initial_vals,
f_ieqcons=riskmetrics_constraint,bounds=rm_bounds,args = args)
loglik,logliks,sigma2final = riskmetrics_likelihood(estimates,np.array(tmpdata),sigma2,out=True)
print('Initial Values=',rm_initial_vals,'  Initila Likilihood=',iniloglik)
print('Estimated Values=',estimates,'Estimated Likilihood=',loglik)
…
…(后面部分代码省略)
```

代码 5－17　模型的参数估计的编程实现

我们定义了两个 Python 函数，一个名为“riskmetrics_ likelihood”，另一个名

为“riskmetrics_ constraint”。我们先介绍第一个 Python 函数，该 Python 函数的功能其实几乎和前面例子中的“riskmetrics_ volatilites” Python 函数一致，只是增加了原来函数的功能，在“riskmetrics_ likelihood” Python 函数中，当“out = Ture”时，Python 函数会计算波动方程的极大似然函数值。而“riskmetrics_ constraint”主要保证在寻找参数最优解过程中，波动方程始终保持其平稳性，要 Riskmetrics 模型保持平稳的条件是 $0 < \alpha + \beta \leqslant 1$ 。在函数的主运行部分，我们使用 Scipy 程序包中的优化命令“fmin_ slsqpo”。我们首先随意地选取 (α, β) 的初始值，令它们分别等于 0.09 和 0.9。根据运行结果，我们得到最优解为 $\alpha^* = 0.047$ 而 $\beta^* = 0.9527$ ，我们还测算了初始时极大似然值为 -7 969.596 2，而经过优化后极大似然值为 -7 869.802 3，说明优化效果较好。如果我们令 α, β 分别为 0.040 0 和 0.960 0，我们得到的极大似然函数值为 -7 871.348，我们也可以用这个例子来佐证，$(\alpha^*, \beta^*) = (0.047, 0.9527)$ 确实为最优解。

根据同样的原理，我们可以将前面提到的 GARCH（1，1）的两种形式、NGARCH（1，1）的普通形式和一般形式、GJR - GARCH（1，1）的模型进行改写，然后利用 Riskmetrics 的代码模式，实现这些模型的参数估计。

下面我们列出前面讨论过的 GARCH 家族模型可计算极大似然公式的代码，见代码 5 - 18。

```
def garch_likelihood_v2(parameters,data,sigma2,out = None):
        mu = parameters[0]
        alpha = parameters[1]
        beta = parameters[2]

        T=len(data)
        eps = data- mu #kevein v1
        for t in range(1,T):
            sigma2[t]=(alpha*eps[t-1]**2+beta*sigma2[t-1])

        logliks = 0.5*(np.log(2*np.pi)+np.log(sigma2)+eps**2/sigma2)
        loglik = np.sum(logliks)

        if out is None:
            return loglik
        else:
            return loglik,logliks,np.copy(sigma2)

def garch_constraint_v2(parameters,data,sigma2,out=None):
```

```
    alpha = parameters[1]
    beta = parameters[2]
    return np.array([1 - alpha - beta])


def Ngarch_likelihood(parameters,data,sigma2,out = None):
    omega = parameters[0]
    alpha = parameters[1]
    beta = parameters[2]
    theta = parameters[3]
    T = len(data)

    for t in range(1,T):
        eps = data[t - 1] - theta * np.sqrt(sigma2[t - 1])
        sigma2[t] = omega + (alpha * eps ** 2 + beta * sigma2[t - 1]) #yyf v2

    logliks = 0.5 * (np.log(2 * np.pi) + np.log(sigma2) + data ** 2/sigma2)
    loglik = np.sum(logliks)

    if out is None:
        return loglik
    else:
        return loglik,logliks,np.copy(sigma2)

def Ngarch_constraint(parameters,data,sigma2,out = None):
    alpha = parameters[1]
    beta = parameters[2]
    theta = parameters[3]
    return np.array([1 - alpha * (1 + theta ** 2) - beta])

def gjr_garch_likelihood(parameters,data,sigma2,out = None):
    mu = parameters[0]
    omega = parameters[1]
    alpha = parameters[2]
    gamma = parameters[3]
    beta = parameters[4]

    T = len(data)

    eps = data - mu
```

```
        for t in range(1,T):
            sigma2[t] = (omega + alpha * eps[t - 1] * *2 + gamma * (eps[t - 1] * *2) * (eps[t - 1] <
0) + beta * sigma2[t - 1])

        logliks  =  0.5 * (np.log(2 * np.pi) + np.log(sigma2) + eps * *2/sigma2)
        loglik  =  np.sum(logliks)

        if out is None:
            return loglik
        else:
            return loglik,logliks,np.copy(sigma2)

def gjr_constraint(parameters,data,sigma2,out = None):
        alpha  =  parameters[2]
        gamma  =  parameters[3]
        beta  =  parameters[4]
        return np.array([1 - alpha - gamma/2 - beta])
```

代码 5 - 18 计算主要的 GARCH 家族模型的极大似然函数的 Python 代码实现

代码 5 - 19 展示了在主程序部分调用计算波动方程极大似然函数后，再实现优化的程序代码。

```
…
…(前面代码省略)
garch_list  = ['riskmetrics','garch_v1','garch_v2','Ngarch','gjr']
garch_type  = garch_list[0]

if garch_type  = = 'riskmetrics':
# riskmetrics
    rm_initial_vals  =  np.array([0.4,0.96]) ##change
    iniloglik,_,_  =  riskmetrics_likelihood(rm_initial_vals,np.array(tmpdata),sigma2,out = True)
    rm_bounds     = [(0.0,1.0),(0.0,1.0)]
    estimates  =  fmin_slsqp(riskmetrics_likelihood,rm_initial_vals,f_ieqcons = riskmetrics_constraint,bounds =
rm_bounds,args  = args)
    loglik,logliks,sigma2final  =  riskmetrics_likelihood(estimates,np.array(tmpdata),sigma2,out = True)
    print('Initial Values = ',rm_initial_vals,'   Initila Likilihood = ',iniloglik)
elif garch_type  = = 'garch_v1':
# garch v1
    garchv1_initial_vals  =  np.array([.09,.90]) ##change
    iniloglik,_,_  =  garch_likelihood_v1(garchv1_initial_vals,np.array(tmpdata),sigma2,out = True)
    garchv1_bounds     = [(0.0,1.0),(0.0,1.0)]
```

```
        estimates = fmin_slsqp(garch_likelihood_v1, garchv1_initial_vals, f_ieqcons = riskmetrics_constraint,
bounds = garchv1_bounds, args = args)
        loglik, logliks, sigma2final = garch_likelihood_v1(estimates, np.array(tmpdata), sigma2, out = True)
        print('Initial Values = ', garchv1_initial_vals, '  Initila Likilihood = ', iniloglik)
elif garch_type == 'garch_v2':
# garch v2
        garchv2_initial_vals = np.array([mean_rts, .09, .90]) ##change
        iniloglik, _, _ = garch_likelihood_v2(garchv2_initial_vals, np.array(tmpdata), sigma2, out = True)

        garchv2_bounds = [(-10 * mean_rts, 10 * mean_rts), (0.0, 0.5), (0.0, 1.0)]
        estimates = fmin_slsqp(garch_likelihood_v2, garchv2_initial_vals, f_ieqcons = riskmetrics_constraint,
bounds = garchv2_bounds, args = args)
        loglik, logliks, sigma2final = garch_likelihood_v2(estimates, np.array(tmpdata), sigma2, out = True)
        print('Initial Values = ', garchv2_initial_vals, '  Initila Likilihood = ', iniloglik)
elif garch_type == 'Ngarch':
# Ngarch
        Ngarch_initial_vals = np.array([0.000005, 0.07, 0.85, 0.50])
        iniloglik, _, _ = Ngarch_likelihood(Ngarch_initial_vals, np.array(tmpdata), sigma2, out = True)

        Ngarch_bounds = [(0.0, 0.99), (0.0, 0.99), (0.0, 1.0), (0.0, 1.0)]
        estimates = fmin_slsqp(Ngarch_likelihood, Ngarch_initial_vals, f_ieqcons = Ngarch_constraint, bounds =
Ngarch_bounds, args = args)
        loglik, logliks, sigma2final = Ngarch_likelihood(estimates, np.array(tmpdata), sigma2, out = True)
        print('Initial Values = ', Ngarch_initial_vals, '  Initila Likilihood = ', iniloglik)
elif garch_type == 'gjr':
#gjr garch
        gjr_initial_vals = np.array([mean_rts, var_rts * .01, .03, .09, .90])
        iniloglik, _, _ = gjr_garch_likelihood(gjr_initial_vals, np.array(tmpdata), sigma2, out = True)

        finfo = np.finfo(np.float64)
        gjr_bounds = [(-10 * mean_rts, 10 * mean_rts), (finfo.eps, 2 * var_rts), (0.0, 1.0), (0.0, 1.0),
(0.0, 1.0)]
        estimates = fmin_slsqp(gjr_garch_likelihood, gjr_initial_vals, f_ieqcons = gjr_constraint, bounds = gjr_
bounds, args = args)
        print('Initial Values = ', gjr_initial_vals, '  Initila Likilihood = ', iniloglik)
        loglik, logliks, sigma2final = gjr_garch_likelihood(estimates, np.array(tmpdata), sigma2, out = True)
else:
        print('Sorry we dont have the type you required.')

print('Estimated Values = ', estimates, 'Estimated Likilihood = ', loglik)
…
…(后面部分代码省略)
```

图 5 – 19　主程序部分的 Python 代码

（十）关于历史波动率的种类与具体实现

下面我们把重点放在讨论历史波动率的实现上，我们首先回顾一下历史波动率的五种主要计算方法。这五种方法分别是：收盘价对收盘价的历史波动率（Close - to - Close Historical Volatility）；基于风险中性调整的收盘价对收盘价的历史波动率（Close to Close Historical Volatility with Risk Neutral Adjustment）；Parkinson 方法；Garman - Klass 方法；Rogers - Satchell 方法。

接下来介绍我们实验的基本搭建环境。我们选取浦发银行[①] 2000 年 1 月 4 日到 2015 年 9 月 30 日的除权价格作为实验研究对象。

代码 5 - 20 为利用 Python 导入实验数据的代码。图 5 - 14 为价格的走势图，其中“ODD”“CDD”“HDD”“LDD”分别表示为开盘价、收盘价、最高价和最低价。

输入

```
#- * - coding:utf-8 - * -
import numpy as np
import pandas as pd
import scipy.stats as ss
import matplotlib.pyplot as plt
from scipy.optimize import fmin_slsqp
%matplotlib inline
df = pd.read_excel("SH600000.xlsx",parse_dates=[0])
df[:5]
df.index = df.pop('Date')


df.plot(grid=True)
df.head()
```

输出

	ODD	CDD	HDD	LDD
Date				
2000-01-04	3.031553	3.103155	3.128641	3.003641
2000-01-05	3.103155	3.067961	3.152913	3.052184
2000-01-06	3.055825	3.154126	3.191748	3.040049
2000-01-07	3.191748	3.264563	3.337379	3.169903
2000-01-10	3.276699	3.307039	3.379854	3.241505

代码 5 - 20　利用 Python 导入实验数据

---

① 股票代码为 SH600000。

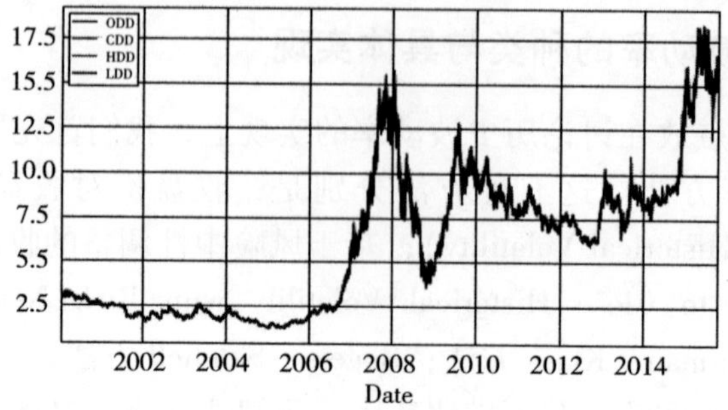

图 5－14　价格走势

下面具体介绍各种历史波动率的实现。

第一种和第二种都是基于日间（intra－daily）信息，分别叫 Close－to－close（简称 CtC）和 Close－to－close historical volatility with risk neutral adjustment（简称 CtC RNA）。我们先来看看 CtC 的公式：

$$\sigma_{CtC}^2 = \frac{1}{(N-1)\delta t}\sum_{i=1}^{N}\left[\ln\left(\frac{S_i}{S_{i-1}}\right)-\left(\sum_{i=1}^{N}\ln\left(\frac{S_i}{S_{i-1}}\right)\right)\right]^2$$

虽然公式看起来较为复杂，但是如果仔细思考，读者会发现，$\sum_{i=1}^{N}\ln\left(\frac{S_i}{S_{i-1}}\right)$ 其实表示的是资产价格对数收益率的样本均值，而如果我们把 $\delta t \triangleq t_i - t_{i-1} = 1$，则 σ_{CtC}^2 的含义就是计算 N 日内对数收益率的样本方差而已。代码 5－21 和代码 5－22 分别是该公式具体实现的 Python 代码和 Matlab 代码。读者可以比较这两种计算机语言的共性和差异。

```
Def CtCHV(data,N,scal,out = None):
###----------------
# input: data : format either numpy or pandas
#          N : historial window
#          out: assume using log diff returns
# output std_CtC
###------------
if out is None:
        dfrets = scal * np.log(data.dropna()/data.dropna().shift(1)).dropna()
        print('running log diff returns')
else:
        dfrets = scal * data.pct_change().dropna()
        print('running pct_change returns')
    T = np.size(dfrets,0)
```

```
    print(T)
    std_CtC = np.zeros((T - N,1))
for t in range(0,T - N):
        std_CtC[t] = dfrets[t:t + N].std()

return std_CtC
```

代码 5 - 21　实现 CtC 历史波动率的 Python 代码

```
function std_CtC  =  CtCHV(dd,N)
% Close - to - Close Historical Volatility
%     input: prices,(len + 1) * 1
%     output: std CtC,len * 1
rets = diff(log(dd));
len = length(rets);
for i = 1:(len - N)
    std_CtC(i) = std(rets(i:i + N - 1));
end
std_CtC = std_CtC';
end
```

代码 5 - 22　实现 CtC 历史波动率的 Matlab 代码

而 CtC RNA 的公式为：

$$\sigma^2_{\text{CtC RNA}} = \frac{1}{(N-1)\delta t}\sum_{i=1}^{N}\left[\ln\left(\frac{S_i}{S_{i-1}}\right)-(r-d)\delta t\right]^2$$

其中，r 表示无风险利率，而 d 表示分红率。

简言之，这两个公式本身仅是计算 N 日内的收益率样本方差而已。而且价格都是利用收盘价。所以，这两种历史波动率计算方法计算的是日间价格历史波动率。N 的日期可以取一年也可以取一个月。代码 5 - 23 和代码 5 - 24 分别是该公式具体实现的 Python 代码和 Matlab 代码。

```
Def CtCHVRNA(data,N,r,d,scal,out  =  None):
if out is None:
        dfrets  = scal * np.log(data.dropna()/data.dropna().shift(1)).dropna()
        print('running log diff returns')
else:
        dfrets  = scal * data.pct_change().dropna()
```

```
        print('running pct_change returns')

    T = np.size(dfrets,0)
    print(T)
    std_CtCRNA = np.zeros((T-N,1))
for t in range(0,T-N):
        std_CtCRNA[t] = dfrets[t:t+N].std() - r + d

return std_CtCRNA
```

代码 5-23 实现 CtC RNA 历史波动率的 Python 代码

```
function CtCRNA = CtCRNA(dd,N,r,d)
% Close-to-close historical volatility with risk neutral adjustment Historical Volatility
%    input: prices,(len+1)*1
%    output: CtCRNA
rets = diff(log(dd));
len = length(rets);
for i = 1 ☹len-N)
    CtCRNA(i) = rets(i:i+N-1) - (r-d);
end
CtCRNA = CtCRNA;
end
```

代码 5-24 实现 CtC RNA 历史波动率的 Matlab 代码

后面三种方法，都不再仅利用日间信息，而是需利用日内信息，日内（inter-daily）信息包括当日的开盘价、最高价和最低价信息。

下面三个公式分别表示 Parkinson 历史波动率、Garman-Klass 历史波动率、Rogers-Satchell 历史波动率：

$$\sigma_P^2 = \frac{1}{4N\ln 2}\sum_{i=1}^{N}[u_i - d_i]^2$$

$$\sigma_{GK}^2 = \frac{0.511}{N}\sum_{i=1}^{N}[u_i - d_i]^2 - \frac{0.019}{N}\sum_{i=1}^{N}[c_i(u_i - d_i) - 2u_i d_i] - \frac{0.383}{N}\sum_{i=1}^{N}c_i^2$$

$$\sigma_{RS}^2 = \frac{1}{N}\sum_{i=1}^{N}[u_i(u_i - c_i) + d_i(d_i - c_i)]$$

其中，u_i、d_i、c_i 的含义见表 5-8。

表 5-8 历史波动率计算公式中的数学符号及其对应含义

符号	含义
u_i	$u_i \triangleq \ln H_i - \ln O_i$
d_i	$d_i \triangleq \ln L_i - \ln O_i$
c_i	$c_i \triangleq \ln C_i - \ln O_i$
H_i	第 i 日最高价
O_i	第 i 日开盘价
L_i	第 i 日最低价
C_i	第 i 日收盘价

代码 5-25 和代码 5-26 分别是实现 Parkinson 历史波动率的 Python 代码和 Matlab 代码。

```
Def parkinsonHV(HDD,LDD,ODD,N,scal):
    un  =  scal * np.log(HDD/ODD)
    dn  =  scal * np.log(LDD/ODD)

    T  =  np.size(HDD,0)
    std_park = np.zeros((T-N,1))
for i in range(0,T-N):
        std_park[i] = np.sqrt((1/(4 * N * np.log(2))) * np.sum((un[i:i+N] - dn[i:i+N]) ** 2))

return std_park
```

代码 5-25 实现 Parkinson 历史波动率的 Python 代码

```
function std_park  =  parkinsonHV(HDD,LDD,ODD,N)

un = log(HDD./ODD);
dn = log(LDD./ODD);
len = length(HDD);
for i = 1:(len - N)
std_park(i) = sqrt((1/(4 * N * log(2))) * sum((un(i:i+N-1) - dn(i:i+N-1)).^2));
end
std_park = std_park';


end
```

代码 5-26 实现 Parkinson 历史波动率的 Matlab 代码

代码5－27 和代码5－28分别是实现 Garman－Klass 历史波动率的 Python 代码和 Matlab 代码。

```
Def GermanKlassHV(HDD,LDD,ODD,CDD,N,scal):
    un = scal * np.log(HDD/ODD)
    dn = scal * np.log(LDD/ODD)
    cn = scal * np.log(CDD/ODD)
    C1 =0.511
    C2 =0.019
    C3 =0.385

    T = np.size(HDD,0)
    std_gk = np.zeros((T - N,1))
for i in range(0,T - N):
        prt1 = (C1/N) * (np.sum((un[i:i + N] - dn[i:i + N]) * *2))
        pprt1 = cn[i:i + N] * (un[i:i + N] + dn[i:i + N])
        pprt2 = 2 * un[i:i + N] * dn[i:i + N]
        prt2 = - (C2/N) * np.sum(pprt1 + pprt2)
        prt3 = - (C3/N) * np.sum(cn[i:i + N] * *2)
        std_gk[i] = np.sqrt(prt1 + prt2 + prt3)

return std_gk
```

代码5－27 实现 Garman－Klass 历史波动率的 Python 代码

```
function std_gk = GarmanKlassHV(HDD,LDD,ODD,CDD,N)

un = log(HDD./ODD);
dn = log(LDD./ODD);
cn = log(CDD./ODD);

C1 =0.511;
C2 =0.019;
C3 =0.385;

len = length(HDD);
for i = 1:(len - N)
    prt1 = (C1/N) * sum((un(i:i + N - 1) - dn(i:i + N - 1)).^2);

    pprt1 = cn(i:i + N - 1).* (un(i:i + N - 1) + dn(i:i + N - 1));
    pprt2 =2 * un(i:i + N - 1).* dn(i:i + N - 1);
```

```
        prt2 = -(C2/N) * sum(pprt1 + pprt2);

        prt3 = -(C3/N) * sum(cn(i:i + N - 1).^2);

        std_gk(i) = sqrt(prt1 + prt2 + prt3);
end
std_gk = std_gk';

end
```

代码 5-28 实现 Garman-Klass 历史波动率的 Matlab 代码

代码 5-29 和代码 5-30 分别是实现 Rogers-Satchell 历史波动率的 Python 代码和 Matlab 代码。

```
Def RogersSatchellHV(HDD,LDD,ODD,CDD,N,scal):
    un  =  scal * np.log(HDD/ODD)
    dn  =  scal * np.log(LDD/ODD)
    cn  =  scal * np.log(CDD/ODD)

    T  =  np.size(HDD,0)
    std_rs = np.zeros((T - N,1))
for i in range(0,T - N):
        tmp = un[i:i + N] * (un[i:i + N] - cn[i:i + N]) + dn[i:i + N] * (dn[i:i + N] - cn[i:i + N]);
        std_rs[i] = np.sqrt(np.mean(tmp));

return std_rs
```

代码 5-29 实现 Rogers-Satchell 历史波动率的 Python 代码

```
function std_rs  = RogersSatchellHV( HDD,LDD,ODD,CDD,N)
un = log(HDD./ODD);
dn = log(LDD./ODD);
cn = log(CDD./ODD);
len = length(HDD);
    for i = 1:(len - N)
        tmp = un(i:i + N - 1).* (un(i:i + N - 1) - cn(i:i + N - 1)) + dn(i:i + N - 1).* (dn(i:i + N -
1) - cn(i:i + N - 1));
        std_rs(i) = sqrt(mean(tmp));
    end
    std_rs = std_rs';


end
```

代码 5-30 实现 Rogers-Satchell 历史波动率的 Matlab 代码

这里有一个技术细节需要留意一下，后面三个历史波动率和前面两个历史波动率的计算公式有一个技术差别。如果利用我们给出的公式，读者会发现：前面两个公式等于是利用收益率 $\ln\left(\frac{S_i}{S_{i-1}}\right)$，因此如果样本是 1 000 日的交易价格，收益率数据则只能得到 999 个值，如果我们把历史波动率的时间窗口设置为 $N=30$，根据公式，我们一共可以算出 970 个（999 - 30 + 1）历史波动率。

但是如果使用 Parkinson 历史波动率法、Garman - Klass 历史波动率法和 Rogers - Satchell 历史波动率法计算历史波动率，读者会发现它们用到的都是日内价格信息，每次计算的时候，都无须考虑下一日资产价格信息或前一日资产价格信息，因此，如果我们有 1 000 日的交易价格，且也将时间窗口设置为 $N=30$，则我们可以得到 971 个（1 000 - 30 + 1）历史波动率。简言之，如果我们用前面两种方法计算历史波动率，会比用后面三种方法少一个结果！

我们还用 GJR - GARCH（1，1）计算了动态波动率。读者需要特别注意，如果利用 GARCH 类模型对波动率进行建模，我们并不需要牺牲大量的历史数据信息，如果样本是 1 000 日的交易价格，则可以获得资产价格的收益率的 999 个数据值，而利用 GARCH 类模型，我们可以获得 999 个波动率。

我们利用浦发银行的数据，计算出五种常见的历史波动率的值，我们将回测天数设置为 $N=252$，为了比较 GARCH 模型与历史波动率的效果（见图 5 - 15），我们对结果进行了一些简单的统计处理。

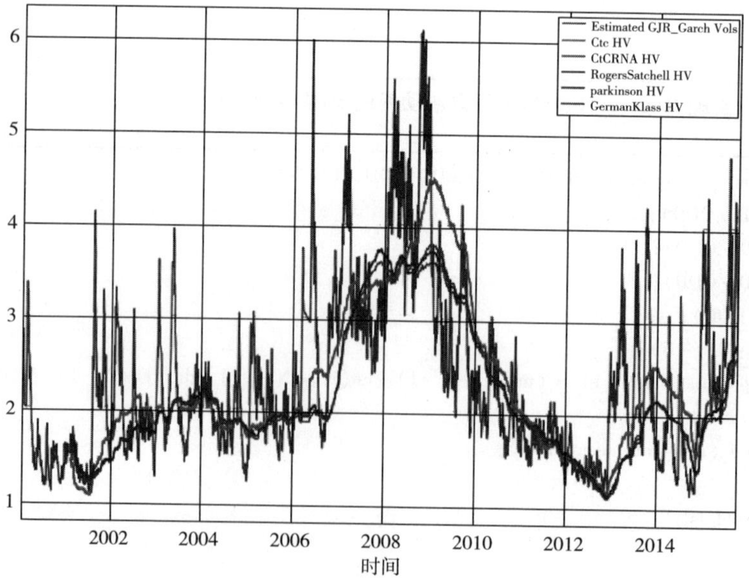

图 5 - 15　历史波动率模型和 GJRGARCH（1，1）模型的比较

在获得了时变的波动率之后，我们对收益率进行标准化处理，如前文所述，如果标准化收益率接近正态分布，说明波动率建模较好。评判方法之一是查看标准化收益率的基本统计特性。理想状态是：标准化收益率的均值为0，标准差为1，偏度为0，超峰值为0。我们反复强调过，金融行业最害怕的是“黑天鹅事件”，而“黑天鹅事件”很多情况下是因为模型低估尾部风险所造成的，因此，如果我们能识别波动率[①]，再利用识别出的波动率标准化收益率，而标准化收益率的“超峰现象”有所改善，则认为模型构建是有意义的。从表5-9可以发现，GJRGARCH（1，1）的峰度值是最小的，除其偏度值略高于CtC和CtC RNA外，表现远好于其他三个历史波动率模型。如果在偏度和峰度间进行抉择，“黑天鹅事件”应更可怕。此外，我们也不应忘记GARCH模型相对于历史波动率的另外一大优势，即GARCH模型不以牺牲历史数据为代价计算波动率，如果使用历史波动率模型进行波动率的识别和测算，以本案例为例，我们至少损失了 $N = 252$ 天的波动率数据信息。

表5-9　标准化收益率的基本统计信息

	均值	标准差	偏度	峰度
GJRGARCH（1，1）	0.012 1	1.000 5	0.466 3	3.539 8
CtC	0.021 2	1.074 8	0.407 5	6.607 2
CtCRNA	0.021 3	1.085 9	0.406 2	6.666 4
Rogers - Satchell	0.027 1	1.148 7	0.516 5	5.852 7
Parkinson	0.026 9	1.158 2	0.506 3	6.148 4
German - Klass	0.026 8	1.140 5	0.512 2	6.031 5

本章小结

本章从P-type视角展开讨论，如前文所述，P-type量化金融来自金融计量学，金融计量学中的GARCH模型是一个诺贝尔奖级别的理论。金融计量学者从金融数学的统计特性得知金融数据具有的特性：资产价格数据不具有平稳特性，而价格的收益率具有平稳性，具有类似于高斯分布的随机特性，但收益率存在尖峰肥尾以及非对称的特点。收益率数据都具有波动聚凝效应，也就是说波动率不是一个常数。基于这些统计特性，金融计量专家们开发了大量GARCH家族模

① 注意，我们反复强调，波动率是一种不可观测变量，所以量化金融领域的科研人员花费了大量的时间和精力构建合理的模型就是试图识别出波动率这个不可观测变量。

型。在本章中我们首先从有效市场假说视角说明了随机游走、布朗运动，意在说明连续随机过程与离散随机过程的联系。本章重点介绍了 GARCH 模型的基本概念、推导以及参数估计。本章的第六节是全章的重点，在第六节中我们利用 Python 计算机语言实现了 RiskMetrics 模型、GARCH（1，1）模型、NGARCH（1，1）模型和 GJR－GARCH（1，1）模型以及与这些模型对应的参数估计。在本节中，我们还演示了若干常用的历史波动率算法的实现和 VaR 的代码实现。

思考题

1. 什么是布朗运动？什么是维纳过程？什么是标准布朗运动？什么是算术布朗运动？什么是几何布朗运动？

2. 什么是随机游走？其与布朗运动的关系是什么？

3. 什么是波动聚凝现象？其直观含义是什么？

4. 什么是 QQ－plot？其主要作用和功能是什么？

5. 请写出计算对数收益率的公式。

6. 请写出几何布朗运动的随机微分方程形式。我们一般用几何布朗运动来描述什么金融资产？

7. 什么是 RiskMetrics 模型？什么是 EWMA？

8. GARCH 模型的全称是什么？创立该模型的主要人物有哪些？

9. 波动率为什么被称为“期权价格的发动机”？

10. 金融数据的基本统计特性有哪些？

11. 什么是肥尾？什么是黑天鹅现象？

12. 什么是统计三阶矩？什么是统计四阶矩？高斯分布的三、四阶矩是什么？

13. 如何理解“股票价格收益率一般呈现负偏现象”这句话？

14. 默写 GARCH（1，1）模型的公式。指出哪个变量是可观测变量，哪个是不可观测变量。什么是标准化收益率（standardized returns）？

15. 如果给定若干历史收益率的数据，并且波动率满足 GARCH（1，1），请说说你如何找出波动率。

16. 说说你如何利用 GARCH（1，1）预测股价。

17. 什么是多方？什么是空方？如果金融资产价格满足鞅过程，请讨论该金融资产是对多方有利还是对空方有利？

第六章　完全无害的金融数学与计算金融学

一、相关预备知识

金融数学理论以现代概率论为基础，现代概率论又被称为抽象概率论。该理论的确立主要仰赖杜布（J. L. Doob）、柯尔莫戈洛夫（A. N. Kolmogorov）和列维（P. Lévy）三人，如果没有此三人的努力，金融数学理论大厦可能根本无法建立。我们在第二章对这三个人进行了简单的介绍。

金融数学的基本思想可以用杜布分解（Doob Decomposition）理论展开，简言之，该理论可以这么理解：一个随机过程 $H(t)$ 如果受到一些"信息集" F_t 的影响，那么这个随机过程可以分解为一个可料（predictable）过程和一个鞅（martingale）过程。

这个理论对金融学有什么启示呢？基本思想如下：我们可以将金融资产的收益率想象成这个 $H(t)$ 过程，根据杜布分解理论，这个金融资产可以分解成一个可料过程和一个鞅过程。当然也许我们这么解释，读者还是不知其所以然，在这里，我们需要解释清楚三个关键概念：

什么是"可料过程"？

什么样的金融资产可以假设为可料过程？

什么样的金融资产可以假设为鞅过程？

首先回答第一个问题。我们假设 $A(t)$ 为可料过程，其实从其名字就可以知道，可料过程即可预料、可预测的过程，比如在 t 时刻，我们收集到 $t-1$ 时刻的所有信息集合 F_{t-1}，那么在 t 时刻，$A(t)$ 对我们而言就是可预测的。注意，$A(t)$ 本身可以认为是一个随机过程（也可以认为不是，一般都可以认为是"不是"，因为如果每个时刻都可预测，为何我们不能认为这个过程是个确定过程呢?），但是在给定了 F_{t-1} 的信息时，$A(t)$ 是可料的。我们可以把国债或者现金存款看成是这样的随机过程。这个假定非常重要，贯穿整个金融研究当中，如果我们的金融市场中没有这样的具有可料性的金融资产，我们所研究的很多金融模型（甚至金融理论，以及金融资产定价的公式）都会变得没有意义。

通过上面的讨论，我们已经回答了第一个问题和第二个问题，下面回答第三个问题。我们将鞅过程假设为 $M(t)$。我们一般认为股票价格应是一个鞅过程，因为在金融学中有个比较强的假设希望资产价格满足公平交易（fair game）假设。

小结一下，也就是说任何金融产品（或者叫金融资产）都可以分成无风险资产（也就是如同国债或者现金存款这样的金融产品）和满足鞅过程的金融资产（比如股票）的组合，这就是“杜布分解”的金融学含义。

最后再说说我们前面讨论涉及的“信息集”$\{F_t\}_{t=0}^{T}$ 的问题。在现代概率论中，它也被定义为“西格玛—代数”，关于西格玛—代数，我们在后续章节有细致讨论。一般而言，信息应该都是随时间累积而越累积越多，所以“昨天”所有的信息应该是“今天”所有信息的子集，所以“信息”一般被专门定义为一个集合，叫“渗透集”（filtration），有时也被称作“信息流”（informationflows）。金融学中重要的理论“有效市场假说”就是这么定义的。

当然了，如果读者想了解更多从这种视角研究金融问题的内容，可以参考很多优秀的国外金融数学教科书。但是需要注意，很多书籍都受到俄罗斯学者施利亚耶夫（Alert N. Shiryaev）的专著《随机金融数学基础（第一、第二卷）》的影响。现代概率论的创始人柯尔莫戈洛夫一生中有许多杰出的学生，但是有一位一直专注于概率论研究的学生，他就是施利亚耶夫，可以认为他是俄罗斯概率论学派当前的领军人物。

任何人阅读施利亚耶夫的专著都会收获很多重要的金融思想，因为他毕竟是俄罗斯概率论学派的嫡系正宗，而且他的专著非常符合中国人思考问题的思路，比如，国外的教材很少将 GARCH 模型写入金融数学的专著中，这些金融数学的专著仅教会读者如何解随机微分方程，但是施利亚耶夫的专著在方方面面都兼顾得非常好。此外，他在书中还提到了一些几乎不会出现在欧美金融数学专著里面的理论，如混淆理论、分析理论等，该书的脉络和逻辑线条非常清楚。

本章后面将从金融数学与计算金融视角展开对期权衍生品的讨论。

二、几何布朗运动的基本特性

几何布朗运动的微分形式、积分形式、数值形式、均值、方程、概率密度等性质，构成了金融数学的基础，故在此做详细介绍。

我们认为资产价格满足几何布朗运动（Geometric Brownian Motion，GBM），所以 S_0 和任意 S_t 之间满足：

$$S_t = S_0 \exp\left\{\left(\mu - \frac{1}{2}\sigma^2\right)t + \sigma W_t\right\},\ t \in [0,T]$$

其中，$W = \{W_t : t \geqslant 0\}$ 是一个标准布朗运动，μ 在金融数学（金融工程学）中被称为漂移项（drift term），而 σ 被称为波动率（这和我们一直提到的波动率是一个概念）。

同时我们也回顾一下几何布朗运动的微分方程形式，即：

$$dS_t = \mu S_t dt + \sigma S_t dW_t$$

我们讨论一下 S_t 和 $\log(S_t)$ 的基本统计特性，我们先令 $S_t = \exp(X_t) \Leftrightarrow X_t = \log(S_t)$ 则

$$X_t = \log(S_t) = \log S_0 + \left(\mu - \frac{1}{2}\sigma^2\right)t + \sigma W_t$$

此外，这个证明需要用到一个小的数学技巧，即：$W_t = (\sqrt{t})dz$，其中 $z \sim N(0,1)$，于是我们有：

$$\begin{aligned}\mathbb{E}[X_t] = \mathbb{E}[\log S_t] &= \mathbb{E}\left[\log S_0 + \left(\mu - \frac{1}{2}\sigma^2\right)t + \sigma W_t\right] \\ &= \log S_0 + \left(\mu - \frac{1}{2}\sigma^2\right)t + \sigma\,\mathbb{E}[W_t] \\ &= \log S_0 + \left(\mu - \frac{1}{2}\sigma^2\right)t\end{aligned}$$

因为 $\mathbb{E}[W_t] = \sqrt{t}\,\mathbb{E}[dz] = 0$

而 $\operatorname{var}[X_t] = \operatorname{var}[\log S_t] = \operatorname{var}\left[\log S_0 + \left(\mu - \frac{1}{2}\sigma^2\right)t + \sigma W_t\right]$

利用方差的基本公式：$\operatorname{var}(c + aX) = a^2\operatorname{var}(X)$，则有 $\operatorname{var}(\log S_t) = \sigma^2 t$

于是我们可知 $X_t = \log(S_t) \sim N\left(\log S_0 + \left(\mu - \frac{1}{2}\sigma^2\right)t, \sigma^2 t\right)$

而 $\mathbb{E}[S_t] = \exp\left(\log S_0 + \left(\mu - \frac{1}{2}\sigma^2\right)t + \frac{1}{2}\sigma^2 t\right) = S_0 e^{\mu t}$

$$\operatorname{var}[S_t] = S_0^2 e^{2\mu t}(e^{\sigma^2 t} - 1)$$

于是我们可知 $S_t \sim \log N(S_0 e^{\mu t}, S_0^2 e^{2\mu t}(e^{\sigma^2 t} - 1))$

此外，我们还可以得出以下结论：

$$\log\left(\frac{S_{t+\Delta t}}{S_t}\right) \sim N\left(\left(\mu - \frac{1}{2}\sigma^2\right)\Delta t, \sigma^2 \Delta t\right)$$

当然我们还可以写出关于 S_T 与 S_t 之间的关系，如果我们假设 $0 \leqslant t \leqslant T$。我们其实仅需照葫芦画瓢，即可写出：

$\log\left(\frac{S_T}{S_t}\right) \sim N\left(\left(\mu - \frac{1}{2}\sigma^2\right)(T - t), \sigma^2(T - t)\right)$，以后我们还会用到几何布朗运动的另外一个性质，即在假定 S_t 已知条件下 S_T 的条件概率分布 $f(S_T | S_t)$，该

条件概率满足：

$$f(S_T \mid S_t) = \frac{\exp\left\{-\frac{1}{2}\left(\frac{\log\left(\frac{S_T}{S_t}\right)-\left(\mu-\frac{1}{2}\sigma^2\right)(T-t)}{\sigma\sqrt{T-t}}\right)^2\right\}}{S_T\sigma\sqrt{2\pi(T-t)}}$$

（一）来自传统数理统计教科书的验证方法

我们可以用对数正态分布和正态分布之间的关系验证我们以上的讨论是否正确。正态分布和对数正态分布直接满足以下关系。

如果 $Y \triangleq \exp(X)$ 且 $X \triangleq \log Y \sim N(a, b^2)$，则有：$\mathbb{E}[Y] = \exp\left(a + \frac{1}{2}b^2\right)$ 和 $\mathrm{var}[Y] = [\exp(b^2) - 1]\exp(2a + b^2)$。

我们已经知道 $\log S_t$ 满足正态分布且均值和方差分别为：$\log S_0 + \left(\mu - \frac{1}{2}\sigma^2\right)t$ 和 $\sigma^2 t$，我们令 $a = \log S_0 + \left(\mu - \frac{1}{2}\sigma^2\right)t$ 和 $b^2 = \sigma^2 t$，下面的工作无非是验证以下两个结果是否相等：

$$\exp\left(a + \frac{1}{2}b^2\right) = S_0 e^{\mu t} \text{ 和 } [e^{b2} - 1]e^{2a+b2} = S_0^2 e^{2\mu t}(e^{\sigma^2 t} - 1)$$

我们先验证前者。将 $a = \log S_0 + \left(\mu - \frac{1}{2}\sigma^2\right)t$ 和 $b^2 = \sigma^2 t$ 代入 $\exp\left(a + \frac{1}{2}b^2\right)$，则有：$\exp\left(a + \frac{1}{2}b^2\right) = \exp\left(\log S_0 + \left(\mu - \frac{1}{2}\sigma^2\right)t + \frac{1}{2}\sigma^2 t\right) = \exp(\log S_0 + \mu t) = S_0 e^{\mu t}$，验证完毕。

下面验证后者，将 a 和 b 的值代入 $[e^{b2} - 1]e^{2a+b2}$，则有：

$$\begin{aligned}
[e^{b2} - 1]e^{2a+b2} &= \exp(\sigma^2 t - 1)\exp\left(2\left(\log S_0 + \left(\mu - \frac{1}{2}\sigma^2\right)t\right) + \sigma^2 t\right) \\
&= \exp(\sigma^2 t - 1)\exp(2\log S_0 + 2\mu t) \\
&= \exp(\sigma^2 t - 1)S_0^2\exp(2\mu t)
\end{aligned}$$

验证完毕。

（二）计算机模拟验证

下面用计算机模拟，演示一个正态分布的概率密度函数、S_t 的概率密度函数和 $\log S_t$ 的概率密度函数（见代码 6－1）。由图 6－1 可见，S_t 满足对数正态分布，而 $\log S_t$ 满足高斯分布。

```
Clear all
close
S0 = 10;
t0 = [ -1.0:0.01:1.0];% time scale forroonroonnon
t1 = [1.5:0.01:25];% time scale for St
t2 = [1.5:0.01:4.0];% time scale for log(St)
mu = 0.06;
sigma = 0.2;
Y = normpdf(t0,mu,sigma);

% plot the norm pdf
subplot(3,1,1)
hold on
grid on
plot(t0,Y)
xlabel('N(\mu,\sigma),\mu = 0.06,\sigma = 0.2')
ylabel('Pdf')
title('probability density function of normal distribution with \mu = 0,06 and \sigma = 0.2')

% find the pdf of St
subplot(3,1,2)
vol = sigma;
mu_s = S0 * exp(mu * t1);
vol_s = S0 * exp(mu * t1). * sqrt(exp((vol^2) * t1) - 1);
for i = 1:length(t1)
    pdf_s(i) = pdf('logn',t1(i),mu_s(i),vol_s(i));
end
hold on
grid on
plot(t1,pdf_s)
title('probability density function of {S}_{t}')
xlabel('E[{{S}_{t}}] = {{S}_{0}}{{e}^{\mu t}},Var[{{S}_{t}}] = S_{0}^{2}{{e}^{2\mu t}}(
{{e}^{{{\sigma}^{2}}t}} - 1)')
ylabel('Pdf')

% Find the pdf of xt = log(St)
subplot(3,1,3)
mu_x = log(S0) + (mu - 0.5 * (vol^2)) * t2;
vol_x = vol * sqrt(t2);
```

```
for i = 1:length(t2)
    pdf_x(i) = normpdf(t2(i),mu_x(i),vol_x(i));
end
hold on
grid on
plot(t2,pdf_x)
title('probability density function of log{{S}_{t}}')
xlabel('E[log{{S}_{t}}] = log{{S}_{0}} + (\mu -0.5*{{\sigma }^{2}})t,var[log{{S}_{t}}] = {\
sigma}^{2}t')
ylabel('Pdf')
```

代码 6－1　验证对数正态分布和高斯分布的 Matlab 代码

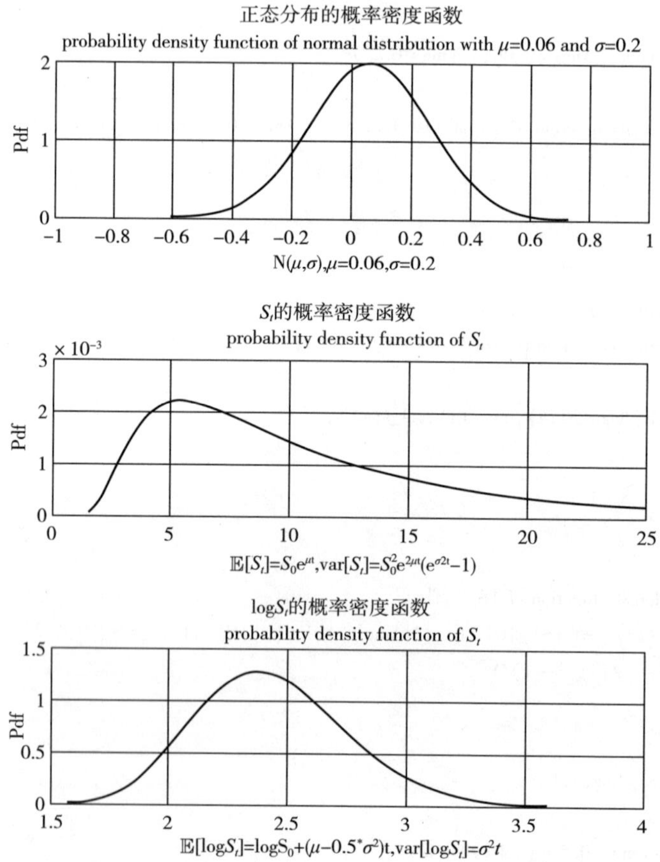

图 6－1　金融数学中三种常见的概率密度函数分布

（三）几何布朗运动的数值表达和计算机模拟

下面我们演示几何布朗运动的数值表达式和计算机模拟实现（见代码 6 - 2），其对应的公式如下：

$$\log(S_t) = \log S_0 + \left(\mu - \frac{1}{2}\sigma^2\right)t + \sigma W_t$$

$$\log(S_t) = \log S_{t-\Delta t} + (r - 0.5\sigma^2)\Delta t + \sigma\sqrt{\Delta t}z_t, z_t \sim \text{i.i.d}N(0,1)$$

```
clear
close all
tic
S0 = 10; % Initial Stock price
T = 10;
N_time = 10e3;
dt = T/N_time;
N_sim = 10e4;
t = [0.0:dt:T];
mu = 0.05;
vol = 0.25;
S = zeros(N_sim,N_time + 1);
S(:,1) = S0 * ones(N_sim,1);

subplot(1,2,1)
hold on

for j = 1:N_sim
    for i = 1:N_time
        z = randn(1,1);
        S(j,i + 1) = S(j,i) * exp((mu - 0.5 * (vol^2)) * dt + ...
        vol * sqrt(dt) * z);
    end
    plot(t,S(j:));
end
mu_s = S0 * exp(mu * t);
vol_s = S0 * exp(mu * t). * sqrt(exp((vol^2) * t) - 1);
plot(t,mu_s,'k');
plot(t,mu_s + vol_s,'. k');
plot(t,mu_s - vol_s,'. k');
xlabel('time')
```

```
ylabel('S_{t}')
title('Simulated geometric Brownian Montion')
grid on

nBins = 100;
subplot(1,2,2)
hold on
grid on
histfit(S(:,end),nBins,'lognormal');
set(gca,'xdir','reverse')
camroll(270)
xlabel('S_{T}')
ylabel('frquencies')
title('The histogram of S_{T} with LogNomral fit')



figure
sample_mean_S = mean(S(:,1:end));
sample_std_S = std(S(:,1:end));

plot(t,sample_mean_S,'.k');
hold on
plot(t,mu_s);

plot(t,sample_mean_S + sample_std_S,'+r');
plot(t,sample_mean_S - sample_std_S,'+r');

plot(t,mu_s + vol_s,'.-k');
plot(t,mu_s - vol_s,'.-k');

grid on
xlabel('Time')
ylabel('S_{t}')
legend('Simluated sample mean of S_{t}^{i}',...
'Theoretical mean of S_{t}',...
'Simulated sample +std','Simulated sample -std',...
'Theoretical +std','Theoretical -std')
title('Simulated sample moments vs theoretical momnets')
toc
```

代码6-2　几何布朗运动的数值表达式和计算机模拟实现

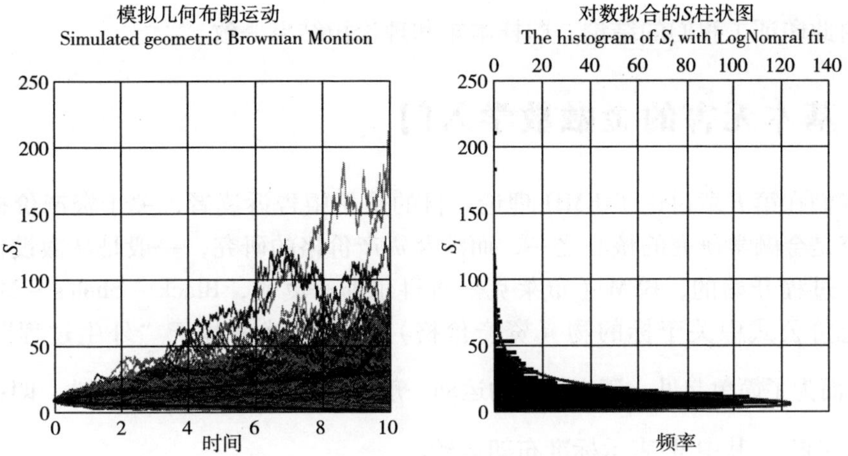

图 6－2　几何布朗运动的模拟轨迹图与其对应的直方图分布

图 6－2 显示了 10 000 次几何布朗运动从零时刻到 $T = 10$ 的走势轨迹，我们取时间间隔 $\Delta = \mathrm{d}t = \dfrac{T}{10\ 000}$，在左图中，我们还分别绘制了几何布朗运动的理论均值 $\mathbb{E}[S_t] = S_0 \mathrm{e}^{\mu t}$ 和正负一个理论标准差，几何布朗运动的一个理论标准差为 $\sqrt{\mathrm{var}[S_t]} = S_0 \mathrm{e}^{\mu t} \sqrt{(\mathrm{e}^{\sigma^2 t} - 1)}$。右图绘制了模拟 10 000 次路径后，样本 $S_T = \{S_T^i, i = 1, \cdots, 10\ 000\}$ 的直方图，因为我们知道 S_T 满足几何正态分布，使用 Matlab 自带的“histfit”命令，让其将样本分布拟合几何正态分布，我们得到了一条非常完美的拟合曲线，从可视化角度我们认可验证，S_T 确实满足几何正态分布。

为了进一步验证我们模拟的结果和理论结果一致，我们比较了样本矩和理论矩的关系，具体见图 6－3。我们首先画出了样本随时间变化的均值，然后让其和理论均值结果比较，可以发现，二者结果非常接近。然后我们绘制了样本的一个正负标准差，用“+”表示，并与其理论结果进行比较，即图上的两条光滑曲线，从图 6－3 可以直观地看出，样本标准差和理论结果相差无

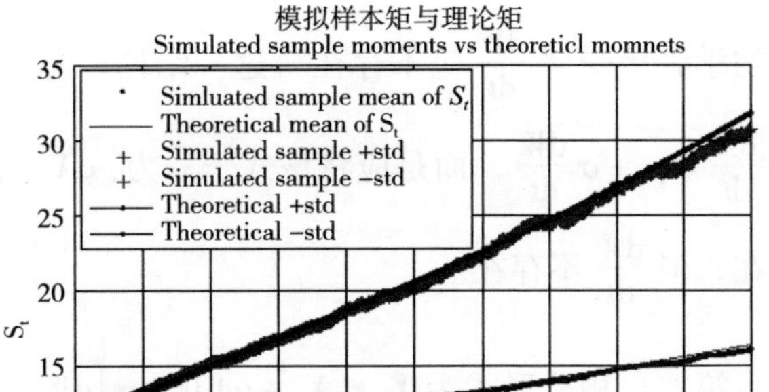

图 6－3　几何布朗运动的样本矩和理论矩结果比较

几，由此印证了我们的结论，即样本矩和理论矩结果一致。

三、基本无害的金融数学入门

我们在第五章讨论了 EMH 理论。目的是希望告诉读者，关于资产价格理论的研究是金融学研究的核心之一，而涉及资产价格的研究，一般是从假设价格是一外生过程开始的，BSM（布莱克—斯科尔斯—莫顿，Black - Sholes - Merton）期权定价公式中关于标的物（资产价格）的假设就是基于“外生过程”的假定①。而为了简单起见，资产价格的运动一般都认为满足几何布朗运动，即：$\frac{dS}{S}=\mu d_t+\sigma dW_t$，其中 W 表示标准布朗运动。

（一）“伊藤定理”的再复习

我们下面来看一个最简单的随机过程：

$$dX=\mu dt+\sigma dW$$

学习随机过程分析，我们给出一些基本的经验建议，便于初学者学习：

第一，尽量避免用以下的方式写随机微积分（stochastic calculus）：

$\frac{dX}{dt}=\mu+\sigma\frac{dW}{dt}$，理由是，我们认为维纳过程是一个随机过程，该随机过程处处连续且处处不可求导，因此，根据此逻辑，$\frac{dW}{dt}$应不存在，但是$\frac{dW}{dt}$有其对应的物理学含义，$\frac{dW}{dt}$其实就是大名鼎鼎的“白噪声”（white noise）。但我们还是建议初学者接受“$\frac{dW}{dt}$应不存在”这一结论。总之，强烈建议不要写$\frac{dW}{dt}$，也不要写$\frac{dX}{dt}=\mu+\sigma\frac{dW}{dt}$，而是应将该式子写为：$dX=\mu dt+\sigma dW$ 形式，即我们承认 dW 存在，但$\frac{dW}{dt}$不存在。

第二，积分形式为 $X_t=X_0+\mu\int_0^t ds+\sigma\int_0^t dW_s$。假如我们有一函数 $F(t,X)$，该函数取决于 t 和 X，我们的首要任务是希望能写出 dF 的全微分（total

① 我们在此处特别强调“外生”这一概念，主要是提醒读者金融数学的研究视角和经济学研究视角的不同。经济学视角下研究资产价格，我们一般不认为资产价格尤其是股票价格是一外生随机过程，经济学家一般认为资产价格的走势应和消费有关。消费与人的行为直接相关，因此，在有人的行为介入后，股票价格有了内生性效应。

differential）公式，如果是确定系统，则：$dF \cong \frac{\partial F}{\partial X}dX + \frac{\partial F}{\partial t}dt$；如果是随机系统，则因为 $dX \sim O(\sqrt{dt})$，所以我们做泰勒近似的时候需要展开到二阶，于是有：

$$dF \cong \frac{\partial F}{\partial X}dX + \frac{\partial F}{\partial t}dt + \frac{1}{2}\frac{\partial^2 F}{\partial X^2}(dX)^2 + \frac{1}{2}\frac{\partial^2 F}{\partial t^2}(dt)^2 + \frac{\partial^2 F}{\partial X \partial t}dXdt$$

其中，$(dt)^2$ 和 $dXdt$ 的"阶"（Order）都高于 dt，故忽略。我们现在本质上还是在做随机微积分的一阶近似（关于 dt）。

我们思考一下 $(dX)^2$ 到底是什么？

$$(dX)^2 = \mu^2(dt)^2 + 2\mu\sigma dtdW + \sigma^2\underbrace{(dW)^2}_{dt}$$

$$\Rightarrow (dX)^2 \cong \sigma^2 dt$$

最终结果就是：

$$dF \cong \frac{\partial F}{\partial X}dX + \frac{\partial F}{\partial t}dt + \frac{1}{2}\frac{\partial^2 F}{\partial X^2}(dX)^2 + \frac{1}{2}\frac{\partial^2 F}{\partial t^2}(dt)^2 + \frac{\partial^2 F}{\partial X \partial t}dXdt$$

$$\Rightarrow \boxed{dF \cong \frac{\partial F}{\partial X}dX + \frac{\partial F}{\partial t}dt + \frac{1}{2}\frac{\partial^2 F}{\partial X^2}(dX)^2}$$ ①

特别注意：如果 $dX = \mu dt + \sigma dW$，我们还可以继续化简：

$$\Rightarrow dF \cong \frac{\partial F}{\partial X}(\mu dt + \sigma dW) + \frac{\partial F}{\partial t}dt + \frac{1}{2}\frac{\partial^2 F}{\partial X^2}\sigma^2 dt$$

$$\Rightarrow dF \cong \frac{\partial F}{\partial X}\mu dt + \sigma\frac{\partial F}{\partial X}dW + \frac{\partial F}{\partial t}dt + \frac{1}{2}\frac{\partial^2 F}{\partial X^2}\sigma^2 dt$$

$$\Rightarrow \boxed{dF = \left(\frac{\partial F}{\partial X}\mu + \frac{1}{2}\frac{\partial^2 F}{\partial X^2}\sigma^2 + \frac{\partial F}{\partial t}\right)dt + \sigma\frac{\partial F}{\partial X}dW}$$

（二）一些随机微分的例子

【例1】假设 $dx = \mu dt + \sigma dW$，我们假设 $z = F(x) = e^x$

如果要使用伊藤定理，需要计算 $F_x \triangleq \frac{\partial F}{\partial x}$，$F_{xx} = \frac{\partial^2 F}{\partial x^2}$，$F_t = \frac{\partial F}{\partial t}$。于是有 $F_x \triangleq \frac{\partial F}{\partial x} = e^x = z$，$F_{xx} = \frac{\partial^2 F}{\partial x^2} = e^x = z$，而 $F_t = \frac{\partial F}{\partial t} = 0$，继而有 $dz = z\left(\mu + \frac{1}{2}\sigma^2\right)dt + \sigma z dW$

$$\Leftrightarrow \frac{dz}{z} = \left(\mu + \frac{1}{2}\sigma^2\right)dt + \sigma dW$$

此外，这里也有一个推论需要注意，即：

$$\frac{dz}{z} = dx + \frac{1}{2}(dx)^2$$

① 如果 $F = F(t, W)$ 且该公式中的 $x \equiv W$，则伊藤公式可写为：$dF \cong \frac{\partial F}{\partial W}dW + \frac{\partial F}{\partial t}dt + \frac{1}{2}\frac{\partial^2 F}{\partial W^2}(dW)^2$

现简单将此推论证明如下：

因为 $(\mathrm{d}x)^2 = (\mu\mathrm{d}t + \sigma\mathrm{d}W)^2 = \mu^2(\mathrm{d}t)^2 + 2\mu\sigma\mathrm{d}t\mathrm{d}W + \sigma^2(\mathrm{d}W)^2 = \sigma^2\mathrm{d}t$

$$\begin{aligned}\frac{\mathrm{d}z}{z} &= \mathrm{d}x + \frac{1}{2}(\mathrm{d}x)^2 \\ &= (\mu\mathrm{d}t + \sigma\mathrm{d}W) + \frac{1}{2}\sigma^2\mathrm{d}t \\ &= \left(\mu + \frac{1}{2}\sigma^2\right)\mathrm{d}t + \sigma\mathrm{d}W\end{aligned}$$

【例 2】 假设 $\mathrm{d}x = \mu x\mathrm{d}t + \sigma x\mathrm{d}W$，这其实就是几何布朗运动。我们令 $z = F(x) = \log(x)$，z 也被称为对数正态发散过程（lognormal diffusion process）。我们令 $F_x \triangleq \frac{\partial F}{\partial x} = \frac{1}{x}$，$F_{xx} = \frac{\partial^2 F}{\partial x^2} = -\frac{1}{x^2}$，而 $F_t = \frac{\partial F}{\partial t} = 0$。

特别需要注意，此时

$$\begin{aligned}(\mathrm{d}x)^2 &= (\mu x\mathrm{d}t + \sigma x\mathrm{d}W)^2 \\ &= \mu^2x^2(\mathrm{d}t)^2 + \sigma^2x^2(\mathrm{d}W)^2 + 2\mu\sigma x^2\mathrm{d}t\mathrm{d}W \\ &\approx \sigma^2x^2\mathrm{d}t\end{aligned}$$

于是有：

$$\mathrm{d}z = \mathrm{d}F \cong \frac{\partial F}{\partial x}\mathrm{d}x + \frac{\partial F}{\partial t}\mathrm{d}t + \frac{1}{2}\frac{\partial^2 F}{\partial x^2}(\mathrm{d}x)^2$$

$$\Rightarrow = \underbrace{\frac{1}{x}}_{F_x}\underbrace{(\mu x\mathrm{d}t + \sigma x\mathrm{d}W)}_{\mathrm{d}x} + \frac{1}{2}\underbrace{\left(-\frac{1}{x^2}\right)}_{F_{xx}}\underbrace{\sigma^2x^2\mathrm{d}t}_{(\mathrm{d}x)^2}$$

$$\Rightarrow \mathrm{d}z = \mathrm{d}F = \mu\mathrm{d}t + \sigma\mathrm{d}B - \frac{1}{2}\sigma^2\mathrm{d}t$$

$$\Rightarrow \mathrm{d}z = \left(\mu - \frac{1}{2}\sigma^2\right)\mathrm{d}t + \sigma\mathrm{d}W$$

此外，这里有一个推论：

$$\mathrm{d}z = \frac{\mathrm{d}x}{x} - \frac{1}{2}\left(\frac{\mathrm{d}x}{x}\right)^2$$

证明如下：

因为已知 $\mathrm{d}x = \mu x\mathrm{d}t + \sigma x\mathrm{d}W \Leftrightarrow \frac{\mathrm{d}x}{x} = \mu\mathrm{d}t + \sigma\mathrm{d}W$

所以 $\left(\frac{\mathrm{d}x}{x}\right)^2 = (\mu\mathrm{d}t + \sigma\mathrm{d}W)^2 \cong \sigma^2(\mathrm{d}W)^2 = \sigma^2\mathrm{d}t$

所以 $\mathrm{d}z = \frac{\mathrm{d}x}{x} - \frac{1}{2}\left(\frac{\mathrm{d}x}{x}\right)^2 = (\mu\mathrm{d}t + \sigma\mathrm{d}W) - \frac{1}{2}(\sigma^2\mathrm{d}t)$

$$\mathrm{d}z = \left(\mu - \frac{1}{2}\sigma^2\right)\mathrm{d}t + \sigma\mathrm{d}W$$

【例 3】 计算 W_t^4，我们假设 $W_0 = 0$。

我们令 $dx = dW$，然后再令 $z = F(x) = x^4$，则

$$(dx)^2 = (dW)^2 = dt$$

$$F_x \triangleq \frac{\partial F}{\partial x} = 4x^3,\ F_{xx} = \frac{\partial^2 F}{\partial x^2} = 12x^2,\ \text{而}\ F_t = \frac{\partial F}{\partial t} = 0$$

于是有：

$$dz = dF \cong \frac{\partial F}{\partial x}dx + \frac{\partial F}{\partial t}dt + \frac{1}{2}\frac{\partial^2 F}{\partial x^2}(dx)^2$$

$$\Rightarrow = 4x^3 dx + \frac{1}{2} \times 12x^2 dt \Rightarrow$$

$$dz = 6x^2 dt + 4x^3 dW$$

【例 4】计算 $e^{\alpha W_t}$，我们假设 $W_0 = 0$

我们令 $dx = dW$，然后再令 $z = = F(x) = F(W) = e^{\alpha W_t}$，则

$$(dx)^2 = (dW)^2 = dt$$

$$F_x \triangleq \frac{\partial F}{\partial x} = \alpha e^{\alpha W_t},\ F_{xx} = \frac{\partial^2 F}{\partial x^2} = \alpha^2 e^{\alpha W_t},\ \text{而}\ F_t = \frac{\partial F}{\partial t} = 0$$

于是有：

$$dz = dF \cong \frac{\partial F}{\partial x}dx + \frac{\partial F}{\partial t}dt + \frac{1}{2}\frac{\partial^2 F}{\partial x^2}(dx)^2$$

$$\Rightarrow = \alpha e^{\alpha W_t}dx + \frac{1}{2} \times \alpha^2 e^{\alpha W_t}dt$$

$$\Rightarrow dz = \frac{1}{2}\alpha^2 e^{\alpha W_t}dt + \alpha e^{\alpha W_t}dW$$

【例 5】计算 $\exp\left(\alpha W_t + \frac{1}{2}\alpha(1-t)\right)$，我们假设 $W_0 = 0$

我们令 $dx = dW$，然后再令 $z = F(t, W_t) = \exp\left(\alpha W_t + \frac{1}{2}\alpha^2(1-t)\right)$，则利用伊藤公式的其中一种形式：

$$dF \cong \frac{\partial F}{\partial W}dW + \frac{\partial F}{\partial t}dt + \frac{1}{2}\frac{\partial^2 F}{\partial W^2}(dW)^2 = \left(\frac{\partial F}{\partial t} + \frac{1}{2}\frac{\partial^2 F}{\partial W^2}\right)dt + \frac{\partial F}{\partial W}dW$$

则 $F_x \triangleq \frac{\partial F}{\partial x} = \alpha\exp\left(\alpha W_t + \frac{1}{2}\alpha^2(1-t)\right) = \alpha F(t, W_t)$，

$F_{xx} = \frac{\partial^2 F}{\partial x^2} = \alpha^2\exp\left(\alpha W_t + \frac{1}{2}\alpha^2(1-t)\right) = \alpha^2 F(t, W_t)$，

而 $F_t = \frac{\partial F}{\partial t} = -\frac{1}{2}\alpha^2\exp\left(\alpha W_t + \frac{1}{2}\alpha^2(1-t)\right) = -\frac{1}{2}\alpha^2 F(t, W_t)$

于是，我们得到：

$$dF = \left(-\frac{1}{2}\alpha^2 F(t, W_t) + \frac{1}{2}\alpha^2 F(t, W_t)\right)dt + (\alpha F(t, W_t))dW$$

$$\Leftrightarrow dF = \alpha F dW$$

特别需要一提的是，我们其实可以证明，随机过程 $z = F(t, W_t)$ 是一个鞅过程，这和金融数学教材里面提到的鞅表示定理（Martingale Representation Theorem）有关。在本例中，我们易知

$$F_0 \triangleq F(0, W_0) = \exp\left(\alpha W_0 + \frac{1}{2}\alpha^2(1-0)\right) = e^{\frac{\alpha^2}{2}}$$

因为 $W_0 \equiv 0$，于是易证 $F_t = e^{\frac{\alpha^2}{2}} + \int_0^t \alpha F_s \mathrm{d}W_s$。我们会在本章的后面介绍鞅表示定理。

（三）关于常见随机微分方程的解

我们要求解随机微分方程，其实指的是要对随机微分方程进行积分运算，一些常用的小技巧可以帮助初学者理解，比如：

$$W_T - W_0 = \int_{t=0}^{T} \mathrm{d}W_t \Leftrightarrow W_T - W_0 = \sum_{t=0}^{T} z_t \text{ 其中 } z_t \sim \text{i. i. d} N(0,1)$$

于是我们可知 $(W_T - W_0) = \left(\int_{t=0}^{T} \mathrm{d}W_t\right) \sim N(0, T)$。

我们下面讨论几种常见的随机微分方程：

最常见的随机微分方程是发散过程，即 $\mathrm{d}S_t = \mu \mathrm{d}t + \sigma \mathrm{d}W_t$，于是有：

$$\int_{t=0}^{T} \mathrm{d}S_t = \mu \int_{t=0}^{T} \mathrm{d}t + \sigma \int_{t=0}^{T} \mathrm{d}W_t \Leftrightarrow S_T - S_0 = \mu T + \sigma(W_T - B_0)$$

下面我们讨论随机过程，基于前面的推导可知：

$$\frac{\mathrm{d}S_t}{S_t} = \mu \mathrm{d}t + \sigma \mathrm{d}W_t \Leftrightarrow \mathrm{d}\ln x_t = \left(\mu - \frac{1}{2}\sigma^2\right)\mathrm{d}t + \sigma \mathrm{d}W_t$$

$$\Leftrightarrow \ln S_T - \ln S_0 = \left(\mu - \frac{1}{2}\sigma^2\right)T + \sigma \int_0^T \mathrm{d}W_t$$

于是 $S_T = S_0 \exp\left[\left(\mu - \frac{1}{2}\sigma^2\right)T + \sigma(W_T - W_0)\right]$

（四）一些简单的扩展

前面的章节，我们讨论了扩散过程 $\mathrm{d}X_t = \mu \mathrm{d}t + \sigma \mathrm{d}W_t$，我们以前的讨论认为 μ 和 σ 是常数，其实我们可以考虑更为广泛的扩散过程，即 $\mathrm{d}X_t = a(X_t, t)\mathrm{d}t + b(X_t, t)\mathrm{d}W_t$，此时，伊藤定理依然成立，为：

$$\mathrm{d}f(X_t, t) = \left(\frac{\partial f}{\partial X}a(X_t, t) + \frac{1}{2}\frac{\partial^2 f}{\partial X^2}b(X_t, t)^2 + \frac{\partial f}{\partial t}\right)\mathrm{d}t + b(X_t, t)\frac{\partial f}{\partial X}\mathrm{d}W_t$$

其中，$f(X, t)$ 是关于 X 和 t 的二次连续可导函数。

此外，我们要离散化 $dX_t = a(X_t,t)dt + b(X_t,t)dW_t$，此时该随机微分方程的离散形式可写为：

$$X_{t+\Delta} - X_t = a(X_t,t)\Delta + b(X_t,t)\sqrt{\Delta}(z_{t+\Delta})$$

一般认为 Δ 为一极小时间，比如模拟日股票价格走势，可利用 $\Delta = 1/365$，此外，令 $z_{t+\Delta} \sim \text{i. i. d } N(0,1)$。

我们也可以将我们以往讨论的问题做进一步的扩展。通过前面的讨论，我们已经对布朗运动有了初步的了解，我们也对一些基本的随机微分方程进行了讨论，下面我们希望视野更开阔一点，关注一下到底目前我们能解哪一些特定的随机方程？

简言之，我们可以把随机微分方程（stochastic differential equation，SDE）写成以下标准形式，以往我们讨论的情形都可以视为其特例。

$$dX(t) = a(X(t),t)dt + b(X(t),t)dW(t), X(0) = X_0$$

其中，W 为 k 维的布朗运动，而函数 $a(X(t),t)$ 是关于随机过程 $X(t)$ 和时间 t 的函数，且认为 $a(X(t),t)$ 是 d 维的，而 $b(X(t),t)$ 是 $d \times k$ 维的函数，而随机过程 $X(t)$ 应独立于 W 的一个 d 维的随机向量。此外，特别需要注意的是，随机过程 $X(t)$ 初始条件需是一确定值 X_0。

现陈述关于以上随机微分方程有强解的主要结果。

定理：（解的存在性与唯一性）假设 $\mathbb{E}[\|X_0\|^2]$ 是有限的，且存在常数 K 满足对于所有 $t \in [0,T]$ 和所有 $x,y \in \mathbb{R}^d$，有以下条件成立：

（1）$\|a(x,t) - a(y,t)\| + \|b(x,t) - b(y,t)\| \leqslant K\|x - y\|$（Lipschitz 条件）

（2）$\|a(x,t)\| + \|b(x,t)\| \leqslant K(1 + \|x\|)$（线性增长条件）

则认为此随机微分方程有强解，且这个强解是唯一的。

由此可以看出，以往我们讨论的很多随机微分方程都是满足 Lipschitz 条件和线性增长条件的，所以初等随机微积分教材里的情形都是有解且唯一的。

当然有人可能会问“有解”是何意思？简言之，函数 $a(X(t),t)$ 和 $b(X(t),t)$ 以及随机过程的初始条件 X_0 决定了随机过程 $X(t)$ 有无解，只要 $a(X(t),t)$、$b(X(t),t)$ 和 X_0 满足前文我们讨论的条件，则 $X(t)$ 能有以下解的形式，即：

$$X(t) = X_0 + \int_0^t a(X(u),u)du + \int_0^t b(X(u),u)dW(u), 0 \leqslant t \leqslant T$$

为了印证以上我们讨论的例子，我们可以利用本节新的表述思想，再推导一次伊藤定理。

针对 $dX_t = a(X_t,t)dt + b(X_t,t)dW_t$，我们的目标是在给定 $f(X_t,t)$ 的情况下，找出该函数与 t 和 W_t 的关系，但是这个关系并不好找，所以最好的办法是：退而求其次，我们找 $df(X_t,t)$ 与 dt 和 dW_t 的关系，也就是说，我们找出 $df(X_t,t)$ 关于 dt 和 dW_t 的随机微分方程。

我们直接用二阶泰勒公式展开 $f(X_t,t)$，则有：

$$f(X_{t+\Delta t},t+\Delta t)-f(X_t,t)\triangleq \mathrm{d}f(X_t,t)$$

$$\cong \frac{\partial f}{\partial t}\mathrm{d}t+\frac{\partial f}{\partial X_t}\mathrm{d}X_t+\frac{1}{2}\frac{\partial^2 f}{\partial X_t^{\ 2}}(\mathrm{d}X_t)^2+\frac{1}{2}\frac{\partial^2 f}{\partial X_t\partial t}(\mathrm{d}X_t\mathrm{d}t)$$

下面需要讨论 $\mathrm{d}X_t^2\triangleq(\mathrm{d}X_t)^2$ 等于什么？$(\mathrm{d}X_t\mathrm{d}t)$ 等于什么？

特别注意，因为 $(\mathrm{d}W_t)^2=\mathrm{d}t$ 且 $(\mathrm{d}t)^2=\mathrm{d}W_t\mathrm{d}t=0$，于是

$$\mathrm{d}X_t^2=\{a(X_t,t)\mathrm{d}t+b(X_t,t)\mathrm{d}W_t\}^2\cong b^2(X_t,t)(\mathrm{d}W_t)^2=b^2(X_t,t)\mathrm{d}t$$

$$\mathrm{d}X_t\mathrm{d}t=\{a(X_t,t)\mathrm{d}t+b(X_t,t)\mathrm{d}W_t\}\mathrm{d}t\cong 0$$

于是将以上结果代入 $\mathrm{d}f(X_t,t)$，则有：

$$\begin{aligned}&\mathrm{d}f(X_t,t)\\&\cong\frac{\partial f}{\partial t}\mathrm{d}t+\frac{\partial f}{\partial X_t}\{a(X_t,t)\mathrm{d}t+b(X_t,t)\mathrm{d}W_t\}+\frac{1}{2}\frac{\partial^2 f}{\partial X_t^{\ 2}}\underbrace{(\mathrm{d}X_t)^2}_{=b^2(X_t,t)\mathrm{d}t}+\frac{1}{2}\frac{\partial^2 f}{\partial X_t\partial t}\underbrace{(\mathrm{d}X_t\mathrm{d}t)}_{=0}\\&=\left(\left(\frac{\partial f}{\partial t}\right)+a(X_t,t)\left(\frac{\partial f}{\partial X_t}\right)+\frac{1}{2}b^2(X_t,t)\left(\frac{\partial^2 f}{\partial X_t^{\ 2}}\right)\right)\mathrm{d}t+b(X_t,t)\left(\frac{\partial f}{\partial X_t}\right)\mathrm{d}W_t\end{aligned}$$

即伊藤定理为：

$$\mathrm{d}f(X_t,t)=\left(\left(\frac{\partial f}{\partial t}\right)+a(X_t,t)\left(\frac{\partial f}{\partial X_t}\right)+\frac{1}{2}b^2(X_t,t)\left(\frac{\partial^2 f}{\partial X_t^{\ 2}}\right)\right)\mathrm{d}t+b(X_t,t)\left(\frac{\partial f}{\partial X_t}\right)\mathrm{d}W_t$$

我们前面所讨论的例子都可以认为是一种特例。表 6－1 列出了常见的利用伊藤定理求 $f(x_t,t)$ 随机微分方程的例子。表 6－2 展示了量化金融学中常见的随机过程及其对应的一般形式。

表 6－1 常见的利用伊藤定理求 $f(X_t,t)$ 随机微分方程的例子汇总

$a(X_t,t)$	$b(X_t,t)$	$f(X_t,t)$	$\mathrm{d}f(X_t,t)$
μX_t	σX_t	X_t	$=\mu X_t\mathrm{d}t+\sigma X_t\mathrm{d}W_t$
μX_t	σX_t	$\ln(X_t)$	$=\left(\mu-\frac{1}{2}\sigma^2\right)\mathrm{d}t+\sigma\mathrm{d}W_t$
μ	σ	$\exp(X_t)$	$=\left(\mu+\frac{1}{2}\sigma^2\right)f(X_t,t)\mathrm{d}t+\sigma f(X_t,t)\mathrm{d}W_t$
0	1	$(X_t)^4$	$=6W_t^2\mathrm{d}t+4W_t^3\mathrm{d}W_t$
0	1	$\exp(\theta X_t)$	$=\frac{1}{2}\theta^2\mathrm{e}^{\theta W_t}\mathrm{d}t+\theta\mathrm{e}^{\theta W_t}\mathrm{d}W_t$ $=\left(\frac{1}{2}\theta^2\mathrm{d}t+\theta\mathrm{d}W_t\right)f(X_t,t)$
0	1	$\exp\left(\theta X_t+\frac{1}{2}\alpha\theta(1-t)\right)$	$\mathrm{d}f(X_t,t)=\theta f(X_t,t)\mathrm{d}W_t$

表 6－2　量化金融学中常见的随机过程与其对应的一般形式

模型	模型对应公式	$X(t)$	$a(X(t),t)$	$b(X(t),t)$
BSM 模型	$dS_t = S_t(rdt + \sigma dW_t)$	$S(t) \triangleq S_t$	rS_t	σS_t
Garman&Kohlhagam 模型（外汇期权定价公式）	$dS_t = S_t(r-\delta)dt + \sigma S_t dW_t$	$S(t) \triangleq S_t$	$S_t(r-\delta)$	σS_t
Hull&White 模型（关于利率版本）	$dr_t = K_t(\theta_t - r_t)dt + \sigma(t)dW_t$	$r(t) \triangleq r_t$	$K_t(\theta_t - r_t)$	$\sigma(t)$
Vasicek 模型	$dr_t = \kappa(\theta - r_t)dt + \sigma dW_t$	$r(t) \triangleq r_t$	$\kappa(\theta - r_t)$	σ
CIR or Square－root 模型	$dr_t = \kappa(\theta - r_t)dt + \sigma\sqrt{r_t}dW_t$	$r(t) \triangleq r_t$	$\kappa(\theta - r_t)$	$\sigma\sqrt{r_t}$
CEV 模型（Constant Elasticity of Variance）	$dS_t = \mu S_t dt + \sigma S_t^{\beta} dW_t$ 当 $\beta = 1 \Rightarrow$ 几何布朗运动 $\beta = -\frac{1}{2} \Rightarrow$ 平方根模型 $\beta < 0 \Rightarrow$ Cox 模型 $\beta > 0 \Rightarrow$ MacBetch 模型 $-1 < \beta < 0 \Rightarrow$ Delbean，Shirakawa 模型	$S(t) \triangleq S_t$	uS_t	σS_t^{β}
Ornsten－Uhlenbeck（OU）过程（形式 I）	$dr_t = -\kappa(r_t - \mu)dt + \sigma dW_t$	$r(t) \triangleq r_t$	$-\kappa(r_t - \mu)$	σ

（五）多维伊藤公式

有了以上的讨论基础，我们更进一步讨论多维伊藤公式及其应用。特别需要注意的是，上一节的讨论中，我们的随机过程 $X(t)$ 被认为是独立于布朗运动 W 的一个 d 维的随机向量，因此，在上一节，我们已经开始了关于多维问题的讨论。下面我们进一步展开讨论。

因为 $X(t) \triangleq X_t$ 是个 d 维随机向量过程，所以我们可以写得更为直观一点，即：$X_t = (X_t^1, X_t^2, \cdots, X_t^i, \cdots X_t^d)^* \in \mathbb{R}^{d\times 1}$，其中"＊"表示转置，则随机过程 $X(t)$ 的每一个分量应满足：

$$dX_t^i = a_i(t)dt + \sum_{j=1}^{k} b_{ij}(t)dW_j(t)$$

其中，$W(t) \triangleq W_t \triangleq (W_t^1, W_t^2, \cdots, W_t^j, \cdots W_t^k)^* \in \mathbb{R}^{k\times 1}$ 且假定彼此分量间独立，即 $\begin{cases} dW_j dW_i = 0, i \neq j \\ dW_j dW_i = dt, i = j \end{cases}$

如果写成矩阵形式，即为：$dX(t) = a(X(t),t)dt + b(X(t),t)dW(t), X(0) = X_0$。

如果我们对随机过程 $F(X_t,t)$ 感兴趣，则 $\mathrm{d}F(X_t,t)$ 的随机微分形式为：

$$\mathrm{d}F(X_t,t)=\frac{\partial F}{\partial t}\mathrm{d}t+\sum_{i=1}^{d}\frac{\partial F}{\partial X_t^i}\mathrm{d}X_t^i+\frac{1}{2}\sum_{i=1}^{d}\sum_{j=1}^{d}\frac{\partial^2 F}{\partial X_t^i\partial X_t^j}\mathrm{d}X_t^i\mathrm{d}X_t^j$$

我们将 $\mathrm{d}X(t)=a(X(t),t)\mathrm{d}t+b(X(t),t)\mathrm{d}W(t),X(0)=X_0$ 的关系代入上式，则 $F(X_t,t)$ 有关于布朗运动形式的微分表达式，即：

$$\mathrm{d}F(X_t,t)=\left\{\frac{\partial F}{\partial t}+\sum_{i=1}^{d}a_i(t)\frac{\partial F}{\partial X_t^i}+\frac{1}{2}\sum_{i=1}^{d}\sum_{j=1}^{d}C_{i,j}\frac{\partial^2 F}{\partial X_t^i\partial X_t^j}\right\}\mathrm{d}t+\sum_{i=1}^{d}\frac{\partial F}{\partial X_t^i}b_i(t)\mathrm{d}W_i$$

其中，$b_i(t)$ 表示 $b(X(t),t)\in\mathbb{R}^{d\times k}$ 的列向量，$b_i(t)\triangleq[b_{i1}(t),b_{i2}(t),\cdots,b_{ik}(t)]$，$i=1,\cdots,d$。而上式中的矩阵 C 被定义为 $C\triangleq b(X(t),t)[b(X(t),t)]^*$，其中的“$*$”表示转置。

上面这个多维伊藤公式不太简洁，有学术专著或教材引入了海塞矩阵（Hessian matrix）的形式来表示多维伊藤公式，具体形式如下：

$$\mathrm{d}F(X_t,t)=\left\{\frac{\partial F}{\partial t}+\sum_{i=1}^{d}\left[a_i(X(t),t)\left(\frac{\partial F}{\partial X_t^i}\right)\right]+\frac{1}{2}tr[b(X(t),t)^*Hb(X(t),t)]\right\}\mathrm{d}t+$$

$$\sum_{i=1}^{d}\left[\left(\frac{\partial F}{\partial X_t^i}\right)b_i(t)\mathrm{d}W_i\right]$$

其中，tr 表示矩阵的“迹”（trace）。矩阵的迹的含义是对于任意直方矩阵（sqaure matrix）$A\triangleq[A]_{ii}\in\mathbb{R}^{n\times n}$，其对角线之和即为该矩阵的迹，即 $tr(A)=\sum_{i=1}^{d}A_{ii}$。而 H 表示海塞矩阵，具体形式为：$H_{ij}\triangleq\frac{\partial^2 F}{\partial X_t^i\partial X_t^j}$，其中 $i=1,\cdots,d$。

为验证以上公式，不妨考虑一个二维的情形，即：

$$\mathrm{d}x(t)=a_x(t)\mathrm{d}t+b_x(t)\mathrm{d}W_x(t)$$
$$\mathrm{d}y(t)=a_y(t)\mathrm{d}t+b_y(t)\mathrm{d}W_y(t)$$

其中，$x(t),y(t),a_x(t),a_y(t),b_x(t),b_y(t),W_x(t),W_y(t)$ 都为一维情形。

下面我们关心一个随机过程 $Z(t)\triangleq g(x(t),y(t),t)\in\mathbb{R}^{p\times q}$，我们自然希望利用多维伊藤公式求出其随机微分形式。为简单起见，不妨设 $p=q=1$。读者可自行验证，p,q 取其他值时，多维伊藤公式仍适用。我们制作了表 6－3 来使本例中的符号和伊藤公式中的符号相对应。

表 6－3　变量的彼此对应：多维伊藤公式和本例中的情形

多维伊藤公式符号	$X(t)$	$a(X(t),t)$	$b(X(t),t)$	$W(t)$	n	k	$F(X_t,t)$
例子的情形	$\begin{bmatrix}x(t)\\y(t)\end{bmatrix}$	$\begin{bmatrix}a_x(t)\\a_y(t)\end{bmatrix}$	$\begin{bmatrix}b_x(t)\\b_y(t)\end{bmatrix}$	$\begin{bmatrix}W_x(t)\\W_y(t)\end{bmatrix}$	2	2	$Z(t)\triangleq g(x(t),y(t),t)$

我们不妨进一步简化问题，并分析一些我们在实际工作中经常遇到的随机数学问题。

1. $X(t)$是多维几何布朗运动的一些特殊性质

（1）布朗运动彼此独立

我们最关注的随机过程是多维几何布朗运动过程，即 $dX(t) = a(X(t),t)dt + b(X(t),t)dW(t), X(0) = X_0$ 满足以下特殊形式：

$$dX_t = X_t\mu_t dt + X_t\sigma_t dW(t), X(0) = X_0$$

即 $a(X(t),t) = X_t\mu_t$ 和 $b(X(t),t) = X_t\sigma_t$，在本例中，我们可以写成以下矩阵形式：

$$\begin{bmatrix} dx_t \\ dy_t \end{bmatrix} = \begin{bmatrix} a_x \\ a_y \end{bmatrix} dt + \begin{bmatrix} b_{x,t} & 0 \\ 0 & b_{y,t} \end{bmatrix} \begin{bmatrix} dW_{x,t} \\ dW_{y,t} \end{bmatrix} \Leftrightarrow$$

$$\begin{bmatrix} dx_t \\ dy_t \end{bmatrix} = \begin{bmatrix} \mu_{x,t} & 0 \\ 0 & \mu_{y,t} \end{bmatrix} \begin{bmatrix} x_t \\ y_t \end{bmatrix} dt + \begin{bmatrix} \sigma_{x,t} & 0 \\ 0 & \sigma_{y,t} \end{bmatrix} \begin{bmatrix} x_t \\ y_t \end{bmatrix} \begin{bmatrix} dW_{x,t} \\ dW_{y,t} \end{bmatrix}$$

我们会经常关注 $\frac{d(x_t y_t)}{x_t y_t}$、$\frac{d(x_t/y_t)}{(x_t/y_t)}$ 的表达式，现利用伊藤定理来找到它们的表达式。我们先讨论 $\frac{d(x_t y_t)}{x_t y_t}$。

a. 讨论 $\frac{d(x_t y_t)}{x_t y_t}$ 的微分形式

此时，$F(X_t,t) = x_t y_t$，则多维伊藤公式可写为：

$$dF(X_t,t) = \left\{ \begin{array}{l} \frac{\partial F}{\partial t} + \begin{bmatrix} \frac{\partial F}{\partial X_t^1} & \frac{\partial F}{\partial X_t^2} \end{bmatrix} \begin{bmatrix} a_1(X_t,t) \\ a_2(X_t,t) \end{bmatrix} + \\ \frac{1}{2} tr \left[b(X(t),t)^* \begin{bmatrix} \frac{\partial^2 F}{\partial X_t^1 \partial X_t^1} & \frac{\partial^2 F}{\partial X_t^1 \partial X_t^2} \\ \frac{\partial^2 F}{\partial X_t^2 \partial X_t^1} & \frac{\partial^2 F}{\partial X_t^2 \partial X_t^2} \end{bmatrix} b(X(t),t) \right] \end{array} \right\} dt$$

$$+ \begin{bmatrix} \frac{\partial F}{\partial X_t^1} & \frac{\partial F}{\partial X_t^2} \end{bmatrix} [b_1(X_t,t) \quad b_2(X_t,t)] \begin{bmatrix} dW_1 \\ dW_2 \end{bmatrix}$$

特别需要注意的是，$a_1(X(t),t) = \mu_x x_t$，$a_2(X(t),t) = \mu_y y_t$，$b_1(t) = \begin{bmatrix} b_{x,t} \\ 0 \end{bmatrix} = \begin{bmatrix} \sigma_{x,t} x_t \\ 0 \end{bmatrix}$，$b_2(t) = \begin{bmatrix} 0 \\ b_{y,t} \end{bmatrix} = \begin{bmatrix} 0 \\ \sigma_{y,t} y_t \end{bmatrix}$，其中

$\frac{\partial F}{\partial t} = 0$，$\frac{\partial F}{\partial X_t^1} = \frac{\partial(x_t y_t)}{\partial x_t} = y_t$，$\frac{\partial F}{\partial X_t^2} = \frac{\partial(x_t y_t)}{\partial y_t} = x_t$，$\frac{\partial^2 F}{\partial X_t^1 \partial X_t^1} = \frac{\partial^2(x_t y_t)}{\partial x_t \partial x_t} = 0$，$\frac{\partial^2 F}{\partial X_t^1 \partial X_t^2} = \frac{\partial^2 F}{\partial X_t^2 \partial X_t^1} = 1$，$\frac{\partial^2 F}{\partial X_t^2 \partial X_t^2} = \frac{\partial^2(x_t y_t)}{\partial y_t \partial y_t} = 0$。

而 $b(X(t),t)^*\begin{bmatrix}\dfrac{\partial^2 F}{\partial X_t^1 \partial X_t^1} & \dfrac{\partial^2 F}{\partial X_t^1 \partial X_t^2} \\ \dfrac{\partial^2 F}{\partial X_t^2 \partial X_t^1} & \dfrac{\partial^2 F}{\partial X_t^2 \partial X_t^2}\end{bmatrix} b(X(t),t) = \begin{bmatrix} 0 & \sigma_{x,t}\sigma_{y,t}x_t y_t \\ \sigma_{x,t}\sigma_{y,t}x_t y_t & 0 \end{bmatrix}$。

将以上结果代入 $dF(X_t,t)$ 有：

$$\begin{cases}\dfrac{\partial F}{\partial t} = 0 \\ a_1(X(t),t)\dfrac{\partial F}{\partial X_t^1} = \mu_{x,t}x_t y_t \\ a_2(X(t),t)\dfrac{\partial F}{\partial X_t^2} = \mu_{y,t}y_t x_t \\ \dfrac{1}{2}tr[b(X(t),t)^* Hb(X(t),t)] = 0 \\ \dfrac{\partial F}{\partial X_t^1}b_1(t)dW_x = \sigma_{x,t}x_t y_t dW_{x,t} \\ \dfrac{\partial F}{\partial X_t^2}b_2(t)dW_y = \sigma_{y,t}x_t y_t dW_{y,t}\end{cases}$$

最后化简得：$dF(X_t,t) = d(x_t y_t) = x_t y_t[(\mu_{x,t} + \mu_{y,t})dt + (\sigma_{x,t}dW_{x,t} + \sigma_{y,t}dW_{y,t})] \Leftrightarrow$

$$\frac{d(x_t y_t)}{(x_t y_t)} = (\mu_{x,t} + \mu_{y,t})dt + (\sigma_{x,t}dW_{x,t} + \sigma_{y,t}dW_{y,t})$$

b. 讨论 $\dfrac{d(x_t/y_t)}{(x_t/y_t)}$ 的微分形式

下面我们讨论 $F(X_t,t) = \dfrac{x_t}{y_t}$ 的情形。此时，关于函数 $F(X_t,t)$ 的相关偏导数结果如下：

$\dfrac{\partial F}{\partial t} = 0$，$\dfrac{\partial F}{\partial X_t^1} = \dfrac{\partial(x_t/y_t)}{\partial x_t} = \dfrac{1}{y_t}$，$\dfrac{\partial F}{\partial X_t^2} = \dfrac{\partial(x_t/y_t)}{\partial y_t} = -x_t(y_t)^{-2}$，$\dfrac{\partial^2 F}{\partial X_t^1 \partial X_t^1} = \dfrac{\partial^2(x_t/y_t)}{\partial x_t \partial x_t} = 0$，$\dfrac{\partial^2 F}{\partial X_t^1 \partial X_t^2} = \dfrac{\partial^2 F}{\partial X_t^2 \partial X_t^1} = -\left(\dfrac{1}{y_t}\right)^2$，$\dfrac{\partial^2 F}{\partial X_t^2 \partial X_t^2} = \dfrac{\partial^2(x_t/y_t)}{\partial y_t \partial y_t} = 2x_t(y_t)^{-3}$。

即 $H = \begin{bmatrix} 0 & -(y_t)^{-2} \\ -(y_t)^{-2} & 2x_t(y_t)^{-3}\end{bmatrix}$，

于是 $b^*Hb = \begin{bmatrix}\sigma_{x,t}x_t & 0 \\ 0 & \sigma_{y,t}y_t\end{bmatrix}\begin{bmatrix} 0 & -(y_t)^{-2} \\ -(y_t)^{-2} & 2x_t(y_t)^{-3}\end{bmatrix}\begin{bmatrix}\sigma_{x,t}x_t & 0 \\ 0 & \sigma_{y,t}y_t\end{bmatrix}$

$$= \begin{bmatrix} 0 & -\sigma_{x,t}\sigma_{y,t}x_t(y_t)^{-1} \\ -\sigma_{x,t}\sigma_{y,t}x_t(y_t)^{-1} & 2\sigma_{y,t}^2 x_t(y_t)^{-1}\end{bmatrix}$$

将以上结果代入 $\mathrm{d}F(X_t,t)$ 有：

$$\begin{cases} \dfrac{\partial F}{\partial t} = 0 \\ a_1(X(t),t)\dfrac{\partial F}{\partial X_t^1} = \dfrac{\mu_{x,t}x_t}{y_t} \\ a_2(X(t),t)\dfrac{\partial F}{\partial X_t^2} = -\dfrac{\mu_{y,t}x_t}{y_t} \\ \dfrac{1}{2}tr[b(X(t),t)^* Hb(X(t),t)] = \sigma_{y,t}^2 x_t(y_t)^{-1} \\ \dfrac{\partial F}{\partial X_t^1}b_1(t)\mathrm{d}W_x = \dfrac{\sigma_{x,t}x_t}{y_t}\mathrm{d}W_{x,t} \\ \dfrac{\partial F}{\partial X_t^2}b_2(t)\mathrm{d}W_y = -\dfrac{\sigma_{y,t}x_t}{y_t}\mathrm{d}W_{y,t} \end{cases}$$

于是有：

$$\mathrm{d}\left(\frac{x_t}{y_t}\right) = \left(\frac{x_t}{y_t}\right)(\mu_{x,t} - \mu_{y,t} + \sigma_{y,t}^2)\mathrm{d}t + \left(\frac{x_t}{y_t}\right)(\sigma_{x,t}\mathrm{d}W_{x,t} - \sigma_{y,t}\mathrm{d}W_{y,t}) \Leftrightarrow$$

$$\frac{\mathrm{d}(x_t/y_t)}{(x_t/y_t)} = (\mu_{x,t} - \mu_{y,t} + \sigma_{y,t}^2)\mathrm{d}t + (\sigma_{x,t}\mathrm{d}W_{x,t} - \sigma_{y,t}\mathrm{d}W_{y,t})$$

（2）只有一个随机源的情形

多维随机过程 $X(t)$ 的随机特性是由布朗运动 $W(t)$ 引起的，在本节中，我们重点关注二维的情形。于是我们也可以认为研究对象即随机系统 $X(t)$ 是由两个随机过程 $x(t)$ 和 $y(t)$ 组成的，这个随机系统的随机特性主要由 $W(t)$ 的性质所决定。在前面一小节，我们认为 $W(t) = [W_{x,t}, W_{y,t}]^*$ 且 $W_{x,t}, W_{y,t}$ 彼此独立，因此我们可以认为此随机系统 $X(t)$ 受两个独立的随机源所影响。下面我们来考虑一个更为简单的问题，即系统 $X(t)$ 仅受一个随机源，比如 $W_{x,t}$ 影响的情形，然后考察 $\dfrac{\mathrm{d}(x_t y_t)}{(x_t y_t)}$ 的表达式。

我们做如下假设：

如果 y_t 的随机特性因 $W_{x,t}$ 引起，而非 $W_{y,t}$，即：

$$\mathrm{d}x(t) = a_x(t)\mathrm{d}t + b_x(t)\mathrm{d}W_x(t)$$
$$\mathrm{d}y(t) = a_y(t)\mathrm{d}t + b_y(t)\mathrm{d}W_x(t)$$

其中，我们仍假设 $a_{x,t} = \mu_{x,t}x_t$，$a_{y,t} = \mu_{y,t}x_t$，$b_{x,t} = \sigma_{x,t}x_t$，$b_{y,t} = \sigma_{y,t}y_t$，则此时矩阵形式可写为：

$$\begin{bmatrix}\mathrm{d}x_t \\ \mathrm{d}y_t\end{bmatrix} = \begin{bmatrix}a_x \\ a_y\end{bmatrix}\mathrm{d}t + \begin{bmatrix}b_{x,t} & 0 \\ b_{y,t} & 0\end{bmatrix}\begin{bmatrix}\mathrm{d}W_{x,t} \\ \mathrm{d}W_{y,t}\end{bmatrix} \Leftrightarrow$$

$$\begin{bmatrix}\mathrm{d}x_t \\ \mathrm{d}y_t\end{bmatrix} = \begin{bmatrix}\mu_{x,t} & 0 \\ 0 & \mu_{y,t}\end{bmatrix}\begin{bmatrix}x_t \\ y_t\end{bmatrix}\mathrm{d}t + \begin{bmatrix}\sigma_{x,t}x_t & 0 \\ \sigma_{y,t}y_t & 0\end{bmatrix}\begin{bmatrix}\mathrm{d}W_{x,t} \\ \mathrm{d}W_{y,t}\end{bmatrix}$$

那么我们如何用多维伊藤公式来推导出 $\frac{\mathrm{d}(x_t y_t)}{(x_t y_t)}$ 的表达式？其实步骤还是和前面的例子类似。现将结果展示如下。

在此案例中有，$a_1(X(t),t) = \mu_x x_t$，$a_2(X(t),t) = \mu_y y_t$，$b_1(t) = \begin{bmatrix} b_{x,t} \\ b_{y,t} \end{bmatrix} = \begin{bmatrix} \sigma_{x,t} x_t \\ \sigma_{y,t} y_t \end{bmatrix}$，$b_2(t) = \begin{bmatrix} 0 \\ 0 \end{bmatrix}$。需要注意的是，关于 $F(X_t, t)$ 函数的偏导数和前面的例子一样，结果都不变，但是 $b(X(t),t)$ 的形式发生了变化，特别是：

$$b(X(t),t)^* \begin{bmatrix} \frac{\partial^2 F}{\partial X_t^1 \partial X_t^1} & \frac{\partial^2 F}{\partial X_t^1 \partial X_t^2} \\ \frac{\partial^2 F}{\partial X_t^2 \partial X_t^1} & \frac{\partial^2 F}{\partial X_t^2 \partial X_t^2} \end{bmatrix} b(X(t),t) = \begin{bmatrix} \sigma_{x,t} x_t & \sigma_{y,t} y_t \\ 0 & 0 \end{bmatrix} \begin{bmatrix} 0 & 1 \\ 1 & 0 \end{bmatrix} \begin{bmatrix} \sigma_{x,t} x_t & 0 \\ \sigma_{y,t} y_t & 0 \end{bmatrix} =$$

$\begin{bmatrix} 2\sigma_{x,t}\sigma_{y,t} x_t y_t & 0 \\ 0 & 0 \end{bmatrix}$ 变化较大。于是有：

$$\begin{cases} \frac{\partial F}{\partial t} = 0 \\ a_1(X(t),t) \frac{\partial F}{\partial X_t^1} = \mu_{x,t} x_t y_t \\ a_2(X(t),t) \frac{\partial F}{\partial X_t^2} = \mu_{y,t} y_t x_t \\ \frac{1}{2} tr[b(X(t),t)^* Hb(X(t),t)] = \sigma_{x,t}\sigma_{y,t} x_t y_t \\ \frac{\partial F}{\partial X_t^1} b_1(t) \mathrm{d}W_x = (\sigma_{x,t} + \sigma_{y,t}) x_t y_t \mathrm{d}W_{x,t} \\ \frac{\partial F}{\partial X_t^2} b_2(t) \mathrm{d}W_y = 0 \end{cases}$$

于是得到结果：

$$\frac{\mathrm{d}(x_t y_t)}{(x_t y_t)} = (\mu_{x,t} + \mu_{y,t} + \sigma_{x,t}\sigma_{y,t}) \mathrm{d}t + (\sigma_{x,t} + \sigma_{y,t}) \mathrm{d}W_{x,t}$$

由此可见，结论和前面一小节的结论差别较大。

下面讨论 $\frac{\mathrm{d}(x_t / y_t)}{(x_t / y_t)}$ 的形式，具体步骤和上节类似，只是此时 $b_1(t) = \begin{bmatrix} b_{x,t} \\ b_{y,t} \end{bmatrix} = \begin{bmatrix} \sigma_{x,t} x_t \\ \sigma_{y,t} y_t \end{bmatrix}$，$b_2(t) = \begin{bmatrix} 0 \\ 0 \end{bmatrix}$，而对应的海塞矩阵 H 不变，仍为 $H = \begin{bmatrix} 0 & -(y_t)^{-2} \\ -(y_t)^{-2} & 2x_t(y_t)^{-3} \end{bmatrix}$，于是 $tr(b^* Hb) = 2(-\sigma_{x,t}\sigma_{y,t} + \sigma_{y,t}^2)\left(\frac{x_t}{y_t}\right)$，综合一下，

我们有：

$$
\begin{cases}
\dfrac{\partial F}{\partial t} = 0 \\
a_1(X(t),t)\dfrac{\partial F}{\partial X_t^1} = \dfrac{\mu_{x,t}x_t}{y_t} \\
a_2(X(t),t)\dfrac{\partial F}{\partial X_t^2} = -\dfrac{\mu_{y,t}x_t}{y_t} \\
\dfrac{1}{2}tr[b(X(t),t)^* Hb(X(t),t)] = (-\sigma_{x,t}\sigma_{y,t} + \sigma_{y,t}^2)(\dfrac{x_t}{y_t}) \\
\dfrac{\partial F}{\partial X_t^1}b_1(t)\mathrm{d}W_x = \dfrac{\sigma_{x,t}x_t}{y_t}\mathrm{d}W_{x,t} \\
\dfrac{\partial F}{\partial X_t^2}b_2(t)\mathrm{d}W_y = -\dfrac{\sigma_{y,t}x_t}{y_t}\mathrm{d}W_{y,t}
\end{cases}
$$

于是有：

$$
\frac{\mathrm{d}(x_t/y_t)}{(x_t/y_t)} = (\mu_{x,t} - \mu_{y,t} - \sigma_{x,t}\sigma_{y,t} + \sigma_{y,t}^2)\mathrm{d}t + (\sigma_{x,t} - \sigma_{y,t})\mathrm{d}W_{x,t}
$$

由此可见，结论和前面一小节的结论差别也较大。

2. 计算机辅助运算实验

我们发现上面的计算过于繁杂，而且十分容易出错。较好的办法是利用科学计算软件辅助我们找出结果。我们的结果都是不含任何具体的数值，但是结果却包含变量和参数的形式，这样的显示形式被称为符号运算结果。现在很多计算机语言都自带符号运算工具包（symbolic toolbox）。我们以 Matlab 自带的符号运算程序包为例来计算我们上面讨论的四类例子的结果。具体的代码实现如代码 6 - 3 所示。

```
Syms x y t mu1 mu2 sig1 sig2 F a b
symsdF dt dw1 dw2
F = x * y
% F = x/y

JF = jacobian(F)
HF = hessian(F)
F_t = diff(F,t)
a = [mu1 * x; mu2 * y];
% b = [sig1 * x,0;0 sig2 * y]; % two indp random source case
b = [sig1 * x,0; sig2 * y,0]; % single random source case

dW = [dw1; dw2];
```

```
% dF = (F_t + JF * a + 0.5 * trace((b.') * HF * b)) * dt + JF * b * dW
dF = simplify((F_t + JF * a + 0.5 * trace((b.') * HF * b)) * dt + JF * b * dW)
```

代码 6-3 利用 Matlab 的符号运算包轻松处理计算问题

代码的第 1，2 行利用“syms”申明我们需要的符号变量。需要说明的是“mu1”和“sig1”这两个变量分别表示 μ_x 和 σ_x，而“mu2”和“sig2”这两个变量则分别表示 μ_y 和 σ_y。第 3 行的命令“F = x * y”表示我们所关心的函数。如果要考虑 $F = x/y$ 的情形，则可以将第 3 行注解化，去掉第 4 行前的“%”符号。在本演示代码中，我们考虑 $F = xy$ 的情形。

需要注意的是，$\left[\frac{\partial F}{\partial X_t^1} \quad \frac{\partial F}{\partial X_t^2}\right]$ 向量收集了函数 F 所有的一阶偏导数，在数学上该向量被称为雅各比矩阵（jacobian matrix），我们在计算 dF 表达式时需要用到雅各比矩阵，我们可以调用 Matlab 的内置命令“jacobian”，此外，我们为了计算 dF 还需要计算 $F = xy$ 的海塞矩阵，我们直接调用 Matlab 的内置命令“hessian”即可，第 6 行的“HF”是一个 2×2 的矩阵。在第 7 行，我们利用 Matlab 的内置命令“diff”命令计算函数 F 关于时间的偏导数 $\frac{\partial F}{\partial t}$。

下面我们构建矩阵 a 和 b，具体见第 9 至第 11 行，我们考察只有一个随机源的情形。在第 13 行，我们构建随机扰动项，即布朗运动的增量的向量。

然后根据多维伊藤定理的公式写出代码。特别需要注意的是第 15 行和第 16 行是等价的。仅多了一个“simplify”命令，这是 Matlab 的符号运算包内置命令，作用是将得到的符号运算结果化简。“simplify”的中文就是“化简”的意思。

然后我们得到结果如代码 6-4 所示。

```
dF = x * y * (dt * mu1 + dt * mu2 + dw1 * sig1 + dw1 * sig2 + dt * sig1 * sig2)
```

代码 6-4 实验结果演示

读者可以自行验证，该结果和我们上一小节手算的结果一致。读者可以稍微自行改动一下代码，核实其他几种情况的结果是否和我们上一小节手算的结果一致（当然！毋庸置疑！计算机运算结果和我们手算的结果是完全一致的）。

由此可见，虽然伊藤定理在计算多维随机过程问题时表面看似十分复杂，甚至手算也十分困难，但是其中的规律却是十分明显的，基于巧妙地使用计算机软件辅助计算会得到事半功倍的效果。

四、基本无害的中级期权定价理论

(一) 从投资组合和对冲风险视角说起

我们还是从二叉树模型说起。衍生品定价的思路已在前面的章节里进行了讨论，下面我们引入一些较为数学化的语言，重新定义我们研究的问题，我们利用数学语言来公理化我们研究的问题。需要注意的是，在很多专业教材中，往往将衍生品称作或有证券（Contigent Claims）。

1. 对冲视角与二叉树模型

假设在整个金融市场内，仅有股票 S_t、无风险债券 B_t 和衍生品 C_t 三种金融资产，并且假定仅考虑两个时期即 $t_0 = 0$ 和 $t_1 = T = 1$。此外，我们还假定这个金融世界仅有两种随机状态，即股票的涨和跌，在 $t_1 = T$ 时刻，股票 $S_T = \{S_u, S_d\}$。我们构建一个特殊的投资组合 $V_t = -C_t + B_t + \Delta \times S_t$，我们卖出一份衍生品合同，买入一份无风险债券，买入 Δ 份股票。股票有风险，衍生品的一个基本作用就是具有“保险”功能，即能够对冲股票的风险。因为，如果股票是一个随机过程，在未来对应不同的价格状态，那么衍生品也应该是一个随机过程，并能与股票价格的不确定性相对冲。因此，衍生品也应该有两个状态 $C_T = \{C_u, C_d\}$，且 C_u 与 S_u 对应，而 C_d 与 S_d 对应。而关于债券价格有 $B_1 = (1+R)B_0$，R 表示无风险利率。

根据以前我们在第四章第二小节得出的结论，我们有：

（1）关于股票价格我们假定，期初 $S_0 = s$，而期末 $S_T = \begin{cases} S_u = u \times S_0 \\ S_d = d \times S_0 \end{cases}$

（2）关于概率空间：如果要对衍生品定价，我们需要引入风险中性测度的概念，一般我们用 $\mathbb{Q}$ 表示，而客观世界的概率，我们用 $\mathbb{P}$ 来表示。我们在 $t_1 = T = 1$ 时刻对应两种股票状态，因此我们也有两种概率，见表 6－4。

表 6－4　风险中性概率测度和客观世界概率测度

风险中性测度 $\mathbb{Q}$	客观世界的概率 $\mathbb{P}$
$S_T^{\mathbb{Q}} = \begin{cases} S_u^{\mathbb{Q}} \\ S_d^{\mathbb{Q}} \end{cases}$ 对应的概率分别是 $\begin{cases} q \\ 1-q \end{cases}$ ① 则对应的步长有 $\begin{cases} u_q \\ d_q \end{cases}$	$S_T^{\mathbb{P}} = \begin{cases} S_u^{\mathbb{P}} \\ S_d^{\mathbb{P}} \end{cases}$ 对应的概率分别是 $\begin{cases} p \\ 1-p \end{cases}$ 则对应的步长有 $\begin{cases} u_p \\ d_p \end{cases}$

① 在前文中，因为我们没有引入风险中性测度概率和客观世界概率的概念，所以我们的讨论没有明确区分这两种概率，仅笼统地将 S_u 对应的概率定为 π_u，而将 S_d 对应的概率定为 π_d。

(3) 在风险中性测度下，股票两个时刻价格的关系应满足如下条件：

$$S_0 = \frac{\mathbb{E}^{\mathbb{Q}}(S_1)}{1+r}, \mathbb{E}^{\mathbb{Q}}(S_1) = qS_u^{\mathbb{Q}} + (1-q)S_d^{\mathbb{Q}} = s(qu_q + (1-q)d_q)$$

$$\Rightarrow q = \frac{1+r-d_q}{u_q - d_q}$$

由此可见，风险中性测度的概率 q 是由无风险利率、步长所决定的，而步长又是由标的物的随机动态特性所决定的。特别需要强调一下，关于步长究竟等于什么的问题将在下一节讨论。在此，可提前预告一下结果。步长的取值不唯一，在前面章节中，我们使用了考克斯等（Cox，Ross and Rubinstein，1979）的设定，该模型采用了 $u_q = e^{\sigma\sqrt{\Delta t}}$ 的设定。此外需要注意的是，我们可以对步长采取不同的取值，不同的步长的取值不会影响我们关于“风险中性”的设定。

言归正传，此时，我们的投资组合应满足：

$$\frac{\mathbb{E}^{\mathbb{Q}}[V_1]}{1+r} = V_0 \Leftrightarrow \begin{cases} V_u^{\mathbb{Q}} = (1+R)V_0 \\ V_d^{\mathbb{Q}} = (1+R)V_0 \end{cases}$$

下面我们写出期权价格和股票与债券的关系。

$$\begin{cases} \dfrac{-C_u^{\mathbb{Q}} + B_1 + \Delta S_u^{\mathbb{Q}}}{1+r} = -C_0 + B_0 + \Delta S_0 \\ \dfrac{-C_d^{\mathbb{Q}} + B_1 + \Delta S_u^{\mathbb{Q}}}{1+r} = -C_0 + B_0 + \Delta S_0 \end{cases}$$

其中，$B_1 = (1+R)B_0$

关键是要找出 C_0 和 Δ 的表达式，经过简单的代数运算，我们得到以下结果：

$$\begin{cases} C_0 = \dfrac{(qC_u^{\mathbb{Q}} + (1-q)C_d^{\mathbb{Q}})}{1+r} \\ \Delta = \dfrac{C_u^{\mathbb{Q}} - C_d^{\mathbb{Q}}}{S_u^{\mathbb{Q}} - S_d^{\mathbb{Q}}} \end{cases}$$

最后需要强调一下衍生品 C 和标的物 S 之间的关系，我们可以专门定义一个概念。该概念在后续的讨论中颇为重要。

定义 6.1【或有证券（contigent claim）】即衍生品，其本质是一个随机变量 X 且与标的物 S_T 满足如下函数关系：$X = \Lambda(S_T)$，其中，$\Lambda()$ 被称为合同函数（contract function），基于不同的合同函数，诞生了基于同种标的物的不同种类的衍生品合同。以欧式期权为例：$\Lambda(S_T) = \max[S_T - K, 0]$，其中，$K$ 表示行权价。在上面的例子中 $X = C$。此外，常见的衍生品合同包括二值期权、跨式期权、障碍期权、亚式期权等。

2. 投资组合视角与二叉树模型

从投资组合视角研究衍生品，并对衍生品定价，其实是利用衍生品的几个基本功能属性①，即对冲风险。我们前面的例子也很好地说明了这一点，即我们知道在股票和债券之间，只有股票有风险，因此，衍生品被创造出来主要是为了对冲股票的风险。此外，还需要说明的是，初学者可以认为对冲和保险是一个意思②。下面我们从另外一个视角思考衍生品的定价。这种思路如下：我们可否利用股票和无风险债券构造出一个衍生品？其潜台词是我们能否用股票和无风险债券复制出一个衍生品，而这个特殊的投资组合需要满足衍生品的所有基本属性，比如以下属性：

（1）$C = \Lambda(S_T)$。

（2）期初衍生品价值为零。

（3）衍生品的定价是在风险中性环境下，即潜台词是"无套利"。

我们构建这样的投资组合：$C_t = B_t + \Delta \times S_t$，于是利用前面的知识，我们可以写出以下股票未来状态价格和衍生品状态价格之间的关系：

$$\begin{cases} B_1 + \Delta S_u^{\mathbb{Q}} = C_u^{\mathbb{Q}} \\ B_1 + \Delta S_d^{\mathbb{Q}} = C_d^{\mathbb{Q}} \end{cases}$$

其中，$B_1 = (1+R)B_0$ 仍成立，而 $q = \dfrac{1+r-d_q}{u_q - d_q}$，$S_0 = \dfrac{\mathbb{E}^{\mathbb{Q}}(S_1)}{1+r}$ 的关系也仍然成立。

如果我们要对衍生品定价，即是希望能找到 C_0，而根据 $C_0 = B_0 + \Delta \times S_0$，我们希望能消去 B_0，Δ，S_0，仅保留 $C_u^{\mathbb{Q}}$ 和 $C_d^{\mathbb{Q}}$。如果能做到这点，即可认为我们为衍生品定价的工作告一段落。

很幸运的是从 $\begin{cases} B_1 + \Delta S_u^{\mathbb{Q}} = C_u^{\mathbb{Q}} \\ B_1 + \Delta S_d^{\mathbb{Q}} = C_d^{\mathbb{Q}} \end{cases} \Rightarrow \begin{cases} B_0 = \dfrac{(-S_d^{\mathbb{Q}} C_d^{\mathbb{Q}} + S_u^{\mathbb{Q}} C_u^{\mathbb{Q}})}{(1+R)(S_u^{\mathbb{Q}} - S_d^{\mathbb{Q}})} \\ \Delta = \dfrac{C_u^{\mathbb{Q}} - C_d^{\mathbb{Q}}}{S_u^{\mathbb{Q}} - S_d^{\mathbb{Q}}} \end{cases}$

然后将以上结果联合 $S_0 = \dfrac{\mathbb{E}^{\mathbb{Q}}(S_1)}{1+r}$ 代入 $C_0 = B_0 + \Delta \times S_0$，有：

$$\begin{cases} C_0 = \dfrac{(qC_u^{\mathbb{Q}} + (1-q)C_d^{\mathbb{Q}})}{1+r} \\ \Delta = \dfrac{C_u^{\mathbb{Q}} - C_d^{\mathbb{Q}}}{S_u^{\mathbb{Q}} - S_d^{\mathbb{Q}}} \end{cases}$$

---

① 我们一般认为衍生品有三个功能：投资、投机和对冲。

② 西方的本科教科书里面提到一种关于衍生品产生的观点，这种观点认为在衍生品没有被创造出来之前，金融投资人要想避免手中资产价格下跌的风险，只能向保险公司寻求购买保险，但是这样的保险往往非常昂贵。而衍生品被创造出来之后，很多衍生品能够对冲某些特定金融资产的某些特定风险，而且相对于保险而言，十分廉价。

该结果和我们从对冲视角讨论衍生品定价的结果完全一致。

我们再对一些刚才忽略的问题进行进一步说明。第一点需要说明的是，为何我们在前面强调如果能找到 C_0 关于 $C_u^{\mathbb{Q}}$ 和 $C_d^{\mathbb{Q}}$ 的表达式就可视为工作暂时告一段落。因为衍生品价格可以视为一个随机过程，虽然这个随机过程是被 $\Lambda(S_T)$ 和 S_t 所决定的，但是目前找到 C_0 关于 $C_u^{\mathbb{Q}}$ 和 $C_d^{\mathbb{Q}}$ 的表达式就最终可以和偏微分方程的数学工具相结合。一旦和偏微分方程相结合，我们就可以利用大量成熟的偏微分分析工具获得衍生品的解。当然这里的“解”指的是解析解或者数值解。就 BSM 模型而言，我们能获得非常漂亮（虽然比较复杂）的解析解①。BSM 模型的核心就是一个偏微分方程，这个方程我们会在第三小节看到。第二点需要说明的是，对于 BSM 公式的推导，常用的一种方法就是利用投资组合法，这样的推导思路我们在第三小节会见到。第三点需要说明的是，投资组合法的关键是构建一个投资组合。而这种利用投资组合的构建思路研究衍生品价格的方法并不唯一。我们的意思是：在本小节中我们利用无风险债券和股票构建衍生品进而进行分析。那么我们是否可以利用衍生品和股票来构建债券，然后再利用类似的投资组合的原理和思路，最终推导出衍生品的定价公式呢？答案是肯定的。这样的例子我们也会在第三小节见到。

最后需要说明的是，我们在本小节给出“套利”的一种严格的数学定义，具体如下。

定义 6.2【套利（arbitrage）】，我们认为有投资组合 $V_t^h = \alpha_t S_t + \beta_t B_t$ ，我们称该组合为套利组合，当且仅当该组合满足以下条件：

(1) $V_0^h = \alpha_0 S_0 + \beta_0 B_0 = 0$ ；

(2) 发生 $V_1^h \geqslant 0$ 的概率为 1。

其实以上关于“套利”的定义非常好理解，即假设如果组合的价值在期初为零，而如果该组合是套利组合，则在期末的时候其值一定不小于零。或者，我们还可以说得更数学化一点（也更严谨一点），即假设如果组合的价值在期初为零，而如果该组合是套利组合，则在期末的时候其值不小于零的概率一定为 1（即该事件一定发生）。

当然，我们研究衍生品定价时，需要保证买卖双方都是“无套利”状态，所以我们可以得到以下结论：

① 关于 BSM 公式具体的解析解形式、代码实现以及相关性质已在初级金融数学部分和读者讨论和分享了。

（1）在无套利环境下，$P[V_1^h = \alpha_1 S_1 + \beta_1 B_1 > 0] = 0$①。

（2）“无套利环境”等价于“风险中性”。

（3）在无套利环境下，$d \leqslant (1+R) \leqslant u$。

（二）二叉树模型与 BSM 公式

前一小节，我们提到不管是采用投资组合的思路还是对冲的思路对衍生品进行定价，都不影响我们获得风险中性概率 $q = \dfrac{1+r-d_q}{u_q-d_q}$ 这个结果，我们发现风险中性概率仅与无风险利率和步长有关。而具体的步长是多少，我们并没有给出具体答案。需要强调的是，首先，虽然我们讨论的是二叉树模型，但是这个结论具有普适性，适用于研究所有衍生品定价问题。其次，关于步长的取值，并不唯一。前面一章，我们第一次讨论二叉树模型时，提到步长的问题。根据考克斯等（Cox，Ross and Rubinstein，1979）的设定，该模型采用了 $u_q = e^{\sigma\sqrt{\Delta t}}$。反复强调一下，我们可以对步长采取不同的取值，而且不会影响到我们关于“风险中性”的设定，但是会影响二叉树模型与 BSM 公式之间的关联关系。简言之，只有在二叉树模型的步长选取为 $u_q = e^{\sigma\sqrt{\Delta t}}$ 且 $u_q = \dfrac{1}{d_q}$ 时，当 $\Delta t \to 0$ 或 $\Delta t = \dfrac{T}{N}, N \to \infty$ 时，二叉树模型与 BSM 模型才等价。但是，非常可惜的是很多文献和教材中关于为何二叉树模型与 BSM 模型等价的条件是步长取值为 $u_q = e^{\sigma\sqrt{\Delta t}}$ 的解释不太明确，往往是一笔带过。基于这样的考量，本小节给出了推导，推导思路来自考克斯等（1979）②。

下面假设有一个 N 期的在 $t = 0,1,2,\cdots,T$ 的二叉树模型，我们令 $\Delta t = \dfrac{T}{N}$，我们用 $r\Delta t$ 表示每一期的利率。因为我们以下的问题都是在风险中性的视角下展开讨论的，故省略上标“ $\mathbb{Q}$ ”。

我们先复习一下一期的欧式期权定价公式：

---

① 这样的写法稍微数学化了一点，其含义是：如果投资组合是无套利组合，则在期末时发生价值大于零的概率应为零。此外，在此也解释一下，为何要从“概率”的角度来定义，虽然这样给读者的感觉是十分的文绉绉的。主要的原因是，希望读者不要忘记，投资组合的价值函数是一个随机变量，在谈论随机变量时，不应简单地将随机变量与某一常数或某一确定变量联系起来，即使我们确实试图表达这样的思想，以我们现在讨论的问题为例，我们其实是想表达：“套利组合在期末的时候其值一定不为零”。而改用联系概率的表述就严谨很多，这也是为何我们在定义 8.2 中用到了“发生 $V_1^h \geqslant 0$ 的概率为 1”这样“文绉绉”的表述。

② 虽然该文年代久远，但网上有该文的高清重排版文档。希望读者在网上找到原文查看更多细节。

$$\begin{cases} C_0 = \dfrac{(qC_u + (1-q)C_d)}{1+r} \\ C_u = \max[S_u - K, 0], C_d = \max[S_d - K, 0] \\ S_u = uS_0, S_d = \dfrac{S_d}{d} \\ 1 + r \approx e^r \\ q = \dfrac{1+r-d}{u-d} \approx \dfrac{e^r - d}{u-d} \end{cases}$$

$$\begin{aligned} C_0 &= e^{-r}\{q^0(1-q)^1\max[S_0u^0d^1 - K, 0] + q^1(1-q)^0\max[S_0u^1d^0 - K, 0]\} \\ \Rightarrow &= e^{-r}\sum_{i=0}^{1}\left\{\binom{1}{i}q^i(1-q)^{1-i}\max[S_0u^id^{1-i} - K, 0]\right\} \end{aligned}$$

读者可自行验证，N 期二叉树模型满足以下形式：

$$\begin{cases} C_0 = e^{-rT}\displaystyle\sum_{i=0}^{N}\left\{\binom{N}{i}q^i(1-q)^{N-i}\max[S_0u^id^{N-i} - K, 0]\right\} \\ q = \dfrac{e^{r\Delta t} - d}{u-d} \end{cases}$$

其中，$\binom{N}{i} \triangleq \dfrac{N\times(N-1)\times\cdots\times(N-i+1)}{i\times(i-1)\times\cdots 1}$，特别注意 $\binom{N}{0} = \binom{N}{N} = 1$ 。

下面的任务是要消去 $\max[\cdot]$，为了达到这个目的，我们希望能找到一个最小的整数 m 使其满足 $S_0u^md^{N-m} - K > 0$，且当 $t = 0,1,\cdots m-1$ 时，$S_0u^td^{N-t} - K \leqslant 0$，则：

$$S_0u^{m-1}d^{N-m+1} \leqslant K < S_0u^md^{N-m} \Rightarrow \frac{\log\dfrac{K}{S_0} - N\log d}{\log\left(\dfrac{u}{d}\right)} < m \leqslant \frac{\log\dfrac{K}{S_0} - N\log d}{\log\left(\dfrac{u}{d}\right)} + 1$$

假如我们确实找到了有 m 这样的整数，则我们可以将欧式期权定价公式简写为：

$$C_0 = \left[e^{-rT}\sum_{i=m}^{N}\binom{N}{i}q^i(1-q)^{N-i}(S_0u^id^{N-i} - K)\right]$$

特别需要注意，这个新的公式中已消去了 $\max[\cdot]$ 。

下面再进行一下改写，有：

$$C_0 = \left[e^{-rT}\sum_{i=m}^{N}\binom{N}{i}q^i(1-q)^{N-i}u^id^{N-i}\right]S_0 - e^{-rT}\left[\sum_{i=m}^{N}\binom{N}{i}q^i(1-q)^{N-i}\right]K$$

为便于分析，我们引入两个临时参数：

$$\begin{cases} T_0 = e^{-rT}\displaystyle\sum_{i=m}^{N}\binom{N}{i}q^i(1-q)^{N-i}u^id^{N-i} \\ T_1 = \displaystyle\sum_{i=m}^{N}\binom{N}{i}q^i(1-q)^{N-i} \end{cases}$$

则原欧式期权可简写为：$C_0 = T_0S_0 - e^{-rT}T_1K$ 。

下面我们主要讨论在 $N \to \infty$ 时，$C_0 = T_0 S_0 - e^{-rT} T_1 K$ 是否等价于 BSM 公式。

1. T_1 与 BSM 公式的关系

我们先讨论 T_1 在 $N \to \infty$ 时出现的性质。在讨论之前，我们复习一下二项式分布与正态分布之间的关系。如果 $X \sim \mathrm{Bin}(N,q)$ ①，则 $N \to \infty$ 其分布近似为正态分布 $\mathrm{Norm}(Nq, Nq(1-q))$ ②，所以我们有：

$$T_1 = \sum_{i=m}^{N} \binom{N}{i} q^i (1-q)^{N-i} \triangleq \Pr(\mathrm{Bin}(N,q) \geqslant m)$$

$$\approx \Pr(\mathrm{Norm}(Nq, Nq(1-q)) \geqslant m) \triangleq \int_m^{\infty} \left\{ \frac{\exp\left(-\frac{1}{2}(x-Nq)^2\right)}{\sqrt{2\pi Nq(1-q)}} \right\} dx$$

我们令 $y \triangleq \frac{x - Nq}{\sqrt{Nq(1-q)}}$，读者可自行验证 $\int_m^{\infty} \left\{ \frac{\exp\left(-\frac{1}{2}(x-Nq)^2\right)}{\sqrt{2\pi Nq(1-q)}} \right\} dx$ 可转化为 $\int_{-d'_2}^{\infty} \frac{\exp\left(-\frac{y^2}{2}\right)}{\sqrt{2\pi}} dy$ 形式。其中，$d'_2 = \frac{-m + Nq}{\sqrt{Nq(1-q)}}$。

需要注意，在 BSM 公式中，BSM 专门定义了一个 $\Phi(d_2) \triangleq \int_{-d_2}^{\infty} \frac{\exp\left(-\frac{y^2}{2}\right)}{\sqrt{2\pi}} dy$，其中，$d_2 \triangleq \frac{\log\left(\frac{S_0}{K}\right) - \left(r - \frac{1}{2}\sigma^2\right)T}{\sigma\sqrt{T}}$。

下面我们的任务是验证：在 $N \to \infty$，$d'_2 \to d_2$。

这个任务较难，验证过程比较复杂。特别需要注意的是，$\frac{\log\frac{K}{S_0} - N\log d}{\log\left(\frac{u}{d}\right)} < m \leqslant \frac{\log\frac{K}{S_0} - N\log d}{\log\left(\frac{u}{d}\right)} + 1$。

---

① Bin（）表示二项式分布。在此说明一下几个常用的离散分布的区别和联系。常见的离散分布分别是：多项式分布（multinomial distribution）、二项式分布（binomial distribution）、分类分布（categorical distribution）和伯努利分布（Bernoulli distribution）。多项式分布针对的是 n 个球 k 个桶的投球问题，而二项式分布针对的是 n 个球两个桶的投球问题，分类分布针对的是 1 个球 k 个桶的投球问题，伯努利分布针对的是一个球两个桶的投球问题。

② 在前文中，我们都用 $N(.,.)$ 表示正态分布，但因为在本小节中 N 表示样本数，为避免读者的误会，在本小节中我们专门使用 $\mathrm{Norm}(.,.)$ 表示正态分布。在本书中，如无特殊说明，我们始终用 $N(.,.)$ 表示正态分布。

下面考察 $\lim\limits_{N\to\infty} d'_2 = \lim\limits_{N\to\infty} \frac{-m+Nq}{\sqrt{Nq(1-q)}} = \lim\limits_{N\to\infty} \frac{-\left(\frac{\log \frac{K}{S_0} - N\log d}{\log\left(\frac{u}{d}\right)}\right)+Nq}{\sqrt{Nq(1-q)}}$。但需要注意的是，要考察 d'_2 的极限问题非常复杂，因为 q 和 $\sqrt{\Delta t}$ 有关，而 u,d 和 q 有关，而 Δt 和 N 之间满足 $\Delta t = \frac{T}{N}$ 的关系。要研究 $\lim\limits_{N\to\infty} d'_2$ 的极限形式，关键还是要先找出 q 和 $\sqrt{\Delta t}$ 的关系，利用 u,d 和 q 有关，写出 u,d 与 $\sqrt{\Delta t}$ 的关系，然后利用 $\Delta t = \frac{T}{N}$ 的关系，尽力消去 N，保留 Δt 和 T，最后考察 $\Delta t \to 0$，希望当 $\Delta t \to 0$ 时能将一些与 Δt 有乘法关系的项消去，最后我们会验证出 $\lim\limits_{N\to\infty} d'_2$ 应等于 d_2。下面我们汇总一下证明的步骤和流程：

第一步：找 q 和 $\sqrt{\Delta t}$ 的关系，用 $\sqrt{\Delta t}$ 表示 q。

第二步：利用 u,d 和 q 特有的关系，写出 u,d 与 $\sqrt{\Delta t}$ 的关系，即用 $\sqrt{\Delta t}$ 表示 u,d。

第三步：在 $\lim\limits_{N\to\infty} d'_2$ 中，利用 $\sqrt{\Delta t}$ 表示 u,d 和 q，此时 $\lim\limits_{N\to\infty} d'_2$ 中仅含 $\sqrt{\Delta t}$，N 和 T。当然也含 S_0 和 K；

第四步：利用 $\Delta t = \frac{T}{N}$ 的关系，尽力消去 N，仅保留 Δt 和 T。

第五步：讨论 $\Delta t \to 0$，$\lim\limits_{N\to\infty} d'_2$ 的极限结果，应能发现 $\lim\limits_{N\to\infty} d'_2 = d_2$。

下面开始我们的验证（证明）。

在我们开始验证之前，我们还是必须提醒一下读者本小节的初衷。本小节主要的目的是要验证：只有在风险中性环境下，二叉树模型的步长选取为 $u = e^{\sigma\sqrt{\Delta t}}$ 且 $u = \frac{1}{d}$ 时，当 $\Delta t \to 0$ 或 $\Delta t = \frac{T}{N}, N \to \infty$ 时，二叉树模型与BSM模型等价。此外也需要反复强调一下，资产价格上升的概率满足 $q = \frac{1 + r\Delta t - d}{u - d}$ 或者 $q = \frac{e^{r\Delta t} - d}{u - d}$，即可保证“风险中性”，但 u 和 d 的具体形式需要另外给出。于是我们在承认 $u = e^{\sigma\sqrt{\Delta t}}$ 且 $u = \frac{1}{d}$ 后，有：$q = \frac{e^{r\Delta t} - e^{-\sigma\sqrt{\Delta t}}}{e^{\sigma\sqrt{\Delta t}} - e^{-\sigma\sqrt{\Delta t}}}$。需要注意，这样的形式还是过于复杂，我们需要再进行简化。

$$q = \frac{e^{r\Delta t} - e^{-\sigma\sqrt{\Delta t}}}{e^{\sigma\sqrt{\Delta t}} - e^{-\sigma\sqrt{\Delta t}}} = \frac{1 + r\Delta t - \left(1 - \sigma\sqrt{\Delta t} + \frac{1}{2}\sigma^2\Delta t + \cdots\right)}{\left(1 + \sigma\sqrt{\Delta t} + \frac{1}{2}\sigma^2\Delta t + \cdots\right) - \left(1 - \sigma\sqrt{\Delta t} + \frac{1}{2}\sigma^2\Delta t + \cdots\right)}$$ ①

$$\cong \frac{r\Delta t + \sigma\sqrt{\Delta t} - \frac{1}{2}\sigma^2\Delta t}{2\sigma\sqrt{\Delta t}} = \frac{1}{2} + \left(\frac{r - \frac{1}{2}\sigma^2}{2\sigma}\right)\sqrt{\Delta t}$$

于是 $q(1-q) \simeq \left(\frac{1}{2} + \left(\frac{r - \frac{1}{2}\sigma^2}{2\sigma}\right)\sqrt{\Delta t}\right)\left(\frac{1}{2} - \left(\frac{r - \frac{1}{2}\sigma^2}{2\sigma}\right)\sqrt{\Delta t}\right) =$

$\left(\frac{1}{4} - \left(\frac{r - \frac{1}{2}\sigma^2}{2\sigma}\right)^2\Delta t\right)$，而 $\log d = -\sigma\sqrt{\Delta t}$，$\log\left(\frac{u}{d}\right) = 2\sigma\sqrt{\Delta t}$。到此，我们完成了第二步，我们将以上结果代入 $\lim\limits_{N\to\infty} d'_2$ 有：

$$\lim_{N\to\infty} d'_2 = \lim_{N\to\infty} \frac{-\left(\frac{\log\frac{K}{S_0} - N\log d}{\log\left(\frac{u}{d}\right)}\right) + Nq}{\sqrt{Nq(1-q)}}$$

$$= \lim_{N\to\infty} \frac{\left(\frac{\log\left(\frac{K}{S_0}\right) + N\sigma\sqrt{\Delta t}}{-2\sigma\sqrt{\Delta t}}\right) + N\left(\frac{1}{2} + \left(\frac{r - \frac{1}{2}\sigma^2}{2\sigma}\right)\sqrt{\Delta t}\right)}{\sqrt{N\left(\frac{1}{4} - \left(\frac{r - \frac{1}{2}\sigma^2}{2\sigma}\right)^2\Delta t\right)}}$$

$$= \lim_{N\to\infty}\left\{\frac{\log\left(\frac{S_0}{K}\right) - N\sigma\sqrt{\Delta t} + N\left(\frac{1}{2} + \left(\frac{r - \frac{1}{2}\sigma^2}{2\sigma}\right)\sqrt{\Delta t}\right)2\sigma\sqrt{\Delta t}}{2\sigma\sqrt{\Delta t}\sqrt{N\left(\frac{1}{4} - \left(\frac{r - \frac{1}{2}\sigma^2}{2\sigma}\right)^2\Delta t\right)}}\right\}$$

$$= \lim_{N\to\infty}\frac{U_0}{D_0}$$

因为结果还是太复杂，我们再定义两个临时变量 U_0 和 D_0。

---

① 此处我们利用了指数的基本性质，即：$\exp(X) = \sum_{i=0}^{\infty}\frac{X^i}{i!} = 1 + X + \frac{X^2}{2\times 1} + \frac{X^3}{3\times 2\times 1} + \frac{X^4}{4\times 3\times 2\times 1} + \cdots$。在此也需要说明一下，很多教材、专著和学术论文中，关于 u 的定义往往会给初学者带来困惑，常见的关于 u 的定义有两种：① $u = 1 + \sigma^2\sqrt{\Delta t} + \frac{1}{2}\sigma^3\Delta t$；② $u = e^{\sigma\sqrt{\Delta t}}$。其实这两种定义可视为等价，原因是，前者可视为后者的二阶泰勒展开形式，也基于此原因，在很多教材、专著和学术论文中，这两种关于 u 的定义往往经常混合使用，这些教材、专著和学术论文的作者都假设读者知道两者之间的关系。但可惜的是，一般初学者并不知道两者之间的关系，于是关于 u 的定义往往给初学者带来极大的困惑。

先考察 U_0 的化简结果，于是有：

$$\begin{aligned}U_0 &= \log\left(\frac{S_0}{K}\right) - N\sigma\sqrt{\Delta t} + N\left(\frac{1}{2} + \left(\frac{r - \frac{1}{2}\sigma^2}{2\sigma}\right)\sqrt{\Delta t}\right)2\sigma\sqrt{\Delta t}\\
&= \log\left(\frac{S_0}{K}\right) - N\sigma\sqrt{\Delta t} + N\sigma\sqrt{\Delta t} + N\left(\frac{r - \frac{1}{2}\sigma^2}{2\sigma}\right)\sqrt{\Delta t}2\sigma\sqrt{\Delta t}\\
&= \log\left(\frac{S_0}{K}\right) + N\Delta t\left(r - \frac{1}{2}\sigma^2\right)\\
&= \log\left(\frac{S_0}{K}\right) + \left(r - \frac{1}{2}\sigma^2\right)T\end{aligned}$$

再考察 D_0 的化简结果：

$$\begin{aligned}D_0 &= 2\sigma\sqrt{\Delta t}\sqrt{N\left(\frac{1}{4} - \left(\frac{r - \frac{1}{2}\sigma^2}{2\sigma}\right)^2\Delta t\right)}\\
&= 2\sigma\sqrt{\Delta t}\sqrt{N}\sqrt{\left(\frac{1}{4} - \left(\frac{r - \frac{1}{2}\sigma^2}{2\sigma}\right)^2\Delta t\right)}\\
&= 2\sigma\sqrt{T}\sqrt{\left(\frac{1}{4} - \left(\frac{r - \frac{1}{2}\sigma^2}{2\sigma}\right)^2\Delta t\right)}\end{aligned}$$

于是可知，当 $\Delta t \to 0$ 时，有 $\lim\limits_{\Delta t\to 0}D_0 = 2\sigma\sqrt{T}\sqrt{\frac{1}{4}} = \sigma\sqrt{T}$。

将所有结果汇总，我们有：$\lim\limits_{N\to\infty}d'_2 = \lim\limits_{N\to\infty}\frac{U_0}{D_0} = \frac{\log\left(\frac{S_0}{K}\right) + \left(r - \frac{1}{2}\sigma^2\right)T}{\sigma\sqrt{T}} = d_2$。

当然也需要特别说明，我们的工作到现在其实仅完成了一半，我们还需验证 T_0 在 $N\to\infty$ 时会出现和 BSM 公式相同的结果。虽然验证过程也颇为复杂，但原理和我们讨论 T_1 的情形类似。

2. T_0 与 BSM 公式的关系

因为 $T_0 = e^{-rT}\sum\limits_{i=m}^{N}\binom{N}{i}q^i(1-q)^{N-i}u^id^{N-i}$，我们首先要将其化为二项式分布的形式，所以要做一点小的变化，需要用到一个巧妙的数学技巧，即：$e^{-rT} = e^{-r(\Delta t\times N)} = e^{-r\Delta t\times i}e^{-r\Delta t\times(N-i)}$，需要注意一下，$\Delta t\times N = T$，于是 $T_0 = \sum\limits_{i=m}^{N}\binom{N}{i}(e^{-r\Delta t}qu)^i(e^{-r\Delta t}(1-q)d)^{N-i}$。

我们可以参照研究 T_1 的方法，于是有：

$$T_0 = \sum_{i=m}^{N}\binom{N}{i}(\mathrm{e}^{-r\Delta t}qu)^i(\mathrm{e}^{-r\Delta t}(1-q)d)^{N-i} \triangleq \Pr(\mathrm{Bin}(N,\mathrm{e}^{-r\Delta t}qu) \geqslant m)$$

$$\approx \Pr(\mathrm{Norm}(N\mathrm{e}^{-r\Delta t}qu, N\mathrm{e}^{-r\Delta t}qu(1-\mathrm{e}^{-r\Delta t}qu)) \geqslant m) \triangleq \int_m^{\infty}\left\{\frac{\exp\left(-\frac{1}{2}(x-N\mathrm{e}^{-r\Delta t}qu)^2\right)}{\sqrt{2\pi N\mathrm{e}^{-r\Delta t}qu(1-\mathrm{e}^{-r\Delta t}qu)}}\right\}\mathrm{d}x$$

我们令 $q^* \triangleq \mathrm{e}^{-r\Delta t}qu$，$y^* \triangleq \frac{x-Nq^*}{\sqrt{Nq^*(1-q^*)}}$，读者可自行验证 $\int_m^{\infty}\left\{\frac{\exp\left(-\frac{1}{2}(x-Nq^*)^2\right)}{\sqrt{2\pi Nq^*(1-q^*)}}\right\}\mathrm{d}x$ 可转化为 $\int_{d'_1}^{\infty}\frac{\exp\left(-\frac{y^{*2}}{2}\right)}{\sqrt{2\pi}}\mathrm{d}y^*$ 形式。其中 $d'_1 = \frac{-m+Nq^*}{\sqrt{Nq^*(1-q^*)}}$。

需要注意一下，在BSM公式中，BSM专门定义了一个函数 $\Phi(d_1)$，且让其满足 $1-\Phi(d_1) \triangleq \int_{d_1}^{\infty}\frac{\exp\left(-\frac{y^{*2}}{2}\right)}{\sqrt{2\pi}}\mathrm{d}y^*$，其中 $d_1 \triangleq \frac{\log\left(\frac{S_0}{K}\right)+\left(r-\frac{1}{2}\sigma^2\right)T}{\sigma\sqrt{T}}$。于是下面我们的任务是验证：在 $N\to\infty$，$d'_1 \to d_1$。因篇幅所限，剩下的验证步骤和我们前面讨论 T_1 的步骤完全一致，最终会得到我们想要的结果，有心的读者可自行验证。

3. 深度讨论其他版本的二叉树模型

如前文所描述，我们还可以采取其他表达式来定义 q、u_q 和 d_q，但三者的关系始终需要满足 $q = \frac{\mathrm{e}^{r\Delta t}-d_q}{u_q-d_q}$，表6-5汇总了一些常用的二叉树模型。

表6-5 常用二叉树模型的基本设置信息汇总

u_q	d_q	q	模型名称
$\exp\left(r-\frac{1}{2}\sigma^2\right)\Delta t+\sigma\sqrt{\Delta t}$	$\exp\left(r-\frac{1}{2}\sigma^2\right)\Delta t-\sigma\sqrt{\Delta t}$	0.5	Jarrow and Rudd 模型
$\frac{a^2+b^2+1+\sqrt{(a^2+b^2+1)^2-4a^2}}{2a}$，$a=\mathrm{e}^{r\Delta t}$，$b^2=a^2(\mathrm{e}^{\sigma^2\Delta t}-1)$	$1/u_q$	$\frac{\mathrm{e}^{r\Delta t}-d_q}{u_q-d_q}$	CRR 二阶模型
$\frac{MV}{2}[V+1+\sqrt{V^2+2V-3}]$，$M=\exp(r\Delta t)$，$V=\exp(\sigma^2\Delta t)$	$\frac{MV}{2}[V+1+\sqrt{V^2+2V-3}]$	$\frac{\mathrm{e}^{r\Delta t}-d_q}{u_q-d_q}$	Tian 模型
$\mathrm{e}^{\sigma\sqrt{\Delta t}+\Delta t\ln(K/S)}$	$1/u_q$	$\frac{\mathrm{e}^{r\Delta t}-d_q}{u_q-d_q}$	盯住行权价模型

（三）投资组合视角下的 BSM 公式推导

本小节，我们主要利用投资组合的思想推导 BSM 公式，推导过程其实和投资组合视角下二叉树模型的推导原理十分类似。当然，也很好理解，因为毕竟二叉树模型可视为 BSM 模型的离散时间版本。在推导过程中，我们将引出量化金融中一个最重要的概念——自融资。本小节会推导出 BSM 的 PDE 形式。至于如何解 PDE 方程，最终得到我们熟悉的 BSM 模型的解释解，将在下一节重点讨论。

1. 投资组合与自融资

我们提炼一下我们需要讨论的问题场景。我们仍假设金融市场内有无风险资产 B_t 和股票 S_t 可以投资，我们构建一个投资组合 V_t，并假设对应的持有两种资产的比例分别为 β_t 和 α_t，于是 $V_t = \alpha_t S_t + \beta_t B_t$。我们可以把 $h^t \triangleq \{h_t = (\alpha_t, \beta_t), t \in \mathbb{R}^+\}$ 定义为一个集合，并称这个集合为一个投资策略集合。

我们说一个投资策略是自融资（self - financing）策略，当且仅当以下事实成立：

$$\alpha_t S_{t+\mathrm{d}t} + \beta_t B_{t+\mathrm{d}t} = \alpha_{t+\mathrm{d}t} S_{t+\mathrm{d}t} + \beta_{t+\mathrm{d}t} B_{t+\mathrm{d}t} \Leftrightarrow B_{t+\mathrm{d}t}\mathrm{d}\beta_t + S_{t+\mathrm{d}t}\mathrm{d}\alpha_t = 0$$

其中，我们特别定义 $\mathrm{d}\alpha_t$ 和 $\mathrm{d}\beta_t$ 的概念，其具体定义如下：

$$\mathrm{d}\alpha_t \triangleq \alpha_{t+\mathrm{d}t} - \alpha_t, \ \mathrm{d}\beta_t \triangleq \beta_{t+\mathrm{d}t} - \beta_t$$

我们重新整理一下以上公式，有：$B_{t+\mathrm{d}t}(\beta_{t+\mathrm{d}t} - \beta_t) + S_{t+\mathrm{d}t}(\alpha_{t+\mathrm{d}t} - \alpha_t) = 0$。

该等式表示的含义是，当 $t + \mathrm{d}t$ 时刻，股票的价格为 $S_{t+\mathrm{d}t}$ 时，如果 $\alpha_{t+\mathrm{d}t} - \alpha_t > 0$，说明投资人购买了股票，那么购买股票的钱，应来自卖出 $\beta_{t+\mathrm{d}t} - \beta_t$ 份无风险债券的价值。此时，债券的价格是 $B_{t+\mathrm{d}t}$。此外，有两点还需要特别注意。首先，因为股票和无风险债券的价格不可能为负值，因此读者很容易验证 $\beta_{t+\mathrm{d}t} - \beta_t$ 的符号为负，即表示“卖出”。其次，根据此等式可知，$h_{t+\mathrm{d}t} = (\alpha_{t+\mathrm{d}t}, \beta_{t+\mathrm{d}t})$ 其实是在知道 $t + \mathrm{d}t$ 时刻，股票 $S_{t+\mathrm{d}t}$ 和无风险债券价格 $B_{t+\mathrm{d}t}$ 时做出的投资决策。

下面讨论 $\mathrm{d}V_t$ 的表达式。利用伊藤公式我们得到：

$$\mathrm{d}V_t = \left\{ \begin{array}{c} \left(\frac{\partial V}{\partial \alpha}\right)\mathrm{d}\alpha_t + \left(\frac{\partial V}{\partial \beta}\right)\mathrm{d}\beta_t + \left(\frac{\partial V}{\partial S}\right)\mathrm{d}S_t + \left(\frac{\partial V}{\partial B}\right)\mathrm{d}B_t \\ + \frac{1}{2}\left(\frac{\partial^2 V}{\partial \alpha^2}\mathrm{d}\alpha_t{}^2 + \frac{\partial^2 V}{\partial \beta^2}\mathrm{d}\beta_t{}^2 + \frac{\partial^2 V}{\partial S^2}\mathrm{d}S_t{}^2 + \frac{\partial^2 V}{\partial B^2}\mathrm{d}B_t{}^2\right) \\ + \frac{\partial^2 V}{\partial \alpha \partial S}\mathrm{d}\alpha_t \mathrm{d}S_t + \frac{\partial^2 V}{\partial \beta \partial B}\mathrm{d}\beta_t \mathrm{d}B_t \end{array} \right\}$$

其中，$\left(\frac{\partial V}{\partial \alpha}\right)\mathrm{d}\alpha_t = S_t\mathrm{d}\alpha_t, \left(\frac{\partial V}{\partial \beta}\right)\mathrm{d}\beta_t = B_t\mathrm{d}\beta_t, \left(\frac{\partial V}{\partial S}\right)\mathrm{d}S_t = \alpha_t\mathrm{d}S_t, \left(\frac{\partial V}{\partial B}\right)\mathrm{d}B_t = \beta_t\mathrm{d}B_t$，$\frac{\partial^2 V}{\partial \alpha^2}\mathrm{d}\alpha_t{}^2 = \frac{\partial^2 V}{\partial \beta^2}\mathrm{d}\beta_t{}^2 = \frac{\partial^2 V}{\partial S^2}\mathrm{d}S_t{}^2 = \frac{\partial^2 V}{\partial B^2}\mathrm{d}B_t{}^2 = 0$，$\frac{\partial^2 V}{\partial \alpha \partial S} = \frac{\partial^2 V}{\partial \beta \partial B} = 1$。

于是 $dV_t = S_t d\alpha_t + B_t d\beta_t + \alpha_t dS_t + \beta_t dB_t + d\alpha_t dS_t + d\beta_t dB_t$。

因为我们假设 V_t 满足自融资投资决策，所以

$$
\begin{aligned}
& B_{t+dt} d\beta_t + S_{t+dt} d\alpha_t = 0 \Leftrightarrow S_{t+dt} d\alpha_t = -B_{t+dt} d\beta_t \\
& \Leftrightarrow S_{t+dt}(\alpha_{t+dt} - \alpha_t) = -B_{t+dt}(\beta_{t+dt} - \beta_t) \\
& \Leftrightarrow S_{t+dt}(\alpha_{t+dt} - \alpha_t) - S_t(\alpha_{t+dt} - \alpha_t) = -B_{t+dt}(\beta_{t+dt} - \beta_t) - S_t(\alpha_{t+dt} - \alpha_t) \\
& \Leftrightarrow (S_{t+dt} - S_t)(\alpha_{t+dt} - \alpha_t) = -B_{t+dt}(\beta_{t+dt} - \beta_t) - S_t(\alpha_{t+dt} - \alpha_t) \\
& \Leftrightarrow dS_t d\alpha_t = -B_{t+dt} d\beta_t - S_t d\alpha_t \\
& \Leftrightarrow S_t d\alpha_t + dS_t d\alpha_t = -B_{t+dt} d\beta_t
\end{aligned}
$$

将上式结果代入 dV_t 则有：

$$
\begin{aligned}
dV_t &= B_t d\beta_t - B_{t+dt} d\beta_t + \alpha_t dS_t + \beta_t dB_t + d\beta_t dB_t \\
&= -(B_{t+dt} - B_t) d\beta_t + d\beta_t dB_t + \alpha_t dS_t + \beta_t dB_t \\
&= dB_t d\beta_t + d\beta_t dB_t + \alpha_t dS_t + \beta_t dB_t
\end{aligned}
$$

下面需要复习一下无风险债券 B_t 的一些基本数学性质，即：$dB_t = rB_t dt$。此外，我们可以认为 $dB_t = B_{t+dt} - B_t$。于是 $\begin{cases} dB_t d\beta_t = (B_{t+dt} - B_t)(\beta_{t+dt} - \beta_t) \\ dB_t d\beta_t = rB_t dt d\beta_t \end{cases}$

$\Rightarrow dt d\beta \approx 0, dB_t d\beta_t = 0$。

于是最后我们得到一个非常“干净的” dV_t 的表达式，即：$dV_t = \alpha_t dS_t + \beta_t dB_t$。

在得到这个表达式之后，剩下来的工作就相当简单明了了，我们离获得 BSM 的 PDE 形式的解仅有几步之遥。

假设我们能构建用一个满足自融资策略的投资组合去复制（replicate）一个衍生品，比如欧式期权，则 $C_t = V_t, dC_t = dV_t$。

此外，我们假设股票价格满足几何布朗运动，即 $dS_t = \mu S_t dt + \sigma S_t dW_t$，我们还知道 $dB_t = rB_t dt$，也就是说我们可以轻易地写出股票和债券的微分形式 dS_t，dB_t。

将这些信息代入 dV_t，则有：

$$
\begin{aligned}
& dV_t = \alpha_t dS_t + \beta_t dB_t \\
& \Rightarrow dV_t = \alpha_t(\mu S_t dt + \sigma S_t dW_t) + \beta_t r B_t dt \\
& \Rightarrow dV_t = (\mu \alpha_t S_t + r\beta_t B_t) dt + \sigma \alpha_t S_t dW_t
\end{aligned}
$$

下面，我们回顾一下欧式期权（或者任意衍生品）的基本属性：如果在金融市场中投资人可选择股票和无风险债券，因为无风险债券不应存在任何风险，于是投资组合风险的主要来源就是股票。欧式期权的基本属性就是对冲股票的风险，所以我们可以假设期权是关于股票的函数，特别需要一提的是：这种假设在本质上也符合我们一直强调的衍生品的基本属性。如在本书最早谈论衍生品的概

念时所强调的：衍生品是基于标的物衍生出来的产品。股票价格不就是该欧式期权的标的物吗？衍生品本来就是标的物的函数。简言之，我们可以认为 $C_t = C(t,S_t)$，于是我们可以马上利用伊藤公式得到：

$\mathrm{d}C_t = \left(\frac{\partial C}{\partial S}\mathrm{d}S_t + \frac{\partial C}{\partial t}\mathrm{d}t\right) + \frac{1}{2}\frac{\partial^2 C}{\partial S^2}\mathrm{d}S_t^{\ 2}$，因为 $\mathrm{d}S_t = \mu S_t\mathrm{d}t + \sigma S_t\mathrm{d}W_t$，且 $\mathrm{d}S_t^2 = (\mu S_t\mathrm{d}t + \sigma S_t\mathrm{d}W_t)^2 \approx \sigma^2 S_t^2\mathrm{d}t$，于是有：

$$\begin{aligned}\mathrm{d}C_t &\approx \left(\frac{\partial C}{\partial S}(\mu S_t\mathrm{d}t + \sigma S_t\mathrm{d}W_t) + \frac{\partial C}{\partial t}\mathrm{d}t\right) + \frac{1}{2}\frac{\partial^2 C}{\partial S^2}(\sigma^2 S_t^2\mathrm{d}t)\\ &= \left(\mu S_t\frac{\partial C}{\partial S} + \frac{\partial C}{\partial t} + \frac{1}{2}\sigma^2 S_t^2\frac{\partial^2 C}{\partial S^2}\right)\mathrm{d}t + \frac{\partial C}{\partial S}\sigma S_t\mathrm{d}W_t\end{aligned}$$

因为 $C_t = V_t, \mathrm{d}C_t = \mathrm{d}V_t$，利用系数待定法的思想，$\mathrm{d}t$ 和 $\mathrm{d}W_t$ 前对应的项应相等，所以我们只能有：

$$\begin{cases}(\mu\alpha_t S_t + r\beta_t B_t) = \left(\mu S_t\frac{\partial C}{\partial S} + \frac{\partial C}{\partial t} + \frac{1}{2}\sigma^2 S_t^2\frac{\partial^2 C}{\partial S^2}\right)\\ \sigma\alpha_t S_t = \frac{\partial C}{\partial S}\sigma S_t\end{cases}$$

于是从 $\sigma\alpha_t S_t = \frac{\partial C}{\partial S}\sigma S_t \Rightarrow \alpha_t = \frac{\partial C}{\partial S} = \mathrm{delta}$，由此可见，股票的配股比例应等于期权的希腊字母 delta。

下面讨论 β_t。我们先回到 $V_t = \alpha_t S_t + \beta_t B_t$ 这个等式，我们知道 $C_t = V_t$，又因为 $\alpha_t = \frac{\partial C}{\partial S}$，所以 $C_t = \alpha_t S_t + \beta_t B_t = \frac{\partial C}{\partial S}S_t + \beta_t B_t \Rightarrow \beta_t B_t = C_t - \frac{\partial C}{\partial S}S_t$，于是：

$$\begin{aligned}&(\mu\alpha_t S_t + r\beta_t B_t) = \left(\mu S_t\frac{\partial C}{\partial S} + \frac{\partial C}{\partial t} + \frac{1}{2}\sigma^2 S_t^2\frac{\partial^2 C}{\partial S^2}\right)\\ &\Rightarrow r\beta_t B_t = \frac{\partial C}{\partial t} + \frac{1}{2}\sigma^2 S_t^2\frac{\partial^2 C}{\partial S^2}\\ &\Rightarrow r\left(C_t - \frac{\partial C}{\partial S}S_t\right) = \frac{\partial C}{\partial t} + \frac{1}{2}\sigma^2 S_t^2\frac{\partial^2 C}{\partial S^2}\\ &\Rightarrow C_t = \frac{1}{r}\left(\frac{\partial C}{\partial t} + rS_t\frac{\partial C}{\partial S} + \frac{1}{2}\sigma^2 S_t^2\frac{\partial^2 C}{\partial S^2}\right)\end{aligned}$$

上式即为 BSM 期权定价公式的 PDE 版本。当然我们还需加上边际条件即：$C(T,S_T) = \max\{S_T - K, 0\}$ 和 $C(t,0) = 0$。关于 $C(t,0) = 0$ 的金融学含义也十分好理解，这说明标的物价格为零，则期权价格也为零。此外，还需注意，如果股票价格趋近于无穷大时，期权价格几乎等价于股票价格，或认为此时股票价格与期权价格完全联动（即相关系数为 1）。

最后，综合一下，则 BSM 期权定价公式的 PDE 版本为：

$$\begin{cases} C_t = \dfrac{1}{r}\left(\dfrac{\partial C}{\partial t} + rS_t\dfrac{\partial C}{\partial S} + \dfrac{1}{2}\sigma^2 S_t^2 \dfrac{\partial^2 C}{\partial S^2}\right), t \in [0,T], S_t \in \mathbb{R}^+ \\ \text{IC}: C(T,S_T) = \max\{S_T - K, 0\} \\ \text{BC}: C(t, S_T = 0) = 0, C(t, S_t \to \infty) \approx \infty \end{cases}$$

其中，我们用“BC”表示边界条件（boundary condition），而用“IC”表示初值条件（initial condition）。需注意的是，在 BSM 公式中，该 PDE 的边界条件出现在 $S_t = 0$ 和 $S_t \to \infty$ 时，而初值条件出现在 T 时刻。这和普通的物理学中的 PDE 有很大不同，一般物理学中的 PDE 的初值条件开始于 $t = 0$ 时刻。由此可见 BSM 公式是一个后向方程（backward equation）。而一般的物理学 PDE 是一个前向方程（forward equation）。

2. 从股票与期权组合到无风险债券

在本小节中，我们试图构建一个新的基于股票和期权的组合去复制一个无风险债券。我们最后也可以得到 BSM 期权定价公式的 PDE 版本。本小节主要是试图说明，利用投资组合的思想，推导 BSM 的 PDE 版本公式的思路并不唯一。

我们构建一个由股票和欧式看涨期权构成的新投资组合 $U_t = \theta_{1,t}C_t + \theta_{2,t}S_t$，同时我们也假设该投资组合是自融资投资策略。于是我们也可得出 $dU_t = \theta_{1,t}dC_t + \theta_{2,t}dS_t$ 的结论。

在此，我们再次强调一下自融资投资策略最重要的思想。从 $dU_t = \theta_{1,t}dC_t + \theta_{2,t}dS_t$ 我们知道，投资组合的价值仅来自两种基础资产价格的变化。在上一节的案例中，投资组合 $dV_t = \alpha_t dS_t + \beta_t dB_t$ 的变化受股票和债券价格的变化的影响，而不受持有资产的比例的影响，其潜台词就是，我们不允许 $t \in [0,T]$ 期间有的资金进入或退出投资组合。在本案例中，新投资组合 dU_t 的变化也仅是由于期权价格的变化和股票价格的变化所引起的。还需要注意的是，我们并没有把持有资产的比例设为常数，这表示在整个投资过程中，即 $t \in [0,T]$，投资人对两种基础资产的配比会发生变化，但彼此的关系一定是“你增我减”或者“你减我增”的情形。以上一节为例，如果 α_t 增加了，一定表示 β_t 减少了，而且在“自融资假设”下，如果知道了 α_t，就一定能知道 β_t，当然，反之亦然。

我们仍假设股票满足几何布朗运动，而期权是关于股票价格的函数这样的假设也不会变，故 $dC_t \cong \left(\dfrac{\partial C}{\partial S}dS_t + \dfrac{\partial C}{\partial t}dt\right) + \dfrac{1}{2}\dfrac{\partial^2 C}{\partial S^2}\sigma^2 S_t^2 dt$ 仍成立，而 $dS_t = \mu S_t dt + \sigma S_t dW_t$，且 $dS_t^2 = (\mu S_t dt + \sigma S_t dW_t)^2 \approx \sigma^2 S_t^2 dt$ 也继续成立。于是我们有：

$$
\begin{aligned}
\mathrm{d}U_t &= \theta_{1,t}\mathrm{d}C_t + \theta_{2,t}\mathrm{d}S_t \\
&= \left\{\begin{aligned}&\theta_{1,t}\left(\left(\frac{\partial C}{\partial S}\mathrm{d}S_t + \frac{\partial C}{\partial t}\mathrm{d}t\right) + \frac{1}{2}\frac{\partial^2 C}{\partial S^2}\sigma^2 S_t^2\mathrm{d}t\right)\\ &+ \theta_{2,t}\mathrm{d}S_t\end{aligned}\right\} \\
&= \left(\theta_{1,t}\frac{\partial C}{\partial S} + \theta_{2,t}\right)\mathrm{d}S_t + \left(\theta_{1,t}\left(\frac{\partial C}{\partial t} + \frac{1}{2}\frac{\partial^2 C}{\partial S^2}\sigma^2 S_t^2\right)\right)\mathrm{d}t \\
&= \left(\theta_{1,t}\frac{\partial C}{\partial S} + \theta_{2,t}\right)(\mu S_t\mathrm{d}t + \sigma S_t\mathrm{d}W_t) + \left(\theta_{1,t}\left(\frac{\partial C}{\partial t} + \frac{1}{2}\frac{\partial^2 C}{\partial S^2}\sigma^2 S_t^2\right)\right)\mathrm{d}t
\end{aligned}
$$

因为我们希望利用 $U_t = \theta_{1,t}C_t + \theta_{2,t}S_t$ 复制债券 B_t 而 $\mathrm{d}B_t = rB_t\mathrm{d}t$，不存在 $\mathrm{d}W_t$ 项，故 $\left(\theta_{1,t}\frac{\partial C}{\partial S} + \theta_{2,t}\right) = 0 \Rightarrow \theta_{2,t} = -\theta_{1,t}\frac{\partial C}{\partial S}$。如果我们继续利用系数待定法考察 d_t 前的系数项，我们就必须有 $\theta_{1,t}\left(\frac{\partial C}{\partial t} + \frac{1}{2}\frac{\partial^2 C}{\partial S^2}\sigma^2 S_t^2\right) = rB_t$。

此外，为简单起见，不妨假设 $\theta_{1,t} = 1$，即在 $t \in [0, T]$ 内，我们仅持有一份期权合同。于是从 $B_t = U_t = \theta_{1,t}C_t + \theta_{2,t}S_t \Rightarrow B_t = C_t - \frac{\partial C}{\partial S}S_t$。于是

$$
\begin{cases}\left(\frac{\partial C}{\partial t} + \frac{1}{2}\frac{\partial^2 C}{\partial S^2}\sigma^2 S_t^2\right) = rB_t \\ B_t = C_t - \frac{\partial C}{\partial S}S_t\end{cases} \Rightarrow \left(\frac{\partial C}{\partial t} + \frac{1}{2}\frac{\partial^2 C}{\partial S^2}\sigma^2 S_t^2\right) = r\left(C_t - \frac{\partial C}{\partial S}S_t\right)
$$

$$
\Rightarrow C_t = \frac{1}{r}\left(\frac{\partial C}{\partial t} + rS_t\frac{\partial C}{\partial S} + \frac{1}{2}\sigma^2 S_t^2\frac{\partial^2 C}{\partial S^2}\right)
$$

于是得证。

（四）偏微分方程与 BSM 公式初探

BSM 期权定价公式与偏微分方程有着极其深远的历史渊源。下面简单介绍偏微分方程。和常微分方程不同，偏微分方程的未知函数一般包含多个变量，一般我们习惯于用“$u()$”表示位置函数。最常见的常微分方程：$\mathrm{d}B_t = rB_t$，可以认为满足以下形式：$\mathrm{d}u(t) = ru(t)$，由此可见，此常微分方程是关于时间 t 的函数。我们以最常见的偏微分方程——热力学方程为例①，温度 $u(t, x)$ 是关于时间 t 空间位置 x 的函数。下面列出一个广义的二阶线性偏微分方程形式：

$$
A\frac{\partial^2 u}{\partial x^2} + B\frac{\partial^2 u}{\partial x\partial y} + C\frac{\partial^2 u}{\partial y^2} + D\frac{\partial u}{\partial x} + E\frac{\partial u}{\partial y} + Fu = G
$$

一般而言，偏微分方程可以分为三类：抛物线方程组、双曲线方程组和椭圆形方程组，具体分类规则如表 6－6 所示。

① 英文为“Heat Equation”，或译为热传导方程。

表 6-6 偏微分方程的分类标准

规则	类别
$B^2-4AC=0$	抛物线方程组
$B^2-4AC>0$	双曲线方程组
$B^2-4AC<0$	椭圆形方程组

在金融数学中，我们遇到的一般都是抛物线形偏微分方程。热力学方程是最经典的抛物线形偏微分方程。我们下面复习一下热力学方程的基本概念和求解。BSM 模型可化为热力学方程，然后利用热力学方程的偏微分解法解出最终解析解。

1. 热力学方程初探

下面是一个标准的一元热力学方程：$\frac{\partial u}{\partial t}(t,y)=\lambda\frac{\partial^2 u}{\partial y^2}(t,y)$。简单解释一下该偏微分方程的物理学含义：$u(t,y)$ 表示在时间 t 和在位置 y 处测量到的温度。在热力学方程中有一个很重要的概念叫热力核（heat kernel）：$k(\lambda;t,y)=\frac{\exp\left(-\frac{y^2}{4\lambda t}\right)}{2\sqrt{\pi\lambda t}}$，我们首先验证这个热力核即为热力学方程的通解（fundamental solution）。

需要注意的是，热力核具有和高斯随机变量的密度函数一样的数学表达式，可以认为热力核是某高斯随机变量的密度函数，且均值为0，而方差为 $2\lambda t$。

我们先验证等式左边，有：

$$\frac{\partial k}{\partial t}(\lambda;t,y)=\frac{\partial}{\partial t}\left(\frac{\exp\left(-\frac{y^2}{4\lambda t}\right)}{\sqrt{4\pi\lambda t}}\right)=-\frac{\exp\left(-\frac{y^2}{4\lambda t}\right)}{2t^{3/2}\sqrt{4\pi\lambda}}+\frac{y^2}{4\lambda t^2}\frac{\exp\left(-\frac{y^2}{4\lambda t}\right)}{\sqrt{4\pi\lambda t}}$$

$$\Rightarrow\frac{\partial k}{\partial t}(\lambda;t,y)=\left(-\frac{1}{2t}+\frac{y^2}{4\lambda t^2}\right)k(\lambda;t,y)$$

$$\frac{\partial k}{\partial y}(\lambda;t,y)=\frac{\partial}{\partial y}\left(\frac{\exp\left(-\frac{y^2}{4\lambda t}\right)}{\sqrt{4\pi\lambda t}}\right)=-\frac{y}{2\lambda t}k(\lambda;t,y)$$

$$\frac{\partial^2 k}{\partial y^2}(\lambda;t,y)=\frac{\partial}{\partial y}\left(-\frac{y}{2\lambda t}k(\lambda;t,y)\right)=\lambda^{-1}\left(-\frac{1}{2t}+\frac{y^2}{4\lambda t^2}\right)k(\lambda;t,y)$$

于是我们发现 $\frac{\partial k}{\partial t}(\lambda;t,y)=\lambda\frac{\partial^2 k}{\partial y^2}(\lambda;t,y)$。

下面再直接引入一个热力学方程中的重要定理。

【定理 6.1】如果热力学方程 $\frac{\partial u}{\partial t}(t,y) = \lambda \frac{\partial^2 u}{\partial y^2}(t,y)$ 的初值条件为 $u(0,y) = \psi(y)$，则它的解为：$u(t,y) = \int_{-\infty}^{\infty}\left\{\psi(s)\frac{e^{\frac{-(y-s)2}{4\lambda t}}}{2\sqrt{\pi\lambda t}}\right\}ds, t > 0$。

2. 热力学方程与布朗运动

我们已经发现热力核和高斯分布的密度函数有一样的形式，下面我们将热力核与布朗运动联系起来。我们避免复杂的偏微分知识和物理学知识，直接给出若干常用的结论。首先我们假设 $\lambda = \frac{1}{2}$，此时 $u(t,y) = \int_{-\infty}^{\infty}\left\{\psi(s)\frac{e^{\frac{-(y-s)2}{2t}}}{\sqrt{2\pi t}}\right\}ds, t > 0$，再利用换元法令 $x = s - y$，于是我们有：

$$u(t,y) = \int_{-\infty}^{\infty}\left\{\psi(y+x)\frac{e^{\frac{-x2}{2t}}}{\sqrt{2\pi t}}\right\}dx$$

在此处，我们需要介绍一下 Feynman – Kac 描述定理。

【定理 6.2】Feynman – Kac 描述定理：假设有一随机过程满足：$dX_t = a(X_t,t)dt + b(X_t,t)dW_t$，而 $e^{-r(T-t)}\psi(X_T)$ 与 $u(x,t)$ 满足 $u(x,t) = \mathbb{E}[e^{-r(T-t)}\psi(X_T) | X_t = x]$，其中 $\{W_t\}_{t\geq 0}$ 表示布朗运动，则我们有以下偏微分方程：$\frac{\partial u}{\partial t} + a(x,t)\frac{\partial u}{\partial x} + \frac{1}{2}b^2(x,t)\frac{\partial^2 u}{\partial x^2} - ru = 0$，且其终值条件为 $u(x,T) = \psi(x)$。

于是我们发现，我们讨论的热力学方程是 Feynman – Kac 描述定理的一个特例，即 $a(x,t) = r = 0$，$\frac{b^2(x,t)}{2} = -\lambda$。当然特别需要注意 Feynman – Kac 是一个"倒向"问题，即：t 从 T 变化到 0。

3. 热力学方程与 BSM 公式

我们回忆一下 BSM 的偏微分形式：

$$\begin{cases} C_t = \frac{1}{r}\left(\frac{\partial C}{\partial t} + rS_t\frac{\partial C}{\partial S} + \frac{1}{2}\sigma^2 S_t^2\frac{\partial^2 C}{\partial S^2}\right), t \in [0,T], S_t \in \mathbb{R}^+ \\ \text{IC}: C(T,S_T) = \max\{S_T - K, 0\}; \\ \text{BC}: C(t,0) = 0, C(t,\infty) \approx \infty \end{cases}$$

很明显，以上形式和标准的热力学方程的形式有很大的差别，最大的差别是初值条件。在 BSM 公式中，我们的初值条件出现在 T 处而标准热力学方程的初值条件出现在时刻处，即 $(T,S_T) = \max\{S_T - K, 0\}$。当然这个问题十分好解决，我们只需转换一下变量即可，利用 $t \mapsto T - t$。利用热力学方程解 BSM 模型的关键是找到 BSM 的核函数 $k(\lambda;t,y)$。下面直接给出 BSM 的核函数为 $k(t,y) = e^{rt}C(T-t, e^{\sigma y + (\sigma^2/2 - r)t})$，其中，$\lambda = 1/2$。

我们令 $s = T - t, S = e^{\sigma y + (\frac{\sigma^2}{2} - r)t}$，则 $C(T-t, e^{\sigma y + (\sigma^2/2 - r)t}) = C(s, S)$
$\Rightarrow C(s,S) = k\left(T - s, \frac{-(\sigma^2/2 - r)(T-s) + \log S}{\sigma}\right)e^{-r(T-s)}$。

然后利用定理6.1并结合边界条件，于是有：

$$C(s,S) = k\left(T - s, \frac{-(\sigma^2/2 - r)(T-s) + \log S}{\sigma}\right)e^{-r(T-s)}$$

$$\Rightarrow C(s,S) = \frac{e^{-r(T-s)}}{\sqrt{2\pi(T-s)}}\int_{-\infty}^{\infty}\psi\left(\frac{-(\sigma^2/2 - r)(T-s) + \log S}{\sigma} + z\right)e^{-z^2/(2(T-t))}dz$$

其中，$\psi\left(\frac{-(\sigma^2/2 - r)(T-s) + \log S}{\sigma} + z\right) = \max[Se^{\sigma z - (\sigma^2/2 - r)(T-s)} - K, 0]$，

于是

$$\Rightarrow C(s,S) = \frac{e^{-r(T-s)}}{\sqrt{2\pi(T-s)}}\int_{\frac{-(\frac{\sigma^2}{2}-r)(T-s)+\log(\frac{K}{S})}{\sigma}}^{\infty}(Se^{\sigma z - (\frac{\sigma^2}{2}-r)(T-s)} - K)e^{-\frac{z^2}{2(T-s)}}dz$$

$\Rightarrow C(s,S) = S\Phi(d_1(T-s)) - Ke^{-r(T-s)}\Phi(d_2(T-s))$，其中，$s \in [0, T]$。

(五) 数值方法与偏微分方程

从前文的讨论中我们发现，几乎所有的期权定价公式都可以利用投资组合法的思想构建和提炼我们研究的问题，最终都会得到一个偏微分方程的结果。针对解偏微分方程的解析解的方法已非常成熟，常见的有我们上一小节介绍的方法，还有诸如傅立叶变换方法、级数方法（series solution method）和相似性解法（similarity solution）。除解析解方法外，我们还可以采用数值方法对偏微分进行求解。其实，前面我们讨论的二叉树模型就可以认为是连续偏微分方程的数值解方法。需要注意，我们前面已经论述了：我们可以将二叉树模型视为BSM模型的离散版本，在当 $\Delta t \to 0$ 时，二叉树模型等价于BSM模型。常见的数值解方法包括二叉树模型、三叉树模型和有限差分方法（Finite Difference Methods）。。

下面我们重点介绍有限差分方法。常见的有限差分方法包含三种：显示差方法（explicit difference method）、隐式方法（implicit difference method）和Crank – Nicolson方法。

1. 准备工作

先复习一下BSM公式的偏微分形式，为了避免数学上的“迂腐”，我们去掉了下标“t”，重点关注我们研究问题的实质，于是有：$rC =$

$\left(\frac{\partial C}{\partial t}+rS\frac{\partial C}{\partial S}+\frac{1}{2}\sigma^2S^2\frac{\partial^2 C}{\partial S^2}\right)$①。此外，如前文所述，金融数学的发展借鉴了物理学上大量的偏微分的知识，BSM 公式和物理学家们熟悉的解 PDE 的标准模板化解法还是有一定的差异，为了能够和物理学上的偏微分数值解法深度挂钩，一般的金融数学或金融工程学的教科书对上面我们提到的 BSM 偏微分形式进行了一些变换，即定义一个变量 $x\triangleq\ln(S)$，然后重写上面的偏微分方程，得到 C 关于 x 和时间 t 的偏微分方程：$rC=\left(\frac{\partial C}{\partial t}+\nu\frac{\partial C}{\partial x}+\frac{1}{2}\sigma^2\frac{\partial^2 C}{\partial x^2}\right)$，其中，$v=r-\frac{1}{2}\sigma^2$。

下面介绍涉及微分的近似公式。

特别注意，衍生品 C 是关于时间 t 和 x 的函数。如果把"x"想象成为类似"位置"的变量，我们会发现，我们关注的 PDE 其实始终是关于时间的一阶偏导、和关于"位置"的一阶和二阶偏导。

为不失一般性，我们考虑一个函数 $f(u,v)$ 的微分近似解，我们主要讨论 $\frac{\partial f}{\partial v}$ 和 $\frac{\partial^2 f}{\partial v^2}$。

根据初等微积分的知识，我们知道如果函数 $f(u,v)$ 连续，则该函数关于 v 的偏微分方程可表示为：

$$\frac{\partial f}{\partial v}=\lim_{\Delta v\to 0}\frac{f(u,v+\Delta v)-f(u,v)}{\Delta v}$$

我们可以通过四种方法对上式进行近似处理，见表 6－7。

表 6－7　常见的一阶偏微分近似方法

名称	具体公式
向前差分法	$\frac{\partial f}{\partial v}\approx\frac{f(u,v+\Delta v)-f(u,v)}{\Delta v}$
向后差分法	$\frac{\partial f}{\partial v}\approx\frac{f(u,v)-f(u,v-\Delta v)}{\Delta v}$

① 我们也可以将公式扩展一下，让其包含标的物可分红的情形，假设标的物的分红率为 q，则 BSM 的偏微分公式可写为：$rC=\left(\frac{\partial C}{\partial t}+(r-q)S\frac{\partial C}{\partial S}+\frac{1}{2}\sigma^2S^2\frac{\partial^2 C}{\partial S^2}\right)$或者 $rC=\left(\frac{\partial C}{\partial t}+v\frac{\partial C}{\partial x}+\frac{1}{2}\sigma^2\frac{\partial^2 C}{\partial x^2}\right)$，其中，$x\triangleq\ln(S)$，$v=r-q-\frac{1}{2}\sigma^2$。

续表

名称	具体公式
中心差分法	$\frac{\partial f}{\partial v} \approx \frac{f(u,v+\Delta v)-f(u,v-\Delta v)}{2\Delta v}$
稳健中心差分法	$\frac{\partial f}{\partial v} \approx \frac{f\left(u,v+\frac{\Delta v}{2}\right)-f\left(u,v-\frac{\Delta v}{2}\right)}{\Delta v}$

而常用的二阶偏导的近似公式如下：

$$\frac{\partial^2 f(u,v)}{\partial v^2} = \frac{\partial}{\partial v}\left[\frac{f(u,v+\Delta v/2)}{\partial v} - \frac{f(u,v-\Delta v/2)}{\partial v}\right]$$

$$\Rightarrow \frac{\partial^2 f(u,v)}{\partial v^2} \approx \frac{f(u,v+\Delta v/2)-2f(u,v)+f(u,v-\Delta v/2)}{(\Delta v)^2}$$

下面我们研究 BSM 公式的差分形式。假设 $t \in [0,T]$，我们将时间分为 N 份，并认为有 $2M+1$ 种股票的状态价格，则令 $C_{i,j} \triangleq C(t_i,x_j)$，其中，$t_i = i\Delta t$，$x_j = j\Delta x$，$i \in [0,1,\cdots,N]$，$j \in [1,2,\cdots,M,M+1,M+2,\cdots,2M+1]$，且 $\Delta t = T/N$，而关于 Δt 和 Δx 之间的关系我们在后面讨论。

2. 显示差分方法

该方法的核心思想是：关于时间的偏导数采用向前差分形式，而关于 x 的二阶偏导数采取中心差分形式。即：

$$\begin{cases} \frac{\partial C}{\partial t} = \frac{C_{i+1,j}-C_{i,j}}{\Delta t} \\ \frac{\partial C}{\partial x} = \frac{C_{i+1,j+1}-C_{i+1,j-1}}{2\Delta x} \\ \frac{\partial^2 C}{\partial x^2} = \frac{C_{i+1,j+1}-2C_{i+1,j}+C_{i+1,j-1}}{\Delta x^2} \end{cases}$$

特别需要注意，关于对 x 取偏导数时，C 对应的时间下标都是 $i+1$。我们把上面三个近似结果代入 BSM 公式，则有：

$$rC = \left(\frac{\partial C}{\partial t} + v\frac{\partial C}{\partial x} + \frac{1}{2}\sigma^2\frac{\partial^2 C}{\partial x^2}\right)$$

$$\Rightarrow rC_{i,j} = \left(\frac{C_{i+1,j}-C_{i,j}}{\Delta t}\right) + v\left(\frac{C_{i+1,j+1}-C_{i+1,j-1}}{2\Delta x}\right) + \frac{1}{2}\sigma^2\left(\frac{C_{i+1,j+1}-2C_{i+1,j}+C_{i+1,j-1}}{\Delta x^2}\right)$$

基于以上这个式子，我们并不能得到最终想要的结果，还需思考有哪些潜在信息可以使用。特别需要注意的是，在固定时间 t_{i+1} 时刻，对应的不同 x 的取值，其实是股票的不同状态价格，每种状态价格应对应相应的概率，且这些概率相加应等于 1。即：

$$\begin{cases} \mathbb{E}(C_{i+1,j}) = q_u C_{i+1,j+1} + q_m C_{i+1,j} + q_d C_{i+1,j-1} \\ q_u + q_m + q_d = 1 \end{cases}$$

此外，根据贴现原则，我们还应该有 $C_{i,j} = e^{-r\Delta t}\mathbb{E}(C_{i+1,j}) \approx \frac{\mathbb{E}(C_{i+1,j})}{(1+r\Delta t)}$，根据风险中性原则，状态价格的概率应为：

$$\begin{cases} q_u = \frac{\Delta t}{2}\left(\frac{\sigma^2}{\Delta x^2} + \frac{v}{\Delta x}\right) \\ q_m = 1 - \frac{\sigma^2}{\Delta x^2}\Delta t \\ q_d = \frac{\Delta t}{2}\left(\frac{\sigma^2}{\Delta x^2} - \frac{v}{\Delta x}\right) \end{cases}$$

我们可以考虑一下边界条件问题。当股票价格远小于行权价时，这种期权被称为深度虚值期权，其价格为零；而当股票价格远大于行权价值时，期权的价格和股票价格的变动完全一致。此外，我们还可以通过到期时不同状态的股票价格计算出不同期权的状态价格。基于这些信息，我们可以利用从 $T \to T-\Delta t \to T-2\Delta t \to \cdots \to t=0$ 向后推导，最终求得 $t=0$ 时刻的期权价格。

当然，最后需要提一下的是，为保证收敛，克里洛等（Clewlow and Strickland，1998）证明 Δt 和 Δx 之间需满足 $\Delta x \leqslant \sigma\sqrt{3\Delta t}$ 的关系，一般我们将 Δx 设置为 $\sigma\sqrt{3\Delta t}$。

（1）算法的原理

算法的原理见图 6－4。具体代码见代码 6－5。

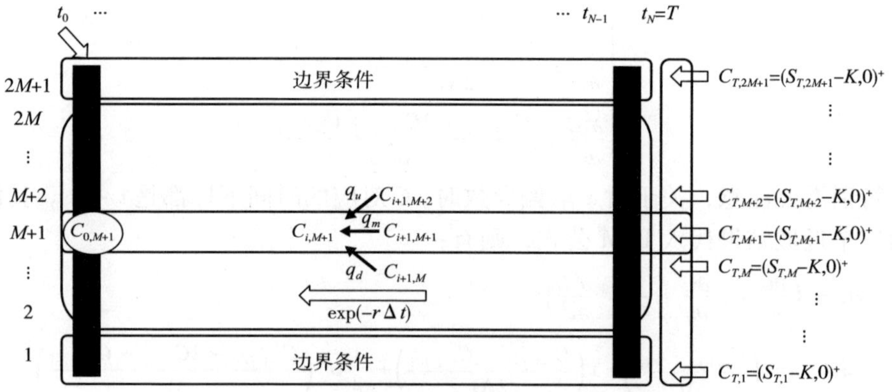

图 6－4　显示差分方法计算期权价格的原理

```
clear
price = 50;
K = 50;
M = 100;
```

```
T = 1;
N = 400;
r = 0.06;
vol = 0.2;
v = r - 0.5 * vol^2;
dt = T/N;
dx = vol * sqrt(3 * dt);
qu = (dt * vol^2)/(2 * (dx^2)) + v * dt/(2 * dx);
qm = 1.0 - (dt * (vol^2))/(dx^2);
qd = (dt * (vol^2))/(2 * dx^2) - v * dt/(2 * dx);
% initial stock price matrix and option price matrix
S = zeros(N + 1,2 * M + 1);
C = zeros(N + 1,2 * M + 1);

% payoff at terminal time
for m = 1:(2 * M + 1)
    jj = m - M - 1;
    S(N + 1,m) = price * exp(jj * dx);
    C(N + 1,m) = max(S(N + 1,m) - K,0);
end

for i = N: - 1:1
    % initialize boundary conditions
C(i,1) = 0.0;
% C(i,1) = C(i,2); % alternative setting
C(i,2 * M + 1) = max(S(N,2 * M + 1) - K,0);

for j = (2 * M): - 1:2
C(i,j) = (exp( - r * dt)) * (qu * C(i + 1,j + 1) + qm * C(i + 1,j) + qd * C(i + 1,j - 1));
end
end

% perparing graph
y = [0:1/N:T]; % Time
x = [1:2 * M + 1]; %  state prices
x = (max(S(N + 1,:)) - min(S(N + 1,:)))/(2 * M + 1) * x;
[XX,YY] = meshgrid(x,y);
figure
mesh(XX,YY,C)
```

```
ylabel('T')
xlabel('Underlying Prices')

display(['European Call Option Price = ',num2str(C(1,M+1))])
```

代码 6-5　显示差分方法计算期权价格的 Matlab 实现

下面对算法的实现思想做进一步介绍。

首先说明一下，关于股票价格的初始化问题，以及以上整个代码实现的假设。我们假设在 T 时刻，已知股票价格为 $S_T = 50$，即图 6-4 中的 $S_{T,M+1}$ 等于 50，然后利用公式 $S_{T,j} = S_{T,M+1}\exp((j-M-1)\Delta x), j = M+2,\cdots,2M+1$ 计算出 M 个可能出现的股票价格，特别注意，这些股票价格都大于 $S_{T,M+1}$。然后再用公式 $S_{T,j} = S_{T,M+1}\exp((j-M-1)\Delta x), j = 1,\cdots,M$ 计算出 M 个可能出现的股票价格，特别注意，这些股票价格都小于 $S_{T,M+1}$。也就是说，我们利用这种思想生成了 $2M+1$ 个在 T 时刻的股票状态价格，如果用较为数学化的语言，我们可以表示为 $S_T = [S_{T,1},S_{T,2},\cdots,S_{T,M+1},\cdots,S_{T,2M},S_{T,2M+1}]^T \in \mathbb{R}^{(2M+1)\times 1}$。以上讨论的具体代码实现请参照第 22 行的代码。

其次需要特别说明的是边界条件。图 6-4 已标出了边界条件的区域，边界条件的区域分别是 $C_{0:T-\Delta t,2M+1}$ 和 $C_{0:T-\Delta t,1}$。关于 $C_{0:T-\Delta t,2M+1}$ 和 $C_{0:T-\Delta t,1}$ 的数学语言表述如下：

$$C_{0:T-\Delta t,2M+1} \triangleq [C_{0,2M+1},C_{\Delta t,2M+1},\cdots,C_{T-\Delta t,2M+1}] \in \mathbb{R}^{1\times N}$$

$$C_{0:T-\Delta t,1} \triangleq [C_{0,1},C_{\Delta t,1},\cdots,C_{T-\Delta t,1}] \in \mathbb{R}^{1\times N}$$

最后还需要特别说明的是，虽然貌似整个算法实现流程非常复杂，但实际上可以将工作概括为三步：第一步，对到期时间所有可能出现的股票价格进行计算，也就是计算出向量 $S_T = [S_{T,1},S_{T,2},\cdots,S_{T,M+1},\cdots,S_{T,2M},S_{T,2M+1}]^T \in \mathbb{R}^{(2M+1)\times 1}$ 的所有值。第二步，对边界条件进行赋值，也就是利用第一步的结果和一些已知条件和公式计算出 $C_{0:T-\Delta t,2M+1}$ 和 $C_{0:T-\Delta t,1}$ 的所有值。第三步，所有工作其实集中在 $C_{0:T-\Delta t,2:2M} \in \mathbb{R}^{N\times(2M-1)}$ 区域，而最终结果是 $C_{0,M+1}$。

（2）代码的原理与算法实践

下面我们开始解读代码。

代码的第 1 至 9 行是对模型的基本信息进行赋值。我们假设股票价格期终时为 50，行权价也为 50，期权到期时限为一年，即 $T = 1$，年化无风险利率为 6.00%，年化波动率为 20.00%。

在第 10 至 14 行我们计算了一些本模型重要的变量的值。首先在第 10 行计算出 $\Delta t = T/N$ 的具体值，在本案例中该值等于 $\Delta t = T/N = 1/400$。如前文所述，为了保证该偏微分数值解稳定，Δx 和 Δt 之间需满足 $\Delta x \leqslant \sigma\sqrt{3\Delta t}$ 的关系，我们将 Δx 设置为 $\sigma\sqrt{3\Delta t}$，我们在第 11 行对该公式进行了实现，在本例中 $\Delta x = \sigma\sqrt{3\Delta t} = 0.2 \times \sqrt{3 \times (1/400)} \cong 0.0173$。要解本偏微分方程的关键是需要知道 q_u，q_d 和 q_m 的概率，我们在第 12 行到 14 行编写了它们的概率公式。现用具体数据实例进一步说明。在已知它们的公式如下的情况下，将相关数据代入，我们得到：

$$\begin{cases} q_u = \dfrac{\Delta t}{2}\left(\dfrac{\sigma^2}{\Delta x^2} + \dfrac{v}{\Delta x}\right) = \dfrac{0.002\,5}{2}\left(\dfrac{(0.2)^2}{(0.017\,3)^2} + \dfrac{0.04}{0.0173}\right) \cong 0.169\,6 \\ q_m = 1 - \dfrac{\sigma^2}{\Delta x^2}\Delta t \cong 0.666\,7 \\ q_d = \dfrac{\Delta t}{2}\left(\dfrac{\sigma^2}{\Delta x^2} - \dfrac{v}{\Delta x}\right) \cong 0.163\,8 \end{cases}$$

此外我们也可以自行验证 q_u，q_d 和 q_m 三者相加的和刚好等于 1。

如果读者仔细思考图 6－4 和查看偏微分方程的有限元法会发现，有限元法的核心思想其实是构建网格（grid）。以本案例为例，我们本质上是构建了一个关于时间和状态的网格矩阵，然后对股票价格和期权价格分别构建网格矩阵。数值算法的本质就是利用特定的迭代顺序和公式，填满整个网格空间，最后找到我们想要的结果。以本案例为例，我们的最终结果是找到期权价格的网格矩阵的元素 $C_{0,M+1}$ 的具体值。如图 6－4 所示，我们需要构建两个网格空间，这两个网格矩阵的大小分别为：$S \in \mathbb{R}^{(N+1)\times(2M+1)}$ 和 $C \in \mathbb{R}^{(N+1)\times(2M+1)}$，我们在第 16 行和第 17 行对股票价格和期权价格的网格矩阵进行了初始化。

在第 20 行到第 24 行对两个网格矩阵的最后一列进行了计算和赋值，即对

$$S_T = [S_{T,1}, S_{T,2}, \cdots, S_{T,M+1}, \cdots, S_{T,2M}, S_{T,2M+1}]^T \in \mathbb{R}^{(2M+1)\times 1}$$

和

$$C_T = [C_{T,1}, C_{T,2}, \cdots, C_{T,M+1}, \cdots, C_{T,2M}, C_{T,2M+1}]^T \in \mathbb{R}^{(2M+1)\times 1}$$

进行计算和赋值。

值得一提的是，在图 6－4 中，$(\cdot)^+$ 表示 $\max(\cdot)$。

代码第 26 行到第 35 行是本算法最核心的部分。由一个大的“for－loop”包含一个小的“for－loop”构成。大的“for－loop”是针对时间，而且是从“后”向“前”，即从 $T - \Delta t \rightarrow T - 2\Delta t \rightarrow \cdots \rightarrow t = 0$ 逐次迭代。第 27 行至第 30 行都是对边界条件进行计算和赋值。关于“边界条件”的定义和具体的位置可见图 6－4。在本案例中，我们有两个边界条件。初学者可以直接将其想象为是两个横向量，即：$C_{0:T-\Delta t,2M+1} \triangleq [C_{0,2M+1}, C_{\Delta t,2M+1}, \cdots, C_{T-\Delta t,2M+1}] \in \mathbb{R}^{1\times N}$ 和 $C_{0:T-\Delta t,1} \triangleq [C_{0,1}, C_{\Delta t,1}, \cdots, C_{T-\Delta t,1}] \in \mathbb{R}^{1\times N}$。但有几点需要特别说明。以本案例为例，我们以 $S_{T,M+1}$ 等于 50 为计算起点，并假设行权价 K 也刚好等于 50，我们还设 $M = 100$，

在这样的假设条件下，我们模拟了在 T 时间点上可能出现的股票价格，我们模拟的结果的最大值和最小值分别是 $S_{T,2M+1} = S_{\max} = 282.6117$ 和 $S_{T,1} = S_{\min} = 8.8461$，由此可见，在 T 时间，在极值附近，期权处在深度实值（in - the - money）或深度虚值（out - of - money）附近。于是 $C_{T,1} = 0$，自然 $C_{T-\Delta t,1} = 0$。然后依此类推，可知整个 $C_{0:T-\Delta t,1} = \underset{N\times 1}{0}$，向量的元素都为零。所以第 28 行的代码即表达了这样的意思。此外，一种替代的写法可见第 29 行，读者可自行验证，这样的设定确实也是等价的。第 30 行是对本偏微分方程中的另一个边界条件进行计算和复制，在此情形下，期权价格处在深度实值状态，于是期权的价值主要由 $C_{j,2M+1} = \mathrm{e}^{T-j\Delta t}\max(S_{T,2M+1} - K,0)$ 所决定。

代码第 32 行至第 35 行是本算法核心的核心。如前文所述，本算法的所有主要的工作其实就是集中在对 $C_{0:T-\Delta t,2:2M} \in \mathbb{R}^{N\times(2M-1)}$ 区域的计算和赋值。代码第 32 行至第 35 行的工作是需完成给定某 i 时刻时，利用显示差分公式对该时刻对应的纵向量进行计算和赋值。特别需要注意的是，每个纵向量的元素的值是通过在 $i+1$ 的信息计算完成。

代码第 37 行至第 48 行演示了我们计算得到的期权价格的网格矩阵图和最终计算得到的期权价格，即 $C_{0,M+1}$ 的值。图 6－5 绘制了我们计算得到的期权价格的网格矩阵图。我们最终计算的结果为 $C_{0,M+1} = 5.4922$，特别值得一提的是，我们可以调用 Matlab 自带的“blsprice”命令，并将相关期权信息输入 BSM 公式，我们得到的欧式看涨期权的结果为 5.4948，其结果与我们的结果 $C_{0,M+1} = 5.4922$ 几乎相等，因此证明显示差分这种数值方法正确地解出了 BSM 偏微分公式。

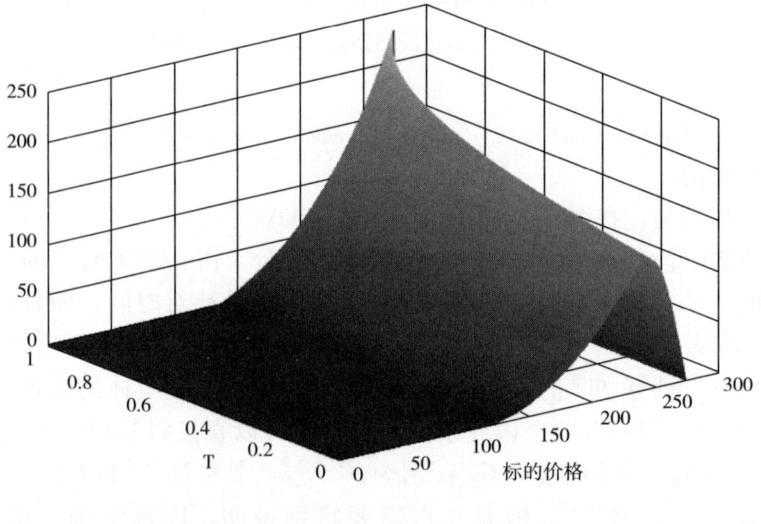

图 6－5　利用显示有限元法解 BSM 偏微分公式得到的期权价格网格矩阵

最后，总结一下该方法。如果读者仔细研究算法会发现，其实我们并没有必要构建 $S_T \in \mathbb{R}^{(2M+1)\times 1}$ 的股票价格网格矩阵，我们仅模拟了在到期时刻的所有可能的股票价格。而我们并没有模拟从 t_0 到 $T-\Delta t$ 时刻的股票价格信息，此处，在整个算法计算中，我们也无需使用从 t_0 到 $T-\Delta t$ 时刻的股票价格信息。由此可见，利用显示有限元法解 BSM 的偏微分方程，我们并不需要用到所有网格的股票价格信息。在本案例中我们并没有对 Matlab 代码进行优化。众所周知，Matlab 语言不提倡撰写代码时使用大量的“for - loop”运算，撰写 Matlab 代码应更多地采取矩阵运算的模式撰写。为了让本例的代码容易被读者所理解，我们采用了“for - loop”模式撰写。

(六) 等价鞅方法与期权定价

因为我们对金融数学（以及金融工程学）的术语和逻辑已非常熟悉，我们在本章再进一步地归纳和提炼我们需研究的问题。人类思考和探索真理的过程就是对同一问题不断地从不同的视角重定义、重解构或重归纳的过程。如果我们研究的问题的现有方法确实是正确的，那么我们就不怕从不同视角去重构造、重归纳、重定义问题本身，在这样的过程中，我们往往会对该问题有更深入的研究和体会。这也就是为什么需要用不同的方法论（甚至是哲学思想）去研究衍生品定价问题。本部分介绍的风险中性定价法，有时也被称为等价鞅定价法。当然，其实风险中性定价的思想我们已在本书第四章的第三小节提到。在本部分，我们会用更数学化的语言归纳、提炼和具体地介绍风险中性定价的思路和思想。

我们在前面一节介绍了一种投资组合的思想来对衍生品资产定价，即构建一个仅基于股票和衍生品的投资组合来完全模拟（或称为复制，replicate）出一个无风险债券①。这种思想可以进一步拓展，我们可以从另外一个维度思考这个问题：如果市场有一个风险资产和一个衍生品（也叫或有型证券），或有型证券在满足一定条件②下，可以对冲风险资产的所有风险，也就是在持有衍生品和股票这对组合时，我们等于是对冲了股票的风险。我们再思考一下，我们是如何描述股票价格的？我们一般采用 $\mathrm{d}S_t = \mu S_t \mathrm{d}t + \sigma S_t \mathrm{d}W_t$ 的形式，也就是说，股票仅受到一个随机源的影响，也就是 W_t。如果股票价格受到两个或者多个随机源影响呢？一个衍生品资产加股票的投资组合还能组成一个无风险资产吗？我们需要思考一下随机源的个数和衍生品个数之间的关系问题。这是一个非常重要的经济学和金

① 此外，读者研读本书到此处时，需要深刻地体会风险资产和无风险资产在量化金融学者眼里的本质区别是是否有随机项，比如，无风险资产的价格变化率的微分表达式不含 $\mathrm{d}W$ 项，故我们认为其为无风险资产。而如果一个资产的价格变化率的微分表达式含 $\mathrm{d}W$ 项，则为风险资产。

② 自融资假设是一个非常重要的条件。关于自融资假设的相关定义请见前文。

融学的概念。简言之，如果在一个封闭的金融系统里面（比如一个封闭的金融市场），一个风险资产仅受到一个随机源影响，且市场里又有一个衍生品，则衍生品和风险资产构成的资产组合应该可以复制出一个无风险资产。如果衍生品的个数刚好能覆盖金融市场里面风险资产的风险源，也就是说所有衍生品和所有风险资产的组合能够复制出无风险资产，则可以认为这个金融市场是完备的（complete），否则这个金融市场就不是完备的。我们的金融理论一般都是对完备市场下的衍生品定价问题进行讨论。当然，不是说在不完备市场下就不能对衍生品进行定价了，这是可以由技术处理的，但是在本节中，我们不讨论该问题。

除了思考"完备性"问题外，我们还需要将完备性问题和套利问题联系起来。我们用 M 表示在金融系统中排除无风险资产的个数后可交易标的资产的数量。我们用 R 表示系统中风险源的个数。

在完备的市场下，此时 $M \geqslant R$ 。而当 $M \leqslant R$ 时，金融系统是无套利系统。我们说的风险中性定价，也就是鞅定价法，其实指的是假设金融系统既是完备的又是无套利情况下的定价，也即是当 $M = R$ 的情形。我们还是用我们熟悉的一个无风险债券、一个股票和一个衍生品的市场为例子，如果股票交割用几何布朗运动来描述，也就是 $\mathrm{d}S_t = \mu S_t \mathrm{d}t + \sigma S_t \mathrm{d}W_t$ ，此时 $R = 1$ ，在这个金融系统中，可交易的标的物资产个数是 $M = 1$ ，即仅有股票。所以，该系统既是完备的，也是无套利的。特别注意一下，无套利和完备的概念都是针对风险资产个数和风险源个数展开讨论的。

为什么量化金融学里面一直存在一个论断，即"如果量化金融从业人员不懂什么是'鞅'（martingale）就不能算是理解了量化金融"。答案是：利用鞅定价的思路对衍生品进行定价和利用风险中性思路是等价的。金融资产应该满足鞅过程的特性。

1. 一些新的基本概念

下面再介绍一下域流过程（filtration process）的概念，我们避免引入抽象概率论的内容。但读者需要注意，一般的量化金融学书籍都是利用抽象概率论的方法定义随机过程。初学者可以认为域流过程表示的就是信息集。

为说明域流过程的概念，我们假设一个随机过程 X_t 且 $t \in [0,\infty)$ ，我们假设 F_t 表示我们在 $[0,t]$ 内从随机过程 X_t 中所收集（或获得）的所有信息的集合，简言之，我们认为 F_t 是一个信息集①。我们把所有 F_t 的汇总构成一个集合的集合②，即 $F = \{F_t, t \in [0,\infty)\}$ 称为一个域流。F 是一个域流，也是一个信息集族。从常识上我们就可以获得一些关于这个信息集族的特性，即对于任意的观测时间序列

① 从抽象概率论的视角，该信息集合应满足 σ - 代数的结构。

② "集合的集合"在数学上被称为集合族，或简称集族（class or family）。

$0 \leqslant t_t < t_2 < \cdots < \infty$，满足关系 $F_{t_1} \subseteq F_{t_2} \subseteq F_{t_3} \subseteq \cdots \subseteq F_{\infty} = \cup_{t \in [0,\infty)} F_t$。

有了域流过程的概念，下面我们定义另外一个概念——适应过程（adapted process）。我们仍假设一个随机过程 X_t，如果 X_t 的值包含了所有 F_t 的信息，那么我们说 X_t 是关于 F_t 的自适应过程。其潜台词是，在给定域流过程 F_t 时，X_t 的值应该是可以被知道的。

特别需要注意的是，适应的（adapted）也被称为不可预见性（non - anticipating）。也就是说，当 $s \leqslant t$ 时，X_s 在任意的 t 时刻，对于信息集族 F_t 其实都是"已知"的，我们就说随机过程 $\{X_t\}_{t \geqslant 0}$ 关于 F_t 是适应的。我们还可以如此理解：一个随机过程 $\{X_t\}_{t \geqslant 0}$ 如果相对于一个域流过程 F_t 是适应的，则认为 X_t 的值可以完全被域流过程 F_t 确定。所以，适应性（adaptedness）可以理解为无能力获得任何关于未来事件的知识。基于这样的原因，一个自适应过程也就被称为"不可预见的"（non - anticipating）的随机过程。

在有了域流过程和自适过程的概念后，我们可以较为准确地定义鞅过程（martingale）的概念。

我们说一个随机过程 $\{X_t, t \in [0,\infty)\}$ 是一个鞅过程，指的是在 $t > 0$ 时，其相对于信息集族 $F = \{F_t, t \in [0,\infty)\}$ 和概率 $\mathbb{P}$，需满足以下几点：

第一，在给定 F_t 时，X_t 可知。也就是说 X_t 是关于 F_t 的自适过程。

第二，$\mathbb{E}(|X_t|) < \infty$，即关于无条件"预测"的值应是有限的，而不是无限的。

第三，在任何 $t < T$ 时刻，$\mathbb{E}(X_T \mid F_t) = X_t$，即任何关于未来时刻的预测，就等于现在 t 时刻对 X_t 的观测值。

以上的定义还是显得过于数学化，下面我们解释一下鞅过程的基本含义。

首先我们必须明确，因为 $\mathbb{E}(X_{t+u} - X_t \mid F_t) = \mathbb{E}(X_{t+u} \mid F_t) - \mathbb{E}(X_t \mid F_t) = 0$，其含义是如果我们想预测 X_t 未来的趋势变化那么其增量的估计结果为零。也就是说，一个鞅过程未来的移动方向是不可能被预测的。鞅的三个满足条件中，$\mathbb{E}(X_T \mid F_t) = X_t$ 的性质是最重要的。其次，需要特别注意的是，因为鞅过程未来的移动方向是不可能被预测的，因此，如果我们观测到一个随机过程轨迹（trajectory）不管在短期还是在长期，若有明显的趋势性倾向或周期性规律，那么，该随机过程一定不是鞅过程。最后，对于一个随机过程，是否是鞅过程，也是相对的概念。我们说某随机过程是鞅过程，一定是要定义清楚它是相对于哪个信息集族 F_t 和哪个概率测度。如果我们改变一个鞅过程的信息集族的定义和概率测度的定义，有可能此随机过程就不是鞅过程了。当然，反之亦然，如果我们发现一个随机过程不是鞅过程，我们可以考虑改变一个概率测度，然后使其成为一个鞅过程。

这就是“变换测度”（change measure）的思想，这种思想反复地被用在鞅定价法中，鞅定价法是若干衍生品定价方法中用得最广泛的一种定价方法。常见的衍生品定价方法还有偏微分方法，我们在前文也提到了此类方法。

此外，为了避免数学符号过于复杂和迂腐，下面我们采用 $\mathbb{E}_t(X_u) \triangleq \mathbb{E}(X_u \mid F_t)$ 的写法表示条件期望。

我们在此还可以引入两个和鞅过程相关的概念，即上鞅（super martingale）和下鞅（sub martingale）。

我们说一个随机过程 $\{X_t, t \in [0,\infty)\}$ 是一个上鞅（或下鞅）过程，指的是在 $t>0$ 时，其相对于信息集族 $F = \{F_t, t \in [0,\infty)\}$ 和概率 $\mathbb{P}$，需满足以下几点：

第一，在给定 F_t 时，X_t 可知。也就是说 X_t 是关于 F_t 的自适过程。

第二，$\mathbb{E}(|X_t|) < \infty$，即关于无条件“预测”的值是有限的，而不是无限的。

第三，在任何 $t<T$ 时刻，$\mathbb{E}(X_T \mid F_t) \leqslant X_t$ 被称为上鞅，$\mathbb{E}(X_T \mid F_t) \geqslant X_t$ 被称为下鞅。

根据上鞅和下鞅的定义，我们发现，第一和第二个条件和鞅过程是一样的，仅第三个条件不一样。

通过对常见的金融资产价格进行分析，我们会发现常见的金融资产价格都并非满足鞅过程的特性。

我们以股票为例，一般而言，$\mathbb{E}_t(S_{t+\Delta} - S_t) \cong \mu\Delta \neq 0$。因此，一般而言，股票并非满足鞅过程的假定。而投资者一般都预期一个贴现债券价格会上升，因此 $B_t < \mathbb{E}_t(B_{t+\Delta})$，贴现债券价格走势也不满足鞅过程的假定。而我们熟悉的欧式期权，因为其时间价值随合约到期时间不断临近而不断减少，因此一般认为欧式期权的价值满足上鞅过程。

我们前面说过，考察一个随机过程是否是鞅过程需要准确地定义清楚其对应的信息集族和概率测度。我们上面关于金融资产价格的讨论和得出的结论都是我们在实际生活中，根据金融数据观测出的实证结果，也就是说我们是在真实概率测度下得出来的结论，也就是前文我们说的 $\mathbb{P}$ 概率测度。而我们对金融资产，尤其是衍生品资产定价是在风险中性测度下进行的，而风险中性测度一般用 $\mathbb{Q}$ 表示[①]，以股票为例，我们希望能找到一种变化 $L(\cdot)$ 使得原来在 $\mathbb{P}$ 概率测度下研究的股票价格变为在 $\mathbb{Q}$ 概率测度下满足鞅过程的特性，用数学语言表示如下：

① 希望读者能回到本书最初章节关于量化金融的两大学派 P－type 和 Q－type 的讨论。该讨论和我们现在介绍的关于 $\mathbb{P}$ 概率测度和 $\mathbb{Q}$ 概率测度的概念是统一的。

$$\mathbb{E}_t^{\mathbb{P}}(S_{t+\Delta}) \cong r\Delta S_t \neq 0 \xrightarrow{L(\cdot)} \mathbb{E}_t^{\mathbb{Q}}(L(S_{t+\Delta})) = S_t$$

当然，如果读者仍觉得这样的表述过于抽象，不妨将 $L(\cdot) = e^{-r\Delta}$，则 $\mathbb{E}_t^{\mathbb{Q}}(L(S_{t+\Delta})) = \mathbb{E}_t^{\mathbb{Q}}(e^{-r\Delta}S_{t+\Delta})$，其中 r 为无风险债券利率，$L(\cdot) = e^{-r\Delta}$ 就如同一个贴现因子。我们举这个例子，主要是让读者“小瞥”一下金融数学理论里面常见的数学思想。

一般而言，将上鞅或者下鞅过程转化为鞅过程的方法有两种：

第一种方法是利用 Doob - Meyer 分解法。该分解法的基本思想是在一定常规条件下，任意连续的过程都可以分解为一个鞅过程和一个递增（或递减）的过程。

第二种方法是较为复杂但更常用的方法，也就是概率测度变换方法。该方法的基本思想是把 $\mathbb{P}$ 概率测度研究的非鞅过程，通过概率测度变换的方法，转化到 $\mathbb{Q}$ 概率测度，使此随机过程在 $\mathbb{Q}$ 概率测度下满足鞅过程的特性。

而最常用的测度转换方法是利用吉尔萨诺夫定理（Girsanov Theorem）①。

2. 布朗运动和鞅过程之间的关系

在介绍 Girsanov Theorem 之前，我们还需要讨论布朗运动和鞅过程之间的关系。因为我们已经不止一次地介绍布朗运动，所以我们在此处希望将讨论更为深入一些。我们说一个随机过程 W_t 满足布朗运动，其实关键是要满足以下三个条件。

条件一：随机过程增量的独立性；

条件二：平稳增量性，且 $W_t - W_s$ 满足正态分布 $N(0, t-s)$，$0 \leqslant s \leqslant t$；

条件三：轨道的连续性。

而关于 $W_0 = 0$ 这一条件不一定是必须的，当 $W_0 = 0$ 时为标准布朗运动。当然，每当我们谈及随机过程时，都会和信息集族联系起来，我们讨论布朗运动也不例外，其实以上的讨论还应该加上以下的表述才是准确的：

我们称一个 F_t 适应过程 $\{W_t\}_{t\geqslant 0}$ 是一个布朗运动，如果其满足以下三个条件：

条件一：随机过程增量的独立性；

条件二：平稳增量性，且 $W_t - W_s$ 满足正态分布 $N(0, t-s)$，$0 \leqslant s \leqslant t$；

条件三：轨道的连续性，即布朗运动处处连续（但不可求关于时间 t 的导数）。

此外，需要特别注意，标准布朗运动是一个关于 F_t 的鞅过程。我们会很自

① 目前越来越多的国内教材和专著直接使用 Girsanov Theorem 而非其中文译名。本书也继承了这样的方式，如无特别说明，我们不对该定理做中文翻译处理。

然地思考一个问题：既然标准布朗运动就是一个鞅过程，那么如果有一个函数 $f(W_t)$，则这个函数要满足什么条件才能保证 $f(W_t)$ 也是鞅过程？或者说，如果有 $g(\cdot)$ 的函数，将一个鞅过程 M_t 进行变换，即 $g(M_t)$，$g(\cdot)$ 函数要满足什么条件才能使 $g(M_t)$ 仍然是一个鞅过程？关于这两个问题的答案非常复杂，超出了本书讨论的范畴。我们仅给读者提供启发式的答案：我们最熟悉和最常用的函数类型是凸函数（或凹函数），如果 $g(\cdot)$ 函数满足凸函数（或凹函数）的性质，则 $g(M_t)$ 不再是鞅过程。

表 6－8 汇总了一些我们常见的基于标准布朗运动构建的鞅过程。

表 6－8　常见的鞅过程汇总

编号	具体形式
1	$W_t^2 - t$
2	$W_t^3 - 3tW_t$
3	$\exp\left(\lambda W_t - \frac{\lambda^2 t}{2}\right)$
4	$\exp\left(i\lambda W_t - \frac{\lambda^2 t}{2}\right)$
5	$e^{\frac{1}{2}t}\cos W_t$

表 6－8 “编号 4” 中的 “i” 表示虚数。此外，$M_t = \exp\left(\lambda W_t - \frac{\lambda^2 t}{2}\right)$ 应是应用最广的鞅过程，该鞅过程还有一个非常有用的性质。我们可以利用一个指数函数的重要性质，对 M_t 进行研究。以下任意形式的指数函数都满足：$\exp\left(\lambda x - \frac{1}{2}\lambda^2 t\right) \triangleq \sum_{n\geq 0}\left\{\left(\frac{\lambda^n}{n!}\right)H_n(t,x)\right\}$，其中 $H_n(t,x)$ 被称为埃尔米特(Hermite)① 多项式。埃尔米特多项式之间彼此正交独立。

我们假设 $0 \leq s \leq t$，于是我们有

$$\mathbb{E}\left\{\exp\left(\lambda W_t - \frac{t}{2}\lambda^2\right) \mid F_s\right\} = \sum_{n\geq 0}\left\{\left(\frac{\lambda^n}{n!}\right)E[H_n(t,x) \mid F_s]\right\}$$

① Hermite 的翻译在国内学界似乎没有统一，在不同学科（经济学、金融学、工程学、物理学等）中有不同的翻译，我们通过百度和谷歌发现一些常见的翻译有：海曼、埃尔米特、厄密。但是正确的翻译应是埃尔米特，而“海曼”这样的翻译明显是错误的。因为 Hermite 是法国数学家，而在法语中，字母“h”都不发音，因此，“Hermite”应该发类似“ermite”的音。这样的例子还有 Hugo，在法国人的姓氏中“Hugo”的“h”也不发音，因此 Hugo 正确的翻译应该是“雨果”，而不是国内和港台电视剧里面翻译的“胡歌”。诚然，我们的常识也是如此，例如，伟大的法国大文豪维克多·雨果（Victor Hugo）。

$$\Rightarrow = \exp\left(\lambda W_s - \frac{1}{2}\lambda^2 s\right) = \sum_{n\geq 0}\left(\frac{\lambda^n}{n!}\right)H_n(s, W_s)$$

而当 $n \geq 0$ 时，$H_n(t, W_t)$ 皆为鞅过程。常见的 $M_t = \exp\left(\lambda W_t - \frac{\lambda^2 t}{2}\right)$ 的埃尔米特多项式有：$H_1(t, W_t) = W_t$，$H_2(t, W_t) = W_t^2 - t$，$H_3(t, W_t) = W_t^3 - 3tW_t$。由此，我们可以发现，表6－8中的“编号1”和“编号2”都是埃尔米特多项式的特例。

下面我们再简单证明一下为何 $W_t^3 - 3tW_t$ 是鞅过程。我们仍假设 $0 \leq s \leq t$，证明思路的关键还是利用 $W_t - W_s \perp F_s$ 的性质，我们关键是要证明 $E[W_t^3 - 3tW_t \mid F_s]$ 仅与 s 有关而与 t 无关。

$$\mathbb{E}[W_t^3 - 3tW_t \mid F_s] = \mathbb{E}[W_t((W_t - W_s + W_s)^2 - 3t) \mid F_s]$$

$$= \mathbb{E}[W_t(W_t - W_s)^2 \mid F_s] + 2W_s\,\mathbb{E}[W_t(W_t - W_s)^2 \mid F_s] + W_s^2\,\mathbb{E}[W_t \mid F_s] - 3t\,\mathbb{E}[W_t \mid F_s]$$

$$= \begin{Bmatrix} \mathbb{E}[(W_t - W_s)^3 \mid F_s] + \mathbb{E}[W_s(W_t - W_s)^2 \mid F_s] \\ + 2W_s\,\mathbb{E}[(W_t - W_s)^2 \mid F_s] + 2W_s\,\mathbb{E}[W_s(W_t - W_s) \mid F_s] \\ + W_s^3 - 3tW_s \end{Bmatrix}$$

$$= W_s^3 - 3sW_s$$

证明完毕。

3. Girsanov Theorem 初探

下面我们将所有讨论的内容再归纳一下。我们如果希望思考一个理想化的市场，那么这个市场最好既是完备的，又是无套利的，在这种理想化的市场下，我们可以安心地使用等价鞅理论来对衍生品进行定价，因为在这样的理想化市场下，一定存在一个唯一的等价鞅测度（a unique equivalent martingale measure）。关于市场完备性的解释可以见我们前面的讨论，在此，我们还可以强调一下“完备性”① 的一种更通俗易懂的解释，即市场的完备性保证了我们可以找到一个衍生品去对冲风险资产的风险，或者说基于无风险资产和风险资产，我们可以复制出一个衍生品，这就是有些专著里面常说的可复制性（replicability）或者可达性（attainability）。

下面我们开始介绍一种便于初学者理解和记忆的 Girsanov Theorem。

① 如果市场是不完备的（incomplete），一般而言我们能保证市场是无套利的，但却不能保证有唯一的风险中性测度去对金融衍生品进行定价。那么如何对不完备市场进行衍生品定价呢？一般常用的方法有两种：第一种方法是通过市场数据，并利用市场数据去选择一个风险中性测度，也就是说利用市场数据去拟合一个风险中性测度，然后用这个测度去对金融衍生品进行定价。第二种方法是把投资人的效用函数引入其中，然后将问题转化为研究效用最大化的优化问题，把能找到最优解的情况下的概率测度作为候选风险中性测度，然后利用该测度对金融衍生品进行定价。

首先，我们还是回到我们熟悉的随机微分方程的一般形式开始讨论。

$dS_t = a(S_t,t)dt + b(S_t,t)dW_t^{\mathbb{P}}$，需要特别说明一下，关于 $W_t^{\mathbb{P}}$ 表示的是在 $\mathbb{P}$ 概率测度下的布朗运动，以区分我们后面要讨论的风险中性测度 $\mathbb{Q}$ 下的布朗运动，我们用 $W_t^{\mathbb{Q}}$ 表示在 $\mathbb{Q}$ 概率测度下的布朗运动。

我们定义一个新的漂移项 $a^Q(S_t,t)$ 且假设 $\lambda(S_t,t) \triangleq \dfrac{a^Q(S_t,t) - a(S_t,t)}{b(S_t,t)}$ 有界（bounded），我们可以用以下公式定义（或找到）$\mathbb{Q}$ 概率测度，这就是 Girsanov Theorem 的核心思想。

$$d\mathbb{Q} = \exp\left\{-\frac{1}{2}\int_0^t\left(\frac{a^Q(S_s,s) - a(S_s,s)}{b(S_s,s)}\right)^2 ds + \int_0^t\left(\frac{a^Q(S_s,s) - a(S_s,s)}{b(S_s,s)}\right)dW_s^{\mathbb{P}}\right\}d\mathbb{P}$$

当然一般习惯性的写法是：

$$L_t \triangleq \frac{d\mathbb{Q}}{d\mathbb{P}} = \exp\left\{-\frac{1}{2}\int_0^t\left(\frac{a(S_s,s) - a^Q(S_s,s)}{b(S_s,s)}\right)^2 ds - \int_0^t\left(\frac{a(S_s,s) - a^Q(S_s,s)}{b(S_s,s)}\right)dW_s^{\mathbb{P}}\right\}$$

或者写为

$$L_{\lambda,t} \triangleq \frac{d\mathbb{Q}}{d\mathbb{P}} = \exp\left\{-\frac{1}{2}\int_0^t\lambda^2(S_s,s)ds - \int_0^t\lambda(S_s,s)dW_s^{\mathbb{P}}\right\}$$

我们定义了一个新的随机过程 L_t，这是一个指数型（exponential process）的随机过程，在金融数学领域中 L_t 被称为 Radon – Nikodym 导数。

此外，Girsanov Theorem 的核心思想还能帮助我们找到 $W_t^{\mathbb{Q}}$ 和 $W_t^{\mathbb{P}}$ 之间的微分方程关系，即：

$$dW_t^{\mathbb{Q}} = -\left[\frac{a^Q(S_t,t) - a(S_t,t)}{b(S_t,t)}\right]dt + dW_t^{\mathbb{P}}$$

我们将此结果代入原 $\mathbb{P}$ 概率测度下，可找到关于 S_t 的随机微分方程形式。再经过简单的数学运算，我们可以得到 S_t 在 $\mathbb{Q}$ 概率测度下的随机微分形式。下面介绍推导过程：

$$\begin{aligned}
dS_t &= a(S_t,t)dt + b(S_t,t)dW_t^{\mathbb{P}} \\
&= a^Q(S_t,t)dt + b(S_t,t)\left\{-\left[\frac{a^Q(S_t,t) - a(S_t,t)}{b(S_t,t)}\right]dt + dW_t^{\mathbb{P}}\right\} \\
&= a^Q(S_t,t)dt + b(S_t,t)dW_t^{\mathbb{Q}}
\end{aligned}$$

当然，以上我们的演示还是过于抽象，我们不妨以一个常见的例子为例，将 Girsanov Theorem 的思想精髓展现在读者面前。

金融数学中，我们通常将资产价格设定为满足几何布朗运动的随机过程，即 $dS_t = \mu S_t dt + \sigma S_t dW_t^{\mathbb{P}} \Leftrightarrow S_t = S_0\exp\left[\left(\mu - \frac{1}{2}\sigma^2\right)t + \sigma W_t^{\mathbb{P}}\right]$。这其实是我们前面的讨论的一种特例，即：

$$\begin{cases} a(S_t,t) = \mu S_t \\ b(S_t,t) = \sigma S_t \end{cases}$$

我们令 $\begin{cases} a^Q(S_t,t) = rS_t \\ \lambda = -\dfrac{a^Q(S_t,t) - a(S_t,t)}{b(S_t,t)} = \dfrac{\mu - r}{\sigma} \end{cases}$，于是我们化简 $L_t \triangleq \dfrac{\mathrm{d}\mathbb{Q}}{\mathrm{d}\mathbb{P}}$，$\mathrm{d}W_t^{\mathbb{Q}}$，则有：

$$\begin{cases} L_t = \exp\left\{-\frac{1}{2}\lambda^2 t - \lambda W_t^{\mathbb{P}}\right\} \\ \mathrm{d}W_t^{\mathbb{Q}} = \lambda \mathrm{d}t + \mathrm{d}W_t^{\mathbb{P}} \\ \mathrm{d}S_t = \mu S_t \mathrm{d}t + \sigma S_t \mathrm{d}W_t^{\mathbb{P}} = rS_t \mathrm{d}t + \sigma S_t \mathrm{d}W_t^{\mathbb{Q}} \end{cases}$$

因为 $\begin{cases} \int_0^t \left(\frac{r-\mu}{\sigma}\right)^2 \mathrm{d}s = \lambda^2 \int_0^t \mathrm{d}s = \lambda^2(t-0) = \lambda^2 t \\ \int_0^t \left(\frac{r-\mu}{\sigma}\right) \mathrm{d}W_s^{\mathbb{P}} = -\lambda \int_0^t \mathrm{d}W_s^{\mathbb{P}} = -\lambda(W_t^{\mathbb{P}} - W_0^{\mathbb{P}}) = -\lambda W_t^{\mathbb{P}} \end{cases}$

所以，对于风险资产价格而言，以不同的风险测度，我们可以定义出：

$$S_t = S_0 \exp\left[\left(\mu - \frac{1}{2}\sigma^2\right)t + \sigma W_t^{\mathbb{P}}\right]$$

$$\leftrightarrows$$

$$S_t = S_0 \exp\left[\left(r - \frac{1}{2}\sigma^2\right)t + \sigma W_t^{\mathbb{Q}}\right]$$

此外，细心的读者会发现，$\lambda = \dfrac{\mu - r}{\sigma}$ 其实就是初等金融学教科书里面的市场风险溢价，也就是夏普比率。

Girsanov Theorem 确实比较晦涩，现在给出一种非数学专业的学生能理解的陈述：

令 $\mathbb{Q}$ 概率测度为风险中性测度，使得 $\mathbb{E}\left[\left(\frac{\mathrm{d}\mathbb{Q}}{\mathrm{d}\mathbb{P}}\right) \mid F_t\right] = \exp\left(-\frac{1}{2}\lambda^2 t - \lambda W_t^{\mathbb{P}}\right)$，且 $0 \leqslant t \leqslant T$，则认为 $\mathbb{Q}$ 概率测度和 $\mathbb{P}$ 概率测度等价，其中 F_t 表示域流过程，也就是信息集族。

我们马上能得到一些很重要的性质，比如我们定义一个变量 $\tilde{S}_t = \mathrm{e}^{-rt} S_t$，我们凭最基本的金融学直觉可以发现：这个变量表示的是风险资产的贴现价格。需要注意，$\tilde{S}_0 = \mathrm{e}^{-r0} S_0 = S_0$。因为 $S_t = S_0 \exp\left[\left(\mu - \frac{1}{2}\sigma^2\right)t + \sigma W_t^{\mathbb{P}}\right]$。此外，我们研究一下 $\mathbb{E}^{\mathbb{Q}}[S_t]$ 和 $\mathbb{E}^{\mathbb{P}}[S_t]$ 的特性。

$$\begin{cases}\mathbb{E}^{\mathbb{Q}}[S_t] = S_0\,\mathbb{E}^{\mathbb{Q}}\left[\exp(rt)\exp\left(-\frac{1}{2}\sigma^2 t + \sigma W_t^{\mathbb{Q}}\right)\right] = S_0 e^{rt}\,\mathbb{E}^{\mathbb{Q}}\left[\exp\left(-\frac{1}{2}\sigma^2 t + \sigma W_t^{\mathbb{Q}}\right)\right] = S_0 e^{rt} \\ \mathbb{E}^{\mathbb{P}}[S_t] = S_0 e^{\mu t}\end{cases}$$

于是有

$$\begin{aligned}\tilde{S}_t &= e^{-rt}S_t = e^{-rt}S_0\exp\left[\left(\mu - \frac{1}{2}\sigma^2\right)t + \sigma W_t^{\mathbb{P}}\right] \\ &= S_0\exp\left[\left(\mu - r - \frac{1}{2}\sigma^2\right)t + \sigma W_t^{\mathbb{P}}\right]\end{aligned}$$

又因为

$$dW_t^{\mathbb{Q}} = \lambda dt + dW_t^{\mathbb{P}} \Leftrightarrow dW_t^{\mathbb{P}} = dW_t^{\mathbb{Q}} - \lambda dt$$
$$W_t^{\mathbb{Q}} = \lambda t + W_t^{\mathbb{P}} \Leftrightarrow W_t^{\mathbb{P}} = W_t^{\mathbb{Q}} - \lambda t$$

将此结果代入上式，则有：

$$\begin{aligned}\tilde{S}_t &= S_0\exp\left[\left(\mu - r - \frac{1}{2}\sigma^2\right)t + \sigma W_t^{\mathbb{P}}\right] \\ &= S_0\exp\left[\left(\mu - r - \frac{1}{2}\sigma^2\right)t + \sigma(W_t^{\mathbb{Q}} - \lambda t)\right] \\ &= S_0\exp\left[\left(\mu - r - \frac{1}{2}\sigma^2 - \lambda\sigma\right)t + \sigma W_t^{\mathbb{Q}}\right] \\ &= S_0\exp\left[\left(\mu - r - \frac{1}{2}\sigma^2 - \left(\frac{\mu - r}{\sigma}\right)\sigma\right)t + \sigma W_t^{\mathbb{Q}}\right] \\ &= S_0\exp\left[-\frac{1}{2}\sigma^2 t + \sigma W_t^{\mathbb{Q}}\right]\end{aligned}$$

于是有

$$\tilde{S}_t = \tilde{S}_0\exp\left[-\frac{1}{2}\sigma^2 t + \sigma W_t^{\mathbb{Q}}\right]$$ ①

利用我们前面所介绍的随机微分方程的知识，我们可以很快得到 $d\tilde{S}_t = \sigma\tilde{S}_t dW_t^{\mathbb{Q}}$ 的结论，在前文中，我们已展示过具有该表达式的随机微分方程都满足鞅过程的定义，即 $\tilde{S}_t = e^{-rt}S_t$ 在 $\mathbb{Q}$ 概率测度下，为一鞅过程。而从上式的"e^{-rt}"会很自然地想到 $B_0 = B_t e^{-rt}$，关于债券价格的 ODE 及其积分结果可见第四章第八小节的讨论。

下面我们重点讨论 $L_t = \left(\frac{d\mathbb{Q}}{d\mathbb{P}}\right)$ 的性质。根据自适应过程的定义，我们有：

$$\mathbb{E}\left[\left(\frac{d\mathbb{Q}}{d\mathbb{P}}\right)\mid F_t\right] = \exp\left(-\frac{1}{2}\lambda^2 t - \lambda W_t^{\mathbb{P}}\right)$$

---

① 我们需要注意，$\mathbb{E}[\tilde{S}_t] = \tilde{S}_0$，因为 $\mathbb{E}[\tilde{S}_t] = \tilde{S}_0\,\mathbb{E}\left\{\exp\left[-\frac{1}{2}\sigma^2 t + \sigma W_t^{\mathbb{Q}}\right]\right\}$，又因为 $\mathbb{E}\left[\exp\left(-\frac{1}{2}\sigma_t^2 + \sigma W_t\right)\right] = \exp\left(-\frac{1}{2}\sigma_t^2\right)\mathbb{E}[\exp(\sigma W_t)] = 1$。

我们要证明 $\mathbb{E}^{\mathbb{P}}[L_t] = 1$ 。

证明如下：

$$\mathbb{E}^{\mathbb{P}}[L_t] = \int_{-\infty}^{\infty} \exp\left(-\frac{1}{2}\lambda^2 t - \lambda W_t^{\mathbb{P}}\right)\frac{1}{\sqrt{2t}}\exp\left(-\frac{1}{2t}(W_t^{\mathbb{P}})^2\right)\mathrm{d}W_t^{\mathbb{P}}$$
$$= \int_{-\infty}^{\infty} \frac{1}{\sqrt{2t}}\exp\left(-\frac{1}{2t}(\lambda^2 t^2 + 2\lambda t W_t^{\mathbb{P}} + (W_t^{\mathbb{P}})^2)\right)\mathrm{d}W_t^{\mathbb{P}}$$
$$= \int_{-\infty}^{\infty} \frac{1}{\sqrt{2t}}\exp\left(-\frac{1}{2t}(\lambda t + W_t^{\mathbb{P}})^2\right)\mathrm{d}W_t^{\mathbb{P}}$$

这是一个均值为 $-\lambda t$ ，方差为 t 的随机变量的密度函数。因为我们是对该密度函数求从负无穷到正无穷的积分，所以其值为1，即：$\mathbb{E}^{\mathbb{P}}[L_t] = 1$ 。证明完毕。

下面再讨论一个重要的性质。

在 $0 \leqslant s < t$ 时，$\mathbb{E}[\exp(\lambda W_t) \mid F_s] = \exp\left(\frac{1}{2}\lambda^2(t-s)\right)\exp(\lambda W_s)$ ，如果此性质成立，则有 $\mathbb{E}[L_t \mid F_s] = \exp\left(-\frac{1}{2}\lambda^2 s + \lambda W_s\right) = L_s$ ，基于此性质，我们可说明 L_t 满足鞅过程。

理清了思路，下面我们开始证明工作，我们需证明下式成立：

$$\mathbb{E}[\exp(\lambda W_t) \mid F_s] = \exp\left(\frac{1}{2}\lambda^2(t-s)\right)\exp(\lambda W_s)$$

现证明如下：

因为 $W_t - W_s$ 与信息集族 F_s 独立，于是我们有

$$\mathbb{E}[\exp(\lambda(W_t - W_s)) \mid F_s] = \mathbb{E}[\exp(\lambda(W_t - W_s))] = \mathbb{E}[\exp(\lambda W_{t-s})]$$
$$= \exp\left(\frac{1}{2}\lambda^2(t-s)\right)$$

又因为在 s 时刻，$\mathbb{E}[\exp(\lambda W_s) \mid F_s] \equiv \exp(\lambda W_s)$

因此，$\mathbb{E}[\exp(\lambda W_t) \mid F_s] = \exp\left(\frac{1}{2}\lambda^2(t-s)\right)\exp(\lambda W_s)$ ，于是得证。

此外我们还需要注意，$s = 0$ ，这是一个特殊情形，此时有：

$$\mathbb{E}[L_t \mid F_0] = \mathbb{E}[L_t] = \exp\left(-\frac{1}{2}\lambda^2 0 + \lambda W_0\right) = L_0 = 1$$

我们得到了和前面一样的结论。

4. 再探 Girsanov Theorem

下面我们要验证 Girsanov Theorem 带给我们的一个非常重要的性质，此时我们仍假设 S_t 是关于 F_t 的可适应过程（adapted process），即：

$$\mathbb{E}^{\mathbb{Q}}[S_t \mid F_t] = \mathbb{E}^{\mathbb{P}}[L_t \times S_t \mid F_t] \Leftrightarrow \mathbb{E}^{\mathbb{Q}}[S_t] = \mathbb{E}^{\mathbb{P}}[L_t \times S_t]$$

当然，我们也可写为 $\mathbb{E}^{\mathbb{Q}}[S_t] = \mathbb{E}^{\mathbb{P}}\left[\left(\frac{\mathrm{d}\mathbb{Q}}{\mathrm{d}\mathbb{P}}\right)\times S_t\right]$，我们有 $\mathbb{E}^{\mathbb{Q}}[S_t] = \mathbb{E}^{\mathbb{P}}[S_t]$。

下面是验证过程：

$$\mathbb{E}^{\mathbb{P}}[L_t \times S_t] = \mathbb{E}^{\mathbb{P}}\left[\exp\left\{-\frac{1}{2}\lambda^2 t - \lambda W_t^{\mathbb{P}}\right\}S_t\right] = S_t\,\mathbb{E}^{\mathbb{P}}\left[\exp\left\{-\frac{1}{2}\lambda^2 t - \lambda W_t^{\mathbb{P}}\right\}\right],$$

在前文中，我们已证明 $\mathbb{E}^{\mathbb{P}}\left[\exp\left\{-\frac{1}{2}\lambda^2 t - \lambda W_t^{\mathbb{P}}\right\}\right] = 1$，于是我们得到 $\mathbb{E}^{\mathbb{Q}}[S_t] = \mathbb{E}^{\mathbb{P}}[S_t]$。这就说明 $\mathbb{Q}$ 概率测度和 $\mathbb{P}$ 概率测度是等价的。

下面简单推广一下上面的结果，我们考虑当 $0 \leqslant s < t \leqslant T$ 时 $\mathbb{E}^{\mathbb{Q}}[S_t | F_s]$ 和 $\mathbb{E}^{\mathbb{P}}[L_t \times S_t | F_s]$ 之间的关系。当 $0 \leqslant s < t \leqslant T$ 时，$\mathbb{E}^{\mathbb{Q}}[S_t | F_s]$ 和 $\mathbb{E}^{\mathbb{P}}[L_t \times S_t | F_s]$ 有：

$\mathbb{E}^{\mathbb{Q}}[S_t | F_s] = L_s^{-1} \times \mathbb{E}^{\mathbb{P}}[L_t \times S_t | F_s], 0 \leqslant s < t \leqslant T$。（证明略。）

其实我们常说的鞅定价理论是由“等价鞅测度”的概念和“风险中性估值”两个要素组成的。

我们来研究一下 $X_t \triangleq \frac{S_t}{B_t}$ 会是一个什么样的随机过程，我们考察一下它可能有什么样的数理统计特性。一种最简单的考察方法是写出 $\mathrm{d}X_t$ 的随机微分形式。则：

$$\frac{\mathrm{d}X_t}{X_t} = \frac{\mathrm{d}\left(\frac{S_t}{B_t}\right)}{\left(\frac{S_t}{B_t}\right)} = \frac{\mathrm{d}S_t}{S_t} - \frac{\mathrm{d}B_t}{B_t} - \frac{\mathrm{d}S_t}{S_t}\frac{\mathrm{d}B_t}{B_t} + \left(\frac{\mathrm{d}B_t}{B_t}\right)^2$$

其中，$\frac{\mathrm{d}S_t}{S_t} = \mu\mathrm{d}t + \sigma\mathrm{d}W_t^{\mathbb{P}}$，而 $\frac{\mathrm{d}B_t}{B_t} = r\mathrm{d}t$，于是将它们代入上式。此外，因为我们始终假设 $(\mathrm{d}t)^2 = (\mathrm{d}W_t^{\mathbb{P}}) \times \mathrm{d}t \cong 0$，则有：

$$\begin{aligned}\frac{\mathrm{d}X_t}{X_t} &= (\mu\mathrm{d}t + \sigma\mathrm{d}W_t^{\mathbb{P}}) - r\mathrm{d}t - (\mu\mathrm{d}t + \sigma\mathrm{d}W_t^{\mathbb{P}})r\mathrm{d}t + (r\mathrm{d}t)^2 \\ &\cong (\mu - r)\mathrm{d}t + \sigma\mathrm{d}W_t^{\mathbb{P}}\end{aligned}$$

由此可见，X_t 在 $\mathbb{P}$ 概率测度下并非鞅过程。

我们考察一下 X_t 在 $\mathbb{Q}$ 概率测度下的性质，我们将 $\mathrm{d}W_t^{\mathbb{P}} = \mathrm{d}W_t^{\mathbb{Q}} - \lambda\mathrm{d}t$ 代入上式，其中 $\lambda = \frac{\mu - r}{\sigma}$，则有：$\frac{\mathrm{d}X_t}{X_t} = (\mu - r)\mathrm{d}t + \sigma\left[\mathrm{d}W_t^{\mathbb{Q}} - \left(\frac{\mu - r}{\sigma}\right)\mathrm{d}t\right] = \sigma\mathrm{d}W_t^{\mathbb{Q}} \Leftrightarrow \mathrm{d}X_t = \sigma X_t\mathrm{d}W_t^{\mathbb{Q}}$。

这是一个非常重要的结论，即：$X_t = \frac{S_t}{B_t}$ 是一个在 $\mathbb{Q}$ 概率测度下的鞅过程，但是它在 $\mathbb{P}$ 概率测度下并非鞅过程。

也就是说 $\mathbb{E}^{\mathbb{Q}}\left[\left(\frac{S_t}{B_t}\right)\mid F_s\right]=\frac{S_s}{B_s},0\leqslant s<t\leqslant T$，又因为 $B_t=B_s\mathrm{e}^{r(t-s)}$，于是有：

$$S_s=B_s\times\mathbb{E}^{\mathbb{Q}}\left[\left(\frac{S_t}{B_t}\right)\mid F_s\right]=\mathrm{e}^{-r(t-s)}\times\mathbb{E}^{\mathbb{Q}}[S_t\mid F_s]$$

我们更常用的写法是：

$$S_t=B_t\times\mathbb{E}^{\mathbb{Q}}\left[\left(\frac{S_T}{B_T}\right)\mid F_t\right]=\mathrm{e}^{-r(T-t)}\times\mathbb{E}^{\mathbb{Q}}[S_T\mid F_t],0\leqslant t\leqslant T$$

由此，我们可以做一个推广，如果某个随机过程 V_t 能满足 $Y_t=\frac{V_t}{B_t}$，则在 $\mathbb{Q}$ 概率测度下是一个鞅过程，我们就可以用以下公式对资产 V_t 的价格进行描述：

$$V_t=B_t\times\mathbb{E}^{\mathbb{Q}}\left[\left(\frac{V_T}{B_T}\right)\mid F_t\right]=\mathrm{e}^{-r(T-t)}\times\mathbb{E}^{\mathbb{Q}}[V_T\mid F_t],0\leqslant t\leqslant T$$

其中，B_t 是无风险债券，F_t 是一适应过程。

我们不妨认为 V_t 是衍生品价格。上面这个公式就是鞅定价公式。有些专著也将其称为风险中性定价关系（risk－neutral valuation relationship，RNVR），我们不妨利用鞅定价思想讨论一下欧式看涨期权。

5. 风险中性测度在欧式期权定价中的应用

Girsanov Theorem 的本质是可以帮助我们让一个随机过程的漂移项消失，并能帮助我们把一个非鞅过程变为鞅过程，当然，并不是所有的非鞅过程都可以变为鞅过程。Girsanov Theorem 在量化金融中最大的应用就是该理论可以帮助我们找到一个概率测度①，这个新的概率测度可将本来不是鞅过程的股票价格变为一个鞅过程。当然最为神奇的是：任意衍生品的价格都可以描述为在这个新概率测度下的条件期望值。

我们可以从很多视角探讨风险中性测度思想对欧式期权定价的启示。

其实我们前面提到了：假设我们有一个鞅过程 M_t，现在通过一个函数 $g(\cdot)$ 变化，得到一个新的随机过程 $g(M_t)$。一般而言，得到的这个新的随机过程 $g(M_t)$ 将不再是一个鞅过程。尤其是当一个函数 $g(\cdot)$ 是一个凸函数或者是一个凹函数时。我们前面的讨论其实都是对标的物价格即股票 S_t 的讨论，我们假设股票价格满足几何布朗运动，然后发现股票价格 S_t 在 $\mathbb{P}$ 测度下不是一个鞅过程，但是我们利用 Girsanov Theorem 进行测度变换，让其在 $\mathbb{Q}$ 测度下，满足鞅过程。欧式看涨期权的支付函数（payoff function）为 $C_T=\max(S_T-K,0)$，根据前面提供的风险中性测度的定价公式，我们其实非常希望能考察一下 $\tilde{C}_T=\frac{C_T}{B_T}$ 关于 F_t 和概

① 这个概率测度就是 $\mathbb{Q}$，我们常用 $\mathbb{Q}$ 表示。

率测度 $\mathbb{Q}$ 是否是鞅过程。当然答案是肯定的。所以我们可以放心地使用风险中性的思想对欧式期权进行定价，当然，我们也可以做推广，因此，在当下利用风险中性思想对衍生品定价，已成为一种主流的金融资产定价的标准方法。

下面我们验证在关于 F_t 和概率测度 $\mathbb{Q}$ 下，$\tilde{C}_T = \dfrac{C_T}{B_T}$ 是一个鞅过程。

我们在前面的讨论中已经知道了 $C_t \triangleq C(S_t,t;K,T)$，我们假定有某一 τ 时刻，满足 $t \leqslant \tau \leqslant T$，我们证明的主要工作就要验证 $\mathbb{E}^Q[\mathrm{e}^{-r\tau}C(S_\tau,\tau;K,T)\,|\,F_t] = \mathrm{e}^{-rt}C(S_t,t;K,T)$。

如果将 BSM 欧式期权定价公式代入上式，可以得出 $\tilde{C}_T = \dfrac{C_T}{B_T}$ 在关于 F_t 和概率测度 $\mathbb{Q}$ 下是一个鞅过程的结论，那么就可以说 BSM 欧式期权定价公式满足风险中性的假定。下面我们写出在 τ 时刻的 BSM 欧式看涨期权的相关信息：

$$
\begin{cases}
C_\tau = S_\tau \Phi(d_{1,\tau}) - K\exp(-r(T-\tau))\Phi(d_{2,\tau}) \\
d_{1,\tau} = \dfrac{\log\left(\dfrac{S_\tau}{K}\right)+\left(r+\dfrac{\sigma^2}{2}\right)(T-\tau)}{\sigma\sqrt{T-\tau}} \\
d_{2,\tau} = \dfrac{\log\left(\dfrac{S_\tau}{K}\right)+\left(r-\dfrac{\sigma^2}{2}\right)(T-\tau)}{\sigma\sqrt{T-\tau}}
\end{cases}
$$

此外，还可以写出在概率测度 $\mathbb{Q}$ 下资产价格的相关信息，从前面章节的讨论我们有：

$$
\frac{\mathrm{d}S_t}{S_t} = r\mathrm{d}t + \sigma \mathrm{d}W_t^{\mathbb{Q}}
$$

$$
\log\left(\frac{S_T}{S_t}\right) \sim N\left(\left(r-\frac{1}{2}\sigma^2\right)(T-t), \sigma^2(T-t)\right)
$$

$$
f^{\mathbb{Q}}(S_T\,|\,S_t) = \frac{\exp\left\{-\dfrac{1}{2}\left(\dfrac{\log\left(\dfrac{S_T}{S_t}\right)-\left(r-\dfrac{1}{2}\sigma^2\right)(T-t)}{\sigma\sqrt{T-t}}\right)^2\right\}}{S_T\sigma\sqrt{2\pi(T-t)}}
$$

我们利用前文推导出的信息再整理一下 BSM 欧式看涨期权的定价公式，则有：

$$
\mathbb{E}^{\mathbb{Q}}[\mathrm{e}^{-r\tau}C_\tau\,|\,F_t] = \mathbb{E}^{\mathbb{Q}}[\mathrm{e}^{-r\tau}\{S_\tau\Phi(d_{1,\tau}) - K\exp(-r(T-\tau))\Phi(d_{2,\tau})\}\,|\,F_t]
$$

$$
\Rightarrow = \mathrm{e}^{-r\tau}\,\mathbb{E}^{\mathbb{Q}}[S_\tau\Phi(d_{1,\tau})\,|\,F_t] + K\mathrm{e}^{-rT}\,\mathbb{E}^{\mathbb{Q}}[\Phi(d_{2,\tau})\,|\,F_t]
$$

下面的工作是重点讨论化简 $\mathbb{E}^{\mathbb{Q}}[S_\tau\Phi(d_{1,\tau})\,|\,F_t]$ 和 $\mathbb{E}^{\mathbb{Q}}[\Phi(d_{2,\tau})\,|\,F_t]$。因为我们已经知道 $f^{\mathbb{Q}}(S_\tau\,|\,S_t)$ 的表达式，虽然该表达式既吓人又复杂。

$$
\mathbb{E}^{\mathbb{Q}}[S_\tau\Phi(d_{1,\tau})\,|\,F_t] = \int_0^\infty \{S_\tau\Phi(d_{1,\tau})f^{\mathbb{Q}}(S_\tau\,|\,S_t)\}\mathrm{d}S_\tau
$$

$$\Rightarrow = \int_0^{\infty}\left\{S_\tau\Phi\left(\frac{\log\left(\frac{S_\tau}{K}\right)+\left(r+\frac{\sigma^2}{2}\right)(T-\tau)}{\sigma\sqrt{T-\tau}}\right)\left[\frac{\exp\left\{-\frac{1}{2}\left(\frac{\log\left(\frac{S_T}{S_\tau}\right)-\left(r-\frac{1}{2}\sigma^2\right)(T-\tau)}{\sigma\sqrt{T-\tau}}\right)^2\right\}}{S_T\sigma\sqrt{2\pi(T-\tau)}}\right]\right\}dS_\tau$$

令 $x \triangleq \dfrac{\log\left(\frac{S_\tau}{K}\right)+\left(r+\frac{\sigma^2}{2}\right)(T-\tau)}{\sigma\sqrt{T-\tau}}-\sigma\sqrt{\tau-t}$，我们可利用 Mathematica 或者 Maple 这样的专门从事符号运算的软件进行化简，我们最后可以得到：

$$\mathbb{E}^{\mathbb{Q}}[S_\tau\Phi(d_{1,\tau})\mid F_t] = e^{r(\tau-t)}S_t\int_0^{\infty}\left\{\Phi\left(\frac{d_{1,t}+\rho x}{\sqrt{1-\rho^2}}\right)\frac{1}{\sqrt{2\pi}}\exp\left(-\frac{1}{2}x^2\right)dx\right\}$$

其中 $\rho \triangleq \sqrt{\dfrac{\tau-t}{T-t}}$。我们还可以进一步化简，最后得到：$\mathbb{E}^{\mathbb{Q}}[S_\tau\Phi(d_{1,\tau})\mid F_t] = e^{r(\tau-t)}S_t\Phi(d_{1,t})$。

下面讨论，$\mathbb{E}^{\mathbb{Q}}[\Phi(d_{2,\tau})\mid F_t]$

令 $y \triangleq \dfrac{\log\left(\frac{S_\tau}{S_t}\right)-\left(r-\frac{\sigma^2}{2}\right)(\tau-t)}{\sigma\sqrt{\tau-t}}$，则

$$\mathbb{E}^{\mathbb{Q}}[\Phi(d_{2,\tau})\mid F_t] = \int_0^{\infty}\{\Phi(d_{2,\tau})f^{\mathbb{Q}}(S_\tau\mid S_t)\}dS_\tau$$

$$\Rightarrow = \int_{-\infty}^{\infty}\Phi\left(\frac{\log\left(\frac{S_t}{K}\right)+\left(r-\frac{\sigma^2}{2}\right)(T-\tau)+y\sigma\sqrt{\tau-t}}{\sigma\sqrt{T-\tau}}\right)\left(\frac{1}{\sqrt{2\pi}}\right)\exp\left(-\frac{1}{2}y^2\right)dy$$

$$\Rightarrow = \int_{-\infty}^{\infty}\Phi\left(\frac{d_{2,t}+\rho y}{\sqrt{1-\rho^2}}\right)\left(\frac{1}{\sqrt{2\pi}}\right)\exp\left(-\frac{1}{2}y^2\right)dy = \Phi(d_{2,t})$$

综上所述，$\mathbb{E}^{\mathbb{Q}}[e^{-r\tau}C_\tau\mid F_t]$

$$\Rightarrow = e^{-r\tau}\,\mathbb{E}^{\mathbb{Q}}[S_\tau\Phi(d_{1,\tau})\mid F_t] + Ke^{-rT}E^{\mathbb{Q}}[\Phi(d_{2,\tau})\mid F_t]$$

$$\Rightarrow = e^{-r\tau}e^{r(\tau-t)}S_t\Phi(d_{1,t}) + Ke^{-rT}\Phi(d_{2,t})$$

$$\Rightarrow = e^{-rt}S_t\Phi(d_{1,t}) + Ke^{-rT}\Phi(d_{2,t})$$

$$\Rightarrow = e^{-rt}C(S_t,t;K,T)$$

证明完毕。

6. 关于交易策略的再思考

我们前面说过，我们的立论是基于自融资交易策略。我们仍然假定 $dB_t = r_tB_tdt$ 和 $\dfrac{dS_t}{S_t} = \mu_tdt + \sigma_tdW_t^{\mathbb{P}}$，当然为了让我们的讨论更“稳健”（robust）一点，适应的面更广一点，我们不妨假定 r_t，μ_t 和 σ_t 是时变的确定过程。自融资交易投

资组合被定义为 $V_t = \alpha_t S_t + \beta_t B_t$，而 (α_t, β_t) 被称为"投资策略"。

我们首先重点考察 $\tilde{V}_t \triangleq \exp\left(-\int_0^t r_s \mathrm{d}s\right) V_t$ 是否是一个在 $\mathbb{Q}$ 测度下的鞅过程。当然答案是肯定的，即 $\tilde{V}_t$ 是一个在 $\mathbb{Q}$ 测度下的鞅过程。

因为 $V_t = \alpha_t S_t + \beta_t B_t$，于是有：

$$\mathrm{d}V_t = \alpha_t \mathrm{d}S_t + \beta_t \mathrm{d}B_t \Rightarrow$$

$$\mathrm{d}V_t = \alpha_t [\mu_t S_t \mathrm{d}t + \sigma_t S_t \mathrm{d}W_t^{\mathbb{P}}] + \beta_t [r_t B_t \mathrm{d}t] \Rightarrow$$

$\mathrm{d}V_t = r_t V_t \mathrm{d}t + \alpha_t \sigma_t S_t (\lambda_t \mathrm{d}t + \mathrm{d}W_t^{\mathbb{P}})$，其中 $\lambda_t = \dfrac{\mu_t - r_t}{\sigma_t}$。

我们利用伊藤公式，计算 $\mathrm{d}\tilde{V}_t$ 的表达式，则有：

$$\begin{aligned}
\mathrm{d}\tilde{V}_t &= \frac{\partial \tilde{V}_t}{\partial t}\mathrm{d}t + \frac{\partial \tilde{V}_t}{\partial V_t}\mathrm{d}S_t + \frac{1}{2}\frac{\partial^2 \tilde{V}_t}{\partial t^2}\mathrm{d}t^2 + \frac{1}{2}\frac{\partial^2 \tilde{V}_t}{\partial {V_t}^2}\mathrm{d}{V_t}^2 \\
&= -r_t \tilde{V}_t \mathrm{d}t + \mathrm{e}^{-\int_0^t r_s \mathrm{d}s}\mathrm{d}V_t \\
&= -r_t\left[\exp\left(-\int_0^t r_s \mathrm{d}s\right)V_t\right]\mathrm{d}t + \mathrm{e}^{-\int_0^t r_s \mathrm{d}s}[r_t V_t \mathrm{d}t + \alpha_t \sigma_t S_t(\lambda_t \mathrm{d}t + \mathrm{d}W_t^{\mathbb{P}})] \\
&= \mathrm{e}^{-\int_0^t r_s \mathrm{d}s}\alpha_t \sigma_t S_t \mathrm{d}W_t^{\mathbb{Q}}
\end{aligned}$$

特别需要注意，因为根据前面的讨论我们知道，$\begin{cases} \mathrm{d}W_t^{\mathbb{P}} = \mathrm{d}W_t^{\mathbb{Q}} - \lambda_t \mathrm{d}t \\ W_t^{\mathbb{P}} = W_t^{\mathbb{Q}} - \int_0^t \lambda_s \mathrm{d}s \end{cases}$。

根据 Girsanov Theorem，我们还可以知道，在此情形下，存在一个关于 F_s 域流过程的等价鞅测度，其中 $s \in [0, t]$，则其对应的 Radon – Nikodym 导数应有以下形式：

$$L_s = \frac{\mathrm{d}\mathbb{Q}}{\mathrm{d}\,\mathbb{P}} = \exp\left(-\frac{1}{2}\int_0^s \lambda_u^2 \mathrm{d}u - \int_0^s \lambda_u \mathrm{d}W_u^F\right)$$

我们从 $\mathrm{d}\tilde{V}_t = \mathrm{e}^{-\int_0^t r_s \mathrm{d}s}\alpha_t \sigma_t S_t \mathrm{d}W_t^{\mathbb{Q}}$ 中发现，在 $\mathbb{Q}$ 测度下 $\mathrm{d}\tilde{V}_t$ 不含 $\mathrm{d}t$ 项，即不含漂移项，因此可知 $\tilde{V}_t \triangleq \exp\left(-\int_0^t r_s \mathrm{d}s\right)V_t$ 是一个在 $\mathbb{Q}$ 测度下的鞅过程。当然需要注意的是，如果 r_t 为一常数，则 $\tilde{V}_t \triangleq \exp\left(-\int_0^t r_s \mathrm{d}s\right)V_t = \mathrm{e}^{-rt}V_t$。

7. 鞅表示定理的简单介绍

鞅表示定理（martingale representation theorem）是金融数学中一个非常重要的定理。该定理陈述了以下事实：

如果一个随机过程 M_t 在 $t \in [0, T]$ 上是一个关于鞅的随机过程，则存在一个

适应过程 φ_t 在 $t \in [0,T]$ 上有：$M_t = M_0 + \int_0^t \varphi_s \mathrm{d}W_s$，其中，$W_t$ 是一个关于 F_t 的布朗运动。该定理的潜台词是，任意一个鞅过程都可以表示为伊藤积分的形式。但是该理论也有一个严重的不足，限制了其在实际中的应用，即该定理并没有告诉我们如何找到 φ_t 的具体表达式，也就是说，鞅表示定理仅是告诉我们 φ_t 的存在性。这也就是为何一般的金融数学教科书或者专著，会将鞅表示定理和 Girsanov Theorem 一起讨论，有些教科书或者专著先陈述鞅表示定理，然后陈述 Girsanov Theorem。有些专著或教科书则先介绍 Girsanov Theorem，后介绍鞅表示定理。

通过 Girsanov Theorem 和 Radon – Nikodym 导数定理会让我们较容易找到 φ_t 的具体表达式。

我们继续讨论上一小节的内容。

我们从 $\mathrm{d}\tilde{V}_t = \mathrm{e}^{-\int_0^t r_s \mathrm{d}s} \alpha_t \sigma_t S_t \mathrm{d}W_t^{\mathbb{Q}}$ 中发现，$\tilde{V}_t \triangleq \exp\left(-\int_0^t r_s \mathrm{d}s\right) V_t$ 是一个在 $\mathbb{Q}$ 测度下的鞅过程。于是我们利用刚刚介绍的鞅表示定理可知，必存在一个适应过程 φ_t 使得 $\tilde{V}_t \triangleq \tilde{V}_0 + \int_0^s \varphi_s \mathrm{d}W_s^{\mathbb{Q}}$，当 $t \in [0,T]$，而 φ_t 应等于 $\varphi_t = \mathrm{e}^{-\int_0^t r_s \mathrm{d}s} \alpha_t \sigma_t S_t$。

于是我们可以得到 $\alpha_t = \dfrac{\mathrm{e}^{\int_0^t r_s \mathrm{d}s} \varphi_t}{\sigma_t S_t}$，而又因为 $V_t = \alpha_t S_t + \beta_t B_t$，我们可以得到 $\beta_t = \dfrac{V_t - \alpha_t S_t}{B_t} = \dfrac{\sigma_t V_t - \varphi_t \mathrm{e}^{\int_0^t r_s \mathrm{d}s}}{\sigma_t B_t}$。此外，我们还可以注意一下，因为 $B_t = B_0 \mathrm{e}^{\int_0^t r_s \mathrm{d}s}$，且一般假设 $B_0 = 1$，则上面关于 α_t 和 β_t 的结果，我们可以进一步化简为：

$$
\begin{cases}
\alpha_t = \dfrac{B_t \varphi_t}{\sigma_t S_t} \\
\beta_t = \dfrac{\sigma_t V_t - \varphi_t B_t}{\sigma_t B_t}
\end{cases}
$$

由此可见，α_t 和 β_t 是由 B_t、S_t、σ_t、V_t 和 φ_t 所决定的。细心的读者会发现，其实我们可以对 φ_t 取不同的形式，这样会得到不同的 α_t 和 β_t 的结果。读者可以先考虑将 $r_t = r$、$\sigma_t = \sigma$、$\alpha_t = \alpha$ 设为常数的情形。然后再讨论 $\alpha_t = S_t^n$ 或者 $\alpha_t = \int_0^t S_s^n \mathrm{d}s$ 的情形，其中 $n > 0$。

五、BSM 期权定价公式与希腊字母

经典的 BSM（Black - Sholes - Merton）期权定价公式假设波动率 σ 为常数，为了将经典 BSM 与 GARCH 相结合，故波动率在本书中写成时变形式 σ_t，但在本例中，我们仍假设波动率为常数。

看涨期权的 BSM 公式为：

$$C_t = S_t\Phi(d_1) - K\exp(-r(T-t))\Phi(d_2)$$

其中，S_t 表示标的物在 t 时刻的价格，而 $\Phi(\cdot)$ 表示累积分布函数，K 为行权价，而 r 表示无风险利率，T 表示期权的合约期限，关于 d_1 和 d_2 具体定义见下：

$$d_1 = \frac{\log\left(\frac{S_t}{K}\right) + \left(r + \frac{\sigma^2}{2}\right)(T-t)}{\sigma\sqrt{T-t}}, d_2 = \frac{\log\left(\frac{S_t}{K}\right) + \left(r - \frac{\sigma^2}{2}\right)(T-t)}{\sigma\sqrt{T-t}} = d_1 - \sigma\sqrt{T-t}$$

细心的读者可以发现，d_1 和 d_2 是关于 T 和 t 的函数。

代码 6 - 6 展示了 BSM 欧式看涨期权在 Matlab 中的实现。

```
d1 = (log(S./K) + (r + (vol^2)/2) * (T - t))./(vol * sqrt(T - t));
results.Call = S. * normcdf(d1,0,1) - K. * exp( - r * (T - t)). * normcdf(d2,0,1);
```

代码 6 - 6　欧式看涨期权在 Matlab 中的实现

我们也展示一下 Python 代码的实现，具体见代码 6 - 7。

```
# - * - coding:utf - 8 - * -
from scipy import stats
from math import log,sqrt,exp
class call_option:
    def __init__(self,S0,K,T,t,r,sigma):
        self.S0  = float(S0)
        self.K   = K
        self.T   = T
        self.t   = t
        self.r   = r
        self.sigma = sigma
        self.d1 = (log(S0/K) + (r + 0.5 * sigma * * 2) * (T - t))/(sigma * sqrt((T - t)))
        self.d2 = (log(S0/K) + (r - 0.5 * sigma * * 2) * (T - t))/(sigma * sqrt((T - t)))

    def __del__(self):
        class_name = self.__class__.__name__
```

```
        print(class_name,':delete our call_option obj')

    def val(self):
        val = (self. S0 * stats. norm. cdf(self. d1,0. 0,…
    1. 0) - self. K * exp( - self. r * (self. T - self. t)) * stats. norm. cdf(self. d2,0. 0,1. 0))
        return val
```

代码 6-7　Python 实现欧式看涨期权定价公式

根据看跌—看涨平价定理（Put - call parity），一旦知道看涨期权的价格，我们可以迅速写出看跌期权的定价公式，于是有：

$$P_t = K e^{-r(T-t)} - S_t + C_t$$

我们给出 Matlab 代码的实现（见代码 6-8）。

```
Results. Put = K. * exp( - r * (T - t)) - S + results. Call;
```

代码 6-8　Matlba 代码实现看跌期权的定价公式

我们再给出 Python 代码的实现（见代码 6-9）。

```
Def val(self):
        val = self. K * exp( - self. r * (self. T - self. t)) - S + (self. S0 * stats. norm. cdf(self. d1,0. 0,1. 0)
 - self. K * exp( - self. r * (self. T - self. t)) * stats. norm. cdf(self. d2,0. 0,1. 0));
        return val
```

代码 6-9　Python 实现欧式看跌期权的定价公式

下面讨论希腊字母（greeks），这是金融数学中的专用名词，我们知道根据 BSM 期权定价公式，期权的价格受到五个因素的影响，它们分别是标的物价格、行权价、无风险利率、到期时间和波动率。如果标的物为股票，则股票期权还受到分红率的影响。此外，在五个因素中，标的物的价格是最重要的影响因素之一。希腊字母的本来含义就是期权价格关于这些因素的偏导数。

$$\Delta C = \frac{\partial C}{\partial S}\Delta S + \frac{\partial C}{\partial \sigma}\Delta\sigma + \frac{\partial C}{\partial t}\Delta t + \frac{1}{2}\frac{\partial^2 C}{\partial S^2}(\Delta S)^2 + \cdots$$

$$= \text{Delta} \times \Delta S + \text{Vega} \times \Delta\sigma + \text{Theta} \times \Delta t + \frac{1}{2}\text{Gamma} \times (\Delta S)^2 + \cdots$$

我们首先来看一下 Delta 的公式，下面给出看涨和看跌期权的 delta 计算公式：

$$\Delta_c = \frac{\partial C_t}{\partial S_t} = \Phi(d_1) > 0$$

$$\Delta_p = \frac{\partial P_t}{\partial S_t} = \Phi(d_1) - 1 < 0$$

代码 6－10 是 Matlab 的代码实现。

```
results. DeltaCall = normcdf( d1 ,0 ,1 ) ;
results. DeltaPut = normcdf( d1 ,0 ,1 ) - 1 ;
```

代码 6－10　Matlab 代码实现 Delta 的值

下面我们来看看 Gamma 的公式，特别值得一提的是，Gamma 本质上是期权价格关于标的物价格的二阶偏导数，不管是看涨期权还是看跌期权，它们的 Gamma 公式是一样的。

$$\gamma = \frac{\partial^2 C_t}{\partial S_t^2} = \frac{\partial^2 P_t}{\partial S_t^2} = \left(\frac{\varphi(d_1)}{\sigma S_t \sqrt{T-t}}\right)$$

代码 6－11 是 Matlab 的代码实现：

```
results. Gamma =  normpdf( d1 ,0 ,1 ). / ( S * vol * sqrt( T - t ) ) ;
```

代码 6－11　Matlab 代码实现 Gamma 的值

Theta 是衡量时间变化对期权价格影响的指标，即是对期权价格求时间的偏导数，具体式子如下，在运算中需要借助辅助变量 d_2，而 d_2 的表达式我们已给出：

$$\theta_c = \frac{\partial C_t}{\partial t} = -rK\exp(-r(T-t))\Phi(d_2) - \frac{1}{2}\sigma^2 S_t^2 \gamma$$

$$\theta_p = \frac{\partial P_t}{\partial t} = -rK\exp(-r(T-t))\Phi(-d_2) - \frac{1}{2}\sigma^2 S_t^2 \gamma$$

代码 6－12 是 Matlab 的代码实现。

```
results. Gamma =  normpdf( d1 ,0 ,1 ). / ( S * vol * sqrt( T - t ) ) ;
results. ThetaCall = - r * K * ( exp( - r * ( T - t ) ) ) * normcdf( d2 ) - 0. 5 * Gamma * ( S * vol)^2
results. ThetaPut = - r * K * ( exp( - r * ( T - t ) ) ) * normcdf( - d2 ) - 0. 5 * Gamma * ( S * vol)^2
```

代码 6－12　Matlab 代码实现 Theta 的值

Kappa 是期权价格相对于行权价的偏导数，具体公式如下：

$$\kappa_c = \frac{\partial C_t}{\partial K} = [\Phi(-d_2) - 1]\exp(-r(T-t))$$

$$\kappa_p = \frac{\partial P_t}{\partial K} = \Phi(-d_2)\exp(-r(T-t))$$

具体的 Matlab 代码实现可见代码 6－13。

```
results. KappaCall = (normcdf( - d2) - 1). * exp( - r * (T - t));
results. KappaPut = (normcdf( - d2)). * exp( - r * (T - t));
```

代码 6－13　Matlab 代码实现 Kappa 的值

最后两个常用的希腊字母分别是 Rho 和 Vega，它们分别是期权价格相对于无风险利率和波动率的偏导数。特别值得一提的是，Vega 这个单词并非希腊字母，该单词是金融数学的从业人员创造出来的，主要是为了便于从业人员记忆。细心的读者会发现，除了 Delta 和 Gamma 比较特殊外，其余的涉及期权的“希腊字母”其实都与影响期权价格变动的这些因素自身的变量符号有关，我们举例说明。Theta 表示时间变动对期权价格的影响，“时间”一般用字母“t”表示，而“Theta”的第一个字母也为“t”。这样的命名策略应用到“Kappa”和“Rho”之上，为了秉承这样的命名思路，于是金融数学的从业人员创造了“Vega”一词，因为 Vega 表示的是波动率（volatility）的变化引起衍生品价格的变动。但是需要特别注意的是，在希腊字母表中，并没有“Vega”这样的希腊字母符号。

$$\rho_c = \frac{\partial C_t}{\partial r} = K(T-t)\Phi(d_2)\exp(-r(T-t))$$

$$\rho_p = \frac{\partial P_t}{\partial r} = -K(T-t)\Phi(-d_2)\exp(-r(T-t))$$

$$\text{Vega}_c = \text{Vega}_p = \frac{\partial C_t}{\partial \sigma} = Ke^{-(T-t)}\phi(d_1)\sqrt{T-t} = S_t\phi(d_1)\sqrt{T-t}$$

代码 6－14 是 Rho 和 Vega 的 Matlab 代码实现。

```
Results. RhoCall = K * (T - t) * normcdf(d2). * exp( - r * (T - t));
results. RhoPut = - K * (T - t) * normcdf( - d2). * exp( - r * (T - t));
results. Vega = S * normpdf(d1,0,1) * sqrt(T - t);
```

代码 6－14　Matlab 代码实现 Rho 和 Vega 的值

完成的 Matlab 代码及其运行的结果包括两个：一个是运行所有 BSM 公式信息的函数，另一个是主程序。

代码 6－15 是利用 Matlab 编写的 BSM 期权定价函数代码。

```
function results = BSM_optionPrice(K,S,r,vol,T,t)
d1 = (log(S./K) + (r + (vol^2)/2) * (T - t))./(vol * sqrt(T - t));
d2 = d1 - vol * sqrt(T - t);
results.Call = S. * normcdf(d1,0,1) - K. * exp( - r * (T - t)). * normcdf(d2,0,1);
results.Put = K. * exp( - r * (T - t)) - S + results.Call;
results.DeltaCall = normcdf(d1,0,1);
results.DeltaPut = normcdf(d1,0,1) - 1;
results.Gamma  = normpdf(d1,0,1)./(S * vol * sqrt(T - t));
results.ThetaCall = - r * K * (exp( - r * (T - t))) * normcdf(d2) - 0.5 * tmp * (S * vol)^2
results.ThetaPut = - r * K * (exp( - r * (T - t))) * normcdf( - d2) - 0.5 * tmp * (S * vol)^2
results.KappaCall = (normcdf( - d2) - 1). * exp( - r * (T - t));
results.KappaPut = (normcdf( - d2)). * exp( - r * (T - t));
results.RhoCall = K * (T - t) * normcdf(d2). * exp( - r * (T - t));
results.RhoPut = - K * (T - t) * normcdf( - d2). * exp( - r * (T - t));
results.Vega = S * normpdf(d1,0,1) * sqrt(T - t);
```

代码 6－15　利用 Matlab 编写的完整的 BSM 期权定价函数代码

代码 6－16 是测试文件，即主文件。

```
% main_test_BSM.m
clear
close
K = 60;
S0 = 50;
r = 0.03;
vol = 0.25,
T = 1;
t = 0

results = BSM_optionPrice(K,S0,r,vol,T,t)
```

代码 6－16　测试文档

六、蒙特卡洛技术在 BSM 期权定价中的应用案例

（一）基本思路和原理

蒙特卡洛技术计算欧式期权定价公式的思路其实非常简单，要点有三个：

首先，我们要模拟标的物，也就是股票价格的走势，我们将股票价格的走势假定为其满足对数正态分布，也就是股票价格满足以下式子：

$$\log S_t = \log S_{t-\Delta t} + \left(r - \frac{1}{2}\sigma^2\right)\Delta t + \sigma\sqrt{\Delta t}z_t\ ,\ z_t \sim \text{i. i. d}\ N(0,1)$$

其次，我们要建立一个期权定价的收益准则，即在何种情况下该期权应该获利。庆幸的是，我们研究的仅是欧式期权，我们知道欧式期权的收益准则非常简单，无非就是：

$$C_0 = \mathrm{e}^{-rT}\max(S_T - K,0)$$

最后，我们利用蒙特卡洛的模拟技术，模拟无数次未来标的物价格的走势（路径），然后根据欧式期权的收益准则，计算每一个模拟路径的可能的期权收益，然后求其均值，即：

$$C_0 = \mathrm{e}^{-rT}\left(\frac{1}{N}\right)\sum_{i=1}^{N}\{\max(S^i{}_T - K,0)\}$$

此外，需要注意，蒙特卡洛模拟具有并发（或者叫并行）的天性。模拟的数量巨大，但是每次模拟彼此之间都是相互独立的，也就是发生时并行的。在计算机领域，有时候我们认为并发（concurrent）或者并行（parallel）是一个意思。所以凡是遇到蒙特卡洛的模型，其天生就具有并行加速的可能性。

如果读者打开国内主要的金融数据平台（比如：Wind、同花顺和大智慧）的期权定价计算器，一般而言，它们都自带三种计算期权的模型公式：

（1）Black – Scholes – Merton（BSM）期权定价公式。

（2）二叉树模型期权定价公式。

（3）蒙特卡洛法期权定价公式。

所以熟练掌握这三种定价方法的原理是非常必要的，其实知道如何写代码更重要，我们搞量化的从业人员不喜欢“黑箱”，纵使我们不自己“造轮子”，我们也要知道其中的原理。我们喜欢看代码，只有看源代码才知道其中的运行机理，我们只有知道模型运行原理，才能知道模型风险之所在。

至于二叉树模型，我们在前面章节已结合 CFA 和 FRM 进行了讨论。我们还会在后面的章节讲授该模型的理论知识。

在上一节中，我们提供了期权定价公式 BSM 的 Matlab 代码，只要给出无风险利率、股票价格的初始值、行权价、波动率，我们就可以利用期权公式迅速计算出期权的价格，虽然该定价公式异常复杂，甚至还涉及累积分布函数的概念，但无论如何，该值还是可以计算出来的，公式也具有显示解。读者可以发现，推导该期权定价公式需要一些随机过程积分的理论知识。但是如果不用随机过程积分的理论知识，能否直接并迅速地计算出期权值呢？

答案是“近似可以”，我们需要借助蒙特卡洛方法。本小节介绍的蒙特卡洛法在期权定价公式中应用的案例不涉及 GARCH 模型，也不考虑波动率变化的情形，也就是说，我们始终认为波动率是一个常数。但是需要说明的是，在现实中，资产价格的波动率不是一个常数，而将资产价格的波动率视为一个常数，会为我们对期权价格的定价带来模型风险，我们会在本章第七节第二小节介绍一种简单的修正方法。

下面开始我们的讨论，因为已知

$$S_t = S_0 \exp\left\{\left(r - \frac{1}{2}\sigma^2\right)t + \sigma W_t\right\}$$

且 $W_t = \sqrt{t}z_t$，其中，z_t 满足独立同分布的 N（0，1），其看涨期权为

$$C_0 = \mathbb{E}_0[\mathrm{e}^{-rT}(S_T - K)^+]$$

如果 r 和 σ^2 给定，那么资产价格 S_t 的随机性其实是由 $W_t = \sqrt{t}z_t$ 所导致。所以在已知 r 和 σ^2 时，我们可以让电脑不断随机生成 z_t 后计算出 S_t，然后取平均值得到看涨期权的具体值。

具体模拟步骤如下：

第一步：让电脑随机生成 N（0，1）的随机数 z_i，下标“i”表示试验次数，我们进行第一次实验，所以 $i=1$。

第二步：利用公式

$$S^i{}_t = S_0 \exp\left\{\left(r - \frac{1}{2}\sigma^2\right)t + \sigma\sqrt{t}\, z_i\right\} \triangleq S_0 F(z_i)$$

第三步：计算在此股票价格下的期权价格

$$C_i = (\mathrm{e}^{-rT}(S_t^i - K)^+)$$

第四步：重复第一步到第三步的步骤，比如，重复 Nsim 次，Nsim① 表示模拟的总次数。

第五步：$C_{\text{sim}} = \dfrac{1}{\text{Nsim}}\sum_{i=1}^{\text{Nsim}}(C_{0,i})$

最后我们计算模拟值的标准误差（S. E）是多少：

$$\text{S. E.} = \sqrt{\left(\frac{1}{N_{\text{sim}}(N_{\text{sim}}-1)}\right)\left[\sum_{i=1}^{\text{Nsim}}(C_{0,i})^2 - \text{Nsim}(C_{\text{sim}})^2\right]}$$

假如我们选取 $S_0=50$，$r=0.03$，$\sigma=0.25$，$T=1$，我们不断改变 K 的取值和模拟的次数，获得如表 6－9 所示的结果。

表 6－9　蒙特卡洛模拟结果和理论值的对比结果

	Nsim＝2 500			Nsim＝5 000			Nsim＝10 000		
K	40	50	60	40	50	60	40	50	60
C 理论值	12.073 6	5.674 2	2.231 6	12.073 6	5.674 2	2.231 6	12.073 6	5.674 2	2.231 6
C 模拟值	11.792 5	5.565 1	2.178 9	12.051 2	5.569 2	2.352 0	12.049 2	5.710 5	2.200 6
S. E.	0.317 3	0.205 9	0.122 2	0.232 1	0.144 6	0.091 0	0.163 0	0.103 4	0.061 4

① Nsim 是“the Number of simulation”的缩写。

可以看出，模拟值比较接近理论值，虽然不是完全一致，但至少没有数量级的差别。此外，随着模拟次数的增加，模拟值越来越接近理论值。下面我们给出基于 Matlab 实现的蒙特卡洛模拟法视角下的欧式期权的定价的代码（见代码 6－20）。

```
Clear
close all
tic
ST = 50; % Terminal Stock price
K = 45;
T = 1;
N_time = 10e2;
dt = T/N_time;
N_sim = 10e4;
r = 0.05;
vol = 0.25;
S(1) = ST * exp( - r * T);
S_T = zeros(N_sim,1);
for j = 1:N_sim
    for i = 1:N_time
        z = randn(1,1);
        S(i+1) = S(i) * exp((r - 0.5 * (vol^2)) * dt + ...
        vol * sqrt(dt) * z);
    end
    S_T(j) = S(end);
    C_T(j) = BSM_opt_payoff('c',S(end),K);
    P_T(j) = BSM_opt_payoff('p',S(end),K);
end
C_MC = exp( - r * T) * mean(C_T);
P_MC = exp( - r * T) * mean(P_T);
[C_bsm,P_bsm] = blsprice(ST * exp( - r * T),K,r,T,vol,0);
```

代码 6－20　利用 Matlab 实现蒙特卡洛模拟法下的欧式期权定价

我们简单介绍一下我们的代码。第 1 行至第 4 行表示先调用需要的库，注意我们用的库非常简单，连 numpy 都没有使用。其后的第 5～第 13 行是初始化信息。

第 14 行到第 23 行开始模拟标的物价格（也就是股价）的走势，代码所对应的公式如下：

$$\log S_t = \log S_{t-\Delta t} + (r - 0.5\sigma^2)\Delta t + \sigma\sqrt{\Delta t}z_t$$

然后逐步逐条路径地判断收益规则，其实也就是利用代码实现以下公式：

$$C_0 = e^{-rT}\mathbb{E}[\max(S_T - K,0)]$$

$$C_0 = e^{-rT}\left(\frac{1}{N}\right)\sum_{i=1}^{N}\{\max(S^i{}_T - K,0)\}$$

代码6－21给出了利用Python语言如何实现蒙特卡洛模拟法下的欧式期权定价。

```
Import math as mh
import numpy as np
from time import time
import matplotlib. pyplot as plt

np. random. seed(20000)
t0 = time( ) ;
ST = 50;K = 45;T = 1. 0;
r = 0. 05;sigma = 0. 25;
S0 = ST * np. exp( - r * T) ;
M = 1000;
dt = T/M;I = 100000

S = S0 * np. exp( np. cumsum( ( r - 0. 5 * sigma * * 2) * dt + sigma
                  * mh. sqrt( dt) * np. random. standard_normal( ( M + 1 , I) ) , axis = 0) )
S[0] = S0

C0 = mh. exp( - r * T) * sum( np. maximum( S[ - 1] - K,0) ) /I
```

代码6－21　利用Python实现蒙特卡洛模拟法下的欧式期权定价

（二）基于蒙特卡洛法下的常见期权的定价

我们在前面章节介绍了二值期权、牛市价差期权、熊市价差期权、跨式价差期权、异价跨式期权、风险逆转期权、蝶式价差期权和秃鹰期权。细心的读者会发现，这些期权和欧式期权最大的区别在于它们的支付函数和简单的欧式期权不同。蒙特卡洛模拟技术的优越性在于其关注的是模拟标的物价格的走势，只要标的物不变，在已知支付函数的情况下，我们就可以马上求出该支付函数所对应的那个期权的期权价格。这是蒙特卡洛法最迷人的地方。在第四章第三节中，我们已经给出了各种常见期权的支付函数的Matlab代码，我们只要模拟出资产价格的走势，再调用相关期权的支付函数，即可马上计算出这些期权的期权价格。具体实现代码见代码6－22，结果如图6－6所示。

```
Clear
close all

ST = 50; % Terminal Stock price
K1 = 35;
K2 = 45;
T = 1;
N_time = 10e2;
dt = T/N_time;
N_sim = 10e4;
r = 0.05;
vol = 0.25;
S(1) = ST * exp( - r * T);
S_T = zeros(N_sim,1);
iter = 20;
for mm = 1:iter
    for j = 1:N_sim
        for i = 1:N_time
            z = randn(1,1);
            S(i+1) = S(i) * exp((r - 0.5 * (vol^2)) * dt + ...
            vol * sqrt(dt) * z);
        end
        S_T(j) = S(end);
        C_T(j) = bullspread_payoff(S(end),K1,K2);
    end
C_MC(mm) = exp( - r * T) * mean(C_T);
end

% BSM pricing formula for bullspread call option
C1_bsm = blsprice(ST * exp( - r * T),K1,r,T,vol,0);
C2_bsm = blsprice(ST * exp( - r * T),K2,r,T,vol,0);
C_bullspread_bsm = C1_bsm - C2_bsm;
err = sum((C_MC(mm) - C_bullspread_bsm).^2)/iter;

% plot results
hold on;plot(C_bullspread_bsm,'^-');
grid on
plot(C_MC,'.','markersize',25);
legend('theoretical result','simulation results');
```

代码 6-22　利用 Matlab 语言计算牛市价差期权并与其理论值进行比较

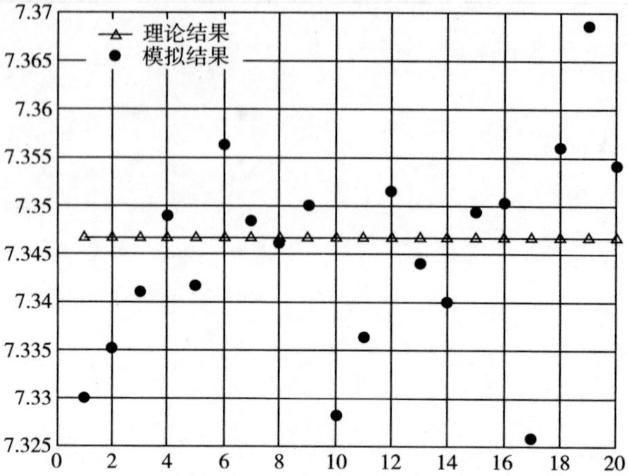

图 6-6　蒙特卡洛模拟的结果和理论结果进行可视化比较

我们发现，在做模拟的过程中，我们可以专门创建一个模拟股票价格走势的程序，这样可以让程序更具有识别度（见代码 6-23、代码 6-24）。

```
Clear
close all

ST = 50;% Terminal Stock price
K1 = 35;
K2 = 45;
T = 1;
N_time = 10e1;
dt = T/N_time;
N_sim = 20e2;
r = 0.05;
vol = 0.25;
S0 = ST * exp( - r * T);

iter = 500;
for mm = 1:iter
        Ssim_T = simul_GBM(S0,r,vol,N_sim,N_time,T);
        % it is possible to vary different payoff functions
        C_T = bullspread_payoff(Ssim_T,K1,K2);
        C_MC(mm) = exp( - r * T) * mean(C_T);
end
```

```
% BSM pricing formula for bullspread call option
C1_bsm = blsprice(ST * exp( - r * T),K1,r,T,vol,0);
C2_bsm = blsprice(ST * exp( - r * T),K2,r,T,vol,0);
C_bullspread_bsm = C1_bsm - C2_bsm;
err = sum((C_MC(mm) - C_bullspread_bsm).^2)/iter;

% plot results
C_theoVal = C_bullspread_bsm * ones(iter,1);
hold on;plot(C_theoVal,'^-');
grid on
plot(C_MC,'.','markersize',25);
legend('theoretical result','simulation results');
```

代码 6-23　利用 Matlab 基于蒙特卡洛法实现牛市价差期权定价

```
function ST = simul_GBM(S0,r,vol,N_sim,N_time,T)
% simulate geometric Browonian Motion
dt = T/N_time;
S(1) = S0;
    for j = 1:N_sim
        for i = 1:N_time
            z = randn(1,1);
            S(i+1) = S(i) * exp((r-0.5 * (vol^2)) * dt + ...
            vol * sqrt(dt) * z);
        end
        ST(j) = S(end);
    end

end
```

代码 6-24　实现模拟股票价格走势的 Matlab 代码

最后我们测试了前面提到的九种期权，并比较了其 BSM 视角下的理论值和蒙特卡洛模拟值。我们对每个期权模拟了 20 000 次路径，并求其均值得到一个期权价格，然后重复实验 100 次，并对 100 次结果取平均，我们汇报了这个最终结果并对其基于 BSM 视角下的理论值与最终结果进行了对比，相关代码见代码 6-25，具体结果见表 6-10。由此可见，蒙特卡洛法的模拟效果非常好。

```
Clear
close all

ST = 50; % Terminal Stock price
K = 40;
K1 = 35;
K2 = 45;
E = 4;
T = 1;
N_time = 10e1;
dt = T/N_time;
N_sim = 20e3;
r = 0.05;
vol = 0.25;
S0 = ST * exp( - r * T);

iter = 100; % Repeated experiment times
for mm = 1:iter
        Ssim_T  =  simul_GBM(S0,r,vol,N_sim,N_time,T);
        % it is possible to vary different payoff functions
        CT_euc    = BSM_opt_payoff('c',Ssim_T,K); % euro call
        CT_eup    = BSM_opt_payoff('p',Ssim_T,K); % euro put
        CT_bus    = bullspread_payoff(Ssim_T,K1,K2); % bullspread
        CT_bes    = bearspread_payoff(Ssim_T,K1,K2); % bearspread
        CT_srd    =  straddle_payoff(Ssim_T,K); % straddle
        CT_stg    =  strangle_payoff(Ssim_T,K1,K2); % strangle
        CT_rvs    =  riskreversal_payoff(Ssim_T,K1,K2); % riskreversal
        CT_bfy    = butterfly_payoff(Ssim_T,K,E); % butterfly
        CT_cnd    =  condor_payoff(Ssim_T,K1,K2,E); % condor

        C_eucMC(mm) = exp( - r * T) * mean(CT_euc); % euro call
        C_eupMC(mm) = exp( - r * T) * mean(CT_eup); % euro put
        C_busMC(mm) = exp( - r * T) * mean(CT_bus); % bull spread
        C_besMC(mm) = exp( - r * T) * mean(CT_bes); % bear spread
        C_srdMC(mm) = exp( - r * T) * mean(CT_srd); % straddle
        C_stgMC(mm) = exp( - r * T) * mean(CT_stg); % strangle
        C_rvsMC(mm) = exp( - r * T) * mean(CT_rvs); % risk reversal
        C_bfyMC(mm) = exp( - r * T) * mean(CT_bfy); % butterfly
        C_cndMC(mm) = exp( - r * T) * mean(CT_cnd); % condor
end
```

```
q=0; % no dividen
% BSM pricing formula for all options mentioned
% in our chapter.
% euro call and put
[C_eucBS,C_eupBS] = blsprice(ST*exp(-r*T),K,r,T,vol,q);

% bull spread and bear spread
C_busBS = bullspread_bsm(ST,r,T,vol,q,K1,K2);
C_besBS = bearspread_bsm(ST,r,T,vol,q,K1,K2);

% straddle and strangle
C_srdBS = straddle_bsm(ST,r,T,vol,q,K);
C_stgBS = strangle_bsm(ST,r,T,vol,q,K1,K2);

% risk reversal
C_rvsBS = riskreversal_bsm(ST,r,T,vol,q,K1,K2);

% butterfly and condor
C_bfyBS = butterfly_bsm(ST,r,T,vol,q,K,E);
C_cndBS = condor_bsm(ST,r,T,vol,q,K1,K2,E);
```

代码 6-25　利用 Matlab 实现对比理论方法和蒙特卡洛方法的代码

表 6-10　九种常见期权的蒙特卡洛模拟价格与 BSM 视角下的理论值比较

期权种类	蒙特卡洛模拟结果	基于 BSM 视角下的理论值
欧式看涨期权	10.567 8	10.589 8
欧式看跌期权	1.076 2	1.077 5
牛市价差期权	7.349 9	7.346 8
熊市价差期权	2.165 0	2.165 5
跨式价差期权	7.606 0	7.605 6
异价跨式期权	11.667 1	11.667 4
风险逆转期权	6.920 9	6.921 7
蝶式价差期权	0.443 0	0.447 2
秃鹰期权	1.473 2	1.473 8

下面给出七种组合期权的 BSM 视角下的理论价格的 Matlab 计算语言实现的代码（见代码 6-26 至代码 6-32）。

```
Function C_bullspread_bsm = bullspread_bsm(ST,r,T,vol,q,K1,K2)
%using Matlab built-in function blsprice.m
%ST underlying asset price at maturity
%r risk-free rate
%T contract maturity
%vol annual volatility
%q continuously compounded dividend rate
%K1 strike price 1
%K2 strike price 2
C1_bsm = blsprice(ST*exp(-r*T),K1,r,T,vol,q);
C2_bsm = blsprice(ST*exp(-r*T),K2,r,T,vol,q);
C_bullspread_bsm = C1_bsm - C2_bsm;
end
```

代码 6-26　BSM 视角下的牛市期权的理论价格计算

```
function C_bearspread_bsm = bearspread_bsm(ST,r,T,vol,q,K1,K2)

[dum1,P1_bsm] = blsprice(ST*exp(-r*T),K2,r,T,vol,q);
[dum2,P2_bsm] = blsprice(ST*exp(-r*T),K1,r,T,vol,q);
C_bearspread_bsm = P1_bsm - P2_bsm;
end
```

代码 6-27　BSM 视角下的熊市期权的理论价格计算

```
function C_straddle_bsm = straddle_bsm(ST,r,T,vol,q,K)

[C1_bsm,P1_bsm] = blsprice(ST*exp(-r*T),K,r,T,vol,q);
C_straddle_bsm = C1_bsm + P1_bsm;
end
```

代码 6-28　BSM 视角下的跨式期权的理论价格计算

```
function C_strangle_bsm = strangle_bsm(ST,r,T,vol,q,K1,K2)

C2_bsm = blsprice(ST*exp(-r*T),K2,r,T,vol,q);
[dum,P1_bsm] = blsprice(ST*exp(-r*T),K1,r,T,vol,q);
C_strangle_bsm = C2_bsm + P1_bsm;
end
```

代码 6-29　BSM 视角下的异价期权的理论价格计算

```
function C_riskreversal_bsm = riskreversal_bsm(ST,r,T,vol,q,K1,K2)

C2_bsm = blsprice(ST * exp( - r * T),K2,r,T,vol,q);
[dum,P1_bsm] = blsprice(ST * exp( - r * T),K1,r,T,vol,q);
C_riskreversal_bsm = C2_bsm - P1_bsm;
end
```

代码 6-30　BSM 视角下的风险逆转期权的理论价格计算

```
function C_butterfly_bsm = butterfly_bsm(ST,r,T,vol,q,K,E)

C1_bsm = blsprice(ST * exp( - r * T),(K - E),r,T,vol,q);
C2_bsm = blsprice(ST * exp( - r * T),K,r,T,vol,q);
C3_bsm = blsprice(ST * exp( - r * T),K + E,r,T,vol,q);
C_butterfly_bsm = C1_bsm - 2 * C2_bsm + C3_bsm;
end
```

代码 6-31　BSM 视角下的蝶式期权的理论价格计算

```
function C_condor_bsm = condor_bsm(ST,r,T,vol,q,K1,K2,E)

C1_bsm = blsprice(ST * exp( - r * T),(K1 - E),r,T,vol,q);
C2_bsm = blsprice(ST * exp( - r * T),K1,r,T,vol,q);
C3_bsm = blsprice(ST * exp( - r * T),K2,r,T,vol,q);
C4_bsm = blsprice(ST * exp( - r * T),(K2 + E),r,T,vol,q);
C_condor_bsm = C1_bsm - C2_bsm - ...
    C3_bsm + C4_bsm;
end
```

代码 6-32　BSM 视角下的秃鹰期权的理论价格计算

七、对 BSM 期权定价公式的简单扩展

（一）股票含有连续分红的情形

我们前面已经知道 BSM 期权公式的基本假设之一是假定股票资产，也就是标的物不存在分红的情形。我们可以对这一假定进行修正，而且修正的推导和思路并不复杂。

我们仍然可以利用投资组合的思想对欧式期权进行定价，然后写出偏微分方程的形式。我们可以发现，当我们考虑股票分红时，BSM 期权公式的偏微分方程的表达式几乎不发生改变。我们利用前面讲授的知识，推导股票有连续分红情形时的欧式期权定价公式。

我们假设股票价格满足几何布朗运动，且连续分红率为 D，则此时股票价格的随机微分方程形式可写为：$\frac{\mathrm{d}S}{S}=(\mu-D)\mathrm{d}t+\sigma\mathrm{d}W_t$，此外我们仍假设股票价格满足 $\frac{\mathrm{d}B}{B}=r\mathrm{d}t$。仍利用投资组合方法并结合自融资假定，我们认为有投资组合 $V_t=\alpha_t S_t+\beta_t B_t$，我们假设期权在 t 时刻的价格为 $C(S_t,t)$，则此期权与我们的投资组合应有以下关系：$V_T=C(S_T,T)$，其中，T 表示期权的到期日。

我们可以迅速地计算出：

$$(\mathrm{d}S)^2=[(\mu-D)\mathrm{d}t+\sigma\mathrm{d}W_t]^2=\sigma^2 S_t^2\mathrm{d}t$$

因为我们承认自融资假定，则持有投资组合时，投资人时刻会收到股利 $DS_t\mathrm{d}t$，于是 $\mathrm{d}V_t=\alpha_t\mathrm{d}S_t+\alpha_t DS_t\mathrm{d}t+\beta_t\mathrm{d}B_t$，我们将 $\frac{\mathrm{d}B}{B}=r\mathrm{d}t$ 代入该式，则有：

$$\mathrm{d}V_t=\alpha_t\mathrm{d}S_t+(\alpha_t DS_t+\beta_t rB_t)\mathrm{d}t$$

利用伊藤公式可知 $\mathrm{d}V_t=\frac{\partial V}{\partial t}\mathrm{d}t+\frac{\partial V}{\partial S_t}\mathrm{d}S_t+\frac{1}{2}\sigma^2 S_t^2\frac{\partial V^2}{\partial S_t^2}\mathrm{d}t$，然后联立我们刚刚得到的 $\mathrm{d}V_t$ 的表达式，则有：

$$C_t=\frac{1}{r}\left(\frac{\partial C}{\partial t}+(r-D)S_t\frac{\partial C}{\partial S}+\frac{1}{2}\sigma^2 S_t^2\frac{\partial^2 C}{\partial S^2}\right)$$

由此可见，当我们考虑股票分红时，BSM 期权公式的偏微分方程的表达式几乎不发生改变。

（二）Gram - Charlier 公式修正 BSM 的不足

以前我们讨论过金融数据的一些重要的统计特性，其中最重要的两点分别是金融资产收益率的偏度和峰度问题。传统的 BSM 模型考虑资产价格满足几何布朗运动，其潜台词是仅考虑了资产价格收益率的一阶矩和二阶矩的统计特性而忽略了三、四阶矩，即偏度和峰度的存在。为了修正这一缺陷，巴科斯等（Backus et al.，1997）利用 Gram - Charlier 展开法写出了一个新的期权定价公式，该公式简称为 Gram - Charlier 公式。由此可见 Gram - Charlier 公式和 BSM 公式的联系，Gram - Charlier 公式多出的两项反映了资产价格的偏度和峰度的特性。

$$
\begin{aligned}
c_{GC} &= S_t\Phi(d_1) - Ke^{-r(T-t)}\Phi(d_2) \\
&\quad + S_t\varphi(d_1)\sigma\left[\begin{array}{l}\dfrac{\xi_{11}}{3!}(2\sqrt{T-t}\sigma - d_1) \\ -\dfrac{\xi_{21}/\sqrt{T-t}}{4!}(1 - d_1^2 + 3d_1\sqrt{T-t}\sigma - 3(T-t)\sigma^2)\end{array}\right] \\
&= c_{BSM} + S_t\varphi(d_1)\sigma\left[\begin{array}{l}\dfrac{\xi_{11}}{3!}(2\sqrt{T-t}\sigma - d_1) \\ -\dfrac{\xi_{21}/\sqrt{T-t}}{4!}(1 - d_1^2 + 3d_1\sqrt{T-t}\sigma - 3(T-t)\sigma^2)\end{array}\right]
\end{aligned}
$$

该 Gram – Charlier 公式引入了两个新的参数，即 ξ_{11} 和 ξ_{21}，在实际处理中，可以用样本偏度和样本峰度来计算，这和 BSM 中波动率 σ 的处理类似，在 BSM 模型中，我们也是用样本标准差来计算 σ 的值。当然在 Gram – Charlier 模型中我们都认为资产价格的一至四阶矩为常数，这不能不说是一个和事实不相符的处理，所以任何公式都有模型风险。Gram – Charlier 公式的实现其实非常简单，我们仅演示一下 Matlab 代码的实现（见代码 6 – 33）。

```
% Gram – Charlier Call option pricing
% call_GC. m
sigma = 0.12;
xi11 = 0.023;
xi21 = 3.2;
rf = 0.03;%
T = 1;
t = 0.5;
S = 50;
K = 45;
dT = T - t;
d1 = log(S/K) + dT * (rf + 0.5 * sigma^2)/(sigma * sqrt(dT));
d2 = d1 - sqrt(dT) * sigma;
call_BSM = S * normcdf(d1) - K * exp( - rf * dT) * normcdf(d2);
tmp1 = xi11 * (2 * sqrt(dT) * sigma - d1)/6;
tmp2 = xi21 * (1 - d1^2 + 3 * d1 * sqrt(dT) * sigma - 3 * dT * sigma^2)/(24 * sqrt(dT));
call_GC = call_BSM + S * normpdf(d1) * sigma * (tmp1 - tmp2);
```

代码 6 – 33　Gram – Charlier 欧式期权的定价公式

本章小结

本章主要从 Q – type 量化视角展开讨论，Q – type 量化从业人员主要利用金融数学知识研究金融衍生品定价问题。

1990 年之前，量化金融科研人员主要依赖偏微分方程的复杂解析方法和复杂积分技术的数理统计模型方法的定价模式。1990 年之后，鞅定价法（martingale pricing method）开始逐步流行，这种方法充分利用了鞅随机过程的“公允性”，这就是后来在量化金融领域广泛应用的风险中性定价法，也叫作无套利定价法。在这种方法下，量化金融从业人员甚至可以对很多奇异期权进行定价。鞅定价法主要利用了概率测度变换的思想，基于 Girsanov Theorem、鞅表示定理以及 Randon – Nikodym 导数定理[①]。我们在本章中既介绍了基于偏微分方程的衍生品定价方法，又介绍了鞅定价方法。

为了讨论清楚衍生品的资产定价问题，我们需要对若干随机分析的相关知识进行介绍。比如，我们知道期权价格是关于其标的物价格的函数，而期权被创造出来的目的之一是对冲风险资产的某种风险。因此有必要对 Q – type 研究人员常用的随机分析工具进行一一介绍。Q – type 研究人员常用几何布朗运动来描述股票价格，因此我们在第二节重点讨论了几何布朗运动的基本特性。然后在第三节和第四节介绍了在金融数学领域常用的随机分析工具，这些工具包括伊藤定理、伊藤积分、偏微分方程与热力学方程、鞅表示定理、Girsanov Theorem、Radon – Nikodym 导数定理、变换测度等。我们还介绍了自融资假定的概念，较为全面地推导出 BSM 公式。我们还论证了二叉树模型和 BSM 模型的联系，简言之，我们认为 BSM 模型的离散版本就是二叉树模型。在第五节我们系统地介绍了期权的希腊字母，并演示了希腊字母的 Matlab 和 Python 的代码实现。常见的衍生品定价的四种方法是二叉树方法、等价鞅方法、PDE 建模方法和蒙特卡洛模拟法。最后一种方法主要是利用计算机模拟标的物价格的走势，在知道了标的物价格走势的前提下，利用期权与标的物之间的支付函数关系，最终模拟计算出衍生品的价格。我们在第六节举了一个基于蒙特卡洛模拟方法的欧式期权定价案例。我们在最后一节对传统的 BSM 模型进行了扩展。

---

① 1995 年出现了另一件量化金融历史上的大事，格曼等（Geman，El Karoui and Rochiet）提出了计价转换的方法（change of numeraire），并结合鞅定价法中的测度变换的思想，使得我们对期望值的计算变得更加简单。计价转换的方法于是广泛地应用于标的物为权益类资产、汇率以及利率的期权定价上。该方法更适合利率期权的定价。计价转换法是什么？该方法的核心是需要选取一个恰当的计价单位（optimal numeraire）。那么什么是计价单位呢？计价单位不是单一的，我们会因为针对具体的定价问题选取不同的计价单位。其实个股、股指、利率、汇率以及债券价格都可以作为计价单位，只要该价格过程的值都是正值即可。此外，需要注意的是，计价转换不会改变自融资的假定，我们也知道自融资假定是我们构建衍生品必不可少的一个假定。也就是说在计价转换后，自融资策略环境下的投资组合仍然满足自融资假定。

思考题

1. 如果 $\{W_t\}_{t\geq 0}$ 是一标准维纳过程，请回答以下问题：

(a) $W_{t+\Delta}-W_t$ 满足什么分布？它的均值是多少？方差是什么？

(b) $dW_t^2=?\ \mathbb{E}(dW_t)=?\ \text{var}(dW_t)=?\ \mathbb{E}(dW_t^2)=?$

(c) 如果 $\frac{dS}{S}=\mu dt+\sigma dW_t$，则 $\mathbb{E}\left(\frac{dS_t}{S_t}\right)=?\ \text{var}\left(\frac{dS_t}{S_t}\right)=?\ \text{var}(dS_t)=?\ \mathbb{E}(S_T|S_t=s)=?\ \text{var}(S_T|S_t=s)=?$

(d) 如果 $dr=\mu dt+\sigma dW_t$，则 $\mathbb{E}(r_T|r_t=r)=?\ \text{var}(r_T|r_t=r)=?$ 如果给定 r_t，请利用伊藤积分公式计算 r_T。

2. 什么是等价鞅定价方法？

3. 什么是“自融资假设”？

4. 请写出 BSM 的 PDE 方程。

5. 什么是 Gram – Charlier 公式？它相对于 BSM 公式的优势在哪里？

6. 金融学中用了哪些希腊字母？它们的作用是什么？请列举主要的希腊字母。如何记忆这些希腊字母？

7. 请简述 BSM 模型的若干假设。请问哪个假设最不符合现实？你有没有好的办法或建议改进此模型设定问题？

8. 什么是白噪声？在金融数学中如何定义白噪声？在金融计量中，我们如何使用白噪声？

9. 什么是鞅过程？请举一个例子说明为何我们认为鞅过程和公平博弈（fair game）是一回事。

10. 什么是“适应性”？什么是域流过程？

11. “变换测度”（change measure）的思想是什么？

12. 什么是 Girsanov Theorem？

13. 请说说市场“完备性”和套利的关系。

14. Radon – Nikodym 导数定理的基本原理是什么？

15. 什么是“热力核”？

第七章　完全无害的机器学习理论

一、从人工智能与科技金融说起

2017 年 7 月 20 日国务院印发了《新一代人工智能发展规划》（以下简称《规划》），提出了面向 2030 年我国新一代人工智能发展的指导思想、战略目标、重点任务和保障措施，部署构筑我国人工智能发展的先发优势，加快建设创新型国家和世界科技强国。

《规划》明确了我国新一代人工智能发展的战略目标：到 2020 年，人工智能总体技术和应用与世界先进水平同步，人工智能产业成为新的重要经济增长点，人工智能技术应用成为改善民生的新途径；到 2025 年，人工智能基础理论实现重大突破，部分技术与应用达到世界领先水平，人工智能成为我国产业升级和经济转型的主要动力，智能社会建设取得积极进展；到 2030 年，人工智能理论、技术与应用总体达到世界领先水平，成为世界主要人工智能创新中心。

在 2017 年 7 月 21 日国务院例行政策吹风会上，科技部副部长李萌解读了《规划》，他指出，人工智能技术的发展将深刻改变人类社会生活、改变世界。《规划》为我国未来的人工智能发展做足做好了顶层设计，即“一个体系，把握双重属性，三位一体，四个支撑”。“一个体系”指建立开放协同的人工智能科技创新体系；“两个属性”指的是人工智能的技术属性和社会属性，且有高度融合的特征；“三位一体”指的是研发攻关、产品应用和产业培育一体推进；“四个支撑”是指利用人工智能技术支撑科技、经济、社会发展和国家安全。

其实不光是中国，美国、英国等发达国家已经在 2016 年下半年以政府报告的形式，规划了本国未来的关于人工智能的国家发展战略（见表 7－1）。2017 年 9 月初，俄罗斯总统普京在一个与本国学生的座谈会上称，未来主导世界的国家必是那个率先在人工智能技术方面取得突破的国家。我们相信在不久的将来，越来越多的国家会将人工智能作为未来国家重点发展的战略规划。虽然人工智能这一概念并不新鲜，而且人工智能的发展也经历了多次低谷发展期，但是伴随着硬件技术与数学模型的日趋成熟，2016 年谷歌 Deepmind 公司的阿尔法狗（AlphaGo）打败世界围棋冠军后，人工智能获得了前所未有的关注。此外，得益于吴恩达等人工智能学者长期以来在互联网上孜孜不倦地推广和普及人工智能知识和相关技术，人工智能行业发展也迎来了春天。美国 Tesla 公司前 CEO 埃隆·马斯克（Elon Musk）曾认为，互联网、大数据、云计算等概念都是这个时代的前菜（starter），而真正的"主菜"其实是人工智能技术。他的判断是非常正确的，我们会在后面的章节论证这种观点和说法。学者李开复博士指出，人工智能的应用最先突破的领域应该是在金融和医疗领域。李博士的判断也是十分正确的，因为目前在金融行业这样的转变已经在发生，传统金融从业人员尚未明白人工智能为何物，而人工智能技术却已开始颠覆现有金融行业，若干低端金融工种，比如，大堂经理、证券经纪等职位，已在人工智能时代下逐渐走向没落甚至有消失的可能。这一轮人工智能的发展浪潮席卷各行各业，最主要的原因可以概括为三点：第一，硬件技术的突破，以 GPU 等硬件为代表；第二，数学模型和算法的成熟；第三，数据量的积累达到能实现质变的数量级。简言之，这是一个复杂数学模型 + 高性能计算与运算设备深度融合的全新时代。

表 7－1　主要发达国家公布的关于人工智能的国家层面的发展报告汇总

国家	时间	政府报告名称
美国	2016 年 10 月	《为人工智能的未来做好准备》
美国	2016 年 10 月	《国家人工智能研发战略规划》
美国	2016 年 12 月	《人工智能、自动化与经济》
英国	2016 年 12 月	《人工智能：未来决策制定的机遇与影响》

目前，高盛、摩根大通、瑞银等传统金融巨无霸金融服务公司已开始朝金融科技公司转型，而全球基金公司的转型更为明显。目前全球基金行业采用量化交易技术的金融机构已经占据了半壁江山。传统的投资界，尤其是基金行业，那些采取基本面分析和技术分析从事投资的机构，或仅依靠研究财务报表和分析公司客户为主的投资服务模式也早已一去不复返，基本面分析、技术分析等分析技术也都成了"老古董"级的分析手段，量化投资的分析手段已成为全球业界主流，而量化投资的核心还是利用人工智能技术。

此外需要注意的是，国内的金融公司和互联网公司也在不断地深度融合。国内互联网金融公司，比如，阿里巴巴、蚂蚁金服、京东金融都已采用大数据、人工智能技术从事贷款评估、金融风险管理。而国内银行、证券、基金等传统机构都在谋求战略转型，不断提高对应届生大数据、人工智能技术技能的要求。比如，2017 年，华夏基金与 IBM 人工智能部门签署战略联合合作协议，致力于推动投研智能化转型。国内若干顶级金融用人单位也开始纷纷要求应届生熟练掌握大数据应用技术，以及人工智能技术软件包的使用。金融行业是一个有很强自身危机感的行业，金融从业人员一般也有极强的专业素养和危机意识，金融从业人员总体的数学基础远高于其他社会学科，甚至高于不少工程学科。本书的开篇章节也论述了 P－type 量化金融研究本来就是基于金融计量和统计理论的学科，加之金融行业又是一个数据密集型行业，因此在本轮人工智能浪潮到来时，金融行业一定是最早主动拥抱人工智能技术的行业。因此，毋庸置疑，金融行业未来十五年的变革路径已经非常明确，这种变革一定是从传统金融到量化金融的转变，然后再从量化金融到智能金融、科技金融的转变，而新兴技术（尤其是大数据＋人工智能技术）决定了金融学科发展的方向。

因此，要想适应金融科技时代下的金融行业的发展，首先需要了解人工智能的基础知识，系统地学习人工智能理论知识，尤其是机器学习理论，然后需要认真地掌握好人工智能时代的编程语言——Python。

二、机器学习理论入门

机器学习理论是人工智能学的基础理论。一个学科的健康发展离不开其理论大厦的发展。因此，正确打开人工智能学的“姿势”应该是好好地学习机器学习理论。学习机器学习理论其实无须高深的数学知识，仅需要具备初等数理统计知识即可。在学习机器学习理论的时候，初学者会碰到“统计学习理论”的概念，我们在这里给出重要的经验法则：初学者可以认为机器学习理论等同于统计学习理论。虽然实际上，机器学习理论的内涵和外延要更为广泛。因此，初学者不要太过于纠结应该学习“机器学习理论”还是学习“统计学习理论”。此外，初学者还可以认为统计学习理论是统计学的一个分支学科，而计量经济学也是统计学的一个分支学科，因此，我们可以认为统计学习理论和计量经济学理论是统计学这棵大树上结出来的两个“果实”。也就是说，目前计算机科学领域的学生基本上在大学三年级的专业必修课中学习机器学习理论或者统计学习理论，而经济管理院校的学生一般没有机会学习机器学习理论，而是学习计量经济学理论。前面我们也讨论了机器学习理论和计量经济学的区别和联系。由此可见，机器学习理论和计量经济学有可替代性。这种可替代性可以从两门课程讨论的数理模型中看出。举个简单的例子，这两门课程都会花一定的时间讲授最小二乘法、极大似然估计等概念，但是视角和应用案例却让初学者觉得并无太大交集。本书试图调和两门课程的鸿沟。当然，本书不是专门讨论机器学习理论或者计量经济学理论的专著，因此，本书不可能做到面面俱到。

一般而言，机器学习理论包括三大理论支柱：监督学习理论（supervised learning）[①]、无监督学习理论（unsupervised learning）和强化学习理论（reinforcement learning）[②]。而统计学习理论主要讲授监督学习理论和无监督学习理论。因篇幅所限，本书仅介绍监督学习理论和无监督学习理论的常见算法。如前文所述，本书的主要面向对象是经济与管理类院校的广大师生，而经管类学校的师生一般都有计量经济学背景，但是对机器学习理论非常陌生，本书试图普及机器学习理论的知识，起到抛砖引玉的目的。

当然，本章还有一个目的，即以经管类科研人员视角向经管类师生介绍机器学习理论。毕竟，目前市面上介绍机器学习理论知识的图书多是以计算机相关专业为背景，其讲授机器学习理论的视角过于偏向于计算机科学、机器人科学，尤其是严重偏向于机器视觉学（machine vision）、图像识别学、语义分析学，这些机器学习理论的应用场景对金融从业人员的启发和帮助并不是很大。

三、一些必须知道的基础概念

人工智能学其实并非什么新鲜概念，早在半个世纪之前就已经存在。人工智能学的发展也经历过若干次低谷。最主要的原因是，该学科还有很多非常困难的前沿核心问题没有攻克。科研人员也一度迷茫于该学科的未来发展。财经类专业的学生和科研人员应该对该学科的一些基本事实有所了解，就要知道该学科的长处，也要知道该学科的短处。本轮人工智能学热潮的兴起主要是因为以下原因：国际上几大互联网信息公司的联合推动、阿尔法狗打败国际围棋高手、深度学习理论的逐步成熟。在这轮“热潮”下，有大量的科研人员或者年轻人选择了创业，诞生了大量的与人工智能相关的初创企业，于是也有人工智能领域的资深学者警告慎防人工智能领域的投资发展泡沫。因此，学习人工智能领域的知识应保持平和的心态，既不要觉得其有多么的高深、复杂，更不要“妖魔化”人工智能学，诸如机器人是否会统治人类之类的问题，离我们太遥远。在过去的半个世纪，人工智能的研究虽然已取得了跨越式的发展，但是我们仍然有太多的问题没有思考明白，也没有研究明白，前路仍然还是非常曲折和坎坷的，甚至也不排除再次出现人工智能学领域的发展低谷期。我们也需要看到，在每一次人工智能学

① 也有学者将其翻译为指导学习。

② 也有计算机科学领域学者将其翻译为增强学习理论。本书如无特别申明，将始终使用“强化学习理论”。此外，也有学者和业界人士认为机器学习理论还包括迁移学习、流行学习（mainiflod learning）、半监督学习、知识图谱等。但这种分类过于细化，过于专注于某些特定算法，而非形成相对统一和完整的理论体系。因此笔者建议初学者记住三大学习理论，即监督学习、无监督学习和强化学习。

进入发展的低谷期时，总有学者离开，甚至对该学科发展“落井下石”，但是，也总有一些学者，不断地坚持，秉承对真理追求的“赤子之心”，正是因为这些学者的这种对真理的执着追求，才使得人工智能学科总是在陷入低谷期或者沉寂多年后，又爆发式地发展。我们也需要对那些在人工智能学发展处在低谷时期，仍坚守在人工智能学领域并继续坚持研究的学者们致以崇高的敬意。

简言之，机器学习理论并不神秘，但它也并非万能，它有其特定的适用范围和应用场景，它也有其自身的局限性，它也是一个还在发展的学科。

哪些概念是必须理解和掌握的呢？我们重点概括了一些最关键也是最核心的概念，我们也会对这些概念做重点解释：监督学习理论、无监督学习理论、训练集、测试集、交叉验证①、分类与回归以及过度拟合。为了鼓励年轻人投身到“人工智能”研究的洪流中，Doina Precup 教授②曾说过，该学科确实有很多问题没有被攻克，甚至不清楚未来发展的方向③，但是机器学习理论却又是似乎可以用一堂课的时间说明白的。她当时给我们划的关键词和需要掌握的概念就是我们刚刚提到的相关内容。下面我们简单地介绍这些概念。

（一）机器学习理论 101 课程

对于经济与管理类的学生而言，学习计量经济学知识一定非常熟悉普通最小二乘法（Ordinary Least Square，OLS）。下面我们给出一个最简单的最小二乘模型：

$$y_i = \omega + \beta_i X_i + \varepsilon_i$$

其中，$i = 1,\cdots,N$，N 表示样本个数。

普通最小二乘法就是一个最简单的监督学习模型。因为，每一个解释变量 $X_i = [x_{1,i}, x_{2,i}, \cdots, x_{k,i}]$ 应有一个被解释变量 y_i。所以我们可以认为 (X_i, y_i) 总是成对出现。

如果我们不对被解释变量 y_i 的取值有任何限制，这个模型就可以用来做回归

① 笔者读研究生期间刚好是人工智能学发展的低谷时期，当时（2004 年）给笔者讲授机器学习理论的老师是麦吉尔（McGill）大学的 Doina Precup 教授，她现在是人工智能深度学习理论三大巨头之一，蒙特利尔大学的 Yoshua Bengio 教授的好朋友以及科研合作伙伴。本吉奥（Yoshua Bengio）每年举行一届深度学习理论的暑期学习班，Doina Precup 教授是每年暑期学习班必然出现的主讲老师之一。此外，需要特别说明的是，Yoshua Bengio 是在 McGill 大学获得的本科、研究生和博士学位，是一位彻头彻尾的 McGill 人。

② 现在看来，Precup 教授的论断是正确的，她鼓励年轻人应该在学科发展的低谷期进入该领域，她坚信人工智能会有爆炸式的发展。

③ 现在看来，“人工智能”不管是从学科发展还是从产业发展视角都更加清晰和明确。深度学习理论以及强化学习理论是主要的理论发展抓手，而协同数学和计算机硬件科学的知识应用到人工智能领域的研究中也将助力学科和产业的发展。此外，学科和行业的发展更加包容和开源化，也将给整个学科和行业不断带来新的活力。

(regression)。在计量经济学中，尤其是初等计量经济学中，我们关注的统计模型基本上都是回归模型。其实，我们一般也可以假设并限制 y_i 的取值范围，比如令其取值满足一定区间，但是我们一般认为 y_i 的取值在该区间上是连续的，只要满足"连续"的假定，则我们认为这样的模型都是"回归"模型。如果 y_i 的取值是离散的，最常见的例子是假设 y_i 的取值仅能等于 0 或者 1，则这种情况下，我们称这个模型或算法是在研究"分类"(classification) 问题。

计量经济学，尤其是初等计量经济学较少介绍或出现分类模型，仅在中高级计量经济学教程中有涉及，而"分类模型"这种提法也较少在中高级计量经济学教材中出现，一般能做"分类"的模型主要有：Logistic（逻辑蒂斯）模型，Probit 模型。在计量经济学中，我们常把机器学习理论里面的分类模型称为离散选择模型（discrete choice model）或者定性反应模型（qualitative response model)。而如果被解释变量 y_i 的取值仅为"二值"，在计量经济学我们称这种模型为二值选择模型，而机器学习理论将这种模型称为二组分类问题。如果解释变量 y_i 可以取多值，在计量经济学中，我们称为多值选择模型，而在机器学习领域，我们称之为多组分类（multi－class classification）问题。

一般而言，在机器学习理论中，分类问题是最常见的问题。而在计量经济学中，回归问题是更为常见的应用场景。下面举几个应用场景，读者可以体会一下机器学习理论和计量经济学研究问题的区别和联系。

以机器学习理论为例，我们可以认为被解释变量是一些猫和狗的特征信息，也可以直接认为是猫和狗的照片，我们对每一张照片进行标注，比如，如果是狗的照片，我们令解释变量的值为"0"，而令猫的照片为"1"。有了 $(X_i, y_i)_{i=1,\cdots,N}$ 解释变量和被解释变量的信息，我们就可以构建我们的模型。这是一个典型的分类问题。

以计量经济学为例，我们可以收集本科学生的基本信息作为解释变量，然后研究什么因素影响学生是否在本科毕业后出国。则被解释变量可以用"0"表示出国，而"1"表示不出国。我们可以用二值选择模型，比如 Logistic 模型或者 Probit 模型进行研究。

简言之，如果被解释变量的取值是离散的，则这类模型在机器学习理论领域被称为分类问题；而如果被解释变量的取值是连续的，则我们在统计学上（不管是机器学习理论还是计量经济学），我们都称之为回归模型。机器学习理论最喜欢研究的问题是分类问题。或者说机器学习理论的科研人员喜欢研究分类问题胜过喜欢研究回归问题。而计量经济学的科研人员的研究视角则刚好相反。

此外，还需要强调的是，如何快速简单地识别出我们是在研究监督学习问题。一定要记住，该模型的被解释变量，也就是模型的输出变量，一定和解释变量一起，以 $(X_i, y_i)_{i=1,\cdots,N}$ 形式成对出现。

我们前面简单介绍了监督学习理论研究的基本场景，也介绍了回归和分类的区别和联系。下面我们介绍训练集（training set）和测试集（test set）的概念。

需要特别强调的是，训练集和测试集的概念只有在机器学习理论里面才会出现，读者不会看到这两个概念出现在任何一本计量经济学的教材[①]里面。这两个概念其实非常简单，而且这两个概念也揭示了机器学习理论（尤其是统计学习理论）的本质。

我们仍然以监督学习为例，假如我们有数据集 $(X_i, y_i)_{i=1,\cdots,N}$，则样本的个数为 N，下面我们把数据集分为两组，一组为训练集，假定个数为 N_{train}，剩下来的数据被称为测试集，个数为 N_{test}，当然它们之间必然满足 $N = N_{\text{train}} + N_{\text{test}}$。我们利用训练集来构建模型，而如果要检验模型是否有较好的预测效果，我们需用测试集的数据。

简言之，我们把数据分为两块，一块用来做训练，一块用来做测试。这就是机器学习理论的本质。这其实非常好理解，也符合人类的基本逻辑思维习惯。我们回想一下我们是如何“学习”的。下面考虑一个最简单的学习场景。

比如一个学生要去参加 CFA 考试，但是事先他对该考试一无所知，那么我们要找一些题目给他做练习做讲解，作为“训练”；而如果要检验训练结果是否有效，我们不得不为他找一些题目作为“测试”，并用这些题目来检验学生的学习效果。这就是机器学习理论（或者统计学习理论）的基本思想。

此外，还需要介绍一下机器学习理论在应用中的一个“隐形假定”，这个“隐形假定”甚至连一些机器学习理论的科研人员也未意识到。

这个隐形假定是这样的：机器学习理论的科研人员面对着无穷多的模型（或者称为算法），可以利用现有的模型或算法再组合出新的模型或者算法，但是我们（指机器学习理论领域的科研人员）并不知道要研究（或解决）的问题最需要用哪一个模型或算法来解决，也就是说，我们往往是“选择”过多，而不是“太少”或者“没有”，而在“太多”中，我们并不知道选择哪一个或者哪一种组合是最好的。

这个关于人工智能领域研究的“隐形假定”在计量经济学中其实是不存在的，因为经济学是一门偏重于解释的学科，我们手上能有的选择往往只有 OLS 模

① 随着不同学科间的不断交叉融合，也许以后计量经济学的教材里面会出现比较和讨论机器学习理论的概念，但至少在本书写作之时，笔者没有看到任何计量经济学的教材或者专著里面出现了训练集或者测试集的概念。

型（或者与其类似的2SLS、广义矩估计[①]）。这个事实对长期从事机器学习理论领域研究的科研人员而言，如果他首次接触计量经济学，会觉得非常惊讶，甚至是震惊。当然，如果要明白为何如此，我们还是要回到思考“解释”和“预测”的联系上来。更多关于“解释”和“预测”的讨论可以见前面的章节。

我们还是继续回到关于机器学习理论的讨论中来，要“选择”一个较好的模型，最简单粗暴的方法就是“黑猫白猫，捉到老鼠就是好猫”“是骡子是马，拉出来遛遛”的思想。因此，机器学习理论中，实际上始终是基于“训练集”+“测试集”的研究范式。

当读者有了训练集和测试集的概念之后，我们可以再介绍一个概念——过拟合（overfitting），这个概念在计量经济学领域也几乎不会听到。这个概念的原理也非常简单，即首先读者需要理解以下事实：增加模型的复杂度，往往会提高模型对数据的拟合程度，但是却会使模型的预测能力下降。因为我们现实生活中涉及的数据（假设是包含解释变量和被解释变量的形式）都有可能受到随机扰动项的影响，因此过度的试验数据，可能会使模型设定反而不正确。下面我们用图7-2列举一个过度拟合的例子。我们假设解释变量和被解释变量满足线性关系 $y=1.0+1.8\times x$，即一条直线，假设存在随机扰动，我们在试验中获得的数据其实是 $(x_i,\tilde{y}_i)_{i=1,\cdots,N}$，其中 $\tilde{y}_i=1.0+1.8\times x_i+\varepsilon_i$，图中的点表示了我们获得的实验数据样本 $(x_i,\tilde{y}_i)_{i=1,\cdots,N}$，为了减少拟合误差，科研人员就要不断增加模型的复杂度，常见的处理方法是增加高阶项，比如：

$$\hat{y}=\omega_0+\sum_{p=1}^{P}\beta_p x^p$$

一般而言随着约束的增加，误差 $\|\hat{y}-\tilde{y}\|^2$ 是减少的，但是我们从这个例子中也发现，减少误差 $\|\hat{y}-\tilde{y}\|^2$ 其实并不是我们应该努力的方向，因为其结果就是模型与实验数据间的过度拟合。所以在科学上有一个“奥卡姆剃刀原理”（Occam's razor），该原理的意思是：“如果能用简单模型，应尽量用简单模型，以避免复杂。”也就是说优秀的科学家都应该是“吝啬鬼”。

上述演示过度拟合的Matlab代码见代码7-1。

---

① 广义矩估计的英文原文是General Moment Method，简称：GMM。GMM的缩写在机器学习理论中有时代表其他意思。广义矩估计的方法在现在主流的人工智能领域里面越来越少被人提及和知道。笔者十余年前学习机器学习理论时，老师课堂上并不讲授该知识点，在机器学习理论的教材中也仅是“豆腐块”大小的介绍性章节，而现在的机器学习教程中已难觅广义矩估计的身影。但是广义矩估计仍然是计量经济学领域的“大神”级别的模型。很多计量经济学领域的学者都认为计量经济学领域关于因果推论的五大主流分析框架之一就是广义矩估计模型。芝加哥大学的汉斯（Lars Hans）教授在2013年获得诺贝尔经济学奖，其主要成就就是扩展了广义矩估计在经济学中的应用。

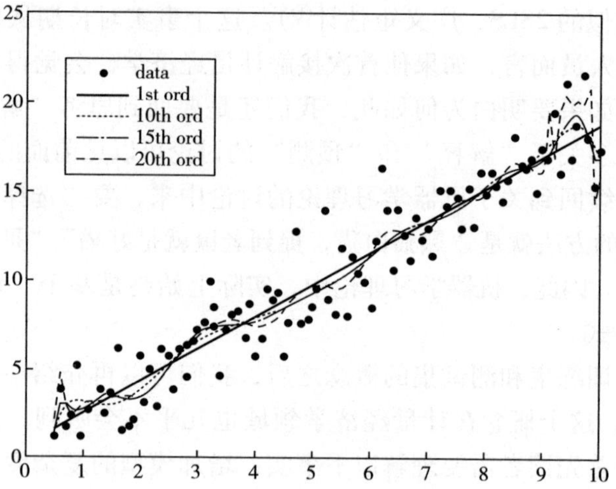

图 7－1　过度拟合的例子

```
clear
close

a = 1.0;
k = 1.8;
x = 0.5:0.1:10;

epi = 1.5 * randn(1,length(x));
y = a + k * x + epi;

plot(x,y,'.','MarkerSize',10)

hold on
[b,tstat,s2,vcv,vcvwhite,R2,Rbar,yhat] = ols(y',x');

y_1st = b(1) + b(2) * x;
plot(x,y_1st,'-r')

DD = 10;
pp = polyfit(x,y,DD);
y_fit = 0;
for i = 1:(DD + 1)
y_fit = y_fit + pp(i) * (x.^(DD - i + 1))
end
```

```
plot(x,y_fit,'-.k')

DD=15;
pp=polyfit(x,y,DD);
y_fit=0;
for i=1:(DD+1)
y_fit=y_fit+pp(i)*(x.^(DD-i+1))
end
plot(x,y_fit,'.-k')


DD=25;
pp=polyfit(x,y,DD);
y_fit=0;
for i=1:(DD+1)
y_fit=y_fit+pp(i)*(x.^(DD-i+1))
end
plot(x,y_fit,'b')

legend('data','1st ord','10th ord','15th ord','25th ord')
```

代码7-1　演示过度拟合的Matlab代码

从前面的讨论中，我们有了监督学习、训练集、测试集以及过度拟合的概念，下面我们介绍什么是无监督学习理论。我们仍然以猫和狗的图片为例，如果我们有一个系统（或者称为模型、算法）能够在不获得任何标注信息的前提下，通过不断接受猫和狗的图片，最终通过模型判断出新图片应该是猫还是狗。也就是说，我们没有被解释变量 y，我们仅有 $(X_i)_{i=1,\cdots,N}$。这就是无监督学习的基本应用场景。

无监督学习理论研究的问题乍一看似乎是不可能完成的任务。但是，我们用一个简单的例子就可以说明无监督学习理论研究问题的基本逻辑。在讨论前，我们需要注意的是，虽然我们没有被解释变量 y，但我们思考问题仍需要借助训练集和测试集的思想。假设我们现在获得了若干数据，每个数据满足 $X_i=[x_{1i},x_{2i}]$ 的形式，我们画出这些数据在二维空间上的分布图，假设如图7-2所示的散点分布形式。我们发现数据在两个中心附近聚集，我们可以很自然地画一条线①，将数据分开。注意，我们刚刚讨论的这个例子，在算法层面非常容易实现。当

① 其实这条分割线并不唯一。

下，机器学习理论已开发了大量的算法研究数据[①]的分布。我们利用数据的特点（注意，数据最常见的特点也就是本例中采用的“特点”，即“中心”）将所有数据（解释变量）打上标注，无监督学习问题基本可得到解决（至少是在理论上）。在本例中，我们可以认为在纵轴坐标6以下的数据为A组，用“0”表示，而在纵轴坐标6以上的为B组，用“1”表示。我们可以计算出A组数据的重心在［0,0］处，而B组数据的重心在［2,10］处。如果有新的数据到来，我们可以检查新的数据的纵坐标，如果纵坐标大于6，可认为其属于B组；如果纵坐标小于6，则认为新的数据应属于A组。由此可见，即使我们的数据没有被标注，或者用计量经济学思考的模式——没有被解释变量，也不影响我们研究“分类”问题和预测问题。

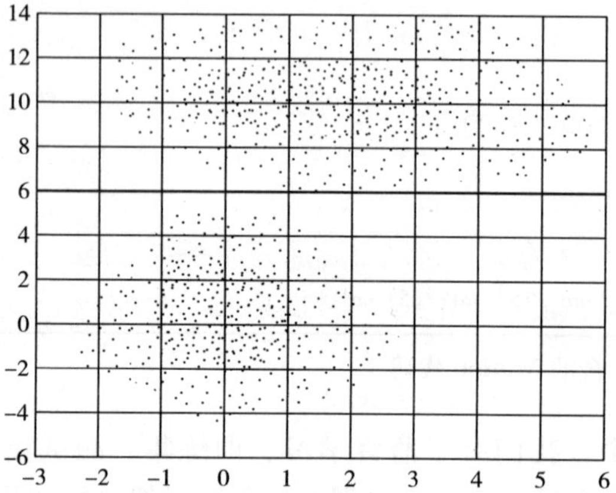

图7－2　一个最简单的无监督学习的例子

演示无监督学习理论的Matlab代码见代码7－2。

```
clear
close
mu1 = [2;10];

n1 = 1800
g1 = 1.2 * randn(2,n1) + repmat(mu1,[1,n1]);
plot(g1(1,:),g1(2,:),'.')
```

① 这里的“数据”特指没有任何标注，也就是没有任何被解释变量的数据。如果我们硬套计量经济学的概念，那么这些数据应该就是解释变量，但却没有任何对应的被解释变量。

```
n2 = 1500;
g2 = repmat([0.8;1.5],[1,n2]).*randn(2,n2);
hold on
grid on
plot(g2(1,☺,g2(2,☺,'.')
plot(linspace(-3,6,n2),6*ones(n2,1),'LineWidth',2)
```

代码7-2　演示无监督学习理论的Matlab代码实现

前面我们已经介绍了监督学习、无监督学习、训练集、测试集、过度拟合、分类与回归的概念。

最后，我们介绍交叉验证的概念。我们前面提到了过度拟合的问题，也不断试图告诉读者，机器学习理论重点关注的是预测结果，机器学习理论科研人员面对的是可选择模型或算法太多，而非可选择的模型和算法太少，因此，机器学习理论的学者提出了“交叉验证”的分析框架。交叉验证是一个统计学的概念，有时又被称为循环估计（rotation estimation）。此外，在现代统计学中，我们也认为交叉验证法是重抽样方法（resampling method）的一种。

下面说说什么是交叉验证？我们还是从应用场景说起，通过具体的应用场景来介绍交叉验证的基本概念。国内目前对该概念的介绍过于“学究化”，往往让初学者迷惑。我们说说交叉验证这个概念是如何走进人工智能科研人员视野的。

在人工智能研究发展的初期，数据非常稀缺，最早从事人工智能领域研究的学者，一般都是从事图像识别（或者机器视觉学）研究起家，在20世纪90年代初期，那是一个数码相机都尚未普及的年代，当时，数字图片非常稀缺，人脸的图片也非常稀缺，当时一般是利用模拟相机拍照，利用胶卷洗出照片，然后再利用扫描仪扫描照片，再存成数字图片。特别需要注意的是，图片扫描仪在当时也是异常昂贵的高精尖科学仪器设备。当时人脸数据库非常稀少，当时的人脸图片库的数量级往往是10个人左右，每个人3张图片左右。在数据稀缺的时代，人们非常自然地想到了数据的循环利用问题。于是，非常自然的，人们就想到了“交叉验证”。

我们以10个人，每人3张照片的场景来讨论。我们可以把9个人（每人3张照片）总共27张照片作为训练集，剩下的一个人①的3张照片作为测试集做一次试验。然后呢？其实，只要是正常人一定不会停下实验的脚步，他一定会重新构建训练集和测试集，比如把 I_{10} 放到训练集中，然后移除测试集中的一个人，比如这个人是 I_1，将 I_1 作为测试集。这就是交叉验证的基本原理：数据不断重

① 比如我们假设这个人的标签是 I_{10}。

复使用，不断重新构建新的训练集和测试集。

当然，这种重新构建方法其实非常随意，可以构建的原则也非常多。比如：为什么一定要用 9 个人作为训练集，而用 1 个人作为测试集呢？为何不能是 8 个人做训练集，2 个人做测试集呢？以此类推。当然我们在对训练集和测试集分组时，为何不可以是拿 10 个人的两张照片作为训练集，用十个人剩下的一张照片做测试集呢？这样构建训练集和测试集明显也是可以的。由此可见，虽然数据少，但只要数据可以循环使用，我们可以做的实验还是很多的，虽然很多实验看来完全是体力活，在程序员眼里就是一些写“for－循环”的体力活。当然我们这么“折腾”的目的是什么呢？其实这也是非常好理解的，甚至无须任何高等教育的知识也是可以理解的。一个好的预测模型（或者分类模型），不管我们如何重构（或者重建）训练集和测试集，其预测效果（或者分类效果）应该是稳定的。于是，我们就有了一种评估不同模型的基本科研工作指导框架。我们可以利用交叉验证的方法不断重复实验测试不同的模型，最后选择表现最好的模型。当然，随着人工智能学科的发展，各种实验数据量不断提升，后来的教材在讲授交叉验证时，对交叉验证的具体方法进行了严格定义和区分，比如后来讲的：k 折交叉验证、留一交叉验证（Leave－one－out cross－validation，LOOCV）。此外，后来的教科书里面还出现了评估集（valid set）的概念。但是，我们希望初学者不要被这些细节性概念所迷惑，始终记住交叉验证的基本思想和应用场景。当然，我们也简明扼要地介绍了为何现在有教材出现训练集、测试集和评估集。一般而言，具体应用思路是：在获得数据后，将数据分为两大部分：一部分用来再分类，分成训练集和评估集；而另一部分数据为测试集。针对某一模型，我们用训练集和评估集来构建模型、识别模型、调整参数、调试拟合和预测结果，最后利用测试集数据来测试所有模型。

（二）问与答：必备的机器学习理论的相关概念

本小节采取一问一答的方式，这样的方式可以帮助初学者最快掌握必备的机器学习理论的相关知识。需要注意的是，人工智能学虽然已经诞生超过半个世纪，但是机器学习理论的发展历史并不长，整个理论大厦也还在发展壮大的过程中，所以在整个学科发展的过程中，也发展出很多细小的分支，即使在人工智能圈子里的学者也很难说清楚究竟该如何将一些细小分支的模型（或者算法）进行归类。有人曾开玩笑说，人工智能的学者热衷于开发“toolbox”（工具包）或者“package”（软件包），“包”里面放了无数的算法或者模型，究竟该用哪些模型，如何用，怎么用？开发者不会告诉读者，只会说：“具体问题具体分析吧！祝你好运！”这也是当年我们的老师 Doina Precup 教授说的：理解“机器学习理论”只需要一节课，但要掌握机器学习理论的算法可能需要很多年的原因。

学生在学习“机器学习理论”后，一般“上手”非常快。第一步是前面我们介绍的那些主要概念，即监督学习、无监督学习、训练集、测试集、过度拟合、分类与回归、交叉验证等。第二步是安装若干机器学习的工具包（比如：Sci - kit learn，Tensorflow，Pytorch，Keras 等），学生可把所有的算法或者模型视为一个黑箱，仅需知道它能帮助我们完成什么工作即可。第三步是利用训练集、测试集、过度拟合、分类与回归、交叉验证等框架思想开始实验。第四步就是进行算法的“跑马比赛”，看看哪种算法或者模型最优。

也就是说，在掌握了人工智能科研人员做实验的基本步骤之后，学生要学习的是了解人工智能科研人员手里的主要算法或模型的基本思想，了解算法或者模型能帮助我们完成什么任务，知道算法或模型的不足，会在软件包里面调用该模型的相关代码。当然，要搞懂这些算法和模型背后的数学原理以及掌握这些算法或模型的推导，需要学生系统地学习高级机器学习理论的课程，这个过程往往需要很多年。

当然，讨论到这里，有人会问，那么机器学习理论究竟学什么，如何学？这个答案其实取决于读者自己对自己的定位。如果是金融从业人员，在大数据环境下工作或者是平时的大量工作需要处理预测和数据分析问题，就需要认真学习机器学习理论。因为熟练掌握一些机器学习的软件包可以提高工作效率，而且现在随着 GPU 技术的普及，诸如谷歌以及脸书等专业企业做备书的人工智能软件工具包（比如：Tensorflow）的普及，个人或者小团队都有了构建和部署大数据背景下的人工智能学习系统的可能，也就是说专业级别的通用人工智能系统在我们生活中得到了普及。普通的金融从业人员可能更需要关注的是学习如何使用这些软件包，如何构建和部署这样的系统，以实现和完成具体的工作和任务。其中具体的学习工作无非是了解各种数学模型或算法后，针对自己的问题并利用自己的智慧来解决自身需要解决的问题。当然还需要注意的是，在整个过程中，金融从业人员更多的是熟悉诸如 Python 这样的编程语言，或者是学习和掌握诸如 Tensorflow，Keras 或者 Scikit - learn 这样的 Python 软件包而已。至于模型和算法背后的数学原理可能并不是金融从业人员需要具体关注的问题。

当然，如果使用者本身就是学计算机或者网络运维出身，在金融机构 IT 部门工作，那么可能自身的定位又会不同，他们可能需要更多地关注数据库等问题，不一定是使用 Python 语言，总之，这一类人群对机器学习理论的掌握和了解肯定有其特殊性和针对性。如果读者是科研人员或者是读机器学习理论的博士，因为这类人群必须有原创的科研成果，尤其是博士，可能需要自己开发和编写一些数学模型，这类人群必须熟练掌握和了解现有的著名的算法和模型的推导，甚至背后的数学理论。

总而言之，我们认为“定位”非常重要。本部分的写作，以及本书关于机器学习理论的介绍，仅限于“介绍”，读者读完之后，如果配上动手操作，在应对具体金融数据分析问题时，应该能够利用现有成熟的机器学习理论里面的算法和模型从事一定的数据分析工作，并解决一些实际问题。因此，本书关于机器学习理论的介绍也仅是入门级基础知识而已。

以下问题主要来自若干经典教材，也是机器学习理论里面反复出现的术语和概念。我们采取一问一答的形式介绍这些术语和概念。

（1）什么是可约误差（reducible error）？什么是不可约误差？

这是机器学习理论最基本的两个概念。首先需要明确，统计学有两个重要作用，一是预测，二是推论。前面我们已经说过，目前计量经济学偏重于推论型研究，重点是研究和讨论解释变量和被解释变量是否存在因果关系。而机器学习理论重点是研究预测。我们一般都将模型视为一个黑箱，评估“黑箱”好坏的重要依据是预测结果的好坏。机器学习理论视角下的世界是这样的世界：

如果 X 表示解释变量，而 Y 为被解释变量，则彼此关系可以用 $Y = f(X)$ 表述。在现实中，我们可以收集到解释变量和被解释变量的样本值，但是 $f(\,)$ 的具体形式我们是不知道的，我们只能够“假定”存在 $\hat{f}(\,)$ 形式，解释变量 X 放入 $\hat{f}(\,)$ 后自然会得到被解释变量的预测值 $\hat{Y} \triangleq \hat{f}(X)$，因为我们可以从现实世界获得 Y 的样本值，我们能做的就是试图去最小化 $\| Y - \hat{Y} \|^2$。机器学习理论①认为 $\| Y - \hat{Y} \|^2$ 如果要减少依赖于两个量：一是可约误差，二是不可约误差。

可约误差指的是，虽然 $f(\,)$ 的具体形式不可具体观测，但是只要我们足够努力还是可以不断使得 $\hat{f}(\,)$ 逼近 $f(\,)$，随着 $\hat{f}(\,)$ 逼近 $f(\,)$，误差自然会减少，这就是可约误差。而不可约误差指的是由扰动项 ε 引起的误差，这种误差是不可约的。这如何解释呢？我们前面说 $Y = f(X)$，其实这种写法不符合真实世界的情况，为什么呢？回忆一下计量经济学的知识，计量经济学中解释变量与被解释变量之间的关系是：$Y = f(X) + \varepsilon$，其中 ε 表示扰动项。$Y = f(X) + \varepsilon$ 才符合我们这个世界的一种关于解释变量与被解释变量的设定。

因此，Y 因为扰动项 ε 有了随机性，$\| Y - \hat{Y} \|^2$ 描述误差也就不准确，我们应该将其写成：$\mathbb{E}(Y - \hat{Y})^2$，我们可以将该式子做以下展开：

$$\begin{aligned}\mathbb{E}(Y - \hat{Y})^2 &= \mathbb{E}[(f(X) + \varepsilon) - \hat{f}(X)]^2 \\ &= \mathbb{E}\{[f(X) - \hat{f}(X)]^2 + 2\varepsilon[f(X) - \hat{f}(X)] + \varepsilon^2\} \\ &= \mathbb{E}[f(X) - \hat{f}(X)]^2 + \mathbb{E}(\varepsilon^2)\end{aligned}$$

① 其实统计学也这样认为。

当然我们需要注意几个潜在的假设：首先，扰动项 ε 和 $f(X)-\hat{f}(X)$ 独立；其次，$f(X)$ 和 $\hat{f}(X)$ 都是确定函数，所以 $\mathbb{E}[f(X)-\hat{f}(X)]^2=[f(X)-\hat{f}(X)]^2$；最后，我们假定 $\mathbb{E}(\varepsilon)=0$，于是有 $\mathbb{E}(\varepsilon^2)=\mathrm{var}(\varepsilon)$。

基于以上原因，我们得到 $\mathbb{E}(Y-\hat{Y})^2=[f(X)-\hat{f}(X)]^2+\mathrm{var}(\varepsilon)$，其中，我们将 $[f(X)-\hat{f}(X)]^2$ 称为可约误差，而将 $\mathrm{var}(\varepsilon)$ 称为不可约误差。特别需要注意的是，机器学习理论的关注重点是尽力减少可约误差，而不可约误差则可以认为是预测精确度的一个上界。此外，读者也需要时刻铭记，这个上界其实在真实世界里是不可观测的，也是始终未知的。

（2）什么是训练数据？什么是测试数据？

我们前面已经讨论了，这算是第二次（revisited）① 讨论该概念，因此，我们给出较为数学化的定义。机器学习理论的科研人员并不喜欢用“解释变量”和“被解释变量”的口味讨论和研究问题，他们更倾向于将解释变量 X 称为输入（input），而将被解释变量 Y 称为输出（output），而视模型或者算法 $f(\,)$ 为一黑箱。机器学习理论的科研人员还喜欢将解释变量 X 称为预测变量（predictors），而将被解释变量 Y 称为响应变量（response）。还需要注意的是，很长一段时间，监督学习理论的研究都是机器学习理论的主流，直到十年前无监督学习才成为机器学习理论的主流。而在监督学习理论的应用场景下，解释变量和被解释变量总是成对出现。此外，我们还一再强调，机器学习理论喜欢研究分类问题，因此，在机器学习理论中，科研人员总喜欢说，某某数据库是被标注的数据，其潜台词是指这些数据究竟属于哪一组是非常清楚的，因此任何一个监督学习理论的算法都可以用来研究被标注的数据。而数据库中的组信息，就是被解释变量 Y。为了便于读者记忆，我们将涉及“X”和“Y”在机器学习和计量经济学领域中的不同称谓进行了汇总，具体可见表 7－2。

表 7－2　关于 X 和 Y 在机器学习理论领域和计量经济学领域中的不同称谓

	Y	X
机器学习理论	输出变量（output variables）	输入变量（input variables）
	响应变量（responses）	预测变量（predictors）
计量经济学	因变量（dependent variables，regressands）	自变量（independent variables，regressors）
	被解释变量（explained variables）	解释变量（explainary variables）

① 本书写作的一大特点就是对于重要的概念不断地提及，不断地重定义，每次提及或者重新介绍都会在原有内容的基础上进一步更深入地定义该概念，或者从更为广义和专业的角度再讨论该概念。

而关于训练数据和测试数据的概念非常简单，实在无须多言，我们可以换一个角度来讨论训练数据和测试数据与计量经济学的关系。因为计量经济学关注的是推论和解释。因此，计量经济学中反复提过的一个概念——样本内数据（in - sample - data）其实就可以认为是机器学习理论中的训练数据，而计量经济学中提到的样本外数据（out - sample - data）则是机器学习理论中的测试数据的概念。计量经济学一般仅关注样本内数据的拟合，而不关注样本外数据的预测效果。机器学习理论认为，好的模型是要调和样本内拟合并有较好的样本外数据预测的结果。此外，需要引起初学者高度注意的是，在计量经济学中，t - 检验和 P - 值是检验模型是否可信的重要评判标准。对样本外数据谈 t - 检验和 P - 值没有实际的统计学含义，而机器学习理论涉及训练集和测试集，机器学习理论评判模型的标准主要是基于交叉验证，既考虑样本内拟合，也考虑样本外预测，即考察模型的泛化学习能力，所以，在机器学习理论的研究中完全看不到 t - 检验和 P - 值的身影。这就是常见的机器学习程序包，诸如 scikit - learn，Tensorflow 都包含线性回归等经典计量模型，但都仅返回模型系数和最小平方误差信息，而不返回任何 t - 检验和 P - 值信息的原因。

（3）什么是过度拟合？简述计量经济学中是否存在此类问题？机器学习领域我们是如何处理的？

在机器学习理论视角下，数据始终被分成两组：一组是训练集，一组是测试集。在计量经济学中，训练集一般被称为样本内数据，而测试集被称为样本外数据。一般而言，训练的次数越多，学到的知识越多，也就是说如果训练集样本的数据多，模型的学习效果会自然提高，但是如果训练效果随着数据量的增加而增加，但是测试效果始终不佳，这可能表示出现了过度拟合现象。此外，当数据集中有新数据到来，新数据进入训练集后导致样本内拟合效果骤减，这也是过度拟合的表现。相对于过度拟合，在机器学习理论中还有欠拟合现象，欠拟合主要是指数据训练不足。解决过度拟合最好的方法是采取重抽样方法。

（4）什么是重抽样方法？什么是交叉验证法？

重抽样方法是当代统计学中不可或缺的数据分析工具。主要原理是反复从训练集中抽取样本。主要缺点是容易导致计算量增大。常见的重抽样方法有交叉验证和自助法。

交叉验证法的基本思想是反复随机地将数据集分为训练集和验证集，这样的好处是可以用来测试某一机器学习模型的预测效果，从而评价这个模型的综合表现（指训练误差和预测误差）。此外，交叉检验法还可以帮助科研人员比较不同的模型和评价不同的模型。交叉验证法是人工智能领域常用的方法，但是在计量经济学中非常少见。常用的交叉验证法有留一交叉验证法、k 折交叉验证法。

（5）什么是保留集？

保留集又叫验证集，是交叉验证中的一个概念。面对一个数据集合，随机地将其分为一个训练集，一个验证集。然后用训练集的数据拟合机器学习模型，再用验证集评价模型的效果或表现。

（6）什么是留一交叉验证法？

这是一种常用的交叉验证方法。英文全称为：Leave - one - out cross - validation，缩写为 LOOCV。其基本原理为：假设有 n 对观测数据 $(x_i, y_i)_{1 \leq i \leq n}$，首先将 (x_1, y_1) 作为验证集，令 $(x_i, y_i)_{2 \leq i \leq n}$ 为训练集，然后计算出测试集的误差，$MSE_1 = (y_1 - \hat{y}_1)^2$，然后将 (x_1, y_1) 放回，拿出 (x_2, y_2) 作为验证集，而其余数据作为训练集，再计算 $MSE_2 = (y_2 - \hat{y}_2)^2$，然后重复，直至遍历整个观测数据集。我们专门定义一个概念：测试均方误差的 LOOCV 估计 $CV_{(n)} = \sum MSE_i$。

7. 什么是 k 折交叉验证法？

该方法可以认为是留一交叉验证法的一种替代方法，其原理如下：将 n 对观测数据 $(x_i, y_i)_{1 \leq i \leq n}$ 随机分为 k 份大小基本一致的子集，每一个子集被称为“一折”（fold）。然后给 k 折编号，首先将第一折作为验证集，将剩下的 $k-1$ 折作为训练集。然后计算出第一折的 MSE_1，然后让第二折作为验证集，其余的 $k-1$ 折作为训练集，一直重复，直到遍历完所有的折，最后我们会获得 k 个 $(MSE_i)_{1 \leq i \leq k}$，然后求出 $CV_{(k)} = \sum MSE_i$。

在表 7-3 中我们还列出了在教学和科研中总结的一些基础的机器学习理论的问题。

表 7-3　常见初级机器学习知识概念问题汇总

编号	问题
1	简述最优子集选择的原理
2	用你自己的语言简述向前逐步选择方法的具体实现步骤
3	用你自己的语言简述向后逐步选择方法的具体实现步骤
4	常见的选择最优模型的方法有哪些？请简述它们的功能、基本原理、优点和缺点
5	什么是一倍标准误差准则
6	什么是非参数方法？请列举一些机器学习理论常见的、重要的非参数方法
7	什么是贝叶斯分类器？它的原理是什么
8	什么是“实验分层原则”
9	什么是离群点？什么是高杠杆点？简述高杠杆统计量的原理及作用

续表

编号	问题
10	什么是共线性？什么是方差膨胀因子？它的作用是什么？简述使用该“因子”时需注意的事项
11	什么是“维度灾难（或维度诅咒）”？在哪些机器学习模型中，我们可能会遇到维度诅咒？SVM 中提到了一种解决维度诅咒的方法，请问是什么
12	什么是逻辑蒂斯模型？它的参数估计是如何完成的
13	什么是发生比？什么是对数发生比？什么是分对数
14	什么是混淆矩阵？它的作用是什么
15	什么是 ROC 曲线？什么是 AUC？请分别说明它们的作用
16	什么是真阳性率？什么是假阳性率
17	什么是 LDA？什么是 QDA？请分别写出它们的贝叶斯分类器形式？简述 LDA 和 QDA 的区别和联系，以及各自的优势和劣势
18	什么是压缩估计方法的基本原理？其最具代表性的机器学习算法（或称为“模型”）有哪些
19	用你自己的语言，讨论一下逻辑蒂斯回归、LDA、QDA 和 KNN 这几种分类器的区别和联系
20	最小二乘法估计和极大似然估计的区别和联系有哪些？这两种估计的优势是什么？有无劣势？劣势是什么
21	什么是“调节参数”？什么是压缩惩罚
22	什么是最小二乘法的尺度不变性
23	简述岭回归的基本原理。请写出岭回归的模型优化方程
24	请用你自己的语言论述岭回归和最小二乘估计的区别和联系，以及它们的效果比较
25	什么是 lasso？它的模型优化方程是什么
26	为什么称 lasso 为稀疏模型
27	什么是“范数”（norm）？它和岭回归、lasso 有什么关系
28	简述岭回归和 lasso 模型的区别和联系。讨论它们的模型效果
29	什么是“降维”
30	什么是 SVD？什么是 PCA？它们之间有什么联系
31	什么是“高维计量经济学”（或者简单而言，即高维数据回归）？其研究的主要数据对象是什么
32	什么是多项式回归
33	什么是阶梯函数
34	什么是回归样条？什么是光滑样条

续表

编号	问题
35	什么是样条基函数
36	什么是截断幂基
37	什么是自然样条
38	在拟合样条时，经常会遇到一个问题：结点应该选在什么位置？谈谈你的看法
39	什么是粗糙度
40	什么是有效自由度
41	什么是 GAM？它的优点和不足有哪些
42	什么是回归树？简述其基本原理
43	什么是分类树？简述其基本原理
44	什么是装袋法？简述其基本原理
45	什么是随机森林？简述其基本原理
46	什么是提升法？简述其基本原理
47	什么是最大间隔分类器？什么是间隔？用画图说明
48	什么是超平面？一个六维的空间，它的超平面的维度应该是______
49	什么是支持向量？什么叫软间隔？什么叫松弛变量
50	什么是 kernel trick？请举例说明
51	什么是内积？请找出向量 $x=[1\ \ 2\ \ 3]$ 的内积
52	请列举一些常见的核函数
53	什么是铰链损失
54	请论述 SVM 与逻辑蒂斯回归的关系
55	为什么我们可以认为 PCA 是一种无监督学习算法
56	简述 SVM 模型发展的三个阶段
57	谈谈什么是聚类分析
58	什么是 synaptic weight？什么是 perceptron？什么是 online learning
59	为何神经网络采取在线学习的方法？为何神经网络不需要储存大量的数据
60	什么是并行计算（parallel computing）？什么是串行（serial）计算？请分别举两个例子说明
61	什么是 stochastic online gradient descent
62	什么是“与运算”？什么是“或运算”？什么是“异或运算”
63	什么是 sigmoid 函数？为何我们在神经网络建模中反复运用该函数
64	什么是神经网络的隐含层（hidden layer）？为何我们需要加入隐含层

续表

编号	问题
65	为什么说链式法则（chain rule）是微分学中最常用的技巧？为何这种技巧必须存在于神经网络的研究中
66	什么是 Backpropagation 算法？原理是什么？为何如此命名
67	神经网络的参数更新法则是什么？请利用数学公式，用你自己的语言解释。请画一个最简单的“神经网络模型”的示意图
68	简述 K 最近邻方法的原理和步骤

（三）机器学习理论与主流计量经济学交叉研究的前沿学术动态

机器学习理论是大数据的基础理论，该理论建立在统计学基础之上。机器学习理论有时也称为统计学习理论。虽然机器学习理论与主流计量经济学都来自统计学，但由于这两个学科本源哲学思想的不同，导致这两个领域的研究方法大相径庭。目前，一些经济学的主流学者对机器学习理论（大数据）产生了浓厚的兴趣，也试图在两领域间找到交集，并利用机器学习理论（尤其是大数据）推动主流计量经济学理论的发展。这些“第一个吃螃蟹”的主流经济学者包括范里安、安格里斯特、因本斯（Imbens）和苏珊·安锡（Susan Athey）。但是目前的研究还是非常“非正式化”，而其他的主流学者似乎仅是抱着极度审慎的眼光观望着这两个领域间“交叉研究”的最新进展。

下面简单介绍一下上述四位学者在机器学习领域的最新科研成果。

范里安成名已久，现任谷歌公司首席经济学家，曾撰写过《高级微观经济学》教材，并在 2014 年 9 月的 JEPersp 上发表过大数据（机器学习理论）与主流计量经济学理论的区别和联系的文章，基本结论是机器学习理论的思想对于我们研究经济学问题应该有启发和借鉴，但是如何使用和借鉴并未明确，值得深思。

安格里斯特和其科研合作者 MIT 的切尔诺祖科夫（Victor Chernozhukov）曾开设大数据与计量的公开课，但是课程基本上是主流计量（即还是以安格里斯特的“完全无害计量”的思想为主导）和大数据机器学习理论的初步介绍，两部分的结合颇为生硬，脱节较为严重，有点各说各话的感觉。唯一有特点的是切尔诺祖科夫介绍了他的大数据版的 OLS 模型，这可能是未来计量经济学发展的一个方向，但是就目前来看，该理论和模型还不太成熟，未来如何发展实在很难判断。国内学者如果跟踪这方面的研究，会面临很大的时间机会成本损失，可能目前能做的还是以积极的心态不断了解该方面的最新研究成果，继续观望。

斯坦福大学的苏珊·安锡是克拉克奖得主①，早年成名于产业组织与机制设计领域，后在谷歌公司担任首席经济学家，最近重回学术界。而因本斯是其配偶，因本斯在因果推论领域成名已久。2018 年，此二人在 NBER 夏季年会上专门组织了一个机器学习理论的专题。安锡最近撰写了一篇关于基于机器学习理论思考主流经济学研究因果问题的文章，但是文章是工作论文形式，结论还处于非常不成熟的阶段，唯一可能有趣的文章是其撰写的《利用机器学习方法估计异质性因果效应》（*Machine learning methods for estimating heterogeneous causal effects*），该文可在其主页上找到，尚未公开发表。

此外，2015 年 NBER 收录了一篇利用机器学习理论研究异质性消费需求的文章，其文章编号是 NBER WP No. 20955。

以上信息应该覆盖了目前关于机器学习理论（大数据）与主流计量经济学的研究动态。从以上信息也可以看出，二者前沿的、来自主流经济学界的研究动态并不多。

简言之，机器学习理论（以及大数据）究竟会对主流计量经济学以及经济与金融的主流研究方法带来多大的冲击，基于现在已有的国际前沿学术成果，很难做出判断。有可能会和 15 年前神经网络的出现一样，只是“昙花一现”。15 年前，神经网络的旋风从计算机领域一直刮到经济学领域，当时也有一些文献（甚至有人专门以此研究热点为专题，撰写了学术“手册”）探讨了神经网络可能对主流经济学研究方法带来冲击，但是这个问题的思考和研究很快就销声匿迹。值得注意的是，神经网络是计算机科学发展的杰出研究成果，机器学习理论也是计算机科学的重大理论突破，神经网络是机器学习理论发展过程中重要的承上启下的理论。机器学习理论（大数据）会不会如同神经网络一样在主流经济学（或金融学）败走麦城，现在很难做出判断。

本章小结

机器学习理论是人工智能学的正统理论基础，一般而言，机器学习理论又可细分为监督学习理论、无监督学习理论和强化学习理论。2016 年横空出世地打败全球围棋冠军的阿尔法狗主要是利用了深度学习理论和强化学习理论。深度学习理论是介于监督学习理论和无监督学习理论之间的一种理论。人工智能学科经

① 克拉克奖全称为约翰·贝茨·克拉克奖，该奖项由美国经济协会于 1947 年在美国经济协会创始人、协会第三任会长、著名经济学家约翰·贝茨·克拉克（1847—1938）诞辰 100 周年之际所设立。这个奖项每两年评选一次，入选的基本资格为在美国大学任教、40 岁以下的学者。该奖项有“小诺贝尔经济学奖”之称。

过半个世纪的发展经历了“三起三落”，若干“老”理论多次淡出人们视野，但又在科研人员的坚持以及科技工程技术的进步推动下重新焕发生机，神经网络理论就是其中之一，当下最火爆的人工智能技术与理论——深度学习理论其实就是神经网络理论，我们一般认为拥有更多层的神经网络就是深度学习网络，也就是深度学习理论。由于深度学习理论近年来在工业界获得了巨大成功，有学者将深度学习理论之前的人工智能理论与技术称为“浅层学习”时代，而将现在基于深度学习理论的人工智能时代称为“深层学习”时代。本章围绕机器学习理论展开，介绍了机器学习理论的基本常识和相关知识点。本章还花了较多的笔墨介绍了机器学习理论与计量经济学的区别和联系。可以认为，机器学习理论是统计学的一个分支，而计量经济学也是统计学的一个分支，因此二者既有联系，也有极大的差别。读者在学习这两个理论时应引起高度重视。

思考题

1. 统计学有哪两个主流流派？
2. 统计学的两个基本目的是什么？
3. 机器学习理论主要包括哪三个理论？
4. 什么是监督学习？具体代表算法有哪些？
5. 什么是无监督学习？具体代表算法有哪些？
6. 什么是训练集？什么是测试集？什么是验证集？
7. 什么是过度拟合？什么是欠拟合？
8. 什么是“奥卡姆剃刀原理”？
9. 请简述误差和偏差的区别。

第八章 基本无害的当代计量经济学

一、基本无害计量与计量的功夫

MIT的乔舒亚·安格里斯特（Joshua Angrist）教授是当代计量经济学的一位非常权威的专家。他撰写了两本介绍当代微观计量的专著，一本是《基本无害的计量经济学：实证研究人员指南》，另一本是《功夫计量》。这两本书的区别是，前者的读者对象是研究生或以上的科研工作者，后者的读者对象是本科生。安格里斯特教授认为，当代计量经济学主旨思想应该是他所提倡的思想，而不应该延续传统的计量经济学讲授的范式。《基本无害的计量经济学：实证研究人员指南》这本书的“基本无害”（mostly harmless）这一典故，来自道格拉斯·亚当斯（Douglas Adams，1952—2001）的圣经级科幻小说系列《银河系漫游》的其中一部——《基本无害》。而《功夫计量》这个书名取材于电影《功夫熊猫》，在电影《功夫熊猫》中，功夫大师的五位杰出弟子分别是悍娇虎、灵鹤、猴王、俏小龙、快螳螂，这五个功夫高手的形象分别为鹤（crane）、毒蛇（viper）、老虎（Tiger）、猴子（monkey）、螳螂（mantis），五位功夫高手被世人称作“盖世五侠”。

当代前沿计量经济学方法有哪些呢？第一种方法是工具变量法（IV method）；第二种方法是面板法（panel data）；第三种方法是断点回归法（Regression discontinuity design，RD/RDD）；第四种方法是双重差分法（Difference in differences，DiD）；第五种方法是匹配得分法（Propensity score matching，PSM）。这些方法，其实不仅是方法，更像是分析经济学与社会学的范式，每个方法都可以认为是一套自洽的“方法论”。目前，这些新颖的计量方法构筑了“新实证计量经济学”的大厦。

这五种方法也有一个共同的落脚点，即“选择性偏误”（selection bias），但核心还是“内生性”（endogeneity）问题。因此，关于“选择性偏误”和“内生性”是本章首先要探讨的问题。

以上五种方法，是目前做实证研究（empirical research）最有用的方法。安格里斯特认为：当代计量经济学研究的大幕就该如此拉开，以前的那种研究计量的思路或策略都属于“老时代”。安格里斯特推崇的五种方法，刚好和电影《功夫熊猫》中的“盖世五侠”（Furious Five）相对应。所以，在当下，任何学生或科研人员，如果想做实证经济研究，必须学会这五种“武功”才能行走江湖，否则在学术江湖上将寸步难行。于是，安格里斯特把他写给本科生的专著命名为《功夫计量》（*Mastering’ metrics*）。

特别强调一下，这本书的名字还隐含着另外一个深刻的含义。“Mastering”有“掌握”的意思。我们也知道计量经济学叫 econometrics，注意该单词是以词根“metrics”结尾，而心理经济学叫 psychometrics，量化历史学叫 clinometric（该单词有时又翻译为“历史计量学”，此外，有时候历史计量学又翻译为“historiometrics”），医疗统计学被称为 biometrics（当然，该单词有时又翻译为“生物特征统计学”）还有个学科叫文献计量学，该学科的英文名为 bibliometrics。通过我们的举例，相信各位读者已经应该理解《功夫计量》书名的意义了。简言之，安格里斯特想传递以下信息给读者：本书基于“因果推论”思想建立了实证计量研究的分析框架，该框架是可以推广到其他领域的，是放之四海而皆准的，因此，学生掌握了这“五种功夫”也就是“掌握”了其他若干领域的“计量”。

二、选择性偏误与内生性问题

安格里斯特的两本书都是从“选择性偏误”和“内生性问题”讲起，这两个概念是这两本书的基本理论。因此，理解“选择性偏误”和“内生性问题”是理解当代计量经济学，从事实证研究的基础。当然在开始我们的讨论前，建议读者回顾第五章及第七章第三节的内容，我们花了很多的笔墨讨论了“推论”和“预测”的区别，重点讨论了计量经济学与机器学习理论的区别和联系（更多的是讨论区别，而非联系）。经济学是一门解释性的学科，其研究的核心是“解释”，而非预测，重“推论”而非预测，因此，论证解释变量和被解释变量间的因果性是当代计量经济学的核心。

（一）选择性偏误

说明“选择性偏误”最好的方法就是举一个例子。下面我们通过以下例子说明选择性偏误问题。本例子的思想来自安格里斯特的《功夫计量》，我们做了一些修改和整理。

假如有两个学生，一个学生来自青海，名字叫王刚；一个来自广东，名字叫李明。学校要求每个学生购买医疗保险，但采取自愿原则，如果接受医疗保险，学生需要缴纳一笔不菲的费用。而对于贫困地区，政府对该医疗保险项目进行了大量的补贴。因此（假如读者）作为制定此医疗保险制度的政府官员，就需要对此项目进行评估，在下一个财政年度是否需要继续支持此医疗保险项目。

我们做以下假设：

王刚身体不好，他现在的身体状况是4，而如果不接受医疗保险他的身体会持续变差。如果王刚接受了医疗保险，一年之后我们对他的身体进行测量，结果是健康程度仍为4。如果王刚不接受医疗保险，一年后我们对他的身体进行测量，其结果是健康程度为3。

我们把健康结果用简单的数学符号来表示。我们用 H 表示健康值，下标“1”表示接受了医疗保险，下标“0”表示不接受医疗保险，而下标“w”表示王刚，则 $H_{1,W}=4$ 表示接受医疗保险的王刚的健康状况为4，而 $H_{0,W}=3$ 表示不接受医疗保险的王刚的健康状况为3。

注意一下，我们能同时观察到这两个状态吗？我们能同时观测到这两个“王刚”吗？答案是：绝不可能。读者必须理解这一点，否则我们无法展开后面的讨论。

下面我们来思考一下李明的情形。李明身体比较好，李明认为是否参加医疗保险对其毫无影响，医疗保险对其而言完全是浪费金钱。因此，李明更愿意将医疗保险的钱用于进行环球旅游。所以我们可以认为他现在的身体健康水平为5，并认为不管其是否参加医疗保险，一年之后他的健康水平都应该维持不变。注意一下，对于像李明这样身体好的人群，即使缴纳了医疗保险费，其实在医保期间（比如以一年为限），可能根本就不会去医院，所以可以认为医保其实对他意义不是很大。我们用数学符号表示，可以表示为以下结果：

$$H_{1,L}=H_{0,L}=5$$

现在的问题是，读者会如何评估这个政策，我们姑且假设该学校只有两个学生，这两个学生分别为：王刚和李明。

我们进行一个大脑的思想实验。我们假设我们生活在一个存在平行宇宙①的世界。在此平行宇宙中，我们应该在一个宇宙中让王刚选择医疗保险，然后在一年之后评估他的身体状况 $H_{1,W}=4$；而在另外一个宇宙，我们让另外一个王刚，我们姑且将其称为“王刚乙”不选择医疗保险，然后评估他的身体状况，也就

① 英文翻译为 parallel universe，有时也翻译为“并行宇宙”。

是 $H_{0,W}=3$ 。然后我们把两个宇宙中涉及王刚的身体数据汇总，此时，我们只需简单地相减就可以计算出该政策的因果效应（causal effect，CE），即 $CE=H_{1,W}-H_{0,W}=4-3=1$ 。所以，如果存在平行宇宙，我们可以非常容易地评估一个“政策”对某一个体（或者群体）的因果效应。

注意，在我们这个理想假设中（即我们认为存在平行宇宙且我们有能力轻松穿越平行宇宙），此医疗保险政策是有效的，因为因果效应 CE 等于 +1，故政策有效。

但是，我们不是活在这种“脑洞大开”的思想世界里，那么我们能衡量一个政策对一个人（或一个群体）的因果效应吗？

我们前面假设该学校仅有两个学生。但这样的假设并不失一般性，因为我们可以把案例推广到两类人群，即一类是像王刚这样身体不好的学生人群，他们是非常需要医疗保险的人群；而另一类是像李明这样身体好的人群，他们根本不在乎是否购买医疗保险。

在实际生活中，我们对政策的因果效应的评估处理其实非常的简单粗暴。

为了能衡量一个政策对人群的影响，我们会对李明和王刚两个人（或类似此二人的两个人群）进行政策评估实验，我们会迫不及待地在一年后对两人进行身体健康测试，然后把两人的身体测试结果直接相减，得到一个“值”，此“值”就会被认为是此医疗保险政策对两个人的影响。

根据上面的讨论，我们会收集到 $H_{1,W}$ 和 $H_{0,L}$ 的身体数据，然后试图相减，并利用得到的结果来等价于该政策的因果效应。好，我们查一下这两个数据的值是多少？$H_{1,W}-H_{0,L}=4-5=-1$ ，这个值是我们认为的“因果效应”。我们惊讶地发现，医疗保险对人群的效用是负的，即医疗保险对人群是有害的！如果仅从统计数据上理解，其含义是：人群越参加医疗保险身体越差啊！

我们是如何产生了这样的“悖论”呢？

我们回忆一下，真正的因果效应其实是：

$$CE=H_{1,W}-H_{0,W}=4-3=1$$

因为我们不存在平行宇宙，我们不能同时观察到王刚在做出参加还是不参加医疗保险后的两个状态。我们因为没有办法，只好退而求其次，找了李明作为不参加医疗保险的代表，所以在现实生活中，我们只能够观察到这样的结果，在统计学上，我们称这种结果叫“被观测的不同结果”（observed different in outcomes，ODO）：

$$\text{ODO}=H_{1,W}-H_{0,L}=4-5=-1$$

我们不妨做以下的简单数学变换，看看能得到什么有趣（且有价值）的数学（或经济政策）结论：

$$\begin{aligned} ODO &= H_{1,W} - H_{0,L} = 4 - 5 = -1 \\ &= (H_{1,W} - H_{0,W}) + (H_{0,W} - H_{0,L}) = -1 \\ &= CE + SB \end{aligned}$$

其中，SB 表示选择性偏误（即 selection bias，SB）。

以上这样简单的数学转化说明什么问题呢？可以得出以下结论：

结论一：我们永远只能观测到 $H_{1,W} - H_{0,L}$，但这并不是政策真正的因果效应，在统计学上我们称其为"被观测的不同结果"。

结论二：真正的因果效应应该是 $H_{1,W} - H_{0,W}$，但是因为我们的宇宙不存在平行宇宙（即使存在也不能保证我们能随时穿越这两个宇宙），所以，我们根本观测不到真正的因果效应。

结论三：利用 $H_{1,W} - H_{0,L}$ 的结果，会经常让我们误判一个"政策"对个体或人群的因果效应。

结论四：造成这样的原因主要是 $H_{0,W} - H_{0,L}$ 项，该项被称为"选择性偏误"（selection bias）。

结论五：选择性偏误 $H_{0,W} - H_{0,L}$ 项本质的含义是：如果王刚和李明都不参加医疗保险，我们可以发现其实二人本来就不具有可比性，因为两人身体素质差得太远，如同梨和橘子，毫无可比性。在本例中，二人的选择性偏误项的值为 -2，这是导致我们最终政策评估结论发生因果倒置的最根本原因。

下面我们把例子引申一下，我们可以把"两人"的概念扩展成为两组人，这两组人群，一组是参与了某项政策的人群，而另一组是没有参与该政策的人群。我们把参与了某政策的这群人称为处理组（treatment group），而把没有参与该政策的人群称为控制组（control group）。如果我们仅仅简单地把两组人群的某项均值（在本例中，该值为身体健康水平）相减，那么得出的值并非真实的政策因果效应值，因为有可能两组人群根本不具有可比性。

在《功夫计量》中，安格里斯特教授给我们举了一个真实的案例，该例子还是和医疗保险有关。该例子来自 2005 年美国的 NHIS 调查，安格里斯特发现基于这些数据，去过医院的人的健康水平为 3.21，而没去过医院的人群却为 3.93，很明显，没去过医院的人的健康水平比去过医院的人的健康水平要高。如果是一个没有学过计量经济学的领导是不是会得出以下的结论和做出以下的政策决定呢？

结论一：越去医院导致人群越不健康。

结论二：医院的设立是毫无用处的。

结论三：基于以上两点，我们应该取消医院。

显然以上的结论是荒谬的。至于为何荒谬，各位是否已想明白？其实出现这样荒谬结论的原因和我们举的王刚和李明的例子完全一样。因为，往往是身体不好的人才会去医院，医院纵使不能提高“去医院人群”的健康水平，但缺少了医院却是不行的，因为医院发挥了其应该有的职能，医院成功阻止了“去医院人群”身体健康状况持续变差或恶化。而在NHIS的调查中，没有去过医院的人群有可能自身身体素质非常好，因此他们选择不去医院。当然还有一种可能是，他们不去在NHIS调查中的医院就医，可能是因为他们属于“高净值”人群，他们非常富裕，他们拥有自己的私人医生、营养师或健身教练等资源。此外，他们有良好的生活起居保障条件，即使他们不去医院，身体也可能越变越好。

简言之，如果要评估某政策对人群的因果效应，我们可以构建两组人群作为实验人群，一组为处理组，另一组为控制组。但我们一定要收集这两组人群的背景信息，避免出现选择性偏误。比如以王刚和李明的例子为例，我们应该多收集两人事前的身体信息，如果发觉两人身体信息差得太远，就不能选择李明作为控制组。当然实际情况会更复杂，比如在本例中，我们知道是“身体水平”导致了选择性偏误，但是很多情况下，我们可能根本不知道是什么个体信息导致了选择性偏误。

那么如何避免选择性偏误呢?

答案其实非常简单，无非就是多收集个体的个人信息（或者背景信息），然后将相似背景的人进行划分，分为处理组和控制组，这样比较两组人群的均值差才有意义！毕竟，梨和橘子没法比。而在个人背景信息不可获知的情形下，为了避免选择性偏误，最好的方法就是采取随机分组法，即随机指派（random assignment）法，该方法又叫“双盲法”，此方法在医药统计学里经常被用到，该方法主要是为了评估药品的效用。双盲法能较好地避免选择性偏误。

当然还有一种避免选择性偏误的“绝佳”方法，即利用双胞胎作为研究对象。比如我们想研究“学量化金融是否能让人成为一个更好的人?”我们就可以找很多双胞胎来做实验，两兄弟中一个是学金融的（treatment group），另一个是未学金融的（control group），然后考察这两个组是否有（比如收入上的）显著差异。当然真正从事这类实验，还有很多细节需要考虑，我们不在此处仔细讨论了。

（二）内生性问题

实证金融学属于实证经济学的分支。当前金融学术研究的主流是利用实证计量经济学的方法研究金融学问题，而且这些实证计量经济学的方法都侧重于“面板数据”而非时间序列数据。这类实证金融学研究和金融数学（Q - type）没有太大关系，和衍生品定价的关系也不大。从事这类实证金融学研究，更多的反而是需要若干财务管理的知识，但是做研究的工具却完全是基于实证金融学的工具，也就是安格里斯特教授所推崇的五种功夫计量的方法。

理解清楚选择性偏误问题后，本部分重点讨论内生性问题。选择性偏误导致因果倒置，给科研人员带来错误的研究结论。选择性偏误算是内生性问题的一种。在本部分中我们重点讨论内生性问题产生的原因，其中，重点讨论工具变量（Instrumental variable）的概念。

当代计量经济学的研究逻辑完全依赖于 OLS（ordinary least square）模型展开。OLS 的假定非常强，有若干强假定，OLS 最早就是用来分析解释变量 x 和被解释变量 y 之间的关系，如果 x 和 y 之间严格满足 OLS 所有的假设，那么 x 和 y 的因果链条是非常严密的，即如果 OLS 的假设完全满足，则 x 必然导致 y，但是在现实生活中，往往很多情况下 x 和 y 之间不满足 OLS 的强假定。

当然，还需要反复强调一下实证经济学（包括实证金融学）的工作目的，即寻找事物间的因果关系，也就是研究到底谁导致了谁，即实证科研人员要论证一种单向因果关系，希望找到 x 导致 y 的证据，绝对不希望在找 x 导致 y 的证据之后，又发现 y 还能影响 x。这和中国人传统的思维方式是非常不一致的，中国人的传统哲学是天生喜欢“你中有我，我中有你，彼此交融，彼此包容促进”。特别注意，这种中国人惯性的逻辑思维方式，反而是当代实证研究非常避讳的，甚至是要完全“杜绝”的。

实证的工作目的之一就是解释事物间的关系，也就是要解释（论证）谁导致了谁。注意，工作重点始终是“解释”，而不是做预测。经济学家能解释现象，但不能预测，经济学家对预测也不感兴趣。最出名的一个关于经济学的段子是：当你在领救济金时，经济学家无法告诉你如何让你不领救济金（出任 CEO？迎娶白富美？走上人生巅峰?），但经济学家却可以帮你解释为何你在领取救济金。所以读者如果要想做预测，对预测感兴趣，就需要赶快转行，专心学习人工智能或者专心研究机器学习理论。当然，研究机器学习理论的科研人员，如果愿意花时间思考实证计量经济学如何论证因果关系这套理论，也会受益匪浅。

1. 内生性问题发生的机理

下面用一个最简单的例子和一些最简单的公式阐述内生性问题和工具变量问题。

OLS 有若干的强假设，其中最重要的是外生性（exogeneity）假设。

一般而言，OLS 有四条重要假定，它们分别是线性假定、严格外生性假定、不存在“严格多重共线性”假定和球型扰动假定。它们的具体描述如下。

假定 1：线性假定，这个假定就是：

$$y = X\beta + \varepsilon$$

假定 2：严格外生性假定，具体数学形式如下：

$$\mathbb{E}(\varepsilon_i \mid X) = \mathbb{E}(\varepsilon_i \mid x_1, \cdots, x_i, \cdots, x_N) \equiv 0 \in \mathbb{R}^{1\times 1}$$

其潜台词是在给定所有解释变量（explanatory variables）样本信息时，扰动项的期望值为零。其潜台词也表示：

$$\mathbb{E}(y_i \mid X) = \mathbb{E}(y_i \mid x_1, \cdots, x_i, \cdots, x_N) = x'_i \beta$$

假定3：不存在多重共线性（strict multicollinearity）

即 $x^1 \cdots \ x^j \cdots x^K$ 间不可以互相表示。比如 $x^3 = f(x^1, x^2)$ 有函数关系①，则存在多重共线性。如果 $x^1 \cdots \ x^j \cdots x^K$ 间不存在多重共线性，则在数学上应满足 $\mathrm{rank}(X) = K$ 这个数学特性。

假定4：球形扰动假定（Spherical disturbance），也就是扰动项要满足“同方差”和“无序列相关”的性质。

数学表达式是：

$$\mathrm{var}(\varepsilon \mid X) = \mathbb{E}(\varepsilon\varepsilon' \mid X) = \sigma^2 \underbrace{\begin{bmatrix} 1 & \cdots & 0 \\ \vdots & \ddots & \vdots \\ 0 & \cdots & 1 \end{bmatrix}}_{\triangleq I_N} = \begin{bmatrix} \sigma^2 & \cdots & 0 \\ \vdots & \ddots & \vdots \\ 0 & \cdots & \sigma^2 \end{bmatrix} \in \mathbb{R}^{N \times N}$$

初级计量经济学关注的焦点是异方差、序列自相关和共线性。异方差和序列自相关和假定4球型扰动假定有关，共线性问题和假定3有关。其实最重要的假定是外生性假定，因为只有满足外生性假定，扰动项和 x 正交，也就是独立（进而才能知晓彼此无相关性），此时估计出来的模型参数 $\hat{\beta}$ 值（也就是系数）才是无偏的，才是一致的，否则估计都有偏也不一致。说得直白一点，如果估计的结果既有偏又不一致，那么这样的估计结果意义不大。

这其实也很好解释，我们仅需用几个最简单的公式说明内生性问题的危害。假设我们有以下的OLS形式，u 表示扰动项。

$$y = \beta x + u$$

严格外生性的含义是假设 x 和 u 彼此独立，即彼此毫无关系，也就是 x 和 u 满足如图8－1所示的关系。

读者可以设想一下，因为 x 和 u 彼此独立，所以对上式求关于 x 的导数有 $\frac{\mathrm{d}y}{\mathrm{d}x} = \beta$，由此可知，模型只要满足外生性假定，$\beta$ 的值能准确反映 x 改变如何改变 y。但是如果 x 和 u 不彼此独立，则此时，三者关系如图8－2所示。

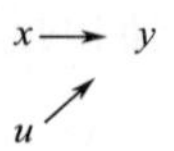

图8－1　关于严格外生性的说明

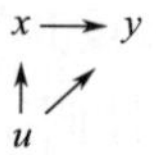

图8－2　内生性问题的产生

① 或者更为简单地假设：$x^3 = \gamma_1 x^1 + \gamma_2 x^2$。

于是，OLS 的方程就变成以下的函数关系：$y = \beta x + u(x)$。如果此时再对 x 求导，则为 $\frac{dy}{dx} = \beta + \frac{du}{dx}$，非常自然的，我们发现 $\frac{dy}{dx}$ 不等于 β 的值。

如果我们发现扰动项 u 和 x 之间有较强的相关性，则表示我们用 OLS 算出来的参数肯定有问题，我们也不能判断 x 一定导致 y。因为 x 和 u 有较强的相关性，表示 x 和 u 之间一定不独立，则 OLS 一定不满足外生性假定。

要解决外生性问题，一种最传统的方法就是引入工具变量 z。好的工具变量一定要具备以下几个特点：

（1）与扰动项 u 独立；

（2）与 x 有很强的相关性；

（3）与 y 相关，但这样的相关性必须是间接的，必须通过 x（见图 8－3）。

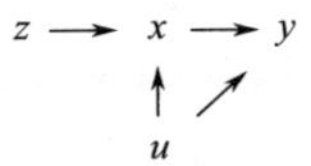

图 8－3　工具变量与内生性问题的说明

2. 一个关于识别内生性问题的精彩案例

下面举一个利用工具变量研究经济学的问题。和《功夫计量》的作者安格里斯特教授一样，达龙·阿西莫格鲁（Daron Acemogulu）也是 MIT 的经济学教授，他是经济学界的巨擘之一，此人的学术研究几乎覆盖经济学的各个细分领域，此人基本上算是个全才，且研究成果产量极高。关于他的科研传说实在太多。他利用工具变量研究过一个非常有趣的制度经济学的问题。阿西莫格鲁与约翰逊（Simon Johnson）、鲁滨孙（James Robinson）在 2001 年的《美国经济评论》（*American Economic Review*）上发表了一篇名叫《殖民地发源地的比较发展：基于实证调查》的文章，该文被后来的学者简称为 AJR2001。这篇文章是利用工具变量法作为研究工具的经典研究论文。该文的主旨是试图论证一个非常古老的经济学问题，即是好的制度导致经济增长；还是经济增长了，人民福祉增加了，好的制度自然就形成了？假如我们认为制度是 x，而经济增长（或者国家富裕程度）为 y，我们的研究重点就是要思考到底是 x 导致 y，还是 y 导致 x。中国人传统的文化哲学可能更倾向于“经济增长了，人民福祉增加了，好的制度自然就能形成”的观点。中国古代伟大的政治与经济战略家管仲就有以下精彩论述：“仓廪实而知礼节，衣食足而知荣辱”，意思就是说百姓的粮仓充足，丰衣足食，才能顾及礼仪，重视荣誉和耻辱。其潜台词就是经济增长了，人民富裕了，好的制度自然就建立起来了。但是阿西莫格鲁等人不是这样认为的，他们在 AJR2001 中试图论证：是好的制度导致了经济增长以及国家的富裕。总的来说，“到底是好的制度导致经济增长还是经济增长了导致好的制度的形成”，这是个很古老的问题，也是制度经济学和发展经济学最关注的问题之一。一直以来，学者间争论不休，而且各自都找到了支持自己论断的理论和证据。下面重点讨论阿西莫格鲁等人论证该问题的思路。

AJR2001 选择的样本国家都是那些曾有过被殖民历史的国家，这些国家之间经济发展水平分化很大，像美国和澳大利亚这些国家独立后成为发达国家，另一些殖民地国家（如部分非洲国家）随后长期处于贫困状态。阿西莫格鲁认为，早起被殖民国家的自然环境存在很大的差异，有一些国家很适合殖民者去生存，殖民者在该地区死亡率很低，于是殖民者更愿意在这些国家和地区移植本国的产权和司法制度，逐步在这些殖民地建立起好的产权与司法制度，这些殖民地在独立后会有较好的代议制民主体制和司法制度，为这些地区或国家长期的经济发展奠定了基础，导致这些国家在当代的经济水平和人民福祉比较高。而在非洲，一些被殖民的国家或地区，由于自然条件不适合殖民者生存，殖民者的死亡率很高，殖民者更愿意在这些国家或地区采取掠夺性的政策，建立独裁和掠夺性制度，导致这些国家或地区在独立后整体制度环境很差，进而影响了长期的经济增长和社会发展。

AJR2001 的思路为：殖民者死亡率 → 制度水平 → 经济发展水平。阿西莫格鲁利用历史资料构建了殖民地区殖民者军队死亡率数据库，将早期死亡率作为现在制度水平的工具变量用于估算制度水平对经济发展的重要性。估算结果较好地支持了阿西莫格鲁的推测，即制度水平是影响一个国家长期经济发展最重要的因素，在控制制度水平之后，人力资本、宗教、民族多样性等变量的影响不再显著或者回归系数下降。该文发表后在学术界引起了广泛的关注，也有部分学者对研究结论持怀疑态度，其中阿尔布伊（Albouy，2012）从数据可信性和实证方法可信性的角度对该文进行了质疑。

3. 内生性问题产生的原因

计量经济学家所做的都是要让 x 解释 y，而 y 不要去解释 x，等价地说 x 和扰动项 u 之间必须彼此独立。工具变量（Ⅳ）在计量经济学中有如此重要的位置，原因就在于此。很多时候导致双向因果主要是因为遗漏了变量 z，我们用 z 表示“工具变量”。工具变量的外生性也称“排他性约束”（exclusion restriction），因为外生性意味着，工具变量影响被解释变量的唯一渠道是通过与其相关的内生解释变量，它排除了所有其他的可能影响渠道。此外，读者需要注意的是，在时间序列中，被解释变量可将其自身的滞后项作为工具变量，这是一种十分特殊的选择工具变量的方法。常见的处理方法是利用被解释变量的两阶滞后项作为工具变量，即可认为此时的模型是一个具有二阶自回归［即 AR（2）］性质的模型。

值得一提的是，导致内生性问题一般认为有以下三个原因：

第一个原因是遗漏变量，这非常好理解，因为在做回归之时，如果重要的解释变量遗漏了，在这样的背景下做回归必然导致该因素落入扰动项中，进而导致模型估计出的参数有偏而且不一致。

第二个原因是联立方程（Simultaneity）识别问题。这个问题也是困扰经济学研究非常久的问题，该问题可以如此简单理解：当研究人员能收集很多关于某市场的价量（P_i, Q_i），$i = 1, \cdots, N$ 信息时，如果科研人员不知道每个点（P_i, Q_i）到底是隶属于需求曲线还是隶属于供给曲线之上，科研人员在这种情况下是永远也不可能用这些样本点信息识别出（或画出）供给曲线和需求曲线的。此外，因为绘制不出供给曲线和需求曲线，因此也无法知道该市场的均衡价格。为了解决这个问题，科研人员只有引入工具变量，或者限制参数的范围。第二种解决方法正是中高级计量经济学（时间序列部分）里面介绍的结构向量自回归（Structural Vector AutoRegression，SVAR）方法，该思路的原理可以概括为：如果我们知道供给曲线的斜率一定为正，那么涉及斜率的参数也一定且必须限制其为正值。

第三个导致内生性问题的原因是测量误差（measurement errors）。

三、量化视角下的初级计量经济学

传统的初级计量经济学一般教导学生使用 Eviews 或者 Stata 软件，这样的教学模式的最大缺点是使学生对计量经济学的本质一知半解，而且容易导致学生学习知识变得“形而上学”。举个最简单的例子：有学生认为 R 值越大越好，t－值越大越好，P 值越小越好，但却不知其所以然。当出现异常情况时，学生会对模型乱处理，甚至“按摩数据”①。量化金融学倡导学生动手“造轮子”，思考计量模型的每一个检验背后的数学公式以及计算机语言代码的实现。本部分并非简单地堆砌初等计量经济学的知识，而是试图为读者揭开初等计量经济学中若干重要公式的计算机代码实现的秘密，并讨论公式背后的数值稳定问题。

一般而言，所有的计量经济学的故事是从以下基本模型开始讲起的：

$$y_i = \beta_1 x_{i1} + \beta_2 x_{i2} + \cdots + \beta_K x_{iK} + \varepsilon_i$$

其中，$i = 1, \cdots, N$，注意一下这表示有 N 个样本。

而该方程有 K 个回归元（regressors），x_{i2} 是第 i 个样本的第 2 个解释变量［有时也叫协变量（covariate），或者叫自变量］，注意 x_{i2} 本质上是个样本值。ε_i 是扰动项，其具体的形态其实我们并不知道，我们如何假设扰动项的性质直接决定了我们的模型特征。

① 一种在学术圈中委婉提醒科研人员不要试图窜改修正数据的俚语。按摩数据的完整表述指“不要把数据按摩成你想要的样子”。

需要注意的是，在很多初级计量教科书中并不区分“扰动项”（disturbance term）和“误差项（或叫残差）”（error term），往往假设二者为一个概念，但这两个概念相去甚远，在本书中，ε_i 表示扰动项，误差项用 e_i 表示。

此外，本书还有一个和初等计量教材很大的不同是：本书始终没有考虑常数项，因为这个问题是非常容易解决的，我们只需把 x_{i1}（$i=1,\cdots,N$）恒想象为等于1即可。所以本书的写法更具有普遍性，而一般的初等计量教材算是一个特例罢了。

一般的初等教材都从一元回归模型讲起，即：$y_i=\beta_1+\beta_2x_{i2}+\varepsilon_i$（$i=1,\cdots,N$），即可认为 $K=2$，$x_{i1}\equiv1$（$i=1,\cdots,N$）。

一般的初等教材在讲完一元回归后，才会讲解二元或者多元回归。“元”指的其实是“回归元”，“一元”指只有一个回归元，“二元”指有两个回归元。

简言之，以下为OLS（Ordinary Least Square）的基本形式：

$$y_i=\beta_1x_{i1}+\beta_2x_{i2}+\cdots+\beta_Kx_{iK}+\varepsilon_i\qquad(i=1,\cdots,N)$$

以上式子的向量（vector）形式为：

如果定义 $y\triangleq\begin{bmatrix}y_1\\ \vdots\\ y_N\end{bmatrix}\in\mathbb{R}^{N\times1}$，则 $X=\begin{bmatrix}x_{11}&\cdots&x_{1j}&\cdots&x_{1K}\\ \vdots&\ddots&&&\vdots\\ x_{i1}&\cdots&x_{ij}&\cdots&x_{iK}\\ \vdots&&&\ddots&\vdots\\ x_{N1}&\cdots&x_{Nj}&\cdots&x_{NK}\end{bmatrix}$ 即

$$X\triangleq\begin{bmatrix}x_{11}&\cdots&x_{1K}\\ \vdots&\ddots&\vdots\\ x_{N1}&\cdots&x_{NK}\end{bmatrix}\triangleq\begin{bmatrix}x'_1\\ \vdots\\ x'_i\\ \vdots\\ x'_N\end{bmatrix} or \triangleq[x^1\ \cdots\ x^j\cdots\ x^K]\in\mathbb{R}^{N\times K}$$

其中，$x_i\triangleq\begin{bmatrix}x_{i1}\\ \vdots\\ x_{iK}\end{bmatrix}\in\mathbb{R}^{K\times1}$，$x^j=\begin{bmatrix}x_{1j}\\ \vdots\\ x_{Nj}\end{bmatrix}\in\mathbb{R}^{N\times1}$。

而扰动项和参数的向量形式为：

$$\varepsilon\triangleq\begin{bmatrix}\varepsilon_1\\ \vdots\\ \varepsilon_N\end{bmatrix}\in\mathbb{R}^{N\times1}$$

$$\beta=\begin{bmatrix}\beta_1\\ \vdots\\ \beta_K\end{bmatrix}\in\mathbb{R}^{K\times1}$$

则

$$y_i = \beta_1 x_{i1} + \beta_2 x_{i2} + \cdots + \beta_K x_{iK} + \varepsilon_i \ (i = 1, \cdots, N)$$

可写成以下矩阵形式：

$$y = X\beta + \varepsilon$$

或者

$$y_i = x'_i\beta + \varepsilon_i \ (i = 1, \cdots, N)$$

或者

$$y = \sum_{j=1}^{K} \beta_j x^j + \varepsilon$$

但这种写法在计量经济学教科书中较少见。

此外，我们还需要思考一下 N 和 K 之间的关系，一般而言，N 应该大于 K，比如我们研究收入的决定因素，我们可以找到 N 个人并获得这 N 个人的收入，这个 N 可能非常大，比如1万人的收入，但是我们能想到的影响收入的决定因素却不可能有一万个，可能关注20～30个因素（即 $K<30$）已是极限。但是在机器学习理论中，很多研究场景是考虑 $K \gg N$ 的情形①，当然这在计量经济学中是不考虑的。

注意以下两个重要结论：

第一，如果对角线的值不一致，则说明方差不一样，也就不是“同”样的方差，所以称为“异方差”（Heteroscedasticity）。

第二，如果对角线以外的元素不为零，则说明存在序列自相关（serial correlation）。

这两个结论也可以这么定义：

$$\mathrm{var}(\varepsilon_i \mid X) = \sigma^2, i = 1, \cdots, N \text{（同方差）}$$

$$\mathrm{cov}(\varepsilon_i, \varepsilon_j \mid X) = 0, i, j = 1, \cdots, N \quad \text{且 } i \neq j \text{（序列不相关）}$$

（一）OLS的简单代数推导

我们写出OLS的向量形式：

$$y = X\beta + \varepsilon \text{ 或者 } y_i = x'_i\beta + \varepsilon_i$$

在前文四个假定都满足的情况下，我们看看我们能得到什么结论和性质。特别强调的是，在四个假定中，我们有假设 ε_i 的统计分布吗？在此处，该问题的答案是“并没有做特别的假定”。虽然在初等计量经济学里面我们往往无意识地认为 ε_i 满足i. i. d的高斯分布。注意四个假定承认i. i. d，但没有说 ε_i 一定需要满足高斯分布。

① $\gg$表示“远大于”。

从

$$y_i = x'_i\beta + \varepsilon_i \Leftrightarrow \varepsilon_i = y_i - x'_i\beta$$

再从假定 2 严格外生性 $\mathbb{E}(\varepsilon_i|X)$ 我们有：

$$\mathbb{E}(\varepsilon_i|X) = \mathbb{E}(y_i - x'_i\beta|X) \Leftrightarrow$$

$$\mathbb{E}(y_i - x'_i\beta|X) = \mathbb{E}(y_i|X) - \mathbb{E}(x'_i\beta|X) = \mathbb{E}(y_i|X) - \mathbb{E}(x'_i\beta) = 0 \Leftrightarrow$$

$$\mathbb{E}(y_i|X) = \mathbb{E}(x'_i\beta)$$

当然推导到这里，此性质也没有很大的作用，不能说明太多问题。其实假定 2 需要推导出以下性质：

$$X'\varepsilon = 0 \in \mathbb{R}^{K\times 1}$$

首先注意一下"0"是一个向量，是全部由零构成的向量（请注意这个细节）。

这个结论是如何得出的呢？因为我们承认 $\mathbb{E}(\varepsilon_i|X) \equiv 0 \in \mathbb{R}^{1\times 1}$，也就是认为 $\forall$（任意）x^j 和 ε 彼此独立，其中 $j = 1, \cdots, K$。"彼此独立"的两个向量的内积（inner product）为零，这是线性代数课程的基本内容。因为"独立"，所以可认为两个向量正交（orthogonal），也就是内积为零，用符号表示即为 $x^j \perp \varepsilon$。内积的定义为：

$$(x^j)'\varepsilon = \varepsilon'(x^j) = \sum_{j=1}^{N} \varepsilon_j x_{ij}$$

所以只要假定 3 成立，则 $X'\varepsilon \equiv 0 \in \mathbb{R}^{K\times 1}$。

又因为 $y - X\beta = \varepsilon$，则

$$X'(y - X\beta) \equiv 0 \in \mathbb{R}^{K\times 1}$$

到此处，β 的表达式已经显而易见：

$$\begin{aligned} & X'(y - X\beta) \equiv 0 \\ & \Rightarrow X'y - X'X\beta \equiv 0 \\ & \Rightarrow X'y \equiv X'X\beta \\ & \Rightarrow X'X\beta = X'y \\ & \Rightarrow \beta = (X'X)^{-1} X'y \end{aligned}$$

如果满足严格外生性，我们利用解释变量和被解释变量的样本值就可以得到参数 β 的值。当然，为了增加数学描述的准确性，我们用 b 专门来表示 $(X'X)^{-1} X'y$，即 $b \triangleq (X'X)^{-1} X'y$。

此外特别注意，到此处我们利用"高斯分布"的统计特性了吗？答案是仍然没有！

我们还要思考一些技术性问题，比如 $X'X$ 的矩阵是否存在可逆矩阵（invertible matrix）吗？如果不存在，那么我们将无法获得 b 值。推导 OLS 的主流思路如下：

$$\min_{\tilde{\beta}} \{\varepsilon'\varepsilon\}$$

注意，$\varepsilon'\varepsilon \in \mathbb{R}^{1\times1}$，且 $\varepsilon'\varepsilon = \sum_{i=1}^{N} \varepsilon_i^2$，上面式子还可以写成这样的表达式：

$$\tilde{\beta} = \operatorname{argmin}\{\varepsilon'\varepsilon\}$$

此外，我们知道 $\varepsilon = (y - X\beta)$，所以

$$\begin{aligned}
&\tilde{\beta} = \operatorname{argmin}\{\varepsilon'\varepsilon\} \\
&\Rightarrow \tilde{\beta} = \operatorname{argmin}\{(y - X\beta)'(y - X\beta)\} \\
&\Rightarrow \tilde{\beta} = \operatorname{argmin}\{(y' - \beta' X')(y - X\beta)\} \\
&\Rightarrow \tilde{\beta} = \operatorname{argmin}\{(y'y - \beta' X'y) - (y'X\beta - \beta' X'X\beta)\}
\end{aligned}$$

这是一个关于 β 的二项式，则 $\frac{\partial \varepsilon'\varepsilon}{\partial\beta} = 0 \in \mathbb{R}^{K\times1}$。

引理 7.1：假设 $a,\beta \in \mathbb{R}^{K\times1}$，则

$$\frac{\partial a'\beta}{\partial\beta} \triangleq \begin{bmatrix} \frac{\partial a'\beta}{\partial \beta_1} \\ \vdots \\ \frac{\partial a'\beta}{\partial \beta_j} \\ \vdots \\ \frac{\partial a'\beta}{\partial \beta_K} \end{bmatrix} = a$$

同理类似

$$\frac{\partial \beta'a}{\partial\beta} \triangleq \begin{bmatrix} \frac{\partial \beta'a}{\partial \beta_1} \\ \vdots \\ \frac{\partial \beta'a}{\partial \beta_j} \\ \vdots \\ \frac{\partial \beta'a}{\partial \beta_K} \end{bmatrix} = a$$

引理 7.2：假设 $A \in \mathbb{R}^{K\times K}, \beta \in \mathbb{R}^{K\times1}$，则

$$\frac{\partial \beta'A\beta}{\partial\beta} \triangleq \begin{bmatrix} \frac{\partial \beta'A\beta}{\partial \beta_1} \\ \vdots \\ \frac{\partial \beta'A\beta}{\partial \beta_j} \\ \vdots \\ \frac{\partial \beta'A\beta}{\partial \beta_K} \end{bmatrix} = 2A\beta$$

所以

$$
\begin{aligned}
&\frac{\partial \varepsilon'\varepsilon}{\partial \beta} = 0 \in \mathbb{R}^{K\times 1} \\
&\Rightarrow \frac{\partial\{(y'y - \beta' X'y) - (y'X\beta - \beta' X'X\beta)\}}{\partial \beta} = 0 \\
&\Rightarrow -X'y - X'y + 2X'X\tilde{\beta} = 0 \\
&\Rightarrow -X'y - X'y + 2X'X\tilde{\beta} = 0 \in \mathbb{R}^{K\times 1} \\
&\Rightarrow X'X\tilde{\beta} = X'y \in \mathbb{R}^{K\times 1} \\
&\Rightarrow \tilde{\beta} = (X'X)^{-1}X'y
\end{aligned}
$$

所以结论和前面一致。

（二）重点定义残差（误差项）e

我们定义残差的概念：

$$e \triangleq y - Xb \in \mathbb{R}^{N\times 1}$$

我们还定义预测值（predicted values）或者称为拟合值（fitted values）为 $\hat{y} \triangleq Xb$。我们还（必须）认为 $\hat{y} \perp e$。我们还要定义一个量，这个量就是大名鼎鼎的“标准误”（standard error）：

$$s^2 \triangleq \frac{1}{N-K}\sum_{i=1}^{N} e_i^2 \equiv \frac{e'e}{N-K}$$

为何不是除以 $\frac{1}{N}$ 而是 $\frac{1}{N-K}$？这可能是整个计量经济学最巧妙的地方，理由如下：不要忘记我们有一个 $X'\varepsilon \equiv 0 \in \mathbb{R}^{K\times 1}$ 的约束。

我们提供一种不太严谨的解释：一般而言，引入多个解释变量，$\sum_{i=1}^{N} e_i^2$ 的值会迅速减少，但是引入太多解释变量，即 K 增长并不能真正表示误差减少，所以引入“$-K$”，其作用有点“惩罚”的感觉。在此，我们可以如此理解：引入 K 后，$K\uparrow \Rightarrow \left(\frac{1}{N-K}\right)\uparrow, \left(\sum_{i=1}^{N} e_i^2\right)\downarrow$，这么定义真正起到了评判引入新的解释变量（导致 K 增加）有无作用的目的。

残差和扰动项是什么关系呢？

到目前为止我们没具体说过

$$\text{var}(\varepsilon \mid X) = \mathbb{E}(\varepsilon\varepsilon' \mid X) = \sigma^2 \underbrace{\begin{bmatrix} 1 & \cdots & 0 \\ \vdots & \ddots & \vdots \\ 0 & \cdots & 1 \end{bmatrix}}_{\triangleq I_N} = \begin{bmatrix} \sigma^2 & \cdots & 0 \\ \vdots & \ddots & \vdots \\ 0 & \cdots & \sigma^2 \end{bmatrix} \in \mathbb{R}^{N\times N}$$

中的 σ^2 具体为何种“假设”。先提前预告一下：$\mathbb{E}(s^2) = \sigma^2$ 是我们最想要的，如

果随着 $N \to \infty$，$\mathbb{E}(s^2) \triangleq \frac{1}{N-K}\mathbb{E}(\sum_{i=1}^{N} e_i^2) \equiv \lim_{N\to\infty}\left(\frac{\mathbb{E}(e'e)}{N-K}\right) = \sigma^2$ 就是最好的结果，这就是（不太严格意义上的）无偏估计量（unbiased estimator）。

还可以通过 OLS 的几何特性来解释。

$P \triangleq X(X'X)^{-1}X'$ 被定义为投影矩阵（Projection matrix），而 $M \triangleq I_N - X(X'X)^{-1}X'$ 被定义为“消灭矩阵”（Annihilator matrix），该矩阵有以下重要性质：

$$e = M\varepsilon$$

此外，“消灭矩阵”（Annihilator matrix）M 有很重要的特性：$M^2 = M$。

特别强调一下，具有 $M^2 = M$ 这种性质的矩阵被称为幂等矩阵，幂等矩阵都有如下性质：

$$\text{rank}(M) = \text{trace}(M)$$

如果利用 X 去构建 M，则 $\text{rank}(M) = \text{trace}(M) = N - K$。特别需要说明的是：一个矩阵的所有特征值（eigenvalue）相加为该矩阵的 trace，一个矩阵的非零特征值个数为该矩阵的 rank。

（三）拟合优度（goodness of fit）

这是初等计量经济学重点讲授的知识点。

主要是定义几个重要误差的概念汇总：

$$TSS = \left(\frac{1}{N-1}\right)\sum_{i=1}^{N}(y_i - \bar{y})^2$$

$$RSS = \left(\frac{1}{N-1}\right)\sum_{i=1}^{N}(e_i)^2$$

有些教科书里面也叫 ESS，或者 SSR（sum of squared residuals）。

$$SSS = \left(\frac{1}{N-1}\right)\sum_{i=1}^{N}(\hat{y}_i - \bar{y})^2$$

有些教科书也叫 RSS，或者 ESS（explained sum of squares）。

此外，CFA 和 FRM 也考这些内容，但是 CFA 和 FRM 考试关于这三个误差的定义的名字并不一致，所以初学者需特别注意。这三者关系为：$TSS = RSS + SSS$。

则拟合优度被定义为：

$$R^2 \triangleq \frac{\widehat{\text{var}}\{\hat{y}\}}{\widehat{\text{var}}\{y\}} \equiv \frac{\left(\frac{1}{N-1}\right)\sum_{i=1}^{N}(\hat{y}_i - \bar{y})^2}{\left(\frac{1}{N-1}\right)\sum_{i=1}^{N}(y_i - \bar{y})^2} = \frac{SSS}{TSS}$$

其中，$\widehat{\text{var}}\{y\}$ 表示向量 y 的样本方差。还需说明：

$$\bar{y} = \sum_{i=1}^{N} y_i$$

$$\hat{y} \triangleq Xb = \begin{bmatrix} \hat{y}_1 \\ \vdots \\ \hat{y}_N \end{bmatrix}$$

因为 $e_i = y_i - \hat{y}_i$ ，并利用 $\sum_{i=1}^{N} e_i \hat{y}_i = 0$ 性质可以将 R^2 写成：

$$R^2 \triangleq 1 - \frac{\widehat{\text{var}}\{e\}}{\widehat{\text{var}}\{y\}} \equiv 1 - \frac{\left(\frac{1}{N-1}\right)\sum_{i=1}^{N}(e_i)^2}{\left(\frac{1}{N-1}\right)\sum_{i=1}^{N}(y_i - \bar{y})^2} = 1 - \frac{RSS}{TSS}$$

特别值得一提的是，我们以前强调过：好的科学家都追求简洁，对于引入更多的解释变量都应受到惩罚，具体理由见前文关于标准误的解释，以下是标准误的公式：

$$s^2 \triangleq \frac{1}{N-K}\sum_{i=1}^{N} e_i^2 \equiv \frac{e'e}{N-K}$$

则一般使用以下修正（adjusted）版本的 R^2 ：

$$\text{adjusted\_ } R^2 \triangleq 1 - \frac{\left(\frac{1}{N-K}\right)\sum_{i=1}^{N}(e_i)^2}{\left(\frac{1}{N-1}\right)\sum_{i=1}^{N}(y_i - \bar{y})^2}$$

（四）关于 b 的特性

$$b \triangleq (X'X)^{-1} X'y$$

这个 $b \triangleq (X'X)^{-1} X'y$ 值，是我们用 OLS 思想推导出来的，β 被认为是真实值。那么在满足前面给定的那些假设条件之下，b 和 β 之间是什么关系呢？

$\mathbb{E}(b) \triangleq \mathbb{E}\{(X'X)^{-1} X'y\}$，因为 $y = X\beta + \varepsilon$

$\Rightarrow \mathbb{E}(b) \triangleq \mathbb{E}\{(X'X)^{-1} X'(X\beta + \varepsilon)\} = \mathbb{E}\{(X'X)^{-1} X'X\beta\} + \mathbb{E}\{(X'X)^{-1} X'\varepsilon\}$

$\Rightarrow \mathbb{E}(b) = \beta + \mathbb{E}\{(X'X)^{-1} X'\varepsilon\}$

因为我们所有立论的基础之一是满足严格内生性，所以 $\mathbb{E}\{(X'X)^{-1} X'\varepsilon\}$ 可写成 $\mathbb{E}\{(X'X)^{-1} X'\}\,\mathbb{E}(\varepsilon)$ ，又因为我们认为 $\mathbb{E}(\varepsilon) = 0 \in \mathbb{R}^{N\times 1}$ ，所以：

$$\mathbb{E}\{(X'X)^{-1} X'\varepsilon\} = 0 \in \mathbb{R}^{K\times 1}$$

从这里也可以看出来，如果存在内生性问题，我们不能用 OLS 获得无偏估计，也就是说

$$\mathbb{E}(b) \neq \beta$$

1. 如果我们知道 σ 的具体值

如果我们知道 σ 值，我们还能得到什么更多的结论或者性质吗？

我们考察一下：

$$\mathrm{var}(b \mid X) \in \mathbb{R}^{K \times K}$$

$$\mathrm{var}(b \mid X) = \mathbb{E}\{(b-\beta)(b-\beta)' \mid X\}$$

（细节推导略）则结论为：

$$\Rightarrow \mathrm{var}(b \mid X) = \sigma^2 (X'X)^{-1} = \sigma^2 \left(\sum_{i=1}^{N} x_i x'_i\right)^{-1}$$

值得一提的是，若需得到以上结论，需要利用假定1至假定4。

2. 如果不知道 σ 的具体值

如果不知道 σ 的具体值，我们可以利用样本的标准差来替代，结论如下：

$$\widehat{\mathrm{var}}(b) = s^2 (X'X)^{-1} = s^2 \left(\sum_{i=1}^{N} x_i x'_i\right)^{-1}$$

其中

$$s^2 \triangleq \frac{1}{N-K}\sum_{i=1}^{N} e_i^2 \equiv \frac{e'e}{N-K}$$

因为 $\widehat{\mathrm{var}}(b)$ 是一个对角矩阵，所以每个对角线上的元素的方差可表示为

$$\widehat{\mathrm{var}}(b_j) = s^2 c_{jj}$$

其中，c_{jj} 是 $(X'X)^{-1}$ 矩阵的第 (j,j) 个元素。

所以

$$\widehat{\mathrm{var}}(b_j) = s^2 c_{jj} = \left(\frac{e'e}{N-K}\right)[(X'X)^{-1}]_{jj}$$

此外，我们经常看到的 $\mathrm{se}(b_j)$ 其实被定义为

$$\mathrm{se}(b_j) \triangleq s\sqrt{c_{jj}} = \sqrt{\widehat{\mathrm{var}}(b_j)}$$

反复强调一下，如果存在异方差或者序列自相关，$\widehat{\mathrm{var}}(b_j)$ 的表达式并非以下表达式：

$$\widehat{\mathrm{var}}(b_j) = s^2 c_{jj} = \left(\frac{e'e}{N-K}\right)[(X'X)^{-1}]_{jj} \text{①}$$

3. 如果已知 σ 的具体值并知道扰动项的随机分布

回顾一下前面得到的重要结论：

$$b \triangleq (X'X)^{-1}X'y \text{ 且 } y = X\beta + \varepsilon$$

$$\Rightarrow b \triangleq (X'X)^{-1}X'(X\beta+\varepsilon) = \beta + (X'X)^{-1}X'\varepsilon$$

$$\text{前面章节我们已证明：}\begin{cases} E(b \mid X) = \beta + E\{(X'X)^{-1}X'\varepsilon\} \\ \mathrm{var}(b \mid X) = \sigma^2 (X'X)^{-1} = \sigma^2 \left(\sum_{i=1}^{N} x_i x'_i\right)^{-1} \end{cases}$$

① 讲到这里，我们其实可以引入t－检验的概念，即 $t_k = \dfrac{b_k - \beta_k^0}{\mathrm{se}(b_k)}$，$\beta_k^0$ 中的上标0表示 $H_0: \beta_0 \equiv \beta_k^0$，一般假设 $\beta_k^0 = 0$。

注意一下，我们发现 b 的统计特性和 y 无关，如果 X 为确定变量，那么 b 的统计特性就完全由 ε 决定。

从现在开始，我们讨论 σ 的具体统计特性，一般而言我们都是简单粗暴地将 ε 设置为 i. i. d，且 $\varepsilon \sim N(0,\sigma^2 I_N)$，如果加入此条件，我们能得到什么结论呢？我们得到的答案是：

$b|X \sim N(\beta,\sigma^2 (X'X)^{-1})$，注意这是向量形式，如果写成标量（scaler）形式则为：$b_j|X \sim N(\beta_j,\sigma^2 c_{jj})$，其中，$j = 1,\cdots,K$。

如果知道了 $\varepsilon \sim N(0,\sigma^2 I_N)$，我们还能推导出什么呢？我们的思考重点又落到了标准误 s^2 上。

残差项 e 和扰动项 ε 之间有如下关系：

$$e = M\varepsilon$$

其中，“消灭矩阵”$M \triangleq I_N - X(X'X)^{-1}X'$，且 $M^2 = M$，$\text{trace}(M) = \text{rank}(M) = N - K$。而标准误为 $s^2 \triangleq \frac{1}{N-K}\sum_{i=1}^{N} e_i^2 \equiv \frac{e'e}{N-K}$。

我们第一步讨论在已知 $\varepsilon \sim N(0,\sigma^2 I_N)$ 下，$e'e$ 是什么分布。

$$e'e = \varepsilon' M'M\varepsilon = \varepsilon' M^2\varepsilon = \varepsilon' M\varepsilon$$

这里需补充一个重要的定理和推论：

定理 7.1：如果 $z \sim N(0, I_N)$，则 $z'Mz \sim \chi^2(\text{rank}(M))$，即自由度为 $\text{rank}(M)$ 的 χ^2 分布。

推论 7.1：如果 $z \sim N(0,I_N)$，则 $z'z \sim \chi^2(N)$，即自由度为 N 的 χ^2 分布。

在我们的问题中，我们知道 $\text{trace}(M) = \text{rank}(M) = N - K$，但是注意一下，我们还不能用上面的定理，因为 $\varepsilon \sim N(0,\sigma^2 I_N)$，$\varepsilon$ 非正态分布，仅是高斯分布。当然幸运的是，我们不需要考虑三阶矩或者四阶矩，以及一阶矩（期望值为零），我们只需要思考一下如何把二阶矩标准化即可。

$$\text{var}(\varepsilon) = \sigma^2 I_N \Rightarrow \text{var}\left(\frac{\varepsilon}{\sigma}\right) = I_N$$

令 $z \triangleq \frac{\varepsilon}{\sigma}$ 则

$$\begin{aligned}
& z \sim N(0,I_N) \Rightarrow z'Mz \sim \chi^2(N-K) \\
& \Rightarrow \frac{\varepsilon'}{\sigma} M \frac{\varepsilon}{\sigma} \sim \chi^2(N-K) \\
& \Rightarrow \left(\frac{\varepsilon' M\varepsilon}{\sigma^2}\right) \sim \chi^2(N-K) \\
& \Rightarrow \left(\frac{e'e}{\sigma^2}\right) \sim \chi^2(N-K)
\end{aligned}$$

因为

$$s^2 \triangleq \frac{e'e}{N-K}$$

$$\Rightarrow \frac{s^2(N-K)}{\sigma^2}$$

$$\Rightarrow \frac{s^2(N-K)}{\sigma^2} \sim \chi^2(N-K)$$

因为$\mathbb{E}\left(\frac{s^2(N-K)}{\sigma^2}\right) = N-K$（基于 Chi - square 分布的基本特性）

因为假设 σ 已知，于是 $\frac{(N-K)}{\sigma^2}$ 皆为常数项，则 $\mathbb{E}(s^2) = \sigma^2$ 。因为对于任意随机变量 X，有性质：

$$\mathbb{E}(aX+b) = a\,\mathbb{E}(X) + b$$

和

$$\mathrm{var}(aX+b) = a^2\mathrm{var}(X)$$

于是我们可以得到以下的结论：

$$\Rightarrow \left(\frac{\varepsilon' M\varepsilon}{\sigma^2}\right) \sim \chi^2(N-K)$$

$$\Rightarrow q \triangleq \left(\frac{e'e}{\sigma^2}\right) \sim \chi^2(N-K)$$

因为

$$s^2 \triangleq \frac{e'e}{N-K}$$

$$\Rightarrow \frac{s^2(N-K)}{\sigma^2}$$

$$\Rightarrow \frac{s^2(N-K)}{\sigma^2} \sim \chi^2(N-K)$$

$$\mathbb{E}(s^2) = \sigma^2$$

4. 如果不知 σ 的具体值但知道扰动项的随机分布

如果不知道 σ^2 的具体值，但知道扰动项的随机分布，比如知道扰动项满足 i. i. d 的高斯分布，那么最重要的一个结论应该就是 t - 检验了，我们会用一个专题专门讲 t - 检验。我们在讲 t - 检验之前，需要说说 z - 检验。

（五）z - statistic（z 统计量）

一个合格的“检验统计计量”必须满足两个条件：首先，它必须能够根据样本数据计算出来；其次，它的概率分布是已知的。

如果 $\varepsilon \sim N(0,\sigma^2 I_N)$，则 $b|X \sim N(\beta,\sigma^2(X'X)^{-1})$ 也可以写作：

$$b_k | X \sim N(\beta_k, \sigma^2 c_{kk}),\ (k = 1,\cdots,K)$$

其中，$c_{kk} \triangleq [(X'X)^{-1}]_{kk}$ 是 $(X'X)^{-1}$ 矩阵的第（k,k）个元素。

如果 σ^2 已知，则根据高斯分布的基本数理统计特性可知：

$$b_k \mid X \sim N(\beta_k, \sigma^2 c_{kk})$$
$$\Rightarrow (b_k - \beta_k) \mid X \sim N(0, \sigma^2 [(X'X)^{-1}]_{kk})$$
$$\Rightarrow \frac{(b_k - \beta_k)}{\sqrt{\sigma^2}} \mid X \sim N(0,1)$$

我们可以专门定义一个量 z_k：

$$(z_k \mid X) \triangleq \left(\frac{(b_k - \beta_k)}{\sqrt{\sigma^2}} \mid X\right) \sim N(0,1)$$

以上写法非常严谨，以至于有点吓人，"$\mid X$"表示"在给定 X 的情况下"，只要知道 σ^2 和所有自变量（解释变量）的样本数据，即：$X \in \mathbb{R}^{N\times K}$，我们就可以计算出"z 统计量"，因为我们始终都能获得 X，所以也就常常认为 X 始终是给定的，关于 X 没有任何不确定性，所以可以忽略"$\mid X$"直接写成：

$$z_k \triangleq \frac{(b_k - \beta_k)}{\sqrt{\sigma^2}} \sim N(0,1)$$

因为很多时候，σ^2 的具体值不可知，所以"z－检验"已很少被人使用。一般而言，我们还是用样本方差代替 σ^2，这就是我们要介绍的"t－检验"的原因。需要注意的是，在 CFA 考试中，仅考查 z－检验，而不考查 t－检验。

（六）t－statistic（t 统计量）与 F 统计量

t 统计量的相关定义其实我们已经介绍了，具体形式如下：

$$t_k = \frac{b_k - \beta_k^0}{\text{se}(b_k)}$$

其中，β_k^0 中的上标 0 表示 $H_0: \beta_0 \equiv \beta_k^0$，一般假设 $\beta_k^0 = 0$。

$\text{se}(b_k)$ 被定义为：

$$\text{se}(b_k) \triangleq s\sqrt{c_{kk}} = \sqrt{\widehat{\text{var}}(b_k)}$$

而 $\widehat{\text{var}}(b_k)$ 又被定义为：

$$\widehat{\text{var}}(b_k) = s^2 c_k = \left(\frac{e'e}{N-K}\right)[(X'X)^{-1}]_k$$

其中，$c_{kk} \triangleq [(X'X)^{-1}]_{kk}$ 是 $(X'X)^{-1}$ 矩阵的第（k,k）个元素。

我们现在最重要的工作其实是找到 t_k 的概率分布，并试图"消除"σ^2 的影响。在计量经济学中，我们往往将 σ 称为"厌恶参数"（nuisance parameter）。

我们采取这样的策略：

$$t_k = \frac{b_k - \beta_k^0}{\mathrm{se}(b_k)} = \frac{b_k - \beta_k^0}{\sqrt{\left(\frac{e'e}{N-K}\right)[(X'X)^{-1}]_{kk}}}$$

$$\Rightarrow t_k = \underbrace{\left(\frac{(b_k - \beta_k^0)}{\sqrt{\sigma^2[(X'X)^{-1}]_{kk}}}\right)}_{z_k} \times \left(\sqrt{\frac{\sigma^2}{\left(\frac{e'e}{N-K}\right)}}\right)$$

此外，前面我们证明了 $q \triangleq \left(\frac{e'e}{\sigma^2}\right) \sim \chi^2(N-K)$ ，且 $\sqrt{\frac{\sigma^2}{\left(\frac{e'e}{N-K}\right)}} = \frac{1}{\sqrt{\frac{q}{N-K}}}$

所以

$$t_k = z_k\left(\frac{1}{\sqrt{\frac{q}{N-K}}}\right)$$

这是非常巧妙的分解，将 t 统计量分解为两个我们十分熟悉的分布，即：z_k 和 q 。

因为 $z_k \sim N(0,1)$ 而 $q \sim \chi^2(N-K)$ ，则 $t_k \sim t(N-K)$ 。为何？

关于 t－分布的定义，我们知道，假设 $z \sim N(0,1)$ ，$y \sim \chi^2(K)$ ，且 z 和 y 相互独立，则：$\frac{z}{\sqrt{\frac{y}{K}}} \sim t(K)$ 。根据 t－分布的定义，为了说明 $t_k = z_k\left(\frac{1}{\sqrt{\frac{q}{N-K}}}\right)$ 是 t－分布，我们还需要证明 z_k 和 q 相互独立。

我们归纳一下关于 t 值的经验总结。t 值越大，说明我们计算出来的 b_k 越不该等于零，于是表示 b_k 应该存在，我们的 OLS 实证实验越有意义。哈佛一位教授曾建议 t 值大于 10 算好。

关于 F 统计量，请参见任意一本初级计量经济学教材，具体计算公式如下：

$$F = \frac{R^2/(K-1)}{(1-R^2)/(N-K)}$$

（七）简单 OLS 的 Stata 演示和 Matlab 实现

我们还是用陈强的例子①，该例子使用了“nerlove. dta”数据，该数据包括十个变量，但真正用于回归（regression）的只有五个变量，分别为 lntc，lnq，lnpl，lnpf，lnpk。其中，lntc 是被解释变量，经济学含义是成本价格的对数值；而 lnq，lnpl，lnpf，lnpk 都是解释变量，它们都是对数形式，其对应的经济学含义分别是数量、劳动力价格、固定成本价格和资本价格。

① 陈强．计量经济学及 Stata 应用［M］．北京：高等教育出版社，2015：39.

把“nerlove. dta”数据拉入 Stata 窗口，数据自然导入 Stata 中，然后在 command 窗口键入“reg lntc lnq lnpl lnpk lnpf”，可获得图 8 -4。

```
. reg lntc lnq lnpl lnpk lnpf

      Source |       SS       df       MS              Number of obs =     145
-------------+------------------------------           F(  4,   140) =  437.90
       Model |  269.524728     4  67.3811819           Prob > F      =  0.0000
    Residual |  21.5420958   140  .153872113           R-squared     =  0.9260
-------------+------------------------------           Adj R-squared =  0.9239
       Total |  291.066823   144  2.02129738           Root MSE      =  .39227

------------------------------------------------------------------------------
        lntc |      Coef.   Std. Err.      t    P>|t|     [95% Conf. Interval]
-------------+----------------------------------------------------------------
         lnq |   .7209135   .0174337    41.35   0.000     .6864462    .7553808
        lnpl |   .4559645    .299802     1.52   0.131    -.1367602    1.048689
        lnpk |  -.2151476   .3398295    -0.63   0.528    -.8870089    .4567136
        lnpf |   .4258137   .1003218     4.24   0.000     .2274721    .6241554
       _cons |  -3.566513   1.779383    -2.00   0.047    -7.084448   -.0485779
------------------------------------------------------------------------------
```

图 8 -4　利用“nerlove. dta”数据获得的 Stata 输出结果

下面重点解读如何阅读这个图，具体见图 8 -5。

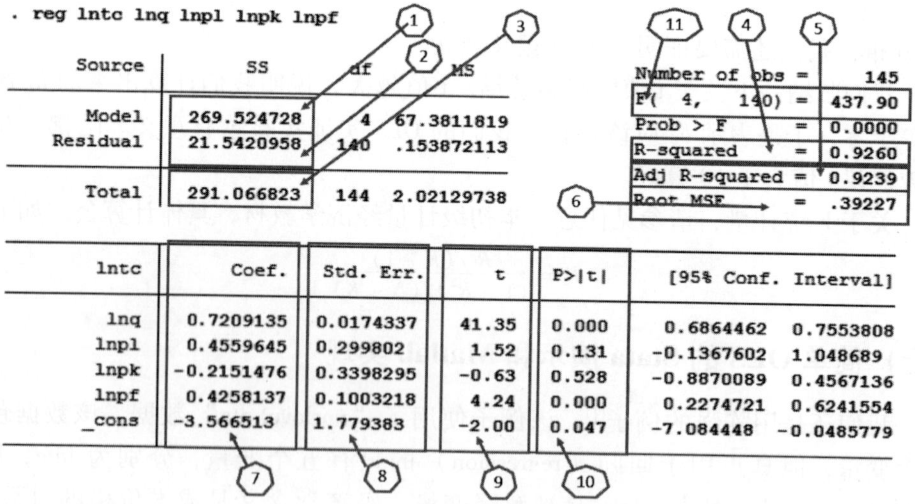

图 8 -5　解读 Stata 的回归信息

如图 8 -5 所示，我们需要关注此图的 11 个箭头所标识的部分，对这 11 个标识的解读见表 8 -1。

表 8-1　关于图 8-5 的解读

标识	具体含义	说明
1	$SSS = \left(\frac{1}{N-1}\right)\sum_{i=1}^{N}(\hat{y}_i - \bar{y})^2$	特别注意：标识 1 + 标识 2 = 标识 3，即前面反复强调的结论： TSS = RSS + SSS
2	$RSS = \left(\frac{1}{N-1}\right)\sum_{i=1}^{N}(e_i)^2$	
3	$TSS = \left(\frac{1}{N-1}\right)\sum_{i=1}^{N}(y_i - \bar{y})^2$	
4	$R^2 \triangleq \frac{\widehat{\mathbb{V}}\{\hat{y}\}}{\widehat{\mathbb{V}}\{y\}} \equiv \frac{\left(\frac{1}{N-1}\right)\sum_{i=1}^{N}(\hat{y}_i - \bar{y})^2}{\left(\frac{1}{N-1}\right)\sum_{i=1}^{N}(y_i - \bar{y})^2} = \frac{SSS}{TSS}$	计算拟合优度，可发现标识 1/标识 3 所对应的值与标识 4 相等
5	adjusted_ $R^2 \triangleq 1 - \frac{\left(\frac{1}{N-K}\right)\sum_{i=1}^{N}(e_i)^2}{\left(\frac{1}{N-1}\right)\sum_{i=1}^{N}(y_i - \bar{y})^2}$	计算修正版本的 R^2
6	$s \triangleq \sqrt{\frac{1}{N-K}\sum_{i=1}^{N} e_i^2} \equiv \sqrt{\frac{e'e}{N-K}}$	"Root MSE" 计算的是"标准误"，注意这是一个值，而非向量
7	$b = \begin{bmatrix} b_1 \\ b_2 \\ b_3 \\ b_4 \\ b_5 \end{bmatrix} = \begin{bmatrix} -3.566\,513 \\ 0.720\,913\,5 \\ 0.455\,964\,5 \\ -0.215\,147\,6 \\ 0.425\,813\,7 \end{bmatrix} \in \mathbb{R}^{5\times 1}$	此列显示的是 OLS 回归的参数值。此外，本模型的解释变量个数为 4，但是因为我们的 OLS 模型自带常数项，所以 $K=5$，所以 b_1 表示的是参数项
8	$\text{se}(b_k) \triangleq s\sqrt{c_{kk}} = \sqrt{\frac{e'e}{N-K}[X'X]_{kk}^{-1}}$	此列计算了每个参数的标准误
9	$t_k = \frac{b_k - \beta_k^0 \mid_{\beta_k^0=0}}{\text{se}(b_k)} = \frac{b_k - \beta_k^0 \mid_{\beta_k^0=0}}{\sqrt{\frac{e'e}{N-K}[X'X]_{kk}^{-1}}} = \frac{b_k}{\text{se}(b_k)}$	（注：$\beta_k^0 \mid_{\beta_k^0=0}$ 表示让 $\beta_k^0=0$ 的情形，这么写主要是为了增加数学描述的准确性，请不要被这样的数学写法吓倒）该列计算每个参数的 t 值，请注意，因为我们认为 $\beta_k^0=0$，所以每个参数的 t 值就是由标识 7 显示的参数值（即"coef."）除以标识 8 显示的具体 se(b_k) 值（注：在 Stata 中，称其为"Std. Err."）。注意：t 值越大越好
10	P 值的定义是 $P(t > \mid t_k \mid) \times 2$	该值越小越好，具体计算和实现见 Matlab 部分的讨论

续表

标识	具体含义	说明
11	$F=\dfrac{R^2/(K-1)}{(1-R^2)/(N-K)}$	注意：请各位检验一下该值。我们已知 $R^2=0.926\,0$，$N=145$，$K=5$，则 $F=\dfrac{0.926/4}{(1-0.926)/140}$ 确实等于437.9

下面我们再来仔细分析一下这个 OLS 的结果，我们可以得出以下基本结论，基于自变量 lnpk 和 lnpl 计算出来的参数（或叫系数）的 t 值太小，P 值不能小于 0.10（即 10%），一般我们把 p 值小于 0.01 记作“***”，小于 0.05 记作“**”，小于0.1 记作“*”。一般而言，学术文章的作者都非常简练，不会汇报所有回归信息，一般会将图 8－4 的信息重新整理，仅汇报一些重要信息，整理后的 OLS 回归信息基本如表 8－2 所示，特别值得一提的是表 8－2 括号中的内容表示 $se(b_k)$。

特别注意，回归系数（即 β 值）以及 adj_ R^2 和 Prob > F 等重要信息保留小数点后四位，而 $se(b_k)$ 保留小数点后三位。切记！科研学术文章中的处理表格形式必须如表 8－2 所示。

表 8－2　关于生产成本影响因素的回归分析

	β
常数项	−3.566 5** (1.779)
产品数量的对数值（lnq）	0.720 9*** (0.017)
劳动力成本的对数值（lnpl）	0.456 0 (0.300)
资本成本的对数值（lnpk）	−0.215 1 (0.340)
固定成本的对数值（lnpf）	0.425 8*** (0.100)
观测数	145
adj R^2	0.923 9
Prob > F	0.000 0

注：*** 表示 $p<0.01$，** 表示 $p<0.05$，* 表示 $p<0.1$。

这个案例的回归系数结果中最大的问题来自 lnpk 的系数，从经济学角度而言，该系数不可能为负数，出现这样的问题表示很有可能我们的模型设置本身就有问题，陈强的教材在后面对此数据进行了其他形式的建模分析（比如利用 WLS 等），但是仍没有彻底解决该问题，这就是计量经济学的魅力所在——我们的研究“永远在路上”，没有绝对正确，只有不断接近真理。“nerlove. clta”数据的构建者纳洛夫（Nerlove）的解释是：很有可能资本成本价格的数据本身就有问题。纳洛夫在其后的练习中考虑了遗漏变量和异方差问题，但是回归结果仍不是很理想。

此外，各位应该也有以下感觉了：“t 值越大越好，所有的回归参数的星星（＊）越多越好。而 R^2（包括修正 R^2）越大越好。”

这样的感觉基本是对的。所以有人戏谑地称现在的科研人员都在从事“Star War”（《星球大战》），因为科研人员都希望自己研究的结果全部显著，总之就是星星数量越多越好。

Stata 在计量研究中的地位是“王者”级别的，没有任何其他软件和它竞争，它的功能非常强，但是确定是有点“黑箱”性，比如初学者不知道 p 值、$se(b_k)$、t 值等结果是如何计算出来了。这其实也体现出量化金融研究人员和实证经济学研究人员从事科学工作的差异，量化金融的研究人员喜欢了解事物的原理，喜欢自己“造轮子”，喜欢自己动手写数学模型的代码，并弄懂事物发展的原理。

基于这样的考虑，我们用 Matlab 实现了经典 OLS 的结果，同时我们也比较了 Matlab 实现的 OLS 程序的结果和 Stata 的结果，读者可以发现，二者没有任何区别。

代码 8－1 是 Matlab 的代码。

```
% Description: demonstrate how to use nerlove1963 data to construct OLS
clear all
load nerlove1963
format long
Y = lntc; % explained variable (dependent variable)
N = length(lntc); % Number of obs
K = 5; % Number of exploratory variables including constant term
X = [ones(N,1),lnq,lnpl,lnpk,lnpf];% constructing X matrix
% in the first col,we create ones array for computing constant term
b = (inv(X'*X))*(X')*Y; % OLS estimated parameters
b_new = X\Y;% It equivalents to the previous line
e = Y - X*b; % error
TSS = (Y - mean(Y))'*(Y - mean(Y)); % Total
SSS = (X*b - mean(Y))'*(X*b - mean(Y)); % Model
RSS = TSS - SSS;% Residual
R_square = SSS/TSS;
AdjR_square = 1 - ((e'*e)/(N - K))/(var(Y - mean(Y)));
```

```
std_err = sqrt((e'*e)/(N-K));% standard error,s
tmp = inv(X'*X);
for i = 1:K
    se(i) = std_err*sqrt(tmp(i,i));
    t_val(i) = b(i)/se(i);
    if t_val(i) >0
    P_val(i) =2*tcdf(-t_val(i),N-K);
    else
        P_val(i) =2*tcdf(t_val(i),N-K);
    end
end
display('|---------------------------Results------------------|')
display('| -Names---------|---Coef---|--Std_err-|----t----|---P>|t|----|')
display(['|lnq-----------|',num2str(b(2)),'  |',num2str(se(2)),'|',num2str(t_val(2)),'|',
num2str(P_val(2)),'|',])
display(['|lnpl----------|',num2str(b(3)),'  |',num2str(se(3)),'  |',num2str(t_val(3)),'  |',
num2str(P_val(3)),'|',])
display(['|lnpk----------|',num2str(b(4)),'  |',num2str(se(4)),'  |',num2str(t_val(4)),'|',
num2str(P_val(4)),'|',])
display(['|lnpf----------|',num2str(b(5)),'  |',num2str(se(5)),'  |',num2str(t_val(5)),'  |',
num2str(P_val(5)),'|',])
display(['|_cons---------|',num2str(b(1)),'  |',num2str(se(1)),'  |',num2str(t_val(1)),'|',
num2str(P_val(1)),'|',])

display('|-------Source------------------|')
display(['     TSS = ',num2str(TSS)])
display(['     SSS = ',num2str(SSS)])
display(['     RSS = ',num2str(RSS)])
display('|--------------------------------|')
display(['     R_square = ',num2str(R_square)])
display(['     AdjR_square = ',num2str(AdjR_square)])
display(['     Root MSE = ',num2str(std_err)])
display('|--------------------------------|')
F_val = (N-K)*R_square/((1-R_square)*(K-1));
display(['     Number of obs = ',num2str(N)])
display(['     F(',num2str(K-1),',',num2str(N-K),') = ',num2str(F_val)])
Aic = log(e'*e/N) +2*K/N;
Bic = log(e'*e/N) +log(N)*(K/N);
Hqic = log(e'*e/N) +log(log(N))*(K/N);
display('|----AIC----|----BIC----|----HQIC----|')
display(['|  ',num2str(Aic),'  |  ',num2str(Bic),'  |  ',num2str(Hqic),'  |'])
results = fols(Y,X);
```

代码 8-1 Matlab 代码实现 OLS 相关运算

图 8 - 6 是运行结果。

```
|--------------------------Results------------------|
|-Names---------|---Coef---|--Std_err-|----t----|---P>|t|----|
|lnq------------|0.72091   | 0.017434 | 41.3518 | 2.3569e-80 |
|lnpl-----------|0.45596   | 0.2998   | 1.5209  | 0.13054 |
|lnpk-----------|-0.21515  | 0.33983  | -0.6331 | 0.5277 |
|lnpf-----------|0.42581   | 0.10032  | 4.2445  | 3.9664e-05 |
|_cons----------|-3.5665   | 1.7794   | -2.0044 | 0.046961 |
|--------Source--------------------|
    TSS=291.0668
    SSS=269.5247
    RSS=21.5421
|----------------------------------|
    R_square=0.92599
    AdjR_square=0.92387
    Root MSE=0.39227
|----------------------------------|
    Number of obs=145
    F(4,140)=437.9038
|----AIC----|----BIC----|----HQIC----|
|  -1.8378  |  -1.7351  |  -1.8514   |
```

图 8 - 6　Matlab 的实验结果

由此可见，Matlab 结果和 Stata 的结果一致。

特别值得一提的是，如果仅寻找参数 b 的值，其实最简单的方法是利用命令：“b_ new = X \ Y;”。此命令等同于“b = (inv(X′ * X)) * (X′) * Y;”。

读者可自行检验两者的结果是否一致，经过验证，会发现两者结果是一致的。

此外，还有可能的替代命令是 B = regress (Y, X) 和“regstats”，这两个命令不常用。作为量化金融的研究人员，我们也特别关注写代码时可能出现的“数值分析”的问题，比如 Matlab 关于矩阵取逆的问题。

为了实现 OLS，$X'X$ 的逆矩阵的计算是非常重要的一个步骤，在 Matlab 中有很多种方法是等价的，我们在这里再介绍一种 QR 分解求逆矩阵的方法，具体见代码 8 - 2。有研究指出，QR 法其实是最稳定的，除了 QR 法之外，还有 Cholesky 分解法。下面举一个例子，演示几种方法的结果都是一致的。

最后还需强调一点，如果需要知道“ \ ”这样的运算符号在 Matlab 中的应用，可以打“help slash”命令。

等价 1：

```
% Inverse of X'X
    invXX = ((X'*X)\eye(k));
```

等价 2：

```
% QR decomp
r = triu(qr(X,0));
inXX = (r'*r)\eye(k);
```

代码 8－2　一个需要特别注意的代码技巧

在 Matlab 中 X＝A \ B 表示的是 A ＊ X＝B。而 A \ eye（size（A））等价于 inv（A），即使 A 不是“方矩”（square matrix），A \ eye（size（A））仍有解，其结果等于是求 A 矩阵的“广义可逆”（generalized inverse of A）[①]。但是因为如果 A 是个 3×2 矩阵，eye（size（A））生成［1 0；0 1；0 0］导致 A \ eye（size（A））出来的结果不完整，输出的结果是一个 2×2 的矩阵，而如果使用 pinv（A），则其输出结果是一个 3×2 的矩阵。但本质上而言，A \ eye（size（A））和 pinv（A）原理是一回事。读者可执行代码 8－3，验证我们以上的讨论，验证一下采用不同方法得到的逆矩阵结果是否都一致。

```
x = randn(10,4);
X = [ones(10,1),x];
k = length(X(1,:));
% in this case, k = 5
invXX_1 = inv(X'*X)
invXX_2 = ((X'*X)\eye(k))
% using QR method
r = triu(qr(X,0));
inXX_3 = (r'*r)\eye(k)
```

代码 8－3　结果演示

① 特别需要一提的是，奇异值分解（Singular Value Decomposition，SVD）、矩阵的广义可逆等概念在国内高校的线性代数课程中并未讲授，但这些概念非常重要，请读者自行补习。此外，SVD 和 PCA（主成分分析法）基本是一个原理，理论上是等价的。PCA 在金融学以及机器学习理论中，都有非常重要的应用。

四、学习高级计量经济学的建议

计量经济学和统计、数理概率很相似，但也有很大的不同。基于个人的理解和总结，我们认为计量经济学是关注 A 与 B 因果关系的研究的学科。

此外，我们想对学习计量的研究生给出以下一些建议：第一，理解模型的内涵和外延。初学者需知道任何一个模型的专长是什么，劣势是什么，该模型不可应用到哪里。第二，“尺有所短，寸有所长”，任何模型都有其适用范围，因此不要指望你的模型干该模型干不了的事情。第三，多参照别人的研究成果，复现前人的模型和实验（或实证）结果，然后改良①。第四，想清楚你到底要干什么，想清楚计量经济学究竟是一门什么学科。请记住，很多时候计量经济学并非万能的。它适合研究（或解释）“因果性”，它关注小样本与大样本估计的一致性问题，它也关注模型的稳健性，仅此而已，但它并不擅长提出“最优政策建议”，甚至该学科不关心“预测”，该学科认为预测并非本学科关注的事情。那么什么学科关注“预测”的结果是否正确呢？答案是：人工智能！希望读者高度重视人工智能的分支学科——机器学习理论。第五，在学习枯燥的计量模型前，建议初学者多看看计量方法论的书籍。撇开枯燥的数学推导，从最简单的统计学理论思考计量的复杂问题。介绍计量经济学方法论的优秀书籍有很多，比如：安格里斯特的《完全无害计量手册》《功夫计量》② 等。任何枯燥的数学模型其实都需要解决现实的问题。毕竟，存在即是合理，枯燥的计量经济学的推导有其现实的意义，它或许在说一个重要的社会现象中的故事，只是目前你还没意识到，还没读明白这些符号背后的故事而已。简言之，多看看社会科学方法论研究的书、计量方法论的书对个人数学修为、计量经济学的修为都是有帮助的。

下面汇总一些最基本的计量的事实，帮助读者学习和理解计量经济学。请各位记住以下事实：

事实一：OLS 是整个计量经济学的核心中的核心。OLS 的理解和学习贯穿整个实证（经验）计量的学习当中。当你对学习实证（经验）计量学感到迷茫的

---

① 如果你想到了一个好的问题，应首先不是盲动，而是看看别人是否研究过。你一定要相信，如果你认为一个好问题值得研究，那么一般而言，类似的问题早已有聪明的头脑想到。别人用什么方法（或模型）？别人的数据是什么？你可否获得，你是否可复制别人的模型？这些才是你需要仔细思考的问题。所以科研的设计、研究的设计很重要。做事情，做研究都要有章法。

② 需要注意的事，该书的英文全称为“Mastering Metrics：The path from cause to effect”，其直接中文翻译应为《掌握计量：从原因到结果的路径》，但是基于翻译应遵循“信雅达”原则，国内计量金融圈普遍将该书名翻译为《功夫计量》。

时候，请回到 OLS 的推导，反复推敲这个学科的“起点”问题。

事实二： OLS 家族包括 OLS，GLS，WLS，FLGS 和理解非线性 OLS。如果读者决定一辈子以“计量”为生、靠“计量”吃饭，我们还是建议读者把相关的定理、性质的推导自己背诵一下，反复参悟。捷径是没有的，做研究多数时候是很枯燥的。天才是少数，多数人只是靠勤奋走对了路而已。

事实三： 请牢记 OLS 的四大基本假定：线性假定、严格外生性假定、不存在多重共线性假定和球形扰动假定。

特别注意球形扰动假定，该假定认为每个样本的误差项都具有同样的方差，则“都是同样的方差”，于是简称为“同方差”。但是实际上很多时候每个样本的误差项的方差都是不相等的，这就是“异方差”问题。此外，在这个球形扰动假定中，我们假设非对角线的元素都为零，也就是说所有样本之间，在时间上不应该有任何相关性。如果样本误差彼此有联系，也就是出现对角线不为零的情形，则该模型就存在“序列自相关”问题，解决“序列自相关”就一定要考虑重新构建模型，比如采用时间序列 ARMA 的思想建模。

最后再反复强调一下，基础计量经济学永远主要关注异方差、序列自相关和共线性。基础计量经济学较少提及内生性问题，而内生性问题是当代计量经济学的核心，所以读者需要知道国内初等计量经济学教学所存在的严重局限性和狭隘性。

事实四： 任何模型一般都存在其小样本和大样本特性，所以在学习计量模型的时候往往会把一个模型的性质学两遍，这不是简单的重复。有时候有些模型（比如非线性模型）小样本是估计有偏的，但是大样本是无偏的。在实际处理问题的时候，能做大样本问题时一定要做大样本，切忌做小样本问题。什么是真的“大样本”？人口普查数据、工业企业数据（百万家企业）、海关数据等。

事实五： OLS 的小样本特性如下：

第一点，线性特性，即 OLS 的估计量 $b = (X'X)^{-1}X'y$ 是关于 y 的线性组合。第二点，无偏性，即 $\mathbb{E}(b|X) = \beta$，即表示 b 不会系统地高估或低估 β。第三点，估计量 b 的方差为 $\mathrm{var}(b|X) = \sigma^2 (X'X)^{-1}$。第四点，“高斯—马尔可夫定理”。第五点，关于方差的无偏估计。

事实六： 一般而言，所有的“统计推断”（statistical inference）都可以化成 Wald test（沃尔德检验）形式，陈强的书没有充分体现这一点，国外的很多教材体现了这一点。这个结论请牢记。检验单个参数的估计使用 t－统计检验，检验所有参数使用 F－统计检验。注意 χ 分布和 t 分布以及 F 分布之间的关系。

事实七：注意什么叫“厌恶参数”。记住以下事实，统计学分为两大派系：一个是频率派系，另一个是贝叶斯派系。一般的实证（经验）计量学都是基于频率派系，比如我们说的OLS。频率派系经常遇到“厌恶参数”问题，但在贝叶斯学派中，一般不会遇到“厌恶参数”问题，贝叶斯学派遇到的是先验分布如何设置的问题。该知识点陈强的书中未提。此外，频率学派是微观计量经济学领域的主流，但在机器学习理论和宏观计量经济学中，贝叶斯学派是研究问题的主流方法。反复强调，我们这里提到的“频率”这个词和时间序列分析里面提到的基于傅立叶变换（Fourier Transform）的频域（或频率）分析理论完全不同。此外，读者在看到带通（band pass）、高通（high pass）、低通滤波器（low pass filters）时，也不要将这些概念和后面我们会提到的卡尔曼滤波器的概念相混淆，它们虽然都叫“滤波器”，但是原理不一样，带通、高通、低通滤波器和傅立叶变换有关。

事实八：“标准误”对应“同方差”，“稳健标准误”对应“异方差”，OLS对应同方差，GLS对应异方差。相关概念都涉及“球形扰动”。或者这么说：如果发现存在异方差，一种处理方法是，仍然进行OLS回归，但请使用稳健标准误。只要样本容量较大，即使在异方差情况下，若使用稳健标准误，则所有参数估计、假设检验均可照常进行。换言之，只要使用了稳健标准误，就可以与异方差和平共处。简言之，采取稳健标准误不会改变参数估计的具体值，但会改变t－值（即一般而言提高估计的有效性）。

事实九：计量经济学不喜欢异方差、序列自相关和共线性。能处理异方差的模型有很多，比如直接用GLS就能解决异方差问题。序列自相关一般利用时间序列ARMA等方法。对于共线性问题，解决起来要简单很多，具体如何解决可参见陈强著作的9.6节，此处不再赘述。

事实十：浅论因果性。“因果倒置”是计量经济学研究中最怕发生的事情。导致解释变量和被解释变量间出现因果倒置，主要的原因是在计量研究的识别过程中，研究过程违反了外生性假定，出现了内生性问题。解决内生性问题主要有两种方法，第一种是后面会提到的“反事实分析法”，第二种是工具变量法。导致内生性问题一般有三个原因：遗漏变量、联立方程识别问题以及测量误差问题。更多的讨论可见前文的内生性问题讨论部分。

事实十一：2SLS是一种工具变量法，前提是满足球形扰动同方差。GMM也可以看成是一种工具变量法，它适用于球形扰动项异方差。所以有人说：“2SLS类似于OLS，GLS类似于GMM。”GMM经济学含义很强，请记住以下结论：OLS家族都可以看成是GMM，MLE也可以看成是GMM。林文夫（Fumio Hayashi）的计量经济学教材①就是从 GMM 展开的。对于非线性模型，GMM 无法使用，所以在非线性模型中 MLE 就成了主流。人工智能的分支——机器学习理论涉及的模型很多时候都是非线性的（比如，神经网络、SVM 等），于是在机器学习理论领域，MLE 成了参数估计的主流方法。此外，GMM 的预测能力不强，远不如 MLE，一个可能的原因是 GMM 仅使用样本数据的矩信息，所以往往被称为半信息法，而 MLE 被认为是全信息法。

事实十二：参数估计法有三种：OLS 家族类、GMM 和 MLE。极大似然估计方法小样本有偏，但大样本无偏，在处理大样本数据的时候，使用极大似然方法是可行的。后面我们学的很多模型都是非线性的，遇到非线性模型我们只能指望极大似然方法，并且为了避免有偏，我们必须期望使用的样本数量足够大。

事实十三：关注 OLS 的大样本的五大假定，它们分别是：线性假定、渐进独立的平稳过程假定、前定解释变量假定（predetermined regressors）、秩条件假定、协方差矩阵的非退化矩阵假定。特别需要注意的是，大样本 OLS，无须假设“严格外生性”与“正态随机扰动项”，具有更大的适用性与稳健性。此外，鞅（martingale）这个概念是金融数学的基本立论基础。

事实十四：OLS 估计量的大样本性质，主要是关于 b 的一致性估计量、b 的渐进正态和 Avar（b）的一致估计量性质。

事实十五（整个计量经济学的核心之一）：工具变量的检验一般涉及三个问题：一是不可识别检验，二是弱工具变量检验，三是过度识别检验。此外，到底是用 OLS 族还是工具变量法，关键在于你原来的模型是否存在“内生性”问题。也就是说，任何问题，你应该从 OLS 做起，然后去思考（检验）模型是否有异方差、是否有序列自相关、是否有共线性，如果 OLS 这些问题都很好地解决了，就没有必要去用 2SLS 或者 GMM。特别注意：科学界的基本信条是“简洁性”（parsimony）。自然科学界（包括社会科学界）的很多顶级学者都反复强调过：“如果能用简单模型，就一定不要用复杂模型。好的科学家都是极度吝啬的吝啬鬼。”可以认为，这是科学研究的基本信条（creed），科研人员切记不要为了显示数学功力而为了“模型”而乱发明模型。如果利用 OLS 分析框架进行计量经济学研究时，发觉 OLS 识别不理想（比如，若干参数不显著），那就得思考是否是因为“内生性”问题所导致的，是否是模型设置错误，一旦涉及内生性问题，最直接的方式是考虑引入工具变量法，一旦引入工具变量法，就需要考虑使用 2SLS 或者 GMM。

事实十六：判断解释变量是否有外生性，主要是利用“豪斯曼检验”，也就

① Hayashi F. Econometrics［M］. Princeton NJ：Princeton University Press Princeton，2000.

是说当读者看见豪斯曼检验时，脑子里需马上想到“内生性检验”。传统豪斯曼检验不适用于异方差情形。改良的办法是使用 Durbin - Wu - Hausman Test（DWH）。此外，豪斯曼检验还会应用于判别是固定效应还是随机效应。在独立同分布扰动项的假设下，过度识别检验一般采用Sargen 检验，而非 Hansen J 统计量。萨甘（Sargan）统计量是用来检验“过度识别”问题的。

事实十七：实证（经验）计量经济学的武器库模型除了以上提到的 OLS，GLS，WLS，2SLS，GMM，FGLS 之外，还有另外一大类计量经济学模型，其中包括：

（1）虚拟变量法类模型。这类模型的被解释变量 y 的取值只能是离散数值，而解释变量 x 的取值是连续的。

被解释变量的取值是离散指 y 只能取二值或多值。这类型又细分为二值选择模型、多值模型以及排序与计数模型，此外这类问题（指被解释变量为离散值）都不适用于 OLS 作为估计法，所以一般参数都是 MLE 估计出来的。关于二值选择模型，需要关注 Logit 和 Probit 模型。需要注意的，这类模型特别适合研究微观经济学的边际效应（marginal effect）问题，以及稀有事件模型、含内生变量的 Probit 模型、双变量 Probit 模型。这类模型还包括：部分可观测的双变量、多值选择模型、多项 Logit 模型与多项 Probit 模型、条件 Logit 模型、混合 Logit 模型、嵌套 Logit 模型。

排序与计数模型在计量经济学中也有非常重要的作用。其中包括：Poisson 模型（计数模型的一种，最常用的一种）、零膨胀 Poisson 回归和负二项回归。

（2）受限被解释变量模型。在某些情况下，被解释变量 y 的趋势范围可能受到限制，这类计量模型被称为受限被解释变量模型，这类模型主要有三种：断尾回归（truncated regression）、归并回归（censored regression）以及样本选择模型。

（3）结构计量经济学模型。该模型主要针对多个方程进行研究，这类估计模型包括：SUR，3SLS 和 SVAR。

分位数回归是近年来计量经济学研究的热点，其主要思想如下：传统的计量经济学研究的都是“均值回归”，比如最小二乘法。最小二乘法可以被认为是一种损失方程（loss function），如果把损失方程定义为绝对值而不是“绝对值差的平方”，这就是分位数回归的思路。此外，空间计量经济学和久期模型也值得关注。空间计量经济学是新的学科，但很多理论还不成熟。而久期模型，主要应用在保险领域。

事实十八：“处理效应”属于实验设计（比如“反事实分析法”），目前实证研究的重点更多的是关注实验的设计，反事实分析是当代计量经济学重要的实证分析方法和手段。

本章小结

目前，微观计量经济学是计量经济学的主流领域。过去二三十年，计量经济学研究的范式发生了翻天覆地的变化。本章从介绍 MIT 的乔舒亚·安格里斯特（Joshua Angrist）教授的两本专著入手，强调了因果推论在计算实证研究中的重要性。内生性问题以及选择性偏误问题是当代实证微观计量关注的重点。本章的第二节重点介绍了何为内生性问题，何为选择性偏误问题，并以一个科研案例向读者进行了讲解，说明产生内生性问题和选择性偏误问题的原因。在本章的第三部分，我们梳理了初等计量经济学的知识点，并重点讨论了初等计量经济学所涉及的知识点的计算机代码实现和数值稳定问题。我们并没有简单堆砌初等计量经济学的知识点，传统初等计量经济学教材或专著重点介绍知识点的具体应用，却忽视了对知识点背后的实践实现的讲解。仅讲授知识点的应用，容易让读者“形而上学”并且忽视知识点对应的公式背后的模型假设风险。本章带着读者撰写计算机代码相当于打开了这些知识点背后的“黑箱”，让这些知识（以及其对应的数学公式或统计理论）的所有秘密露在读者的视野之下。学生学习计量经济学往往止步于初等计量经济学，原因主要有两点：第一，对初等计量经济学知识点，学生一般只知道如何应用却不知其所以然。第二，缺乏有效和正确学习高级计量经济学的建议。通过带领学生审视初等计量经济学知识点背后的数学公式，同时带领学生撰写计量经济学计算机代码，可以克服第一个问题，这也是本章第三节带领读者完成的工作。为了克服第二个问题，我们在第四节总结了一些学习高级计量经济学的经验和心得，以馈赠读者。

思考题

1. 什么是选择性偏误？
2. 什么是内生性问题？
3. 什么是工具变量？
4. 一个好的工具变量一定要具备哪几个特点？
5. 什么是异方差？什么是共线性？什么是序列自相关？
6. 什么是豪斯曼检验？
7. 什么是球形扰动假定？
8. 什么是厌恶参数？
9. MIT 的乔舒亚·安格里斯特（Joshua Angrist）教授认为最重要的五种微观

实证计量方法是哪五种?

10. 什么是 t - statistic? 什么是 F 统计量?

11. 什么是稳健误? 什么是标准误?

12. 什么是“双盲法”? 什么是对照组? 什么是控制组?

13. 什么是工具变量的“排他性约束”?

第九章　完全无害的“一体化”量化金融分析框架

一、传统计量经济学研究的局限

现代计量经济学主要包括两块：一块是微观计量，另一块是宏观计量。宏观计量和金融学有点远，我们不做讨论①。微观计量和金融学具有非常多的契合点。当我们谈到量化金融的时候，我们一再强调量化金融分为两大派系：一派是P－type，另一派是Q－type，这两大派系的区别和联系，我们已在前文中阐述了，故不再多做讨论。简言之，P－type可以认为是十分靠近金融计量学。一般认为金融计量学较靠近微观计量。但是，读者需要知道微观计量目前一般也分为两块：一块是基于面板的微观计量，另一块是基于时间序列的微观计量。二者有什么区别呢？举以下两个例子。第一个例子，有不少科研人员从事个人微观金融研究，这类科研人员很容易获得大量个人或者家庭的金融资产信息，这些针对个体和家庭的数据信息的数量非常庞大，但是这些数据可能是按年份收集，可能数据仅有3～5年，因此这类数据的特点是个体数量远大于其时间维度，并且假设个体与个体之间互不影响②。第二个例子是股票数据，以中国为例，沪深个股（包含创业板）共三千多家，这些个股几乎每天都有交易，而每日的股票信息，如果按秒计算，每天交易4小时，每只个股一天就能产生3 600×4 = 14 400个价格信息，如果股票上市十年，按每年250个交易日计算，则十年间，一只个股就可以产生14 400×250×10 = 36 000 000个交易数据，而金融股价数据都有很强的自相关性，具备时间序列的基本特性，个股和个股之间，个股和大盘指数之间都有很强的相关性，由此可见，这类数据的特点和第一个例子的数据特点差别非

---

① 由芝加哥商学院的科克伦（John Cochrane）教授提出的宏观金融学认为，宏观金融学和宏观计量还是有很多联系，在此处我们不深究其原因，因为当代宏观计量学偏贝叶斯计量经济学，同时还涉及很多宏观经济学本身的知识体系，这些深层次的讨论已超出了本书的内容，故不再深究。

② 如果个体和个体之间有互动关系且相互影响，则称为同辈效应（peer effect）。出现这种效应，对于研究基于面板数据的微观计量科研人员而言是比较头痛的事情。

常大。因此，当代微观计量也分为两个派系，一个是偏面板（即第一个例子所阐述的那种数据类型）的微观计量，另一个是偏时间维度（即第二个例子所阐述的那种数据类型）的微观计量。

由此可见，P－type 是偏时间维度的微观计量。传统计量经济学为何有害？主要的原因是随着大数据时代和人工智能时代的到来，计量经济学给很多人带来了困惑。人工智能的兴起和其理论学科——机器学习理论的兴起分不开，机器学习理论有时又被称为统计学习理论。机器学习理论来自统计学，而计量经济学也来自统计学。那么这两门学科有什么联系和区别呢？如果从纯学术研究的角度去思考和讨论，读者会不感兴趣，因此仅简单地讨论一下。简言之，机器学习理论关注“预测”，而根据 MIT 教授乔舒亚·安格里斯特（Joshua Angrist）的观点，计量经济学应该关注“解释”，也就是“因果推论”。

（一）推论与预测的初探

前文提到的乔舒亚·安格里斯特（Joshua Angrist）是 MIT 的计量经济学教授，长期从事计量经济学的理论与应用研究，他在大数据计量领域也有很深的造诣。本书多次提到此人，本书的计量章节也提到此人的两本专著——《基本无害的计量经济学：实证研究者指南》和《功夫计量》。安格里斯特写过不少关于计量经济学研究范式的文章，往往流露出对传统计量经济学教育弊端的担忧，这样的担忧是有道理而且深刻的。当然，安格里斯特的研究偏微观计量，而且是偏面板的微观计量，他对计量方法论的研究也是偏面板维度的微观计量研究。他的两本学术畅销书《基本无害的计量经济学：实证研究者指南》和《功夫计量》介绍的计量经济学知识都是基于偏面板的微观计量，他的著作中几乎没有任何涉及时间维度的计量经济学。简言之，安格里斯特认为，即使在面板维度的微观计量研究，计量经济学教学和研究的核心都应该是偏“因果推论”而非现阶段国内外主流初等教科书所讲授和关注的内容。

如何让读者能最迅速地理解“因果推论”的含义呢？简言之，统计学其实一直以来有两个关注（研究）的重点，一个是“预测”（forecasting），另一个是“推论”（inference）。

下面简单地介绍一下“预测”和“推论”的区别和联系。统计学的基本核心公式如下：$Y = f(X) + \varepsilon$，关于 Y 和 X 的称谓有很多，具体可见表 9－1。而 $f(\,)$ 表达了 X 提供给 Y 的系统性（systematic）或结构性（structural）信息，而 ε 为扰动项，建议读者可以认为这个扰动项是一个“白噪声”（white noise），关于白噪声的定义可见第五章第一节的讨论。

表 9-1 关于 X 和 Y 在不同领域中的称谓

Y	X
输出变量（output variables）	输入变量（input variables）
响应变量（responses）	预测变量（predictors）
因变量（dependent variables，regressands）	自变量（independent variables，regressors）
被解释变量（explained variables）	解释变量（explainary variables）

“预测”的本质是一般认为输入集 X 是现成的（ready-made），但输出信息 Y 较难获得，X 和 Y 之间存在关系。此外，我们还认为构建的模型会受到扰动项的影响，且扰动项均值为零，而扰动项具体是“何物”或者“来自哪里”并不深究。因此，科研人员致力于寻找到 $\hat{f}()$ 来表示 $f()$ 的预测，然后通过 $\hat{Y}=\hat{f}(X)$ 预测出 Y，用 $\hat{Y}$ 表示 Y 的预测值，在 $\hat{Y}=\hat{f}(X)$ 中，$\hat{f}()$ 可以是黑箱，科研人员主要的精力是关注预测结果，而 $\hat{f}()$ 的具体表达式不是科研人员关注的焦点，$\hat{f}()$ 中参数的具体“学科含义”[①] 也不是科研人员关注的焦点。

下面讨论“推论”的本质。假如输入变量包含 N 个因子（或自变量），即 $X=[X_1,X_2,\cdots,X_N]$。而“推论”的本质是关注每个因子变化对 Y 产生怎样的影响。在这种情形下，科研工作的核心并非为了预测 Y，而是试图弄清 X 和 Y 的关系，尤其是因果关系，而非相关关系，即是否是 X 导致 Y，是否 X 是唯一导致 Y 的因素等。更确切地说，“推论”的本质是去理解 Y 作为 $X=[X_1,X_2,\cdots,X_N]$ 的函数是如何变化的。就经济学而言，搞清楚 Y 作为 $X=[X_1,X_2,\cdots,X_N]$ 的函数是如何变化的，往往就意味着理解清楚了经济变量 $X=[X_1,X_2,\cdots,X_N]$ 到 Y 的传导机制和机理。因此，在“推论”的研究中，$f()$ 一定不能当作黑箱来看待，科研人员必须知道其具体的形式，此时科研人员还会关注参数的具体学科含义。

简言之，机器学习理论关注“预测”，而当代计量经济学关注“推论”。

（二）计量经济学与推论

传统计量经济学的教学和研究需要改革，这是安格里斯特在很多场合流露出来的观点。原因很简单，传统的计量经济学教材并没有将“因果推论”作为首要教学任务传授给学生，传统的初等计量经济学往往从一元 OLS 讲起，然后讨论二元 OLS 问题，再到多元 OLS 便戛然而止。传统的初等计量经济学更像是对统计学视角下 OLS 理论的科普，并没有明确其真正的任务。安格里斯特认为，计量

① 此处我们说的“学科含义”是指模型应用到具体学科的含义。也就是说，如果研究经济学问题，科研人员不会深究参数的经济学含义。如果研究金融学问题，科研人员不会深究参数的金融学含义。

经济学的真正的任务是关注“因果推论”。同时传统的初等计量经济学在传授“预测方法”方面也非常欠缺，甚至关于预测的基本概念几乎都不涉及。传统的中等计量经济学也没有扮演其该扮演的角色，国内的传统的中等计量经济学一般从时间序列讲起，到介绍完初级协整理论后结束，学生会在学习格兰杰因果检验等知识点时彻底陷入泥潭，最终放弃学习更高级的计量经济学知识。撇开计量经济学前沿研究方向不谈，这样的人才培养模式对量化金融学人才培养也是有害的，我们后面的内容将讨论为何现阶段传统计量经济学的教学是“完全有害的”。那么现在什么样的计量经济学研究是前沿呢？简言之，首先需要明确研究“任务”，即搞明白我们首要的目标是什么？学科研究的本质和目标是什么？如果这个问题没有搞清楚，等于是缘木求鱼。安格里斯特等若干计量经济学权威专家指出，第一，“推论”才是计量经济学研究的重点和教学的首要任务，“预测”不是计量经济学研究关注的重点。第二，偏面板的微观计量的研究应该是主流，而非偏时间维度的微观计量。第三，OLS 架构下的计量分析框架是非常好的研究“推论”的范式，但 OLS 的预测能力并不强，OLS 分析框架处于当代计量经济学研究的绝对主流位置。但是在机器学习理论中，OLS 绝非主流，机器学习理论中的前沿理论，比如深度学习理论、强化学习理论涉及大量“黑箱”、非线性且高度结构网络化的模型。简言之，以上几点“批判”，说出了当代计量经济学研究的实质和本质，也触及当代国内外大学计量经济学教学的痛处。

（三）机器学习理论与预测

深度学习理论（Deep Learning）是基于神经网络理论发展起来的机器学习理论。神经网络模型就是一个复杂的非线性黑箱。特斯拉公司前任 CEO 埃隆·马斯克（Elon Musk）曾建议机器学习理论不应过度关注“预测”，即构建过多预测效果优异但完全“黑箱”的模型，因为这样会有很多的潜在危险。马斯克曾建议从“推论”视角建立足够简单的模型，并知道输入变量和输出变量之间的因果联系和内在机理。但是目前，人工智能仍非常关注“预测”。一般而言，“预测”模型的构建需要将数据分为训练集（training set）和测试集（test set），利用训练集构建预测模型 $\hat{f}()$，利用测试集数据检验模型的预测能力。训练集和测试集的概念是人工智能的科研人员提出来的，在计量经济学中，这其实就是样本内数据（in - sample data）和样本外数据（out - of - sample data）的概念。在当代计量经济学中，科研人员仅关注“推论”，所以一般不考虑样本外数据拟合问题，仅关注样本内数据拟合效果。如果考虑样本内数据拟合和样本外数据拟合结果，就必然引出机器学习理论最常谈论的“过度拟合”（overfitting）的概念。为了避免过度拟合并提高预测效果，往往会加入惩罚项，最有代表性的例子应该是机器学习理论里面的岭回归和 Lasso 模型。

传统的 OLS 模型在寻找参数时的优化方程为：

$$\min_{\beta}\{\sum_{i=1}^{N}(y_i - \sum_{j=0}^{J}\beta_j x_{ij})^2\}$$

但是机器学习理论的模型为了避免过度拟合并提高预测效果会将优化方程修改为：

$$\begin{cases}\min_{\beta}\{\sum_{i=1}^{N}(y_i - \sum_{j=0}^{J}\beta_j x_{ij})^2\} \\ \text{s. t}: \|\beta\|^p \leqslant s\end{cases}$$

其中，$\|\beta\|^p \leqslant s$ 为惩罚项，$\|\cdot\|^p$ 表示范数，常用的 p 的取值1，2 或 ∞ 。当 $p=1$ 时表示 $\|\beta\|^1 = (\sum_{j=0}^{J}|\beta_j|)$，当 $p=2$ 时表示 $\|\beta\|^2 = (\sum_{j=0}^{J}\beta_j{}^2)^{1/2}$，在这种情况下求得的最优参数 β，就无法计算其 t－统计值，因为学计量经济学的学生喜欢看到像 t－统计值这样的统计量。当然，计量经济学和机器学习理论的差异远不止于此。由此可以看出，这两个学科虽然都来自统计学，但是目前却已走上完全不同的发展道路。当然，试图结合两个学科的研究也较为热门，并且正在兴起，我们需拭目以待。

（四）主流计量经济学教学丢掉的宝藏：GARCH 模型

初级计量经济学一般不讲授涉及时间序列的计量经济学。本科阶段，高校一般仅开设一门计量经济学课程，即初级计量经济学。学生纵使有幸进入研究生阶段继续学习，在学习中级计量经济学时，一般会在学习自回归移动平均模型（ARMA）理论中浪费掉一个学期的时间。传统高校的中级计量经济学有时也会覆盖向量误差修正模型（VECM）、结构向量自回归模型（SVAR）和协整理论，但这种课程设置其实是“捡了芝麻，丢了西瓜”。如前文所述，整个量化金融学研究的核心是“波动率”，而研究波动率需要利用广义自回归条件异方差模型（GARCH），可惜的是国内中级计量经济学很少讲授该模型及其相关理论。

如果时间序列不平稳，时间序列和时间序列之间做回归可能会导致伪回归。金融数据，比如股价，一般都具有随机游走的特性，都是非平稳时间序列，但是股价的收益率（比如对数收益率）一般都具有平稳性。此外，金融资产的收益率数据具有类似正态分布的特性，但数据存在波动聚凝、非对称性和尖峰肥尾等特性。金融资产收益率数据的这些统计特性颇有“放之四海而皆准”的味道。一般而言，任何西方经济金融模型或理论如果直接套用于中国，往往会水土不服，往往会被中国经济学家诟病。但是金融资产价格的收益率满足类似正态分布、数据存在波动聚凝等实证统计特性，却实实在在地存在于发展经济体（包括中国）中。基于金融数据有这样的特性，因此 GARCH 是研究金融计量问题的母基型模型（workhorse model），也因为这个原因，GARCH 模型及其相关理论是一个诺贝尔奖级别的理论。波动率研究是金融学（包括量化金融学，尤其是 P-type 从业人员）重点研究的对象之一。因为一般而言，波动率不可观测，而利用 GARCH 模型获得波动率之后可以帮助科研人员解决以下三类问题：第一类是投资组合问题，因为投资组合的核心是研究收益率与风险之间的关系，风险一般利用标准差来刻度，波动率和标准差有密切的关系。第二类是衍生品定价问题。期权定价问题是所有衍生品定价问题的理论基础，期权定价的核心是寻找波动率，波动率是期权价格的发动机。第三类是金融风险管理问题，金融风险管理中最重要的两个金融风险指标——在险价值（VaR）和 Expected Shortfall（ES）都可认为是关于波动率的函数。

但很可惜的是，GARCH 模型在国内的计量经济学课程中一般并不被教师讲授。因此，我们认为学习量化金融绝对是无害的，但是传统计量经济学教学或许是有害的。

二、一个完全无害的“一体化”量化分析框架

“一体化”量化分析框架是我们多年推广的一个量化建模分析范式，该分析框架较好地容纳了传统金融计量学模型和机器学习理论模型，更融合了量化金融学的知识，因此，本部分是本书最核心的内容。

（一）“一体化”量化模型初探

量化金融研究的核心应该是资产价格，但是如前文所述，资产价格一般都是非平稳时间序列，收益率一般是平稳时间序列，于是研究收益率可以简化我们的工作。因此，可以认为，量化金融的主要研究对象是收益率，我们用 r_t 表示收益率。中级计量经济学会重点介绍 ARMA 模型，常见的 ARMA 模型有 AR（1），MA（1）和 ARMA（1，1）。如果认为 r_t 为被解释变量，ε_t 为扰动项（或认为是白噪声，或是新息），则这三个基础模型可写为如表 9-2 所示的形式。

表 9-2 一些常见的基础时间序列模型

模型名称	模型具体形式
AR（1）	$r_t = \theta_{0,0} + \theta_{1,0} r_{t-1} + \varepsilon_t$
MA（1）	$r_t = \theta_{0,0} + \theta_{2,0} \varepsilon_{t-1} + \varepsilon_t$
ARMA（1，1）	$r_t = \theta_{0,0} + \theta_{1,0} r_{t-1} + \theta_{2,0} \varepsilon_{t-1} + \varepsilon_t$
ARMAX（1，1，1）	$r_t = \theta_{0,0} + \theta_{1,0} r_{t-1} + \theta_{2,0} \varepsilon_{t-1} + \theta_{3,1} X_1 + \varepsilon_t$

此外，在 ARMA 模型中也可以加入外生因子，比如 X。我们称加入外生因子的 ARMA 模型为 ARMAX。表 9－2 中展示了一个最简单的 ARMAX（1，1，1）的例子。下面给出标准的 ARMAX（N,M,K）的形式：

$$r_t = \theta_{0,0} + \sum_{i=1}^{N} \theta_{1,i} r_{t-i} + \sum_{j=1}^{M} \theta_{2,j} \varepsilon_{t-j} + \sum_{k=1}^{K} \theta_{3,k} X_k + \varepsilon_t$$

其中，$\varepsilon_t \sim N(0,\sigma^2)$，因为，ARMAX 模型为单元模型，一般而言，中等计量经济学讲授完 ARMAX 模型后会将该模型扩展到多元，即 VARMAX 模型，因为中等计量经济学并没有限制被解释变量为平稳序列，因此教材中很多教学内容会将精力消耗在坚守平稳性检验等问题上。但是如量化金融学的基本理论中指出的，我们的研究对象是金融资产的收益率，一般而言收益率是一个平稳序列（实证事实也确实如此）。我们可以引入若干因子 X_k（其中，$k = 1,\cdots,K$）研究收益率和这些因子之间的统计推论问题，但是金融资产的收益率的主要统计特性有波动聚凝性、偏度、肥尾（即超峰）效应。因此，如果仅利用 ARMAX 模型对金融资产的收益率进行建模，不管是“解释”还是“预测”，效果都不尽如人意，我们甚至可以认为利用 ARMAX 模型对金融资产的收益率进行建模蕴含“先天的”模型设置错误。因此，必须引入 GARCH 家族类的模型，也就是需要对扰动项 ε_t 的波动率，即 $\varepsilon_t \sim N(0,\sigma^2)$ 中的 σ 动态化，让其随时间变化，即：让 σ 变为 σ_t。最常见的 GARCH 家族的模型是 GARCH（1，1），即以下形式：

$$\sigma_t^2 = \beta_0 + \beta_{1,1}\varepsilon_{t-1}^2 + \beta_{2,1}\sigma_{t-1}^2$$

特别值得一提的是，GARCH 家族的模型也可以引入解释变量，比如 Y_k（其中，$k = 1,\cdots,K$），即研究因子 Y_k 与波动率之间的因果关系。以下给出 GARCH（P,Q）的一般形式：

$$\sigma_t^2 = \beta_0 + \sum_{i=1}^{P} \beta_{1,i}\varepsilon_{t-i}^2 + \sum_{j=1}^{Q} \beta_{2,j}\sigma_{t-j}^2 + \sum_{k=1}^{R} \beta_{3,k} Y_k$$

由此可见，研究量化金融问题，应该将研究对象立足于金融资产的收益率，采取两步法对收益率进行建模：第一步是对收益率进行传统计量经济学的建模，即构建 ARMAX 模型。第二步是对扰动项的波动率进行建模，在第二步中也可以引入因子，但一般没有必要。

下面简单概括一下中级金融计量学中 GARCH 模型构建的具体步骤。

第一步，我们将金融收益率数据视为 AR（p）模型，当然我们也可以将金融收益率数据视为 ARMAX 模型。为讨论简单起见，我们仅考虑 AR（p）的情形。

第二步，根据中级计量经济学的知识可知，我们需要反复尝试不同的 p 阶数下的 AR 模型，根据若干统计检验流程，最后确定 AR（p）的阶数。

第三步，在确定阶数后，我们再对数据进行 OLS 回归。此时特别需要注意，每个系数的 t－值是否显著，并非评判模型好坏的关键。如果出现 t－值不显著也不要紧，继续进行下面的工作。在这一步中，我们的重点是分析残差是否存在 ARCH 效应。一般而言，直观地检验 ARCH 效应的方法是绘制残差平方的自相关图、残差平方的偏自相关图，或者进行 Q 检验。

其实，细心的读者会发现：金融资产的收益率数据都存在 ARCH 效应，因此其实前面论证 AR（p）阶数问题的工作可以省略，也是基于这个原因，我们才一再强调 GARCH 模型的重要性。但我们分析金融数据时，一定不能忽视 ARCH 效应。如果量化从业人员仅用 ARMA 模型，而忽视金融数据自身的 ARCH 效应，并仅基于 ARMA 的结果进行投资判断，就会给量化从业人员带来可怕的“模型风险”，并且造成错误的投资判断。

第四步，如果存在 ARCH 效应，则对扰动项构建 ARCH 模型，建模的关键是要确定 ARCH 的阶数。在确定了 ARCH 的阶数后，基于 ARCH 模型，对整个模型参数重新运行一次估计，然后再观测参数的 t－值是否显著。

简言之，只要是涉及金融资产价格的研究，我们首先应该将资产价格数据转化为收益率数据，而金融资产的收益率数据都存在 ARCH 效应。因此，都应该采取我们建议的这种“四步法”模式。当然这种模型框架还可以扩展，主要是从兼容主流经济学的视角和兼容机器学习理论的视角。

（二）“一体化”量化分析框架

我们可以把金融资产收益率分步建模的思想进行扩展，具体见表 9－3。

表 9－3　一体化的量化金融分析框架

第一步	$r_t = \theta_{0,0} + \sum_{i=1}^{N}\theta_{1,i}r_{t-i} + \sum_{j=1}^{M}\theta_{2,j}\varepsilon_{t-j} + \sum_{k=1}^{K}\theta_{3,k}X_{t,k} + E_t(r_{t+1}, X_{t+1,k}, \theta_4) + \lambda \Vert\theta\Vert^P + \varepsilon_t$
第二步	$\sigma_t^2 = \beta_0 + A(\sigma, \varepsilon, \beta_2) + B(\sigma, \varepsilon, \beta_3)^2 + \gamma \Vert\beta\Vert^P$

我们需要对上述框架进行一些解释，在第一步中，我们加入了 $E_t(r_{t+1}, X_{t+1,k}, \theta_4)$ 和 $\lambda \Vert\theta\Vert^P$。下面分别介绍这两项的含义。$E_t(r_{t+1}, X_{t+1,k}, \theta_4)$ 表示的是在 t 时刻，对金融资产价格收益率 r_{t+1} 和其影响因子 X_{t+1} 在 $t+1$ 时刻的预期。除非有经济学背景，否则读者第一次看到此项会觉得很陌生也很晦涩，难以理解。新古典经济学派认为经济系统（包括金融系统）并不等同于物理系统，如果在 t 时刻（我们认为“现在”就是 t 时刻）研究此时刻变量的运行，就物理系统而言，一般仅可以获得 t 时刻以前的所有历史信息。在 t 时刻的变量并不会受到在 t 时刻的“预期”的影响。但是在经济系统（包括金融系统）中，很多重要的经济变量都会受到人类预期的影响，因为经济系统（包括金融系统）归根结底是关于“人”

的系统，人在系统中本来就有“预期”这种意识，预期会在 t 时刻造成影响，最常见的受预期影响的经济学变量就是通货膨胀 π_t，当代宏观经济学认为，通货膨胀满足以下公式：

$$\pi_t = \beta_0 y_t + \beta_1 E_t \pi_{t+1} + \beta_2 \pi_{t-1}$$

其中，y_t 表示真实产出缺口。

由此式可见，当代宏观经济学认为 t 时刻的通货膨胀，除了从经济学角度其需要由真实产出缺口 y_t 和其过去的通货膨胀 π_{t-1} 决定外，还受到 t 时刻的预期所决定，即 $E_t\pi_{t+1}$。因此，我们在第一步中加入理性预期项 $E_t(r_{t+1}, X_{t+1,k}, \theta_4)$ 是希望我们的“一体化”量化分析框架可以较好地包容经济学的模型。也就是说，我们提出的“一体化”量化金融分析模型能够很好地兼容主流经济学的模型。在本书的最后一章，量化金融高级前沿部分，我们会解释理性预期模型的基本解法及其思路。

在第一步中我们还加入了 $\lambda \|\theta\|^P$ 项，这非常好理解，前面我们讨论了机器学习理论模型的若干基本知识点。在机器学习理论中，为了避免过度拟合和提高预测效果，往往要加入涉及模型参数的惩罚项，而 $\lambda \|\theta\|^P$ 就是惩罚项。也就是说，我们引入 $\lambda \|\theta\|^P$ 是为了让我们的“一体化”模型与机器学习理论的模型相兼容。

下面讨论关于第二步的扩展。首先讨论最后一项 $\gamma \|\beta\|^P$，引入该项的目的和第一步中的“参数惩罚项”是一个思路，即为了和机器学习理论的建模思路相兼容。下面重点讨论 $A(\sigma, \varepsilon, \beta_2)$ 和 $B(\sigma, \varepsilon, \beta_3)^2$，这两项的具体表达式，见表9－4。

表9－4　$A(\cdot)$ 与 $B(\cdot)$ 的具体表达式以及对应的 GARCH 家族名称

GARCH 家族名称	具体形式
ARCH	$A() = \beta_{1,1}\varepsilon_{t-1}^2 + \beta_{1,2}\varepsilon_{t-2}^2 + \cdots$
GARCH	$A() = \beta_{1,1}\varepsilon_{t-1}^2 + \beta_{1,2}\varepsilon_{t-2}^2 + \cdots\beta_{2,1}\sigma_{t-1}^2 + \beta_{2,2}\sigma_{t-2}^2 + \cdots$
Saarch	$A() = \beta_{1,1}\varepsilon_{t-1}^2 + \beta_{1,2}\varepsilon_{t-2}^2 + \cdots\beta_{3,1}\varepsilon_{t-1} + \beta_{3,2}\varepsilon_{t-2} + \cdots$
Tarch	$A() = \beta_{4,1}\varepsilon_{t-1}^2 I(\varepsilon_{t-1} > 0) + \beta_{4,2}\varepsilon_{t-2}^2 I(\varepsilon_{t-2} > 0) + \cdots$
Aarch	$A() = \beta_{5,1}(\lvert\varepsilon_{t-1}\rvert + \varphi_{5,1}\varepsilon_{t-1})^2 + \beta_{5,2}(\lvert\varepsilon_{t-2}\rvert + \varphi_{5,2}\varepsilon_{t-2})^2 + \cdots$
Narch	$A() = \beta_{6,1}(\varepsilon_{t-1} - \kappa_{5,1}\varepsilon_{t-1})^2 + \beta_{6,2}(\varepsilon_{t-2} - \kappa_{5,2}\varepsilon_{t-2})^2 + \cdots$
Abarch	$B() = \beta_{8,1}\lvert\varepsilon_{t-1}\rvert + \beta_{8,2}\lvert\varepsilon_{t-2}\rvert\cdots$
Atarch	$B() = \beta_{9,1}\lvert\varepsilon_{t-1}\rvert I(\varepsilon_{t-1} > 1) + \beta_{9,2}\lvert\varepsilon_{t-2}\rvert I(\varepsilon_{t-2} > 0) + \cdots$
SdGARCH	$B() = \beta_{10,1}\sigma_{t-1} + \beta_{10,2}\sigma_{t-2}\cdots$

（三）“一体化”背后逻辑：因子与不可观测变量

在实证金融研究中，科研人员花费了大量的时间寻找因子，也就是解释变量 X，而被解释变量则是收益率，最常见的因子包括 Fama - French 三因子模型，这三个因子是市场风险溢价、市值因子的模拟组合收益率以及账面市值比因子的模拟收益率。后来还出现了五因子模型。恩格尔（Robert Engle）还在 2016 年专门出版了一本专著，介绍主流学界认可的因子和利用因子模型研究实证金融学的思路。利用因子模型研究问题，是人类常用的一种思考问题的方式，或者可以这么认为：所谓“因子”都是一些可观测的变量，这些变量在人类现实世界中可观测，数据可收集，而一旦人类确定了研究对象，比如量化金融学的研究对象就是“收益率”，那么接下来的工作就是寻找确实有用的能解释被解释变量的因子。其后，科研人员有两条路可以选择，第一条路是构建好的模型，并希望该模型能帮助我们预测收益率，这条路其实是偏机器学习理论的路数。第二条路则是思考我们手上的这些因子是否能解释资产的收益率，这就是“推论”的路子，偏计量经济学的路数。当然在很多时候，这两条路是相通的，原因很简单：好的因子，如果确实能解释金融资产的收益率，相当于揭示了因子与收益率之间深刻的经济学或金融学运行机制，这种机制客观存在，自然就会帮助我们预测未来的金融资产收益率，除非这种“机制”失效，否则这些因子将持续帮助我们进行预测。由此可见，这种利用寻找可观测变量（即因子）进而构建模型、检验因子的思路是常见的一种人类解决问题的思路。至于为何选择研究对象是收益率而非金融资产的价格，这个问题我们在前文中已论述，在此不再冗述。

当然，人类还有第二种解决问题的思路——利用不可观测变量研究问题。这种研究问题的思路对很多人而言是非常陌生的。GARCH 模型对波动率建模其实就属于这种思路。机器学习理论里面大名鼎鼎的隐马尔科夫链模型（Hidden - Markov - Chain，HMM）也利用了这种思想。

（四）圣杯的寻找：寻找不可观测变量的过程

我们简单概括性地介绍一下第二种思路。这种思想认为，我们的研究对象，比如金融资产价格的收益率 r_t，它除了受到已知的因子影响外，还可能受到不可观测变量的影响。所谓的不可观测变量（unobservable variables）就是指在现实生活中确实无法被观测到的变量。因此，不可观测变量的数据是无法直接被收集的，甚至我们可能根本不知道其究竟为何物。但是我们确实有证据证明这种“变量”客观存在。

一般而言，不可观测变量可能是系统的某种状态所导致的，也就是状态变量所导致的，甚至不可观测变量可能就是系统的状态本身。这样阐述颇为抽象，我们可以举一个较为人性化的例子。这个例子是这样的，如果我们思考人类历史的发展，我们可以找出很多因素（或称为因子），然后我们会利用这些因素的数据，利用统计检验去验证这些因素是否影响人类历史的发展。举例而言，我们可以认为自然禀赋、制度水平、人口结构、天气状况等因素影响了人类历史的发展，这些数据虽然很难获得，但只要投入人力物力还是可观测可获得的。有学者就提出了从不可观测变量视角研究人类历史发展的思路，认为人类历史的发展无非就是基于人的心理状况即“爱恨情仇”所推动的，也就是说人类历史就是一本由人类心理状态——“爱恨情仇”所推动的“故事集”。这样的例子我们可以举出很多，比如“怒发冲冠为红颜”的典故、特洛伊战争等。当然，“爱恨情仇”这些人群或者人类的心理状态确实又是很难被观测的。

我们还是以金融资产价格的收益率为例。虽然实证金融的工作者尝试利用大量的因子解释收益率，但是构建完模型后，不管是对残差的分析还是对模型的系数显著性分析都难以获得理想的实证结果，也就是说，似乎“因子”很难解释收益率。当实证金融学者发现残差始终存在波动聚凝的现象后，学者们发现残差的方差并非“同方差”而是“异方差”，而且方差还是随时间变化的。于是有学者认为，研究收益率一定需要引入波动率的概念，波动率还应是一个不可观测变量。但是，需要注意，我们已经阐明：不可观测变量是不可观测的，也就是说该变量是无法在真实世界直接获得的，那么如何获得不可观测变量的数据呢？或者如何让不可观测变量“可视化”呢？这两个问题听起来似乎有些滑稽，甚至有读者可能会认为这完全是不可能完成的任务啊！但是，人类智慧的伟大却又偏偏体现在此，“明知不可为而为之”，并最终成功完成任务。具体解决的思路如下：

$$\mathrm{UnObVar}_t = g(\mathrm{UnObVar}_{t-i}, r_{t-j}, \mathrm{ObVar}_{t-k})$$

$$i = 1,2,3,\cdots; j = 1,2,3,\cdots, k = 1,2,3,\cdots$$

解释一下这个公式的具体含义。如果我们用 $\mathrm{UnObVar}_t$ 表示不可观测变量，用 ObVar_{t-k} 表示可观测变量，用 r_t 表示金融资产的收益率（即研究对象，或者称为被解释变量），这个公式的含义其实就呼之欲出了，其意思是：如果我们已经有证据知晓某不可观测变量，比如 $\mathrm{UnObVar}_t$ 客观存在，并影响着我们关注的研究对象 r_t 的运行，那么如果要将此不可观测变量“可视化”，那就应该构建一个 $g()$ 的模型（或方程组），而该 $g()$ 是关于过去的不可观测变量信息 $\mathrm{UnObVar}_t$、过去的研究对象 r_t 信息（或数据）或者其他可观测变量 ObVar_t 的过去信息的方程（或方程组）。如前文所述，不可观测变量一般都被认为是一个系统的“状态”，有时候在很多学科中（比如工程学，尤其是自动控制专业）会和状态变量的概念混用，这个 $g()$ 方程的构建，最重要的是要寻找到不可观测变量随时间的变化，因此，99.99% 的情形，$g()$ 必须是关于 $\mathrm{UnObVar}_{t-i}$ 的方程，也就是说

$UnObVar_{t-i}$ 一定不能缺失，因此很多时候 $g()$ 也被称为状态方程。而过去的研究对象 r_t 信息（或数据）或者其他可观测变量 $ObVar_t$ 的过去信息是否出现在 $g()$ 中反而是视情形而定的。此外，对不可观测变量建模的关键中的关键是如何写出方程 $g()$ 的具体形式，这需要巨大的“灵感”，也许需要“灵光一现”。以 GARCH 模型构建波动率为例，因为科研工作者在大量的实证数据分析中发现了金融资产的价格收益率存在波动聚凝现象，进而认为其中可能存在一个不可观测变量——波动率，影响着资产价格收益率的运行，此波动率 σ_t 应与其过去信息有关，还应和收益率的平方项 r_t^2 有关，为了简单起见，先考虑过去一期的信息，于是写出以下方程：

$$\sigma_t^2 = g(\sigma_{t-1}, r_{t-1}) = \omega + \beta\sigma_{t-1}^2 + \alpha r_{t-1}^2$$

由此方程可见，我们仅用了 r_t 和不可观测变量波动率 σ_t 的过去信息对不可观测变量波动率 σ_t 进行了建模，并没有使用其他可观测变量 $ObVar_t$ 的过去信息，这些可观测变量可以是一些根据经济学或金融学含义确定的，且容易获得的数据，比如 Fama – French 三因子等。

下面具体演示一下，在已知收益率数据 $r = \{r_1, r_2, \cdots, r_t, \cdots r_T\}$ 的前提下，如何获得不可观测变量波动率 σ_t 的数据。首先我们需要初始值 $\{r_0, \sigma_0\}$，我们可以利用 $r_0 = \frac{1}{T}\sum_{t=1}^{T} r_t$ 和 $\sigma_0 = \sqrt{\frac{1}{T-1}\sum_{t=1}^{T}(r_t - r_0)^2}$ 获得，其本质就是计算 $r = \{r_1, r_2, \cdots, r_t, \cdots r_T\}$ 的样本均值和样本标准差。假设方程的参数集 $\theta = \{\omega, \alpha, \beta\}$ 已知①，于是，当 $t = 1$ 时，我们已知 $\{r_0, \sigma_0\}$，故可非常容易地计算出 $\sigma_1 = \sqrt{\omega + \beta\sigma_0^2 + \alpha r_0^2}$ 的值；当 $t = 2$ 时，利用 $\{r_1, \sigma_1\}$ 的信息可以计算出 $\sigma_2 = \sqrt{\omega + \beta\sigma_1^2 + \alpha r_1^2}$，然后依此类推，递归地计算出所有不可观测变量——波动率 $\sigma = \{\sigma_1, \sigma_2, \cdots, \sigma_t, \cdots \sigma_T\}$ 的具体值。通过这个例子，相信读者能明白我们是如何寻找不可观测变量的，并最终完成了这个看似“不可能完成”的任务。

简言之，关键是构建方程 $g()$ 的具体形式，不可观测变量的具体值可以通过“递归”的形式一步步地获得。$g()$ 方程中，需含有 $UnObVar_t = g(UnObVar_{t-i}, \cdots)$，往往不可观测变量都是一个系统的状态变量，$g()$ 方程有时也被称为状态方程，因为可视该方程是帮助一个“状态”转换到另一个状态的方程。更多关于状态方程以及状态空间理论的讨论见本书第十章中有关卡尔曼滤波的内容。

---

① 如何估计模型的参数 $\theta = \{\omega, \alpha, \beta\}$，这涉及模型参数估计的问题。我们一般利用极大似然的方法获得模型的参数，也可以根据经验，直接对模型的参数进行设值。关于模型参数的估值问题我们已在第五章第六小节涉及。在此，我们直接假设模型参数已知。

由以上可知，人类研究问题，其实有两种思路：一种是借助可观测变量，然后利用 $Y = f(X) + \varepsilon$ 的思路，寻找 X 和 Y 之间的关系。而另一种思路是利用不可观测变量的思路。我们提出的“一体化”量化金融的分析框架其实是结合了这两种思路。

本章小结

本章首先分析了传统计量经济学的局限，对推论与预测进行区分。计量经济学应该关注“解释”而非“预测”，但传统的计量经济学教材并没有将“因果推论”作为首要教学任务，导致了“完全有害的传统计量经济学”。因此，本章提出了一个“一体化”量化分析框架，通过“四步法”构建 GARCH 模型，实现了与主流经济学模型和机器学习理论模型的兼容，也是借助可观测变量和利用不可观测变量两种思路的结合。

思考题

1. 请用自己的语言解释什么是不可观测变量。
2. 请用自己的语言解释推论和预测的区别。
3. 请用自己的语言解释机器学习理论的主要研究目的是什么。
4. 请用自己的语言谈谈你对计量经济学的看法。

第十章　高级专业知识集锦

本章作为全书的最后一章，选取了四个主要的方向并结合具体代码展开讨论，这四个方向能给读者一定启发和启示，希望读者可以勇攀科研高峰。这四个方向是：模拟技术与量化金融、状态空间与量化金融、美式期权定价中的数值问题以及理性预期与模型的“意识”。

一、模拟技术与量化金融

我们在第六章简单介绍了蒙特卡洛模拟技术在九种常见期权定价中的应用。蒙特卡洛方法已成为金融衍生品定价三大主流方法之一。其他两种定价方法分别是偏微分方程法和风险中性定价法。

我们在本章中重点介绍其他的蒙特卡洛模拟方法。

我们首先介绍对偶抽样法（antithetic sampling），其本质也是一种抽样方法，同时还被有些教科书认为是一种方差缩减方法。这种方法的原理如下。

第一步：让电脑随机生成 N（0，1）的随机数 z_i，下标“i”表示试验次数，我们进行第一次实验，所以 $i=1$。

第二步：利用公式

$$\mathrm{P}(S_t^i) = S_{t-\Delta t}\exp\left\{\left(r - \frac{1}{2}\sigma^2\right)\Delta t + \sigma\sqrt{\Delta t}z_t\right\}$$

其中，P 代表英文单词“positive”，表示“正值”的意思。

第三步：计算在此股票价格下，在时刻 t_0 的期权价格：

$$\mathrm{P}(C_{t=0}^i) = \mathrm{e}^{-rT}V(P(S_T^i))$$

其中，$V(\ )$ 表示支付函数，不同的期权有不同的支付函数，如果期权为欧式看涨期权，则欧式看涨期权的支付函数为 $V(S_T) = \max(S_T - K,0)$。

第四步：仍利用 z_i，但利用股票价格在几何布朗运动假设下有对称性的特点，重新定义并计算一个新的股票价格：

$$N(S_t^i) = S_{t-\Delta t}\exp\left\{\left(r - \frac{1}{2}\sigma^2\right)\Delta t - \sigma\sqrt{\Delta t}z_t\right\}$$

第五步：利用新的股票价格计算新的期权价格：

$$N(C_0^i) = e^{-rT}V(N(S_T^i))$$

第六步：重复第一步到第五步的步骤，比如重复 Nsim 次，Nsim 表示模拟计算的次数。

第七步：$C_0 = \text{Call}_{\text{sim}} = \frac{1}{\text{Nsim}}\sum_{i=1}^{\text{Nsim}}\left(\frac{N(C_0^i)+P(C_0^i)}{2}\right)$

我们以最简单的欧式看涨期权为例，我们考察在不同模拟次数下，行权价分别在 40，50，60 时，欧式看涨期权的 BSM 理论价格和两种蒙特卡洛法下的模拟价格的差异。为了能评判两种蒙特卡洛方法的优劣，我们引入标准误差的概念，具体定义见表 10－1。

表 10－1　关于两种蒙特卡洛方法抽样标准差的定义

	标准误差
普通蒙特卡洛法	$\text{S. E.} = \sqrt{\left(\frac{1}{N_{\text{sim}}(N_{\text{sim}}-1)}\right)\left[\sum_{i=1}^{\text{Nsim}}(C_0^i)^2 - \text{Nsim}(\text{Call}_{\text{sim}})^2\right]}$
对偶抽样法	$\text{S. E.} = \sqrt{\left(\frac{1}{N_{\text{sim}}(N_{\text{sim}}-1)}\right)\left[\sum_{i=1}^{\text{Nsim}}\left(\frac{N(C_0^i)+P(C_0^i)}{2}\right)^2 - \text{Nsim}(\text{Call}_{\text{sim}})^2\right]}$

表 10－2 展示了对比结果。我们可以发现，对偶抽样法的模拟值不一定比一般 MC 法的模拟值更接近理论值，但 S. E 却明显比一般 MC 法低。

表 10－2　以一个简单的欧式看涨期权为例对比两种蒙特卡洛方法的差异

	Nsim＝2 500			Nsim＝5 000			Nsim＝10 000		
K	40	50	60	40	50	60	40	50	60
C 理论值	12. 073 6	5. 674 2	2. 231 6	12. 073 6	5. 674 2	2. 231 6	12. 073 6	5. 674 2	2. 231 6
一般 MC 方法									
C 模拟值	11. 792 5	5. 565 1	2. 298 9	12. 051 2	5. 569 2	2. 352 0	12. 049 2	5. 666 8	2. 200 6
S. E.	0. 317 3	0. 205 9	0. 122 2	0. 232 1	0. 144 6	0. 090 95	0. 163 0	0. 103 4	0. 061 4
对偶抽样法									
C 模拟值	12. 078 9	5. 625 6	2. 110 3	12. 067 6	5. 609 2	2. 236 2	12. 076 2	5. 664 8	2. 277 9
S. E.	0. 243 5	0. 142 7	0. 078 9	0. 173 2	0. 102 1	0. 058 3	0. 121 5	0. 072 3	0. 042 4

我们在下面给出了利用对偶抽样法模拟九种常见期权价格的代码实现（见代码 10－1）及基于对偶抽样的几何布朗运动的代码实现（见代码 10－2）。

```
Clear
close all

ST = 50;% Terminal Stock price
K = 40;
K1 = 35;
K2 = 45;
E = 4;
T = 1;
N_time = 10e1;
dt = T/N_time;
N_sim = 20e3;
r = 0.05;
vol = 0.25;
S0 = ST * exp( - r * T);

iter = 10;
for mm = 1:iter
    % Antithetic Sampling method
        [P_T,N_T] = simul_GBM_antithetic_sampling(S0,r,vol,N_sim,N_time,T);
        Ssim_T  = [P_T,N_T];
        % it is possible to vary different payoff functions
        CT_euc   = roonn_opt_payoff('c',Ssim_T,K);% euro call
        CT_eup   = roonn_opt_payoff('p',Ssim_T,K);% euro put
        CT_bus   = bullspread_payoff(Ssim_T,K1,K2);% bull spread
        CT_bes   = bearspread_payoff(Ssim_T,K1,K2);% bear spread
        CT_srd   =  straddle_payoff(Ssim_T,K);% straddle
        CT_stg   =  strangle_payoff(Ssim_T,K1,K2);% strangle
        CT_rvs   =  riskreversal_payoff(Ssim_T,K1,K2);% risk reversal
        CT_bfy   = butterfly_payoff(Ssim_T,K,E);% butterfly
        CT_cnd   =  condor_payoff(Ssim_T,K1,K2,E);% condor

        C_eucMC(mm) = exp( - r * T) * mean(CT_euc);% euro call
        C_eupMC(mm) = exp( - r * T) * mean(CT_eup);% euro put
        C_busMC(mm) = exp( - r * T) * mean(CT_bus);% bull spread
        C_besMC(mm) = exp( - r * T) * mean(CT_bes);% bear spread
        C_srdMC(mm) = exp( - r * T) * mean(CT_srd);% straddle
        C_stgMC(mm) = exp( - r * T) * mean(CT_stg);% strangle
        C_rvsMC(mm) = exp( - r * T) * mean(CT_rvs);% risk reversal
        C_bfyMC(mm) = exp( - r * T) * mean(CT_bfy);% butterfly
```

```
        C_cndMC(mm) = exp( -r * T) * mean(CT_cnd); % condor
        mm
end

q = 0; % no dividen
% BSM pricing formula for all options mentioned
% in our chapter.
% euro call and put
[C_eucBS, C_eupBS] = blsprice(ST * exp( -r * T), K, r, T, vol, q);

% bull spread and bear spread
C_busBS = bullspread_bsm(ST, r, T, vol, q, K1, K2);
C_besBS = bearspread_bsm(ST, r, T, vol, q, K1, K2);

% straddle and strangle
C_srdBS = straddle_bsm(ST, r, T, vol, q, K);
C_stgBS = strangle_bsm(ST, r, T, vol, q, K1, K2);

% risk reversal
C_rvsBS = riskreversal_bsm(ST, r, T, vol, q, K1, K2);

% butterfly and condor
C_bfyBS = butterfly_bsm(ST, r, T, vol, q, K, E);
C_cndBS = condor_bsm(ST, r, T, vol, q, K1, K2, E);
```

代码 10-1　利用对偶抽样法模拟九种常见期权价格

```
function [P_ST, N_ST] = simul_GBM_antithetic_sampling(S0, r, vol, N_sim, N_time, T)
% simulate geometric Browonian Motion
% using antithetic sampling method
dt = T/N_time;
P_S(1) = S0;
N_S(1) = S0;
    for j = 1:N_sim
        for i = 1:N_time
            z = randn(1,1);
            P_S(i+1) = P_S(i) * exp((r-0.5 * (vol^2)) * dt +...
            vol * sqrt(dt) * z); % positive part
            N_S(i+1) = N_S(i) * exp((r-0.5 * (vol^2)) * dt -...
            vol * sqrt(dt) * z); % negative part
```

```
        end
        P_ST(j) = P_S(end);
        N_ST(j) = N_S(end);
    end
end
```

代码 10－2　基于对偶抽样的几何布朗运动模拟的代码

最后再总结一下该方法。如果读者认真研究该抽样方法的实现，我们会发现，我们在模拟“正价格”和“负价格”时，其实是两个“并行事件”，如果计算机是并行计算机，则可以同时处理这两个生成任务，而且计算成本非常小。利用对偶抽样法，我们如同在相同的时间抽取了两倍的样本。这也是对偶抽样法吸引我们的地方。

此外，几乎全球各大高校在讲授“蒙特卡洛模拟在金融工程学中的应用”这门课时，都需要讲授“方差缩减”（variance reduction methods），常见的方差缩减技术除了刚才举例的对偶抽样法，还包括控制变量法（control variate method）、分层抽样法（stratified sampling）、反向变异法、拉丁超立方体抽样法、矩匹配法和重要性抽样法，很难说哪种方法就一定好，主要还是取决于具体的问题。总之，蒙特卡洛技术的使用，既是一门“技术”，更像是一门“艺术”。

二、状态空间与量化金融

所有的研究，都需要有研究对象。而研究一个“对象”取决于读者如何理解这个世界的运行。一般而言，有两种思路：

第一种思路其实就是因子（factors）的方法，我们试图去寻找哪些因子又或者是什么因素影响着资产价格收益率。当然这些因子一般而言都是可以观测的数据，如果放到传统的计量经济学领域，这其实就是 OLS 问题，我们可以认为研究对象就是我们的“果”，所以资产价格收益率是我们的因变量、被解释变量，所有的因子是我们的“因”，也就是我们的解释变量或者称为自变量。传统计量的问题无非就是担心最后我们构建的模型存在共线性（collinearity）、异方差和序列自相关等问题，当然如果是时间序列之间做回归还害怕有伪回归的现象。其实，以上这些计量问题都可以使用若干统计检验的方法识别出来，然后对原模型进行改造以避免这些问题，这些都是初级和中级计量经济学讲授的内容。如果因子和扰动项之间存在相关性，这是比较头疼的，这就是内生性问题，当然我们可以引入工具变量 IV（主要是利用 GMM 一般矩估计）等方法以最终避免。简言之，我们经常使用因子方法，尤其是在处理实证资产定价（empirical asset pricing）问题的时候。

第二种思路是国内金融教学所忽视的，但在量化金融里面运用得非常多，在人工智能中，尤其是机器学习理论中也运用得非常多，这种方法就是状态空间（state space）的思想。我们可以简单地认为“状态”都是不可以直接观测的，所有状态变量一般都是不可观测变量（unobservable variables），但是它们很重要，不可观测变量才是影响我们研究问题的“对象”的决定因素。这和我们前边说的第一种研究问题的思路截然不同，因子都是可观测的变量。状态不可观测，但它确实是影响我们的“果”的决定因素，甚至它比那些因子更重要。下面分享一下，以前我在McGill读书的时候，当时的一位老师与我分享了一个关于状态空间的故事：人类社会的发展，我们可以简单地认为是由制度、禀赋、资本、劳动力等诸如此类的因素影响或决定的，这些因素或多或少都是可以直接观测的，即表明这些数据都可以被收集，但是人类社会的发展有可能是由不可观测的状态变量所推动，比如：爱恨情仇。爱恨情仇是无法观测的变量，它是人类社会具体的心理状态。而心理状态，就是一种“状态”。因此，状态空间理论很重要。状态空间理论最常见的应用就是卡尔曼滤波理论，它主要处理线性的、高斯系统的状态空间问题。我们会在第二小节里讨论，在系统地介绍卡尔曼滤波之前，我们先梳理一下状态空间理论的数学设定，并将状态空间理论和贝叶斯思想联系起来。

（一）状态空间理论与贝叶斯分析框架

一般的状态空间的表达式如下，它始终是由两个方程组成，一个是状态方程（state transition equation），另一个是观测方程（measurement equation）。

状态方程：$s_t = f(s_{t-1}, \epsilon_t^s, \theta)$

观测方程：$y_t = g(s_t, \epsilon_t^y, \theta)$

如果是线性的、高斯系统方程，则可以写出如下形式：

$$s_t = \Phi s_{t-1} + \Gamma \epsilon_t^s$$

$$y_t = C s_t + D \epsilon_t^y$$

$$\begin{cases} \mathbb{E}(\epsilon_t^s \epsilon_\tau^{s\,T}) = \begin{cases} Q, t = \tau \\ 0, t \neq \tau \end{cases} \\ \mathbb{E}(\epsilon_t^y \epsilon_\tau^{y\,T}) = \begin{cases} R, t = \tau \\ 0, t \neq \tau \end{cases} \end{cases}$$

传统的推导卡尔曼滤波的方法采用投影法（projection theorem），但是现在状态空间理论非常成熟，有其自身的逻辑体系和范式，采用的方法是贝叶斯分析框架，甚至有人说基本上我们研究的状态滤波问题都是贝叶斯滤波问题，而且卡尔曼滤波理论也是贝叶斯滤波理论的一个特例，那卡尔曼滤波如何和贝叶斯滤波产生联系呢?

其基本逻辑如下：我们需要思考一下我们研究问题的本质是什么？当然这确实取决于我们的立论基础。我们的立论基础始终是：状态决定一切；状态变量不可观测。因为状态不可观测，我们只能用观测变量来找（估计）状态变量。如何找（估计）状态变量需要有原则，有理论依据。卡尔曼滤波就是一个很好的依据，原理就是基于投影法，但是现在我们知道了其实它可以基于贝叶斯框架来分析。

为了便于处理（这也是我们另一个立论基础），我们认为状态都是马尔可夫过程，都具有马尔可夫特性。基于以上的立论，我们可以发现，其实我们的任务是要寻找在拥有 $y_{1:t}$ 数据时最优的状态是什么。

其中

$$y_{1:t} \triangleq \{y_1, y_2, y_3, \cdots, y_t\}$$

卡尔曼滤波的绝妙之处在于，它把这个最优状态估计问题拆成了两步，第一步被称为预测（forecasting），而第二步叫更新（updating）。

具体来说，其策略是这样的：

在第一步的时候，我们希望在拥有 $y_{1:t-1}$ 数据时，能够找到

$$p(y_t \mid y_{1:t-1};\theta)$$

第一步被称为预测的原因：我们在利用 $y_{1:t-1}$ 的信息找 y_t，所以叫预测。

当然我们后面会说到，如果要找到

$$p(y_t \mid y_{1:t-1};\theta)$$

首先的任务是要找到

$$p(s_t \mid y_{1:t-1};\theta)$$

于是在第一步预测的时候，其实又分为两个小步骤。第一小步是需找到 $p(s_t \mid y_{1:t-1};\theta)$，而第二小步是在知道了第一小步结果的情况下去寻找 $p(y_t \mid y_{1:t-1};\theta)$。

下面讨论第二步。第二步之所以叫“更新”，是因为我们始终认为找状态是工作的重中之重，我们希望能在完成了第一步工作的情况下，看看我们在获得一个新的观测数据，即 y_t 时，能否更优地找到 $p(s_t \mid y_{1:t};\theta)$。

第二步是整个状态空间理论的核心，其重要性要高于第一步。

下面解释一下原因。

我们做一简单的变换，以说明为何第二步“更新”比第一步更重要。

$$p(s_t \mid y_{1:t};\theta) = p(s_t \mid y_t, y_{1:t-1};\theta) = \frac{p(s_t, y_t \mid y_{1:t-1};\theta)}{p(y_t \mid y_{1:t-1};\theta)}$$

又因为

$$p(s_t, y_t \mid y_{1:t-1};\theta) = p(y_t \mid s_t, y_{1:t-1};\theta)p(s_t \mid y_{1:t-1};\theta)$$

所以最后

$$p(s_t \mid y_{1:t};\theta) = p(s_t \mid y_t, y_{1:t-1};\theta) = \frac{p(y_t \mid s_t, y_{1:t-1};\theta)p(s_t \mid y_{1:t-1};\theta)}{p(y_t \mid y_{1:t-1};\theta)}$$

其中，$\{y_{1:t-1};\theta\}$ 这个信息集始终在上式中给定，所以可以暂时忽略一下，这样处理便于我们发现其中的实质。当我们将 $\{y_{1:t-1};\theta\}$ 隐去时，上式变为以下形式，可见其即为贝叶斯公式：

$$p(s_t \mid y_t) = \frac{p(y_t \mid s_t)p(s_t)}{p(y_t)}$$

基于贝叶斯公式的逻辑，以上各项都有其专用的名字，见表 10－3。

表 10－3　变量名称和贝叶斯公式的名称的对应关系

变量名称	贝叶斯公式名称	变量名称	贝叶斯公式名称
$p(s_t \mid y_t, y_{1:t-1};\theta)$	后验分布	$p(s_t \mid y_{1:t-1};\theta)$	前验分布
$p(y_t \mid s_t, y_{1:t-1};\theta)$	似然公式	$p(y_t \mid y_{1:t-1};\theta)$	边缘分布

这也就是为何我们常说状态空间理论是基于贝叶斯框架下的理论。

最后，我们回到第一步思考一下，预测中的两个公式还可以写成什么样子？下面公布答案：它们可以写成以下形式。客观而言，这两种写法其所表达的含义也较容易被理解。

$$p(s_t \mid y_{1:t-1};\theta) = \int \underbrace{p(s_t \mid s_{t-1}, y_{1:t-1};\theta)}_{\text{状态转换概率(statetransition)}} p(s_{t-1} \mid y_{1:t-1};\theta)\,\mathrm{d}s_{t-1}$$

$$p(y_t \mid y_{1:t-1};\theta) = \int \underbrace{p(y_t \mid s_t, y_{1:t-1};\theta)}_{\text{测量概率(measurement)}} p(s_t \mid y_{1:t-1};\theta)\,\mathrm{d}s_t$$

第一个公式就是大名鼎鼎的 Chapman－Kolmogorov 方程，在给定状态方程和观测方程，且扰动项的密度函数亦满足高斯分布时，以下两个密度函数的显示表达式将很容易被找到：

$$p(s_t \mid s_{t-1}, y_{1:t-1};\theta)$$

$$p(y_t \mid s_t, y_{1:t-1};\theta)$$

表 10－4 总结了状态空间理论的本质。

表 10－4　状态空间理论的本质

第一步：预测	
第一小步：预测状态	$p(s_t \mid y_{1:t-1};\theta) = \int \underbrace{p(s_t \mid s_{t-1}, y_{1:t-1};\theta)}_{\text{状态转换概率}} p(s_{t-1} \mid y_{1:t-1};\theta)\,\mathrm{d}s_{t-1}$
第二小步：预测观测变量	$p(y_t \mid y_{1:t-1};\theta) = \int \underbrace{p(y_t \mid s_t, y_{1:t-1};\theta)}_{\text{测量概率}} p(s_t \mid y_{1:t-1};\theta)\,\mathrm{d}s_t$

续表

第二步：更新
$p(s_t \mid y_{1:t};\theta) = \frac{p(y_t \mid s_t, y_{1:t-1};\theta) p(s_t \mid y_{1:t-1};\theta)}{p(y_t \mid y_{1:t-1};\theta)}$ $\Rightarrow p(s_t \mid y_{1:t};\theta)$ $= \frac{p(y_t \mid s_t, y_{1:t-1};\theta)\left(\int p(s_t \mid s_{t-1}, y_{1:t-1};\theta) p(s_{t-1} \mid y_{1:t-1};\theta) \mathrm{d}s_{t-1}\right)}{\int p(y_t \mid s_t, y_{1:t-1};\theta) p(s_t \mid y_{1:t-1};\theta) \mathrm{d}s_t}$

下一节，我们重点解释卡尔曼滤波的基本思想和具体的代码实现。

（二）卡尔曼（Kalman）滤波及 Matlab 代码实现

鲁道夫·卡尔曼（Rudolf Emil Kalman），匈牙利裔美国数学家，1930 年出生于匈牙利首都布达佩斯。1953 年于麻省理工学院获得电机工程学士，翌年获得硕士学位。1957 年于哥伦比亚大学获得博士学位。1964 年至 1971 年任职斯坦福大学。1971 年至 1992 年任佛罗里达大学数学系统理论中心（Center for Mathematical System Theory）主任。1972 起任瑞士苏黎世联邦理工学院数学系统理论中心主任直至退休。先后居住于苏黎世和佛罗里达。2009 年获美国国家科学奖章。

其实金融学的波动率本质上也是不可观测变量，现在有很多的实证研究发现，股价收益率其实是由不可观测变量，诸如波动率或者是跳跃（jump）所推动的。在这种情况下，我们就需要利用状态空间的思想研究问题。如果状态方程是线性的，那么我们自然就要利用卡尔曼滤波理论。而如果是研究非线性状态方程，这就需要粒子滤波器理论，当然这是另外一个故事了，我们本节重点讲授卡尔曼滤波的知识点。

状态方程可写为：

$$s_{t+1} = \Phi_{t+1:t} s_t + \Gamma_{t+1} e_{t+1} \text{ 或者 } s_t = \Phi_{t:t-1} s_{t-1} + \Gamma_t e_t$$

而观测方程（observation function）则可写为：

$$y_t = C_t s_t + D_t w_t$$

我们对 e_{t+1} 和 w_t 的统计特性做一些假设：

$$\begin{cases} \mathbb{E}(e_t e_\tau^T) = \begin{cases} Q, t = \tau \\ 0, t \neq \tau \end{cases} \\ \mathbb{E}(w_t w_\tau^T) = \begin{cases} R, t = \tau \\ 0, t \neq \tau \end{cases} \end{cases}$$

$$\widehat{s}_{t \mid t-1} \triangleq \mathbb{E}(s_t \mid F_{t-1})$$

$$\widehat{s}_{t-1 \mid t-1} \triangleq \mathbb{E}(s_{t-1} \mid F_{t-1})$$

注意，e_t 和 F_{t-1} 无关系，基于基本假设，

$$\mathbb{E}(e_t \mid F_{t-1}) = 0$$

$$\mathbb{E}(\tilde{s}_{t \mid t-1} \tilde{y}_{t \mid t-1}^T) = P_{t \mid t-1} C_t^T$$

$$\tilde{s}_{t \mid t} \equiv s_t - \widehat{s_{t \mid t}}$$

$$P_{t \mid t} \triangleq \mathbb{E}(\tilde{s}_{t \mid t} \tilde{s}_{t \mid t}^T)$$

$$\Omega_{t \mid t-1} \triangleq \mathbb{E}(\tilde{y}_{t \mid t-1} \tilde{y}_{t \mid t-1}^T)$$

$$\tilde{y}_{t \mid t-1} = y_t - \hat{y}_{t \mid t-1}$$

总结一下，卡尔曼滤波有以下五个过程（见图 10－1，该图标注了这五个过程发生的时间顺序）：

Ⅰ $P_{t \mid t-1} = \Phi_{t;t-1} P_{t-1 \mid t-1} \Phi_{t \mid t-1}^T + \Gamma_t Q \Gamma_t^T \Rightarrow \Omega_{t \mid t-1} = C_t P_{t \mid t-1} C_t^T + D_t R D_t^T$

Ⅱ $K_t \triangleq P_{t \mid t-1} C_t^T \Omega_{t \mid t-1}^{-1} = P_{t \mid t-1} C_t^T (C_t P_{t \mid t-1} C_t^T + D_t R D_t^T)^{-1} \xLeftrightarrow{\text{有时写为}} P_{sy} P_{yy}^{-1}$

Ⅲ $P_{t \mid t} \triangleq (I - K_t C_t) P_{t \mid t-1}$

Ⅳ $\widehat{s_{t \mid t}} = \widehat{s_{t \mid t-1}} + K_t \tilde{y}_{t \mid t-1} = \widehat{s_{t \mid t-1}} - K_t[y_t - (C_t \Phi_{t;t-1} \widehat{s_{t-1 \mid t-1}})]$

Ⅴ $\widehat{s_{t+1 \mid t}} = \Phi_{t+1;t} \widehat{s_{t \mid t}} \Rightarrow \hat{y}_{t+1 \mid t} = C_{t+1} \widehat{s_{t+1 \mid t}}$

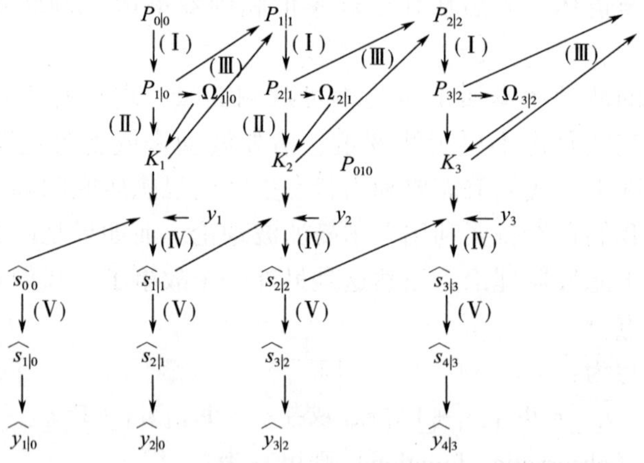

图 10－1　卡尔曼滤波的若干变量之间的迭代关系示意图

此外，往往我们还涉及很多辅助性关系，比如：

（1）$\tilde{s}_{t \mid t-1} \equiv s_t - \underbrace{\widehat{s_{t \mid t-1}}}_{\Phi_{t;t-1}\widehat{s}_{t-1 \mid t-1}}$

（2）$\tilde{y}_{t \mid t-1} = \begin{cases} y_t - \hat{y}_{t \mid t-1} = y_t - (C_t \Phi_{t;t-1} \widehat{s_{t-1 \mid t-1}}) \\ C_t \tilde{s}_{t \mid t-1} + D_t w_t \end{cases}$

$$(3)\begin{cases}P_{ss} = P_{t\mid t-1} \triangleq \mathbb{E}(\tilde{s}_{t\mid t-1}\,\tilde{s}^{T}_{t\mid t-1}) = \Phi_{t:t-1}\,P_{t-1\mid t-1}\,\Phi^{T}_{t\mid t-1} + \Gamma_t Q\,\Gamma^{T}_{t}\\ P_{yy} \triangleq \Omega_{t\mid t-1} = \mathbb{E}(\tilde{y}_{t\mid t-1}\,\tilde{y}^{T}_{t\mid t-1}) = C_t\,P_{t\mid t-1}\,C^{T}_{t} + D_t R\,D^{T}_{t}\\ P_{sy} \triangleq \mathbb{E}(\tilde{s}_{t\mid t-1}\,\tilde{y}^{T}_{t\mid t-1}) = P_{t\mid t-1}\,C^{T}_{t}\end{cases}$$

$$(4)\begin{cases}\widehat{s}_{t\mid t-1} \triangleq \mathbb{E}(s_t \mid Y_{1:t-1}) = \Phi_{t:t-1}\,\widehat{s}_{t-1\mid t-1} \rightleftharpoons P_{t\mid t-1} \triangleq \mathbb{E}(\tilde{s}_{t\mid t-1}\,\tilde{s}^{T}_{t\mid t-1})\\ \hat{y}_{t\mid t-1} \triangleq \mathbb{E}(y_t \mid Y_{1:t-1}) = C_t\,\Phi_{t:t-1}\,\widehat{s}_{t-1\mid t-1} \rightleftharpoons \Omega_{t\mid t-1} = \mathbb{E}(\tilde{y}_{t\mid t-1}\,\tilde{y}^{T}_{t\mid t-1})\\ \widehat{s}_{t\mid t} \triangleq \mathbb{E}(s_t \mid Y_{1:t}) = \widehat{s}_{t\mid t-1} + K_t[y_t - \hat{y}_{t\mid t-1}] \rightleftharpoons P_{t\mid t} \triangleq \mathbb{E}(\tilde{s}_{t\mid t}\,\tilde{s}^{T}_{t\mid t})\end{cases}$$

相关重要性质和推论可见表 10－5。

表 10－5　变量所对应的分布、均值以及方差

变量符号	分布	均值与方差
$s_t \mid y_{1:t-1}$	$N(\widehat{s}_{t\mid t-1}, P_{t\mid t-1})$	$\widehat{s}_{t\mid t-1} = \Phi_{t:t-1}\,\widehat{s}_{t-1\mid t-1}$（均值） $P_{t\mid t-1} = \Phi_{t:t-1}\,P_{t-1\mid t-1}\,\Phi^{T}_{t\mid t-1} + \Gamma_t Q\,\Gamma^{T}_{t}$（方差）
$y_t \mid y_{1:t-1}$	$N(\hat{y}_{t\mid t-1}, \Omega_{t\mid t-1})$	$\hat{y}_{t\mid t-1} = C_t\,\Phi_{t:t-1}\,\widehat{s}_{t-1\mid t-1}$ $\Omega_{t\mid t-1} = C_t\,P_{t\mid t-1}\,C^{T}_{t} + D_t R\,D^{T}_{t}$
$y_t \mid y_{1:t}$	$N(\widehat{s}_{t\mid t}, P_{t\mid t})$	$\widehat{s}_{t\mid t} = \widehat{s}_{t\mid t-1} + K_t[y_t - \hat{y}_{t\mid t-1}]$ $P_{t\mid t} \triangleq (I - K_t\,C_t)\,P_{t\mid t-1}$

我们还可以从图 10－2 中看出卡尔曼滤波的另外一些特性。

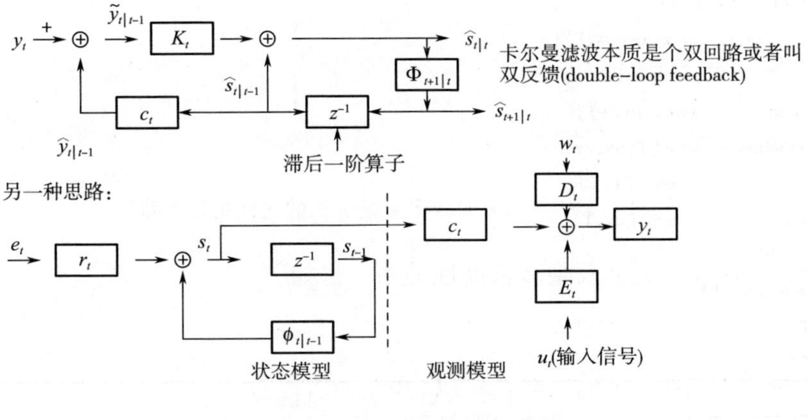

图 10－2　卡尔曼滤波器的实质

卡尔曼滤波在宏观经济学以及金融学研究中扮演着重要角色。此外，我们也想反复强调一下，应用状态空间的知识于经济学和金融学中，绝不是为了使经济学或者金融学工程化，在经济研究圈，很多学者对经济学或金融学的工程化过程是非常排斥和抵触的。其实，状态空间的思想是贯穿自然科学和社会科学发展的一种重要的研究分析方法。知名人工智能学者、美国三院院士乔达（Micheal Jordan）教授曾指出，统计学（英文：statistics）中的“stat”词根，本意即为“state”，本是“状态”之意。统计学最初源自贝叶斯统计学派，最初的统计学家认为统计学的本质就是研究状态的学科①。

下面就来分享卡尔曼滤波的具体算法实现（见代码 10－3）。

```
Function [liki,measurepredi,statepredi,varstatepredi,ypredic] = roon(Phi,Ga,QQ,A,CC,GG,RR,y)

[ny,T]        = size(y);
[ns,ns]       = size(Phi);
s             = zeros(ns,T+1);
P             = zeros(T+1,ns,ns);

% initialize s0|0 and P1|0
s(:,1)        = zeros(ns,1);
P(1,:,:)      = ones(ns,ns);

a             = (inv(eye(ns*ns) - roon(Phi,Phi)))*(reshape(Ga*QQ*Ga',ns*ns,1));

P(1,:,:) = reshape(a,ns,ns); %P1|0

% Kalman Filter Recursion
sprime                = zeros(ns,1);
Pprime                = zeros(ns,ns);
errorprediction       = zeros(ny,T);
Varerrorprediction    = zeros(T,ny,ny);
liki                  = zeros(1,T);
measurepredi          = zeros(ny,T);

ypredic = zeros(ny,T);
for i = 1:T
```

① 该观点的文献来源可参见乔达教授的个人主页，具体链接如下：https://people.eecs.berkeley.edu/~jordan/courses/260－spring10/lectures/lecture1.pdf（链接恢复日期：2018 年 11 月 8 日）。

```
% Updating Step
sprime = Phi * s( : ,i) ; % s( : ,i) = Si|(i-1) ; sprime = Si|i
Pprime = Phi * squeeze(P(i, : )) * Phi' + Ga * QQ * Ga';

% Prediction Step
yprediction = A + GG * i + CC * sprime;

ypredic( : ,i) = yprediction;

v = y( : ,i) - yprediction;

F = CC * Pprime * CC' + RR;

Kgain( : ,i) = Pprime * (CC') * (inv(F));

% s( : ,i+1)    = sprime + Pprime * (CC') * (inv(F)) * v;
% or

s( : ,i+1)    = sprime + Kgain( : ,i) * v;

%%P(i+1, : ) = Pprime - Pprime * (CC') * (inv(F)) * CC * Pprime;
% or
P(i+1, : ) = Pprime - Kgain( : ,i) * CC * Pprime;

errorprediction( : ,i) = v;
Varerrorprediction(i, : : ) = F;

liki( : ,i) = -2 * log(2 * pi) -0.5 * log(det(F)) - 0.5 * v' * (inv(F)) * v;

measurepredi( : ,i) = y( : ,i) - v;

statepredi = s;
varstatepredi = P;
end
```

代码 10-3 卡尔曼滤波的具体 Matlab 代码实现

三、美式期权定价中的数值问题

威利等（Barone-Adesi and Whaley，1987 & MacMillan，1986）提出了一种

基于扩展 BSM 期权定价公式的方法，计算美式期权的解析解（即闭解）。我们简单介绍一下该定价公式的基本内容。在该定价模型中，我们要求解一个非线性方程，该非线性方程没有解析解，我们使用了优化学的方法，使该问题转化为一个无限制条件的优化问题。在威利等论文中采用了 Newton - Raphson 算法。

（一）模型的基本内容

为简单起见，我们仅介绍美式看涨期权。下面简单介绍一下该定价公式的建模思路。众所周知，持有美式看涨期权的投资人拥有提前行权的权利，因此，期权的价值应始终大于等于欧式期权的价值。我们定义一个函数 $\nu_c(S_t,X,\tau)$ 表示美式看涨期权的提前行权溢价，其中，S_t 表示标的物在 t 时刻的价格，而 X 表示行权价，$\tau \triangleq T-t$，T 表示期权合同的期限。根据对美式看涨期权的基本认知，我们应有以下关系：

$$\nu_c(S_{T-\tau},X,\tau) \triangleq C_{\mathrm{AM}}(S_{T-\tau},X,\tau) - C_{\mathrm{BSM}}(S_{T-\tau},X,\tau) \geqslant 0$$

其中，下标“AM”表示美式期权，而下标“BSM”表示欧式期权。特别注意，BSM 期权定价公式是关于欧式期权的定价公式。威利等最大的理论贡献是指出 $\nu_c(S_{T-\tau},X,\tau)$ 满足以下偏微分方程：

$$r\nu_c = \frac{\partial \nu_c}{\partial t} + (r-q)S\frac{\partial \nu_c}{\partial S} + \frac{\sigma^2 S^2}{2}\frac{\partial^2 \nu_c}{\partial S^2}$$

其中，r 表示无风险利率，q 表示分红率，而 σ 表示波动率。非常明显，该偏微分方程和我们熟悉的 BSM 公式的偏微分形式完全一致，因此可以借用解 BSM 偏微分公式的思想，解关于 ν_c 的偏微分方程。

此外，如果我们对美式看跌期权也做类似的定义，定义 $\nu_p(S_t,X,\tau)$ 表示美式看跌期权的提前行权溢价，我们也可以得到 $r\nu_p = \frac{\partial \nu_p}{\partial t} + (r-q)S\frac{\partial \nu_p}{\partial S} + \frac{\sigma^2 S^2}{2}\frac{\partial^2 \nu_p}{\partial S^2}$ 的偏微分方程。故可以认为 ν_c 和 ν_p 为 $r\nu = \frac{\partial \nu}{\partial t} + (r-q)S\frac{\partial \nu}{\partial S} + \frac{\sigma^2 S^2}{2}\frac{\partial^2 \nu}{\partial S^2}$ 的解。

为求解以上偏微分方程，需要用到换元法和变量可分离的假设，即认为 v 的解满足 $\nu(S_t,X,\tau) = h(\tau)g(S,X,h)$ 的形式，其中 $h(\tau) = 1 - \mathrm{e}^{-r\tau}$。将以上结果代入原偏微分方程，经过复杂的演算，将得到：$0 = N \times S\frac{\partial g}{\partial S} + S^2\frac{\partial^2 g}{\partial S^2} - \frac{M}{h} - (1-h)M\frac{\partial g}{\partial h}$，其中，$M = \frac{2r}{\sigma^2}$，$N = \frac{2(r-q)}{\sigma^2}$。威利等在论文中论证，基于美式期权的特性，$(1-h)M\frac{\partial g}{\partial h} \cong 0$，于是偏微分方程简化为：$0 = N \times S\frac{\partial g}{\partial S} + S^2\frac{\partial^2 g}{\partial S^2} - \frac{M}{h}$。这是一个二阶常微分方程，而不再是偏微分方程，于是利用常微分的知识可知，该

方程的解应为两个具有 $a_iS^{\gamma_i}$, $i = 1,2$ 形式的解，且二者彼此线性独立，即 $g(S,X,h) = a_1S^{\gamma_1} + a_2S^{\gamma_2} = g_p(S,X,h) + g_c(S,X,h)$ 。我们略去求解过程，有兴趣的读者可参见原文。$\gamma_{i=1,2}$ 的结果为：

$$\begin{cases} \gamma_1 = 0.5\left\{-(N-1) - \sqrt{(N-1)^2 + 4\left(\dfrac{M}{h}\right)}\right\} < 0 \\ \gamma_2 = 0.5\left\{-(N-1) + \sqrt{(N-1)^2 + 4\left(\dfrac{M}{h}\right)}\right\} > 0 \end{cases}$$

于是美式看涨期权的定价公式应为：

$$C_{AM}(S_t,X,\tau) = C_{BSM}(S_t,X,\tau) + \nu_c(S_{T-\tau},X,\tau)$$
$$\Rightarrow C_{AM}(S_t,X,\tau) = C_{BSM}(S_t,X,\tau) + h(\tau)g_c(S_t,X,h)$$
$$\Rightarrow C_{AM}(S_t,X,\tau) = C_{BSM}(S_t,X,\tau) + h(\tau)a_2S^{\gamma_2}$$

下面的工作主要是找到 a_2 的值。威利等的论文中给出的思路如下：首先引入一个名为“关键资产价格”（critical asset price）S^* 的概念，认为当 $S < S^*$ 时有 $C_{AM}(S,X,\tau) = C_{BSM}(S,X,\tau) + h(\tau)a_2S^{\gamma_2}$ 成立。而当 $S > S^*$ 时，有 $C_{AM}(S,X,\tau) = S - X$ 。而当 $S = S^*$ 时，$C_{BSM}(S^*,X,\tau) + h(\tau)a_2(S^*)^{\gamma_2} = S^* - X$ ，这是一个典型的非线性方程，而 S^* 其实是该非线性方程的解。一旦找到 S^* 的值，我们即可找到 a_2 的值，进而最终计算出美式看涨期权的期权价格。因此，此美式期权的定价公式的主要工作变为寻找 $C_{BSM}(S^*,X,\tau) + h(\tau)a_2(S^*)^{\gamma_2} = S^* - X$ 的解 S^* ，该问题没有解析解，一般采用数值解的方法来找到 S^* 的具体值。下面介绍常用的找非线性方程解的数值方法：Newton - Raphson 算法。

（二）Newton - Raphson 算法的应用

关于 $C_{BSM}(S^*,X,\tau) + h(\tau)a_2(S^*)^{\gamma_2} = S^* - X$ ，我们还可以做一些化简处理。我们可对等式两边求关于 S^* 的偏导数，则：$\dfrac{\partial(S^* - X)}{\partial S^*} = 1$ 。

而

$$\frac{\partial[C_{BSM}(S^*,X,\tau) + h(\tau)a_2(S^*)^{\gamma_2}]}{\partial S^*} = \frac{\partial[C_{BSM}(S^*,X,\tau)]}{\partial S^*} + \frac{\partial[h(\tau)a_2(S^*)^{\gamma_2}]}{\partial S^*}$$

$$\Rightarrow = \Delta_{BSM}(S^*,X,\tau) + h(\tau)a_2\frac{\partial[(S^*)^{\gamma_2}]}{\partial S^*}$$

$$\Rightarrow = \Delta_{BSM}(S^*,X,\tau) + \gamma_2h(\tau)a_2(S^*)^{\gamma_2-1}$$

特别需要一提的是，$\dfrac{\partial[C_{BSM}(S^*,X,\tau)]}{\partial S^*}$ 即为在 S^* 价格处，欧式期权的 delta 值，在前面的讨论中我们知道 $\dfrac{\partial[C_{BSM}(S^*,X,\tau)]}{\partial S^*} = \Delta_{BSM}(S^*,X,\tau) =$

$\exp(-q\tau)\Phi(d_1(S^*))$，于是综上所述，有：

$$\exp(-q\tau)\Phi(d_1(S^*)) + \gamma_2 h(\tau) a_2 (S^*)^{\gamma_2 - 1} = 1$$

$$\Rightarrow h(\tau) a_2 = \frac{S^*}{\gamma_2}[1 - \exp(-q\tau)\Phi(d_1(S^*))](S^*)^{-\gamma_2}$$

根据原文的定义，$A_2 \triangleq \frac{S^*}{\gamma_2}[1 - \exp(-q\tau)\Phi(d_1(S^*))]$，于是有 $h(\tau)a_2 = A_2(S^*)^{-\gamma_2}$。将该结果带回原非线性方程，即有：

$$\begin{cases} C_{\text{BSM}}(S^*, X, \tau) + A_2 = S^* - X \\ A_2 \triangleq \frac{S^*}{\gamma_2}[1 - \exp(-q\tau)\Phi(d_1(S^*))] \\ \gamma_2 = 0.5\left\{-(N-1) + \sqrt{(N-1)^2 + 4\left(\frac{M}{h(\tau)}\right)}\right\} \end{cases}$$

由此可见，如果我们能找到 S^*，即可计算出 A_2。如果我们知道 A_2，威利等的含解析解的美式看涨期权定价公式的表达式就可写为：

$$\begin{cases} C_{\text{AM}}(S_t, X, \tau) = C_{\text{BSM}}(S_t, X, \tau) + A_2\left(\frac{S_t}{S^*}\right)^{\gamma_2}, S > S^* \\ C_{\text{AM}}(S_t, X, \tau) = S - X, S \geqslant S^* \end{cases}$$

下面开始正式讨论如何利用 Newton - Raphson 找非线性方程的根。我们的目标是找以下非线性方程的根：

$$C_{\text{BSM}}(S^*, X, \tau) + \frac{S^*}{\gamma_2}[1 - \exp(-q\tau)\Phi(d_1(S^*))] = S^* - X$$

为方便讨论，我们令：

$$\text{LHS} \triangleq C_{\text{BSM}}(S^*, X, \tau) + \frac{S^*}{\gamma_2}[1 - \exp(-q\tau)\Phi(d_1(S^*))]$$

$$\text{RHS} = S^* - X$$

其中，“LHS”为“left hand side”的缩写，其含义为“等式左边”；同理，“RHS”为“right hand side”的英文缩写，其含义是“等式右边”。如本书无特别说明，“LHS”和“RHS”将一直表示此含义。

我们定义一个新函数 $f(S_i^*, X, \tau) \triangleq \text{LHS}(S_i^*, X, \tau) - \text{RHS}(S_i^*, X, \tau)$，下标“$i$”表示迭代次数，我们希望随着迭代次数的增加，即 $i \to \infty$ 时，有 $|f(S_i^*, X, \tau)| \to 0$。

Newton - Raphson 数值方法的原理是：

$$S_{i+1}^* = S_i^* - \frac{f(S_i^*, X, \tau)}{f'(S_i^*, X, \tau)}$$

其中

$$f'(S_i^*,X,\tau)\triangleq\frac{\partial\{\mathrm{LHS}(S_i^*,X,\tau)-\mathrm{RHS}(S_i^*,X,\tau)\}}{\partial S_i^*}$$

$$\Leftrightarrow f'(S_i^*,X,\tau)\triangleq\frac{\partial\{\mathrm{LHS}(S_i^*,X,\tau)\}}{\partial S_i^*}-\frac{\partial\{\mathrm{RHS}(S_i^*,X,\tau)\}}{\partial S_i^*}$$

下面分别讨论 $\frac{\partial\{\mathrm{LHS}(S_i^*,X,\tau)\}}{\partial S_i^*}$ 和 $\frac{\partial\{\mathrm{RHS}(S_i^*,X,\tau)\}}{\partial S_i^*}$。

$$\frac{\partial\{\mathrm{LHS}(S_i^*,X,\tau)\}}{\partial S_i^*}=\frac{\partial\left\{C_{\mathrm{BSM}}(S^*,X,\tau)+\frac{S^*}{\gamma_2}[1-\exp(-q\tau)\Phi(d_1(S^*))]\right\}}{\partial S_i^*}$$

$$\Rightarrow=\frac{\partial\{C_{\mathrm{BSM}}(S^*,X,\tau)\}}{\partial S_i^*}+\frac{\partial\left\{\frac{S^*}{\gamma_2}[1-\exp(-q\tau)\Phi(d_1(S^*))]\right\}}{\partial S_i^*}$$

$$\Rightarrow=\Delta_{\mathrm{BSM}}(S^*,X,\tau)+[1-\exp(-q\tau)\Phi(d_1(S^*))]\frac{\partial\left\{\frac{S^*}{\gamma_2}\right\}}{\partial S_i^*}-\left(\frac{S^*}{\gamma_2}\right)\frac{\partial[1-\exp(-q\tau)\Phi(d_1(S^*))]}{\partial S_i^*}$$

$$\Rightarrow=\Delta_{\mathrm{BSM}}+\left[\frac{1-\exp(-q\tau)\Phi(d_1(S_i^*))}{\gamma_2}\right]-\left(\frac{S^*}{\gamma_2}\right)\frac{\partial[1-\exp(-q\tau)\Phi(d_1(S^*))]}{\partial d_1(S^*)}\frac{\partial d_1(S^*)}{\partial S_i^*}$$

$$\Rightarrow=\exp(-q\tau)\Phi(d_1(S_i^*))(1-\gamma_2^{-1})+\gamma_2^{-1}\left(1-\frac{\exp(-q\tau)\varphi(d_1(S_i^*))}{\sigma\sqrt{\tau}}\right)\triangleq b_i$$

其中，$\Phi(\cdot)$ 表示满足正态分布的概率密度函数。

$$\frac{\partial\{\mathrm{RHS}(S_i^*,X,\tau)\}}{\partial S_i^*}=\frac{\partial\{S_i^*-X\}}{\partial S_i^*}=1$$

于是 $f'(S_i^*,X,\tau)\triangleq b_i-1$。综上所述，

$$S_{i+1}^*=S_i^*-\frac{f(S_i^*,X,\tau)}{f'(S_i^*,X,\tau)}$$

$$\Rightarrow S_{i+1}^*=S_i^*-\frac{\mathrm{LHS}(S_i^*,X,\tau)-\mathrm{RHS}(S_i^*,X,\tau)}{b_i-1}$$

$$\Rightarrow S_{i+1}^*=S_i^*-\frac{\mathrm{LHS}(S_i^*,X,\tau)-(S_i^*-X)}{b_i-1}$$

$$\Rightarrow S_{i+1}^*=\frac{X+\mathrm{LHS}(S_i^*,X,\tau)-b_iS_i^*}{1-b_i}$$

(三) 代码的实现

下面讲述美式看涨期权的具体实现代码。实现美式看涨期权定价公式代码的主程序见代码 10－4。要实现美式看涨期权定价公式，我们编写了一个“BAWAericanCallApprox. m”函数（见代码 10－5），该函数中涉及我们编写的另外一个函数“critical_ S. m”函数。“critical_ S. m”函数主要是利用

Newton - Raphson 数值方法来寻找非线性方程的根，即关键标的物价格 S^*（见代码 10 - 6）。特别需要一提的是“bsm_ call. m”程序，该程序是我们自己编写的计算 BSM 期权定价公式的程序。该程序的代码在本书前面章节中也出现过。

```
Clear
close all
format long;
S = 50; % underlying asset price
T = 0.5; % contract maturity
vol = 0.35; % annually volatility
X = 60; % strike price
r = 0.2; % risk - free rate
q = 0.1; % compounded discount rate
b = r - q;
t = .0;

C_am = BAWAericanCallApprox(S,X,T,t,r,b,vol)
C_bsm = bsm_call(S,X,T,t,r,b,vol)
```

代码 10 - 4　实现美式看涨期权定价公式代码的主程序

```
function BAWAericanCall  = BAWAericanCallApprox(S,X,T,t,r,b,vol)


if b > =r
    C_bsm = bsm_call(S,X,T,t,r,b,vol);
    BAWAericanCall  =  C_bsm;
else
    tau = T - t;
    % Using Newton - Raphson method to solve
    % non - linear equation
    S_star = critical_S(X,tau,r,b,vol);
    N =  2 * b/(vol^2);
    M =  2 * r/(vol^2);
    h  =  1 - exp( - r * tau);
    d1 = ((log(S_star/X)) + (b + (vol^2)/2) * tau)/(vol * sqrt(tau));
    gamma_2 = ( - (N - 1) + sqrt((N - 1)^2 + 4 * M/h))/2;
    A2 = (S_star/gamma_2) * (1 - exp((b - r) * tau)) * normcdf(d1,0,1);
    if S < S_star
        C_bsm = bsm_call(S,X,T,t,r,b,vol);
        BAWAericanCall  =  C_bsm + A2 * (S/S_star)^gamma_2;
```

```
    else
        BAWAericanCall = S - X;
    end
end
```

代码 10-5 "BAWAericanCallApprox. m" 函数实现了期权价格的近似

```
function S_star = critical_S(X,T,r,b,v)
N =        2 * b/(v^2);
M =        2 * r/(v^2);
q2u =      (-(N-1) + sqrt((N-1)^2 + 4 * M))/2;
su =       X/(1 - 1/q2u);
h2 =       -(b * T + 2 * v * sqrt(T)) * X/(su - X);
Si =       X + (su - X) * (1 - exp(h2));

M_h =  (2 * r)/((v^2) * (1 - exp(-r * T)));
d1 =     (log(Si/X) + (b + (v^2)/2) * T)/(v * sqrt(T));
gamma2 = (-(N-1) + sqrt((N-1)^2 + 4 * M_h))/2;
LHS =    Si - X;
RHS =    bsm_call(Si,X,T,0,r,b,v) + (1 - exp((b - r) * T)) * normcdf(d1,0,1) * Si/gamma2;
bi = exp((b - r) * T) * normcdf(d1,0,1) * (1 - 1/gamma2) + (1 - exp((b - r) * T) * normcdf(d1,0,1)/
(v * sqrt(T)))/gamma2;
E = 1e - 12;
err = abs(LHS - RHS)/X;
   while err > E
      Si = (X + LHS - bi * Si)/(1 - bi);
      d1 = (log(Si)/X) + (b + (v^2)/2) * T/(v * sqrt(T));
      RHS = Si - X;
      LHS = bsm_call(Si,X,T,0,r,b,v) + (1 - exp((b - r) * T)) * normcdf(d1,0,1) * Si/gamma2;
bi = exp((b - r) * T) * normcdf(d1,0,1) * (1 - 1/gamma2) + (1 - (exp((b - r) * T) * normpdf(d1,0,1)/
(v * sqrt(T))))/gamma2;
      err = abs(LHS - RHS)/X;
   end
S_star = Si;
end
```

代码 10-6 "critical_ S. m" 函数实现了利用 Newton - Raphson 数值方法来寻找非线性方程的根的问题

四、理性预期与模型的“意识”

金融模型一般都被认为是时间序列（Time Series），如果研究时间序列，那么模型一般都喜欢使用 ARMA 模型形式。ARMA 一般处理单元问题，如果是多元变量那就是所谓的 VARMA。如果我们发现扰动项的方差随时间变化，那么这就是大名鼎鼎的 GARCH 模型。ARMA 模型和 ARMR – GARCH 模型的对比见表 10 – 6。

表 10 – 6　ARMA 模型和 ARMA – GARCH 模型

模型名称	模型形式	关于扰动项的假设
ARMA	$r_t = \sum_{i=1}^{p} \alpha_i r_{t-i} + \sum_{j=1}^{q} \beta_j \varepsilon_{t-j} + \beta_0 \varepsilon_t$	$\varepsilon_t \sim N(0,\sigma^2)$
ARMA – GARCH	$r_t = \sum_{i=1}^{p} \alpha_i r_{t-i} + \sum_{j=1}^{q} \beta_j \varepsilon_{t-j} + \sigma_t z_t$ $\sigma_t z_t = \varepsilon_t$ $\sigma_t^2 = \omega + \gamma \sigma_{t-1}^2 + \eta \varepsilon_{t-1}^2$	$z_t \sim N(0,1)$

当然不管这些模型如何变化，我们都会发现这些模型其实都依赖于过去信息来研究“现在”（也就是 t 时刻）的问题，不知道读者是否想过为何模型会加入 $\mathbb{E}_t(r_{t+1})$ 这样一个项呢？

这个项的意思可以这么理解，即在 t 时刻理性人做的关于 r_{t+1} 的期望值。在物理系统中，因为没有主观意识，所以物理模型不会有这样的项，其实有很多科研工作者很早就在思考模型是否可以包含“意识”项。而在人类系统中，不管是社会系统还是金融系统，都是以“人”为核心，而人是有意识的，所以研究人类问题，我们的“建模”都需要把人类行为和意识考虑进去。

最近人工智能非常火，有一个名叫《西部世界》的美剧也非常火，该电视剧里面探讨了很多人类意识起源的问题，于是有量化圈的朋友试图构建有“意识”的人工智能模型。这个问题该如何回答呢？其实经济学家一直都在思考模型中如何添加“意识”，并思考在添加意识后，这种人为意识如何影响社会经济运行。而且在 20 世纪 70 年代，就有经济学家因受不了当时学术界机械地使用研究物理系统的方法研究经济的套路，引发了一场著名的论战，也就是大学本科教材里面说的“卢卡斯批判”。当时的经济学家，也就是后来被称为新古典主义旗手的罗伯特·卢卡斯（Robert Lucas Jr.）教授认为经济系统里面应该有意识，而且这种意识是一种“理性预期”，这也就是后来兴起的理性预期学派。该学说现在已发展成为一门相对独立的学科——理性预期计量经济学。

下面我们举一个最基本的理性预期模型。

$$m_t - p_t = -\alpha\,\mathbb{E}_t(p_{t+1} - p_t)$$
$$m_t = \rho m_{t-1} + \varepsilon_t$$

其中，$\epsilon_t \sim N(0,\sigma)$，$m_t$ 表示真实货币余额，而 p_t 表示价格水平。此外，$\alpha > 0$，$|\rho| < 1$，m_0 这样的假定也需给定。

我们可以将上面两个式子写成方程组的形式，具体写法如下：

$$\begin{bmatrix} \alpha & 1 \\ 0 & 1 \end{bmatrix}\begin{bmatrix} \mathbb{E}_t(p_{t+1}) \\ m_t \end{bmatrix} = \begin{bmatrix} \alpha+1 & 0 \\ 0 & \rho \end{bmatrix}\begin{bmatrix} p_t \\ m_{t-1} \end{bmatrix} + \begin{bmatrix} 0 \\ 1 \end{bmatrix}\varepsilon_t$$

如果 $\begin{bmatrix} \alpha & 1 \\ 0 & 1 \end{bmatrix}$ 可逆，则上面的方程组可以写成以下形式：

$$\begin{bmatrix} \mathbb{E}_t(p_{t+1}) \\ m_t \end{bmatrix} = \begin{bmatrix} \dfrac{\alpha+1}{\alpha} & -\dfrac{\rho}{\alpha} \\ 0 & \rho \end{bmatrix}\begin{bmatrix} p_t \\ m_{t-1} \end{bmatrix} + \begin{bmatrix} -\dfrac{1}{\alpha} \\ 1 \end{bmatrix}\varepsilon_t$$

我们继续讨论如何解理性预期问题。我们重写一下第一个方程，有以下形式：

$$\mathbb{E}_t(p_{t+1}) = \left(\frac{\alpha+1}{\alpha}\right)p_t + \left(-\frac{1}{\alpha}\right)m_t$$

令

$$\begin{cases} a \triangleq \left(\dfrac{\alpha+1}{\alpha}\right) \\ b = 0 \\ c \triangleq \left(-\dfrac{1}{\alpha}\right) \end{cases}$$

于是有

$$\mathbb{E}_t(p_{t+1}) = ap_t + bp_{t-1} + cm_t$$

解理性预期方程有很多种方法，我们只介绍一种方法——猜解 + 待定系数法。

我们猜测理性预期方程满足下面形式，G 和 H 是待定系数。

$$p_t = Gp_{t-1} + Hm_t$$

且为了保证有这样形式的解，G 的绝对值必须小于 1，这个推论是理性预期方程组有解的关键假设。

我们先考虑原理性预期方程的左边部分，然后把猜解代入：

$$\text{LHS} = \mathbb{E}_t(p_{t+1}) = \mathbb{E}_t(Gp_t + Hm_{t+1})$$

因为

$$m_{t+1} = \rho m_t + \varepsilon_{t+1}$$

所以

$$\begin{aligned}
\mathbb{E}_t(m_{t+1}) &= \rho m_t + \underbrace{\mathbb{E}_t\varepsilon_{t+1}}_{=0} \\
\Rightarrow \text{LHS} &= \mathbb{E}_t(Gp_t) + \mathbb{E}_t(Hm_{t+1}) \\
\Rightarrow \text{LHS} &= Gp_t + H\rho m_t \\
\Rightarrow \text{LHS} &= G(Gp_{t-1} + Hm_t) + H\rho m_t \\
\Rightarrow \text{LHS} &= G^2 p_{t-1} + GHm_t + H\rho m_t \\
\Rightarrow \text{LHS} &= G^2 p_{t-1} + (GH + H\rho) m_t
\end{aligned}$$

然后我们考虑右边部分，将猜解代入，有：

$$\begin{aligned}
\text{RHS} &= ap_t + bp_{t-1} + cm_t \\
&= ap_t + bp_{t-1} + cm_t \\
&= a(Gp_{t-1} + Hm_t) + bp_{t-1} + cm_t \\
&= (aG + b)p_{t-1} + (aH + c)m_t
\end{aligned}$$

然后因为左边始终等于右边，且系数应该相等，于是有：

$$\begin{cases} aG + b = G^2 \\ aH + c = (GH + H\rho) \end{cases}$$

讨论一些可能的解

$$\begin{cases} G = 0 \Rightarrow H = \dfrac{c}{\rho - a} = \dfrac{1}{1 + \alpha - \alpha\rho} \\ G = a = \dfrac{1 + \alpha}{\alpha} > 1 \Rightarrow H = \dfrac{\rho}{c} \end{cases}$$

如前文所述，G 的绝对值不能大于 1，所以只能是

$$G = 0, H = \frac{1}{1 + \alpha - \alpha\rho}$$

最后的结果自然是：

$$p_t = \frac{m_t}{1 + \alpha - \alpha\rho}$$

针对以上结果，有几点需要读者注意。首先，原来的理性预期方程 $\mathbb{E}_t(p_{t+1}) = \left(\frac{\alpha + 1}{\alpha}\right)p_t + \left(-\frac{1}{\alpha}\right)m_t$ 中不含价格的历史信息，即不含 p_{t-1} 项，结果自然也不该有。其次，最终的结果是在理性预期存在时 p_t 是 m_t 的方程。注意最后的结果里面已经不含理性预期项了，我们成功地解完了理性预期方程。

本章小结

本章选取了四个主要的方向并结合具体代码展开讨论。介绍了蒙特卡洛模拟法的应用及代码，厘清了状态空间理论与贝叶斯分析框架的关系，重点分析了卡

尔曼滤波及其代码实现，还对美式期权定价中的数值问题进行了探讨，最后阐释了理性预期与模型的“意识”问题，成功地解完了理性预期方程。

思考题

1. 简述几种金融数学领域常用的蒙特卡洛方法。
2. 为什么说卡尔曼滤波器理论其实也隶属于贝叶斯理论之下？
3. 什么是 Chapman – Kolmogorov 方程？
4. 已知三个理性预期方程：

$$\pi_t = \kappa x_t + \beta \mathbb{E}_t \pi_{t+1}$$

$$x_t = \mathbb{E}_t x_{t+1} - \frac{1}{\gamma}(i_t - \mathbb{E}_t \pi_{t+1}) + \varepsilon_t^x$$

$$i_t = \rho_r i_{t-1} + \varepsilon_t$$

（1）令 $X_t = \begin{bmatrix} i_{t-1} \\ x_t \\ \pi_t \end{bmatrix}$，$\mathbb{E}_t X_{t+1} = \begin{bmatrix} i_t \\ \mathbb{E}_t x_{t+1} \\ \mathbb{E}_t \pi_{t+1} \end{bmatrix}$。请写出以上三个方程的矩阵形式。

（2）试证明此系统不稳定（unstable）且此理性预期方程组无法被确定(indetermined)。

（3）试证明，如果 $i_t = \delta\pi_t + \varepsilon_t$，有且仅有 $\delta > 1$ 时，该系统有唯一稳定均衡。

附　录

一、英文缩写汇总

英文缩写	英文（或拉丁语）全称	中文翻译
BSM	Black – Scholes – Merton model	布莱克—斯科尔斯—莫顿模型
GBM	Geometric Brownian Motion	几何布朗运动
ABM	ArithmeticBrownian Motion	算术布朗运动
ARMA	Auto Regresion Moving Average model	自回归移动平均模型
VaR	Value at Risk	在险价值
var	Variance	方差
VAR	Vector Auto – Regression	向量自回归模型
ES	Expected Shortfall	预期亏空
PDE	Partial Differential Equation	偏微分方程
SDE	Stochastic Differential Equation	随机微分方程
ODE	Ordinary Differential Equantion	常微分方程
PDF	Probability Density Function	概率密度函数
CDF	Cumulative Distribution Function	累积分布函数
OLS	Ordinary Least Square method	最小二乘法
GLS	Generalized Least Square method	广义最小二乘法
GMM	Generalized Moment Method	广义矩方法
GARCH	Generalized AutoRegressive Conditional Heteroskedasticity model	广义自回归条件异方差模型
EWMA	Exponentially Weighted Moving – Average model	指数加权移动平均模型
SV	Stochastic Volatility model	随机波动模型
SVM	Support Vector Machine	支持向量机

续表

英文缩写	英文（或拉丁语）全称	中文翻译
MCMC	Markov Chain Monte Carlo method	马尔可夫链蒙特卡洛方法
L. H. S	Left Hand Side	左边（等式）
R. H. S	Right Hand Side	右边（等式）
Q. E. D	［拉丁语］quod erat demon - strandum	证明完毕
VECM	Vector Error Correction Model	向量误差修正模型
SVAR	Stuctural Vector Auto - Regression	结构向量自回归
VIX	Volatility IndeX	波动率指数
IV	Instrumental Varaibale	工具变量
DiD	Difference - in - Differences	双重差分法
PSM	Propensity Score Matching	倾向得分匹配法
CFA	Chartered Financial Analyst	全球特许注册分析师考试
FRM	Financial Risk Manger	全球风险管理师考试
i. i. d	Independent and identically distributed	独立同分布
std	Standard Deviation	标准差
OU	Ornstein Uhlenbeck Process	OU 过程
GPU	Graphics Processing Unit	图形加速卡
CPU	Central Processing Unit	中央处理器
CMU	Carnegie Mellon University	卡内基梅隆大学
NYU	New York University	纽约大学
MIT	Massachusetts Institute of Technology	麻省理工学院
CIA	Coverved Interest Arbitrage	套补利率套利
HMM	Hidden - Markov - Chain model	隐马尔可夫链模型
CDS	Credit Default Swap	信用违约互换
IAFE	International Association of Financial Engineers	国际金融工程师协会
IAQF	TheInternational Association for Quantitative Finance	国际量化金融协会
IEEE	Institute of Electrical and Electronics Engineers	电气和电子工程师协会
MLE	Maximum Likelihood Estimation	极大似然估计
QML	Quasi - Maximum Likelihood method	准极大似然方法
ML	Machine Learning	机器学习理论
SVD	Singular Value Decomposition	奇异值分解
PCA	PrincipalComponents Analysis	主成分分析法

二、人工智能学领域学术资源汇总

人工智能是一个正处于快速发展中的学科，包含了机器学习、自然语言处理、专家系统、计算机视觉、语音处理、推理规划、机器人、社会智能、知识表示、数据工程等众多子领域（见图1）。因此，人工智能领域的顶级期刊和会议，既有涵盖各个子领域的，也有专注于某一子领域的。其中的机器学习和计算机视觉的影响力很大。而机器学习理论又可以细分为监督学习理论、无监督学习理论、强化学习理论等。自然语言处理领域又可以细分为内容榨取、模式识别与分类、机器翻译、问题回答、文字生成、语音与文字互译等。计算机视觉领域又可以细分为图片理解、图片信号处理、机器感知学、图像监控与计算机视觉等。

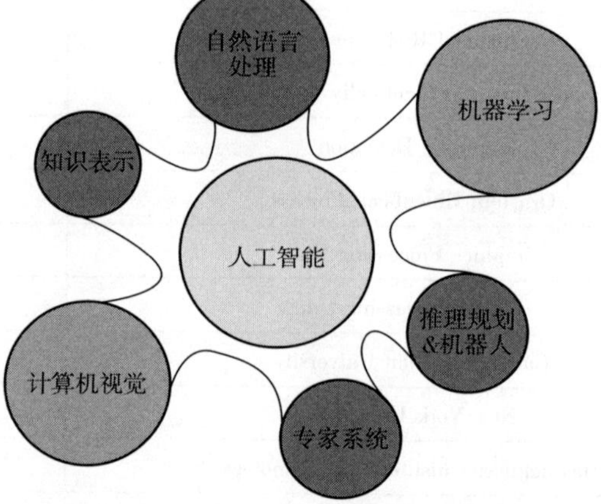

图1　人工智能领域主要细分研究方向

我们整理了人工智能领域国内外顶级和知名的学术期刊、学术会议，以及人工智能方向的博士毕业要求和副教授晋升要求，仅供参考。

（一）人工智能领域的国外期刊

1. 顶级期刊

期刊名称	出版日期	研究领域	简要介绍
AI，Artificial Intelligence 人工智能，Elsevier	1970年	基础研究和描述计算智能	公认的人工智能领域研究成果的首要国际性平台

续表

期刊名称	出版日期	研究领域	简要介绍
TPAMI，IEEE Trans on Pattern Analysis and Machine Intelligence IEEE 模式分析和机器智能汇刊，IEEE	1979 年	模式分类和机器学习	TPAMI 是计算机视觉及模式识别领域最顶尖的 SCI 期刊， 中国计算机协会（CCF）评选出的为数不多的人工智能领域 A 类期刊之一
IJCV，International Journal of Computer Vision 计算机视觉国际期刊，Springer	1987 年	计算机视觉	计算机视觉期刊中的顶级期刊
JMLR，Journal of Machine Learning Research 机器学习研究杂志，MIT Press	2000 年	机器学习	机器学习领域顶级期刊，并且是开放阅览的

2. 知名期刊

方向	期刊名称
人工智能领域	JAIR，Journal of AI Research 人工智能期刊，AAAI
机器学习 （包括神经网络方向）	Machine Learning 机器学习期刊，Springer
	TNNLS，IEEE Transactions on Neural Networks and learning systems IEEE 神经网络和学习系统汇刊，IEEE
	Neural Computation 神经计算期刊，MIT Press
	Neural Networks 神经网络期刊，Elsevier
视觉图像与模式方向	CVIU，Computer Vision and Image Understanding 计算机视觉和图像理解，Elsevier
	Pattern Recognition 模式识别期刊，Elsevier
	Pattern Recognition Letters 模式识别通信，Elsevier

续表

方向	期刊名称
语音语言方向	TSLP，ACM Transactions on Speech and Language Processing ACM 语音和语言处理汇刊，ACM
	Computational Linguistics 计算语言学，MIT Press
	TASLP，IEEE Transactions on Audio，Speech，and Language Processing IEEE 音频、语音、语言处理汇刊，IEEE
	JSLHR，Journal of Speech，Language，and Hearing Research 语音、语言和听力研究期刊，American Speech – Language Hearing Association
推理计算方向	Evolutionary Computation 进化计算，MIT Press
	IJAR，International Journal of Approximate Reasoning 近似推理国际期刊，Elsevier
	Journal of Automated Reasoning 自动推理期刊，Springer
	TEC，IEEE Transactions on Evolutionary Computation IEEE 进化计算汇刊，IEEE
模糊逻辑、控制方向	IEEE Transactions on Cybernetics IEEE 控制论汇刊，IEEE
	TFS，IEEE Transactions on Fuzzy Systems IEEE 模糊系统汇刊，IEEE
社会智能、智能体、情感计算方向	TAC，IEEE Transactions on Affective Computing IEEE 情感计算汇刊，IEEE
	TAP，ACM Transactions on Applied Perception IEEE 应用感知汇刊，ACM
	AAMAS，Autonomous Agents and Multi – Agent Systems 自主智能体和多智能体系统期刊，Springer
数据工程、知识表示方向	DKE，Data and Knowledge Engineering 数据和知识工程，Elsevier

（二）人工智能领域的国外会议

1. 顶级会议

会议名称	创办年份	会议介绍
IJCAI，International Joint Conference on Artificial Intelligence 国际人工智能联合会议，Morgan Kaufmann	1969 年	人工智能领域最主要的学术会议之一
AAAI，AAAI Conference on Artificial Intelligence AAAI 人工智能会议，AAAI	1979 年	美国人工智能协会的年会，自 1979 年开始，由计算机科学和人工智能的创始人 Allen Newell、Marvin Minsky 和 John McCarthy 等人创办
CVPR，IEEE Conference on Computer Vision and Pattern Recognition IEEE 计算机视觉和模式识别会议，IEEE	1958 年	CVPR 是国际上关于模式识别最好的会议，也是计算机视觉的顶级会议（三大顶级会议之一，另外两个是 ICCV 和 ECCV）
ICCV，International Conference on Computer Vision 计算机视觉国际会议，IEEE	1987 年	ICCV 是国际计算机视觉方面最好的会议
ICML，International Conference on Machine Learning 国际机器学习会议，ACM	1983 年	国际机器学习的顶级学术会议，由国际机器学习学会（IMLS）主办的年度会议
NIPS，Annual Conference on Neural Information Processing Systems 神经信息处理系统年会，MIT Press	1986 年	神经计算方面最好的会议
ACL，Annual Meeting of the Association for Computational Linguistics 计算语言学协会年会，ACL	1962 年	计算语言学/自然语言处理方面最好的会议

2. 知名会议

会议名称	会议介绍
人工智能领域	ECAI，European Conference on Artificial Intelligence 欧洲人工智能会议，IOS Press
	UAI，International Conference on Uncertainty in Artificial Intelligence 人工智能不确定性国际会议，AUAI

续表

会议名称	会议介绍
机器学习、神经网络方向	ECML – PKDD，European Conference on Machine learning and knowledge discovery in databases 欧洲机器学习和数据库知识发现会议，Springer
视觉图像方向	ECCV，European Conference on Computer Vision 欧洲计算机视觉会议，Springer
语音语言方向	EMNLP，Conference on Empirical Methods in Natural Language Processing 自然语言处理中的经验方法会议，ACL
	COLING，International Conference on Computational Linguistics 国际计算语言学会议，ACM
推理计算方向	COLT，Annual Conference on Computational Learning Theory 计算学习理论年会，Springer
	ICCBR，International Conference on Case – Based Reasoning 基于案例推理的国际会议，Springer
	PPSN，Parallel Problem Solving from Nature 自然界并行问题解决 Springer
自动化、控制方向	ICRA，IEEE International Conference on Robotics and Automation IEEE 国际机器人与自动化大会，IEEE
社会智能、智能体、情感计算方向	AAMAS，International Joint Conference on Autonomous Agents and Multi – agent Systems 国际自主智能体和多智能体系统联合会议
数据工程、知识表示方向	KR，International Conference on Principles of Knowledge Representation and Reasoning 知识表示和推理原则国际会议，Morgan Kaufmann

（三）人工智能领域的国内期刊

期刊名称	创办日期	创办单位	简要介绍
《计算机学报》	1978 年	中国科学院计算技术研究所	计算机自动化领域著名的三大学报，国内计算机领域最好的三个期刊。国内中文的人工智能成果通常发表在这些期刊上
《软件学报》	1990 年	中国科学院软件研究所	
《自动化学报》	1963 年	中国科学院自动化研究所	
《计算机研究与发展》	1958 年	中国科学院计算技术研究所	发表计算机科学技术领域高水平的学术论文，设有人工智能专栏
《模式识别与人工智能》	1989 年	中国自动化学会	主要发表和报道模式识别、人工智能、智能计算机及智能系统方面的研究成果与进展
《智能技术学报》	2005 年	中国人工智能学会	发表人工智能领域技术创新成果的高水平研究型国际学术期刊，是中国人工智能学会会刊之一
《智能系统学报》	2006 年	中国人工智能学会和哈尔滨工程大学联合主办	中国人工智能学会会刊之一

（四）人工智能领域的国内会议

会议名称	会议介绍
中国计算机大会	由中国计算机学会（CCF）主办的全国计算机领域规模最大、规格最高的学术、技术、产业交融互动的大会
中国人工智能大会	中国人工智能学会 2015 年创办“中国人工智能大会”（CCAI），每年举办一届，目前该会已经成为我国人工智能领域规格最高、规模最大、影响力最强的专业会议之一
中国机器学习会议	由中国人工智能学会和中国计算机学会联合主办，中国人工智能学会机器学习专业委员会和中国计算机学会人工智能与模式专业委员会协办的专业会议之一

（五）人工智能方向的博士毕业要求和副教授晋升要求

博士毕业要求	考察了中国科学院大学、北京大学、复旦大学，要求相似，常见情景： （1）1 篇知名期刊文章，1 篇以上 EI 会议论文，或者 （2）2 篇以上知名会议论文，或者 （3）1 篇知名会议，2 篇以上 EI 会议论文
副教授晋升要求	考察了中国科学院大学、北京大学、复旦大学，对副教授、副研究员的要求相似，常见情景： （1）至少 1 篇以上期刊论文 （2）至少 3 篇以上会议论文 （3）至少 1 个青年科学基金项目 （4）院系或者研究中心负责人和学术委员会的支持

参考文献

[1]Mauro P. Empirical Asset Pricing: The Cross Section of Stock Returns[M]// Expert systems and geographical information systems for impact assessment /. Taylor & Francis,2004:19 -38,vii.

[2]Engle R. Models for Correlation: Anticipating Correlations A New Paradigm for Risk Management[M]. Princeton University Press,2009.

[3]Jones F J,Fabozzi F J,Modigliani F. Foundations of Financial Markets and Institutions[M]. Prentice Hall,2002.

[4]Anthony Saunders,Marcia Millon Cornett. Financial Markets and Institutions. 7th edition[M]. McGrawHill,2018.

[5]Miller M. B. Mathematics and Statistics for Financial Risk Management,Second Edition[M]. Wiley,2012.

[6]Tsay R S. Analysis of Financial Time Series[M]. Wiley,2002:5880 -5885.

[7] Alexander C. Market Risk Analysis Volume Ⅱ, Practical Fihancial Econometh is[M]. Wiley John & Sons,2008.

[8]Alexander C. Market Risk Analysis Volume Ⅲ,Ⅳ,Valueat Risk Models,w. CD -ROM[M]. Wiley & Sons,2009.

[9]Alexander C. Market Risk Analysis Volume Ⅲ,Pricing,hedging and trading financial instruments[M]. J Wiley,2008.

[10]Alexander C. Market Risk Analysis. Volume I. Quantitative methods in finance [M]. Wiley,2008.

[11] Maringer,Dietmar. Numerical methods and optimization in finance [M]. Elsevier/Academic Press,2011:289 -298.

[12]Brandimarte P. Numerical Methods in Finance and Economics: A MATLAB -Based Introduction[M]. Wiley Interscience,2006:1300 -1301.

[13]Platen E,Heath D. A Benchmark Approach to Quantitative Finance[M]. Springer -Verlag,2006:1353 -1355.

[14] Shreve S. E. Stochastic Calculus for Finance Ⅱ [M]. Cambridge University Press, 2012: xx, 550.

[15] Wilmott P. Paul Wilmott on Quantitative Finance, 3 Volume Set, 2nd Edition [M]. J. Wiley & Sons Ltd. 2007.

[16] Wilmott P. Frequently Asked Questions in Quantitative Finance [M]. John Wiley, 2007.

[17] Kosowski R. L. Dedication – Principles of Financial Engineering (Third Edition) [M]. Elsevier Academic Press, 2004: págs. 84 – 85.

[18] Hirsa A, Neftci S N. An Introduction to the Mathematics of Financial Derivatives [M]. Wuhan University Press, 2007.

[19] Anil K Bera, Matthew L Higgins, Sangkyu Lee. Interaction Between Autocorrelation and Conditional Heteroscedasticity: A Random – Coefficient Approach [J]. Journal of Business & Economic Statistics, 1992, 10(2): 133 – 142.

[20] Ding Z, Granger C W J, Engle R F. A Long Memory Property of Stock Market Returns and a New Model [J]. Journal of Empirical Finance, 1993, 1(1): 83 – 106.

[21] Engle R F, Lilien D M, Robins R P. Estimating Time Varying Risk Premia in the Term Structure: The Arch – M Model [J]. Econometrica, 1987, 55 (2): 391 – 407.

[22] Baillie R T, Bollerslev T, Mikkelsen H O. Fractionally Integrated Generalized Autoregressive Conditional Heteroskedasticity [J]. Journal of Econometrics, 1996, 74 (1): 3 – 30.

[23] Bollerslev T. Generalized Autoregressive Conditional Heteroskedasticity [J]. Journal of Econometrics, 1986, 31(3): 307 – 327.

[24] Bollerslev T. A Conditionally Heteroskedastic Time Series Model for Speculative Prices and Rates of Return [J]. Review of Economics & Statistics, 1987, 69 (69): 542 – 547.

[25] Glosten L R, Jagannathan R, Runkle D E. On the Relation Between the Expected Value and the Volatility of the Nominal Excess Return on Stocks [J]. The Journal of Finance, 1993, 48(5): 1779 – 1801.

[26] Nelson D B. Conditional Heteroskedasticity in Asset Returns: A New Approach [J]. Econometrica, 1991, 59(2): 347 – 370.

[27] Hentschel L. All in the Family Nesting Symmetric and Asymmetric GARCH models [J]. Journal of Financial Economics, 1995, 39(1): 71 – 104.

[28] Engle R F, Bollerslev T. Modeling the Persistence of Conditional Variances

[J]. Econometric Reviews, 1986, 5(1): 1-50.

[29] Friedman B M, Laibson D I, Minsky H P. Economic Implications of Extraordinary Movements in Stock Prices[J]. Brookings Papers on Economic Activity, 1989, 20(2): 137-190.

[30] Milhoj A. A Multiplicative Parameterization of ARCH Models[R]. Working Papers on Department of Statistics, University of Copenhagen, 1987.

[31] Higgins M L, Bera A K. A Class of Nonlinear Arch Models[J]. International Economic Review, 1992, 33(1): 137-158.

[32] Engle R F, Victor K N G. Measuring and Testing the Impact of News on Volatility[J]. The Journal of Finance, 1993, 48(5): 1749-1778.

[33] Sentana E. Quadratic ARCH Models[J]. Review of Economic Studies, 1995, 62(4): 639-661.

[34] Gourieroux C, Monfort A. Qualitative Threshold ARCH Models[J]. Journal of Econometrics, 1991, 52(1-2): 159-199.

[35] Engle R F, González-Rivera G. Semiparametric ARCH Models[J]. Journal of Business & Economic Statistics, 1991, 9(4): 345-359.

[36] Harvey A, Ruiz E, Sentana E. Unobserved Component Time Series Models With ARCH Disturbances[J]. Journal of Econometrics, 1992, 52(1-2): 129-157.

[37] Hamilton J D, Susmel R. Autoregressive Conditional Heteroskedasticity and Changes in Regime[J]. Journal of Econometrics, 1994, 64(1-2): 307-333.

[38] Zakoian J. M. Threshold Heteroskedastic Models[J]. Journal of Economic Dynamics & Control, 1994, 18(5): 931-955.

[39] Bollerslev T, Engle R F, Wooldridge J M. A Capital Asset Pricing Model with Time-Varying Covariances[J]. Journal of Political Economy, 1988, 96(Volume 96, Number 1): 116-131.

[40] Bollerslev T. Glossary to ARCH (GARCH)[R]. Creates Research Papers, 2008.

[41] Meucci A. Risk and Asset Allocation[M]. Springer, 2005: xxvi.

[42] Angrist J D, Pischke J S. Mastering'metrics: The Path From Cause to Effect [M]. Princeton University Press, 2014.

[43] Backus D K, Foresi S, Wu L. Accounting for Biases in Black-Scholes[R]. Manuscript. The Stern School at New York University, 1997.

[44] Garman M B, Kohlhagen S W. Foreign Currency Option Values[J]. Journal of International Money & Finance, 1983, 2(3): 231-237.

[45]Feller W. Two Singular Diffusion Problems[J]. Annals of Mathematics,1951,54(1):173-182.

[46]Cox J C. Notes on Option Pricing I: Constant Elasticity of Variance Diffusions[J]. Journal of Portfolio management,22:15-17,1975.

[47]Emanuel D C, Macbeth J D. Further Results on the Constant Elasticity of Variance Call Option Pricing Model[J]. Journal of Financial & Quantitative Analysis,1982,17(4):533-554.

[48]Delbaen F,Shirakawa H. A Note on Option Pricing for the Constant Elasticity of Variance Model[J]. Asia-Pacific Financial Markets,2002,9(2):85-99.

[49]Scott L O. Option Pricing When the Variance Changes Randomly: Theory, Estimation and An Application[J]. Journal of Financial & Quantitative Analysis,1987,22(4):419-438.

[50][澳]埃克哈德·普拉滕,大卫·西斯. 数理金融基准分析法[M]. 陈代云,译. 上海:上海人民出版社,2011.

[51][美]安德鲁·波尔. 统计套利[M]. 陈雄兵,张海珊,译. 北京:机械工业出版社,2011.

[52][美]罗斯,等. 公司理财:第9版[M]. 北京:机械工业出版社,2011.

[53]彼得·S罗斯,西尔维娅·C赫金斯. 商业银行管理:第2版[M]. 北京:机械工业出版社,2007.

[54][美]滋维·博迪. 投资学:原书第9版[M]. 北京:机械工业出版社,2014.

[55]赫尔. 期权、期货及其他衍生产品[M]. 北京:机械工业出版社,2014.

[56]克鲁格曼,等. 国际金融:第10版[M]. 北京:中国人民大学出版社,2016.

[57]法博齐. 固定收益证券手册[M]. 北京:中国人民大学出版社,2005.

[58]乔治·E瑞达. 风险管理与保险原理[M]. 北京:中国人民大学出版社,2015.

[59]米什金. 货币金融学:第九版[M]. 郑艳文,荆国勇,译. 北京:中国人民大学出版社,2011.

[60][美]安格里斯特,皮施克. 基本无害的计量经济学[M]. 郎金焕,李井奎,译. 上海:格致出版社,2012.

[61]陈强. 高级计量经济学及Stata应用:第二版[M]. 北京:高等教育出版社,2015.

后　记

学习量化金融首先是完全无害的，它能让读者成为一个更优秀的人。本书可以被认为是一本教材，也可以认为是一本专著，一本试图统一金融数学（包括金融工程、衍生品定价）、金融计量（偏时间序列）、传统计量、当代实证计量、传统金融学、人工智能、当代宏观金融学（经济学）的跨学科专著。但我并不想因为跨界太过严重而读者寥寥，于是写作中有些《银河系漫游指南》的风格，毕竟道格拉斯行文的风格是风趣幽默而且智慧的。当安格里斯特撰写《基本无害的计量经济学：实证研究者指南》时，在他决定用“基本无害”这个典故的那一刻，该书就沿袭了道格拉斯的风格。当我们决定也用“基本无害”这个典故时，也就注定了这本专著一定有自己特立独行的“风格”。当然，本书用“基本无害”并非拾安格里斯特教授之牙慧，只是每年、每月甚至每日总有各种好奇的人问“我来学量化金融合适吗？难吗？好毕业吗？能发财吗？它有用吗？”对这样的问题，我内心的阴影面积其实是∞，当然后来我也平和了，统一回复：“来吧，它，比起其他的任何专业，至少是基本无害的。”

此外，如果没有周围若干人等的一再督促，我觉得这本书是不可能最终成稿的，因为按我的标准，这本书最终写完也许只能等到“宇宙的尽头”。

最后，需要向各位读者表示歉意，我觉得还有太多内容没有覆盖，还有更多可以完善的地方。当然，任何一本书要做到覆盖该领域的方方面面，包含生命、宇宙及一切，也不现实。但再不济，本专著作为一本 21 世纪中期初级当代金融学漫游指南看看倒也是可以的。

在本书编写过程中，参阅了大量的文献和代码资料，已在参考文献或在脚注中列出，在此要对这些文献和代码的作者表示衷心的感谢！感谢史春奇博士和我一起整理附录的第二部分。本书的编写和出版，也得益于首都经济贸易大学出版社老师们的大力帮助和支持！

后 记

[illegible]

[illegible]

[illegible]

[illegible]